大学语文

主编◎徐　曼　宋银霞

郑州大学出版社

图书在版编目(CIP)数据

大学语文 / 徐曼，宋银霞主编. — 郑州 ：郑州大学出版社，2021.11(2023.8 重印)

ISBN 978-7-5645-7861-9

Ⅰ. ①大… Ⅱ. ①徐… ②宋… Ⅲ. ①大学语文课-高等职业教育-教材 Ⅳ. ①H19

中国版本图书馆 CIP 数据核字(2021)第 081591 号

大学语文

DAXUE YUWEN

策划编辑	刘永静	封面设计	苏永生
责任编辑	刘瑞敏	版式设计	凌　青
责任校对	呼玲玲	责任监制	李瑞卿

出版发行	郑州大学出版社	地　址	郑州市大学路 40 号(450052)
出 版 人	孙保营	网　址	http://www.zzup.cn
经　销	全国新华书店	发行电话	0371-66966070
印　刷	河南承创印务有限公司		
开　本	787 mm×1 092 mm　1 / 16		
印　张	27.75	字　数	626 千字
版　次	2021 年 11 月第 1 版	印　次	2023 年 8 月第 3 次印刷

书　号	ISBN 978-7-5645-7861-9	定　价	59.00 元

本书编委会

主　编　徐　曼　宋银霞

副主编　郭保红　王冠波　贾开吉　孙卫峰

苗　涛　姜　楠　林　立

前言

“语文是最重要的交际工具,是人类文化的重要组成部分。工具性与人文性的统一,是语文课程的基本特点。”这是新课标对于语文课程的基本定位。大学生处在世界观和人生观形成的关键时期,只有先成为一个拥有健康人格的“人”,才能成为对社会有用的“材”。能否成为真正适应现代社会、身心健康的有为青年,人文素质的培养尤为重要。对于高职院校学生来讲,专业学习的职业化、技能化特色鲜明,更需要人文关怀来弥补学习和成长中的不足,这就赋予高职语文教育更多的责任。出于对语文教育基本特点和职业教育相关要求的考虑,本教材在宏观构思和微观设计上均做了新的探索,以期为新时期高职语文教育提供新的参考。

首先,教材体例上采用名作名篇阅读鉴赏与语文应用实践训练相结合的构架,以人文素质教育和语文能力培养并重为编写理念,从影响青年成长的三个基本元素“情、事、理”入手,分为抒情类作品、叙事类作品和说理类作品三个大类,分别从不同的侧面对学生进行人文素质的熏陶与培养。从具体篇目选择上,亲情、爱情、友情、爱国之情、乡土之情,用情感震撼人心;有记人之作、记事名篇,人有高格,事含至理,以此陶冶情操;有先贤哲理,为人处世之理,科学之理,以此来开阔胸怀。基于古今汉语语言习惯和表达方式的差异,每一编又分为古代部分、现当代部分两个单元。全书六个单元,每一单元名篇鉴赏后设计有实践训练,选取朗诵、散文写作、小品写作、微型小说写作、演讲和学术论文写作六个大学生应用频率较高的项目,在基础知识梳理的基础上,列举优秀范文,设置实训项目,让学生在直观认知的基础上,通过训练提升诵读和写作能力。

其次,针对当前大力弘扬传统文化、全面推进思政教育进课堂的大背景,教材的编写进行了新的尝试。每一课设计有两个全新模块:一是“词海拾贝”,择取本文重点字、词进行溯源,介绍汉字和词语的形成和语义的演化,以引导学生对汉语博大精深的内涵进行探索,激发年轻人对于传统文化的学习兴趣。二是“学文心语”,此模块依据本课内容,融合名言警句、网络流行语,用当代大学生喜闻乐见的语言形式进行思想引导和点拨,从细微处渗透思政教育元素,以推进实现课程育人。

再次,“实用性”是高职院校语文教育的核心要求之一,教材在设计上充分体现了这一要求。一方面是知识实用。本教材知识系统较为完善,主要包括文学史知识、语言文字知识、文体知识。文学史知识方面,教材选取古今中外名家名作作为学习重点内容,以此

PREFACE...

为观测点，辐射文学史相关知识，附录部分又有中国文学史概述，可帮助学生把握整个文学史的发展概况和主要成就。语言文字知识方面，古代汉语语言知识往往是学生学习的难点，而现在大多数教材都忽略了这部分内容。本教材“词海拾贝”模块，不仅立意于字、词，还包括作家名言辑录，以及字、词、句三层语言知识结构，形成了语言知识系统化；古文篇目课后的思考和练习，强化了课文中所涉及的重点字词和重点句子，有利于学生积累古代汉语语言知识；附录部分内容设计，包括文言虚词、文言句法、词类活用、辞格等相关内容，帮助学生了解和掌握古代汉语语法、修辞和诗词格律方面的特点。文体知识方面，教材体例虽没有按体裁来安排分类，却在选文部分做了精心规划，所选文章涉及散文、诗、词、曲、戏剧、小说等多种文体，以帮助学生了解各类文体的基本特点。另一方面是突出能力培养。语文能力主要包括两个方面——阅读鉴赏能力和语言应用能力。教材名作名篇部分重在培养学生的阅读鉴赏能力。篇目选择不同体裁、不同语言风格的作品，便于有效提高学生的语言感知能力。“实践训练”部分更直接地针对具体的语言应用项目进行能力训练。微观设计上，“作品赏析”尝试采用最新研究成果，给学生提供新的鉴赏思路；“知识巩固与能力训练”部分对文章重点内容加以强化，使学习效果得以提升。

此外，高职高专有部分学生面临专升本考试，教材参考专升本考试相关内容要求，选择重点篇目入册，“知识巩固与能力训练”部分强化考试知识要点，附录部分补充语言和文学史知识，对于专升本考试具有重要的参考价值。

最后，在目前信息化教学跨越发展的前提下，学生对学习形式的需求更加多元化。教材将以“立体化”建设为目标，包括纸质教材、课程 PPT、诵读音频、精品微课等多种形式，以期为教师教学、学生学习提供更多便利，对教学效果的提升有所助益。

本书由焦作大学徐曼、宋银霞担任主编，提出编写思想和全书框架，确定各章提纲，召集编写会议，审定各章稿件，统稿、定稿。由徐曼、宋银霞、郭保红、王冠波、贾开吉、孙卫峰、苗涛、姜楠同志执笔编写。本教材与焦作市教育电视台合作完成，林立同志现任焦作市教育电视台台长，主要负责音视频录制、编辑、合成等工作。具体编写分工如下：

徐曼：序言、附录、实践训练二，散文写作。

宋银霞：说理类作品的阅读和鉴赏，第三编单元一，古代文学作品，实践训练四，微型小说写作。

郭保红：叙事类作品的阅读和鉴赏，第二编单元一，古代文学作品。

王冠波：抒情类作品的阅读和鉴赏，第一编单元一，古代文学作品，实践训练一，朗诵。

贾开吉：第二编单元二，中国现当代作品。

孙卫峰：第一编单元二，外国作品，第二编单元二，外国作品，第三编单元二，外国作品，实践训练三，小品写作。

苗涛：第一编单元二，中国现当代作品，实践训练五，演讲稿写作。

姜楠：第三编单元二，中国现当代作品，实践训练六，学术论文写作。

本书稿是集体智慧和心血的结晶，编写过程中，参考了相关文献资料，选取了一些现当代作家作品，借用了一些专家、学者的观点，未及一一署名，特此表示衷心感谢！由于水平有限，本书是否达到了设想的目标，还有待实践检验。本书既已付梓，所期待的就是读者的欢迎。

编者

2021 年 6 月

目　录

CONTENTS...

第一编

抒情类作品的阅读与鉴赏

抒情类作品是重在抒发作者情感的作品，它是与叙事类作品、说理类作品相对而言的另一类文学作品。具体地说，抒情类作品指的是简要地表现、传达作者以情感为核心的内在心性的文学作品。所谓“以情感为核心的内在心性”，是指包括情感在内的诸种感性心理因素，这些因素包括情感、个性、本能、欲望、无意识、志向、怨愤等。“表现”是指自然呈现作者的内在心性，“传达”是指作者不仅要表现自己的内在心性，而且要将其传达给读者，使读者了解、分享自己的内在心性。可见，没有真情实感，就没有抒情作品。因此真情实感，是构成抒情作品的必要条件。

一、抒情类作品的特征

(一)以情感为本位

人类的情感是无所不在的，任何文学艺术作品都无法摆脱情感的“纠缠”。一般地说，抒情偏于表现自己内心的主观世界，也就是要表现情感(宣泄、展示)、传达情感(交流)、投射情感(移情、倾注)。抒情作品首先是以情感为本位的，这意味着，情感是抒情作品的根基和血肉，脱离了情感，抒情作品就无从谈起。人人都有喜怒哀乐之情，只要能把这种日常情感予以审美的过滤，上升到美学的境界，就可以创作出抒情作品。抒情作品揭示出来的艺术情感强烈、丰富、复杂、多变、奇特，以至于在抒情诗人那里，常常出现这样的“错觉”：只有情感世界才是真正的世界，只有情感才是人类的本质力量，只有情感才是人类唯一的“本真”，只有情感才具有巨大无比、经久不衰的魅力。优秀的抒情作品包含着巨大的情感容量，我们常常为之陶醉，为之激动。“十年生死两茫茫，不思量，自难忘”“问世间情为何物，直教人生死相许”“人有悲欢离合，月有阴晴圆缺”“黯然销魂者，唯别而已矣”，这些抒情作品的美妙之处就在于表达了人类丰富、复杂的情感内涵。

（二）声情并茂，情景交融

与叙事类作品相比，抒情类作品通常篇幅短小，这要求作者选取相当熟悉而普遍的景致、人物、事件，以恰当地显现表现恰当的主题。常见的抒情途径有二：一是“声”，二是“景”。以声传情，声情并茂。“声”指声律，“情”指情感。在抒情作品中，字音的有序结合和变化，可以构成和谐的音调，人们常把这种和谐的音调称为“韵律”。韵律可分为韵与律两个部分。把同一个音或类似的音予以有规则的反复排列，称为韵。按照某种规律使语音的长短、高低、强弱重复变化，称为律。以景结情，情景交融。“情”指情感，“景”指景物，二者在抒情作品中的关系极为密切。抒情作品可以借助种种手段，通过种种途径，行之有效地抒发无所不在、高度复杂的情感，而且抒情作品中所表现的情感是多种多样的。

（三）文体多样，各领风骚

文体是文学作品的具体存在样式，每种文体都有其美学设计和美学目的。抒情作品的原初形态和典型形态是抒情诗。它是最早出现的一种文体，产生的初期是与乐、舞合为一体的。“情动于中而形于言，言之不足，故嗟叹之，嗟叹之不足，不知手之舞之，足之蹈之矣”，抒情诗的艺术魅力就在于诗歌的美感首先来自音律（包括节奏和韵律）。

音乐性是诗歌与生俱来的品性，诗歌中语音有规律的停顿形成节奏，其声、韵按一定的规则组合而形成韵律，构成回环往复、一唱三叹的效果。节奏、韵律与诗人要表达的情感协调一致，诗中轻松、欢快、沉滞、急促、昂扬、舒缓等节奏韵律的变化，就反映了人的情绪的起伏波动，表现的其实就是人的生命活动的节律。所以诗歌的音律美绝不是一个纯形式的因素，它是情感内容的有机组成，是与情感内容不可分割的因素，可以称之为“情感的形式”或“有意味的形式”。阅读诗歌须朗诵，须于声音唇齿之间感受作品的音乐美，就是这个道理。

除了抒情诗，散文也是抒情作品所采用的主要文体。优美的抒情散文同样能引起读者的思想共鸣。欣赏抒情散文，要具有对内容的感知能力，由“感”入“悟”，进而体味文中渗透的思想感情。作者在文中要表达的情感通常不是直露的，而是蕴含在写景、状物或叙事当中，所谓“一切景语即物语”“物色之动，心亦摇焉”“情以物迁，辞以情发”，心灵有感于人、事、物或某种情境，叙事状物以表达心意、抒发情怀，这就有了散文的审美，总是与人的审美情境，审美情趣，审美经验有关。同样的自然景物，由于以上的差异，产生的美感也就不同。青年人与老年人同在湖边欣赏山水的美，产生的美感是不相同的。人的心情舒畅和沉郁痛苦，对自然景物的情感也迥然有异。同为岳阳楼，同为洞庭水，风和日丽、春和景明则“其喜洋洋”；“阴风怒号、浊浪排空”之时，则“忧谗畏讥，满目萧然，感极而悲者矣”。显然“物暗则己悲，景明则己喜”，美好的自然景观给人以赏心悦目的美感，穷山恶水给人则是悲凉凄怆的感受。

二、阅读与鉴赏

鉴赏诗歌要抓住诗歌意境美的特点。意，是诗人要表达的思想感情；境，是诗人所描绘的客观景物，主观的思想感情与客观的景物有机融合成一个整体，就是诗歌的意境。按王国维的分析，意境大致有三种类型，其实就是意境美的三个层次，一种称为“境寓于意”，偏重对景物的客观再现；一种称为“意寓于境”，偏重对主观情思的表现；还有一种叫作“意、境两浑”，景物与情思、主观与客观浑然一体，难分彼此，达到水乳交融的和谐统一。就诗歌的意境美鉴赏而言，这不失为一条较易掌握的思路。此外，鉴赏诗歌经常涉及的实境与虚境、有我之境与无我之境、言外之意、托物寄情与触物兴感等意境呈现方式或类型，都与此有关。

音律美、意境美，均服务于诗歌的情韵美，或者说，诗歌的情韵美包含了音律美和意境美。情韵包含意蕴，但又不完全等同于意蕴，它是形、神、情、理多种因素的渗透、交融而达到的有机整合，是强烈感情和丰富想象共同作用下的产物，综括了“意内”与“言外”，有限与无限，也是诗歌艺术魅力的最高表现。

在品味散文的情感时，一方面要“披文以入情”，通过解读语言文字感知作品中呈现的物象，进而感受作者的思想感情；另一方面要尽可能多地了解作者自身的方方面面，了解作者的创作背景，从而更深层次地把握作者蕴含在文章中的情感。值得注意的是，由于阅读个体千差万别，因而每个个体所感悟的结果各不相同。就像我们说的“一千个读者有一千个哈姆雷特”，各有所悟，各有所感，只有真正进入作者描写的境界之中，与作者同欢喜，共忧患，才能真正了解作者，感受作者的情怀。

由于诗歌与散文的体制和艺术特点不同，所以鉴赏方法也应不同，如诗歌鉴赏一般可从作品意象和意境分析入手，尤其应关注情与景的关系，特别需要读者主观感情的参与，需要读者借助想象和联想，揣摩作品的言外之意，注意是否有隐喻和象征，这对作品形式（如音律、语言、结构等）的分析也具有重要意义。散文由于在题材选择上的不拘一格、无限丰富，语言、结构、表达方式等方面具有极大的自由度与灵活性，因此在鉴赏方法上是灵活多样的。

最后，还要通过多种途径提高鉴赏能力。文本诵读是最主要的途径。在诵读中感受和体验作品的意境和形象，得到精神陶冶和审美愉悦。

单元一　古代抒情类作品

导语

在三千年前的中原郑国,有一首热辣辣的情歌:“青青的是你的衣领,悠悠的是我的思念。纵然我不曾去会你,难道你就不把音信传?”这份对爱情的炽烈,也唱出了主人公把深深的情感,化为轻轻的埋怨,相思之切,跃然纸上。这就是《诗经》中的古老歌谣——那些在人类纯真时代缠绵悱恻的爱情诗篇!下面我们来品读《诗经·郑风》中的这首《子衿》,窥视古代女子约会,恋人久久未到的内心独白是怎样的。

子　衿[1]

《诗经·郑风》

子衿

青青子衿,悠悠我心[2]。纵我不往,子宁不嗣音[3]?
青青子佩[4],悠悠我思。纵我不往,子宁不来?
挑兮达兮[5],在城阙兮[6]。一日不见,如三月兮!

(选自《毛诗注疏》,东汉郑玄疏、唐孔颖达注,上海古籍出版社,2013年版)

【注释】

[1]本篇选自《诗经·郑风》。郑风:十五国风之一,指郑地的民歌。子衿:周代读书人的服装。子:男子的美称,这里指“你”。衿:指“襟”,衣领。

[2]悠悠:忧思不断貌。

[3]宁:反诘副词,岂,难道。嗣(yí)音:传音讯。嗣:通“贻”,给、寄的意思。

[4]佩:这里指系佩玉的绶带。

[5]挑(tāo)兮达(tà)兮:独自走来走去的样子。《毛传》:“挑达,往来相见貌。”《太平御览》卷四八九引《诗》作“挑兮挞兮”。一说轻薄放恣貌。《朱熹集传》:“挑,轻儇跳跃之貌。达,放恣也。”

[6]城阙:城门两边的望楼。

作品赏析

《诗经·郑风·子衿》是一首女子所唱的恋歌。歌者热恋着一个青年,两人相约在城

阙幽会，久等也不见情人到来，急得她在城阙上来回走个不停。她思心悠悠，望穿双眼；她急切盼望情人送来音信，渴望情人翩然而至；她倾吐出“一日不见，如三月兮”的无限情思。真是爱得如火，思念如潮涌；离愁沉沉，缱绻绵绵。

全诗三章，首章以“青青子衿”领起，这里既有“子”，又有“青青衿”，写物是为了引出人。眼前飘动的是你青青的佩带，思念的是我的悠悠之心。以物及人，由你到我。抒发出歌者的思慕之情。接下去又以责备的口气，暗示出歌者的“责其忘己”之意，然而“责”不是恨，却是倾吐自己的思念。这两句，前一句是假设之语：即使我不曾去找你！后一句是运用反问：难道你就不传个音信来？这样写，既突出了歌者热烈的思念之情，又使诗歌写得迂回、曲折、跌宕，增强了感人的效果。

次章，“青青子佩，悠悠我思。纵我不往，子宁不来？”佩，指玉佩。什么色的玉，就佩什么色的带，青佩所以用青衿。这一章同上一章比变化不大，歌者回环往复，反复咏叹自己的恋情与相思，情真意切，不蔓不枝。变化的地方是歌者把“嗣音”换成“来”，急切的思念之心，仅仅送个音信来，显然是不够的，只有前来赴约，才能倾吐衷情。这种回环往复的手法，不仅渲染出歌者思念的久长，又状写出相思的苦痛，诗句的微妙变化似乎让读者看到了歌者急不可耐的情态。

诗的最后一章“挑兮达兮，在城阙兮。一日不见，如三月兮”。这一章写她在城阙等待情人而不见来，心情焦灼，一天不见面，简直就像隔了三个月那样久长！如此强烈的眷恋之情，沉重的相思之苦，又怎么能不让她心烦意乱，思心悠悠呢！诗句采用夸张手法，生动地刻画了女子的心理活动。这种心理描写法，对后世文学艺术手法产生了深远影响。正如钱钟书《管锥编》所指出的那样：“《褰裳》之什，男有投桃之行，女无投梭之拒，好而不终，强颜自解也。《丰》云：‘悔余不送兮’，‘悔余不将兮’，自怨自尤也。《子衿》云：‘纵我不往，子宁不嗣音？’‘子宁不来？’薄责己而厚望于人也。已开后世小说言情心理描绘矣。”

词海拾贝

衿（jīn）

构造：形声字。从衣，今声。

释义：本义指古代衣服的交领。《尔雅》：“衿谓之袸。”

佩（pèi）

构造：会意字。采用“人、凡、巾”会意。

释义：本义指宽大衣带上所佩带的饰物。佩物必系巾，佩物系巾，这称为“饰”。《说文解字》：“大带佩也。从人从凡从巾。佩必有巾，巾谓之饰。”

阙(què)

构造:形声字。从门,欮声。

释义:本义指古代宫殿门外两侧左右相对高耸的建筑物。《说文解字》:“门观也。”

知识巩固与能力训练

一、解释句中加点的词语

1.青青子衿,悠悠我心。

2.青青子佩,悠悠我思。

二、翻译句子

1.纵我不往,子宁不嗣音?

2.挑兮达兮,在城阙兮。

三、简答

1.这首诗采用了怎样的叙述手法?从结构上看,具有怎样的特点?

2.这首诗的主要内容是什么?最后一句有什么含意?

学文心语

爱情,文学作品永恒的主题。投以木瓜,报以琼瑶,是爱的见证。周代,礼仪初设,古风犹存,青年男女的自由恋爱尚少禁忌,相对来说还是比较自由的。当时青年恋人之间的感情是十分真挚、纯洁的,是人之性灵的本原状态的自然流露。恋人们对于爱情怀有什么样的态度,恋人之间的感情如何,完全可以从他们相会时的情态表现出来。从《诗经》中的爱情诗可以看出,生活幸福不是物质富足,双方维护爱情才是生活幸福的源泉。

爱情在相知中,幸福在劳动中,永恒的爱情来自纯洁和忠贞。时光静好,与君语;细水流年,与君同;繁华落尽,与君老。

导语

公元前300年前后，楚秦连战，楚败，将士殒国者众。屈原为牺牲将士作祭歌，是为《国殇》。歌中有句曰："天时坠兮威灵怒，严杀尽兮弃原野！""诚既勇兮又以武，终刚强兮不可凌；身既死兮神以灵，子魂魄兮为鬼雄！"这祭歌，热烈歌颂保家卫国将士们的英雄气概和壮烈精神，他们身虽死而志不可夺！他们死而有知，英灵不泯，是出类拔萃的英雄！《国殇》也因此成为古人给烈士送葬的礼仪。热爱祖国的深情贯穿了屈原的一生，屈原作品体现出来的爱国情怀，构成了华夏民族爱国思想的本源。《国殇》既不同于《离骚》的直抒胸臆、倾吐忧国心志，又有别于《九歌》其他作品的清新婉转、幽缈缠绵，它以质朴凝重、刚健悲壮的风格在屈原诸多充满浪漫主义色彩的瑰丽诗篇中独具特色，别有神韵。

国　殇[1]

屈　原

操吴戈兮被犀甲[2]，车错毂兮短兵接[3]。旌蔽日兮敌若云[4]，矢交坠兮士争先。凌余阵兮躐余行[5]，左骖殪兮右刃伤[6]。霾两轮兮絷四马[7]，援玉枹兮击鸣鼓[8]。天时坠兮威灵怒[9]，严杀尽兮弃原壄[10]。

国殇

出不入兮往不反[11]，平原忽兮路超远[12]。带长剑兮挟秦弓[13]，首身离兮心不惩[14]。诚既勇兮又以武[15]，终刚强兮不可凌[16]。身既死兮神以灵[17]，子魂魄兮为鬼雄[18]。

（选自《楚辞章句》卷二，东汉王逸撰，上海古籍出版社，2007年版）

【注释】

[1]本篇选自《楚辞·九歌》，是屈原为追悼为国捐躯者所作的祭歌。殇：未成年而死的人。戴震《屈原赋注》："殇之义二：男女未冠（男二十岁）笄（女十五岁）而死者，谓之殇；在外而死者，谓之殇。殇之言伤也。国殇，死国事，则所以别于二者之殇也。"屈原（约前339—约前278），战国时期楚国诗人、政治家，"楚辞"的创立者和代表作者。初辅佐怀王，做过左徒、三闾大夫。屈原学识渊博，主张彰明法度，举贤授能，东联齐国，西抗强秦。在同反动贵族子兰、靳尚等人的斗争中，遭谗去职。顷襄王时被放逐，长期流浪沅湘流域。后因楚国的政治更加腐败，首都郢亦为秦兵攻破，他既无力挽救楚国的危亡，又深感政治理想无法实现，遂投汨罗江而死。

[2]吴戈：吴地所产的戈。被：通"披"。犀甲：犀牛皮制作的铠甲。

[3]车错毂（gǔ）：两国双方激烈交战，兵卒来往交错。毂：轮中心插轴的地方。

[4]旌（jīng）蔽日兮敌若云：旌旗遮蔽了太阳，敌兵好像云一样聚集在一起。旌：用羽毛装饰的旗子。

[5]凌：侵犯。躐（liè）：践踏。行（háng）：行列。

[6]左骖（cān）：古代战车用四匹马拉，中间的两匹马叫"服"，左右两边的叫"骖"。殪（yì）：倒地而死。右：指右骖。刃伤：为兵刃所伤。

[7]霾：通“埋”。絷(zhí)：绊住。

[8]援：拿着。枹(fú)：鼓槌。

[9]天时坠：天地昏暗。威灵怒：神灵震怒。

[10]弃原壄：指骸骨弃在战场上。壄：同“野”。

[11]反：同“返”。

[12]超远：遥远。

[13]秦弓：战国秦地所造的弓(因射程较远而著名)。

[14]首身离：头和身子分离，指战死。惩：恐惧，悔恨。

[15]诚：果然是，诚然。

[16]不可凌：精神不可欺凌。

[17]神以灵：精神不死，化为神灵。

[18]子：指殇者。鬼雄：鬼中雄杰。

作品赏析

《国殇》是祭奠秦、楚交战中英勇牺牲的烈士，为阵亡将士所谱写的一曲真挚动人的挽歌。

全诗分两节。第一节描绘车战的激烈场景。开头四句描写敌我双方短兵相接的激烈场面，两军对垒，摆开战场。从我方着笔，刻画出了手持吴戈、身披犀甲冲刺沙场的英雄形象。其次写两军相接，再写敌人的蜂拥和疯狂，最后写楚方士兵的英勇顽强。这一节写得层次分明，具体形象，突出了战斗的残酷、士兵的无畏和豪壮的感情。敌人疯狂而且残酷，楚方受创惨重，然而士兵们英勇无畏，宁死不屈。楚方将士英勇顽强、视死如归的形象栩栩如生，跃然纸上。第二节是对为国战死者的赞颂。先讴歌战士们远离家乡、誓死报国、义无反顾的决心，然后赞美战士们刚强勇武、视死如归、宁死不屈的精神。感情是凝重、真诚而沉痛的。

诗人采用直赋其事的表现手法，真实具体地再现了古战场上生死搏斗的激烈场景，饱含深情地赞颂了为国杀敌的英雄将士们宁死不屈的战斗意志和同仇敌忾的献身精神。本诗不仅寄托了对阵亡士卒的哀思，而且表达了诗人与祖国同休戚、共命运的深挚的爱国主义精神。

词海拾贝

殇(shāng)

构造：形声字。采用“歺”作边旁，采用省略了“人”的“殇”作声旁。“歺”是剔肉剩下的骨头，与“死”有关。

释义：本义指人未及成年而死亡。《说文解字》：“不成人也。人年十九至十六死，为长殇；十五至十二死，为重殇；十一至八岁死，为下殇。”

轂(gǔ)

构造：形声。从车，𣪊(gǔ)声。

释义：本义指车轮中心的圆木，周围与车辐的一端相接，中有圆孔，可以插轴，借指车轮或车。《说文解字》："辐所凑也。"

武(wǔ)

构造：会意字。从止，从戈。

释义：本义指勇猛、猛烈。据甲骨文，人持戈行进，表示要动武。《说文解字》："楚庄王曰：'夫武，定功戢兵。故止戈为武。'

知识巩固与能力训练

一、解释句中加点的词语

1.凌余阵兮躐余行，左骖殪兮右刃伤。

2.带长剑兮挟秦弓，首身离兮心不惩。

二、翻译句子

1.霾两轮兮絷四马，援玉枹兮击鸣鼓。

2.出不入兮往不反，平原忽兮路超远。

三、简答

1.这首诗描写战斗场面，把概括叙述和具体描写相结合，把动态描绘和静止画面相结合，把暗写敌人凶猛和明写楚军奋勇相结合。试简要分析，并说说这样写的好处。

2."身既死兮神以灵，子魂魄兮为鬼雄"与主题有什么关系？

学文心语

爱国主义情感是每个人心底最朴素的情怀。"时危见臣节，世乱识忠良。投躯报明主，身死为国殇。"鲍照的这两联诗几乎成了封建时代衡量忠良行为准则的诗句，产生了鼓舞人心的力量。"苏武在匈奴，十年持汉节"，唐朝大诗人李白毫不吝啬对苏武的钦佩，一首《苏武》流传至今。

导语

这是《汉铙歌十八曲》之一。铙歌本为“建威扬德，劝士讽敌”的军乐，而汉代十八曲中内容庞杂，叙战阵、纪祥瑞、表武功、写爱情者皆有。本篇用第一人称，表现了一位女子在遭到爱情波折前后内心复杂的情绪。整个封建时代，对女子的束缚一步一步加强。但在封建王朝初期，偏远地域的民间女子对爱情有更多自由，所以也更富有个性，更敢爱敢恨、更决绝。

有所思[1]

汉乐府

有所思，乃在大海南。何用问遗君[2]？双珠玳瑁簪[3]，用玉绍缭之[4]。闻君有他心，拉杂摧烧之[5]。摧烧之，当风扬其灰。从今以往，勿复相思！相思与君绝！鸡鸣狗吠，兄嫂当知之。妃呼豨[6]！秋风肃肃晨风飔[7]，东方须臾高知之[8]。

有所思

（选自《乐府诗集》卷一六，宋郭茂倩编，中华书局，1979年版）

【注释】

[1]本篇选自《乐府诗集·鼓吹曲辞·汉铙歌》。有所思：指所思念的那个人。

[2]何用：何以。问遗（wèi）：“问”“遗”二字同义，作“赠予”解，是汉代习用的联语。

[3]玳瑁（dàimào）：一种龟类动物，其甲壳光滑而多文采，可制作装饰品。簪：古人用以连接发髻和冠的首饰，簪身横穿髻上，两端露出冠外，下缀白珠。

[4]绍缭：犹“缭绕”，缠绕。

[5]拉杂：堆集。这句是说，听说情人另有所爱了，就把原拟赠送给他的玉、双珠堆集在一块砸碎，烧掉。

[6]妃：训为“悲”。呼豨：意为“歔欷”。

[7]肃肃：风声。晨风飔（sī）：晨风，鸟名，即鹯，飞行迅疾。飔：疾速。一说晨风即雉鸟，常朝鸣以求偶。飔同“思”，思慕。

[8]高：通“皜”，指东方发白。

作品赏析

诗歌描写一痴情女子由炽热的相思，到对负心人的决绝，以及决绝之后的彷徨与坚定。诗中女子把情感寄托在所送物品上，情感跌宕起伏。痴恋与决绝的交织，为爱不顾一切的冲动和被辜负后的决绝，围绕着她精心准备的爱情信物“双珠玳瑁簪”开展，精心制作，小心保管，到胡乱捣碎，焚烧化灰，当风扬灰。感情炽热而决绝，令负心人不敢正视。

诗歌成功地运用了情节描写，以“双珠玳瑁簪”这一爱情信物为线索，通过“赠”与

"毁"及毁后三个阶段,来表现主人公的爱与恨,决绝与不忍的感情波折,由大起大落到余波不竭。中间又以"摧烧之""相思与君绝"两个顶真句,作为爱憎感情递增与递减的关纽;再以"妃呼豨"的长叹,来联缀贯通昔与今、疑与断的意脉,从而构成了描写女子热恋、失恋、眷恋的心理三部曲。全诗层次清晰而又错综,感情跌宕而又有韵致。

词海拾贝

摧(cuī)

构造:形声字。从手崔声。

释义:本义指推挤。一种说法认为,"摧"是"推动"的意思。还有一种说法认为,"摧"是"折断"的意思。《说文解字》:"挤也,一曰挏也,一曰折也。"

扬(yáng)

构造:形声。从手昜声。

释义:本义指高举使之飘荡。《说文解字》:"飞举也,从手昜声。"

缭(liáo)

构造:形声。从糸(mì),尞(liáo)声,表示与丝有关。

释义:本义指缠。《说文解字》:"缭,缠也。"

知识巩固与能力训练

一、解释句中加点的词语

秋风肃肃晨风飔,东方须臾高知之。

二、翻译句子

1.何用问遗君?双珠玳瑁簪,用玉绍缭之。

2.从今以往,勿复相思!相思与君绝!

三、简答

本诗中的女主人公与《诗经·氓》中的女主人公,在遭遇男子变心之后经历了不同的情感变化,请根据两首诗的内容简要概括。

学文心语

"上邪,我欲与君相知,长命无绝衰"是汉代女子磐石般坚定的信念和火焰般炽热激情的爱情宣言。爱,就要大胆地表达出来。

导语

《移居二首》是东晋诗人陶渊明迁居到南村不久后创作的作品。这时,作者已选定自己的生活道路,思想上摆脱了仕与隐的矛盾纠结。这两首诗均写与南村邻人交往过从之乐,又各有侧重。其一说新居虽然破旧低矮,但南村多有心地淡泊之人,因此颇以能和他们共度晨夕、谈古论今为乐。

移居(其一)

陶渊明[1]

移居

昔欲居南村[2],非为卜其宅[3]。闻多素心人[4],乐与数晨夕[5]。怀此颇有年[6],今日从兹役[7]。弊庐何必广[8],取足蔽床席[9]。邻曲时时来[10],抗言谈在昔[11]。奇文共欣赏[12],疑义相与析[13]。

(选自《陶渊明集》卷二,逯钦立校注,中华书局,1979 年版)

【注释】

[1]陶渊明(约 365—427),东晋著名诗人,字元亮,一说名潜,字渊明,自号五柳先生,世称靖节先生。陶渊明是我国第一位田园诗人,其诗以冲淡清远之笔,写田园生活、墟里风光,为诗歌开辟了全新的境界。

[2]南村:各家对“南村”的解释不同,丁福保认为在浔阳城(今江西九江)下(见《陶渊明诗笺注》)。

[3]卜其宅:占卜问宅之吉凶。这两句意思是说,昔日之所以欲居南村是因为这里有良好的邻居,而不是为了吉祥的住宅。

[4]素心人:心地朴素的人。

[5]数晨夕:算过几朝几夕。

[6]怀此:抱着移居南村这个愿望。颇有年:已经有很多年了。

[7]从兹役:顺从心愿。说多年来怀有移居南村的心愿,今天终于实现了。

[8]弊庐:破旧的房屋。何必广:何须求宽大。

[9]蔽床席:遮蔽床和席子。

[10]邻曲:邻居。

[11]抗言:高谈阔论或高尚其志的言论。谈在昔:谈论古事。

[12]奇文:新奇的文章。

[13]析:剖析。

作品赏析

全诗分三节,每节四句。首句先从题前落墨,追叙往日早有卜居南村之想。这一面示人以南村有它可贵之处,早引起自己的向往;一面也暗示今日移居的快慰。随即一转,说要居住南村,并不为宅地的吉祥而另有缘由。这才正面说明,只为那里有着可与共数晨夕的“素心人”。作者友人颜延之在给他所作的诔文中曾经说他“长实素心”,原来他移居南村主要还是为了寻求并亲近同调之人。先民早有把选宅经验浓缩成的谚语“非宅是卜,惟邻是卜”(《左传·昭公三年》)。作者很自然地化用了这一谚语,加以句法上的转折抑扬,突出了南村值得卜居。

次节先用“怀此颇有年”两句紧承首句,并透露出今日移居、夙愿得偿的喜悦;继以一句问、一句答的形式概括写出新居建造时的设想和建成实况。显然这是一所颇为简陋、狭隘的“蔽庐”。所以如此,一方面可能由于遭灾后经济财力有限;另一方面,也由于他思想上安于寒素,“称心易足”(《时运》)——他不是在《和郭主簿》二首之一中也曾表露过“营己良有极,过足非所钦”吗?更主要的却是因为能与“素心人”为邻,室庐的蔽陋与否便在所不计了。这节和上节意脉贯串也引发了下文。

结尾四句,写出就是在这“仅足床席”的蔽庐之中,可以随时招接素心邻居的来访,可以共数晨夕,或是高谈往古,或是赏析奇文疑义。蔽庐陋室却自成广阔天地,给主客提供人间极为难得的精神享受。

本诗反映出作者一心归耕、安居农村后和素心邻居所建立的深厚情谊,诗中有从事力耕自给衣食的先进意识,也有神驰往古、游心奇文疑义的高雅情趣。诗歌真实地反映出作者的情感生活,他怀有至性,对人对事一往情深。诗里所表现的感情真挚、淳朴,是深可敬仰的人类情感之美的表现。诗歌语言也十分真切自然,没有做作,也不用华美词藻和奥句僻典,只是随笔挥写,明白如话,使人感受到特有的艺术魅力。

词海拾贝

卜(bǔ)

构造:象形字。灼裂龟甲,像炙灼龟甲的样子。

释义:本义指像龟甲被灼烤后裂纹纵横的样子。所有与卜相关的字,都采用“卜”作边旁。《说文解字》:“灼剥龟也,象灸龟之形。一曰象龟兆之纵横也。”

宅(zhái)

构造:形声字。从宀,乇声。

释义:本义指寄托人身的居所。《说文解字》:“宅,所托也。”

蔽(bì)

构造:形声字。从艸,敝声。

释义:本义指细细密密地覆盖,是密集的小草。《说文解字》:“蔽蔽,小艸也。从艸敝声。”

知识巩固与能力训练

一、解释句中加点的词语

1.闻多素心人,乐与数晨夕。

2.邻曲时时来,抗言谈在昔。

二、翻译句子

1.蔽庐何必广,取足蔽床席。

2.奇文共欣赏,疑义相与析。

三、简答

在现代文明的侵蚀下,田园已经日渐远离人们的生活视线。那么,我们学习陶渊明的诗有何现实意义?

学文心语

“百万买房,千万买邻”,物以类聚,人以群分,这是一条亘古不变的社会法则。买房子不单单是寻一处居所,更是选择一种生活方式。“孟母三迁,择邻而居”告诉我们,环境决定生活,而圈层决定未来。择邻而居是人生改变的开始,发现圈层,找到一个好的圈子,人生会少走很多弯路。

导语

离别是人生总要经历的，离别的感伤也是人们的普遍情感。《别赋》择取离别的七种类型摹写离愁别绪，颇具代表性，并曲折地映射出南北朝时战乱频繁、聚散不定的社会状况。其题材和主旨在六朝抒情小赋中堪称新颖别致。

别　赋[1]

江　淹

别赋

黯然销魂者[2]，唯别而已矣！况秦吴兮绝国[3]，复燕宋兮千里。或春苔兮始生，乍秋风兮暂起[4]。是以行子肠断，百感凄恻。风萧萧而异响，云漫漫而奇色。舟凝滞于水滨，车逶迤于山侧[5]；棹容与而讵前[6]，马寒鸣而不息。掩金觞而谁御[7]，横玉柱而沾轼[8]。居人愁卧，怳若有亡[9]。日下壁而沉彩，月上轩而飞光。见红兰之受露，望青楸之罹霜[10]。巡曾楹而空掩[11]，抚锦幕而虚凉。知离梦之踯躅[12]，意别魂之飞扬[13]。

故别虽一绪，事乃万族[14]。

至若龙马银鞍[15]，朱轩绣轴。帐饮东都[16]，送客金谷[17]。琴羽张兮箫鼓陈[18]，燕赵歌兮伤美人。珠与玉兮艳暮秋，罗与绮兮娇上春[19]。惊驷马之仰秣[20]，耸渊鱼之赤鳞[21]。造分手而衔涕，感寂寞而伤神。

乃有剑客惭恩[22]，少年报士[23]。韩国赵厕[24]，吴宫燕市[25]。割慈忍爱，离邦去里。沥泣共诀，抆血相视。驱征马而不顾，见行尘之时起。方衔感于一剑[26]，非买价于泉里[27]。金石震而色变[28]，骨肉悲而心死[29]。

或乃边郡未和，负羽从军[30]。辽水无极，雁山参云。闺中风暖，陌上草薰。日出天而曜景[31]，露下地而腾文[32]。镜朱尘之照烂[33]，袭青气之烟煴[34]。攀桃李兮不忍别，送爱子兮沾罗裙。

至如一赴绝国，讵相见期[35]。视乔木兮故里，决北梁兮永辞。左右兮魂动，亲宾兮泪滋。可班荆兮赠恨[36]，惟樽酒兮叙悲。值秋雁兮飞日，当白露兮下时。怨复怨兮远山曲，去复去兮长河湄。

又若君居淄右，妾家河阳。同琼佩之晨照，共金炉之夕香。君结绶兮千里[37]，惜瑶草之徒芳[38]。惭幽闺之琴瑟，晦高台之流黄[39]。春宫閟[40]此青苔色，秋帐含兹明月光。夏簟清兮昼不暮[41]，冬釭凝兮夜何长[42]！织锦曲兮泣已尽，回文诗兮影独伤[43]。

傥有华阴上士[44]，服食还仙。术既妙而犹学，道已寂而未传[45]。守丹灶而不顾，炼金鼎而方坚[46]。驾鹤上汉，骖鸾腾天[47]。暂游万里，少别千年[48]。惟世间兮重别，谢主人兮依然。

下有芍药之诗[49]，佳人之歌[50]；桑中卫女，上宫陈娥[51]。春草碧色，春水渌波。送君南浦[52],伤如之何！至乃秋露如珠,秋月如珪。明月白露,光阴往来。与子之别,思心徘徊。

是以别方不定[53],别理千名。有别必怨,有怨必盈[54],使人意夺神骇,心折骨惊。虽渊、云之墨妙[55],严、乐之笔精[56];金闺之诸彦[57],兰台之群英[58];赋有凌云之称[59],辩有雕龙之声[60];谁能摹暂离之状,写永诀之情者乎?

(选自《江文通集汇注》卷一,李长路、赵威校点本,中华书局,1984年版)

【注释】

[1]别赋:写离别的赋。赋是中国文学的一种文体,汉代以大赋为盛;齐梁之际,多为抒情言志的小赋。江淹(444—505),字文通,南朝著名文学家,历仕宋、齐、梁三代。少年时以文章著名,晚年才思减退,传说梦中还郭璞五色笔,尔后作诗遂无美句,世称"江郎才尽"。

[2]黯然:心神沮丧,形容惨戚之状。销魂:丧魂落魄。

[3]秦吴:古国名,在今陕西一带。吴在今江苏、浙江一带。绝国:相隔极远的邦国。

[4]暂:突然。

[5]逶迟:徘徊不行的样子。

[6]棹(zhào):船桨,这里指代船。容与:缓慢荡漾不前的样子。讵前:滞留不前。此处化用屈原《九章·涉江》"船容与而不进兮,淹回水而疑滞"句意。

[7]掩:覆盖。觞(shāng):酒杯。御:进用。

[8]横:横持,横放着。玉柱:琴瑟上的系弦之木,这里指琴。轼:车前的横木。

[9]恍:丧神失意的样子。

[10]楸(qiū):落叶乔木。枝干端直,高达三十米,古人多植于道旁。罹:通"离",遭受。

[11]曾楹(yíng):高高的楼房。曾:同"层"。楹:屋前的柱子,此指房屋。锦幕:锦织的帐幕。二句写行子一去,居人徘徊旧屋的感受。

[12]踯躅(zhízhú):徘徊不前的样子。

[13]意:同"臆",料想。飞扬:飞散而无着落。

[14]万族:不同的种类。

[15]龙马:据《周礼·夏官·廋人》载,马八尺以上称"龙马"。

[16]帐饮:古人设帷帐于郊外以饯行。东都:指东都门,长安城门名。《汉书·疏广传》记疏广告老还乡时,"公卿大夫故人邑子设祖道供帐东都门,送者车数百辆,辞决而去"。

[17]金谷:晋石崇在洛阳西北金谷所造金谷园。史载石崇拜太仆,出为征虏将军,送者倾都,曾帐饮于金谷园。

[18]羽:五音之一,声最细切,宜于表现悲戚之情。琴羽:指琴中弹奏出羽声。张:调弦。

[19]上春:初春。

[20]驷马:古时四匹马拉的车驾称驷,马称驷马。仰秣(mò):抬起头吃草。语出《淮南子·说山训》:"伯牙鼓琴,驷马仰秣。"原形容琴声美妙动听,此反其意。

[21]耸:因惊动而跃起。鳞:指渊中之鱼。语出《韩诗外传》:"昔者瓠巴鼓瑟而潜鱼出听。"

[22]惭恩:自惭于未报主人知遇之恩。

[23]报士:心怀报恩之念的侠士。

[24]韩国:指战国时侠士聂政为韩国严仲子报仇,刺杀韩相侠累一事。赵厕:指战国初期,豫让因自己的主人智氏为赵襄子所灭,乃变姓名为刑人,入宫涂厕,挟匕首欲刺死赵襄子一事。

[25]吴宫:指春秋时专诸置匕首于鱼腹,在宴席间为吴国公子光刺杀吴王一事。燕市:指荆轲与朋友高渐离等饮于燕国街市,因感燕太子恩遇,藏匕首于地图中,至秦献图刺秦王未成,被杀。高渐离为了替荆轲报仇,又一次入秦谋杀秦王事。

[26]衔感:怀恩感遇。衔:怀。

[27]买价:指以生命换取金钱。泉里:黄泉。

[28]金石震:钟、磬等乐器齐鸣。句本《燕丹太子》:“荆轲与武阳入秦,秦王陛戟而见燕使,鼓钟并发,群臣皆呼万岁,武阳大恐,面如死灰色。”

[29]“骨肉”句:语出《史记·刺客列传》。聂政刺杀韩相侠累后,屠肠毁容自杀,以免牵累。韩国当政者暴尸于市,悬赏千金。其姐聂嫈云:“妾其奈何畏殁身之诛,终灭贤弟之名!”遂扬其弟义举,伏尸而哭,自杀其旁。骨肉:指死者亲人。

[30]负羽:挟带弓箭。

[31]曜(yào)景:闪射光芒。景:日光。

[32]腾文:指露水在阳光下反射出绚烂的色彩。

[33]镜:照。朱尘:红色的尘霭。照烂:鲜明绚烂之色。

[34]袭:扑入。青气:春天草木上腾起的烟霭。烟煴:同“氤氲”,云气笼罩弥漫的样子。

[35]讵:岂有。

[36]班:铺设。荆:树枝条。据《左传·襄公二十六年》,楚国伍举与声子相善。伍举将奔晋,遇声子于郑郊。“班荆相与食,而言复故。”后遂以“班荆道故”喻亲旧惜别之悲痛。

[37]结绶:谓出仕做官。绶:系官印的丝带。

[38]瑶草:仙山中的芳草。此喻闺中少妇。徒芳:喻虚度青春。

[39]晦:昏暗不明。流黄:黄色丝绢,这里指黄绢做成的帷幕。句谓为免伤情,不敢卷起帷幕远望。

[40]春宫:指闺房。閟(bì):关闭。

[41]簟(diàn):竹席。

[42]釭(gāng):灯。以上四句写居人春、夏、秋、冬四季相思之苦。

[43]“织锦”二句:据《璇玑图序》载,“前秦苻坚时,窦韬镇襄阳,携宠姬赵阳台之任,断妻苏惠音问。蕙因织锦为回文,五彩相宣,纵横八寸,题诗二百余首,计八百余言,纵横反复,皆成章句,名曰《璇玑图》以寄韬”。一说窦韬被徙沙漠,妻苏惠遂织锦为回文诗寄赠(《晋书·列女传》)。以上写游宦别离和闺中思妇的恋念。

[44]傥(tǎng):同“倘”。华阴:指华山,在今陕西渭南市南。上士:道士,求仙的人。

[45]寂:进入微妙之境。传:至,最高境界。

[46]炼金鼎:在金鼎里炼丹。

[47]骖(cān):三匹马驾车称“骖”。鸾:古代神话传说中凤凰一类的鸟。

[48]少别:小别。

[49]下:下士。与“上士”相对。芍药之诗:语出《诗经·郑风·溱洧》“维士与女,伊其相谑,赠以芍药”。

[50]佳人之歌:指李延年歌“北方有佳人,绝世而独立”。

[51]桑中:卫国地名。上宫:陈国地名。卫女、陈娥:均指恋爱中的少女。《诗经·鄘风·桑中》:“云谁之思?美孟姜矣。期我乎桑中,要我乎上宫。”

[52]南浦:语自《楚辞·九歌·河伯》“子交手兮东行,送美人兮南浦”。后以“南浦”泛指送别之地。

[53]别方:别离的双方。

[54]盈:充盈。

[55]渊:指王褒,字子渊。云:指扬雄,字子云。二人都是汉代著名的辞赋家。

[56]严:严安。乐:徐乐。二人为汉代著名文学家。

[57]金闺:指汉代长安金马门,汉官署名,是聚集才识之士以备汉武帝诏询的地方。彦:有学识才干的人。

[58]兰台:汉代朝廷中藏书和讨论学术的地方。

[59]凌云:据《史记·司马相如列传》载,司马相如作《大人赋》,汉武帝誉之为“飘飘有凌云之气,似游天地之间”。

[60]雕龙:据《史记·孟子荀卿列传》载,驺奭作文,善闳辩。故齐人称颂为“雕龙奭”。

作品赏析

本文以浓郁的抒情笔调,以环境烘托、情绪渲染、心理刻画等艺术方法,通过对富豪、侠客、戍人、夫妻、游宦、道士、情人别离的描写,生动具体地反映出齐梁时代社会动乱的侧影。

首先以“黯然销魂者,唯别而已矣”定一篇之基调;中间以“故别虽一绪,事乃万族”铺陈各种别离之情状写特定人物同中有异的别离之情;末尾以“别方不定,别理千名”打破时空的方法归结,在以悲为美的艺术境界中,概括人类别离的共有感情。

“黯然销魂者,唯别而已矣。”作者开篇就留下千古名句,把千古销魂蚀骨的各种情形作了一个归结——“别”,离别遗恨,此乃人情之常,但是,作者的思绪飞得很远很远。作品立足于社会现实,并对当时大量的生死离别作了高度集中的典型概括,创造出同属哀景的种种离别情况,并赋予它们独特的艺术情调,从而刻画出各类离别之人的独特感受。

显贵之别,乐往哀来;剑客之别,感奋悲壮;从军之别,泪沾罗裙;伉俪之别,幽阁独伤;游仙之别,驾鹤谢世;情侣之别,思心缠绵。种种离别各具特色,有互通之情,无雷同之感。这些极富个性的描写从不同角度,通过情景交融的场面,淋漓酣畅集中而强烈地表现了离别之人“黯然销魂”的共性,在很大程度上表现了那个时代动乱的特点,反映了当时人民普遍怨恨离乱的思想情绪。

本文善于借助环境描写精细地刻画离别之人的心理感受,把精湛的状物技巧与高超的心理刻画完美地糅合在一起,运用多变的环境描写,通过反面映衬和正面烘托,有层次地刻画了离别之人的心理感受。

词海拾贝

觞(shāng)

构造:形声字。从角,傷声。

释义:本义指古代盛酒器。《说文解字》:“觞,爵实曰觞,虚曰觶。”

羽(yǔ)

构造:象形字。甲骨文字形,像羽毛形,即鸟的长翎形。

释义:“羽”是汉字的一个部首,从“羽”的字多与羽毛有关。《说文解字》:“羽,鸟长毛也。”

锦(jǐn)

构造:形声字。从帛,金声。

释义:本义指有彩色花纹的丝织品。《说文解字》:“锦,襄邑织文。”

知识巩固与能力训练

一、解释句中加点的词语

1.棹容与而讵前,马寒鸣而不息。

2.知离梦之踯躅,意别魂之飞扬。

3.镜朱尘之照烂,袭青气之烟煴。

4.有别必怨,有怨必盈。

二、翻译句子

1.乃有剑客惭恩,少年报士。韩国赵厕,吴宫燕市。割慈忍爱,离邦去里。

2.春草碧色,春水渌波。送君南浦,伤如之何!

三、简答

谈谈本文所描写的送别氛围。

学文心语

“青山一道同云雨,明月何曾是两乡”,千年之后王昌龄的诗句依然温暖着我们的心灵。离别虽苦,情谊却永恒,正所谓人分两地,情同一心。

导语

《春江花月夜》是一篇脍炙人口的名作，它沿用陈、隋乐府旧题，抒写真挚动人的离情别绪及富有哲理意味的人生感慨。诗歌语言清新优美，韵律宛转悠扬，洗去了宫体诗的浓脂艳粉，给人以澄澈空明、清丽自然的感觉。

春江花月夜[1]

张若虚

春江花月夜

春江潮水连海平，海上明月共潮生。滟滟随波千万里[2]，何处春江无月明！江流宛转绕芳甸[3]，月照花林皆似霰[4]。空里流霜不觉飞，汀上白沙看不见[5]。江天一色无纤尘，皎皎空中孤月轮。江畔何人初见月？江月何年初照人？人生代代无穷已，江月年年只相似。不知江月待何人，但见长江送流水。白云一片去悠悠，青枫浦上不胜愁[6]。谁家今夜扁舟子[7]？何处相思明月楼[8]。可怜楼上月徘徊，应照离人妆镜台[9]。玉户帘中卷不去，捣衣砧上拂还来[10]。此时相望不相闻，愿逐月华流照君[11]。鸿雁长飞光不度[12]，鱼龙潜跃水成文[13]。昨夜闲潭梦落花[14]，可怜春半不还家。江水流春去欲尽，江潭落月复西斜。斜月沉沉藏海雾，碣石潇湘无限路[15]。不知乘月几人归，落月摇情满江树[16]。

（选自《全唐诗》卷一一七，清彭定求编，中华书局，1960年版）

【注释】

[1]春江花月夜：《春江花月夜》本为乐府旧题，属《清商曲辞·吴声歌曲》，相传为陈后主所创，内容是写艳情的“宫体”诗，特色是艳丽柔靡。隋及唐初人仿作逐渐将其改变为写景诗，但仍为五言短篇。张若虚首次将这一旧题改造成长篇七言歌行。张若虚（660？—720？），扬州（今江苏扬州）人，唐代诗人。生平事迹不详，唯知曾任兖州兵曹。神龙中，与贺知章、张旭、包融号称“吴中四士”。今仅存诗二首。

[2]滟滟：水波闪光的样子。

[3]芳甸：遍生花草的原野。

[4]霰：小冰粒，俗称雪子，此以形容洁白月光照映下的花朵。

[5]汀：沙洲，指白沙与月色融成一片。

[6]青枫浦：一名双枫浦，在今湖南浏阳河上。这里是泛指两地相思之一方。

[7]扁舟子：漂荡江湖的游子。

[8]明月楼：指月夜楼中的思妇。

[9]离人：指离妇。

[10]卷不去、拂还来：都指月光，因月光增人愁思，所以想将它卷去、拂去，这是借月光说愁思难以排遣。

[11]逐：跟随。月华：月光。

[12]光不度：月光不动。

[13]鱼龙潜跃：偏义复词，偏指鱼跃。文：通“纹”。

[14]闲潭:幽静的潭水。

[15]碣石潇湘:是说南北相隔,无限遥远。碣石:山名,在今河北昌黎县北,这里代指北方。潇湘:水名,在今湖南,这里代指南方。

[16]摇情:不宁的心情,激动的感情。

作品赏析

全诗紧扣春、江、花、月、夜的背景来写,而又以月为主体。"月"是诗中情景兼融之物,它跳动着诗人的脉搏,在全诗中犹如一条生命纽带,通贯上下,触处生神,诗情随着月轮的生落而起伏曲折。月在一夜之间经历了升起—高悬—西斜—落下的过程。在月的照耀下,江水、沙滩、天空、原野、枫树、花林、飞霜、白云、扁舟、高楼、镜台、砧石、长飞的鸿雁、潜跃的鱼龙,不眠的思妇以及漂泊的游子,组成了完整的诗歌形象,展现出一幅充满人生哲理与生活情趣的画卷。

"春江潮水连海平,海上明月共潮生。滟滟随波千万里,何处春江无月明。"开始四句暗示所吟咏的月夜位于长江下游,因为从诗中可以看出这里水面宽阔,春潮高涨,江海相连,更有那一轮明月伴随着海潮一同升起。月渐升高,皎洁的清辉随春潮奔涌,光耀千万里。

"江流宛转绕芳甸,月照花林皆似霰。空里流霜不觉飞,汀上白沙看不见。"这四句的着眼点由江海交汇处转到岸汀之上,写江水绕着长满芳草野花的江边小洲流过,月亮的清辉洒满散发着幽香的花林,仿佛给花林洒上了一层雪珠。月色洁白如霜,反而使空中的霜飞不易觉察,因而也使江边的沙滩像铺上了一层银霜,以致只看得见月色而"看不见"白沙了。

"江天一色无纤尘,皎皎空中孤月轮。江畔何人初见月?江月何年初照人?人生代代无穷已,江月年年只相似。不知江月待何人?但见长江送流水。"这八句由岸汀江天的美景,引发出人生哲理的探求。人生易老,一代一代地生息无穷;然而苍天不老,江月总是以她"年年只相似"的姿容升起,不知她在执着地等待着什么人,她所能看到的也只有长江一浪推着一浪送走流水。

"白云一片去悠悠,青枫浦上不胜愁。谁家今夜扁舟子?何处相思明月楼。"这四句是写一片白云随风悠悠飘走,在这昔日与亲人分手的江岸见到远去的白云,就更使人的离愁别绪苦不堪言。皎洁的月光之下,是谁家的游子乘着一叶扁舟漂游在外呢?能寄托相思的只有这明月楼了。

"可怜楼上月徘徊,应照离人妆镜台。玉户帘中卷不去,捣衣砧上拂还来。"这四句是全诗感情冲动的高潮所在。天上孤寂的明月仿佛找到了楼上思妇这个"同病相怜"之人,她踱上楼台闺阁,徘徊着,不肯离去,也照在了她的梳妆台。月光照在闺房的门帘上,卷也卷不走;照在曾为丈夫捣过衣服的衣砧上,拂去了却又回来。

"此时相望不相闻,愿逐月华流照君。鸿雁长飞光不度,鱼龙潜跃水成文。"这四句是写一轮明月同照两地,我们夫妇只能遥遥相望却不能互通音讯。我是多么希望随着月光照在你的身上啊。可是,天空广袤,连善于长飞的大雁都不能飞出无边的月光世界,连善游的鱼龙也只能掀起一层层波纹却游不到你的身边，我又怎么能和你相会呢？

“昨夜闲潭梦落花，可怜春半不还家。江水流春去欲尽，江潭落月复西斜。”这四句把梦境与实境交织在一起，虚实相间，从而把月夜将尽、梦境难以实现的愁怅之情烘托得缠绵悱恻。

“斜月沉沉藏海雾，碣石潇湘无限路。不知乘月几人归，落月摇情满江树。”这四句是写离愁夜曲结束，新的一天的思恋情歌开始。

作者将春、江、花、月、夜写到极致，把画意、诗情与对宇宙奥秘和人生哲理的体察融为一体，在意境、情趣、韵律上开拓了新的天地，使这首诗成为唐诗宝库中的明珠。

词海拾贝

海(hǎi)

构造：形声字。从水，每声。

释义：本义指大海，海洋。《说文解字》：“海，天池也。以纳百川者。”

雁(yàn)

构造：形声字。从隹(zhuī)，从人，厂(hǎn)声。隹：短尾鸟。厂：石山之崖岩，也有表意作用。

释义：本义指鸟名，鸟类的一属，形状略像鹅，颈和翼较长，足和尾较短，羽毛淡紫褐色，善于游泳和飞行。《说文解字》：“雁，雁鸟也。”

沙(shā)

构造：会意字。从水，从少。

释义：本义指极细碎的石粒沙，水中散石。《说文解字》：“水少沙见。”金文字形，左边是水，右边“少”像沙粒形。

知识巩固与能力训练

一、解释句中加点的词语

1.江流宛转绕芳甸，月照花林皆似霰。

2.鸿雁长飞光不度，鱼龙潜跃水成文。

二、翻译句子

1.春江潮水连海平，海上明月共潮生。

2.人生代代无穷已，江月年年只相似。

3.此时相望不相闻，愿逐月华流照君。

三、简答

1.有人说《春江花月夜》的情感基调是“哀而不伤”，请谈谈你的认识。

2.诗中“玉户帘中卷不去，捣衣砧上拂还来”两句，使用了什么修辞方法？

3.为什么说月光是统摄全诗的灵魂？

学文心语

在月亮底下发一点感慨，是诗人们常有之事，李白的“今人不见古时月，今月曾经照古人”，苏轼的“此生此夜不长好，明月明年何处看”对古今变幻，世事无常，都是感慨系之。人生苦短，岁月无情亦有情。明月维系着古人和今人，它是人类历史的见证者。望着这曾洗礼过地球上千万代人、见证过亿万人生离死别的千古明月，忽然发现，好多年前，我们共赏的那轮明月还在，可曾经一起赏月的人呢？人类的永恒，是传承；明月的永恒，是亘古不变的明月光。

导语

人生不如意事十之八九,理想与现实又总是相差甚远,若不能自我排解,自我看开,那就得每天生活在烦恼中间,面临的也将是数不尽的忧愁。如李白那般宽阔的胸襟以及豪迈爽朗的性格,既是李白的魅力所在,也是人们应该学习的乐观主义精神。我们在诗中品味李白的高超境界,也在现实生活中感受其人格的魅力。李白的魅力就是盛唐的魅力,而李白也正是大唐最浪漫的文化符号。

宣州谢朓楼饯别校书叔云[1]

李 白

宣州谢朓楼饯别校书叔云

弃我去者,昨日之日不可留;乱我心者,今日之日多烦忧。长风万里送秋雁[2],对此可以酣高楼。蓬莱文章建安骨[3],中间小谢又清发[4]。俱怀逸兴壮思飞[5],欲上青天揽明月。抽刀断水水更流,举杯消愁愁更愁。人生在世不称意,明朝散发弄扁舟[6]。

选自《李白全集校注汇集评》卷一六,詹锳主编,百花文艺出版社,1996 年版)

【注释】

[1]宣州:今安徽宣城一带。谢朓(tiǎo)楼:又名北楼、谢公楼,在陵阳山上,谢朓任宣城太守时所建,并改名为叠嶂楼。饯别:以酒食送行。校(jiào)书:官名,即秘书省校书郎,掌管朝廷的图书整理工作。叔云:李白的叔叔李云。李白(701—762),字太白,号青莲居士,祖籍陇西成纪(今甘肃秦安东),生于碎叶城(当时属安西都护府),后迁居四川。天宝初,长安,贺知章一见,称为"谪仙人",荐于唐玄宗,待诏翰林。后漫游江湖间,永王李璘聘为幕僚,璘起兵,事败,坐流放夜郎(在今贵州省)。中途遇赦,至当涂未几卒。李白是我国唐代伟大的浪漫主义诗人,其诗风雄奇豪放,想象丰富,语言流转自然,音律和谐多变,是屈原以来积极浪漫主义诗歌的新高峰。

[2]长风:远风,大风。

[3]蓬莱:指东汉时藏书之东观。《后汉书·窦融列传》附窦章传:"是时学者称东观为老氏藏室,道家蓬莱山。"李贤注:"言东观经籍多也。蓬莱,海中神山,为仙府,幽经秘籍并皆在也。"蓬莱文章:借指李云的文章。建安骨:汉末建安(汉献帝年号,196—220)年间,"三曹"和"七子"等作家所作之诗风骨遒劲,后人称之为"建安风骨"。

[4]小谢:指谢朓,字玄晖,南朝齐诗人。后人将他和谢灵运并称为大谢、小谢。这里用以自喻。清发:指清新秀发的诗风。

[5]俱怀:两人都怀有。逸兴:飘逸豪放的兴致,多指山水游兴,超远的意兴。王勃《滕王阁序》:"遥襟甫畅,逸兴遄飞。"李白《送贺宾客归越》:"镜湖流水漾清波,狂客归舟逸兴多。"壮思飞:卢思道《卢记室诔》:"丽词泉涌,壮思云飞。"壮思:雄心壮志、豪壮的意思。

[6]散发:不束冠,意谓不做官。这里是形容狂放不羁。古人束发戴冠,散发表示闲适自在。弄扁

(piān)舟:乘小舟归隐江湖。扁舟:小舟,小船。春秋末年,范蠡辞别越王勾践,“乘扁舟浮于江湖”(《史记·货殖列传》)。

作品赏析

这首诗的重点不是写离情别绪,而主要是感怀,抒发诗人的理想和抱负不能实现的感怀。诗歌旨在以蓬莱文章比李云,以谢朓诗歌清发自喻,借送别以赞对方,惜其生不称世。

开首二句,不写叙别,不写楼,平地突起波澜,揭示郁积已久的强烈精神苦闷。三、四句突作转折,从苦闷中转到爽朗壮阔的境界,展开了一幅秋空送雁图。完全撇开“烦忧”,放眼万里秋空,从“酣高楼”的豪兴到“揽明月”的壮举,扶摇直上九霄。一“送”,一“酣”,点出了“饯别”的主题。“蓬莱”四句,既赞美对方文章如蓬莱宫幽藏,刚健遒劲,有建安风骨。又流露自己才能,以谢朓自比,表达了对高洁理想的追求。末四句抒发感慨,理想与现实不可调和,不免烦忧苦闷,只好在“弄扁舟”中寻求寄托。

诗歌思想感情瞬息万变,艺术结构腾挪跌宕,起落无端,断续无迹,深刻地表现了诗人矛盾的心情。语言豪放自然,音律和谐统一,“抽刀断水水更流,举杯消愁愁更愁”已成为千百年来传唱的名句。

词海拾贝

酣(hān)

构造:会意字。从酉,从甘,甘亦声。从“酉”,表示与酒有关。“甘”也具有表意作用。

释义:本指酒喝得很畅快。《说文解字》:“酣,酒乐也。”

骨(gǔ)

构造:会意字。从冎(guǎ),小篆像去掉肉的骨形,意思是“剐”。从肉,表示骨与肉相连。“骨”是汉字部首之一,从“骨”的字多与骨头和人体有关。

释义:本义指骨头。《说文解字》:“骨,肉之核也。”

愁(chóu)

构造:形声。从心,秋声。字亦作“愀”。

释义:本义指忧虑,发愁。《说文解字》:“愁,忧也。”

知识巩固与能力训练

一、解释句中加点的词语

1.俱怀逸兴壮思飞,欲上青天揽明月。

2.人生在世不称意,明朝散发弄扁舟。

二、翻译句子

1.弃我去者,昨日之日不可留;乱我心者,今日之日多烦忧。

2.蓬莱文章建安骨,中间小谢又清发。

三、简答

谈谈你对“人生在世不称意,明朝散发弄扁舟”一句的理解和看法。

学文心语

宋人方岳诗:“不如意事常八九,可与语人无二三。”人生不如意事十之八九,每个人都面临着各种各样的烦恼:工作上杂乱的琐事,身体上偶尔的小疾,感情上的磕磕绊绊……面临麻烦,我们总是表现得惊慌失措,急于将它甩掉。但是,麻烦往往如影相随,让人无法彻底甩掉。生活中的麻烦一个接着一个,按下葫芦,却浮起了瓢。麻烦与快乐是孪生姐妹,只不过快乐到来时,你不会憎恶它而已。因此,我们要把麻烦看作生命中赖以表现自己韵律的一部分,以豁达、从容的心态处之。

导语

秋兴者，遇秋而遣兴也，感秋生情之意。《秋兴八首》是杜甫晚年为逃避战乱寄居夔州时的代表作品，全诗八首蝉联，前呼后应，脉络贯通，组织严密，既是完美的组诗，又各自成篇，每一篇都是独立严整的七言律诗。这组诗，融入夔州萧条的秋色，清凄的秋声，用滔滔不尽的大江把今昔异代联系起来，寄托诗人关心国家命运的深情和浓厚的故国之思。

秋兴八首(其一)[1]

杜　甫

玉露凋伤枫树林[2]，巫山巫峡气萧森[3]。江间波浪兼天涌[4]，塞上风云接地阴[5]。丛菊两开他日泪[6]，孤舟一系故园心[7]。寒衣处处催刀尺[8]，白帝城高急暮砧[9]。

（选自《杜诗详注》卷一七，清仇兆鳌注，中华书局，1997 年版）

秋兴八首

【注释】

[1]《秋兴八首》是杜甫寓居四川夔州时写的以相望长安为主题的一组七言律诗，是杜诗七律的代表作。这里选录第一首。杜甫(712—770)，字子美，原籍襄阳，生于河南巩县(今河南巩义)。盛唐伟大的现实主义诗人，一生写了许多诗，现存一千四百多首，收集在《杜工部集》里。他的诗深刻地反映了唐朝由兴盛走向衰亡的社会面貌，具有丰富的社会内容、鲜明的时代色彩和强烈的政治色彩。诗中激荡着热爱祖国、热爱人民的炽烈情感和不惜自我牺牲的崇高精神，因此被后人公认为“诗史”，诗人被尊称为“诗圣”。杜诗继承和发展《诗经》以来的优良文学传统，成为我国古代诗歌的现实主义高峰，起着继往开来的重要作用。在艺术上，杜甫善于运用各种诗歌形式，风格多样，而以沉郁为主；语言精练，具有高度的表达能力。

[2]玉露：白露。

[3]萧森：萧瑟阴森。

[4]江间：指巫峡。兼天涌：波浪滔天。

[5]接地阴：天地一片阴沉沉。

[6]“丛菊”句：是说客居夔州已经两年，东归的愿望仍未实现，每次见到菊花开绽就伤心落泪。

[7]故园心：东归长安的心愿。

[8]催刀尺：赶制御寒的冬衣。刀尺：指制衣时的用具。

[9]急暮砧：薄暮时分，捣制寒衣的砧声一阵紧似一阵。砧：捣衣的垫石。

作品赏析

杜甫在夔州时年五十五岁，已处在人生之秋，眼看晚年多病，知交零落，壮志难酬，心境非常寂寞。当此秋风萧瑟之时，不免触景生情，感发诗兴，故曰《秋兴》，共八首。

这八首诗，结构严谨，是个有机的整体。第一首，是组诗领起之作，八诗之纲领。诗的前四句先写环境，既写景又写事，更是写情，意蕴丰富。首联以树、峡写秋景，枫林凋伤，山峡萧森。以近景写秋色，以全景摄秋气，以秋风起兴，拓展了诗境，强化了秋意，诗人漂泊异乡思国思家的愁绪得到了最好的烘染。满目衰飒的秋景，阴森逼人的寒气，给全诗奠定了悲凉的基调。

颔联以江、天写秋景，描绘眼中的巫峡景象和阴森气氛：骇浪滔天，阴云匝地。诗句明写诗人对江间波浪、塞上风云的感知，暗指对时局动荡、国事衰败的担忧。

颈联转入了对自己身世的感伤，倾诉思乡心绪。以丛菊孤舟写秋景，借“泪”托出焦灼无奈的思乡之情；用“孤”传出漂泊无依的苦况。以“丛菊两开”“孤舟一系”的图景，表现出思乡之情的深沉浓烈和欲归不得的无奈与凄伤。

尾联以寒衣木砧写秋景，寒衣处处，惊寒之意油然而生；暮砧声声，游子之愁蓦然袭来。古时候每到秋天，家人都要为远方的游子或戍边的将士制作寒衣，因此捣衣声是人间的秋声，它往往会增添客子的愁绪。这里表现了诗人对国事的担忧，对家人家乡的思念。

诗歌以秋感兴，通篇以秋景为主线，串联起羁旅之愁、漂泊之感、故园之思、怀乡之情，成为写景抒情之佳作。在艺术上，全篇诗律精严，对仗工整，是杜甫晚年精于律诗的典型作品之一。

词海拾贝

凋(diāo)

构造：形声字。从仌(bīng)，周声。“仌”，冻的意思。

释义：本义指草木衰落。《说文解字》：“凋，半伤也。”

孤(gū)

构造：形声字。从子，瓜声。

释义：本义指幼年丧父，即孤儿。《说文解字》：“孤，无父也。”

暮(mù)

构造：形声字。从日，莫声。古字作“莫”，像太阳落到草丛中，表示天将晚。“暮”为后起字。

释义：本义指日落时，傍晚。

知识巩固与能力训练

一、解释句中加点的词语

1.玉露凋伤枫树林，巫山巫峡气萧森。

2.寒衣处处催刀尺，白帝城高急暮砧。

二、翻译句子

1.丛菊两开他日泪，孤舟一系故园心。

2.江间波浪兼天涌，塞上风云接地阴。

三、简答

1.杜甫此诗的主旨是否可以用“悲秋”二字概括？

2.为什么说颔联所描写的骇浪滔天、阴云匝地的景象有暗示或象征意味？

学文心语

“洛阳城里见秋风，欲作家书意万重”“此夜曲中闻折柳，何人不起故园情”，这是漂泊客子羁旅愁情的绝唱，纵使穿越千年的雨雪风霜仍然响彻在我们的耳畔。见月怀人，闻笛思乡，哪怕我身孤独，但我对故乡思念的那颗心永远不会改变啊。

导语

《长恨歌》所讲述的李隆基、杨贵妃的爱情悲剧，情景震撼，人物身份特殊，历史影响深远，堪称历代帝王爱情故事中的经典。白居易诗歌通俗易懂、流传广泛，作品受到了历代读者关注。“莫唱当年《长恨歌》，人间亦自有银河。石壕村里夫妻别，泪比长生殿上多”（清袁枚《马嵬》），是后世诗人的慨叹。

长恨歌[1]

白居易

长恨歌

汉皇重色思倾国[2]，御宇多年求不得[3]。杨家有女初长成[4]，养在深闺人未识。天生丽质难自弃，一朝选在君王侧[5]。回眸一笑百媚生，六宫粉黛无颜色[6]。春寒赐浴华清池[7]，温泉水滑洗凝脂。侍儿扶起娇无力[8]，始是新承恩泽时[9]。云鬓花颜金步摇[10]，芙蓉帐暖度春宵[11]。春宵苦短日高起，从此君王不早朝。承欢侍宴无闲暇，春从春游夜专夜[12]。后宫佳丽三千人，三千宠爱在一身。金屋妆成娇侍夜[13]，玉楼宴罢醉和春[14]。姊妹弟兄皆列土[15]，可怜光彩生门户[16]。遂令天下父母心，不重生男重生女[17]。

骊宫高处入青云[18]，仙乐风飘处处闻。缓歌慢舞凝丝竹[19]，尽日君王看不足。渔阳鼙鼓动地来[20]，惊破《霓裳羽衣曲》[21]。九重城阙烟尘生[22]，千乘万骑西南行[23]。翠华摇摇行复止[24]，西出都门百余里[25]。六军不发无奈何[26]，宛转蛾眉马前死[27]。花钿委地无人收[28]，翠翘金雀玉搔头[29]。君王掩面救不得，回看血泪相和流。黄埃散漫风萧索，云栈萦纡登剑阁[30]。峨嵋山下少人行[31]，旌旗无光日色薄[32]。蜀江水碧蜀山青，圣主朝朝暮暮情。行宫见月伤心色，夜雨闻铃肠断声[33]。

天旋日转回龙驭[34]，到此踌躇不能去。马嵬坡下泥土中，不见玉颜空死处。君臣相顾尽沾衣，东望都门信马归[35]。归来池苑皆依旧，太液芙蓉未央柳[36]。芙蓉如面柳如眉，对此如何不泪垂？春风桃李花开日，秋雨梧桐叶落时。西宫南内多秋草，落叶满阶红不扫。梨园弟子白发新[37]，椒房阿监青娥老[38]。夕殿萤飞思悄然[39]，孤灯挑尽未成眠[40]。迟迟钟鼓初长夜，耿耿星河欲曙天[41]。鸳鸯瓦冷霜华重[42]，翡翠衾寒谁与共[43]？悠悠生死别经年[44]，魂魄不曾来入梦。

临邛道士鸿都客[45]，能以精诚致魂魄。为感君王辗转思，遂教方士殷勤觅[46]。排空驭气奔如电，升天入地求之遍。上穷碧落下黄泉[47]，两处茫茫皆不见。忽闻海上有仙山，山在虚无缥渺间。楼阁玲珑五云起[48]，其中绰约多仙子[49]。中有一人字太真[50]，雪肤花貌参差是。金阙西厢叩玉扃[51]，转教小玉报双成[52]。闻道汉家天子使[53]，九华帐里梦魂惊[54]。揽衣推枕起徘徊，珠箔银屏迤逦开[55]。云鬓半偏新睡觉，花冠不整下堂来。

风吹仙袂飘飖举，犹似《霓裳羽衣舞》。玉容寂寞泪阑干[56]，梨花一枝春带雨。含情凝睇谢君王[57]，一别音容两渺茫。昭阳殿里恩爱绝[58]，蓬莱宫中日月长[59]。回头下望人寰处，不见长安见尘雾。唯将旧物表深情，钿合金钗寄将去[60]。钗留一股合一扇，钗擘黄金合分钿[61]。但令心似金钿坚，天上人间会相见。临别殷勤重寄词[62]，词中有誓两心知。七月七日长生殿[63]，夜半无人私语时。在天愿作比翼鸟[64]，在地愿为连理枝[65]。天长地久有时尽，此恨绵绵无绝期。

（选自《白居易集笺校》卷一二，朱金城笺注，上海古籍出版社，1988 年版）

【注释】

[1]《长恨歌》是长篇叙事诗，作于唐宪宗元和元年冬。时白居易任盩厔县尉，与友人陈鸿、王质夫同游仙游寺，道古论今，言及唐玄宗之溺于声色及杨贵妃之恃宠贵幸，终于酿成马嵬之变，不胜感慨，乃据王质夫之建议作成此诗。陈鸿并为之作《长恨歌传》，于是，诗、传一体，相得益彰。白居易（772—846），字乐天，晚号香山居士，原籍太原，祖上迁居下邽（今陕西渭南）。唐德宗贞元十六年（800）中进士，由校书郎累官至左拾遗。在此期间，他关心朝政，屡屡上书言事，要求革除弊政，因遭权贵忌恨，被贬为江州司马。后历任忠州、杭州、苏州等州刺史，多为当地百姓做好事，深得人心。官终刑部尚书，世称白香山。他提倡"文章合为时而著，歌诗合为事而作"的主张，强调继承现实主义传统，肯定诗歌的教育意义和政治作用。其诗善于叙述，语言浅易，情至曲尽，流传广泛。

[2]汉皇：中唐后诗人多好以汉武帝（刘彻）代借指唐玄宗。倾国：指美女。

[3]御宇：驾御宇内，即统治天下。

[4]杨家有女：小名玉环，是蜀州司户杨玄琰的女儿。开元二十三年（735），册封为寿王（玄宗的儿子李瑁）妃。二十八年玄宗使她为道士，住太真宫，改名太真。天宝四年（745）册封为贵妃，礼秩同于皇后。《长恨歌传》云："诏高力士潜送外宫，得弘农杨玄琰女于寿邸。"此谓"养在深闺人未识"，何焯曰："此为尊者讳。"（《白居易集校笺》卷一二引）

[5]选：指选妃。唐玄宗实际是从儿子李瑁手中把杨玉环夺去的，"选"字是为尊者讳的掩饰之词。

[6]六宫：后妃的住处。粉黛：本是妇女的化妆品，这里用作妇女的代称。无颜色：是说六宫妃嫔和杨贵妃比较之下都显得不美了。

[7]华清池：开元十一年（723）建温泉宫于骊山，天宝六年（747）改名华清宫。温泉池也改名"华清池"。凝脂：形容皮肤白嫩而柔滑。

[8]侍儿：指婢女。

[9]承恩泽：指得到皇帝的宠遇。

[10]步摇：一种首饰的名称，用金银丝宛转屈曲制成花枝形状，上缀珠玉，插在发髻上，行走时摇动，所以叫"步摇"。

[11]芙蓉帐：指色泽艳丽的丝质帐篷。

[12]夜专夜：夜夜专宠于贵妃。

[13]"金屋"句：金屋，《汉武故事》记载，汉武帝年幼时，他的姑母指着自己的女儿阿娇问他是否喜欢，他说："若得阿娇作妇，当作金屋贮之。"娇：阿娇，这里指杨贵妃。

[14]醉和春：指玄宗带醉就寝。

[15]姊妹弟兄：指杨氏一家。杨玉环受册封后，她的大姐封韩国夫人，三姐封虢国夫人，八姐封秦国

夫人。伯叔兄弟杨铦官鸿胪卿,杨锜官侍御史,杨钊赐名国忠,天宝十一年(752)为右丞相,所以说"皆列土"(分封土地)。

[16]可怜:可爱。

[17]"不重"句:陈鸿《长恨歌传》引当时民谣"生女勿悲酸,生男勿喜欢"。

[18]骊宫:骊山上的华清宫。唐玄宗常和杨贵妃在这里饮酒作乐。

[19]凝丝竹:管弦乐器奏出舒缓的乐声。

[20]"渔阳"句:指安禄山叛乱。

[21]《霓裳羽衣曲》:唐代舞名,本为《婆罗门》,是印度舞曲,开元时经中亚传入,据说为西凉节度使杨敬述所献,并经玄宗修改,后用此名。

[22]九重城阙:指京城。烟尘生:指发生战祸。

[23]西南行:天宝十五(756)年六月,安禄山破潼关,玄宗带着杨氏姐妹及侍卫逃往四川。

[24]翠华:用翠羽装饰的旗子,这里指皇帝的仪仗队。

[25]西出:到了马嵬坡。马嵬在长安西百余里,今陕西兴平。

[26]六军:古代天子六军,这里指侍卫皇帝的禁卫军。

[27]宛转:缠绵悱恻的样子。蛾眉:原指女子的眉毛,这里指杨贵妃。

[28]花钿:一种首饰,用金银珠宝镶嵌而成。

[29]翠翘:翠鸟尾上的长毛叫"翘"。此处指形似"翠翘"的头饰。金雀:雀形的金钗。玉搔头:玉簪。这句说各种各样的首饰和花钿都丢在地上。

[30]云栈:高入云霄的栈道,长安入蜀,经秦岭有北栈道,巴山有南栈道。萦纡:弯曲盘绕的样子。剑阁:指剑门关,在今四川省剑阁县北。

[31]峨嵋山:玄宗入蜀只到成都,未曾到过峨眉山。此泛指蜀山。

[32]日色薄:日光惨淡。

[33]"夜雨"句:《明皇杂录》载:"明皇既幸蜀,西南行,初入斜谷,属霖雨涉旬,于栈道雨中闻铃音,隔山相应。上(指玄宗)既悼念贵妃,采其声为《雨霖铃》曲以寄恨焉。"

[34]"天旋"句:比喻形势好转。肃宗至德二年(757年)十月郭子仪收复长安,十二月唐玄宗被迎回。

[35]信马:任马自行。

[36]太液:池名,在长安城东北面的大明宫内。未央:宫名,在今陕西西安长安区西北。两者都是汉朝就有的名称。此处借指唐朝的池苑和宫殿。

[37]梨园弟子:玄宗曾选乐工宫女数百人在梨园教习音律歌舞技艺,这些人被称为梨园弟子。

[38]椒房:宫殿名称,皇后所居。以椒(花椒)和泥涂壁,取其温暖而芳香。阿监:宫廷中的近侍,唐代六七品女官名。青娥:指年轻貌美的宫女。"青娥老"和上句"白发新"对举。

[39]思悄然:悄然沉思不语。

[40]孤灯挑尽:古时用灯草点油灯,过一会儿就要把灯草往前挑一挑,让它好燃烧。挑尽:是说夜已深,灯草也将挑尽。

[41]耿耿:明亮。星河:银河。欲曙天:天快要亮的时候。

[42]鸳鸯瓦:正反相对、两片嵌在一起的瓦。

[43]翡翠衾:绣有翡翠鸟的衾被。

[44]经年：过去一年。

[45]临邛(qióng)：今四川省邛崃县。鸿都客：是说这位四川方士曾在洛阳住过。一说“鸿都客”是说临邛道士来京都为客。鸿都：洛阳北宫门名。

[46]方士：有方术的人。

[47]上穷：向上穷尽。碧落：道家称天界为碧落。

[48]五云：五彩祥云。

[49]绰约：轻盈柔美的样子。

[50]太真：杨玉环为女道士时法号太真。

[51]叩玉扃：叩玉作的门。扃：本指门闩或门环，这里指门扇。

[52]小玉：作者《霓裳羽舞歌》自注“吴王夫差女小玉”。双成：姓董。《汉武帝内传》记载：西王母命玉女董双成吹云和之笙。此借小玉、双成作为杨贵妃的侍婢。

[53]汉家天子：这里指唐玄宗。

[54]九华帐：花饰繁丽的床帐。

[55]珠箔：珠帘。屏：屏风。迤逦：连接不断。

[56]阑干：纵横的样子。

[57]凝睇：凝视。

[58]昭阳殿：汉宫名，赵飞燕居住过的地方。这里代指杨贵妃旧居处。

[59]蓬莱宫：传说中的海上仙山。这里代指仙境。

[60]钿合：镶嵌金花的首饰盒。寄将去：托请捎去。

[61]擘：分开。这两句意思是说：钗留一股盒留一片，钗分开了里头是黄金，盒分开了里头是金属花片。

[62]重寄词：再托方士捎口信。

[63]长生殿：唐华清宫一殿名，天宝元年(742)十一月造，名为集灵台，祀神用。唐代又称皇帝寝殿为长生殿。所以诗中所指长生殿，不一定专指集灵台。

[64]比翼鸟：传说中的鸟，只有一目一翼，其名鹣鹣，雌雄并列，紧靠而飞。

[65]连理枝：两树根不同，而树干结合在一起。

作品赏析

这首诗以唐玄宗和杨贵妃的爱情悲剧为题材，以“长恨”为题旨，批判了唐玄宗的荒淫误国和杨贵妃的恃宠致乱，同时对他们的爱情悲剧寄予同情，形成了批判与同情并存、惋惜与讽刺兼有的双重主题。

诗歌由唐玄宗重色和杨贵妃得宠的经过写起，继而叙述安史乱起、玄宗出逃、马嵬缢妃事件，再而描述唐玄宗晚年凄清孤寂的生活和思念杨贵妃的情景，最后以浪漫主义的手法，让杨贵妃在仙山中出现，表现唐玄宗与杨贵妃至死不渝的爱情，并以“天长地久有时尽，此恨绵绵无绝期”结束全诗，照应诗题，点明题旨。

全诗以“长恨”为主线，前写因，后写果，情节曲折离奇，人物形象完整鲜明，生动具体，语言流畅匀称，优美和谐，描写绘声绘色，细致入微，是现实主义与浪漫主义创作方法相结合的名篇佳作。

词海拾贝

眸(móu)

构造:形声字。从目,牟声。

释义:本义指瞳人,眼珠。《说文解字》:“眸,目童子也。”

钿(diàn)

构造:形声字。从金,田声。

释义:本义指金花,用金嵌成花状的美饰。

睇(dì)

构造:形声字。从目,弟声。

释义:本义指斜视。《说文解字》:“睇,目小衺视也。”

知识巩固与能力训练

一、解释句中加点的词语

1.夕殿萤飞思悄然,孤灯挑尽未成眠。

2.含情凝睇谢君王,一别音容两渺茫。

二、翻译句子

1.六军不发无奈何,宛转蛾眉马前死。

2.春风桃李花开夜,秋雨梧桐叶落时。

三、简答

1.你怎样理解《长恨歌》的主题思想?

2.这首诗体现了作者怎样的心情?

学文心语

“莫唱当年长恨歌,人间亦自有银河”,2020年新冠肺炎疫情发生后,山东援鄂护士张静静第一时间报名参战,白衣作战袍,慷慨赴沙场,在抗疫斗争第一线奋战了56个日夜。远在非洲的丈夫得知消息后写下了“远方的你还好吗”的便签,表达了对妻子的支持和牵挂。然而张静静在回家的最后一刻倒下了……“愿以吾辈之青春,守护盛世之中华”,张静静用自己年轻的生命践行了一名医护人员对人民、对祖国的深沉之爱。向英雄致敬!

导语

苏轼的词向来以豪放著称,但也有婉约之作,这首《水龙吟》即为其中之一。它借暮春之际"抛家傍路"的杨花,化"无情"之花为"有思"之人,"直是言情,非复赋物",幽怨缠绵而又空灵飞动地抒写了带有普遍性的离愁。篇末"细看来,不是杨花,点点是离人泪",实为显志之笔,千百年来为人们反复吟诵、玩味,堪称神来之笔。从《水龙吟·次韵章质夫杨花词》这首经典作品中,读者不仅可以领略豪放派词人的婉约风格的一面,体验到苏东坡感情丰富的内心世界,而且这首词独具的艺术魅力,给予读者不尽的审美享受。

水龙吟·次韵章质夫杨花词[1]

苏　轼

似花还似非花,也无人惜从教坠[2]。抛家傍路,思量却是,无情有思[3]。萦损柔肠[4],困酣娇眼[5],欲开还闭。梦随风万里,寻郎去处,又还被莺呼起[6]。

不恨此花飞尽,恨西园、落红难缀[7]。晓来雨过,遗踪何在?一池萍碎[8]。春色三分,二分尘土,一分流水[9]。细看来,不是杨花,点点是离人泪[10]。

(选自《东坡乐府》,北宋苏轼著,上海古籍出版社,1979 年版)

水龙吟·次韵章质夫杨花词

【注释】

[1]水龙吟:词牌名,又名《龙吟曲》《庄椿岁》《小楼连苑》。首见于柳永咏梅之作,双调,一百零二字,仄韵。次韵:用原作之韵,并按照原作用韵次序进行创作,称为次韵。章质夫:指章楶(jié),建州浦城(今属福建)人。时任荆湖北路提点刑狱,常与苏轼诗词酬唱。苏轼(1037—1101),字子瞻,号东坡居士,眉山(今属四川)人,宋仁宗朝进士,曾知密州、徐州、湖州、颍州、杭州等地,官至礼部尚书。一生历尽仕途坎坷:神宗年间,以"作诗讪谤朝廷"罪贬置黄州;哲宗年间,又以"为文讥斥朝廷"罪远谪惠州、儋州。卒谥文忠。他是宋代最为著名的作家,诗、词、文皆独步一时。其词雄阔超旷,横放杰出,于传统的花间词风外别立一宗。又以诗入词,开拓词境,推尊词体,对北宋词坛多做革新。

[2]从教:任凭。

[3]无情有思:言杨花看似无情,却自有它的愁思。用唐韩愈《晚春》诗:"杨花榆荚无才思,唯解漫天作雪飞。"这里反用其意。思:心绪,情思。

[4]萦:萦绕、牵念。柔肠:柳枝细长柔软,故以柔肠为喻。

[5]困酣:困倦之极。娇眼:美人娇媚的眼睛,比喻柳叶。古人诗赋中常称初生的柳叶为柳眼。

[6]"梦随"三句:用唐金昌绪《春怨》诗:"打起黄莺儿,莫教枝上啼。啼时惊妾梦,不得到辽西。"

[7]落红:落花。缀:联结。

[8]一池萍碎:苏轼自注"杨花落水为浮萍,验之信然"。按,此说并不科学,只是杨花落入水中乍看

如浮萍。

[9]“春色三分”句：杨花大多落在地上，化作尘土，一小部分飘落水中。春色：指杨花。

[10]“细看来”三句：把杨花比作离人的眼泪。

作品赏析

这是一首咏物词，内容是咏杨花的。词人运用神妙之思，以拟人化的手法紧紧扣住杨花之飘落无着和孤寂无依的特征下笔，在惜花怜花中抒发了一位思妇的幽怨缠绵的凄苦情思，并寄托了自己被贬在外、飘忽不定的身世之感。

上片主要写杨花飘忽不定的际遇和不即不离的神态。首句“似花还似非花”道出了杨花的性质和际遇。杨花即柳絮，说它“非花”，却名为“杨花”，与百花同开同落，共同装点春光，送走春色；说它“似花”，它色淡无香，形态细小，隐身枝头，从不为人注目爱怜。既咏物又写人言情。一个“坠”字，赋杨花之飘落；一个“惜”字，有浓郁的感情色彩。“无人惜”，是说天下惜花者虽多，惜杨花者却少。此处用反衬法暗蕴缕缕怜惜杨花的情意，并为下片雨后觅踪伏笔。

“抛家傍路，思量却是，无情有思”三句承上“坠”字写杨花离枝坠地、飘落无归情状。不说“离枝”，而言“抛家”，貌似“无情”，犹如韩愈所谓“杨花榆荚无才思，惟解漫天作雪飞”（《晚春》），实则“有思”，一似杜甫所称“落絮游丝亦有情”（《白丝行》）。

“萦损柔肠，困酣娇眼，欲开还闭。”这三句由杨花写到柳树，采用拟人的手法，以极其细腻独到的笔致，尽写柳絮飘忽迷离的神态，又以柳树喻指思妇、离人，可谓咏物而不滞于物，匠心独具、想象奇特。

“梦随风万里，寻郎去处，又还被莺呼起。”这三句化用唐人金昌绪《春怨》诗意，借杨花之飘舞以写思妇由怀人不至引发的恼人春梦。既写少妇之梦，又关合柳絮飘忽迷离，轻盈若梦。

下片与上片相呼应，主要是写柳絮的归宿，感情色彩更加浓厚。“不恨此花飞尽，恨西园、落红难缀。”直抒胸臆，“愁”化作“恨”，倾注惜春之情，也是在更深的层次上写柳絮“也无人惜从教坠”的际遇。以落红陪衬杨花，曲笔传情地抒发了对于杨花的怜惜。

“晓来雨过，遗踪何在？一池萍碎。”拂晓的一场春雨过后，那随风飘舞、“抛家傍路”却“无人惜”的柳絮上哪儿去了呢，为何无踪无影，荡然无存了？“一池萍碎”就是回答。看到满池细碎的浮萍，诗人蓦然清醒——原来那沸沸扬扬，满天的飞絮都化作了水上的浮萍。

柳絮化为浮萍，用现在的科学观点来看，是不可能的。但诗人“惜”柳絮又不忍看到它凭空消逝的伤感却得到慰藉。

“春色三分，二分尘土，一分流水。”从柳絮的“遗踪”荡然无存生发，以简洁洗练的句子写出了春光易逝的伤感。虽然花落无情，好景不长，然而春去有“归”：一部分归为尘土，一部分归为流水。即使如此，柳絮不复存在，大好的春光也随着柳絮的消失一去不复返了。数字的妙用传达出作者的一番惜花伤春之情。至此，杨花的最终归宿，和词人的满腔惜春之情水乳交融，将咏物抒情的题旨推向高潮。

“细看来，不是杨花，点点是离人泪。”总收上文，既干净利落，又余味无穷。由眼前的流水，联想到思妇的泪水；又由思妇的点点泪珠，映带出空中的纷纷杨花，可谓虚中有实，实中见虚，虚实相间，妙趣横生。

此词把咏物与思人巧妙地结合起来，在咏物的同时，既刻画了思妇的形象，又抒发了自身的际遇坎坷之感，把物人格化、感情化，将物性与人情毫无痕迹地融在一起，扩大了词的境界，深化了主题。

词海拾贝

坠（zhuì）

构造：形声字。从土，队声。坠落到地上，故从土。

释义：本义指落下，掉下。《说文解字》：“坠，从高陨也。”

碎（suì）

构造：形声字。从石，卒声。“石”是汉字部首之一，从“石”的字与石头有关。

释义：本义指破碎。《广韵》：“细破也。”

恨（hèn）

构造：形声字。从心，艮（gèn）声。

释义：本义指怀恨在心，怨恨。《说文解字》：“恨，怨也。”

知识巩固与能力训练

一、解释句中加点的词语

1.似花还似非花，也无人惜从教坠。

2.萦损柔肠，困酣娇眼。

二、翻译句子

1.梦随风万里，寻郎去处，又还被莺呼起。

2.细看来，不是杨花，点点是离人泪。

三、简答

1.比较苏轼的词和章楶原词。

2.“细看来，不是杨花，点点是离人泪”三句对深化作品主题有什么作用？

水龙吟·咏杨花

章　楶

燕忙莺懒芳残，正堤上、柳花飘坠。轻飞乱舞，点画青林，全无才思。闲趁游丝，静临深院，日长门闭。傍珠帘散漫，垂垂欲下，依前被、风扶起。

兰帐玉人睡觉，怪春衣、雪沾琼缀。绣床旋满，香球无数，才圆却碎。时见蜂儿，仰粘轻粉，鱼吞池水。望章台路杳，金鞍游荡，有盈盈泪。

（选自《全宋词》，唐圭璋编，中华书局，2009 年版）

学文心语

苏轼的一生，给我们留下了多种先进思想。他“乐在求索”的发展理念、“以民为本”的人文理念、“和谐超然”的处世心态、“乐观豁达”的人生态度，对于现在的教育理念有着诸多启迪意义，在当代体现了更重要的价值。苏东坡思想的升华，是长期淡定从容面对厄难的必然结果。淡定是一种心态、一种境界，是人品的构成部分。一个人有了淡定从容的心态，才能在物欲横流的世俗社会保持自我的节操。东坡文化作为我国传统文化中的瑰宝，以其丰富的内涵和精彩的传承，成为当代大学生的精神食粮。

导语

柳永,一个效命于词的文人,仕途不得志,得名于词、得罪于词。仁宗一句“且去填词”,不得不变姓名、望凤阙是何等悲惨,而“奉旨填词柳三变”的自我解嘲,又是何其无奈。其“传播四方”(《能改斋漫录》)“凡有井水饮处,即能歌柳词”(叶梦得《避暑录话》)的广为传唱的歌曲,使柳永成为当时流行歌坛的名人,也奠定了他在中国词史上的地位——第一位专业词人。艺术属于审美问题,所持标准唯美丑。就柳永作品而言,美该是极致。

八声甘州·对潇潇暮雨洒江天[1]

柳　永

对潇潇暮雨洒江天[2],一番洗清秋。渐霜风凄紧,关河冷落,残照当楼[3]。是处红衰翠减[4],苒苒物华休[5]。唯有长江水,无语东流。

不忍登高临远,望故乡渺邈[6],归思难收。叹年来踪迹,何事苦淹留?想佳人、妆楼颙望[7],误几回、天际识归舟[8]?争知我、倚阑干处,正恁凝愁[9]。

(选自《乐章集校笺》,陶然、姚逸超校笺,上海古籍出版社,2016年版)

八声甘州·对潇潇暮雨洒江天

【注释】

[1]八声甘州:词牌名,唐教坊大曲有《甘州》,杂曲有《甘州子》。因属边地乐曲,故以甘州为名。《八声甘州》是从大曲《甘州》截取一段而成的慢词。因全词前后共八韵,故名八声。又名《潇潇雨》《宴瑶池》等。柳永(约987—约1053),字耆卿,初号三变。因排行七,又称柳七。祖籍河东(今属山西),后移居崇安(今属福建)。宋仁宗朝进士,官至屯田员外郎,故世称柳屯田。由于仕途坎坷、生活潦倒,他由追求功名转而厌倦官场,耽溺于旖旎繁华的都市生活,在“倚红偎翠”“浅斟低唱”中寻找寄托。作为北宋第一个专力作词的词人,他不仅开拓了词的题材内容,而且制作了大量的慢词,发展了铺叙手法,促进了词的通俗化、口语化,在词史上产生了较大的影响。有《乐章集》传世。

[2]潇潇:形容雨声急骤。

[3]凄紧:一作“凄惨”。苏轼语:“世言柳耆卿曲俗,非也。如《八声甘州》云:‘霜风凄紧,关河冷落,残照当楼。’此语于诗句不减唐人高处。”

[4]是处:到处,处处。红衰翠减:红花绿叶,凋残零落。李商隐《赠荷花》:“翠减红衰愁煞人。”

[5]苒苒:茂盛的样子。一说,同“冉冉”,犹言“渐渐”。物华:美好的景物。

[6]邈:遥远。

[7]颙(yóng)望:凝望。一作“长望”。

[8]天际识归舟:语出谢朓《之宣城郡出林浦向板桥》“天际识归舟,云中辨江树”。

[9]争:怎。恁:如此,这般。凝愁:凝结不解的深愁。

作品赏析

本词写的是怀乡思人的凄苦心情。

上阕集中笔墨写登高临远所见深秋的景象，雨洗过后一片明净。词人把秋雨，秋风、秋阳、秋华、秋水这些景物一一铺陈，在悲秋的同时，渲染了气氛，为下阕写“愁”做了很好的铺垫。“渐霜风凄紧，关河冷落，残照当楼。”三句巧妙地从不同角度描述了秋天的凄清、寒冷、萧瑟、肃杀，面对如此凄凉惨景，客旅之人怎能不想起家乡和亲人？在词的结构设置上，这三句词又承担了总领下文的妙用，使下文的若干句子顺理成章，一气铺陈而来。“是处红衰翠减，苒苒物华休。惟有长江水，无语东流。”在铺叙秋景的同时，又恰到好处地运用了对比和拟人的修辞手法，“唯有长江水，无语东流。”既反衬了“清秋”的凄清悲凉、萧疏颓败，又化江水无情为有情，蕴含了词人怀乡思人的情怀。

下阕重笔抒情，写怀乡思人之情愁。故乡遥远，有家难回。由自己思归想故乡的妻子也在盼望自己归家；我羁旅天涯，正倚栏杆远望，你也在妆楼上痴痴盼望我的归来。词的笔势一纵一收，回环往复，把怀归之情和欲归不得之苦表现得十分贴切。

这首词把秋景、离愁、恋情交织在一起，通篇结构严密而又极富变化。

词海拾贝

潇(xiāo)

构造：形声字。从水，萧声。

释义：本义指水清而深的样子。《水经注》：“潇者，水清深也。”

残(cán)

构造：形声字。从歹(è)，戋(jiān)声。从“歹”表示与死亡有关。

释义：本义指伤害。《苍颉篇》：“残，伤也。”

远(yuǎn)

构造：形声字。从辵(chuò)，袁声。

释义：本义指走路走得长。《说文解字》：“远，辽也。”

知识巩固与能力训练

一、解释句中加点的词语

1.渐霜风凄紧，关河冷落，残照当楼。

2.是处红衰翠减，苒苒物华休。

二、翻译句子

1.对潇潇暮雨洒江天，一番洗清秋。

2.叹年来踪迹，何事苦淹留？

三、简答

1.“渐霜风凄紧，关河冷落，残照当楼”三句，以雅致精练的语言描绘出苍茫的景象、雄浑的意境，具有极强的感染力，苏东坡叹为“不减唐人高处”。请谈谈你的感受。

2.以这首词为例，分析柳永对词的发展做出了怎样的贡献。

学文心语

“露从今夜白，月是故乡明”，漂泊的游子最深情的眷恋还是故乡的那轮明月。在过去的二三十年里，城市一直在扩张，人们在欲望的膨胀中差不多骚动了二三十年，在兴奋、新鲜中翻飞，却忽视了乡村的存在。从农村到城市，从城市到城市，梦想在欲望的一次次满足中又一次次跌落，当无奈地回首远望，才发现在民俗与传统的失落中，在对土地田园的冷漠中，乡村成了一个空壳，家园差不多丢失了。疲惫之时才发现拥挤冷漠的城市大多是一个挣钱的地方，而不像家园，乡村虽然有很多不方便之处，但更适合居住。

导语

身处在一个大崩坏的时代，个人的悲剧在时代的洪流中往往微不足道，李清照这首词写自己的身世盛衰之悲，带上了整个时代和社会的悲剧色彩，也代表了那个时代大多数人的心声。

永遇乐·落日熔金[1]

李清照

永遇乐·落金日熔金

落日熔金，暮云合璧[2]，人在何处？染柳烟浓[3]，吹梅笛怨[4]，春意知几许[5]！元宵佳节，融和天气[6]，次第岂无风雨[7]？来相召，香车宝马，谢他酒朋诗侣[8]。

中州盛日[9]，闺门多暇，记得偏重三五[10]。铺翠冠儿[11]，捻金雪柳[12]，簇带争济楚[13]。如今憔悴，风鬟雾鬓[14]，怕见夜间出去[15]。不如向帘儿底下，听人笑语。

（选自《李清照集校注》卷一，王仲闻校注，人民文学出版社，1979年版）

【注释】

[1]永遇乐：词牌名。落日熔金：落日像熔化的黄金那样灿烂。李清照（1084—约1151），号易安居士，济南章丘县人，宋代杰出的女词人。李清照生于书香门第，父亲李格非精通经史，长于散文，母亲王氏也知书能文。在家庭的熏陶下，她小小年纪便文采出众。李清照对诗、词、散文、书法、绘画、音乐，无不通晓，而词的成就最高。李清照的词委婉、清新，感情真挚。前期的词，主要描写少女、少妇的生活，多写闺情，流露了她对爱情生活的向往和别离相思的痛苦。后期的词，多悲叹身世，有时也流露出对中原的怀念，以表达她的爱国思想。李清照的文学创作具有鲜明独特的艺术风格，居婉约派之首，对后世影响较大，在词坛中独树一帜，称为“易安体”。

[2]合璧：像璧玉一样合成一块。

[3]染柳烟浓：指浓烟染柳，言柳树被笼罩在浓浓的雾霭之中。

[4]梅：指乐曲《梅花落》，用笛子吹奏此曲，其声哀怨。

[5]几许：多少。意为并不多。

[6]融和：暖和。

[7]次第：转眼。

[8]“香车宝马”二句：指贵族妇女所乘坐的、雕镂装饰华美的车驾。谢：辞谢，言谢绝了驾着华美车马而来的诗友们的邀请。

[9]中州：指中土、中原。这里指北宋的都城汴京，今河南开封。

[10]三五：十五日，指元宵节。

[11]铺翠冠儿：饰有翠羽的女式帽子。

[12]捻金雪柳：元宵节女子头上的装饰。雪柳：雪白如柳叶之头饰；以素绢和银纸做成的头饰（参见《岁时广记》卷十一）。此二句所列举均为北宋元宵节妇女时髦的装饰品。

[13]簇带：簇，聚集之意。带即戴，加在头上谓之戴，妆扮之意。济楚：整齐，漂亮。

[14]风鬟雾鬓：头发蓬松凌乱的样子。“雾”，一作“霜”。

[15]怕见：懒得见。

作品赏析

这首词通过南渡前后过元宵节两种情景的对比，抒写离乱之后愁苦寂寞的情怀。

上阕写今年元宵节的情景。“落日熔金，暮云合璧”，着力描绘元夕绚丽的暮景，写的是落日的光辉，像熔解的金子，一片赤红璀璨；傍晚的云彩，围合着璧玉一样的圆月。两句对仗工整，辞采鲜丽，形象飞动。但紧接着一句“人在何处”，却宕开去，是一声充满迷惘与痛苦的长叹。这里包含着词人由今而昔、又由昔而今的意念活动。置身表面上依然热闹繁华的临安，恍惚间又回到“中州盛日”，但旋即又意识到这只不过是一时的幻觉，因而不由自主地发出“人在何处”的叹息。这是一个饱经丧乱的人在似曾相识的情景面前产生的一时的感情活动，看似突兀，实则含蕴丰富，耐人咀嚼。

“染柳烟浓，吹梅笛怨，春意知几许！”三句，又转笔写初春之景：浓浓的烟霭的熏染下，柳色似乎深了一些；笛子吹奏出哀怨的《梅花落》曲调，原来先春而开的梅花已经凋谢了。这眼前的春意究竟有多少呢？“几许”是不定之词，具体运用时，意常侧重于少。“春意知几许”，实际上是说春意尚浅。词人不直说梅花已谢而说“吹梅笛怨”，借以抒写自己怀念旧都的哀思。正因为这样，虽有“染柳烟浓”的春色，却只觉春意味少。

“元宵佳节，融和天气，次第岂无风雨？”承上描写作一收束。佳节良辰，应该畅快地游乐了，却又突作转折，说转眼间难道就没有风雨吗？这种突然而起的“忧愁风雨”的心理状态，深刻地反映了词人多年来颠沛流离的境遇和深重的国难家愁所形成的特殊心境。

“来相召，香车宝马，谢他酒朋诗侣。”词人的晚景虽然凄凉，但由于她的才名家世，临安城中还是有一些贵家妇女乘着香车宝马邀她去参加元宵的诗酒盛会。只因心绪落寞，都婉言推辞了。这几句看似平淡，却恰好透露出词人饱经忧患后近乎漠然的心理状态。

下阕从今昔对比中抒发国破家亡的感慨，表达沉痛悲苦的心情。“中州盛日，闺门多暇，记得偏重三五。”由上片的写今转为忆昔。中州，指汴京；三五，指正月十五元宵节。遥想当年汴京繁盛的时代，自己有的是闲暇游乐的时间，而最重视的是元宵佳节。

“铺翠冠儿，捻金雪柳，簇带争济楚。”这天晚上，同闺中女伴们戴上嵌插着翠鸟羽毛的时兴帽子和金线捻丝所制的雪柳，插戴得齐齐整整，前去游乐。这几句集中写当年的着意穿戴打扮，既切合青春少女的特点，充分体现那时候无忧无虑的游赏兴致，也从侧面反映了汴京的繁华热闹。

以上六句忆昔，语调轻松欢快，多用当时俗语，宛然少女心声。但是，昔日的繁华欢乐早已成为不可追寻的幻梦。“如今憔悴，风鬟雾鬓，怕见夜间出去。”历尽国破家倾、夫亡亲逝之痛，词人不但由簇带济楚的少女变为形容憔悴、蓬头霜鬓的老妇，而且心也老了，对外面的热闹繁华提不起兴致，懒得夜间出去。“盛日”与“如今”两种迥然不同的心境，从侧面反映了金兵南下前后两个截然不同的时代和词人迥然不同的生活境遇，以及它们在词人心灵上投下的巨大阴影。

“不如向、帘儿底下，听人笑语。”词人一方面担心面对元宵胜景会触动今昔盛衰之慨，加深内心的痛苦；另一方面却又怀恋往昔的元宵盛况，想在观赏今夕的繁华中重温旧梦，给沉重的心灵一点慰藉。这种矛盾心理，似乎透露出她对生活还有所追恋的向往，但骨子里蕴含着无限的孤寂悲凉。面对现实的繁华热闹，她只能在隔帘笑语声中聊温旧梦。

这首词在艺术上除了运用今昔对照与丽景哀情相映的手法外，还有意识地将浅显平易而富表现力的口语与锤炼工致的书面语交错融合，造成一种雅俗相济、俗中见雅、雅不避俗的语言风格。词的艺术感染力如此之强，以致南宋著名词人刘辰翁每诵此词必“为之涕下”。

词海拾贝

暇(xiá)

构造：形声字。从日，叚(xiá)声。

释义：本义指空闲，闲暇。《说文解字》：“暇，闲也。”

楚(chǔ)

构造：形声字。从林，疋(shū)声。

释义：本义是灌木名。又名荆，牡荆。《说文解字》：“楚，丛木也。一名荆。”

璧(bì)

构造：形声字。从玉，辟声。

释义：本义指平而圆，中心有孔的玉。《说文解字》：“璧，瑞玉环也。”

知识巩固与能力训练

一、解释句中加点的词语

1.落日熔金，暮云合璧。

2.染柳烟浓，吹梅笛怨，春意知几许！

二、翻译句子

1.元宵佳节，融和天气，次第岂无风雨？

2.如今憔悴，风鬟雾鬓，怕见夜间出去。

三、简答

1.谈谈此词对比手法使用的好处。

2.词中的景物描写有什么作用?

学文心语

元宵节,张灯结彩闹元宵,体现的是深厚的文化积淀和浓厚的历史氛围,也在传承中展现了中华民族文化发展的历史轨迹。有效传承中华优秀传统文化,对于增强国人的民族自信心,进而增强实现中国梦的使命感,具有重要的现实意义和深远的历史意义。

导语

“秦时明月汉时关”（王昌龄《出塞》），山月、关隘曾经雄壮了唐代的边塞诗歌，见证了守边将士满腔热血的爱国情怀。《关山月》属古乐府旧题，以边塞为题材，抒发士兵远戍思归或思妇念征夫的情感。陆游——这位中国诗歌史上留下诗歌数量最多的爱国诗人，第一次改变了这个乐府旧题的内容，尽管此诗也写到远戍的士兵和月临边关，但诗的主题完全变了，它不再“伤离别”，而是表达了对朝廷采取“和戎”政策带来苟安局面的不满和批判。诗的内容丰富了，境界扩展了，思想意义也更深刻了。

关山月[1]

陆 游

关山月

和戎诏下十五年[2]，将军不战空临边[3]。朱门沉沉按歌舞[4]，厩马肥死弓断弦[5]。戍楼刁斗催落月[6]，三十从军今白发。笛里谁知壮士心[7]，沙头空照征人骨[8]。中原干戈古亦闻，岂有逆胡传子孙[9]！遗民忍死望恢复，几处今宵垂泪痕[10]。

（选自《剑南诗稿》，钱仲联校注，上海古籍出版社，2005 年版）

【注释】

[1]关山月：乐府旧题，《乐府解题》云“《关山月》，伤离别也”。陆游（1125—1210），字务观，号放翁，越州山阴（今浙江绍兴）人，南宋著名诗人。少时受家庭爱国思想熏陶，高宗时应礼部试，为秦桧所黜。孝宗时赐进士出身。中年入蜀，投身军旅生活，官至宝章阁待制。晚年退居家乡。创作诗歌今存九千多首，内容极为丰富。著有《剑南诗稿》《渭南文集》《南唐书》《老学庵笔记》等。

[2]和戎：原意是与少数民族和睦相处，实指宋朝向金人屈膝求安。宋孝宗隆兴元年（1163 年）下诏与金人第二次议和，至作者作此诗时，历时十五年。

[3]边：边防，边境。

[4]朱门：红漆大门，借指豪门贵族。沉沉：形容门房庭院深邃。按：击节拍。

[5]厩（jiù）：马棚。肥死：马棚里的马不用，渐渐死去。弓断弦：弓很久不用，绷的弦都断了。

[6]“戍楼”句：边界上用以守望的岗楼。刁斗：军用铜锅，可以做饭，也可用来打更。

[7]笛里：指以笛吹奏的曲调声。

[8]沙头：边塞沙漠之地。征人：出征戍守边塞的战士。

[9]逆胡传子孙：指金人长期占领中原。金自太宗完颜晟进占中原，至此时已有四世，故云传子孙。又可理解为南宋当今君臣不思收复，将它留给后代去处理。

[10]“遗民”句：指金国占领下的中原百姓。恢复：恢复中原故土。

作品赏析

这首诗是以乐府旧题写时事，作于陆游罢官闲居成都时。诗中痛斥了南宋朝廷文恬武嬉、不恤国难的态度，表现了爱国将士报国无门的苦闷以及中原百姓切望恢复的愿望，体现了诗人忧国忧民、渴望统一的爱国情怀，显示出沉郁苍茫、悲凉激越的风格。

全诗十二句，每四句一转韵，表达一层意思，分别写将军权贵、戍边战士和中原百姓。诗人构思非常巧妙，以月夜统摄全篇，将三个场景融成一个整体，构成一幅关山月夜的全景图。开头四句抨击“和戎”政策，矛头直指最高统治者。中间四句写守边士兵的生活和心境。最后四句表达沦陷区人民渴望收复失地的愿望。诗中选取了一些典型事物，如朱门、厩马、断弓、白发、征人骨、遗民泪等，不仅有着深刻的思想，而且有充沛的感情、丰满的形象、生动的描写，表现了诗人鲜明的爱国情感。

诗歌高度概括地描绘出“隆兴和议”以来十多年间中国历史的基本面貌和不同人物的处境、心态，而作者忧国忧民的情怀洋溢于字里行间，感人肺腑。

词海拾贝

弦(xián)

构造：会意字。左为“弓”，右为“丝”。弓弦是用丝做成的。

释义：本义指弓弦。《说文解字》：“弦，弓弦也。从弓，象丝轸之形。”

胡(hú)

构造：形声字。从肉，古声。

释义：本义指牛脖子下的垂肉。鸟兽颔下的垂肉或皮囊。《说文解字》：“胡，牛顧垂也。”

诏(zhào)

构造：会意兼形声。从言从召，召亦声。

释义：本义指告知，告诉。“言”是言论，“召”是召唤。《说文新附》：“先秦没有此字，秦汉才出现，多用于上告下。诏，告也。”

知识巩固与能力训练

一、解释句中加点的词语

1.朱门沉沉按歌舞，厩马肥死弓断弦。

2.笛里谁知壮士心，沙头空照征人骨。

二、翻译句子

1.和戎诏下十五年,将军不战空临边。

2.戍楼刁斗催落月,三十从军今白发。

3.遗民忍死望恢复,几处今宵垂泪痕。

三、简答

1.这首诗表达了诗人怎样的情感?

2.诗中描写了三个场景,分别是什么?

学文心语

爱国,从来不是某一个群体的职责,而是所有中华儿女的共同使命。它与个人的身份、地位、民族、职业等毫无关系。在今天,也许不需要我们奔赴疆场,卫国杀敌,但是需要我们立足自身的岗位,恪尽职守,辛勤工作。在任何时候都要牢记我是中国人,维护国家尊严,捍卫国家领土完整,为国争光,为民效力。

导语

他的理想很丰满，只愿“沙场秋点兵”，能马革裹尸，哪怕是“醉里挑灯看剑”，也要荡尽心中不平气；现实却很骨感，只能无奈自嘲“却将万字平戎策，换得东家种树书”。他出身行伍，以武起事，而最终以文为业，他就是辛弃疾。虽曰疾，身体并无恙，他只有一块心病：金瓯缺，月未圆；山河碎，心不安。这首《水龙吟》道出了一个江南游子壮志难酬的悲愤。

水龙吟·登建康赏心亭[1]

辛弃疾

楚天千里清秋[2]，水随天去秋无际。遥岑远目[3]，献愁供恨，玉簪螺髻[4]。落日楼头，断鸿声里[5]，江南游子。把吴钩看了[6]，栏干拍遍，无人会、登临意。

休说鲈鱼堪脍，尽西风，季鹰归未[7]？求田问舍，怕应羞见，刘郎才气[8]。可惜流年，忧愁风雨，树犹如此[9]。倩何人、唤取红巾翠袖[10]，揾英雄泪[11]！

（选自《稼轩长短句》卷五，宋辛弃疾撰，上海古籍出版社，2003 年版）

水龙吟·登建康赏心亭

【注释】

[1]水龙吟：词牌名。本篇作于宋孝宗淳熙元年（1174），辛弃疾任建康府通判。建康：今江苏南京市。赏心亭：据《景定建康志》记载：“赏心亭在下水门之城上，下临秦淮，尽观览之胜。”辛弃疾（1140—1207），字幼安，号稼轩居士，历城（今山东济南）人，南宋杰出词人。受祖父辛赞影响，辛弃疾毕生不忘光复故国，主张北伐。1161 年聚众二千人参加耿京领导的抗金义军，次年渡江南归宋廷。但始终不受重用，后辗转江西、湖南、湖北等地任职，多方招集流亡，奖励耕战，安抚民生，并屡次上书陈述收复大计，惜未被采纳。中年因遭弹劾退居江西上饶几近二十年，晚年复被起用，积极筹划北伐，因与丞相韩侂胄在战略上意见不合而落职，不久即郁郁而终。辛词六百余首，题材广泛，风格多样，而以豪放为主，将爱国之心、恢复之志与满腔忠愤熔铸词中，气势纵横，声韵铿锵；长于用典，以为诗为文之法为词，进一步拓展了词的内容与意境。有《稼轩长短句》。

[2]楚天：因春秋战国时期南方大部分土地属于楚国，故以楚天泛指南方的天空。

[3]遥岑远目：“远目遥岑”的倒装。远目：极目远望。

[4]玉簪螺髻：形容远山的形状。韩愈《送桂州严大夫》有诗句“山如碧玉簪”，皮日休《缥缈峰》：“似将青螺髻，撒在明月中。”

[5]断鸿：离群的孤雁。

[6]吴钩：一种兵器，似剑而刃弯，产于吴地。

[7]“休说”三句：反用西晋张翰（字季鹰）典故。《世说新语·识鉴》：“张季鹰辟齐王东曹掾，在洛见秋风起，因思吴中菰菜羹、鲈鱼脍，曰：‘人生贵得适意尔，何能羁宦数千里以要名爵？’遂命驾便归。”这里是说自己当此国难之际，不愿学张翰弃官归隐。脍：细切的鱼肉，此处用作动词。

[8]“求田”三句：意谓自己胸怀大志，不愿学许汜买田置地，只顾个人私利。《三国志·魏书·陈登

传》记载："许汜与刘备并在荆州牧刘表坐，表与备共论天下人，汜曰：'陈元龙湖海之士，豪气不除。'备谓表曰：'许君论是非？'表曰：'欲言非，此君为善士，不宜虚言；欲言是，元龙名重天下。'备问汜：'君言豪，宁有事邪？'汜曰：'昔遭乱过下邳，见元龙，元龙无客主之意，久不相与语，自上大床卧，使客卧下床。'备曰：'君有国士之名，今天下大乱，帝主失所，望君忧国忘家，有救世之意，而君求田问舍，言无可采，是元龙所讳也，何缘当与君语，如小人，欲卧百尺楼上，卧君于地，何但上下床之间邪？'"

[9]"可惜"三句：自伤年华在国势飘摇的忧愁中流逝。"树犹如此"典出《世说新语·言语》："桓公北征，经金城，见前为琅琊时种柳皆已十围，慨然曰：'木犹如此，人何以堪！'攀枝折条，泫然流泪。"

[10]倩：请。红巾翠袖：古代年轻女子装束，这里借指歌女。

[11]揾(wèn)：擦。

作品赏析

词的主旨书写登临赏心亭时触景而生的家国之恨和身世之感。上阕大段写景，景无情而人有情，由纯粹写景而至寓情。"遥岑"三句使用移情及物的手法，写自己对大好河山沦陷的痛心。从"落日楼头"至"登临意"数句，表现了作者南归数年，空怀收复失地的宏大抱负却英雄无用武之地的愁恨、幽怨、悲愤，焦虑又无可奈何的复杂感情，及至忧心如焚的精神状态。尤其"无人会，登临意"，更使作者"报国欲死无战场"的悲愤之情跃然纸上。下阕运用典故，表示自己不做为口腹而回乡的张季鹰，不做只会"求田问舍"的许汜，而要做如刘备那样的英雄。

全词风格沉郁顿挫，就登临所见挥发，由写景进而抒情，情和景融合无间，将内心的感情写得既含蓄又淋漓尽致。

词海拾贝

际(jì)

构造：形声字。从阜(fù)，祭声。

释义：本义指两墙相合之缝。《说文解字》："际，壁会也。"

临(lín)

构造：会意。从卧，品声。金文字形，右边是人，左上角像人的眼睛，左下角像众多的器物。整个字形像人俯视器物的样子。

释义：本义指从高处往低处察看。《说文解字》："临，监临也。"

脍(kuài)

构造：形声字。从肉，会声。

释义：本义指细切的肉、鱼。《说文解字》："脍，细切肉也。"

知识巩固与能力训练

一、解释句中加点的词语

1.遥岑远目，献愁供恨，玉簪螺髻。

2.断鸿声里，江南游子，把吴钩看了。

二、翻译句子

1.楚天千里清秋，水随天去秋无际。

2.倩何人、唤取红巾翠袖，揾英雄泪！

三、简答

1.词中典故使用有何用意？

2.词的开头“楚天千里清秋，水随天去秋无际”描绘了怎样的图景？

学文心语

纵然辛弃疾的一生都在荒蛮的南宋挣扎，百转千回，不得靠岸。但谁又能否认他的残缺不是一种刚劲的美呢？他的人生从来不是无疾而终的逗号，那衔着理想盘旋而飞的执着，那旷迈与细腻并存的《稼轩词》，已然成为惊艳尘世的感叹号，“词坛飞将军”，他当之无愧！

导语

关于“情”的探索,从古至今从未停过,不同的人对它有不同的理解,但所有的解释,到最后,都可以浓缩为“生死相随”四字。年仅十六岁的元好问,在赴试途中,无意中听闻一对大雁至情至烈的爱情故事,心中震撼感慨,他为那对大雁建墓合葬,并在多次修改后,作成这首千古名作《摸鱼儿》。

摸鱼儿·问世间情为何物[1]

元好问

摸鱼儿·问世间情为何物

乙丑岁赴试并州[2],道逢捕雁者云:“今旦获一雁,杀之矣。其脱网者悲鸣不能去,竟自投于地而死。”予因买得之,葬之汾水之上,垒石为识[3],号曰“雁丘”[4]。同行者多为赋诗,予亦有《雁丘词》。旧所作无宫商[5],今改定之。

问世间,情为何物,直教生死相许[6]?天南地北双飞客[7],老翅几回寒暑[8]。欢乐趣,离别苦,就中更有痴儿女[9]。君应有语:渺万里层云,千山暮雪,只影向谁去[10]?

横汾路,寂寞当年箫鼓,荒烟依旧平楚[11]。招魂楚些何嗟及,山鬼暗啼风雨[12]。天也妒,未信与,莺儿燕子俱黄土[13]。千秋万古,为留待骚人[15],狂歌痛饮,来访雁丘处。

(选自《元好问全集》,金元好问撰,山西古籍出版社,2008年版)

【注释】

[1]摸鱼儿:词牌名。又作《摸鱼儿·雁丘词》《迈陂塘·雁丘词》。元好问(1190—1257),字裕之,号遗山,世称遗山先生。太原秀容(今山西忻州)人。宋金对峙时期北方文学的主要代表、文坛盟主,被尊为“北方文雄”“一代文宗”。他擅作诗、文、词、曲。其中以诗作成就最高,其“丧乱诗”尤为有名;其词为金代一朝之冠,可与两宋名家媲美;其散曲虽传世不多,但当时影响很大,有倡导之功。有《元遗山先生全集》《中州集》。

[2]乙丑:指金宗泰和五年(1205),以天干地支纪年为乙丑年,当时元好问年仅十六岁,赴试并州。《金史·选举志》载:“凡诸进士举人,由乡至府,由府至省,及殿廷,凡四试皆中选,则官之。”由于金章宗明昌元年(1190)罢免乡试,因此元好问1205年直接到并州参加府试。

[3]识(zhì):标志。

[4]雁丘:据嘉庆《大清一统志》记载,雁丘在阳曲县西汾水旁。

[5]无宫商:不协音律。

[6]直教:竟使。许:随从。

[7]双飞客:大雁双宿双飞,秋去春来,故云。

[8]几回:多少回,言回数很多。

[9]就中更有痴儿女:这群雁中有特别钟情的。痴儿女:以人比雁。

[10]“君应有语”四句：君指殉情的大雁。万里长途，层云迷漫，千山暮景，处境凄凉，形影孤单为谁奔波呢？向谁去：与谁同去。

[11]“横汾路”三句：这葬雁的汾水，当年汉武帝横渡时何等热闹，如今寂寞凄凉。汉武帝《秋风辞》：“泛楼船兮济汾河，横中流兮扬素波。箫鼓鸣兮发棹歌，欢乐极兮哀处多。”横汾：横渡汾水。平楚：楚指丛木，远望树梢齐平，故称平楚。

[12]“招魂楚些何嗟及”二句：我欲为死雁招魂又有何用，雁魂也在风雨中啼哭。楚些：《楚辞·招魂》句尾皆有“些”字。何嗟及：悲叹无济于事。山鬼：《楚辞·九歌·山鬼》篇指山神，此指雁魂。暗啼：一作“自啼”。

[13]“天也妒”三句：不信殉情的大雁与普通莺燕一样都寂灭无闻变为黄土，它将声名远播，使天地忌妒。

[14]骚人：诗人。

作品赏析

这是一首咏物词，由词前小序可知，词人为雁殉情而死的事所感动，挥笔写下了这首词，寄托自己对殉情者的哀思。

上阕，“问世间，情为何物，直教生死相许？”大雁的生死至情深深地震撼了作者，他将自己的震惊、同情、感动，化为有力的诘问，问自己、问世人、问苍天，究竟“情为何物”？起句陡然发问似雷霆万钧，破空而来；如熔岩沸腾，奔涌而出。正如后来汤显祖在《牡丹亭·题词》中所说：“情之所至，生可以死，死可以复生，生不可以死，死不可以生者，皆非情之至也。”情至极处，具是何物，竟至于要生死相许？作者的诘问引起读者深深的思索，引发对世间生死不渝真情的热情讴歌。词的开篇用问句，突如其来，先声夺人，犹如盘马弯弓，为下文描写雁的殉情蓄足了笔势，也使大雁殉情的内在意义得以升华。

“天南地北双飞客，老翅几回寒暑”，写大雁的生活。大雁秋天南下越冬而春天北归，双宿双飞，经寒冬、历酷暑，形影不离。作者把大雁称为“双飞客”，赋予它们像世间比翼双飞的夫妻相爱的理想色彩。“天南地北”从空间落笔，“几回寒暑”从时间着墨，用高度的艺术概括，写出了大雁的相依为命，为下文的殉情做了必要的铺垫。

“欢乐趣，离别苦，就中更有痴儿女”，是说大雁长期以来共同生活，既有团聚的欢乐，也有离别的酸楚，在平淡的生活中形成了一往情深的情感。“痴儿女”三字包含着词人的哀婉与同情，也使人联想到人世间更有许多真心相爱的痴情男女，无论是团聚，还是离别，彼此都矢志不渝。

“君应有语：渺万里层云，千山暮雪，只影向谁去”四句是对大雁殉情前心理活动细致入微的揣摩描写。当网罗惊破双栖梦之后，作者认为大雁心中必然产生生与死、殉情与偷生的矛盾。但这种犹豫的过程并未影响大雁殉情的至诚，相反更足以表明以死殉情是大雁经过深入思索后的理性抉择。想未来之路万里千山，层云暮雪，形孤影单，再无爱侣同趣共苦，生有何乐呢？“万里”“千山”写征途遥远，“层云”“暮雪”状前景艰难。此四句揭示了大雁心理活动轨迹，交代了殉情的深层原因。

下阕“横汾路，寂寞当年箫鼓，荒烟依旧平楚”三句借对历史胜迹的追忆与对眼前自然景物的描绘，渲染了大雁殉情的不朽意义。在孤雁长眠之处，当年汉武帝渡汾河祀汾阴的时候，箫鼓喧闹，棹歌四起；而今平林漠漠，荒烟如织，箫鼓声绝，一派萧索。古与今、人与雁，更加感到鸿雁殉情的凄烈。

“招魂楚些何嗟及，山鬼暗啼风雨”二句意为雁死不能复生，山鬼枉自哀啼。“招魂楚些”意为用“楚些”招魂。“山鬼”“啼风雨”出自《楚辞·九歌·山鬼》：“杳冥冥兮羌昼晦，东风飘兮神灵雨。”写景与抒情融为一体，用凄凉的景物衬托雁的悲苦生活，表达词人对殉情大雁的哀悼与惋惜。

“天也妒，未信与，莺儿燕子俱黄土。”大雁生死相许的深情连上天也嫉妒，所以大雁的殉情将使它不像一般的莺儿燕子那样死葬黄土，而是与世长存。这几句从反面衬托，更加突出了大雁殉情的崇高，为下文寻访雁丘做好铺垫。

“千秋万古，为留待骚人，狂歌痛饮，来访雁丘处”，写雁丘将永远受到词人的凭吊。词人想象千秋万古后，也会有像他一样钟于情的骚人墨客，来寻访这小小的雁丘，来祭奠这对爱侣的亡灵。“狂歌痛饮”生动地写出了人们的感动之深，寄寓了词人对殉情大雁的深切哀思，升华了词的主旨。

这首词紧紧围绕“情”字，以雁拟人，表达了词人对殉情者的哀思，对至情至爱的讴歌。作者驰骋丰富的想象，运用比喻、拟人等艺术手法，对大雁殉情而死的故事，展开了深入细致的描绘，再加以充满悲剧气氛的环境描写的烘托，塑造了忠于爱情、生死相许的大雁的艺术形象，谱写了一曲凄婉缠绵、感人至深的爱情悲歌。词作堪称中国古代歌颂忠贞爱情的佳词。

词海拾贝

客(kè)

构造：形声字。从宀(mián)，表示与家室房屋有关，各声。

释义：本义指寄居，旅居，住在异国他乡。《说文解字》：“客，寄也。”

箫(xiāo)

构造：形声字。从竹，肃声。从竹，与乐器有关。

释义：本义指洞箫，竹制的管乐器。管乐器名，古代的排箫是许多管子排在一起的，后世用一根管子。竖着吹的叫洞箫。《说文解字》：“箫，参差管乐也。象凤之翼。”

横(héng)

构造：形声字。从木，黄声。

释义：本义指门框下部的横木。《说文解字》：“横，闲木也。”

知识巩固与能力训练

一、解释句中加点的词语

1.因买得之,葬之汾水之上,垒石为识。

2.千山暮雪,只影向谁去?

二、翻译句子

1.天南地北双飞客,老翅几回寒暑

2.招魂楚些何嗟及,山鬼暗啼风雨。

3.千秋万古,为留待骚人,狂歌痛饮,来访雁丘处。

三、简答

分析本词的艺术特色。

学文心语

杨花飘落皱了春水,只是未等这一圈水晕荡漾开来,下一片杨花便欣然而至了,打乱了水晕的节奏,也惹恼了看水的人,然而来不及生气,那杨花们便接踵而至,这水忽然又美了起来。这杨花总是轻柔的,实在是难以揉碎这一池春水,它们却也不恼,只是欢快的来了,总有那么一些杨花落在了浮萍上,却又央求着风大叔把自己轻轻地托起,或是送到水中,或是送到岸边。这日子依然会一天一天地过去,杨树们也会逐渐地凋零睡去,等到来年,它们会醒来再呈现给我们那漫天的春意;或许它们中的某些永远无法醒来。然而不可否认的是,生命不息飘落不止不是吗?东坡先生"不是杨花,点点是离人泪"饱含了多少的愁绪,然而我想它们带给我们的应是快乐,至少我所看的所描述的都是极美的,不说别的,这春季的雪,总是难得一见的吧。

导语

他出身显赫,有享受不尽的荣华富贵,却言“我是人间惆怅客,知君何事泪纵横”。因为淡泊名利、厌恶官宦生活,重情与痴心变成了他的负担;常常伴随着失落与惆怅,以及对于“衮衮诸君”的失望与蔑视,于是敏感,多愁的他就将这些独特的感情著成了千古佳篇。他就是清代第一词人——纳兰性德。

金缕曲·赠梁汾[1]

纳兰性德

金缕曲·赠梁汾

德也狂生耳[2],偶然间、缁尘京国,乌衣门第[3]。有酒惟浇赵州土,谁会成生此意[4]!不信道、竟逢知己。青眼高歌俱未老,向樽前、拭尽英雄泪[5]。君不见,月如水。

共君此夜须沉醉。且由他、蛾眉谣诼,古今同忌[6]。身世悠悠何足问,冷笑置之而已。寻思起、从头翻悔。一日心期千劫在[7],后身缘[8]、恐结他生里。然诺重[9],君须记。

(选自《纳兰词集》,清纳兰性德著,上海古籍出版社,2009年版)

【注释】

[1]金缕曲:词牌名。梁汾:指顾贞观,号梁汾,江苏无锡人。清康熙五年(1666)顺天举人。著有《积书岩集》及《弹指词》。清康熙十五年(1676)与纳兰相识,从此交契,直至纳兰病殁。纳兰性德(1655—1685),清代词人。原名成德,字容若,号楞伽山人,满洲正黄旗人。大学士明珠之子。康熙进士,官一等侍卫。善骑射,好读书。词以小令见长,多感伤情调,间有雄浑之作。有《饮水词》等。

[2]“德也”句:作者自指,意为我本是个狂放不羁的人。

[3]“偶然”二句:意思是说自己生长在豪门望族之家,又在京城里供职,实属偶然。缁尘:风尘。京国:京城。乌衣门第:东晋时王导、谢安等名门望族居住乌衣巷(今南京市内),后以“乌衣”借指高门贵族之家。

[4]“有酒”二句:李贺《浩歌》:“买线绣作平原君,有酒唯浇赵州土。”平原君好养士,死后虽未葬赵州,但他是赵国公子,又是赵相,故称他的墓为“赵州土”。这里借用此典表明作者仰慕平原君的人品,并又有平原君那样礼贤下士,喜好交游的品格,但如此的性格又有谁能理解。成生:纳兰自指。纳兰原名成德、成容若,故云。

[5]“青眼”二句:晋阮籍为人能青白眼,见礼俗之人为白眼,见高人雅士、与己意气相投者则为青眼。见《晋书》本传。杜甫《短歌行赠王郎司直》:“青眼高歌望吾子,眼中之人吾老矣。”这里化用杜诗之意,是说你我结为莫逆,年龄都不算老(梁汾时年四十,纳兰二十二),彼此青眼相对,互相器重,而今正当大有可为之年,不须伤悲,应拭去悲慨之泪,振作精神。

[6]“且由他”二句:意谓姑且由那些小人去造谣中伤,要知这种卑鄙的事自古以来就是这样。蛾眉谣诼:谣言中伤之意。屈原《离骚》:“众女嫉余之蛾眉兮,谣诼谓余以善淫。”

[7]一日心期千劫在:意为你我一日心期相许,成为知己,即使横遭千劫,情谊也会长存的。劫:佛家语,谓天地一成一毁为一劫。

[8]后身缘:佛家以为人死后还能来世再生。这里是说来生你我还有交契的因缘。

[9]然诺重:意思是守信义,不食言。然诺:答应。

作品赏析

这是一篇向朋友坦陈肺腑的作品。上阕专门就自己的身世向友人作表白。开首“德也狂生耳”一句为总领。狂生,意谓不受世俗观念浸染、崇尚真性情的人。因为本性是狂生,所以将自己的贵族出身完全不当回事,甚至带有厌恶之感。相反,作者对遭逢知己却视作人间莫大幸事,就如同当年的平原君一样。知己相逢,有酒共醉,有泪共倾,作者上阕以“月如水”收结,比喻这种友情的真挚和美好。

下阕转而劝慰朋友。顾贞观曾遭人诬构排挤,罢职归家,作为知己,性德对他的遭遇深表同情,并加以宽慰。宽慰之外,又重申友情的精诚不变,生死不渝。

这首词风格凄切、酣畅深沉,又慷慨淋漓、耐人寻味。

词海拾贝

意(yì)

构造:会意字。从心从音。

释义:本义指心志。心意。《说文解字》:“意,志也。”

蛾(é)

构造:形声字。从虫,我声。

释义:本义指蛾子。昆虫。形似蝴蝶,体躯一般粗大,四翅,静止时平放体侧,多在夜间飞行。《说文解字》:“朱蛾其状如蛾。”

劫(jié)

构造:会意字。从力,去声。

释义:本义指以强力使对方欲去而不得。威胁,威逼。《说文解字》:“劫,人欲去,以力胁止,曰劫。”

知识巩固与能力训练

一、解释句中加点的词语

1.偶然间、缁尘京国,乌衣门第。

2.且由他、蛾眉谣诼,古今同忌。

二、翻译句子

1.青眼高歌俱未老,向樽前、拭尽英雄泪。

2.一日心期千劫在,后身缘、恐结他生里。

三、简答

1.词中有几处运用了典故?有什么作用?

2.分析纳兰性德词的特点。

学文心语

鲁迅说:“人生得一知己足矣,斯世当以同怀视之。”人与人的关系中,友情与亲情、爱情三足鼎立,平分秋色。如果说亲情根源于血缘,爱情根源于“性”缘(两性之间的吸引力),那么,友情则是纯粹的“情”缘。“知我者谓我心忧,不知我者谓我何求”,朋友贵在相知,每个人都是遥远天边上的一点微星,自顾自地散发出羸弱的光芒,努力寻找着那个能跟自己产生共鸣的灵魂。

【实践训练一】朗诵

一、朗诵的基础知识

朗诵

(一)朗诵的含义

朗,是指声音清晰、响亮;诵,指诵读、背诵。朗诵,就是用清晰、响亮的声音,结合各种语言技巧和艺术手段来完善传达作品思想感情的一种语言艺术,也是对于作品的二度创作。

朗诵可以提高人们的阅读感知能力,提升艺术鉴赏水平。它主要体现在以下两个方面:一是朗诵文笔优美和风格独特的文稿,可以开阔视野,陶冶情操;文明言行,提升修养。二是能够有效培养并确立对自身口语表述的判断力和鉴赏力,丰富人文精神内涵,从而全面掌握对语言词汇的准确运用和集中表达。因此,要想获取能言善辩的高效语言功能,把自身打造成口语交际与语言艺术的高手,朗诵就不可忽视。

朗诵是创作者语言功能和行为艺术的再创作。此类创作,既不是简单地诵读文稿内容,也不是摆脱原有的稿件内容另行创作,而是要求诵读者将原作品赋予艺术特色,有机结合作品精神实质和意蕴美感,通过有声语言和行为表述,创作出符合朗诵者语音面貌和声音形象的最佳状态,使作品贴近生活、贴近实质、贴近自然,更加富有表现力和感染力。不仅要让听众领会作品内容表象,更重要的是要使其产生情感共鸣,从而达到“未见其人,先闻其声”的艺术效果。

(二)朗诵的方法

1.注重朗诵作品材料的选取

朗诵是一种传情达意的艺术。朗诵者能够较好地抓住作品本质和精神内涵,让听众感同身受,首先要注重材料作品的选取。在选材过程中,要紧扣主题、抓住本质、契合现实。无论是文艺晚会的朗诵节目,还是自身摘选的参赛作品,都要注重主题的内在实质,将其语言功能生动形象地运用到稿件中,将会取得上乘的效果。其次,要注重听众的形象感受。形象感受是朗诵过程中的关键环节。最后,要依据自身朗诵实际水准,联系朗诵场合和受众需求,撷取最为适合的朗诵范文。

2.准确把握作品的内容实质

准确把握作品的内容实质,深刻理解其深层含义,这是成功朗诵的重要前提。在作品朗诵的基础之上,运用所学的艺术手段和语言技巧,不断对作品加以提炼修饰,一旦脱离原本作品所传递出的真实情感和精神实质,新创作的艺术作品缺乏生机和活力,语言艺术和表达技巧将会显得呆板,无法有效地传情达意,最终导致朗诵的作品毫无意义。为准确把握作品内在的精神实质,应注意下列三点:

(1)详细了解作者生平和写作背景。朗诵者要准确深刻地传递思想情感，避免言不达意。首先要清除语言文字障碍，透过字里行间，理解和掌握作品的内在含义和深刻层次，明确文段中生僻字词、成语典故、经典语句的准确含义，不能望文生义，同原作表达的意味背道而驰。其次，要找准作品主题和情感基调，灵活运用作品环境背景，从而全面准确地理解作品，将新创作的朗诵作品展现得淋漓尽致。

(2)采取情景在线模式，体会语言真情实感。众所周知，有些朗诵作品，虽能让人听着有抑扬顿挫语调的感觉，却无法走进听众内心。如果不是作品本身原因，就意味着朗诵者的作品不尽人如意，对作品的理解还不够透彻，情感投入的力度有待提高。简而言之，就是朗诵者对作品的感受过于肤浅。然而，听众的感受是敏锐的，朗诵者要做的就是唤醒听众的耳朵，让听众为之动容、激发情感、引发共鸣。

(3)展开合理想象，引发听众共鸣。成功的朗诵作品往往不是一蹴而就的，仅凭对于作品本身的理解和判断也是不够的。朗诵者对于作品的再创作除了具备准确理解作品内容、情感及精神实质之外，还应当赋予其丰富的想象，将作品注入理想化色彩，并加以演绎。这样才能使作品真正深入人心，给听众眼前一亮的视听效果，仿佛身临其境一般。

(三)朗诵的基本要求

朗诵既要深刻领会作品本身文化内涵，又要合理有效运用各类语言技巧和艺术处理方式，准确地表达作品的内在意义。常用的基本艺术表达方式有停顿和重音、语速和句调。

1.停顿

停顿指语句或词语之间声音上的间歇。停顿首先是为了满足朗诵者在诵读中生理上和句子结构上的需要；其次是为了充分传达思想情感的需要。给听者一个接受作品、领略风采、理解思考的余地，帮助听众加深印象，也帮助朗诵者自身达到作品的理想宣传效果。停顿包括生理停顿、语法停顿、强调停顿。

(1)生理停顿。生理停顿是依据朗诵者气息掌控需要，在不影响语义完整的前提下，作一个暂时性的停歇。要注意生理停顿不要妨碍语意表达，不割裂语法结构。

(2)语法停顿。语法停顿反映的是语法关系的间断，在书面语言里表现为标点。一般来说，语法停顿时间的长短同标点大致相关。例如：句号、问号、叹号后的停顿比分号、冒号长；分号、冒号后的停顿比逗号长；逗号后的停顿比顿号长；段落之间的停顿相较于句子停顿的时间更长。

(3)强调停顿。强调停顿的主要作用是为了突出强调某一事物、某个语意及某种感情，它表现在书面上没有标点、在生理上也可在不作停顿的地方作了停顿，或者在书面上有标点的地方作了较大的停顿，这样的停顿称为强调停顿。强调停顿主要是依靠揣摩文章作品，为读者或听众深刻体会作品的内在实质和内在含义作支撑。

例如：

遵义会议‖纠正了｜在第五次反“围剿”斗争中所犯的“左”倾机会主义性质的严重的原则错误，团结了｜党和红军，使得｜党中央和红军主力胜利地完成了长征，转到了｜抗日的前沿阵地，执行了抗日民族统一战线的新政策。

“遵义会议”之后没有标点符号，但是为了突出强调“遵义会议”的历史地位，强调“遵义会议”在我党史上的伟大转折意义，此处应当有一个停顿，而且相较于其他强调停顿时间更长一些。“纠正了”“团结了”“使得”“转到了”“执行了”这些词语后面看不到标点，但为清楚显示“遵义会议”的伟大历史意义，应用停顿，句中画“‖”线和“｜”线的地方都表示强调停顿。若不仔细揣摩作品而任意作强调停顿，容易产生错误的理解。贺敬之《雷锋之歌》中有一句话：“来呵！让我们紧紧挽住雷锋的这三条刀伤的手臂吧！”如果在“三条”之后不恰当地略作停顿，会给听众造成“三条手臂”的错觉，影响理解的正确性。

2.重音

重音是指朗诵、说话时有些句子的语气念得较重的现象。以增加声音的强度来实现。重音一般分为语法重音和强调重音两种。

(1)语法重音。语法重音是指根据语法结构的要求和特点，部分句子和词语根据语义需要重读。它一般不表示特定的思想情感。

语法重音的位置比较固定，基本规律如下：

①名词前的定语常重读。②动词或形容词前的状语常重读。③一般短句子里的谓语部分常重读。④动词后面由形容词、动词及部分词组充当的补语常重读。⑤部分代词也常重读。

当一个句子的成分出现过多的情况，就意味着需要重读的地方不止一处。因此，重读的顺序基本规律特点是优先重读定语、状语、补语等连带成分。

例如：

我们是怎样度过这惊涛骇浪的瞬息！

快把那炉火烧得通红。

显而易见，例句中的“惊涛骇浪”和“通红”需要重读，但需要注意的是例句中的语法重音强度不明显，它比强调重音弱，只是相较于同语句的其他部分要重一些。

(2)强调重音。强调重音指的是为了强调某种特殊意义和表达特殊的思想情感，它存在的目的主要是引人耳目，让听众注意自己要强调的地方，因而故意重读。强调重音的部分并非存在固定的规律，主要是受语境的影响，被文段中的情感和内容支配。在相同的句子当中，重音强调成分不同，往往所表达的意思也不尽相同。

例如：

我去过北京。(回答“谁去过北京”，强调“我”)

我去过北京。(回答“你去没去过北京”，强调“去过”)

我去过北京。(回答“北京、上海等地，你去过哪儿”，强调“北京”)

因此,在朗诵过程中,我们首先应当正确理解作者写作意图,潜心研究作品表达的思想情感,找到需要强调重音的位置。

强调重音与语法重音的区别是:

①从音量方面看。语法重音给人的感受是发出声音的轻重有所差异,但强调重音是给人烙上鲜明突出的印象,给人眼前一亮的感觉,通常情况下,强调重音的音量大于语法重音的音量。

②从出现的位置看。强调重音可能与语法重音重叠,这时语法重音服从于强调重音,只须将音量增强一些即可。当两种重音放在不同的位置上,这时强调重音的音量要高于语法重音的音量。

③从确定重音的难易上看。语法重音较容易找到,在一句话的范围内,根据语法结构的特点就可以确定,而强调重音的确定与朗诵者对作品的钻研程度、理解程度紧密相连。

3.语速

语速是指说话或朗诵时每个音节的长短及音节之间连接的紧密程度。说话的语速是由说话人的情感来表现的,朗诵的语速与文章所要传递的思想情感和抒发内容一脉相承。通常情况下,一篇文章出现欢快、兴奋、热烈、紧张的词汇内容,语速应当稍快些;出现悲伤、沉重、庄重、平静追忆的内容,语速应当稍缓一些。而一般的叙述、说明、议论则用中速。下面,以《雷雨》中周朴园和鲁侍萍的对话为例,朗诵时应根据人物心情的变化调整语速,而不应匀速朗读。

例如:

周:梅家的一个年轻小姐,很贤慧,也很规矩。有一天夜里,忽然地投水死了。后来,后来——你知道吗?(慢速。周朴园故作与鲁侍萍闲谈状,以便探听一些情况。)

鲁:这个梅姑娘倒是有一天晚上跳的河,可是不是一个,她手里抱着一个刚生下三天的男孩,听人说她生前是不规矩的。(慢速,侍萍回忆悲痛的往事,又想极力克制怨愤,以免周朴园认出。)

鲁:我前几天还见着她!(中速)

周:什么?她就在这儿?此地?(快速。表现周朴园的吃惊与紧张。)

鲁:老爷,您想见一见她吗?(慢速。鲁故意试探。)

周:不,不,不用。(快速。表现周朴园的慌乱与心虚。)

周:我看过去的事不必再提了吧。(中速)

鲁:我要提,我要提,我闷了三十年了!(快速,表现鲁侍萍极度的悲愤以至几乎喊叫。)

4.句调

在汉语中,我们分字调和句调,正所谓字有字调,句有句调。字调为声调,是指音节的高低升降。而句调,我们称为语调,是指语句的高低升降。句调贯穿整个句干,只是在句末音节上表现得特别明显。句调根据表示的语气和感情态度的不同,可分为四种:升调、降调、平调、曲调。

(1)升调,前低后高,语势上升。一般用于表示疑问、反问、惊异等语气。

(2)降调,前高后低,语势渐降。一般用于陈述句、感叹句、祈使句,表示肯定、坚决、赞美、祝福等感情。

(3)平调,语势平稳舒缓,没有明显的升降变化,多用于陈述和说明,也用于表示庄严、悲痛、冷淡等感情。

(4)曲调,全句语调弯曲,或先升后降,或先降后升,往往把句中需要突出的词语拖长着念,这种语调常用来表示讽刺、厌恶、反语、意在言外等语气。

除了以上这些基本表达手段外,要使朗诵有声有色,还得借助一些特殊的表达手段,如笑语、颤音、泣诉、重音轻读等,这里就不详细介绍了。

二、实践训练

【项目一】根据以下素材分组展开朗诵练习,每组择优进行公开展示。

致橡树

舒　婷

我如果爱你——
绝不像攀缘的凌霄花,
借你的高枝炫耀自己;
我如果爱你——
绝不学痴情的鸟儿,
为绿荫重复单调的歌曲;
也不止像泉源,
常年送来清凉的慰藉;
也不止像险峰,
增加你的高度,衬托你的威仪。
甚至日光,
甚至春雨。
不,这些都还不够!
我必须是你近旁的一株木棉,
作为树的形象和你站在一起。
根,紧握在地下;
叶,相触在云里。
每一阵风过,

我们都互相致意，
但没有人，
听懂我们的言语。
你有你的铜枝铁干，
像刀、像剑，也像戟；
我有我红硕的花朵，
像沉重的叹息，
又像英勇的火炬。
我们分担寒潮、风雷、霹雳；
我们共享雾霭、流岚、虹霓。
仿佛永远分离，
却又终身相依。
这才是伟大的爱情，
坚贞就在这里：
爱——
不仅爱你伟岸的身躯，
也爱你坚持的位置，
足下的土地。

（选自《会唱歌的鸢尾花》，舒婷著，四川文艺出版社，1986 年版）

《致橡树》是一首爱情新诗。作品彻底否定旧婚姻、旧伦理、旧观点的宣言式表达激励了整整一代人，该诗是朦胧诗派的代表作之一。诗人别具一格地选择了“木棉”与“橡树”两个中心意象，让木棉代表主人公，以橡树代表所爱的对象，采用内心独白的抒情方式，朗诵应体现作品对爱的坦诚、开朗态度与炽烈、坚贞的信念追求。

我爱这土地

我爱这土地

艾　青

假如我是一只鸟，
我也应该用嘶哑的喉咙歌唱：
这被暴风雨所打击着的土地，
这永远汹涌着我们的悲愤的河流，
这无止息地吹刮着的激怒的风，
和那来自林间的无比温柔的黎明……
——然后我死了，
连羽毛也腐烂在土地里面。

为什么我的眼里常含泪水？
因为我对这土地爱得深沉……

（选自《中国现代文学作品选》，黄修己等编选，十月文艺出版社，1994年版）

这首诗作于家国、民族悬于危亡之际的1938年，全国人民响应党的号召团结奋战，迎来了战略相持的抗战新形势。作者借一只“歌唱”的鸟来表现自己不屈的民族精神，表达诗人与祖国河流、风、黎明、土地无法割舍的血脉深情与无限眷恋，朗诵基调应为深沉、真挚的爱国情感。

我骄傲，我是中国人

王怀让

在无数蓝色的眼睛和褐色的眼睛之中，
我有着一双宝石般的黑色眼睛，
我骄傲，我是中国人！
在无数白色的皮肤和黑色的皮肤之中，
我有着大地般黄色的皮肤，
我骄傲，我是中国人！
我是中国人——
黄土高原是我挺起的胸脯，
黄河流水是我沸腾的热血，
长城是我扬起的手臂，
泰山是我站立的脚跟。
我骄傲我是中国人。
我是中国人——
我的祖先最早走出森林，
我的祖先最早开始耕耘，
我是指南针、印刷术的后裔，
我是圆周率、地动仪的子孙。
在我的民族中，
不光有史册上万古不朽的
孔夫子、司马迁、李自成、孙中山，
还有那文学史上万古不朽的
花木兰、林黛玉、孙悟空、鲁智深。
我骄傲，我是中国人！
我是中国人——
在我的国土上，

不光有雷电轰击不倒的长白雪山、黄山劲松，
还有那风雨不灭的井冈传统、延安精神！
我是中国人——
我那黄河一样粗犷的声音，
不光响在联合国的大厦里，
大声发表着中国的议论，
也响在奥林匹克的赛场上，
大声高喊着"中国得分"！
当掌声把五星红旗送上蓝天，
我骄傲，我是中国人！
我是中国人——
我那长城一样的巨大手臂，
不光把采油钻杆钻进外国人预言打不出石油的地心；
也把通信卫星送上祖先们梦里也没有到过的白云；
抬头，当五大洲倾听东方的时候，
我骄傲，我是中国人！
我是中国人——
我是莫高窟壁画的传人，
让那翩翩欲飞的壁画与我们同往。
我就是飞天，
飞天就是我。
我骄傲，我是中国人！

（选自《王怀让自选集》，作家出版社，1997年版）

这首诗歌颂了我们伟大的民族，是诗人的代表作之一。这首诗抒情性很强，表达了诗人强烈的爱国精神，朗诵时应使用亢奋、热情的语调，读出豪迈的气势，表达出满满的自豪感，同时还要控制好自己的情绪和朗诵节奏，不能为追求高亢而一味高声大喊，尤其要避免声嘶力竭。

【项目二】以"理想信念"为主题，自选材料进行朗诵练习，并进行展示。

单元二 现当代抒情类作品

导语

你还记得曾经学过的诗歌《天上的街市》吗？作者郭沫若是一位在历史学、考古学、古文字学、古器物学、文学、艺术等方面都有很高造诣的学者，也是中国新诗的奠基人之一。他的诗集《女神》在诗歌形式上突破了旧格套的束缚，创造了雄浑奔放的自由诗体，为“五四”以后自由诗的发展开拓了新的天地，成为中国新诗的奠基之作。

炉中煤

——眷念祖国的情绪

郭沫若[1]

炉中煤

啊，我年青的女郎！
我不辜负你的殷勤，
你也不要辜负了我的思量。
我为我心爱的人儿，
燃到了这般模样！

啊，我年青的女郎！
你该知道了我的前身？
你该不嫌我黑奴卤莽？
要我这黑奴的胸中，
才有火一样的心肠。

啊，我年青的女郎！
我想我的前身
原本是有用的栋梁，

我活埋在地底多年，
到今朝总得重见天光。

啊，我年青的女郎！
我自从重见天光，
我常常思念我的故乡，
我为我心爱的人儿，
燃到了这般模样！

（选自《女神·星空》郭沫若著，北京燕山出版社，2014年版）

【注释】

[1]郭沫若(1892—1978)，原名郭开贞，生于四川乐山沙湾，幼年入家塾读书，1906年入嘉定高等学堂学习，开始接受民主思想。1914年春赴日本留学，这个时期接触了泰戈尔、歌德、莎士比亚、惠特曼等外国作家的作品。1921年6月，他和成仿吾、郁达夫等人组织创造社，编辑《创造季刊》。1923年，他在日本帝国大学毕业，回国后继续编辑《创造周报》和《创造日》。1924年到1927年，他创作了历史剧《王昭君》《聂嫈》《卓文君》。1928年流亡日本，1930年加入中国左翼作家联盟，参加"左联"东京支部活动。1938年任中华全国文艺界抗敌协会理事。这一时期创作了以《屈原》为代表的6部历史剧。他还写了《十批判书》《青铜时代》等史论和大量杂文、随笔、诗歌等。新中国成立后，曾任中央人民政府委员，国务院副总理兼文化教育委员会主任、中国科学院院长，全国文联一、二、三届主席，并任中国共产党第九、十、十一届中央委员、第一至第五届全国人大常务委员会副委员长，全国政协委员、常务委员、副主席等职。作品有《新华颂》《东风集》《蔡文姬》《武则天》《李白与杜甫》等。

作品赏析

《炉中煤》是郭沫若的一首饱含眷念祖国情绪的感情诗，诗人用拟人的手法，用"炉中煤"的口吻向"心爱的人儿"——祖国倾诉衷肠，抒发了对祖国的强烈热爱的感情，表达了甘愿为祖国献身的热烈愿望。

全诗用"我"与"女郎"作为象征载体来抒发情感，诗人以煤自比，用燃烧着的煤比喻自己被革命烈火点燃起来的爱国热情，以年轻的女郎比喻"五四"以后青春的祖国，富有恋歌的深婉含蓄。诗人要求崇尚自我，他赞美自己，显然诗中的"我"是指一切反抗外来压迫的"五四"青年，诗人站在革命高潮的浪尖，呼唤自由，倡导革命，具有强烈的民族意识。因而《炉中煤》是诗人个性的显现，与时代相一致，充满革命的激情与斗志。

从结构看，第一节总述爱国之情和报国之志，第二节侧重抒爱国之情，第三节主要写报国之志，末节与首节取复叠形式，前后呼应，将全诗推向高潮。

从格式、韵律看，每节五行，每行音节大体均齐；一、三、五行押韵，一韵到底；而各节均以"啊，我年青的女郎"一声亲切温柔而又深情的呼唤起唱，造成回环往复的旋律美。诗情随诗律跌宕起伏，韵味深长。

"炉中煤"的意象具有丰富的审美意蕴：一是"炉中煤"的熊熊燃烧象征诗人愿为祖国

献身的激情；二是“炉中煤”黑色外表下“火一样的心肠”，象征劳苦大众“卑贱”的地位和伟大的人格，“炉中煤”既指“小我”，也指“大我”——诗人所代言的劳动人民；三是“炉中煤”的前身“原本是有用的栋梁”，“活埋在地底多年”以后终于“重见天光”，象征诗人不愿庸碌一生而渴望有所作为的愿望，也象征劳苦大众中潜藏的改造世界的巨大能量将要释放出来。“女郎”这一意象暗示诗人对祖国的爱有如情爱一般热烈，“年青”一词则暗示祖国在“五四”革命时代里充满蓬勃向上的生机。

诗歌把祖国比作“女郎”是吸取了我国传统诗歌的精华作为养分，继承和发扬了屈原《离骚》中香草美人之喻，使意境甘美浓郁，便于表达深深的眷念之情。

词海拾贝

郭沫若名言

1.我们只愿在真理的圣坛之前低头，不愿在一世物质的权威之前拜倒。

2.时间就是生命，时间就是速度，时间就是力量。

3.天才这个字本来含意极其暧昧，它的定义，决不是所谓“生而知之，不学而能”的。天地间生而知之的人没有，不学而能的人也没有。天才多半由于努力养成，天才多半由于细心养成。

4.一个人最伤心的事情无过于良心的死灭，一个社会最伤心的现象无过于正义的沦亡。

5.人世间，比青春再可宝贵的东西实在没有，然而青春也最容易消逝。最可宝贵的东西却不甚为人所爱惜，最易消逝的东西却在促进它的消逝。谁能保持得永远的青春的，便是伟大的人。

6.春天没有花，人生没有爱，那还成个什么世界。

7.科学虽不是充实人的全圆，但它是这个全圆的一扇重要的弧面。

8.不是骂人丑便能够掩盖得了自己的丑。

9.科学在今日是我们的思维方式，也是我们的生活方式，是我们人类精神所发展到的最高阶段。

10.不朽的途径有很多，然而精神总是一致的，那就是对恶势力的不妥协。

知识巩固与能力训练

一、本诗表达了怎样的思想感情？

二、诗中“年青的女郎”“炉中煤”有什么象征意义？

学文心语

祖国，一个温暖的词汇。所谓爱国，大概就是对家乡故土的依恋，对祖国壮丽河山的想念，对每一个骨肉同胞的爱与尊重，希望她越来越好。

导语

你知道“诗歌三美”吗？那就是闻一多先生提出的诗歌应该具有“音乐美、绘画美、建筑美”。闻一多是中国现代伟大的爱国主义者、坚定的民主战士、新月派代表诗人和学者，他的一生写下了数量众多的爱国主义诗篇，充满了对祖国的歌颂和热爱。

发 现[1]

闻一多

发现

我来了，我喊一声，迸着血泪，
“这不是我的中华，不对，不对！”
我来了，因为我听见你叫我；
鞭着时间的罡风，擎一把火。
我来了，不知道是一场空喜。
我会见的是噩梦，那里是你？
那是恐怖，是噩梦挂着悬崖，
那不是你，那不是我的心爱！
我追问青天，逼迫八面的风，
我问，拳头擂着大地的赤胸。
总问不出消息；我哭着叫你，
呕出一颗心来，——在我心里！

（本诗选自《中国现代文学作品选》，骆寒超、王嘉良主编，浙江大学出版社 1992 年）

【注释】

[1]《发现》是闻一多爱国诗篇中最重要的代表作之一。闻一多（1899—1946），原名闻家骅，湖北浠水人，中国现代诗人、思想家。1912 年考入清华大学。1922 年赴美留学，创作了大量爱国思乡的诗歌。1924 年，诗人的诗集《红烛》出版，奠定了诗人在中国现代诗歌史上的地位。1925 年诗人回国，任北京艺术专科学校教务长，曾参与创办《大江》杂志，同时与徐志摩等在北京《晨报》上开设副刊《诗镌》。1928 年参与创建“新月社”，和徐志摩等创办《新月》杂志，同年出版诗集《死水》。此后诗人放弃诗歌创作，埋头钻研学术，先后任武汉大学、青岛大学文学院院长，清华大学中文系教授。抗战期间，诗人带领最后从北京离开的学生徒步前往云南，任西南联合大学中文系教授。1944 年加入民盟。1946 年 7 月 15 日，诗人抗议国民党暗杀民盟党员李公仆，在李公仆的追悼会上演说著名的《最后一次演讲》，回家途中遭国民党特务枪杀。

作品赏析

这首诗只有十二行，短小却立意非凡，构思新颖灵巧。该诗直抒胸臆，直截了当地表现了诗人从美国回来之后，对当时军阀混战的残破祖国的失望与愤懑，以及在这种深广的忧愤中升腾的对祖国执着和忠贞的爱。

闻一多1922年夏天赴美留学，曾写下《孤雁》《太阳吟》《忆菊》等思念祖国、赞美祖国的诗篇。1925年6月1日，当他满怀报国之情回到上海后，看到的却是五卅惨案后留在地上的鲜血和帝国主义列强对中国人民的欺凌，看到的是军阀混战、哀鸿遍野的惨景。这一切和他在美国的想象大相径庭，使他陷入了极度的失望与悲愤之中，他所看到的和他所希望看到的恰恰相反。他看到的不是温暖，而是一片黑暗、残破的凄凉。他痛苦，他悲伤，他愤慨，他高歌当哭……当现实打破了他的梦想，使他坠入可怕的深渊的时候，诗人内心悲愤的情感便化作了《发现》这首至痛至爱的诗篇。

《发现》形象地记录了闻一多充满血与泪的赤子之心在极度幻灭时的高强度心理过程。这是一次大爱与大恨、大希望与大绝望强行扭结在一起的心灵体验。诗人哭着喊着："这不是我的中华，不对，不对！"他一再申明自己"不知道是一场空喜"，他在情感上还难以承受这巨大的幻灭感产生的摧毁力。闻一多当时面临着一个可怕的心理深渊，"那是恐怖，是噩梦挂着悬崖"，它意味着闻一多在异国他乡时赖以支撑自己的精神支柱的轰然倒塌。人们知道，闻一多在美国留学时炽热的爱国情思里有着对抗在异域所受到的屈辱感的强烈动机，可以说他是通过对祖国的"如花"的想象来获得一份自信和尊严的，这是他重要的精神支柱。在这时，心灵本身就是脆弱的、敏感的，强烈皈依的渴望里明显充满了幻化的理想色彩。

可是当闻一多踏上中国的土地的那一刹那，巨大的黑暗的窒息和满目的疮痍几乎将他击倒。一些论者在赞叹闻一多时，指出他并没有用具体细节正面描述他踏上中国的土地时所见的满目疮痍、生灵涂炭、民不聊生的悲惨景象，而是直抒胸臆地概括。实际上，在这里，不仅仅是一个诗艺的问题。他是无暇诅咒那些引起自己幻灭的悲哀的黑暗中国的景象的，这只能是等感情冷静后的事。对于此时的他来说，他首先要做的是由不愿意到必须承受这一巨大的幻灭感、绝望感。而对于这一切，心灵的难以承受和巨大的痛苦逼迫着他本能似的喊出了诸如"这不是我的中华，不对，不对！"等迸着血与泪的眩晕的话。同样，"我追问青天，逼迫八面的风，我问，拳头擂着大地的赤胸"都是心灵难以承受的巨大的痛苦和幻灭感逼迫的结果。这是一种难以诉说的痛苦，是大绝望时的痛苦。闻一多在《发现》里正是将焦点对准了极度绝望、幻灭时自己整个心灵的高峰体验状态。在整首诗里，只有他的呼天抢地的血与泪的诉说，捶胸顿足、撕心裂肺的哭喊。《发现》整首诗就像是从内心体验的巨大痛苦场中逼迫出的几近崩溃和疯狂的语言的连缀。

恰如诗人自我剖析的那样："我只觉得自己是座没有爆发的火山，火烧得我痛却始终没有能力炸开那禁锢我的地壳，放射出光和热来。"全诗充溢着的激情像烈马一样横冲直撞地奔跃，像狂瀑一样急流直下地喷泻，毫无一点修饰。所以，在这首诗里，人们很难把诗情与诗艺割裂开来。可以说，《发现》中的诗情和诗艺，在释放心灵的巨大的幻灭和痛苦感上完整地统一起来。

词海拾贝

闻一多名言

1.我爱中国固因她是我的祖国，而尤因她是有那种可敬爱的文化的国家。

2.尽可多多创造快乐去填满时间，哪可活活缚着时间来陪着快乐。

3.诗人最主要的天赋是爱，爱他的祖国，爱他的人民。

4.对奴隶，我们只当同情，对有反抗性的奴隶，尤当尊敬。

5.个人之于社会等于身体的细胞，要一个人身体健全，不用说必须每个细胞都健全。

6.人家说了再做，我是做了再说，人家说了也不一定做，我是做了也不一定说。

7.我要赞美祖国的花，我要赞美我如花的祖国。

8.生命是张没有价值的白纸，自从绿给了我发展，红给了我热情，黄教我以忠义，蓝教我以高洁，粉红赐我以希望，灰白赠我以悲哀，在完成这帧彩图，黑还要加我以死。从此以后，我便溺爱于我的生命，因为我爱他的色彩。

知识巩固与能力训练

一、这首诗表现了一种什么情感？

二、这首诗如何体现了闻一多关于诗歌的“三美”主张？

学文心语

“歌唱我们亲爱的祖国，从今走向繁荣富强”，爱国是毫无疑问的。闻一多先生曾说：“我爱中国固因她是我的祖国，而尤因她是有那种可敬爱的文化的国家。”中国共产党的早期领导人陈独秀在一篇文章里说：“我们爱的是国家为人民谋幸福的国家。”也有人说：“国之有难则扶之，国之有幸则享之，国之有错则柬之。”但是，到底该怎么爱国呢？你是怎么爱国的呢？

导语

想不想来一次说走就走的旅行？想不想游遍祖国的大好河山？中国地大物博，南方和北方在环境气候、风俗习惯、饮食服饰、文化艺术等方面都有很大差异。你喜欢南方还是北方呢？让我们一起领略一下郁达夫笔下的江南冬景吧！

江南的冬景[1]

郁达夫

江南的冬景

凡在北国过过冬天的人，总都知道围炉煮茗，或吃煊羊肉，剥花生米，饮白干的滋味。而有地炉、暖炕等设备的人家，不管它门外面是雪深几尺，或风大若雷，而躲在屋里过活的两三个月的生活，却是一年之中最有劲的一段蛰居异境；老年人不必说，就是顶喜欢活动的小孩子们，总也是个个在怀恋的，因为当这中间，有萝卜、雅儿梨等水果的闲食，还有大年夜、正月初一、元宵等热闹的节期。

但在江南，可又不同；冬至过后，大江以南的树叶也不至于脱尽。寒风—西北风—间或吹来，至多也不过冷了一日两日。到得灰云扫尽，落叶满街，晨霜白得像黑女脸上的脂粉似的清早，太阳一上屋檐，鸟雀便又在吱叫，泥地里便又放出水蒸气来，老翁小孩就又可以上门前的隙地里去坐着曝背谈天，营屋外的生涯了；这一种江南的冬景，岂不也可爱得很吗？

我生长江南，儿时所受的江南冬日的印象，铭刻特深；虽则渐入中年，又爱上了晚秋，以为秋天正是读读书，写写字的人的最惠季节。但对于江南的冬景，总觉得是可以抵得过北方夏夜的一种特殊情调，说得摩登些，便是一种明朗的情调。

我也曾到过闽粤，在那里过冬天，和暖原极和暖，有时候到了阴历的年边，说不定还不得不拿出纱衫来着；走过野人的篱落，更还看得见许多杂七杂八的秋花！一番阵雨雷鸣过后，凉冷一点，至多也只好换上一件夹衣，在闽粤之间，皮袍棉袄是绝对用不着的；这一种极南的气候异状，并不是我所说的江南的冬景，只能叫它作南国的长春，是春或秋的延长。

江南的地质丰腴而润泽，所以含得住热气，养得住植物；因而长江一带，芦花可以到冬至而不败，红叶亦有时候会保持住三个月以上的生命。像钱塘江两岸的乌桕树，则红叶落后，还有雪白的桕子着在枝头，一点一丛，用照相机照将出来，可以乱梅花之真。草色顶多成了赭色，根边总带点绿意，非但野火烧不尽，就是寒风也吹不倒的。若遇到风和日暖的午后，你一个人肯上冬郊去走走，则青天碧落之下，你不但感不到岁时的肃杀，并且还可以饱觉着一种莫名其妙的含蓄在那里的生气；“若是冬天来了，春天也总马上会来”的诗人的名句，只有在江南的山野里，最容易体会得出。

说起了寒郊的散步，实在是江南的冬日，所给与江南居住者的一种特异的恩惠；在北方的冰天雪地里生长的人，是终他的一生，也决不会有享受这一种清福的机会的。我不知道德国的冬天，比起我们江浙来如何；但从许多作家的喜欢以 Spaziergang 一字来做他们的创作题目的一点看来，大约是德国南部地方，四季的变迁，总也和我们的江南差仿不多。譬如说 19 世纪的那位乡土诗人洛在格(Peter Rosegger，1834—1918)罢，他用这一个“散步”做题目的文章尤其写得多，而所写的情形，却又是大半可以拿到中国江浙的山区地方来适用的。

江南河港交流，且又地滨大海，湖沼特多，故空气里时含水分；到得冬天，不时也会下着微雨，而这微雨寒村里的冬霖景象，又是一种说不出的悠闲境界。你试想想，秋收过后，河流边三五家人家会聚在一道的一个小村子里，门对长桥，窗临远阜，这中间又多是树枝杈桠的杂木树林；在这一幅冬日农村的图上，再洒上一层细得同粉也似的白雨，加上一层淡得几不成墨的背景，你说还够不够悠闲？若再要点景致进去，则门前可以泊一只乌篷小船，茅屋里可以添几个喧哗的酒客，天垂暮了，还可以加一味红黄，在茅屋窗中画上一圈暗示着灯光的月晕。人到了这一个境界，自然会胸襟洒脱起来，终至于得失俱亡，死生不同了；我们总该还记得唐朝那位诗人做的“暮雨潇潇江上村”[2]的一首绝句罢？诗人到此，连对绿林豪客都客气起来了，这不是江南冬景的迷人又是什么？

一提到雨，也就必然的要想到雪：“晚来天欲雪，能饮一杯无？”[3]自然是江南日暮的雪景。“寒沙海影路，微雪酒香村”，则雪月梅的冬宵三友，会合在一道，在调戏酒姑娘了。“柴门闻犬吠，风雪夜归人”[4]，是江南雪夜，更深人静后的景况。“前树深雪里，昨夜一枝开”[5]又到了第二天的早晨，和狗一样喜欢弄雪的村童来报告村景了。诗人的诗句，也许不尽是在江南所写，而做这几句诗的诗人，也许不尽是江南人，但假了这几句诗来描写江南的雪景，岂不直截了当，比我这一支愚劣的笔所写的散文更美丽得多？

有几年，在江南也许会没有雨没有雪的过一个冬，到了阴历的正月底或二月初再冷一冷，下一点春雪的；去年(一九三四)的冬天是如此，今年的冬天恐怕也不得不然，以节气推算起来，大约太冷的日子，将在一九三六年的二月尽头，最多也总不过是七八天的样子。像这样的冬天，乡下人叫作旱冬，对于麦的收成或者好些，但是人口却要受到损伤；旱得久了，白喉、流行性感冒等疾病自然容易上身，可是想恣意享受江南的冬景的人，在这一种冬天，倒只会得到快活一点，因为晴和的日子多了，上郊外去闲步逍遥的机会自然也多；日本人叫作 Hi-king，德国人叫作 Spaziergang 狂者，所最欢迎的也就是这样的冬天。

窗外的天气晴朗得像晚秋一样；晴空的高爽，日光的洋溢，引诱得使你在房间里坐不住，空言不如实践，这一种无聊的杂文，我也不再想写下去了，还是拿起手杖，搁下纸笔，上湖边散散步吧！

一九三五年十二月一日

(选自《郁达夫美文 · 颠沛人生》，何乃欣编，花城出版社，1992 年版)

【注释】

[1]该文创作于1935年，是郁达夫南迁杭州之后写下的散文名篇，最初发表于1936年1月1日《文学》第6卷第1号，收于散文集《闲书》。郁达夫(1896—1945)，原名郁文，浙江富阳人，中国现代作家。1913年赴日本留学，1921年参与发起成立创造社。1922年毕业于东京帝国大学。回国后参加编辑《创造》季刊、《创造周报》等刊物。1923年起先后在北京大学、武昌师范大学等校任教。1928年加入太阳社，并在鲁迅支持下，主编《大众文艺》。1930年参加中国左翼作家联盟。1936年任福建省府参议。1938年，赴武汉参加军委会政治部第三厅的抗日宣传工作，并在中华全国文艺界抗敌协会成立大会上当选为常务理事。1945年被日军宪兵杀害。1952年，中央人民政府追认其为“为民族解放殉难的烈士”。他擅长写小说与散文。主要作品有短篇小说《沉沦》《采石矶》《春风沉醉的晚上》，中篇小说《迷羊》《她是一个弱女子》和《出奔》等。

[2]暮雨萧萧江上村：出自明凌濛初《初刻拍案惊奇·乌将军一饭必酬》。

[3]晚来天欲雪，能饮一杯无：出自唐白居易《问刘十九》。

[4]柴门闻犬吠，风雪夜归人：出自唐刘长卿《逢雪宿芙蓉山人》。

[5]前树深雪里，昨夜一枝开：出自唐齐己《早梅》。

作品赏析

这是一篇充满了诗情画意的抒情散文，共分为三部分。

第一部分(第1~4段)：通过和北国冬景的对比，侧面描写江南冬景的可爱。文章题为“江南的冬景”，却从北国的冬天写起，而且把北国“躲在屋里过活的两三个月的生活”，写成“一年之中最有劲的一段蛰居异境”，老人、小孩“个个在怀恋”，这里，作者并没用因为对江南的冬天“铭刻特深”而否定北方的冬天没有情调的意思。“这一种江南的冬景，岂不也可爱得很吗?”一个“也”字充分表明作者对北国冬景的肯定和喜爱。写北国的冬天是为了写江南的冬天，写北国的冬天的蛰居生活是为了突出江南冬天的“明朗”和“特殊”。一方水土养一方人，一方人爱一方水土，这“一方水土”也应该包括这一方水土的气候。正是这样，郁达夫才对江南的冬天如此熟识，爱得如此深沉。

第二部分(第5~9段)正面描写江南的冬景，构成了四幅图画。虽然北方的三个月的冬天是“一年之中最有劲的一段蛰居异境”，老人孩子都特别怀恋，可生长在江南的作者对江南的冬天感受更深，也多了一份偏爱。作者在把江南的冬天和北国的冬天做了一番比较之后，便沉浸于江南冬景的美好回忆中去。寒郊散步、微雨寒村里的冬霖、江南雪景和江南的早冬四幅画面，全面而深刻地体现了江南冬天的特色，充满了诗情画意，怎能不令人心驰神往?又怎能使江南才子无动于衷?

第三部分(第10段)回到眼前，收束全文。最后一段作者由对江南冬景的深情回忆，回到现实，因为再美的回忆都不如眼前窗外诱人的冬景更有吸引力。所以作者便索性“拿起手杖，搁下纸笔”，到湖上散步。

全文语调舒缓，恰似江南冬天的悠闲；语言清新、纯朴，和江南冬景的清朗相得益彰。声调平和、叙述节奏徐缓，有利于作者对描写对象进行多角度的反复渲染，实现景物描写的绘画美。在写作方法上达到了“以情驭景，情景交融”的特点。江南美好的冬景之中处处洋溢着作者对江南冬景的眷恋和热爱之情。作者将江南的冬景与个人情思巧妙自然地融为一体，四幅江南冬景的画面，情和景达到了自然、和谐的完美统一，显示了作家卓越的写景抒情的艺术才华。

词海拾贝

郁达夫名言

1.艺术家是美的事物的创造者。

2.不是樽前爱惜身，佯狂难免假成真。曾因酒醉鞭名马，生怕情多累美人。劫数东南天作孽，鸡鸣风雨海扬尘。悲歌痛哭终何补，义士纷纷说帝秦。

3.知识我也不要，名誉我也不要，我只要一个能安慰我体谅我的“心”。一副白热的心肠！从这一副心肠里生出来的同情！

4.秋天，这北国的秋天，若留得住的话，我愿把寿命的三分之二折去，换得一个三分之一的零头。

5.没有情感的理智，是无光彩的金块，而无理智的情感，是无鞍镫的野马。

6.这世界真大呀！那宽广的水面！那澄碧的天空！那些上下的船只，究竟是从哪里来，上哪里去呢？

知识巩固与能力训练

一、作者笔下的“江南”主要指哪些地方？文中有具体的实例吗？

二、为了突出江南冬天的美好，作者作了多方面的比较。通过这些比较，作者写出了江南冬景的哪些重要特征？

三、你的家乡在哪儿？那里的冬景是怎样的？

四、你最喜欢哪里的冬景？那里的冬景有什么特点？

学文心语

“江南可采莲，莲叶何田田”“人人尽说江南好，游人只合江南老”“江南好，风景旧曾谙”“正是江南好风景，落花时节又逢君”“我打江南走过，那等在季节里的容颜如莲花般开落”，提起江南，我们心里就想起这些美好的诗句，眼前就幻化出江南的秀美，就心向往之，就对祖国的名山大川赞叹不已，油然而生一种浓浓的自豪感。

导语

你还记得小时候学过的萧红写的《火烧云》那篇课文吗？你还能熟练背出“雨巷诗人”戴望舒的著名代表作《雨巷》吗？今天，我们就要学一首戴望舒写的关于萧红的诗歌。这首诗是诗人戴望舒在萧红墓前凭吊时的口占之作，它包含了诗人对朋友的真挚怀念和对当时社会现实的深沉感慨。

萧红墓畔口占[1]

戴望舒

走六小时寂寞的长途，
到你头边放一束红山茶，
我等待着，长夜漫漫，
你却卧听着海涛闲话。

一九四四年十一月二十日

（选自《戴望舒全集·诗歌卷》，中国青年出版社，1999 年版）

萧红墓畔口占

【注释】

[1] 萧红（1911—1942），原名张迺莹，身世坎坷而创作成就很大的现代女性作家。1932 年开始文学创作，用自己的笔投入了抗日的洪流。1935 年发表成名作《生死场》，晚期的主要作品有《呼兰河传》。萧红在 1942 年因病客死香港，葬在浅水湾，年仅 31 岁。诗人戴望舒在 1938 年去香港，1941 年香港沦陷，他因宣传抗日而被捕入狱，并受伤致病。1944 年作者虽已获释出狱，但祖国山河破碎依旧，作者心情仍然是十分沉重的。作者前往浅水湾探访萧红的墓地，这首诗是作者在萧红墓前凭吊时的口占之作。戴望舒（1905—1950），浙江杭州人，中国现代著名诗人。1925 年入上海震旦大学学习法文，开始受到法国象征派的影响。1926 年参加共青团。1928 年后成为水沫社和其后的《现代》杂志的作者之一，创作现代派诗歌。《雨巷》是戴望舒的成名作和前期的代表作，他曾因此而赢得了“雨巷诗人”的雅号。1932 年后留学法国、西班牙。1938 年赴香港，主编《星岛日报》副刊。1941 年底香港沦陷，被日寇逮捕入狱。在狱中写下《狱中题壁》《我用残损的手掌》《等待》等著名诗篇。抗战胜利后回上海教书，1949 年春北上至解放区。1950 年因病逝世。早期诗歌多写个人的孤寂心境，感伤气息较重，因受西方象征派的影响，意象朦胧、含蓄。后期诗歌表现了热爱祖国、憎恨侵略者的强烈感情和对美好未来的热烈向往，诗风明朗、沉挚。诗集有《我底记忆》《望舒草》《望舒诗稿》和《灾难的岁月》。

作品赏析

从类型上说，这首诗仿效了悼亡诗的传统，但由于诗人和被追悼者的关系只是作家之间的倾慕，所以它在借助悼亡诗的基本情景的同时，又迅速偏离了典型的悼亡诗的图式，转而探询人生的奥义。

这首诗的基本场景是，一个男人在一个女人墓前表达他的哀思。对于被悼念的对象，诗人并没有倾注过多的笔墨，比如像传统的悼亡诗那样，大肆渲染死者的品貌。在这首诗中，人们大致可以看出，作为诗人的戴望舒对作为一个女作家的萧红，是怀有好感的。这种好感最好被界定为一种作家之间的倾慕，而诗人在传达这种倾慕时，表现得非常克制，这种克制又透露出一种深沉的品质。所有这些，都是通过间接的方式表现出来的。

首先，是现象的陈述："走六小时寂寞的长途。"耗费六小时去给死者上坟，而且完全是步行，这看似平淡的叙述中，却暗示出一个人对另一个人的深深的怀念。这里，有两个精确的细节特别强化了其中的情感意味。一是时间的细节。诗人和女小说家之间并没有血统和亲情关系，联结他们的只是一种作家之间的友情。所以，诗人坚持步行六小时，去给另一个人上坟，便显得十分可贵。因为这种行为不是出于义务，而是出于心灵深处的冲动与高贵。二是历史的细节，或说，这首诗的写作年代。它不那么直接，却对理解这首诗非常关键。这首诗写于一九四四年秋天之时。当时整个中国正值烽火连天。在这样的战乱环境中，诗人默默地走上六小时去给一个亡故的友人上坟，便显得意味深长了。也正是在这里，这首诗开始偏离悼亡诗的传统范式，加入了谈论人的命运、生与死的关系以及对自身生命的意义的觉察的内涵。

其次，间接的方式还表现在诗人所使用的一个隐喻——"红山茶"。这一隐喻非常生动地传达了诗人对萧红的赞美与激赏。在现代文学的传统中，"茶花"一直被赋予高洁、自然、清纯、朴素、秀逸等内涵。这首诗中，"红山茶"孕育这首诗的感情深度：细腻、深沉、节制、委婉中蕴含着激情。

这首诗前两行的对比也运用得非常巧妙。六小时的行程喻示一种"长度"（时间上的、空间上的），而且诗人也点明了它的性质，它令人感到内心的寂寞。也不妨说，在这种"长度"里，还包含着一种"重"，即它通过寂寞给人带来了内心的沉郁，它指涉了我们内在意识中的生与死的关系。而"到你头边放一束红山茶"这一句，却闪现着一种动作上的短促与轻逸，只是那么轻轻的一放，将一束美丽的鲜花点缀在墓畔。一长一短，一重一轻，透露出诗人内心情感的波折。同时，它们也建构了这首诗层次分明而又曲折跌宕的结构。

"我等待着"，这是诗人对情景的现场说明，也是诗人对自己在时代与人生中所处的位置的一种解释，还是他对自己在那样一种位置上他所展现的人文姿态的一种省察。"等待着"什么呢？问题早已经提出，它们纷繁复杂，涉及人生，自我，生与死，时代的前景，个人的前途，心灵的隐秘的渴望。答案呢？它似乎存系于茫茫天地间。后两行诗中的转折句法，也可以理解成一个特殊的悖论。表面上，"长夜漫漫"代表了一种特殊的时间现象，它独自流逝，超然于人生，拒不回答诗人在他的心灵里的追问与等待。而"你"，由于身处冥界，也无法应答诗人内心的期盼与疑问。但在另一个层面，戴望舒实际上懂得，在某种意义上，他期待的回答（至少是部分）已存在"长夜漫漫，你却卧听着海涛闲话"这样的情景之中。在这种情景中，安详、恬淡、超然，甚至某种冷淡，都构成了对人生的评价，并将这评价延展到对生与死的领悟中。此外，在这里，“闲话”一词，还给这首诗带来了一种特殊的反讽意味，这种意味反过来又揭示了诗人内心的成熟，特别是在面对命运多舛的人生的时候。

戴望舒所展现的诗歌上的成熟是令人惊叹的。首先是语言简朴，干净，亲近口语，节奏按照诗人内心的情感的波纹进行了锤炼，而且非常谐调。其次，在修辞上，诗人对他早年的夸饰倾向也有所节制，隐喻的运用和对人生的洞察结合得异常准确。最后，是结构上的平衡。这首诗在主题上承载了丰富的内涵，也融有多重的对比关系，却仍然保持着一种艺术的平衡。在视觉上，它像一幅画，而在心理上，它展现为一种从容面对各种命运的情境。就阅读而言，它更符合诗歌的现代趣味。它自身的蕴藉饱满、自足，有深邃的玄想，又有克制的反讽；同时，也给每一位接触它的读者留下了充分的空白。

词海拾贝

戴望舒名言

1.说是寂寞的秋的清愁，说是辽远的海的相思。假如有人问我的烦忧，我不敢说出你的名字。我不敢说出你的名字，假如有人问我的烦忧，说是辽远的海的相思，说是寂寞的秋的清愁。

2.为人之大道全在懵懂，最好不求甚解，单是望望，看天，看星，看月，看太阳。也看山，看水，看云，看风，看春夏秋冬之不同，还看人世的痴愚，人世的倥偬。静默地看着，乐在其中。

3.如果生命的春天重到，古旧的凝冰都哗哗地解冻，那时我会再看见灿烂的微笑，再听见明朗的呼唤——这些迢遥的梦。这些好东西都决不会消失，因为一切好东西都永远存在，它们只是像冰一样凝结，而有一天会像花一样重开。

4.诗是由真实经过想象而出来的，不单是真实，亦不单是想象。

5.晚云在暮天上散锦，溪水在残日里流金；我瘦长的影子飘在地上，像山间古树的寂寞的幽灵。

6.我夜坐听风，昼眠听雨，悟得月如何缺，天如何老。

7.你是叶儿，我是那微风，我曾爱你在枝头，也爱你在街中。来啊，你把你微风吹起，我将我残叶的生命还你。

8.我是从天上奔流到海，从海奔流到天上的江河，我是你每一条动脉，每一条静脉，每一个微血管中的血液，我是你的睫毛，是的。而我是你，因而我是我。

9.诗的韵律不在字的抑扬顿挫上，而在诗的情绪的抑扬顿挫上，即在诗情的程度上。

10.篱门是蜘蛛的家，土墙是薜荔的家，枝繁叶茂的果树是鸟雀的家。游子却连乡愁也没有，他沉浮在鲸鱼海蟒间，让家园寂寞的花自开自落吧。

11.星来星去，宇宙运行，春秋代序，人死人生，太阳无量数，太空无限大，我们只是倏忽渺小的夏虫井蛙。

知识巩固与能力训练

一、这首诗表达了一种什么情感?

二、这首诗有哪些艺术特色?

三、课后阅读并欣赏戴望舒的另外两首诗——《寻梦者》与《我用残损的手掌》。

学文心语

人生在世能几许?以宇宙为背景,我们短暂的一生只不过是沧海一粟。是浑浑噩噩虚度一生,还是轰轰烈烈奋斗一生?有的人虽然死了,却还活在人们的心中。《寻梦环游记》里说,当没有人记得你的时候,你就真的死了。愿我们活在人间时,多做一些善良、勇敢、高贵的事情,能带给人更多的温暖与爱。

导语

看到"艾青"这个名字，是不是就想起了《大堰河——我的保姆》那首诗？艾青被铁凝称为"最伟大的歌手"，他的作品一般是描写太阳、火把、黎明等有象征性的事物，表现对旧社会的黑暗和恐怖的痛恨以及对黎明、光明、希望的向往与追求。《北方》诗中，艾青既悲叹北方的贫瘠落后以及战争给北方民众带来的苦难，又讴歌北国民众自古具有的不屈的生存意志和保家卫国的决心，充分体现了诗人浓郁的爱国主义情怀。

北　方[1]

艾　青

北方

一天
那个科尔沁草原上的诗人[2]
对我说：
"北方是悲哀的。"

不错
北方是悲哀的。
从塞外吹来的
沙漠风，
已卷去北方的生命的绿色
与时日的光辉
——一片暗淡的灰黄，
蒙上一层揭不开的沙雾；
那天边疾奔而至的呼啸

带来了恐怖
疯狂地
扫荡过大地；
荒漠的原野
冻结在十月的寒风里，
村庄呀，山坡呀，河岸呀，

颓垣与荒冢呀
都披上了土色的忧郁……
孤单的行人，
上身俯前
用手遮住了脸颊，
在风沙里
困苦了呼吸，
一步一步地
挣扎着前进……
几只驴子
——那有悲哀的眼
和疲乏的耳朵的畜生，
载负了土地的
痛苦的重压，
它们厌倦的脚步，
徐缓地踏过
北国的
修长而又寂寞的道路……

那些小河早已枯干了
河底已画满了车辙，
北方的土地和人民
在渴求着
那滋润生命的流泉啊！
枯死的林木
与低矮的住房，
稀疏地
阴郁地
散布在灰暗的天幕下；
天上，
看不见太阳，
只有那结成大队的雁群
惶乱的雁群，
击着黑色的翅膀，
叫出它们的不安与悲苦，

从这荒凉的地域逃亡
逃亡到
绿荫蔽天的南方去了……

北方是悲哀的；
而万里的黄河
汹涌着浑浊的波涛
给广大的北方
倾泻着灾难与不幸；
而年代的风霜，
刻画着
广大的北方的
贫穷与饥饿啊。

而我
——这来自南方的旅客，
却爱这悲哀的北国啊。
扑面的风沙
与入骨的冷气
决不曾使我咒诅；
我爱这悲哀的国土，
一片无垠的荒漠
也引起了我的崇敬
——我看见
我们的祖先
带领了羊群，
吹着笳笛，
沉浸在这大漠的黄昏里；
我们踏着的
古老的松软的黄土层里，
埋有我们祖先的骸骨啊，
——这土地是他们所开垦
几千年了
他们曾在这里
和带给他们以打击的自然相搏斗，

他们为保卫土地
从不曾屈辱过一次,
他们死了
把土地遗留给我们——
我爱这悲哀的国土,
它的广大而瘦瘠的土地
带给我们以淳朴的言语
与宽阔的姿态,
我相信这言语与姿态
坚强地生活在大地上,
永远不会灭亡;
我爱这悲哀的国土
古老的国土
——这国土
养育了为我所爱的
世界上最艰苦
与最古老的种族。

(选自《艾青诗选》,人民文学出版社,1979年版)

【注释】

[1]1938年2月,艾青在古老的潼关写下了这首《北方》,同年四月发表在《七月》杂志的卷首。艾青(1910—1996),生于浙江金华,现代文学家、诗人。原名蒋海澄,生于浙江金华。著有《大堰河——我的保姆》《北方》《向太阳》《黎明的通知》等诗集。诗风沉雄,情调忧郁而感伤,到了延安以后逐渐转向悲壮、高昂的诗风,是对中国新诗产生过重要影响的诗人,被聂鲁达誉为"中国诗坛泰斗"。任中国作家协会副主席、国际笔会中心副会长等职,1985年获法国文学艺术最高勋章。

[2]科尔沁草原上的诗人:指端木蕻良(1912—1996),原名曹汉文(曹京平),辽宁省昌图县人。1928年入天津南开中学读书。1932年考入清华大学历史系,同年加入"左联",发表小说处女作《母亲》。1933年开始创作、1935年完成的长篇小说《科尔沁旗草原》,成为20世纪30年代东北作家群产生重要影响的力作之一。

作品赏析

一九三八年二月,艾青正在中国的北方山西、陕西等地流离,路经潼关时写下这一首《北方》。诗人通过描写北方土地在寒风、沙雾中的一片肃杀景象,表达了对国土面临沦陷的忧虑、对苦难民众的深深同情。但是在"悲哀"的同时,诗人特别强调这片土地所表现的顽强生命力,他崇敬和热爱这种力量以及具有这种力量的祖国人民。在《北方》粗犷苍莽的气氛中,我们可以感受到诗人对于民族战争必胜的信心。

诗歌一共五节，一至三节主要是景物描写。在诗句中，首先映入眼帘的是莽莽一片失去了生命绿色的土地，在沙雾中失去光辉的太阳，天与地笼罩在晦暗不清之中。这已经给人一种整体的抑郁、苍茫的悲凉感。其次是冻结的村庄、山坡、河岸，在风沙中前行的孤单行人、负重的驴子、惊惶的雁群……这些意象构成了一幅在寒风和风沙肆虐下的北方画卷。

在这里，诗人并不是单纯地写景。艾青擅长捕捉瞬间的感觉和意象，并且在感觉和意象之中渗入个人的主观情感，从而创造出具有象征意义的视觉形象。这里的景物也是带有浓厚的感情色彩的：村庄、山坡、河岸是荒凉的，行人是呼吸困难的，驴子踏着厌倦的脚步。诗人这样描写景物，是为了突出在恶劣的自然环境中，生存是如何困难。诗人在题记和诗歌的第一节中两次说“北方是悲哀的”，这些景物的描写就是围绕着这一内心感受而展开的。抑郁、苍凉的景观和诗人的叹息紧密相连，然而，北方的土地和人民正是在这种寒风肆虐中渴望着生机。这种充满低沉、忧郁情绪的景物描写，为诗歌的后面内容进行了铺垫。

第四节一开始又重复了“北方是悲哀的”这一句，这构成了反复吟唱的效果，加重了诗歌的悲凉感。这一节诗不再是客观的景物描写，由此诗人开始直接地抒情。为什么北方如此悲哀？自然环境的恶劣是外在的，关键是生活在这片土地上的广大民众，他们承受着灾难和不幸，挣扎在贫穷和饥饿中。诗人此时因为抗战爆发而飘零，他内心充满了对侵略者的愤怒和痛恨。他不仅同情北方人民生活在这样的恶劣自然环境中，而且同情他们所遭受的人为的蹂躏和侵略。

诗歌的第五节是全诗的中心和重点。诗人五次表达了“我爱这悲哀的北国”的情感，和前面四节诗中重复出现的“北方是悲哀的”形成一种对应关系。前几节诗歌奠定的低沉“悲凉”，因为诗人这种执着甚至有些执拗的情感，在这里拓展为一种阔大的“悲壮”。诗人说他不诅咒“扑面的风沙”，因为“无垠的荒漠”引起了他的崇敬。因为这种恶劣的环境正衬托了与之斗争的人的高贵品质。诗人所敬佩的是生活在这里的人们的顽强精神，几千年以来都和自然相搏斗，为保卫土地，从来没有接受过屈辱。在诗人看来，祖祖辈辈生活在北方土地上的人们，他们有着惊人的与恶劣自然环境抗争的毅力和勇气，即使是死去了也把骸骨埋在这里。“生于斯、死于斯，——这土地是他们开垦的。”

诗人强调，这片土地是生死于此、勤劳耕种的劳动人民的，是我们中华儿女的。“他们死了，把土地遗留给我们”，祖先除了给我们留下生存的土地，还留给我们顽强的抗争精神、永不低头的高贵品质。像几千年来为生存、保卫土地而抗争的祖先一样，面临侵略，此时生活在这片土地上的人们也同样不会屈服。坚信只要保持这种宝贵品质，中华儿女在自己的土地上，就永远不会灭亡。由此，爱国主义的精神在这里升华，诗人深爱的更是一个具有顽强生命力、艰苦奋斗精神的民族。

总体看来，诗歌前四节的低沉、忧郁情绪和第五节所表达的坚持、乐观信念形成对比；

加上苍莽的北国风光的描写，整个诗歌具有一种雄浑、厚重的抒情风格。

《北方》的诗体看似自由，其实采用了有规律的排比、复沓手法。如“北方是悲哀的”“我爱这悲哀的国土”等句子在诗中反复出现，既突出诗歌的主题，又通过循环、反复，增加了诗歌悠长、苍莽的意蕴。

《北方》这首诗最为鲜明的艺术特色就是朴素，情感毫无遮蔽。诗歌的语言和情境，以及它显示的宽阔的姿态，正是悲哀而古老的国土和种族赋予诗人塑造这首诗的灵魂。

词海拾贝

艾青名言

1.人间没有永恒的夜晚，世界没有永恒的冬天。

2.人民不喜欢假话，哪怕多么装腔作势，多么冠冕堂皇的假话，都不会打动人们的心。人人心中都有一架衡量语言的天平。

3.为什么我的眼里常含泪水？因为我对这土地爱得深沉。

4.时间顺流而下，生活逆水行舟。

5.即使我们是一支蜡烛，也应该“蜡炬成灰泪始干”；即使我们只是一根火柴，也要在关键的时刻有一次闪耀；即使我们死后尸骨都腐烂了，也要变成磷火在荒野中燃烧。

6.但是有人害怕光，有人对光满怀仇恨，因为光所发出的针芒，刺痛了他们自私的眼睛。历史上的所有暴君，各个朝代的奸臣，一切贪婪无厌的人，为了偷窃财富、垄断财富，千方百计想把光监禁，因为光能使人觉醒。

7.凡是能够促进人类向上发展的，都是最美的，都是善的，也都是诗的。

8.桥是土地与土地的连系；桥是河流与道路的爱情；桥是船只与车辆点头致敬的驿站；桥是乘船与步行者挥手告别的地方。

9.一个海员说，他最喜欢的是起锚所激起的，那一片洁白的浪花，一个海员说，他最高兴的是抛锚所发出的，那一阵铁链的喧哗，一个盼望出发，一个盼望到达。

10.自私与贪婪相结合，会孵出许多损害别人的毒蛇。

11.墙有多高多厚多长，又怎么能阻挡千百万人比风更自由的思想，比土地更深厚的意志，比时间更漫长的愿望。

知识巩固与能力训练

一、诗歌为什么要反复强调“北方是悲哀的”？

二、北方悲哀的原因是什么？

三、请课下查找并阅读欣赏 2~3 首艾青的其他的著名诗歌。

学文心语

“为什么我的眼里常含泪水？因为我对这土地爱得深沉……”这句诗总是能直戳人们心窝，这种对祖国的深深挚爱感动着一代又一代的莘莘学子。周总理曾说，为中华之崛起而读书。愿我们能发自内心地好好学习，天天向上，愿我们共同努力把这片土地建设成为一个人人热爱的，自由、民主、平等、富强的国度。

导语

你失败过吗？你经历过沉重的人生打击吗？年轻的朋友，我们应该如何看待人生的悲欢离合、浮沉得失呢？或许季羡林的这篇文章能给我们一些启发。《二月兰》歌颂了生命的顽强和坚韧，表现了在逆境中巍然屹立、顺从自然、顽强执着的品性；同时又有着对生命悲欢的哲学思考。

二月兰[1]

季羡林

二月兰

转眼，不知怎样一来，整个燕园竟成了二月兰的天下。

二月兰是一种常见的野花。花朵不大，紫白相间。花形和颜色都没有什么特异之处。如果只有一两棵，在百花丛中，决不会引起任何人的注意。但是它却以多胜，每到春天，和风一吹拂，便绽开了小花；最初只有一朵，两朵，几朵。但是一转眼，在一夜间，就能变成百朵，千朵，万朵。大有凌驾百花之上的势头了。

我在燕园里已经住了四十多年。最初我并没有特别注意到这种小花。直到前年，也许正是二月兰开花的大年，我蓦地发现，从我住的楼旁小土山开始，走遍了全园，眼光所到之处，无不有二月兰在。宅旁，篱下，林中，山头，土坡，湖边，只要有空隙的地方，都是一团紫气，间以白雾，小花开得淋漓尽致，气势非凡，紫气直冲云霄，连宇宙都仿佛变成紫色的了。

我在迷离恍惚中，忽然发现二月兰爬上了树，有的已经爬上了树顶，有的正在努力攀登，连喘气的声音似乎都能听到。我这一惊可真不小：莫非二月兰真成了精了吗？再定睛一看，原来是二月兰丛中的一些藤萝，也正在开着花，花的颜色同二月兰一模一样，所差的就仅仅只缺少那一团白雾。我实在觉得我这个幻觉非常有趣。带着清醒的意识，我仔细观察起来：除了花形之外，颜色真是一般无二。反正我知道了这是两种植物，心里有了底，然而再一转眼，我仍然看到二月兰往枝头爬。这是真的呢？还是幻觉？一由它去吧。

自从意识到二月兰存在以后，一些同二月兰有联系的回忆立即涌上心头。原来很少想到的或根本没有想到的事情，现在想到了；原来认为十分平常的琐事，现在显得十分不平常了。我一下子清晰地意识到，原来这种十分平凡的野花竟在我的生命中占有这样重要的地位。我自己也有点吃惊了。

我回忆的丝缕是从楼旁的小土山开始的。这一座小土山，最初毫无惊人之处，只不过二三米高，上面长满了野草。当年歪风狂吹时，每次“打扫卫生”，全楼住的人都被召唤出来拔草，不是“绿化”，而是“黄化”。我每次都在心中暗恨这小山野草之多。后来不知由于什么原因,把山堆高了一两米。这样一来,山就颇有一点山势了。东头的苍松,西头的翠柏,都仿佛恢复了青春,一年四季,郁郁葱葱。中间一棵榆树,从树龄来看,只能算是松柏的曾孙,然而也枝干繁茂,高枝直刺入蔚蓝的晴空。

我不记得从什么时候起我注意到小山上的二月兰。这种野花开花大概也有大年小年之别的。碰到小年,只在小山前后稀疏地开上那么几片。遇到大年,则山前山后开成大片,二月兰仿佛发了狂。我们常讲什么什么花"怒放",这个"怒"字用得真是无比地奇妙。二月兰一"怒",仿佛从土地深处吸来一股原始力量,一定要把花开遍大千世界,紫气直冲云霄,连宇宙都仿佛变成紫色的了。

东坡的词说:"月有阴晴圆缺,人有悲欢离合,此事古难全。"但是花们好像是没有什么悲欢离合。应该开时,它们就开;该消失时,它们就消失。它们是"纵浪大化中",一切顺其自然,自己无所谓什么悲与喜。我的二月兰就是这个样子。

然而,人这个万物之灵却偏偏有了感情,有了感情就有了悲欢。这真是多此一举,然而没有法子。人自己多情,又把情移到花,"泪眼向花花不语",花当然"不语"了。如果花真"语"起来,岂不吓坏了人!这些道理我十分明白。然而我仍然把自己的悲欢挂到了二月兰上。

当年老祖还活着的时候,每到春天二月兰开花的时候,她往往拿一把小铲,带一个黑书包,到成片的二月兰青草丛里去搜挖荠菜。只要看到她的身影在二月兰的紫雾里晃动,我就知道在午餐或晚餐的餐桌上必然弥漫着荠菜馄饨的清香。当婉如还活着的时候,她每次回家,只要二月兰正在开花,她离开时,总穿过左手是二月兰的紫雾,右手是湖畔垂柳的绿烟,匆匆忙忙走去,把我的目光一直带到湖对岸的拐弯处。当小保姆杨莹还在我家时,她也同小山和二月兰结上了缘。我曾套宋词写过三句话:"午静携侣寻野菜,黄昏抱猫向夕阳,当时只道是寻常。"我的小猫虎子和咪咪还在世的时候,我也往往在二月兰丛里看到她们:一黑一白,在紫色中格外显眼。

所有这些琐事都是寻常到不能再寻常了。然而,曾几何时,到了今天,老祖和婉如已经永远永远地离开了我们。小莹也回了山东老家。至于虎子和咪咪也各自遵循猫的规律,不知钻到了燕园中哪一个幽暗的角落里,等待死亡的到来。老祖和婉如的走,把我的心都带走了,虎子和咪咪我也忆念难忘。如今,天地虽宽,阳光虽照样普照,我却感到无边的寂寥与凄凉。回忆这些往事,如云如烟,原来是近在眼前,如今却如蓬莱灵山,可望而不可即了。

对于我这样的心情和我的一切遭遇,我的二月兰一点也无动于衷,照样自己开花。今年又是二月兰开花的大年。在校园里,眼光所到之处,无不有二月兰在。宅旁、篱下、林中、山头、土坡、湖边,只要有空隙的地方,都是一团紫气,间以白雾,小花开得淋漓尽致,气势非凡,紫气直冲霄汉,连宇宙都仿佛变成紫色的了。

这一切都告诉我,二月兰是不会变的,世事沧桑,于它如浮云。然而我却是在变的,月月变,年年变。我想以不变应万变,然而办不到。我想学习二月兰,然而办不到。不但如此,它还硬把我的记忆牵回到我一生最倒霉的时候。在十年浩劫中,我自己跳出来反对北大那一位“老佛爷”,被抄家,被打成了“反革命”。正是在二月兰开花的时候,我被管制劳动改造。有很长一段时间,我每天到一个地方去捡破砖碎瓦,还随时准备着被红卫兵押解到什么地方去“批斗”,坐喷气式,还要挨上一顿揍,打得鼻青脸肿。可是在砖瓦缝里二月兰依然开放,怡然自得,笑对春风,好像是在嘲笑我。

我当时日子实在非常难过。我知道正义是在自己手中,可是是非颠倒,人妖难分,我呼天天不应,叫地地不答,一腔义愤,满腹委屈,毫无人生之趣。在很长一段时间内,我成了“不可接触者”,几年没接到过一封信,很少有人敢同我打个招呼。我虽处人世,实为异类。

然而我一回到家里,老祖、德华她们,在每人每月只能得到恩赐十几元钱生活费的情况下,殚思竭虑[2],弄一点好吃的东西,希望能给我增加点营养;更重要的恐怕还是,希望能给我增添点生趣。婉如和延宗也尽可能地多回家来。我的小猫憨态可掬[3],偎依在我的身旁。她们不懂哲学,分不清两类不同性质的矛盾。人视我为异类,她们视我为好友,从来没有表态,要同我划清界限。所有这一些极其平常的琐事,都给我带来了无量的安慰。窗外尽管千里冰封,室内却是暖气融融。我觉得,在世态炎凉中,还有不炎凉者在。这一点暖气支撑着我,走过了人生最艰难的一段路,没有堕入深涧,一直到今天。

我感觉到悲,又感觉到欢。

到了今天,天运转动,否极泰来[4],不知怎么一来,我一下子成为“极可接触者”。到处听到的是美好的言词,到处见到的是和悦的笑容。我从内心里感激我这些新老朋友,他们绝对是真诚的。他们鼓励了我,他们启发了我。然而,一回到家里,虽然德华还在,延宗还在。可我的老祖到哪里去了呢?我的婉如到哪里去了呢?还有我的虎子和咪咪一世到哪里去了呢?世界虽照样朗朗,阳光虽照样明媚,我却感觉异样的寂寞与凄凉。

我感觉到欢,又感觉到悲。

我年届耄耋[5],前面的路有限了。几年前,我写过一篇短文,叫《老猫》,意思很简明,我一生有个特点:不愿意麻烦人。了解我的人都承认的。难道到了人生最后一段路上我就要改变这个特点吗?不,不,不想改变。我真想学一学老猫,到了大限来临时,钻到一个幽暗的角落里,一个人悄悄地离开人世。

这话又扯远了。我并不认为眼前就有制订行动计划的必要。我还有很多事情要做,而且我的健康情况也允许我去做。有一位青年朋友说我忘记了自己的年龄。这话极有道理。可我并没有全忘。有一个问题我还想弄弄清楚哩。按说我早已到了“悲欢离合总无情”的年龄,应该超脱一点了。然而在离开这个世界以前,我还有一件心事:我想弄清楚,什么叫“悲”?什么又叫“欢”?是我成为“不可接触者”时悲呢?还是成为“极可接触者”时欢?如果没有老祖和婉如的逝世,这问题本来是一清二白的。现在却是悲欢难以分辨了。我想得到答复。我走上了每天必登临几次的小山,我问苍松,苍松不语,我问翠柏,翠柏不答。我问三十多年来亲眼目睹我这些悲欢离合的二月兰，它也沉默不语，兀自万朵怒放，笑对春风，紫气直冲霄汉[6]。

1993年6月11日写完

（选自《季羡林文丛：散文精粹》，沈阳出版社，2002年版）

【注释】

[1]对文中提到的人物关系，稍作解释。老祖，即季羡林的婶母。德华即季羡林的妻子，彭德华。婉如，即季羡林的女儿，季婉如。延宗，即季承，季羡林的儿子。虎子、咪咪，即季羡林家养的猫。季羡林（1911—2009），山东省聊城市临清人，字希逋，又字齐奘。他早年留学欧洲，20世纪40年代回国后，长期在北京大学任教，在语言学、文化学、历史学、佛教学、印度学和比较文学等方面卓有建树。精于语言，通英文、德文、梵文、巴利文，能阅俄文、法文，尤其精于吐火罗文，是世界上精于此语言仅有的几位学者之一。研究翻译了梵文著作和德、英等国经典，诸如梵文名著《沙恭达罗》和世界瞩目的印度两大史诗之一《罗摩衍那》等。著有学术论著《中印文化关系史论丛》《印度简史》，译作《沙恭达罗》（迦梨陀娑）、《罗摩衍那》（印度古代民间叙事长诗），散文集《天竺心影》等。有《季羡林文集》行世。"梵学、佛学、吐火罗文研究并举，中国文学、比较文学、文艺理论研究齐飞"，其著作汇编成《季羡林文集》，共24卷。生前曾撰文三辞桂冠：国学大师、学界泰斗、国宝。

[2]殚思竭虑：用尽精力，费尽心思。

[3]憨态可掬：天真而略显傻气的神态显得可笑。

[4]否极泰来：坏到了尽头，就会向好的方向转化。

[5]耄耋（màodié）：这里泛指年纪大。耄：指八九十岁的年纪。耋：七八十岁的年纪。

[6]霄汉：指天空。

作品赏析

《二月兰》是季羡林先生的托物寄情之作。先生以他豁朗明达的心胸、平朴简约的文笔，给读者讲述了一个洋溢着淡淡二月兰花香的人生历程故事。

文章通过对居住地燕园内盛开的二月兰的描写，联系自己人生的遭遇，寄寓了作者对生命中有着非凡地位的几位亲人的深沉怀念和无尽哀思；歌颂了生命的顽强与坚韧，并且昭示着逆境中巍然屹立、顺从自然、顽强执着的品性；又有着对生命悲欢的哲学思考，我们从中看到了既情感丰富又豁达通脱的季老风神。行文中透露出对人格的高蹈、对学问的追求和对生命意义的叩问。

一切景物皆情语。季老睹物思人，一些同二月兰有联系的回忆立即涌上心头，他将对亲人的浓浓依恋之情化在缥缈的二月兰花雾中，显得自然而优美、缠绵。季老回忆道："当年老祖还活着的时候，每到春天二月兰开花的时候，她往往拿着一把小铲，带一个黑色书包，到成片的二月兰旁青草丛里去搜挖荠菜。只要看到她的身影在二月紫雾里晃动，我就知道在午餐或晚餐的桌上必然弥漫着荠菜馄饨的清香。当婉如还活着的时候，她每次回家，只要二月兰还在开花，她离开时，她总穿过左手是二月兰的紫雾，右手是湖畔垂柳的绿烟，匆匆忙忙走去，把我的目光一直带到湖对岸的拐角处。……我的小猫虎子和咪咪还在世的时候，我也往往在二月兰花丛里看到她们：一黑一白，在紫色中格外显眼。”老祖是季老的婶母，婉如是先生的爱女，虎子和咪咪是先生视同亲人的“家庭成员”。然而老祖和婉如已相继离世，虎子和咪咪也遵循自然规律离开了人间。回忆这些往事，季老“感到无边的寂寥和凄凉。往事如云烟，原来是近在眼前，如今却如蓬莱灵山，可望而不可即了。”

整篇文章真正撼动人心灵的是作者独立不屈的人格。十年浩劫给作者带来的巨大的身心折磨，他用三言两语带过，而将一番翻涌的心绪赋予二月兰：在“被打得鼻青脸肿”时，看“二月兰依然开放，怡然自得，笑对春风，好像是在嘲笑我”。物犹如此，人何以堪？作者在二月兰身上找到了坚持。多年以后，当他再面对声名虽在，亲人离散的孤寂时，“泪眼问花花不语”，内心里悲欢难辨，但在看到二月兰“仿佛发了狂，从土地深处吸来一股原始的力量，一定要把花开便大千世界，紫气直冲云霄”时，老骥伏枥，但千里之志仍要伸的勇气不知不觉中就蔓延开来了。

这篇散文文笔优雅，寓情于景，情景交融，意境迷离，在表现思亲之情时善于从生活中捕捉细节，缓缓道出，语言从容平静，但给人以感人的力量，及至抒发感情时，又是那样的真情流露，浓烈而不做作。借二月兰不经意的笑，表明了自己对世事人生的态度。在二月兰的花丛中，我们可以看到季老的人生写照，凡事顺其自然，遇事处之泰然，艰辛曲折坦然，历尽沧桑悟然！

词海拾贝

季羡林名言

1.每个人都争取一个完满的人生，然而，自古及今，海内海外，一个百分之百完满的人生是没有的。所以我说，不完满才是人生。

2.歌颂我们的国家是爱国，对我们国家的不满也是爱国，这是我的看法。

3.根据我的观察，坏人，同一切有毒的动植物一样，是并不知道自己是坏人的，是毒物的。我还发现，坏人是不会改好的。

4.好多年来，我曾有过一个“良好”的愿望：我对每个人都好，也希望每个人都对我好。只望有誉，不能有毁。最近我恍然大悟，那是根本不可能的。

5.时光流失，一转眼，我已经到了望九之年，活得远远超过了自己的预算。有人说，长寿是福，我看也不尽然。人活得太久，对众生的相，看得透透彻彻，反而鼓舞时少，叹息时多。

6.走运时，要想到倒霉，不要得意过了头；倒霉时，要想到走运，不必垂头丧气。心态始终保持平衡，情绪始终保持稳定，此亦长寿之道。

7.自己生存，也让别的动物生存，这就是善。只考虑自己生存不考虑别人生存，这就是恶。

8.要说真话，不讲假话。假话全不讲，真话不全讲。就是不一定把所有的话都说出来,但说出来的话一定是真话。

9.不昧良心,不违背常情,不用尽物力,做到这三点,就可以为天地确立心性,为百姓立命,为子孙后代造福。

10.对待一切善良的人,不管是家属,还是朋友,都应该有一个两字箴言:一曰真,二曰忍。真者,以真情实意相待,不允许弄虚作假;对待坏人,则另当别论。忍者,相互容忍也。

知识巩固与能力训练

一、作者对亲人的怀念表达了怎样的感情和人生意义?

二、指出最能体现文章风格的地方。

三、什么叫"悲"?什么叫"欢"?

学文心语

人生一世,草木一秋,如此匆忙的人生却也经常充满烦恼、忧伤与痛苦。如何面对?又如何解脱?悲观主义让我们看不到一丝亮色,乐观主义又似乎盲目而肤浅。鲁迅说,真的猛士,敢于直面惨淡的人生。

导语

你肯定知道余光中的“乡愁”吧？余光中被称为“以乡愁之诗撼动亿万华裔”的诗人。他不仅写诗，而且评诗；不仅评诗，还选诗和译诗。余光中不仅以现代诗享有盛名，散文也名扬天下。他的散文壮阔铿锵，又细腻柔绵，在华语世界影响深远。让我们一起领略一下余光中的散文之美吧。

听听那冷雨[1]

余光中

听听那冷雨

惊蛰一过，春寒加剧。先是料料峭峭，继而雨季开始，时而淋淋漓漓，时而淅淅沥沥，天潮潮地湿湿，既连在梦里，也似乎把伞撑着。而就凭一把伞，躲过一阵潇潇的冷雨，也躲不过整个雨季，连思想也都是潮润润的。每天回家，曲折穿过金门街到厦门街迷宫式的长巷短巷，雨里风里，走入霏霏令人更想入非非。想这样子的台北凄凄切切完全是黑白片的味道，想整个中国的历史无非是一张黑白片子，从片头到尾，一直是这样下着雨的。这种感觉，不知道是不是从安东尼奥尼那里来的。不过那一块土地是久违了，25 年，四分之一的世纪，即使有雨，也隔着千山万山，千伞万伞。25 年，一切都断了，只有气候，只有气象报告还牵连在一起。大寒流从那块土地上弥天卷来，这种酷冷吾与古大陆分担。不能扑进她怀里，被她的裾边扫一扫吧也算是安慰孺慕之情。

这样想时，严寒里竟有一点温暖的感觉了。这样想时，他希望这些狭长的巷子永远延伸下去，他的思路也可以延伸下去，不是金门街到厦门街，而是金门到厦门。他是厦门人，至少是广义的厦门人，二十年来，不住在厦门，住在厦门街，算是嘲弄吧，也算是安慰。不过说到广义，他同样也是广义的江南人，常州人，南京人，川娃儿，五陵少年。杏花春雨江南，那是他的少年时代了。再过半个月就是清明。安东尼奥尼的镜头摇过去，摇过去又摇过来。残山剩水犹如是，皇天后土犹如是，纭纭黔首纷纷黎民从北到南犹如是。那里面是中国吗？那里面当然还是中国永远是中国。只是杏花春雨已不再，牧童遥指已不再，剑门细雨渭城轻尘也都已不再。然则他日思夜梦的那片土地，究竟在哪里呢？

在报纸的头条标题里吗？还是香港的谣言里？还是傅聪的黑键白键马思聪的跳弓拨弦？还是安东尼奥尼镜底的勒马洲的望中？还是呢，故宫博物院的壁头和玻璃橱内，京戏的锣鼓声中太白和东坡的韵里？

杏花。春雨。江南。六个方块字，或许那片土就在那里面。而无论赤县也好神州也好中国也好，变来变去，只要仓颉的灵感不灭，美丽的中文不老，那形象，那磁石一般的向心力当必然长在。因为一个方块字是一个天地。太初有字，于是汉族的心灵祖先的回忆和希望便有了寄托。譬如，凭空写一个“雨”字，点点滴滴，滂滂沱沱，淅沥淅沥淅沥，一切云情雨意,就宛然其中了。视觉上的这种美感,岂是什么 rain 也好 pluie 也好所能满足?翻开一部《辞源》或《辞海》,金木水火土,各成世界,而一入“雨”部,古神州的天颜千变万化,便悉在望中,美丽的霜雪云霞,骇人的雷电霹雹,展露的无非是神的好脾气与坏脾气,气象台百读不厌,门外汉百思不解的百科全书。

听听,那冷雨,看看,那冷雨。嗅嗅闻闻,那冷雨,舔舔吧那冷雨。雨在他的伞上这城市百万人的伞上雨衣上屋顶上天线上,雨下在基隆港在防波堤在海峡的船上,清明这季雨。雨是女性,应该最富于感性。雨气空蒙而迷幻,细细嗅嗅,清清爽爽新新,有一点点薄荷的香味,浓的时候,竟发出草和树沐发后特有的淡淡土腥气,也许那竟是蚯蚓蜗牛的腥气吧,毕竟是惊蛰了啊。也许地上的生命,也许古中国层层叠叠的记忆皆蠢蠢而蠕,也许是植物的潜意识和梦吧,那腥气。

第三次去美国,在高高的丹佛他山居住了两年。美国的西部,多山多沙漠,千里干旱,天,蓝似安格罗·萨克逊人的眼睛;地,红如印第安人的肌肤;云,却似罕见的白鸟。落矶山簇簇耀目的雪峰上,很少飘云牵雾。一来高,二来干,三来森林线以上,杉柏也止步,中国诗词里“荡胸生层云”,或是“商略黄昏雨”的意趣,是落矶山上难睹的景象。落矶山岭之胜,在石,在雪。那些奇岩怪石,相叠互倚,砌一场惊心动魄的雕塑展览,给太阳和千里的风看。那雪,白得虚虚幻幻,冷得清清醒醒,那股皑皑不绝一仰难尽的气势,压得人呼吸困难,心寒眸酸。不过要领略“白云回望合,青霭入看无”的境界,仍须回来中国,台湾空气湿度很大,最饶云气氤氲雨意迷离的情调。两度夜宿溪头,树香沁鼻,宵寒袭肘,枕着润碧湿翠苍苍交叠的山影和万籁都歇的岑寂,仙人一样睡去。山中一夜饱雨,次晨醒来,在旭日未升的原始幽静中,冲着隔夜的寒气,踏着满地的断柯折枝和仍在流泻的细股雨水,一径探入森林的秘密,曲曲弯弯,步上山去,溪头的山,树密雾浓,蓊郁的水汽从谷底冉冉升起,时稠时稀,蒸腾多姿,幻化无定,只能从雾破云开的空处,窥见乍现即隐的一峰半壑,要纵览全貌,几乎是不可能的。至少入山两次,只能在白茫茫里和溪头诸峰玩捉迷藏的游戏,回到台北,世人问起,除了笑而不答心自闲,故作神秘之外,实际的印象,也无非山在虚无之间罢了。云缭烟绕,山隐水迢的中国风景,由来予人宋画的韵味。那天下也许是赵家的天下,那山水却是米家的山水。而究竟,是米氏父子下笔像中国的山水,还是中国的山水上纸像宋画。恐怕是谁也说不清楚了吧?

雨不但可嗅,可观,更可以听。听听那冷雨。听雨,只要不是石破天惊的台风暴雨,在听觉上总是一种美感。大陆上的秋天,无论是疏雨滴梧桐或是骤雨打荷叶,听去总有一点凄凉,凄清,凄楚,于今在岛上回味,则在凄楚之外,更笼上一层凄迷了。饶你多少豪情侠气,怕也经不起三番五次的风吹雨打。一打少年听雨,红烛昏沉;二打中年听雨,客舟中,江阔云低;三打白头听雨在僧庐下,这便是亡宋之痛,一颗敏感心灵的一生:楼上,江上,庙里,用冷冷的雨珠子串成。十年前,他曾在一场摧心折骨的鬼雨中迷失了自己。雨,该是一滴湿漓漓的灵魂,窗外在喊谁。

雨打在树上和瓦上,韵律都清脆可听。尤其是铿铿敲在屋瓦上,那古老的音乐,属于中国。王禹偁在黄冈,破如椽的大竹为屋瓦。据说住在竹楼上面,急雨声如瀑布,密雪声比碎玉,而无论鼓琴,咏诗,下棋,投壶,共鸣的效果都特别好。这样岂不像住在竹筒里面,任何细脆的声响,怕都会加倍夸大,反而令人耳朵过敏吧。

雨天的屋瓦,浮漾湿湿的流光,灰而温柔,迎光则微明,背光则幽暗,对于视觉,是一种低沉的安慰。至于雨敲的鳞鳞千瓣的瓦上,由远而近,轻轻重重轻轻,夹着一股股的细流沿瓦槽与屋檐潺潺泻下,各种敲击音与滑音密织成网,谁的千指百指在按摩耳轮。"下雨了。"温柔的灰美人来了,她冰冰的纤手在屋顶拂弄着无数的黑键啊灰键,把晌午一下子奏成了黄昏。

在古老的大陆上,千屋万户是如此。二十多年前,初来这岛上,日式的瓦屋亦是如此。先是天暗了下来,城市像罩在一块巨幅的毛玻璃里,阴影在户内延长复加深。然后凉凉的水意弥漫在空间,风自每一个角落里旋起,感觉得到,每一个屋顶上呼吸沉重都覆着灰云。雨来了,最轻的敲打乐敲打这城市,苍茫的屋顶,远远近近,一张张敲过去,古老的琴,那细细密密的节奏,单调里自有一种柔婉与亲切,滴滴点点滴滴,似幻似真,若孩时在摇篮里,一曲耳熟的童谣摇摇欲睡,母亲吟哦鼻音与喉音。或是在江南的泽国水乡,一大筐绿油油的桑叶被啮于千百个蚕,细细琐琐屑屑,口器与口器咀咀嚼嚼。雨来了,雨来的时候瓦这么说,一片瓦说千亿片瓦说,说轻轻地奏吧沉沉地弹,徐徐地叩吧达地打,间间歇歇敲一个雨季,即兴演奏从惊蛰到清明,在零落的坟上冷冷奏挽歌,一片瓦吟千亿片瓦吟。

在日式的古屋里听雨,听四月,霏霏不绝的黄梅雨,朝夕不断,旬月绵延,湿粘的苔藓从石阶下一直侵到他舌底,心底。到七月,听台风雨在古屋顶上一夜盲奏,千寻海底的热浪沸沸被狂风挟来,掀翻整个太平洋只为向他的矮屋檐重重压下,整个海在他的蜗壳上哗哗泻过。不然便是雷雨夜,白烟一般的纱帐里听羯鼓一通又一通,滔天的暴雨滂滂沛沛扑来,强劲的电琵琶忐忐忑忑忐忐忑忑,弹动屋瓦的惊悸腾腾欲掀起。不然便是斜斜的西北寸雨斜斜,刷在窗玻璃上,鞭在墙上打在阔大的芭蕉叶上,一阵寒濑泻过,秋意便弥漫日式的庭院了。

在日式的古屋里听雨,春雨绵绵听到秋雨潇潇,从少年听到中年,听听那冷雨,雨是一种单调而耐听的音乐是室内乐是室外乐,户内听听,户外听听,冷冷,那音乐。雨是一种回忆的音乐,听听那冷雨,回忆江南的雨下得满地是江湖下在桥上和船上,也下在四川的秧田和蛙塘下肥了嘉陵江下湿布谷咕咕的啼声。雨是潮潮润润的音乐下在渴望的唇上舐舐那冷雨。

因为雨是最最原始的敲打乐从记忆彼端敲起。瓦是最最低沉的乐器灰蒙蒙的温柔覆盖着听雨的人,瓦是音乐的雨伞撑起。但不久公寓的时代来临,台北你怎么一下子长高了,瓦的音乐竟成了绝响。千片万片的瓦翩翩,美丽的灰蝴蝶纷纷飞走,飞入历史的记忆。现在雨下下来下在水泥的屋顶和墙上,没有音韵的雨季。树也砍光了,那月桂,那枫树,柳树和擎天的巨椰,雨来的时候不再有丛叶嘈嘈切切,闪动湿湿的绿光迎接。鸟声减了啾啾,蛙声沉了阁阁,秋天的虫吟也减了唧唧。70 年代的台北不需要这些,一个乐队接一个乐队便遣散尽了。要听鸡叫，只有去《诗经》的韵里寻找。现在只剩下一张黑白片，黑白的默片。

正如马车的时代去后，三轮车的时代也去了。曾经在雨夜，三轮车的油布篷挂起，送她回家的途中，篷里的世界小得多可爱，而且躲在警察的辖区以外。雨衣的口袋越大越好，盛得下他的一只手里握一只纤纤的手。台湾的雨季这么长，该有人发明一种宽宽的双人雨衣，一人分穿一只袖子，此外的部分就不必分得太苛。而无论工业如何发达，一时似乎还废不了雨伞。只要雨不倾盆，风不横吹，撑一把伞在雨中仍不失古典的韵味。任雨点敲在黑布伞或是透明的塑胶伞上，将骨柄一旋，雨珠向四方喷溅，伞缘便旋成了一圈飞檐。跟女友共一把雨伞，该是一种美丽的合作吧。最好是初恋，有点兴奋，更有点不好意思，若即若离之间，雨不妨下大一点。真正初恋，恐怕是兴奋得不需要伞的，手牵手在雨中狂奔而去，把年轻的长发和肌肤交给漫天的淋淋漓漓，然后向对方的唇上颊上尝凉凉甜甜的雨水。不过那要非常年轻且激情，同时，也只能发生在法国的新潮片里吧。

大多数的雨伞想不会为约会张开。上班下班，上学放学，菜市来回的途中，现实的伞，灰色的星期三。握着雨伞，他听那冷雨打在伞上。索性更冷一些就好了，他想。索性把湿湿的灰雨冻成干干爽爽的白雨，六角形的结晶体在无风的空中回回旋旋地降下来，等须眉和肩头白尽时，伸手一拂就落了。二十五年，没有受故乡白雨的祝福，或许发上下一点白霜是一种变相的自我补偿吧。一位英雄，经得起多少次雨季？他的额头是水成岩削成还是火成岩？他的心底究竟有多厚的苔藓？厦门街的雨巷走了二十年与记忆等长，一座无瓦的公寓在巷底等他，一盏灯在楼上的雨窗子里，等他回去，向晚餐后的沉思冥想去整理青苔深深的记忆。前尘隔海。古屋不再。听听那冷雨。

（选自《余光中作品精选》，伊犁人民出版社，2000年版）

【注释】

[1]余光中（1928—2017），中国诗人，散文家、学者、翻译家，出生于江苏南京，祖籍福建泉州永春。因母亲原籍为江苏武进，故也自称“江南人”。1947年毕业于南京青年会中学，入金陵大学外文系，1949年转厦门大学外文系，1952年毕业于台湾大学外文系。1954年与诗友共创蓝星诗社。1959年获美国爱荷华大学艺术硕士学位。1972年任台湾政治大学西语系教授兼主任。1974年至1985年任香港中文大学中文系教授，并兼任香港中文大学联合书院中文系主任二年。1985年，任台湾中山大学教授及讲座教授。余光中一生从事诗歌、散文、评论、翻译，自称为自己写作的“四度空间”，被誉为文坛的“璀璨五彩笔”。驰骋文坛逾半个世纪，涉猎广泛，被誉为“艺术上的多妻主义者”。其文学生涯悠远、辽阔、深沉，为当代诗坛健将、散文重镇、著名批评家、优秀翻译家。现已出版诗集21种，散文集11种，评论集5种，翻译集13种，共40余种。代表作有《白玉苦瓜》（诗集）、《记忆像铁轨一样长》（散文集）及《分水岭上：余光中评论文集》（评论集）等。

作品赏析

《听听那冷雨》是余光中散文的代表作之一，作者通过对台湾春寒料峭中漫长雨季的细腻感受的描写，一方面，真切地勾勒出一个在冷雨中孑然独行的白发游子的形象，委婉地传达出一个漂泊他乡者浓重的孤独感和思乡之情。另一方面，中国古典诗词的意趣在被赋予生命的冷雨中表现得更淋漓尽致，表现出一个远离故土的知识分子对传统文化的深情依恋和由衷赞美。

当他到达美国，"荡胸生层云""商略黄昏雨"的意趣又是在美国找不到的，"白云回望合，青霭入看无"唯中国独具的意境在世界上是找不到的。山隐水迢的中国，割舍不掉中国文人墨客奇境的韵味。作为一个中国人，余光中不管走到哪里都时刻不忘自己是黄河的儿子。即便在美国的洛杉矶，看着那蓝天，白云，雪峰，想到的仍然是"中国诗词里'荡胸生层云'的豪迈，或是'商略黄昏雨'的情趣"。

到达台湾"大陆上的秋天，无论是疏雨滴梧桐，或是骤雨打荷叶，听去总有一点凄凉，凄清，凄楚，于今在岛上回味，则在凄楚之外，再笼上一层凄迷了"。他对故乡雨声回味的同时，想起的是晏殊"高楼目尽欲黄昏，梧桐叶上萧萧雨"，是元好问"骤雨过，珍珠乱撒，打遍新荷"，是李清照"梧桐更兼细雨，到黄昏，点点滴滴，这次第怎一个愁字了得"。故国之思像雨声一样，点点滴滴，淅淅沥沥，无尽无止。

由春雨绵绵到秋雨潇潇，由少年听到中年，淡淡的记忆，梦中雨声、雨韵，在 20 世纪 70 年代的台湾却难以再寻。干涸的土地要滋润，干涸的心田同样要滋润，但随着经济的迅速发展，没有人去在乎那些能够温暖安慰你心灵的东西，要寻找也只有去《诗经》里寻找。作者的乡愁是何等的苦楚，在那张黑白片的冷雨中有一位对传统文化深深依恋，对中国大陆深深热爱的游子在孑然独行。

行文凸显了文字的美感价值。冷雨中诱出了祖宗的诗韵，君不见"渭城朝雨浥轻尘""清明时节雨纷纷"都以"变奏曲"形式流韵在字里行间。作者的"情丝"与雨丝始终交织着，在冷雨中忆起了初临孤岛时的"凄迷"，也忆起了初恋时的温馨。他相信"商略黄昏雨"的意趣，只有在中国方要尽享，也许在基隆的港堤上，也许在四川的池塘里。他想起辞书中"雨"部字块的繁纭，米家山水画的云情雨意，王禹偁为听雨而造的竹楼以及现今雨城中千伞万伞的奇观。雨连着台湾与大陆，连着悠悠的历史与难尽人意的现实。尽管为文的契机是感慨于海峡两岸"参商太久"，但此文的审美对象是雨，所以作者一直是用雨来濯涤自己的愁绪，用雨来勃发读者的情趣。至于载什么"道"，完全没必要让艺术去屈就。真正的艺术本身自有扬善祛恶，昭示美与光明的功能。关键是那艺术要真，不要伪，每个艺术品种都要遵从自身规律去反映现实。唯其如此，也就必定能与当代生活节奏同步了。余光中的散文创作实践对我们上述的分析做了令人信服的回答。文坛宿耆柯灵说："《听听那冷雨》直接用文字的雨珠，声色光影，密密麻麻，纵横交织而成。这也许可以帮助我们对中国文字和现代文学的表现力增加一点信心，也应该承认这在'五四'以来的散文领域中，算是别辟一境。"这评论有深刻的见解，也很公道，会引起作家与散文爱好者的思考。

余光中的语言艺术真可谓出神入化。他努力开拓散文"可读性"的范围。所谓"读"，不仅染人以目，感人于心，还讲求易诵于口，悦之于耳。为此，他十分注意词语的音韵美，化古求新，别具一格。叠字叠句的用法在他笔下出神入化了，让人一看便不禁吟哦。余氏对李清照的词风是偏爱的，“雨敲在鳞鳞千瓣的瓦上，由远而近，轻轻重重轻轻”，这句法显然师承《声声慢》，但他更注重的是在继承基础上的发展。看这句，“譬如凭空写一个‘雨’字，点点滴滴，滂滂沱沱，淅沥淅沥淅沥，一切云情雨意，就宛然其中了”。叠字连绵，表态、动态、声响三番俱出，把“雨”字的质感写活了。善用叠字，“诗化”散句，似乎也可称作“余光中现象”，读起来有醉人的韵味，那巧构的谐音辞格又觳出一连串的遐想。再如“即使有雨，也隔着千山万山，千伞万伞”一句，“山”“伞”相谐，借喻妥帖，寄寓着无尽的忧思与遗憾。桐城文人“因声求气”的观点，在余光中的散文里得到了印证和发展。

有时，作者也排出个把长句，但不累赘，仿佛如歌的行板。他拿手的还是让短语、短句参差跳跃产生珠落玉盘的效果，读这句便知此说不谬：“听听，那冷雨。看看，那冷雨。嗅嗅闻闻，那冷雨，舔舔吧，那冷雨。”不仅可诵简直可唱了。我们得到了启示：诗句要有节奏，散句也要有节奏；而这节奏千变万幻，调度得当便是艺术。

同类语或近义词的连用在文中也不乏见。“不过说到广义，他同样也是广义的江南人，常州人，南京人，川娃儿，五陵少年。”一下子扫过万水千山，大陆风情，如数家珍。再看这句：“大陆上的秋天，无论是疏雨滴梧桐，或是骤雨打荷叶，听去总有一点凄凉，凄清、凄楚。于今在岛上回味，则在凄楚之外，更笼上一层凄迷了。”一字之别，入木三分。

在艺术上，文章具有浓郁、幽远、深广的意境和浓重的思乡之情。通过雨中幽远的情思，把对少年生活的回忆、中国大陆古老的文明、古诗画的意境与对现实生活的诸多感受，汇集在一起，编成了一曲委婉、悠长的歌，其中对故园、对乡土、对中国文化的赞美和追寻，像无尽的潮水一样涌来，创造出了幽远、深广的意境。文字典雅而富于弹性，巧妙地融古典语汇和白话于一体，具有极好的音乐感和节奏感。

词海拾贝

余光中经典语录

1.旅行的意义并不是告诉别人“这里我来过”，而是一种改变。旅行会改变人的气质，让人的目光变得更加长远。在旅途中，你会看到不同的人有不同的习惯，你才能了解到，并不是每个人都按照你的方式在生活。这样，人的心胸才会变得更宽广，我们才会以更好的心态去面对自己的生活。

2.你要明白朋友终会离去，生活中能有人伴在身边，听你倾谈，倾谈给你听，就应该感激。

3.你生气，是因为自己不够大度；你郁闷，是因为自己不够豁达；你焦虑，是因为自己不够从容；你悲伤，是因为自己不够坚强；你惆怅，是因为自己不够阳光；你嫉妒，是因为自己不够优秀。凡此种种，每一个烦恼的根源都在自己这里。所以，每一次烦恼的出现，都是一个给我们寻找自己缺点的机会。

4.人如果太绝情,老是理性地挥慧剑斩情丝,未免太乏味了,像是不良的导体;但若是太自作多情,每次发生爱情就闹得天翻地覆,酿成悲剧,又太天真了。爱和美不一样,爱发生于实际生活,美却要靠恰好的距离。水中倒影总比岸上的实景令人着迷。

5.坚信一首诗的沉默比所有的扩音器加起来更清晰,比机枪的口才野炮的雄辩更持久。坚信文字的冰库能冷藏最烫的激情最新鲜的想象。时间,你带得走歌者带不走歌。

6.家是讲情的地方,不是讲理的地方。我常说,婚姻是一对一的自由,一对一的民主。

7.我的一生,最忘情的哭声有两次:一次,在我生命的开始;一次,在你生命的告终。第一次,我不会记得,是听你说的;第二次,你不会晓得,我说也没用。但两次哭声的中间啊,有无穷无尽的笑声,一遍一遍又一遍,回荡了整整三十年。你都晓得,我都记得。

8.童年,我们听英雄故事,并不是一定要成为英雄,而是希望具有纯正的品格。你可以是农民,可以是工程师,可以是演员,可以是流浪汉,但你必须是个理想主义者。理想,要求自己习惯无人欣赏,学会与他人不同。

9.酒入豪肠,七分酿成了月光,还有三分啸成剑气,秀口一吐,就是半个盛唐。

10.大陆是母亲,台湾是妻子,香港是情人,欧洲是外遇。我对朋友这么说过。大陆是母亲,不用多说。烧我成灰,我的汉魂唐魄仍然萦绕着那一片厚土。那无穷无尽的故国,四海漂泊的龙族叫她作大陆,壮士登高叫她作九州,英雄落难叫她作江湖。

11.完美的人生应该兼有猛虎和蔷薇两种境界。一个人到了这种境界,他能动也能静,能屈也能伸,能微笑也能痛哭,能复杂也能纯真。他心里已有猛虎,在细嗅蔷薇。

12.小时候,乡愁是一枚小小的邮票:我在这头,母亲在那头;长大后,乡愁是一张窄窄的船票:我在这头,新娘在那头;后来啊,乡愁是一方矮矮的坟墓:我在外头,母亲在里头;而现在,乡愁是一湾浅浅的海峡:我在这头,大陆在那头。

13.世界上高级的人很多,有趣的人也很多,又高级又有趣的人却少之又少。高级的人使人尊敬,有趣的人使人喜欢,又高级又有趣的人,使人敬而不畏,亲而不狎,交接愈久,芬芳愈醇。

知识巩固与能力训练

一、简析《听听那冷雨》的主题意蕴。

二、欣赏《听听那冷雨》的修辞艺术。

三、谈谈文章中叠字的运用有什么妙处。

学文心语

文学是一种语言艺术,余光中的这篇散文让我们真切体会到了语言的文字之美,音乐之美。这种美,有古典的雅致婉约,有现代的迷梦幻化。这样的语言文字,是一首绚烂美丽的抒情诗,是一曲悦耳迷醉的钢琴曲。活在这样的文字里,是多么幸福啊。

导语

如果你爱一个人，那么你爱的是她/他的什么呢？叶芝一生写过无数优美的诗歌，而其中最著名的便是这首《当你老了》。这首诗是叶芝为了心爱的女子创作而得，也是他流传最广的诗歌，表达了对女演员茅德·冈一生不懈的追求。

当你老了[1]

[爱尔兰]叶　芝

袁可嘉　译

当你老了

当你老了，头白了，睡思昏沉，
炉火旁打盹，请取下这部诗歌，
慢慢读，回想你过去眼神的柔和，
回想它们昔日浓重的阴影；

多少人爱你青春欢畅的时辰，
爱慕你的美丽，假意或真心，
只有一个人爱你那朝圣者的灵魂，
爱你衰老了的脸上痛苦的皱纹；

垂下头来，在红光闪耀的炉子旁，
凄然地轻轻诉说那爱情的消逝，
在头顶的山上它缓缓踱着步子，
在一群星星中间隐藏着脸庞。

（选自《外国诗歌百年精华》，人民文学出版社，2002年版）

【注释】

[1]这首诗是威廉·巴特勒·叶芝于1893年创作的，是献给友人茅德·冈热烈而真挚的爱情诗篇。茅德·冈(1866—1953)，爱尔兰演员、女权运动家和爱尔兰独立分子，丈夫死于1916年复活节起义，儿子是诺贝尔和平奖获得者肖恩·麦克布赖德，她以拒绝诗人叶芝的追求出名。威廉·巴特勒·叶芝(William Butler Yeats，1865年—1939)，亦译作"叶慈""耶茨"，出生于都柏林，爱尔兰诗人、剧作家和散文家，著名的神秘主义者，是"爱尔兰文艺复兴运动"的领袖，也是艾比剧院的创建者之一。叶芝的诗受浪漫主义、唯美主义、神秘主义、象征主义和玄学诗的影响，演变出其独特的风格。叶芝曾于1923年获得诺贝尔文学奖，获奖的理由是"以其高度艺术化且洋溢着灵感的诗作表达了整个民族的灵魂"。译者袁可嘉(1921—2008)，著名的"九叶"诗人、英美文学专家、翻译家。

作品赏析

整首诗韵律齐整，语言简明，意境优美。诗里没有华丽的辞藻，朴素平淡的文字背后却潜藏着磅礴的情感。叶芝在诗中表达出来的情感轨迹可比喻为一条河流：先是在峡谷奔流，尔后汇入大江，最后平静地消失在大海中。但是，就在平静的海水下面，相信一定有滚滚波涛，埋葬着他全部的希望、失望和绝望。任何一颗青春的心都不会也不情愿去面对苍老、靠近死亡、层叠的皱纹、如银的白发，这是一种怎样的沉重。然而年轻的叶芝站在时间的这一头，始终以一种平静的、娓娓的语调来叙说、想象老去后的情景，将自己对茅德·冈的爱恋之情发挥得淋漓尽致。

全诗共分三节。这三节诗，有起有结，相互照应，颇具匠心。第一节开篇点题，以一个假设性的时间状语开头，诗人想象若干年后年迈的恋人在炉火旁阅读诗集的情景。她满头染霜，独自坐着，但是她并不孤单，因为叶芝的诗陪伴着她。当她轻轻吟诵时，将回忆起过去的一切，她美丽的眼睛、柔美的光芒和幽深的晕影。叶芝写这首诗时才二十九岁，而茅德·冈才二十七岁。但“当你老了”这种假设却因为“头发白了”“睡思昏沉”“炉火旁打盹”这些意象而具体起来，“老了”的那一刻一下子来到了我们面前，它是朦胧的、静止的，然而又是那么生动，让人触目惊心。站在时间的彼岸，与昔日的自己两两相望，你会看见什么？诗人在写下这首诗之后所经历的情感历程及漫长的岁月都证实了当初他写这首诗时的感知，诗人仿佛一直义无反顾地朝着自己假设的时空走去，如同走向一种信仰。

第二节是全诗的重心，诗人采用对比的手法巧妙地表达了自己的一片深情。“多少人爱你年轻欢畅的时候，爱慕你的美丽，假意或真心，只有一个人爱你那朝圣者的灵魂，爱你衰老了的脸上痛苦的皱纹。”诗人指出，他人爱的是你的青春欢畅和你的美丽外貌，而我爱的是你那为民族自由奋斗不息的圣洁心灵。哪怕青春的绿荫纷纷落尽，“我”也会依然深爱着“你”脸上的哀戚和皱纹。与那些人相比，诗人的爱无疑更加深沉、更加真挚、更加忠贞。时间给爱情带来了重重的考验，然而时间也验证了爱情。只有经过时间的千锤百炼，爱情才能坚如磐石、历久弥新。

第三节又转向未来虚拟的意境之中。诗人的语言像羽绒一样轻柔，温和地引导恋人提前进入那时光隧道——“当你老了”，“你”昔日的秀发已白发苍苍，“你”的脸庞不再光洁灿烂，“你”的身子佝偻，靠着炉火打盹，“我”却依然为“你”的衰老而心痛，“我”却依然为“你”敲响爱情的钟声，到那时“你”才会明白“我”的深情与忠诚。诗人在现实中的爱情是那么无望，他只好引导对方设想多年后的场景，希望恋人看到这首诗后能早一点明白他一片痴情，而不要等到多年以后，当一切都已成为永久的痛。接下来诗人写道：“在头顶的山上它缓缓踱着步子，在一群星星中间隐藏着脸庞。”诗人的爱情并没有烟消云散，而是在头顶的山上流连，不忍离去，最后在一群星星之间，隐藏了自己。这两句中的“山”和“星星”的意象，拓展了诗的意境和空间，让人感到一种圣洁的美丽，诗人的爱向着纯净的崇高境界不断升华，升华到无限的空间，成为一种永恒。

对叶芝而言，爱情永远不会消亡，在这个以时间为命题的诗歌中，诗人不仅以细腻的笔触生动地传达出生命个体独特的情感体验，更为可贵的是，诗人从个人的感受领悟到全人类的普遍而又共同的经验，从而实现了个体对人生及世界的超越。

词海拾贝

叶芝名言

1.智慧之躯已显朽迹，年少时无知却情迷。

2.奈何一个人随着年龄增长，梦想便不复轻盈；他开始用双手掂量生活，更看重果实而非花朵。

3.如果足够被理解，我会把破文字抛却，心满意足地过生活。

4.我以为能与你到老。

5.人心只能赢得，不能靠人馈赠。

6.爱上你，就绝非独独爱你。

7.面对着永恒，我们的灵魂是爱，是一场缠绵不尽的离别。

知识巩固与能力训练

一、诗歌抒发了一种什么样的情感？

二、诗歌运用了哪些修辞手法？

三、以一首诗为例，谈谈“意象”对诗歌的作用。

学文心语

有了爱，就有了希望，就有了梦想，就有了为美好明天而努力奋斗的源源不尽的动力。有了爱，就有了牵挂，就有了思念，就有了不知所起的绵绵不绝的烦恼与痛苦。有了爱，就有了甜蜜，就有了喜悦，就有了茫茫宇宙中孤独灵魂的生命意义。这一生，怎么能没有爱呢？

导语

冬天既然来了,春天还会远吗?《西风颂》这首诗是诗人"骄傲、轻捷而不驯的灵魂"的自白,是时代精神的写照。诗人凭借自己的诗才,借助自然的精灵让自己的生命与鼓荡的西风相呼相应,用气势恢宏的篇章唱出了生命的旋律和心灵的狂舞。

西风颂[1]

[英]雪　莱

江枫　译

西风颂

1

哦,犷野的西风,秋之实体的气息!
由于你无形无影的出现,万木萧疏,
似鬼魅逃避驱魔巫师,蔫黄,魆黑,

苍白,潮红,疫疠摧残的落叶无数,
四散飘舞;哦,你又把有翅的种子
凌空运送到他们黑暗的越冬床圃;

仿佛是一具具僵卧在坟墓里的尸体,
他们将分别蛰伏,冷落而又凄凉,
直到阳春你蔚蓝的姐妹向梦中的大地

吹响她嘹亮的号角(如同牧放群羊,
驱送香甜的花蕾到空气中觅食就饮)
给高山平原注满生命的色彩和芬芳。

不羁的精灵,你啊,你到处运行;
你破坏,你也保存,听,哦,听!

2

在你的川流上,在骚动的高空,
纷乱的乌云,那雨和电的天使,
正像大地凋零枯败的落叶无穷,

挣脱天空和海洋交错缠接的柯枝，
漂流奔泻；在你清虚的波涛表面，
似狰狞女妖头上扬起的明亮发丝，

从那茫茫地平线阴暗的边缘，
直到苍穹的绝顶，到处散布着
迫近的暴风雨飘摇翻腾的发卷。

你啊，垂死残年的挽歌，四合的夜幕
在你聚集的全部水气威力的支撑下，
将构成他那庞大墓穴的拱形顶部。

从你那雄浑磅礴的氛围，将迸发
黑色的雨、火、冰雹；哦，听啊！

3

你，哦，是你把蓝色的地中海
从梦中唤醒，他在一整个夏天
都酣睡在巴雅湾[2]一座浮石岛外，

被澄澈的流水喧哗声催送入眠，
梦见了古代的楼台、塔堡和宫闱，
在强烈汹涌的日夜，不住地抖颤，

全都长满了蔚蓝色苔藓和花卉，
馨香馥郁，如醉的知觉难以描摹。
哦，为人给你让路，大西洋水

豁然天裂，而在浩渺波澜深处，
海底的花藻和枝叶无汁的丛林，
哦，由于把你的呼啸声辨认出，

一时都惨然变色，胆怵心惊，
战栗着自行凋落；听，哦，听！

4

我若是一朵轻捷的浮云能和你同飞，
我若是一片落叶，你所能提携，
我若是一头波浪能喘息于你的神威，

分享你雄强的脉搏，自由不羁，
仅次于，哦，仅次于不可控制的你；
我若能像在少年时，作为伴侣，

随你同游天际，因为在那时节，
似乎超越你天界的神速也不为奇迹；
我也就不至于像现在这样急切，

向你苦苦祈求。哦，快把我扬起，
就像你扬起波浪、浮云、落叶！
我倾覆于人生的荆棘！我在流血！

岁月的重负压制着的这一个太像你，
像你一样，骄傲，不驯，而且敏捷。

5

像你以森林演奏，请也以我为琴，
哪怕我的叶片也像森林的一样凋谢！
你那非凡和谐的慷慨激越之情，

定能从森林和我同奏出深沉的秋乐，
悲怆却又甘洌。但愿你勇猛的精灵
竟是我的魂魄，我能成为剽悍的你！

请把我枯萎的思绪播送宇宙，
就像你驱遣落叶催促新的生命，
请凭借我这韵文写就的符咒，

就像从未灭的余烬扬出炉灰和火星，
把我的话语传遍天地间万户千家，
通过我的嘴唇，向沉睡未醒的人境，

让预言的号角奏鸣！哦，风啊，
如果冬天来了，春天还会远吗？

[选自《世界诗库》第2卷（英国·爱尔兰），花城出版社，1994年版]

【注释】

[1]珀西·比希·雪莱（Percy Bysshe Shelley，1792—1822），英国浪漫主义民主诗人、第一位社会主义诗人、小说家、哲学家、散文随笔和政论作家、改革家、柏拉图主义者和理想主义者，受空想社会主义思想影响颇深。雪莱生于英格兰萨塞克斯郡霍舍姆附近的沃恩汉，12岁进入伊顿公学，1810年进入牛津大学，1811年3月25日由于散发《无神论的必然》，入学不足一年就被牛津大学开除。投身社会后，又因写诗歌鼓动英国人民革命及支持爱尔兰民族民主运动，而被迫于1818年迁居意大利。在意大利，他仍积极支持意大利人民的民族解放斗争，1822年渡海遇风暴不幸船沉溺死。江枫，1929年生，原名吴云森，安徽歙县人，生于上海。曾就读于西南联大附中、清华大学外文系和北京大学中文系。曾任《世界汉语诗坛》顾问；英国剑桥国际传记中心荣誉顾问；北京国际汉字研究会顾问。译著有《雪莱诗选》《狄金森诗选》《美国现代诗抄》《南斯拉夫马其顿诗选》《雪莱全集》等。

[2]巴雅湾：意大利那不勒斯附近的一处海湾。

作品赏析

全诗共五节，由五首十四行诗组成。从形式上看，五个小节格律完整，可以独立成篇。从内容来看，它们又融为一体，贯穿着一个中心思想。第一节描写西风扫除林中残叶，吹送生命的种子。第二节描写西风搅动天上的浓云密雾，呼唤着暴雨雷电的到来。第三节描写西风掀起大海的汹涌波涛，摧毁海底花树。三节诗三个意境，诗人想象的翅膀飞翔在树林、天空和大海之间，飞翔在现实和理想之间，形象鲜明，想象丰富，但中心思想只有一个，就是歌唱西风扫除腐朽、鼓舞新生的强大威力。从第四节开始，由写景转向抒情，由描写西风的气势转向直抒诗人的胸臆，抒发诗人对西风的热爱和向往，达到情景交融的境界，而主旨仍然是歌唱西风。因此，结构严谨，层次清晰，主题集中，是《西风颂》一个突出的艺术特点。

雪莱善于把主观思想情感与自然景物完美结合起来，歌唱西风，同时也在歌唱席卷整个欧洲的革命风暴。他歌唱西风以摧枯拉朽的巨大力量扫除破败的残叶，搅动着“浓云密雾”，唤醒沉睡的浩翰大海，把一丛丛躲藏在海底深处的海树海花，吓得“瑟瑟地发抖，纷纷凋谢”。他歌唱革命运动正以排山倒海之势、雷霆万钧之力，横扫旧世界一切黑暗反动势力。这正是当时欧洲革命形势的生动写照。诗人看到了革命一方面在扫除腐朽，无情地摧毁旧世界；另一方面又在“鼓舞新生”，积极地在创建着美好的新世界。他在歌唱西风的同时，也是在激励和鞭策自己。雪莱是一个热情的浪漫主义诗人，同时又是一个勇敢的革命战士，他以诗歌作武器，积极投身革命运动，经受过失败和挫折，但始终保持着高昂的战斗精神。

《西风颂》采用的是象征手法，诗人用优美而蓬勃的想象写出了西风的形象。那气势恢宏的诗句、强烈撼人的激情把西风的狂烈、急于扫除旧世界、创造新世界的形象展现在人们面前。诗中比喻奇特,形象鲜明,枯叶的腐朽、狂女的头发、黑色的雨、夜的世界无不深深地震撼着人们的心灵。

雪莱在歌唱西风。他歌唱西风以摧枯拉朽的巨大力量扫除破败的残叶,无情地把那"黑的、惨红的、铅灰的,或者蜡黄,患瘟疫而死掉的一大群"垃圾扫除干净;他歌唱西风"在动乱的太空中掀起激流",搅动着"浓云密雾",呼唤着"电火、冰雹和黑的雨水","为这将逝的残年唱起挽歌"。雪莱歌唱西风,同时也在歌唱席卷整个欧洲的革命风暴。革命运动风起云涌,一顶顶皇冠随风落地,一群群妖魔鬼怪望风逃遁,这正是当时欧洲革命形势的生动写照。

雪莱在歌唱西风。他歌唱西风"是破坏者,又是保护者"。他歌唱西风不仅扫除了残枝败叶,而且"送飞翔的种子到它们的冬床"。待到来年春天,西风的妹妹——东风驾临大地,就会"蓓蕾儿吐馨""漫山遍野铺上了姹紫嫣红",出现一个春光明媚的新世界。雪莱歌唱西风,同时也在歌唱革命。他和那些资产阶级凡夫俗子不同,他没有把革命简单地看作消极的破坏力量。尽管雪莱对新世界的理解还比较空泛,还不可能突破空想社会主义的认知水平。

雪莱在歌唱西风。但他不是冷眼旁观的歌者,他强烈地热爱西风,向往西风,他以西风自喻,西风是他的灵魂、他的肉体,诗人和西风合而为一。雪莱在歌唱西风,同时在激励和鞭策自己。他早年就赴爱尔兰参加民族解放斗争,回到英国后继续抨击暴政,鼓吹革命,同情和支持工人运动。因而受到资产阶级反动政府的迫害,不得不愤然离开自己的祖国。在旅居意大利期间,他与意大利"烧炭党"人和希腊革命志士来往密切,同情和支持他们的革命活动。《西风颂》熔铸着雪莱坎坷的人生道路,倾注着雪莱对反动统治者的满腔愤恨,洋溢着雪莱不屈不挠的战斗精神,表达了雪莱献身革命的强烈愿望。

这首诗的格律是但丁《神曲》所用的三行诗节和莎士比亚的十四行体的混合。在韵律上,《西风颂》是用五个十四行诗组成的,以五音步抑扬格为主,跨行跨节安排较多,韵律优美,格律完整,结构层次非常清晰,适合了奔放自如的浪漫诗风和慷慨悲凉的革命精神。在前四个诗节中,下一个诗节第一韵脚为上一诗节的第二韵脚,虽然最后一节的结构仍为 12 - 2 的结构。它却是四个三行诗节加一个双行体构成的,其韵脚为 ababcbcdcdedee。每个诗节在语法结构上彼此相连,混为一体,向读者展现了西风的绵绵不绝。最后表现了雪莱羡慕西风摧毁旧世界的力量和对美好未来的期盼。此外,诗作各部分"哦,你听",重复吟唱,使作品表现出一种跳动的节奏感、韵律感。

整首诗由始至终围绕着秋天的西风,无论写景还是抒情,都没有脱离这个特定的描写对象,没有使用过一句政治术语和革命口号。雪莱在歌唱西风,又不完全是歌唱西风,诗人实质上是通过歌唱西风来歌唱革命。诗中的西风、残叶、种籽、流云、暴雨雷电、大海波涛、海底花树等,都不过是象征性的东西,它们包含着深刻的寓意,大自然风云激荡的动人景色,乃是人间蓬勃发展的革命斗争的象征性反映。从这个意义上说,《西风颂》不是风景诗，而是政治抒情诗，它虽然没有一句直接描写革命，但整首诗都是在反映革命。尤其是结尾处脍炙人口的诗句，既概括了自然现象，也深刻地揭示了人类社会的历史规律，指出了革命斗争经过艰难曲折走向胜利的光明前景，寓意深远，回味无穷。

词海拾贝

雪莱名言

1.过去属于死神，未来属于你自己。

2.读书越多，越感到腹中空虚。

3.感受不到光明是因为本身阴暗。

4.记取吧，人类！因为知识对于你，正如广阔的河水之于埃及。

5.辛勤的蜜蜂永没有时间悲哀。

6.人生，这伟大的奇迹，我们叹为观止，只因你如此奇妙无比。

9.微笑，实在是仁爱的象征，快乐的源泉，亲近别人的媒介。有了笑，人类的感情就沟通了。

7.爱情就像灯光，同时照两个人，光辉并不会减弱。

8.希望会使人年轻，因为希望和青春是一对同胞兄弟。

9.一首伟大的诗篇像一座喷泉一样，总是喷出智慧和欢愉的水花。

10.一个人如果不是真正有道德，就不可能真正有智慧。精明和智慧是非常不同的两件事。精明的人是精细考虑自己利益的人；智慧的人是精细考虑他人利益的人。

知识巩固与能力训练

一、怎样理解诗中的“冬天既然来了，春天还会远吗”？

二、诗中的西风象征着什么？

三、查阅资料，了解雪莱的一生。

学文心语

同一个世界，同一个梦想。我们都希望这世界越来越美好，我们都希望自己的生活越来越幸福。在这个人类已经成为一个命运共同体的时代，在这个经济贸易文化交流日益频繁的地球村落，我们理应凝聚越来越多的共识，我们理应拥有共同的价值观。

导语

为了爱,你会怎么做呢？有一位诗人愿意奉献所有,坚守一生。《我愿意是急流》是匈牙利诗人裴多菲·山陀尔于1847年创作并题献给恋人的一首抒情诗,诗中用一连串的“我愿意”引出构思巧妙的意象,反复咏唱对爱情的坚贞与渴望,向恋人表白自己的爱情。

我愿意是急流[1]

[匈牙利]裴多菲

孙用　译

我愿意是急流

我愿意是急流,
山里的小河,
在崎岖的路上,
岩石上经过……
只要我的爱人
是一条小鱼,
在我的浪花中
快乐地游来游去。

我愿意是荒林,
在河流的两岸,
对一阵阵的狂风,
勇敢地作战……
只要我的爱人
是一只小鸟,
在我的稠密的
树枝间做窠,鸣叫。

我愿意是废墟,
在峻峭的山岩上,
这静默的毁灭
并不使我懊丧……
只要我的爱人

是青青的常春藤，
沿着我荒凉的额，
亲密地攀援上升。

我愿意是草屋，
在深深的山谷底，
草屋的顶上
饱受风雨的打击……
只要我的爱人
是可爱的火焰，
在我的炉子里，
愉快地缓缓闪现。

我愿意是云朵，
是灰色的破旗，
在广漠的空中，
懒懒地飘来荡去，
只要我的爱人
是珊瑚似的夕阳，
傍着我苍白的脸，
显出鲜艳的辉煌。

［选自《世界诗库》第5卷（俄罗斯·东欧），花城出版社，1994年版］

【注释】

［1］裴多菲·山陀尔（1823—1849），匈牙利伟大的革命诗人和英雄，匈牙利民族文学的奠基人。他的一生是与匈牙利人民反抗外国侵略和争取政治自由的斗争联系在一起的。在与沙俄哥萨克兵的搏斗中为国牺牲，年仅二十六岁。他十五岁开始写诗，在短暂而光辉的一生中，共写了八百多首抒情诗和九首长篇叙事诗。最著名的抒情诗有《民族之歌》《我的歌》《一个念头在烦恼着我》《自由与爱情》《我愿意是急流》《把国王吊上绞架》等；最著名的叙事诗有《农村的大锤》《雅诺什勇士》和《使徒》。此外，他还写过小说、戏剧和政论。孙用（1902—1983），原名卜成中，浙江杭州人。自学英语和世界语，翻译介绍各国进步文学。1958年获匈牙利政府授予的劳动勋章。曾任中国作家协会会员、中国翻译家协会理事、中国世界语协会理事、中国鲁迅研究会顾问、人民文学出版社编辑等职。

作品赏析

1846年9月，23岁的裴多菲在舞会上结识了伊尔诺茨伯爵的女儿森德莱·尤丽娅，并对这位姑娘一见倾心。但伯爵不肯把女儿嫁给裴多菲这样的穷诗人。面对阻力，裴多非对尤丽娅的爱情仍痴迷不减，在半年时间里写出了一首首情诗，1847 年 6 月，诗人和尤丽亚的婚恋峰回路转、柳暗花明，于是诗人点燃起激情与真爱的火焰，发布了他爱的誓言，写下了这首诗。该诗写在诗人与尤丽娅热恋时期，是一首向自己所爱表白爱情的诗。

《我愿意是急流》一诗中，诗人借助一系列自然物象，构筑起一个庞大的抒情网络，营建了一个炽热的恋爱磁场，通过一连串鲜活生动的比喻，围绕同一主题，表达诗人纯洁而坚贞、博大而无私的爱。“我愿意”，短短的三个字，包含了诗人无比厚重、深切的情感，更是诗人对相伴终生的承诺。“我愿意”除作为全诗反复响起的主旋律外，诗人还运用了大量意象设想了爱情中双方所处的位置，这些意象生动传达出诗人对爱的深情。

从表现形式上看，裴多菲的《我愿意是急流》为自由诗，自由诗作为表现形式的一类，其段数、每段的行数和每行的字数都没有固定规格，在句式音节上，比押韵诗歌自由得多，基本没有束缚和格律特征，虽然有节奏，但押什么韵，换韵的位置等都不强求一样，不受格律的限制，句子长短不拘，形式不论。裴多菲《我愿意是急流》几组诗句均以“我愿意是”“只要我的爱人”形式结构诗歌，句式较为统一，但并无押韵，段落行数和字数也没有固定的格式，句式音节上并无束缚，属自由诗，但裴多菲的诗歌受民歌影响很大，以一连串的“我愿意”表达对爱情的坚贞与渴望，任思绪飘扬，尽情地挥洒自己的感情，表露“我”对“爱人”的爱恋。

从内容与语言方式上看，裴多菲的《我愿意是急流》为抒情诗，诗歌通过“急流”旁敲侧击，委婉地衬托，引人深思，产生美感。诗歌把感情分别移到“急流”等事物上，与诗人的内心感受、主观情感加以糅合，并以主人公的口吻来抒发情感，反映真实感受，直抒胸臆。没有完整的故事情节，没有完整的人物形象，通过比喻、象征的语言方式表露内心强烈的感情，以爱情为表现题材，是情歌的基本体式。在语言上意象化、多义化，用形象生动的语言勾勒客观情境，而非以平铺直叙的方式来抒发爱恋之情，使这种意象更加立体化和形象化，产生其他意蕴的联想，体现了多义化的特点。另外，《我愿意是急流》采用重叠复唱手法，多次重复“我愿是”“只要我的爱人”，渲染气氛，加强感情。

从诗人所构造的意象来看，六组并列的意象多维度、深层次、酣畅淋漓地展示出了“我”在“求爱道路”上毫无保留、无私奉献的内心。该诗是从人性的永恒性与深远处寻找激情与灵感的。诗歌所勾勒出的六组意象即“急流”与“小鱼”，“荒林”与“小鸟”，“废墟”与“常春藤”，“草屋”与“火焰”，“云朵”，“破旗”与“夕阳”，它们一者雄浑，一者娇秀，但是相依相存，相得益彰，衬托出一幅幅诗意盎然、动人心扉的画卷。这种一一相对情形的出现都是建立在“我愿意是——”“只要我的爱人是——”这一逻辑前提之下的，充分地展示了既尊重对方又忠于自己内心世界的人格形象。在第一组意象中，为了成全对方能“像一条小鱼”一样“快乐地游来游去”，“我”就志愿像“一条急流”，但这急流不是奔腾万里，不是在逞能显威，而是“在崎岖的路上、岩石上经过”，言外之意还可能遭遇粉身碎骨、穷途末路。“荒林”“废墟”“草屋”“云朵”“破旗”这些意象同样都是充任护花使者的角色，护花使者无疑就要承担责任、直面险阻、接受挑战，一如诗中对“我”所志愿的诸种意象所具体的描述那样。按照常态思维，该诗逻辑顺序是“只要我的爱人是——”“我愿意是——”，但反其道而行之，这正好突出了“奉献在先”的思想。诗以意象说话，抒情时必须选择客观事情作为载体。该诗正是通过几组意象的营构贴切而形象地抒发了诗人对心中“爱人”的爱意。

《我愿意是急流》寄寓了作者的理想与追求，和其他抒写着豪情壮志的诗篇构成了创作思路上的统一和情感诉求上的一致。侠骨与柔肠从根本上来说就是一个有机体。“我的爱人”在诗中象征着诗人心中的价值理想和行动目标。妇孺皆知，理想从来不是触手可及的，追求很可能是咫尺天涯。它需要人们有“咬定青山不放松”的坚强，有“立根原在破岩中”的坚韧，斗雪傲霜，不折不挠，奋不顾身，全力以赴。因此，诗作通篇以“我愿意是——”这掷地有声的人格宣言，强烈表达了为理想而努力的气概和情怀。诗歌字里行间流溢着汩汩滔滔的殉道精神，并由此彰显着诗人内心的虔诚、忠贞、执着。这是对爱情生活的敢于奉献、甘于奉献的转述与升华。在诗人所寄寓的各种理想之中，自由是其中不可或缺的。透过字面，透过对“我的爱人”和“我”本人的生存状态的畅想，是不难理解“是一条小鱼，/在我的浪花中/快乐地游来游去”“是一只小鸟，/在我的稠密的/树枝间做窠，鸣叫”以及“我愿意是云朵，/是灰色的破旗，/在广漠的空中，/懒懒地飘来荡去”，其背后正高扬着自由精神。这也再次显示了裴多菲创作上的一贯特色。《我愿意是急流》是从爱情出发，又在超越着爱情。它是爱情诗，同时又是箴言诗，予人以劝慰鼓舞的力量。

这首诗富有朦胧性和象征意味，意象的内涵极其丰富，给读者鉴赏提供了一个广阔的思维空间。这种情感可以上升为一种对于民族、国家的情感。一位热血男儿，对待爱情，生死不渝，无私奉献，道出了古往今来爱情之真谛，此乃诗中之高致；小而对于个人爱情，大而对于祖国，皆能抱一种忠实之态度，即使当其不幸而处于绝望之境地，生死之难关时，也能体现一种无私奉献、生死不渝之精神。唯其有此种精神，小而至于个人爱情，才能够肝胆相照、心心相印；大而至于祖国民族，才能够苦尽甘来，生生不息。裴多菲并没有把爱情看成是生命的唯一，最后他也用自己的实际行动诠释了“若为自由故，二者皆可抛”这句诗的内涵。

词海拾贝

裴多菲名言

1.生命诚可贵，爱情价更高，若为自由故，二者皆可抛。

2.我是你的，我的祖国！都是你的，我的这心、这灵魂；假如我不爱你，我的祖国，我能爱哪一个人？

3.忠诚的高尚和可敬，无与伦比。从物质的消耗中谋求欢乐，才是人生真正的悲哀。

4.生命的长短以时间来计算，生命的价值以贡献来计算。

5.纵使世界给我珍宝和荣誉，我也不愿离开我的祖国，因为纵使我的祖国在耻辱之中，我还是喜欢、热爱、祝福我的祖国。

6.虽然船在上面,水在下面,然而水仍是主人翁!

7.我宁愿以诚挚获得一百名敌人的攻击,也不愿以伪善获得十个朋友的赞扬。

8.我愿是树,如果你是树上的花;我愿意是花,如果你是露水;我愿是露水,如果你是阳光……这样我们就能够,结合在一起。而且,姑娘,如里你是天空,我愿意变成天上的星星;然而,姑娘,如果你是地狱,为了在一起,我愿意永堕地狱之中。

知识巩固与能力训练

一、这首诗抒发了诗人怎样的思想情感?

二、为什么诗人反复说“我愿意是……”?

三、这首诗运用了哪些修辞手法?这些修辞手法对表现情感起到了什么作用?

学文心语

你的名字雕刻在一切有形无形的物质上,你的名字回响在一切或远或近的空间。你的名字是风,它无处不吹,吹入我的梦里。你的名字是水,它无处不流,流到我的心里。你的名字是我脚下的路,是小路两边的绿树,是我所见的一切风景。你的名字是我手上的笔,笔下的诗,诗中的文字。你的名字是一座无形的挂钟,嘀嗒嘀嗒响在我耳中,是我每日的三餐,是我旅行的行囊,是我休憩的枕头。你的名字是黑夜,夜的静,夜的黑。你的名字是黎明,黎明的光,黎明的亮。你的名字是东升的朝阳,黄昏的晚霞,苍穹的星辰,西天的残月……你的名字便是一切,一切都闪烁着你的名字。

【实践训练二】散文写作

一、写作基础

(一)散文的含义

散文一词,有着多种文化寓意。朱自清在《什么是"散文"》里,细致地区分了散文的各种含义。文中指出:"散文的意思不止一个。对骈文说,是不用对偶的单笔,所谓散行的文字。对韵文说,散文无韵;这是所谓散文,比前一个所包广大,虽也是文言里旧有的分别,但白话文里也可采用。"

"按诗与散文的划分,新文学里小说,戏剧(除掉少数诗剧和少数剧中的韵文外),'散文',都是散文。——论文、宣言等散文,通常被囊括在文学之内——这里得说明那引号里的散文,那是与诗、小说、戏剧并举,而为新文学的一个独立部门的东西,或称白话散文,或称抒情文,或称小品文。"

散文有广义和狭义之分,随着历史的变迁而有所差异。在古代,它是一个与韵文、骈文相对的概念,这是散文的广义概念,包括文学作品和非文学作品;五四时期后,将小说、诗歌、戏剧以外的文学作品纳入散文范围,主要是由于吸收西方文体划分的方法,不言而喻,它也就排除了当时的非文学的作品,这标志着文学研究对散文特征进行成熟化的冶炼,演练成真正意义上的文学性散文。

因此,散文是具有包容性的文学体裁,包括诗歌、小说、戏剧等多种形式,题材丰富、情感真实、自由灵活、内容精练、富有个性。

(二)散文的基本特征

散文这类体裁,与诗歌、小说、戏剧文学不同,本身就包含各具特色的文学样式,有偏于抒情的小品,有偏于说理的杂文,也有偏于叙事的特写、报告文学等写法,所有这些样式的散文,都有着某些共同特点。

1.独抒作者心灵,引发读者共鸣

梁实秋的《论散文》指出:"散文是最宜于表现作家思想个性和艺术风格的一种文学样式。"我们在学习、工作和生活中的读书实践活动,主观世界必对客观的存在与发展有独到见解和想法,我们将内心的情感形诸文字将其艺术化,写成心灵自白的文体,流露自己内心的真情实感,凸显"独抒性灵"的个性特征。

散文来自作者内心深处的真情实感,要求以客观实际为根基。"描述真人真事,是散文的首要特征"。散文不同于诗歌、小说、戏剧,因为它有一个显著标志是内容的真实性。如传记、回忆录、游记等记事散文一般都是根据事实来加以描写,从而以美文的形式向人们展示客观世界面貌。吴伯箫讲:"说真话,叙事实,写实物、实情,这仿佛是散文的传统。

古代散文是这样,现代散文也是这样。”

优秀散文作品是对客观世界和物质生活的真实反映,它定是抒发了作者对现实生活的切实感受,揭示了作者内心的真挚情感,让读者进入作者内心深处,从而引导读者接受其精神洗礼,引人注目、令人深思。我们在读郁达夫、郭沫若、杨绛、孙犁、巴金等杰出作家的散文作品时,都有这种感受。

2.内容题材广泛,表达形式多样

我们的生活丰富多彩,可供散文选取的题材也相当广泛,老翁稚子,英雄事迹,自然景色,谈古说今,针砭时事,赞美生活,身边一枝一叶的所见所闻皆可拈来入题,凡是社会实际生活里一切有意义的事物,都可以有感而发,用散文的形式表现出来,从“一粒沙里看世界,半瓣花上说人情”(郁达夫《散文笔谈》)。

散文的形式日益多样,游记、随笔、速写、小品文、回忆录等形式均可采用,借景抒情、托物言志,抚今追昔、神思遥寄。人们通常以短小篇幅支撑宏大主题,用简短的笔墨点缀浓厚的情感,丰富其内涵实质。

3.文章结构自由,线条灵活安排

与小说、戏剧等文学体裁相比,散文的结构十分自由。比如小说应有完整的情节交代和人物性格塑造,诗歌讲究语言的浓缩、精练,句式上追求形式安排。而散文可以仅取某些生活片断加以描述、引申、发挥,以表达作者自己的生活感受与思想情感,句式顺其自然,随性自由,所以从结构上看似乎比较“散”,抒写也比较灵活。

散文写作要求做到散中有序,散中有章。这里说的“散”意为“形散”,比如苏轼的《赤壁赋》、欧阳修的《醉翁亭记》、范仲淹的《岳阳楼记》以及朱自清的《荷塘月色》、杨朔的《雪浪花》、秦牧的《花城》、峻青的《秋色赋》等优秀散文那样,沿着自己内心所设定的线条抒发情感,看似洋洋洒洒,实则毫不脱离作者既定的主题思想情感。

欧阳修的《秋声赋》以萧瑟的视觉、秋声的听觉、悲切的感慨为叙事线条;峻青的《秋色赋》则反其义,以我们这个时代为线,以秋景高远质疑欧阳修、以秋色迷人赞美秋天、以惋惜欧阳修的时代表达对当代生活的自豪,两篇文章的结构不同,线条安排也不同,却都似散而密,都是形散而神不散的胜文美篇。

4.文字风格优美,语境富有诗意

语言优美是散文的另一鲜明特点。对篇幅较为短小的散文而言,应该使用凝练的言词表达意蕴丰富的情感与深刻的事理,也就是说在语言锤炼上应达到高度准确的概括力。正如秦牧所言:“一座大山上有小堆乱石,时常无损于大山的壮观。但如果一个小园中有一堆乱石,就很容易破坏园林之美。同样的道理,短小的文章,特别需要写得简洁而优美。任何的败笔和闲笔在篇幅短小的文章中,时常显得格外刺眼和难于掩饰。”例如叶圣陶先生的《没有秋虫的地方》一文,运用“高、低、宏、细、疾、徐、作、歇”几个词就简洁而凝练地写出了家乡秋虫的鸣唱,正是文章所用语言简练,内涵情感深厚,才给人以无限遐想。

散文文体兼有诗意之美，如屠格涅夫的《爱之路》、鲁迅的《野草》，都是抒情意味很浓的散文诗，本身就可以作为诗歌来赏读。论说性的散文，如思想深邃的杂文也往往具有诗质的隽永之美。因此，散文写作的语言应当向诗歌学习，善于营造诗意的语境。

5.表达手法多样，风格不落俗套

散文运笔可以广泛采用叙事、抒情、描写、议论、说明、夹叙夹议等多种手法，写作中应根据自己表达感情、表现主旨的需要，灵活变换文笔形式，可以一种方法为主，也可时而抒情，时而议论，时而叙事，时而说明，把多种表现手法有机融合起来，以充分抒发写作者的感情，表达自己所要表现的主旨。

散文表现方式不能停留在固定模式和特定笔法上，既要在内容上有新见识，也要在形式上开辟新天地，一定要有意识地追求新颖，在创新上下功夫，学会自由地发挥自己的创造性，得心应手地采用自己认为恰当的艺术表现手法，如郑板桥所说“删繁就简三秋树，领异标新二月花”。

（三）散文的基本分类

散文分类就其内容和表现形式而言，可以分为记叙性散文、抒情性散文、议论性散文三个大类。

1.记叙性散文

记叙性散文侧重写人、叙事、状物、绘景，所写都应是现实生活中的真人、真事、实物、实景，可以传记、游记和回忆录形式呈现。就表达方式而言，主要以记叙与描写为主，同时兼用议论、抒情，通过多种方式的结合，共同为一篇文章的主旨服务。

2.抒情性散文

抒情性散文侧重抒发作者个人的主观情感。抒情性散文以抒情为主，写人、叙事、状物、绘景在这里只是引发、表达作者对人、事、物、景强烈感情的手段或途径。这类散文可以直接抒情，也可以间接抒情。

3.议论性散文

议论性散文是文学与政论的结合，以议论为主要表达方式，它在具有强烈感情色彩的同时，还具有鲜明的思想倾向和严密的逻辑性，以强烈的感染力发表自己的见解或说明一定的道理。这类散文包括杂文和随笔。

（四）散文写作的要求

1.主题要精于立意

散文的题材相对于其他文体具有更广阔的选择范围。可以只从社会生活、自然存在的某一个角落、角度、片断寻找触发点，从一人一事、一景一物落笔，“大中取小，小中见大”，虽落笔点小，但着眼点大，通过联想生发情感活动，抒发情志表达微言大义。

从表面看，我们的写作过程是先捕捉到一个足以打动自己内心世界的“人”“事”“物”，然后用文字将这种触发表达出来，所谓“情动于中而形于外”是也；从深层看，其实是在动笔之前找到了有价值的立意，此处的“意”即文章有感而发的主题。如朱自清的《背影》不仅描写了父亲的“背影”这个点，而且凝聚着作家对父亲深厚的情感与感恩。

散文体裁篇幅往往比较短小，表达最自由的心灵。它可以表现自然中、生活中、艺术上所体会到的某种“美”，作者刹那间涌起的一丝情思，被打动的一种理趣，无不是作家内心情感与情志的真实流露，所以散文立意角度的寻找与选择，可以人人不同，篇篇各异的，但最基本的一点是相同的，都以情感的触发为始点，以情感的表达与传递为目的。

2.谋篇要巧设结构

散文的结构灵活多变、形式多样，如写一篇关于焦作旅游的散文，其内容究竟是以云台山水为重点，以历史风物为重点，还是以旅途所遇感人事迹为重点，全看个人所感而定。其体式究竟是写成与友人、父母共赏美景的书信，还是与天下人共享领悟的游记美文，或者是感动于途中人与事的随笔，也要作者根据自己的情感表达倾向、创作意图需要，作出恰当选择，可以形散而神不散，也可以是形神俱不散或形神俱散，只要能够表情达意，那么愈是独出心裁的结构，就愈是成功之作。

散文写作的基本架构由一些点、线、面构成，这些点、线、面的联结没有固定程式，结构相对自由、灵活，可以情感为线索，串联事件；可以事物为线索，托物咏志；可以景物为线索，怀古讽今；可以人物为线索，反思人生；可以作者的思绪为线索，畅想驰骋；可以作者的行踪为线索，纵横往来，关键是作者如何把“点”状的材料串联起来形成“面”，把若干个“面”搭建起来形成文章的架构。

3.意境要诗化创造

散文章法虽然灵活多变，但好的散文都离不开理想意境的造设，这种理想意境即诗的意境。

散文表现需要诗一样美的意境，做到情与景的交融，特别是写景性的散文更是这样。写景散文以景物为描写对象，但又不是对景物简单的纯客观描述，好的写景散文充满作者对景物强烈的感受体验和主观情感，对被描写的景物做诗化的加工创造。散文描写要像美术写生那样对景物做主观描写，像诗歌创作那样展开丰富的联想、夸张、拟人，如朱自清的《荷塘月色》，顺着沿路走来，伫立凝想的线索，通过心情的抒发和景物的描写，巧妙的比喻，使小路、荷塘、花姿、月色、树影、雾气、灯光、叶响、蛙鸣、蝉声等景物元素，与幽静、斑斓、朦胧、素雅、声响等语言元素融合，一起创造一种淡雅、闲静、情景交融的境界。作者调动了远与近、动与静、正与反、人与物等各种对比技法，努力追求、刻意烘托创造出美好意境，这种优美的意境使文章意蕴深远，余味无穷。

4.语言要精心锤炼

散文又被称为“美文”，“美文”的写作尤其注意遣词造句的语言锤炼，追求声韵与哲理之美。

(1)遣词造句要准确、精练。散文篇幅短小,所以选词用字一定要准确、精到,使用精练的个性化语言表达作者所要表现的主旨。古人有"推敲"之典,又云"两句三年得,一吟双泪流",这是诗歌中的锤字炼句,散文创作秉持这种精神,也需要苦心经营,精心比较、验证、选择确切的词语,使意物相称。

(2)语句要自然、流畅。老子讲"道法自然",作者在文章中的情感应借助对现实的感知自然流露,笔端流出的语言要象小溪流水一样,水到渠成,自然流畅,虽遇坎阻石挡,愈能曲折前往,无论如何变化,总以自然天成、浑然无迹为美。选词炼字固然是写作功夫,但都不应妨碍抒情写意的酣畅淋漓,舒卷自如。当作者激情奔涌、浮想联翩之际,要把自己想要说的话,热烈地、坦率地、恣情任性地倾倒出来,或侃侃而谈,或娓娓而论,如同行云流水般不受阻碍。

(3)节奏要生动、优雅。散文固然是文字的,但也是艺术的,既然别名"美文",当然就兼有音乐之美。优秀散文家的散文作品在语言表达上描形画态,具体逼真,抒情写意款款情深,指点议论形象感人,优美的文字读起来也是声调铿锵,朗朗上口,节奏鲜明,他们用鲜活的语言将自己的个性、情绪、趣味"投射"到对象上面去,这样的文字令人感到新奇、向往,达到了一种文化修养上的高度。

(4)内涵要富有哲理性。散文提倡"文以载道",能够揭示某种事理规律、生活哲理、伦理准则,这是散文写作的思想性要求。一篇文章如果只有字词、语句、节奏、架构的堆砌,那还只是无机的物质存在,必须赋予思想才能具有灵性与生命。

精彩的散文总有一两句画龙点睛之妙笔,销金熔石,使人读后如醍醐灌顶,警省顿悟,或美育升华,或消解思想痼疾,或给人启迪,或励人奋进。范仲淹《岳阳楼记》的"先天下之忧而忧,后天下之乐而乐",司马迁《报任安书》的"西伯拘而演《周易》,仲尼厄而作《春秋》",这些文中名句都像宝石般光芒四射,点化作品深刻感人的思想性,被人们牢牢记在心里。

二、实践训练

【项目一】阅读以下散文,分析其语言风格的不同。

匆 匆

朱自清

燕子去了,有再来的时候;杨柳枯了,有再青的时候;桃花谢了,有再开的时候。但是,聪明的,你告诉我,我们的日子为什么一去不复返呢?——是有人偷了他们罢:那是谁?又藏在何处呢?是他们自己逃走了罢——如今又到了哪里呢?

我不知道他们给了我多少日子,但我的手确乎是渐渐空虚了。在默默里算着,八千多日子已经从我手中溜去,像针尖上一滴水滴在大海里,我的日子滴在时间的流里,没有声音,也没有影子。我不禁头涔涔而泪潸潸了。

去的尽管去了,来的尽管来着;去来的中间,又怎样地匆匆呢?早上我起来的时候,小屋里射进两三方斜斜的太阳。太阳他有脚啊,轻轻悄悄地挪移了;我也茫茫然跟着旋转。于是——洗手的时候,日子从水盆里过去;吃饭的时候,日子从饭碗里过去;默默时,便从凝然的双眼前过去。我觉察他去的匆匆了,伸出手遮挽时,他又从遮挽着的手边过去,天黑时,我躺在床上,他便伶伶俐俐地从我身上跨过,从我脚边飞去了。等我睁开眼和太阳再见,这算又溜走了一日。我掩着面叹息。但是新来的日子的影儿又开始在叹息里闪过了。

在逃去如飞的日子里,在千门万户的世界里的我能做些什么呢?只有徘徊罢了,只有匆匆罢了;在八千多日的匆匆里,除徘徊外,又剩些什么呢?过去的日子如轻烟却被微风吹散了,如薄雾,被初阳蒸融了;我留着些什么痕迹呢?我何曾留着像游丝样的痕迹呢?我赤裸裸来到这世界,转眼间也将赤裸裸地回去罢?但不能平的,为什么偏要白白走这一遭啊?

你聪明的,告诉我,我们的日子为什么一去不复返呢?

(选自《踪迹》朱自清著,上海亚东图书馆,1924 年版)

凤凰的翅膀

林清玄

我时常想,创作的生命可以分成两类:一类是像恒星或行星一争,发散出永久而稳定的光芒,这类创作为我们留下了许多巨大而深刻的作品;另一类是像彗星或流星一样,在黑夜的星空一闪,留下了短暂而炫目的光辉,这类作品特别需要灵感,也让我们在一时之间洗涤了心灵。

两种创作的价值无分高下,只是前者较需要深沉的心灵,后者则较需要飞扬的才气。最近在台北看了意大利电影大师费里尼的作品《女人城》,颇为费里尼彗星似的才华所震慑。那是一个简单的故事,说的是一位中年男子在火车上邂逅年轻貌美的女郎而下车跟踪,误入了全是女人的城市,那里有妇女解放运动的成员,有歌舞女郎、荡妇、泼妇、应召女郎、"第三性"女郎等,在这个光怪陆离的世界里,费里尼像在写一本灵感的记事簿,每一段落都表现出光辉耀眼的才华。这些灵感的笔记,像是一场又一场的梦,粗看每一场均是超现实而没有任何意义,细细地思考则仿佛每一场梦我们都经历过,任何的梦境到最后都是空的,却为我们写下了人世里不可能实现的现象。

诚如费里尼说的:"这部影片有如茶余饭后的闲谈,是由男人来讲述女人过去和现在的故事;但是男人并不了解女人,于是就像童话中的小红帽在森林里迷失了方向一般。既然这部影片是一个梦,就用的是象征性的语言;我希望你们不要努力去解释它的含意;因为没有什么好解释的。"有时候灵感是无法解释的,尤其对创作者而言,有许多灵光一闪的理念,对自己很重要,可是对于一般人可能毫无意义,而对某些闪过同样理念的人,则是一种共鸣,像在黑夜的海上行舟,遇到相同明亮的一盏灯。

在我们这个多变的时代里,艺术创作者真是如凤凰一般,在多彩的身躯上还拖着一条斑斓的尾羽；它从空中飞过，还唱出美妙的歌声。记得读过火凤凰的故事，火凤凰是世界最美的鸟，当它自觉到自己处在美丽的颠峰，无法再向前飞的时候，就火焚自己，然后在灰烬中重生。

这是个非常美的传奇，用来形容艺术家十分贴切。我认为，任何无法在自己的灰烬中重生的艺术家，就无法飞往更美丽的世界，而任何不能自我火焚的人，也就无法穿破自己，让人看见更鲜美的景象。

像是古语说的“破釜沉舟”，如果不能在启帆之际，将岸边的舟船破沉，则对岸即使风光如画，气派恢宏，可能也没有充足的决心与毅力航向对岸。艺术如此，凡人也一样，我们的梦想很多，生命的抉择也很多，我们常常为了保护自己的翅膀而迟疑不决，丧失了抵达对岸的时机。

人是不能飞翔的，可是思想的翅膀却可以振风而起，飞到不可知的远方，这也就是人可以无限的所在。不久以前，我读到一本叫《思想的神光》的书，里面谈到人的思想在不同的情况有不同的光芒和形式，而这种思想的神光虽是肉眼所不能见，新的电子摄影器却可以在人身上摄得神光，从光的明暗和颜色来推断一个人的思想。

还有一种说法是，当我们思念一个人的时候，我们的思想神光便已到达他的身侧温暖着我们思念的人；当我们忌恨一个人的时候，思想的神光则会到他的身侧和他的神光交战，两人的心灵都在无形中受损。而中国人所说的“缘”和“神交”，都是因于思想的神光有相似之处，在无言中投合了。

我觉得这“思想的神光”与“灵感”有相似之处，在“昨夜西风调碧树，独上高楼，望尽天涯路”时，灵感是一柱擎天；在“衣带渐宽终不悔，为伊消得人推悴”时，灵感是专注的飞向远方；“众里寻他千百度，蓦然回首，那人却在灯火阑珊处”时，灵感是无所不在，像是沉默的、宝相庄严的坐在心灵深处灯火阑珊的地方。

灵感和梦想都是不可解的，但是可以锻炼，也可以培养。一个人在生命中千回百折，是不是能打开智慧的视境，登上更高的心灵层次，端看他能不能将仿佛不可知的灵感锤炼成遍满虚空的神光，任所遨翔。

人的思考是凤凰一样多彩，人一闪而明的梦想则是凤凰的翅膀，能冲向高处，也能飞向远方，更能历千百世而不消磨——因此，人是有限的，人也是无限的。

（选自《自心清净，能断烦恼》，林清玄著，长江文艺出版社，2017 年版）

海　燕

高尔基

在苍茫的大海上，狂风卷集着乌云。在乌云和大海之间，海燕像黑色的闪电，在高傲地飞翔。

一会儿翅膀碰着波浪，一会儿箭一般地直冲向乌云，它叫喊着，——就在这鸟儿勇敢的叫喊声里，乌云听出了欢乐。

在这叫喊声里——充满着对暴风雨的渴望！在这叫喊声里，乌云听出了愤怒的力量、热情的火焰和胜利的信心。

海鸥在暴风雨来临之前呻吟着，——呻吟着，它们在大海上飞窜，想把自己对暴风雨的恐惧，掩藏到大海深处。

海鸭也在呻吟着，——它们这些海鸭啊，享受不了生活的战斗的欢乐：轰隆隆的雷声就把它们吓坏了。

蠢笨的企鹅，胆怯地把肥胖的身体躲藏到悬崖底下……只有那高傲的海燕，勇敢地，自由自在地，在泛起白沫的大海上飞翔！

乌云越来越暗，越来越低，向海面直压下来，而波浪一边歌唱，一边冲向高空，去迎接那雷声。

（选自《海燕》，[俄]高尔基著，漓江出版社，2003年版）

【项目二】以“故乡”为主题，进行散文写作。

第二编

叙事类作品的阅读与鉴赏

叙事类作品，就是以叙事功能为主的一种文学作品。它常以叙述生活事件、描绘具体环境的方式来塑造人物形象、反映社会生活、表现作者对人生的体验和感悟。人物、情节、环境是叙事类作品的三要素。叙事类作品包括小说、戏剧剧本、叙事散文等文学体裁。每种文学体裁都有各自不同的特征。如小说以塑造人物形象为中心；戏剧的灵魂是戏剧冲突，它推动戏剧情节的发展，并在矛盾中塑造人物形象；而叙事散文则偏重叙事，在叙事中写人抒情。不同类型的叙事类作品存在着明显的区别，但又有着作为叙事类作品的共同特征。

一、叙事类作品的特征

(一)人物形象的生动性

人物在叙事类作品中的作用是首要的，它是事件发生和情节发展的动力。因此，人物形象的刻画是非常重要的，无论事件叙述还是场景描写，都要围绕人物形象的塑造进行。这也是它与抒情类作品和说理类作品的重要区别。在叙事类作品中，人物形象的塑造可以综合运用肖像、语言、心理、行动以及细节、对比等描写手法来实现，也可以在符合生活真实性的基础上进行丰富的想象和艺术夸张。如在《郑伯克段于鄢》中，作者把人物置于尖锐复杂的矛盾冲突中，运用白描的手法，通过对人物的语言、行动等描写深入地刻画了郑庄公等人的性格特征，塑造出了栩栩如生的人物形象。中外文学史上的优秀作品中，最具魅力、最能打动读者的往往就是其中塑造的生动鲜明的人物形象。

(二)情节叙述的完整性

情节是叙事类文学作品的重要构成要素。高尔基说："(它是)人物之间的联系、矛盾、同情、反感和一般的相互关系——某种性格、典型的成长和构成的历史。”可见，叙事类作品的情节要为塑造人物形象服务。人物性格的形成、发展和变化是通过情节得以展开的。要刻画鲜明生动的人物形象，离不开对于情节的叙述。如在《冯谖客孟尝君》中，正是通过跌宕多姿的故事情节才刻画出了冯谖深谋远虑、高瞻远瞩、有胆有识、机智果敢的性格特征。

在叙事类作品中，小说非常强调情节的完整性和复杂性，即使作品篇幅短小，其情节往往也是相对完整并且曲折多变的。其他叙事类作品相对而言情节因素较弱，但也具有情节构成的基本要素（人物、事件、场景），具有相对完整性。

一般来说，情节由开端、发展、高潮和结局构成。有的作品还有序幕和尾声。不过，随着文学创作的不断探索，近年来也出现了情节的淡化、内化等。但无论怎样改变，情节都是叙事类作品必不可少的要素之一。

（三）环境描写的具体性

在叙事类作品中，人物的活动、情节的发生与发展都是在特定环境中进行的。人物塑造成功与否，与环境描写有很大的关系。成功的环境描写，对揭示人物身份、刻画人物性格等起着非常重要的作用。因此，在叙事类作品中，往往非常注重对环境的描写。环境描写包括自然环境描写和社会环境描写。自然环境描写包括有时间、地点、节气、地理特征等，为人物活动提供广阔的大背景。如《婴宁》中对于“南山”景象的描绘，“丛花乱树”“门前皆丝柳”“墙内桃杏”等，作为婴宁成长的自然环境，为刻画婴宁性格的自然率真起到了重要作用。社会环境即时代特征、社会风貌等。《断魂枪》中，“今天是火车、快枪、通商与恐怖”，开篇就写出了人物活动的时代背景，烘托塑造了没落保守、孤芳自赏的沙子龙形象。

二、阅读与鉴赏

作为读者，在了解叙事类作品特征的基础上，要想真正地理解一篇优秀作品的内涵，并非是一件轻而易举的事情，需要掌握一些鉴赏的具体方法。

1.感受人物

对人物形象的把握，是鉴赏叙事类作品的关键。怎样才能正确把握人物形象以感受其独特魅力呢？

首先，要把握人物形象的个性。个性化是人物形象魅力的一个重要方面，要善于通过作品中人物独特的语言、动作、行为、心理等来把握其独特的个性，体会其不同于其他人物形象的独特魅力。同时，要在人物的复杂性中把握个性，在人物的相互关系上把握个性。

其次，要掌握塑造人物形象的基本技巧和方法。正面描写和侧面描写是通常的塑造人物的方式。正面描写又有多种方法，如肖像描写、动作描写、语言描写、心理描写等。此外，还可以通过映衬、对比等手法从侧面来烘托人物形象。如在《宝玉挨打》中，把人物置于宝玉挨打这一事件中，通过不同人物对待同一事件所展现的不同言语、动作、表情与心理，运用对比的手法刻画人物，这就使人物形象有了鲜明生动、栩栩如生的个性特点。

2.考察情节

情节是服务于人物形象塑造的。考察情节，首先要考察情节与人物的关系。情节发展应与人物性格逻辑发展相一致。在作品中，要关注情节发展是怎样展现人物性格的，而人物内在的性格又是如何推动情节发展的。其次，情节应具有生动性与合理性。好的情节应该既在意料之外，又在情理之中。一方面曲折生动、扣人心弦，另一方面又符合现实生活的规律和事物发展的逻辑性，这样才能在引人入胜的同时又不给人以荒诞不经之感。

3.分析环境

环境描写是叙事类作品的重要组成部分，也是欣赏作品的一个重要方面。环境描写是为塑造人物形象、推动情节发展而服务的，真实、自然的环境描写能使读者产生身临其境之感，并进而诱发读者深层次的情感体验。而成功的环境描写还能起到深化主题、渲染气氛、抒发作者情感等作用。因此，分析环境描写要思路开阔，多方位、多角度体会环境描写在作品中所产生的作用。

4.揭示主题

主题即作品所揭示的主旨，是作者的创作意图之所在。怎样揭示作品的主题呢？可从上述三要素入手。分析人物形象、考察作品情节、联系作品的社会背景及自然环境等等。此外，还可以通过作品精巧的构思来把握主题。如《风波》的主题就可以从情节入手分析，作品以“辫子”为线索写出其在江南水乡引发风波并迅速归于平静，说明了辛亥革命并未在中国农村实现真正的变革。

5.赏析技巧

优秀的作品，离不开精妙的创作手法与技巧。叙事类作品的创作手法与技巧是非常丰富的，如联想、象征、渲染、衬托、对比、铺垫、悬念、托物言志、借景抒情等。20 世纪以来西方现代小说中更是出现了意识流、存在主义、黑色幽默等流派，这些派别的出现，使叙事类作品的创作手法和技巧更为丰富。赏析创作手法与技巧时可注意结合作品人物形象的塑造、语言艺术方面的特征、作者情感的抒发等进行。如在《断魂枪》中，作者采用了烘托与对比的手法来塑造人物形象，并综合运用了肖像、语言、动作描写等手法来刻画人物形象，塑造人物性格。

单元一　古代叙事类作品

导语

“多行不义必自毙”，常用来形容人坏事做多了就会遭到报应。我们非常熟悉的这句话出自什么地方呢？答案是《左传》。它讲述了一个母亲褊狭、兄弟阋墙的故事。作品中，姜氏为母偏私，以致兄弟反目，干戈相向，一国生灵涂炭。可悲可叹！家和万事兴，和乃安，安则定，定则邦可兴！古往今来同一理也！

郑伯克段于鄢[1]

《左　传》

郑伯克段于鄢

初[2]，郑武公娶于申[3]，曰武姜[4]。生庄公及共叔段[5]。庄公寤生[6]，惊姜氏，故名曰寤生，遂恶之[7]。爱共叔段，欲立之。亟请于武公[8]，公弗许[9]。

及庄公即位[10]，为之请制[11]。公曰：“制，岩邑也[12]，虢叔死焉[13]。佗邑唯命[14]。”请京[15]，使居之[16]，谓之京城大叔[17]。

祭仲曰[18]：“都城过百雉[19]，国之害也。先王之制[20]：大都不过叁国之一，中五之一，小九之一[21]。今京不度[22]，非制也[23]。君将不堪[24]。”公曰：“姜氏欲之，焉辟害[25]？”对曰：“姜氏何厌之有[26]？不如早为之所[27]，无使滋蔓[28]。蔓难图也[29]。蔓草犹不可除[30]，况君之宠弟乎[31]？”公曰：“多行不义必自毙[32]，子姑待之[33]。”

既而大叔命西鄙、北鄙贰于己[34]。公子吕曰[35]：“国不堪贰，君将若之何[36]？欲与大叔[37]，臣请事之[38]；若弗与[39]，则请除之[40]。无生民心[41]。”公曰：“无庸[42]，将自及[43]。”

大叔又收贰以为己邑[44]，至于廪延[45]。子封曰：“可矣，厚将得众[46]。”公曰：“不义不暱[47]，厚将崩[48]。”

大叔完聚[49]，缮甲兵[50]，具卒乘[51]，将袭郑[52]。夫人将启之[53]。公闻其期[54]，曰：“可矣！”命子封帅车二百乘以伐京[55]。京叛大叔段。段入于鄢[56]。公伐诸鄢[57]。五月辛丑[58]，大叔出奔共[59]。

遂置姜氏于城颍[60]，而誓之曰[61]：“不及黄泉[62]，无相见也！”既而悔之[63]。

颍考叔为颍谷封人[64]，闻之，有献于公[65]。公赐之食[66]。食舍肉[67]。公问之，对曰："小人有母[68]，皆尝小人之食矣[69]，未尝君之羹[70]，请以遗之[71]。"公曰："尔有母遗，繄我独无[72]！"颍考叔曰："敢问何谓也[73]？"公语之故[74]，且告之悔[75]。对曰："君何患焉[76]？若阙地及泉[77]，隧而相见[78]，其谁曰不然[79]？"公从之。公入而赋[80]："大隧之中，其乐也融融[81]。"姜出而赋："大隧之外，其乐也洩洩[82]。"遂为母子如初[83]。

君子曰[84]："颍考叔，纯孝也[85]，爱其母，施及庄公[86]。"诗曰："孝子不匮，永锡尔类[87]。"其是之谓乎[88]！

（选自《左传译注》，杨华译注，商务印书馆，2015年版）

【注释】

[1]《左传》又名《左氏春秋》，是我国第一部较为完备的编年体历史著作，相传为左丘明所著。《左传》记事起于鲁隐公元年（前722），止于鲁哀公二十七年（前468），并附录了鲁悼公四年至十四年韩、魏、赵三家灭智氏的史实，生动地记叙了春秋时期各诸侯国的政治、军事、外交等方面的矛盾和斗争。《左传》叙事精彩细密，善于用简洁的语言记述纷繁复杂的历史事件，这一点尤其体现在对战争的描写上；人物描写上，主要采取随事写人的手法，人物塑造鲜明、生动。这些对后世史学、文学、语言的发展都产生了极大影响。本文选自《左传·隐公元年》。郑伯：指郑庄公。姓姬，名掘突，郑桓公的儿子，郑国第二代君主。克：战胜。段：郑庄公之弟。鄢（yān）：郑地名，在今河南省鄢陵县境内。

[2]初：当初，副词。《左传》追述往事时的习惯用词。

[3]娶于申：从申国娶妻。申：春秋时国名，姜姓，在今河南省南阳市北，后为楚所灭。

[4]曰武姜：叫武姜。武姜：郑武公之妻，"姜"表示她娘家的姓，"武"是她丈夫的谥号。

[5]共（gōng）叔段：郑庄公的弟弟，名段。共：国名，在今河南辉县。叔：古代弟兄间排行在末的。因为段失败后出奔共国，因此称其"共叔段"。

[6]寤（wù）生：难产的一种，胎儿的脚先生出来，即难产。寤：通"牾"，逆，倒着。朱骏声《说文通训定声》："寤，假借为牾，足先见，逆生也。"

[7]遂恶（wù）之：于是就厌恶他。遂：副词，于是，就。恶：厌恶。

[8]亟（qì）请于武公：屡次向武公请求。亟：多次，屡次。于：介词，向。

[9]公弗许：武公不答应她。弗：不。

[10]及：到了。即位：就位，指古代天子或诸侯就任职位，这里指开始做国君。

[11]为之请制：（姜氏）替共叔段请求制这个地方。为：介词，替，给。制：地名，又名虎牢，在今河南荥阳西北，本是东虢国领地，后东虢国为郑武公所灭，遂为郑地。

[12]岩邑：险要的城镇。邑：人所聚居的地方。

[13]虢（guó）叔死焉：东虢国的国君死在那里。虢叔：东虢国的国君。焉：相当于"于是""于此"。

[14]佗邑唯命：别的城邑，听从您的吩咐。佗：同"他"，指示代词，别的，另外的。唯命：是"唯命是听"的省略，只听从您的命令。

[15]京：地名，在今河南荥阳东南。

[16]使居之：是"使之居之"的省略，（庄公）使（共叔段）住在那里。

[17]大：同"太"。

[18]祭（zhài）仲：郑国的大夫。

[19]都城过百雉:都邑的城墙超过百雉。城:城墙。雉(zhì):古代城墙长三丈、高一丈为“一雉”。

[20]先王之制:先王的制度。先王:这里指周成王。周公辅佐成王时制定了这些制度。

[21]“大都”三句:大的城城墙不能超过国都的三分之一,中城不得超过五分之一,小城不得超过九分之一。参:通“三”。国:国都。

[22]不度:不合法度。度:法度,制度。这里用作动词,合乎法度。

[23]非制:不是(先王的)制度。

[24]不堪:受不了。堪:经得起,受得住。

[25]焉辟害:怎么能躲避祸害?焉:疑问代词,哪里,怎么。辟:同“避”。

[26]何厌之有:“有何厌”,有什么可以满足的。厌:同“餍”,满足。之:代词,复指前面的宾语“何厌”。

[27]不如早为(wéi)之所:不如早点给他安排个地方。为之所:双宾语结构。为:动词,这里有“安排”的意思。之:指共叔段,作“为”的间接宾语。所:处所,作“为”的直接宾语。

[28]无:通“毋”,不要。滋蔓:滋生,蔓延。这里指势力发展壮大。

[29]图:图谋,对付。这里指设法对付。

[30]犹:副词,尚且,还。

[31]况君之宠弟乎:何况您尊贵的弟弟呢?况:连词,何况,表示递进。宠:尊崇,指地位高。

[32]不义:指不义的事情。毙:跌倒,这里指失败。

[33]子:古时对男子的尊称。姑:姑且、暂且。

[34]既而:不久。常用来表示一件事过去不久又发生另一件事。鄙:边邑。贰于己:两属于自己。这里指使西鄙、北鄙一方面属于庄公,另一方面属于自己,即同时向双方纳贡赋。贰:两属,属二主。

[35]公子吕:字子封,郑国的大夫。

[36]若之何:对它怎么办?表示对某人、对某事怎样处置。之:指“大叔命西鄙北鄙贰于己”这件事。

[37]欲与大叔:打算(把郑国)送给太叔。与:给予。

[38]臣请事之:我请求去服侍他。臣:公子吕自称。请:请求。“请”后的动词是说话人的行为。事:侍奉,服侍。

[39]若:如果。

[40]则请除之:就请除掉他。则:就。

[41]无生民心:不要使民众(因为有两个君主)生二心。无:通“毋”,不要。生:使动用法,使……生。

[42]无庸:不用,这里指用不着除掉他。

[43]将自及:将会自己赶上灾祸,即自取灭亡。及:赶上。

[44]收贰以为己邑:收取原来两属的西鄙北鄙作为自己的城邑。贰:指原来两属的西鄙北鄙。

[45]至于廪延:扩张到了廪延。廪延:地名,在今河南省延津县北。

[46]厚将得众:土地扩大了,将要得到百姓的拥护。厚:指土地扩大。众:指百姓。

[47]不义不暱(nì):对君不义,对兄不亲。暱:同“昵”,亲近。

[48]崩:本指山塌,这里指垮台、崩溃。

[49]完聚:修治(城郭),聚集(百姓)。完:修葺。

[50]缮甲兵:修整作战用的甲衣和兵器。缮:修理。甲:铠甲。兵:兵器。

[51]具卒乘(shèng):准备步兵和兵车。具:准备。卒:步兵。乘:四匹马拉的战车。

[52]袭：偷袭。这里指不击鼓，不声张，乘人不备而攻击。

[53]夫人将启之：姜氏将要为共叔段打开城门。启之：为之启。启：为动用法，为……开门。

[54]其期：指共叔段袭郑的日期。

[55]帅车二百乘：率领二百辆战车。帅：率领。古代每辆战车配备甲士三人，步卒七十二人。二百乘，共甲士六百人，步卒一万四千四百人。

[56]入于鄢：进入鄢地，意思是逃到鄢地。

[57]诸："之于"的合音词。其中"之"为代词，指共叔段。

[58]五月辛丑：古时用天干地支记日，鲁隐公元年五月辛丑是五月二十三日。

[59]出奔共：出逃到共国（避难）。出奔：春秋时的熟语，特指逃亡国外避难。奔：逃亡。

[60]置姜氏于城颍（yǐng）：把姜氏流放到城颍。置：安置，放置，这里有"放逐"的意思。城颍：地名，在今河南省临颍县西北。

[61]誓之：对她发誓。之：指武姜。

[62]及：到达。黄泉：地下的泉水，这里指墓穴。

[63]悔之：对这件事很后悔。之：这里指安置姜氏和对她发誓的事。

[64]颍考叔：郑国大夫。颍谷：郑国边邑。封人：管理边界的官。封：疆界。

[65]有献于公：对郑庄公有所进献。献：恭敬地送给。这里用作名词，指奉献的东西。

[66]赐之食：赏给他吃的东西。之：指颍考叔，作"赐"的间接宾语。食：食物，作"赐"的直接宾语。

[67]食舍肉：吃的时候把肉放在一旁。

[68]小人：颍考叔对自己的谦称。

[69]皆尝小人之食：我的食物（她）都吃过。尝：辨别滋味，这里是"吃"的意思。

[70]羹（gēng）：带汁的肉食。

[71]请以遗（wèi）之：请让我拿去送给我的母亲。遗：赠，送给。

[72]繄（yī）：语气助词，作用相当于"唯"，用在句首。

[73]敢：表谦敬的词，有"大胆""冒昧"的意思。何谓：等于"谓何"，说的是什么。疑问代词作宾语前置。下文"何患"同。

[74]语之故：把原因告诉他。语：告诉。之：代词，代颍考叔。故：缘故。

[75]告之悔：告诉他自己已经后悔了。悔：后悔。

[76]君何患焉：您忧虑什么呢？患：担心、忧虑。

[77]阙：通"掘"，挖。

[78]隧：隧道。这里用作动词，指挖隧道。

[79]其谁曰不然：难道谁能说不是这样呢？其：语气助词，加强反问的语气。然：代词，代庄公对姜氏发的誓言。

[80]入：走进隧道。赋：赋诗。

[81]融融：形容和乐自得的样子。

[82]洩（yì）洩：舒展快乐的样子。

[83]遂为母子如初：于是姜氏和庄公作为母亲和儿子还和从前一样。即恢复母子关系。

[84]君子：指有道德有修养的人。《左传》常假托"君子"来发表议论。

[85]纯孝：笃厚的孝道。纯：纯真，纯厚。

[86]施(yì):延及,扩展。

[87]孝子不匮,永锡尔类:出自《诗经·大雅·既醉》。这两句话的意思是:孝子的孝是没有穷尽的,永久地把它赐予你的同类。匮:穷尽。锡:通“赐”,给予。

[88]其是之谓乎:大概说的就是这种情况吧。其:表示委婉的语气助词。

作品赏析

本文记叙了春秋初年郑国郑庄公母子、兄弟为争权夺利而兵戈相向的历史事件。

全文结构完整,具备了记叙文的一般情节结构,有序幕、开端、发展、高潮、结局、尾声等全过程。人物刻画上,善于运用白描的手法,在集中尖锐的矛盾冲突中,通过人物的一言一行来刻画人物的性格特征。文中着重塑造了郑庄公、共叔段、姜氏等几个人物。在刻画郑庄公时,文中详细描写了他和大臣的几次对话,从中可以看出,郑庄公对其弟居心一目了然,但他并不对其行为加以制止,反而故意纵容,促使其“自毙”。通过这种方式,文章生动、形象地刻画出了郑庄公的虚伪、阴险、老谋深算、工于心计。同时,文中还写到了共叔段的贪得无厌、愚昧狂妄,姜氏的偏私昏庸、以私情干政,颍考叔的聪慧机敏等,这些性格特征无不表现得生动传神。文中还有一些细节描写,如写庄公与姜氏“隧而相见”“其乐也融融”“其乐也洩洩”,以反讽的形式刻画出了庄公母子的性格,对表现人物、深化主题,起到了十分重要的作用。

词海拾贝

孝(xiào)

构造:会意字,用“耂(老省)、子”会意。其古字形像一个孩子在老人的手下搀扶老人走路。

释义:本义为对父母尽心奉养并顺从,引申指晚辈在尊长去世后在一定时期内遵守的礼俗,又引申指丧服。

都(dū)

构造:形声字。从邑,者声。从“邑(阝)”,表示与城市有关。

释义:本义为建有宗庙的城邑。可以指大都市,一国的最高行政机关所在地。

国(guó)

构造:其初文为“或”,也即“域”的古字。字形如“”,其中有土地城池(“一”),有起卫护作用的“戈”,指“邦国”“封邑”。后来字形外面加了个“囗(wéi)”,表示疆土地域的范围,读guó。

释义:本义指疆域,地域(后写作“域”)。又引申指分封的诸侯国。后泛指国家。也指国都。

知识巩固与能力训练

一、解释加点的词语

1.亟请于武公。

2.都城过百雉。

3.大都不过参国之一。

4.蔓，难图也。

5.既而大叔命西鄙北鄙贰于己。

6.大叔完聚，缮甲兵，具卒乘。

7.未尝君之羹，请以遗之。

8.若阙地及泉，隧而相见，其谁曰不然？

二、翻译句子

1.制，岩邑也，虢叔死焉，佗邑唯命。

2.姜氏何厌之有？

3.不如早为之所。

4.多行不义必自毙。

5.君将若之何？

6.公赐之食。食舍肉。

7.公语之故，且告之悔。

8.其是之谓乎？

三、阅读课文第三段，回答问题

1.这段话里揭示了共叔段怎样的性格特征？

2.这里体现了郑庄公怎样的性格特征？

3.这段话的中心人物是谁？其他人物对刻画他起了什么样的作用？

学文心语

“大学之道，在明明德，在亲民，在止于至善。”一个人应不断地完善自我，才能成为有“道”之人。

导语

孟子云:“得人心者得天下。”《战国策》中谋士冯谖之“买义”即为“得人心”之举。其深谙谋划之道,高瞻远瞩为孟尝君铸就“狡兔三窟”使之“高枕无忧”。青年一代,应有冯谖之有胆有识、深谋远虑,亦应明了“得人心者得天下”之理!

冯谖客孟尝君

冯谖客孟尝君[1]

《战国策》

齐人有冯谖者,贫乏不能自存。使人属孟尝君[2],愿寄食门下[3]。孟尝君曰:“客何好[4]?曰:“客无好也。”曰:“客何能?”曰:“客无能也。”孟尝君笑而受之曰:“诺。”

左右以君贱之也[5],食以草具[6]。居有顷[7],倚柱弹其剑,歌曰:“长铗[8],归来乎!食无鱼。”左右以告[9]。孟尝君曰:“食之,比门下之客[10]。”居有顷,复弹其铗,歌曰:“长铗,归来乎!出无车。”左右皆笑之,以告。孟尝君曰:“为之驾[11],比门下之车客。”于是乘其车,揭其剑[12],过其友[13],曰:“孟尝君客我[14]。”后有顷,复弹其剑铗,歌曰:“长铗,归来乎!无以为家[15]。”左右皆恶之[16],以为贪而不知足。孟尝君问:“冯公有亲乎?”对曰:“有老母。”孟尝君使人给其食用[17],无使乏。于是冯谖不复歌。

后孟尝君出记[18],问门下诸客:“谁习计会[19],能为文收责于薛者乎[20]?”冯谖署曰[21]:“能。”

孟尝君怪之[22],曰:“此谁也?”左右曰:“乃歌夫‘长铗归来’者也[23]。”孟尝君笑曰:“客果有能也,吾负之[24],未尝见也。”请而见之。谢曰[25]:“文倦于事[26],愦于忧[27],而性懧愚[28],沉于国家之事[29],开罪于先生[30]。先生不羞[31],乃有意欲为收责于薛乎[32]?”冯谖曰:“愿之。”于是约车治装[33],载券契而行[34],辞曰:“责毕收[35],以何市而反[36]?”孟尝君曰:“视吾家所寡有者[37]。”

驱而之薛[38],使吏召诸民当偿者悉来合券[39]。券徧合[40],起,矫命以责赐诸民[41]。因烧其券[42]。民称万岁。

长驱到齐[43],晨而求见。孟尝君怪其疾也[44],衣冠而见之[45],曰:“责毕收乎?来何疾也!”曰:“收毕矣。”“以何市而反?”冯谖曰:“君云‘视吾家所寡有者。’臣窃计[46],君宫中积珍宝,狗马实外厩[47],美人充下陈[48];君家所寡有者,以义耳[49]。窃以为君市义[50]。”孟尝君曰:“市义奈何[51]?”曰:“今君有区区之薛[52],不拊爱子其民[53],因而贾利之[54]。臣窃矫君命,以责赐诸民,因烧其券,民称万岁。乃臣所以为君市义也[55]。”孟尝君不说[56],曰:“诺,先生休矣[57]!”

后期年[58],齐王谓孟尝君曰[59]:“寡人不敢以先王之臣为臣[60]!”孟尝君就国于薛[61]。未至百里[62],民扶老携幼,迎君道中。孟尝君顾谓冯谖[63]:“先生所为文市义者,乃今日见之。"

冯谖曰:"狡兔有三窟,仅得免其死耳[64]。今君有一窟,未得高枕而卧也[65]。请为君复凿二窟。"孟尝君予车五十乘[66],金五百斤,西游于梁[67]。谓惠王曰[68]:"齐放其大臣孟尝君于诸侯[69],诸侯先迎之者,富而兵强。"于是梁王虚上位[70],以故相为上将军[71],遣使者黄金千斤,车百乘,往聘孟尝君。冯谖先驱[72],诫孟尝君曰:"千金,重币也[73];百乘,显使也[74];齐其闻之矣[75]。"梁使三反[76],孟尝君固辞不往也[77]。

齐王闻之,君臣恐惧,遣太傅赍黄金千斤[78],文车二驷[79],服剑一[80],封书谢孟尝君曰[81]:"寡人不祥[82],被于宗庙之祟[83],沉于谄谀之臣[84],开罪于君。寡人不足为[85]也,愿君顾先王之宗庙[86],姑反国统万人乎[87]!"冯谖诫孟尝君曰:"愿请先王之祭器[88],立宗庙于薛[89]。"庙成,还报孟尝君曰:"三窟已就,君姑高枕为乐矣[90]。"

孟尝君为相数十年,无纤介之祸者[91],冯谖之计也。

（选自《中国历代文学作品选》,朱东润主编,上海古籍出版社,1980年版）

【注释】

[1]《战国策》,简称《国策》,是一部战国时期的史料汇编。西汉后期,刘向对其进行整理,编订为三十三篇,定名为《战国策》。其作者已不可考,大约是战国秦汉之际纵横家一类人物。全书包括东周、西周、齐、秦、楚、赵、魏、韩、燕、宋等十二国策,主要记载了当时谋臣策士的言行,通过对众多谋臣策士的外交活动、言辞等的描绘记载,反映了战国时期错综复杂的历史。它保存了当时许多重要史料,但其中不无夸张、虚构之辞。其文长于叙事,善用寓言譬喻,文辞"辩丽横肆",文学性很强。本文选自《战国策·齐策》。冯谖(xuān):齐国游说之士。客:做门客。孟尝君:齐国贵族,姓田名文,齐闵王时为相。其父田婴在齐宣王时为相,并受封于薛,故本篇中有"寡人不敢以先王之臣为臣"之说。田婴死后,田文袭封地,封号为孟尝君。孟尝君好养士,据说有门客三千,成为以养士而著称的"战国四公子"之一。

[2]属:通"嘱",嘱托。

[3]寄食门下:在(孟尝君)门下做食客。

[4]何好(hào):爱好什么?好:爱好。

[5]贱之:认为他卑贱。贱:形容词的意动用法。

[6]食(sì)以草具:给(冯谖)吃粗劣的饭菜。食:名词用作动词,给……吃。草具:粗劣的饭菜。

[7]居有顷:过了不久。

[8]铗(jiá):剑柄,这里指长剑。

[9]以告:"以(之)告(之)"的省略,把这件事告诉(孟尝君)。

[10]比:比照。

[11]为之驾:给他准备车马。驾:指车马。

[12]揭:举。

[13]过:拜访。

[14]客我:"以我为客",把我当客人。客:这里用作动词。

[15]无以为家:没有什么东西可以养家。为:动词。

[16]恶(wù):厌恶。

[17]给(jǐ):供应,供给。

[18]记:文告,通告。

[19]习:熟悉。计会(kuài):指“会计”。

[20]责(zhài):债务,债款。后来写作“债”。

[21]署:签名。

[22]怪:形容词的意动用法。

[23]乃歌夫“长铗归来”者也:就是唱“长剑呵,我们还是回去吧”的那个人。乃:副词,就。夫:指示代词,那。

[24]吾负之:我对不起他。

[25]谢:谢罪,致歉。

[26]倦于事:被事务弄得很疲劳。

[27]愦(kuì)于忧:困于忧患,被忧患弄得心烦意乱。愦:心乱。

[28]懧(nuò)愚:懦弱无能。懧:同“懦”。

[29]沉:沉溺。

[30]开罪:得罪。

[31]不羞:不(因受到简慢)而感到屈辱。

[32]乃:却,竟。

[33]约车治装:备好车马,收拾行装。约:束。治:整治,收拾。

[34]券(quàn)契:指债券。券:古代的券分两半,各执其一作为凭证。契:合同。

[35]毕收:完全收齐。

[36]何市而反:买些什么东西回来。市:买。反:返回。后来写作“返”。

[37]寡有:缺乏,缺少。

[38]驱而之薛:驱车到薛地。之:往。

[39]当偿者:应当还债的人。悉来合券:都来对借据。悉:尽,都。

[40]徧合:普遍地合过了。

[41]起,矫命以责赐诸民:站起来,假托孟尝君的命令把债款送给欠债的老百姓。意指勾销债务,不必再偿还。起:站起来。矫命:假托命令。

[42]因:于是。

[43]长驱:直驱,中途不停下。

[44]疾:急,迅速。

[45]衣冠而见之:穿戴整齐接见他。衣冠:名词用作动词,指穿衣、戴帽。

[46]臣窃计:我私下考虑。窃:私自,谦词。计:考虑。

[47]实:充满、充实。厩(jiù):马棚。

[48]美人充下陈:美女充满了后室。

[49]以义耳:只不过是义罢了。以:这里是特殊用法,有仅、只的意思。也有不少学者认为是“衍文”。

[50]窃以为君市义:我私下用债款替你买了义。

[51]奈何:怎么样。

[52]区区:小小的。

[53]拊爱：抚爱。子其民：把老百姓当亲生子女一样看待。子：名词的意动用法，以其民为子。

[54]贾（gǔ）利之：用商贾的手段在百姓身上谋取利益。

[55]乃臣所以为君市义也：这就是我用来替你买"义"的方式啊。所以：用来……的方式。

[56]说：喜悦，高兴。后来写作"悦"。

[57]休矣：得了吧，算了吧。

[58]期年：一周年。

[59]齐王：指齐闵王。

[60]寡人不敢以先王之臣为臣：我不敢把先王时的臣作为我的臣。先王：指齐宣王。这句话是免去孟尝君之职的一种委婉之辞。

[61]就国：到封地去。国：指孟尝君的封地。

[62]未至百里：（离薛）还有百里多路。

[63]顾：转身，回头。

[64]仅：才。耳：语气词，罢了。

[65]高枕而卧：把枕头垫得高高地躺着，意即"高枕无忧"。高：形容词的使动用法，"使枕高"。

[66]予：给。乘（shèng）：量词，一车四马叫乘。

[67]西游于梁：往西到魏国去游说。梁：魏国都城，在今河南开封。

[68]惠王：指梁惠王。

[69]齐放其大臣孟尝君于诸侯：齐国放逐他的大臣孟尝君给诸侯。放：放逐。

[70]虚上位：把上位（相位）空出来。虚：这里用作动词，使……虚。

[71]故相：原来的国相。

[72]先驱：先赶车回去。

[73]重币：厚重的礼品。币：古代聘请人时送的礼物。

[74]显使：显贵的使者。

[75]其：这里表示推测，有"大概"的意思。

[76]三反：往返三次。反：同"返"。

[77]固辞：坚决推辞。

[78]赍（jī）：拿东西送人。

[79]文车：绘有彩绘的车。驷：一车四马叫一驷。

[80]服剑一：佩剑一把。

[81]封书谢孟尝君：封好了书信向孟尝君道歉。

[82]不祥：不吉利。

[83]被于宗庙之祟：指遭到了祖宗降下的灾祸。被：遭受。宗庙：供奉、祭祀祖先的庙堂。祟：鬼神降给人的灾祸。

[84]沉于谄谀之臣：被谗谄阿谀之臣迷惑。沉：沉迷。

[85]不足为：不值得您来帮助。足：值得。为：动词，指帮助。

[86]顾：顾念。

[87]姑反国统万人乎：姑且回国都统领万民吧。姑：姑且。万人：指全国百姓。

[88]先王之祭器：先王传下来的祭器。

[89]立宗庙于薛：在薛地建立宗庙。这是冯谖替孟尝君设的安身之计，孟尝君与齐王同族，立宗庙于薛，可使齐王重视薛地。

[90]就：完成。

[91]纤介：细小。介：通“芥”，小草。

作品赏析

战国时期，群雄并起，为争夺霸主地位，各国贵族招揽人才，养士之风蔚然兴起。齐国孟尝君、赵国平原君、魏国信陵君、楚国春申君，都各养士数千，号为“四公子”。本文通过叙写冯谖自请为孟尝君门下之客，并为其经营三窟以巩固政治地位的故事，赞扬了冯谖的机智灵活、深谋远虑，展示了当时权贵养士、用士的历史风貌及策士的才干和作用。

文章情节曲折，故事生动，结构完整，层次清晰，形象鲜明。通过欲扬先抑、对比衬托的手法，巧妙地安排故事情节、刻画人物性格特征，使情节波澜起伏、曲折生动、跌宕多姿，极富艺术感染力。

文章开篇，“寄食门下”“无好”“无能”的冯谖三弹剑铗，从多方面提出要求，孟尝君均一一满足，而“左右”则初“笑”后“恶”，以为其“贪而不知足”。欲扬先抑，通过人物语言行动刻画了人物性格，并以对比衬托手法写出不同人对冯谖的态度，极富戏剧性，同时为下文铺写埋下伏笔。

为报孟尝君的知遇之恩，冯谖焚券市义、谋相位、立宗庙，为孟尝君筑就“三窟”。焚券市义之举，孟尝君初为“怪之”，继而“不说”，终而“见之(民扶老携幼，迎君道中)”，又一次在对比(与孟尝君、众门客)中刻画出冯谖之深谋远虑、有胆有识、机智果敢。而此后的谋相位、立宗庙又对其性格特征进一步加以突出。

词海拾贝

习(xí)

构造：会意字。《说文解字》解释为：“数飞也。从羽从白。”其上部字形为“羽”，表示鸟的翅膀，说明字义与鸟有关。

释义：本义指鸟反复地飞以练习飞翔。引申为熟悉、习惯等。

责(zé)

构造：形声字。从贝，朿声。

释义：本义指索取财物。引申为责任、责备等。古代没有“债”字，假借为“债”。

祟(suì)

构造：会意字。从示，从出。从示的字多与鬼神有关。

释义：本义为鬼神给人带来的灾祸。引申为不正当的行动。

知识巩固与能力训练

一、解释加点词语

1.孟尝君曰:“食之,比门下之客。”

2.于是乘其车,揭其剑,过其友,曰:“孟尝君客我!”

3.孟尝君怪之。

4.以何市而反?

5.驱而之薛。

6.先生所为文市义者,乃今日见之。

二、翻译句子

1.贫乏不能自存,使人属孟尝君。

2.左右以君贱之也,食以草具。

3.左右曰:“乃歌夫‘长铗归来’者也。”

4.窃以为君市义。

三、阅读课文,回答问题

1.本文是怎样刻画冯谖这一人物形象的?

2.本文主要运用了什么方法刻画人物形象?

学文心语

“预则立,不预则废”,“居安思危,思则有备,有备无患”。年轻人亦应未雨绸缪,高瞻远瞩!

导语

"冯唐易老，李广难封"，"遇"与"不遇"是自古文人谈论不休的一个话题。豫让之遇智伯，浮桥如厕，吞炭漆身，慷慨赴死；孔明之遇刘备，七擒孟获，六出祁山，死而后已。而令匈奴闻风丧胆的汉之"飞将军"李广，尽管战功赫赫、爱兵如子、忠实诚信，却最终"不遇"，横刀自刎。一生事迹，令人唏嘘！同时，"桃李不言，下自成蹊"，李广为将之身先士卒也堪称后世之范。而今之世，为官为政皆应修身立德、以身作则。

李将军列传[1]

司马迁

李将军列传

李将军广者，陇西成纪人也[2]。其先曰李信[3]，秦时为将，逐得燕太子丹者也[4]。故槐里[5]，徙成纪[6]。广家世世受射[7]。孝文帝十四年[8]，匈奴大入萧关[9]，而广以良家子从军击胡[10]，用善骑射杀首虏多[11]，为汉中郎。广从弟李蔡亦为郎[12]，皆为武骑常侍[13]，秩八百石[14]。尝从行[15]，有所冲陷折关[16]，及格猛兽，而文帝曰："惜乎，子不遇时！如令子当高帝时[17]，万户侯岂足道哉！"及孝景初立[18]，广为陇西都尉[19]，徙为骑郎将[20]。吴楚军时[21]，广为骁骑都尉[22]，从太尉亚夫击吴、楚军[23]，取旗[24]，显功名昌邑下[25]。以梁王授广将军印[26]，还，赏不行。徙为上谷太守[27]。匈奴日以合战[28]，典属国公孙昆邪为上泣曰[29]："李广才气，天下无双，自负其能[30]，数与虏敌战[31]，恐亡之[32]。"于是，乃徙为上郡太守[33]。后广转为边郡太守，徙上郡[34]。尝为陇西、北地、雁门、代郡、云中太守[35]，皆以力战为名。

匈奴大入上郡，天子使中贵人从广勒习兵击匈奴[36]。中贵人将骑数十纵[37]，见匈奴三人，与战。三人还射[38]，伤中贵人，杀其骑且尽。中贵人走广[39]。广曰："是必射雕者也[40]。"广乃遂从百骑往驰三人。三人亡马步行[41]，行数十里。广令其骑张左右翼，而广身自射彼三人者[42]，杀其二人，生得一人，果匈奴射雕者也。已缚之，上马，望匈奴有数千骑，见广，以为诱骑[43]，皆惊，上山陈[44]。广之百骑皆大恐，欲驰还走。广曰："吾去大军数十里，今如此以百骑走，匈奴追射我立尽。今我留，匈奴必以我为大军诱之[45]，必不敢击我。"广令诸骑曰："前！"前，未到匈奴陈二里所[46]，止。令曰："皆下马解鞍！"其骑曰："虏多且近，即有急[47]，奈何？"广曰："彼虏以我为走，今皆解鞍以示不走，用坚其意[48]。"于是胡骑遂不敢击。有白马将出护其兵[49]，李广上马与十余骑奔射杀胡白马将，而复还至其骑中，解鞍，令士皆纵马卧[50]。是时会暮[51]，胡兵终怪之，不敢击。夜半时，胡兵亦以为汉有伏军于旁，欲夜取之，胡皆引兵而去。平旦[52]，李广乃归其大军。大军不知广所之，故弗从。

居久之，孝景崩，武帝立[53]。左右以为广名将也，于是广以上郡太守为未央卫尉[54]，而程不识亦为长乐卫尉[55]。程不识故与李广俱以边太守将军屯[56]。及出击胡，而广行无部伍行阵[57]，就善水草屯[58]，舍止[59]，人人自便，不击刁斗以自卫[60]，莫府省约文书籍事[61]，然亦远斥候[62]，未尝遇害。程不识正部曲行伍营阵[63]，击刁斗，士吏治军簿至明[64]，军不得休息，然亦未尝遇害。不识曰："李广军极简易，然虏卒犯之[65]，无以禁也，而其士卒亦佚乐[66]，咸乐为之死。我军虽烦扰，然虏亦不得犯我。"是时汉边郡李广、程不识皆为名将，然匈奴畏李广之略[67]，士卒亦多乐从李广而苦程不识。程不识孝景时以数直谏为太中大夫[68]。为人廉，谨于文法[69]。

后，汉以马邑城诱单于[70]，使大军伏马邑旁谷，而广为骁骑将军，领属护军将军[71]。是时单于觉之，去，汉军皆无功。其后四岁，广以卫尉为将军，出雁门击匈奴。匈奴兵多，破败广军，生得广。单于素闻广贤，令曰："得李广必生致之[72]！"胡骑得广，广时伤病，置广两马间，络而盛卧广[73]。行十余里，广佯死[74]，睨其旁有一胡儿骑善马[75]，广暂腾而上胡儿马[76]，因推堕儿[77]，取其弓，鞭马南驰数十里，复得其余军，因引而入塞[78]。匈奴捕者，骑数百追之，广行取胡儿弓[79]，射杀追骑，以故得脱。于是至汉。汉下广吏[80]，吏当广所失亡多[81]，为虏所生得，当斩。赎为庶人[82]。

顷之[83]，家居数岁。广家与故颍阴侯孙屏野居蓝田南山中射猎[84]。尝夜从一骑出，从人田间饮。还至霸陵亭[85]，霸陵尉醉，呵止广[86]。广骑曰："故李将军。"尉曰："今将军尚不得夜行，何乃故也[87]！"止广宿亭下。居无何[88]，匈奴入，杀辽西太守[89]，败韩将军[90]，韩将军后徙右北平[91]。于是天子乃召拜广为右北平太守。广即请霸陵尉与俱，至军而斩之。广居右北平，匈奴闻之，号曰"汉之飞将军"，避之数岁，不敢入右北平。

广出猎，见草中石，以为虎而射之，中石没镞[92]，视之石也。因复更射之，终不能复入石矣。广所居郡闻有虎[93]，尝自射之。及居右北平，射虎，虎腾伤广，广亦竟射杀之[94]。

广廉，得赏赐辄分其麾下[95]，饮食与士共之。终广之身，为二千石四十余年，家无余财，终不言家产事。广为人长，猿臂[96]，其善射亦天性也。虽其子孙他人学者[97]，莫能及广。广讷口少言[98]，与人居则画地为军陈，射阔狭以饮[99]。专以射为戏，竟死[100]。广之将兵，乏绝之处[101]，见水，士卒不尽饮，广不近水；士卒不尽食，广不尝食。宽缓不苛[102]，士以此爱乐为用[103]。其射，见敌急[104]，非在数十步之内，度不中不发[105]，发即应弦而倒。用此[106]，其将兵数困辱，其射猛兽亦为所伤云。

居顷之，石建卒[107]，于是上召广代建为郎中令。元朔六年，广复为后将军，从大将军军出定襄，击匈奴[108]。诸将多中首虏率[109]，以功为侯者，而广军无功。

后二岁，广以郎中令将四千骑出右北平，博望侯张骞将万骑与广俱[110]，异道[111]，行可数百里[112]，匈奴左贤王将四万骑围广[113]。广军士皆恐，广乃使其子敢往驰之[114]。敢独与数十骑驰，直贯胡骑[115]，出其左右而还。告广曰："胡虏易与耳[116]。"军士乃安。广为圜陈外向[117]，胡急击之，矢下如雨。汉兵死者过半，汉矢且尽。广乃令士持满毋发[118]，而广身自以大黄射其裨将[119]，杀数人，胡虏益解[120]。会日暮，吏士皆无人色，而广意气自如[121]，益治军[122]。军中自是服其勇也。明日，复力战，而博望侯军亦至，匈奴军乃解去。汉军罢[123],弗能追。

是时广军几没,罢归[124]。汉法,博望侯留迟后期[125],当死,赎为庶人。广军功自如[126],无赏。

初,广之从弟李蔡与广俱事孝文帝。景帝时,蔡积功劳至二千石。孝武帝时,至代相[127]。以元朔五年为轻车将军从大将军击右贤王,有功,中率,封为乐安侯[128]。元狩二年中,代公孙弘为丞相[129]。蔡为人在下中[130],名声出广下甚远,然广不得爵邑[131],官不过九卿[132],而蔡为列侯,位至三公[133]。诸广之军吏及士卒或取封侯[134]。广尝与望气王朔燕语[135],曰:"自汉击匈奴,而广未尝不在其中,而诸部校尉以下[136],才能不及中人[137],然以击胡军功取侯者数十人;而广不为后人[138],然无尺寸之功以得封邑者,何也?岂吾相不当侯邪[139]? 且固命也[140]?"朔曰:"将军自念,岂尝有所恨乎[141]?"广曰:"吾尝为陇西守,羌尝反[142],吾诱而降,降者八百余人,吾诈而同日杀之。至今大恨独此耳。"朔曰:"祸莫大于杀已降,此乃将军所以不得侯者也。"

后二岁[143],大将军、骠骑将军大出击匈奴[144],广数自请行[145],天子以为老,弗许;良久,乃许之,以为前将军[146]。是岁,元狩四年也。

广既从大将军青击匈奴,既出塞,青捕虏知单于所居,乃自以精兵走之[147],而令广并于右将军军[148],出东道。东道少回远[149],而大军行水草少[150],其势不屯行[151]。广自请曰:"臣部为前将军,今大将军乃徙令臣出东道;且臣结发而与匈奴战[152],今乃一得当单于[153],臣愿居前,先死单于[154]。"大将军青亦阴受上诫[155],以为李广老,数奇[156],毋令当单于,恐不得所欲[157]。而是时公孙敖新失侯[158],为中将军,从大将军,大将军亦欲使敖与俱当单于,故徙前将军广[159]。广时知之,固自辞于大将军[160]。大将军不听,令长史封书与广之莫府[161],曰:"急诣部[162],如书[163]!"广不谢大将军而起行[164],意甚愠怒而就部[165],引兵与右将军食其合军出东道。军亡导[166],或失道,后大将军[167]。大将军与单于接战,单于遁走,弗能得而还。南绝幕[168],遇前将军、右将军。广已见大将军,还入军。大将军使长史持糒醪遗广[168],因问广、食其失道状——青欲上书报天子军曲折[170]。广未对,大将军使长史急责广之幕府对簿[171]。广曰:"诸校尉无罪,乃我自失道。吾今自上簿。"至莫府[172],广谓其麾下曰:"广结发与匈奴大小七十余战,今幸从大将军出接单于兵,而大将军又徙广部,行回远,而又迷失道,岂非天哉! 且广年六十余矣,终不能复对刀笔之吏[173]。"遂引刀自刭[174]。广军士大夫一军皆哭。百姓闻之,知与不知,无老壮皆为垂涕[175]。而右将军独下吏,当死,赎为庶人。

…………

太史公曰:《传》曰:"其身正,不令而行;其身不正,虽令不从[176]。"其李将军之谓也?余睹李将军,悛悛如鄙人[177],口不能道辞[178]。及死之日,天下知与不知,皆为尽哀。彼其忠实心诚信于士大夫也[179]。谚曰:"桃李不言,下自成蹊[180]。"此言虽小,可以谕大也[181]。

(选自《中国历代文学作品选》,朱东润主编,上海古籍出版社,1980年版)

【注释】

[1]司马迁(约前145—?),字子长,西汉阳夏(今陕西韩城)人。我国古代伟大的史学家和文学家。《史记》,原名《太史公书》,是我国第一部纪传体通史。它的记事上起轩辕皇帝,下至汉武帝太初年间,记载了上下三千多年的历史。全书有本纪12篇、世家30篇、列传70篇、表10篇、书8篇,共130篇,52万余字。其中"本纪"是按帝王的世代顺序记叙政治军事等天下大事和帝王本人的事迹;"世家"是记载春秋战国各诸侯国和汉代帝王所封王侯的事迹;"列传"是记载一些有才干、有作为、对社会产生了重要影响的人物的事迹。五种体例有机配合,构成这部"通古今之变,成一家之言"的历史著作。《史记》是一部历史著作,同时也是一部伟大的传记文学作品。鲁迅先生称其为"史家之绝唱,无韵之离骚"。

[2]陇西:秦郡名。在今甘肃东南部一带。成纪:县名,在今甘肃秦安县北。

[3]其先:他的祖先。李信:秦名将。

[4]逐得:追获。

[5]故槐里:原来是槐里人。槐里:古地名,在今陕西兴平县南。李广原籍槐里。

[6]徙:迁移,搬家。

[7]受:通"授",传授。

[8]孝文帝十四年:公元前166年。孝文帝:高祖之子刘恒。

[9]匈奴:古代北方的一个游牧民族。大入:大举入侵。萧关:在今甘肃环县西北。

[10]良家子:清白人家的子弟。汉朝制度,医、巫、商贾、百工不能列入良家。

[11]用:因为,由于。杀首虏多:斩杀敌人首级、俘虏敌人很多。

[12]从弟:比自己年幼的叔伯之子。

[13]武骑常侍:皇帝侍从武官。

[14]秩:官吏的俸禄。引申指官吏的职位或品级。

[15]尝从行:曾经跟随皇帝出行。

[16]冲陷:冲锋陷阵。折关:抵抗防御。

[17]高帝:汉高祖刘邦。

[18]孝景:指汉景帝刘启(前188—前141),文帝子。

[19]陇西都尉:指陇西郡尉,掌管一郡的武事。

[20]徙:调任。骑郎将:管理、统率骑郎(骑马护从皇帝车驾的郎官)的将领。

[21]吴楚军时:指汉景帝三年(前154)吴王刘濞、楚王刘戊等发动的吴、楚七国的叛乱。

[22]骁骑都尉:统帅骁骑的都尉。

[23]太尉:掌管全国军政大事的长官,与丞相、御史大夫并称三公。亚夫:周亚夫(?—前143),西汉名将,周勃之子。景帝时为太尉,是平吴、楚七国之乱的军事统帅。

[24]取旗:夺得敌人的军旗。

[25]显:显扬。昌邑:秦县名,在今山东省金乡县西北。

[26]以:因为,由于。梁王:梁孝王刘武,为汉景帝同母弟。

[27]上谷:郡名,在今河北西北部及中部一带。

[28]日以合战:每天来与李广交战。以:与,同。

[29]典属国:官名,掌管民族交往的事务。公孙昆邪(húnyē):复姓公孙,名昆邪。上:指汉景帝。

[30]负:倚恃。

[31]数(shuò):屡次,不止一次。

[32]亡之:失掉他。

[33]上郡:在今陕西北部及内蒙古自治区部分地区。

[34]此处"徙上郡"句与上文"徙为上郡太守"句重复,疑有误。

[35]北地:郡名。在今甘肃省东北部和宁夏回族自治区部分地区。雁门:郡名。在今山西省西北部。代郡:郡名。在今山西、河北两省的北部。云中:郡名。在今山西省西北部和内蒙古自治区部分地区。

[36]天子:指汉景帝。中贵人:宫中贵人,指帝王所宠信的太监。勒习兵:受部勒(约束)、习军事。

[37]将:带领。纵:放马驰骋。

[38]还射:回身射箭。

[39]走:逃到。

[40]雕:一种猛禽,飞翔迅速,非善射者不能得。

[41]亡:失去。

[42]身自:亲自。

[43]诱骑:引诱敌人的骑兵。

[44]陈:通"阵",列阵。

[45]匈奴必以我为大军诱之:匈奴一定以为我们是大军的诱骑来引诱他们中伏的。

[46]所:大约,也许。

[47]即:假如。

[48]坚其意:坚定他们的判断。

[49]白马将:骑白马的将官。护:监护。

[50]纵马卧:把马匹放开,各自就地躺下。

[51]会暮:恰当傍晚。

[52]平旦:天刚亮时。

[53]武帝:刘彻,(前156—前87),景帝子。

[54]未央卫尉:掌管未央宫护卫的武官。未央:汉宫名,皇帝所居。

[55]长乐卫尉:掌管长乐宫护卫的武官。长乐:汉宫名,太后所居。

[56]故:从前。将:率领。屯:驻防。

[57]部伍行(háng)阵:部队的编制和行列阵势。

[58]就:靠近。善水草:水草好的地方。

[59]舍止:留宿。

[60]刁斗:古代军中用具,铜质,有柄。行军中白天用来烧饭,晚上用来巡更。

[61]莫府:将帅驻扎的大帐幕,引申为将帅的办事处。莫:通"幕"。省约文书籍事:简略文书簿籍等事项。

[62]远斥候:远远地布置哨兵。斥候:侦察,候望。指哨兵。

[63]正:整齐。部曲:古时军队编制有部,部下分曲。

[64]至明:直到天亮。

[65]虏:敌人。卒:同"猝",突然。犯:侵犯。

[66]佚乐:安逸安乐。佚:通“逸”。

[67]略:策略、计谋。

[68]太中大夫:掌议论之官。

[69]谨于文法:严格执行文书法令。

[70]马邑:古县名,在今山西朔州。武帝元光二年(前133),汉朝派遣马邑人聂壹以马邑为诱饵,诱使单于带十万骑兵进攻马邑。

[71]领属:隶属于。护军将军:指韩安国,本次战役的主将。

[72]生致之:活捉他。

[73]“置广”两句:把用绳结成的网兜,放在两马之间,让李广躺卧在网兜里。络:用绳结成的网。盛:放。

[74]佯:假装。

[75]睨:斜视。

[76]暂腾:突然跳起。

[77]因:顺势。

[78]塞(sài):边关。

[79]行取:一边走,一边拿起。

[80]下广吏:把李广交给执法官审理。

[81]当:判决。失亡:损失伤亡。

[82]赎为庶人:纳金赎罪,免去死刑,降为平民百姓。

[83]顷之:不久。

[84]故颍阴侯孙:指灌强。强为已故颍阴侯灌婴之孙。屏野:退隐田野。蓝田:县名,今陕西蓝田。

[85]霸陵:汉县名,在今陕西西安长安区东。亭:驿亭。

[86]呵止:喝斥阻止。

[87]何乃:何况是。

[88]居无何:过了不久。

[89]辽西:郡名。在今河北省东南部、辽宁省西南部一带。

[90]韩将军:指韩安国。当时驻守渔阳(今北京密云区西南)。

[91]右北平:郡名。今河北省蓟县以东及辽宁省部分地区。

[92]中石没镞(zú):射中石头,整个箭头都陷入石内。镞:箭头。

[93]所居郡:指所任职过、居住过的各郡。

[94]竟:终于。

[95]辄:就。麾(huī)下:部下。

[96]猿臂:指两臂像猿那样长而灵活。

[97]学者:向他学习的人。

[98]讷(nè)口:口才笨拙。

[99]射阔狭以饮:比较射程的远近来赌酒。

[100]竟死:一直到死。

[101]乏绝之处:指粮食、水草缺乏断绝的时候。

[102]宽缓:宽容。苛:苛刻。

[103]士兵以此爱乐为用:士兵因此爱戴他并乐于听他的指挥。

[104]急:迫近。

[105]度(duó):估计。

[106]用此:因此。

[107]石建:石奋之子,以谨慎小心著称,武帝时为郎中令。

[108]“元朔六年……击匈奴”:元朔六年,公元前123年。后将军,其位次于上卿,时有前、后、左、右四将军。大将军:军职中最高的称号,地位与丞相、太尉相近。此处指卫青。定襄,郡名,包括今山西省西北部及内蒙古西南部一带。

[109]中首虏率:斩敌人首级和俘虏的数量符合标准。中:合乎要求。首虏:杀敌之首级。率:标准。

[110]张骞:汉中人,武帝初为郎,后因出使西域有功,封为博望侯。

[111]异道:不同路,分路进兵。

[112]可:大约。

[113]左贤王:匈奴单于手下的统帅,有左、右贤王。

[114]往驰之:驰往左贤王的队伍。

[115]贯:从中间穿过。

[116]易与:容易对付。

[117]圜陈:把部队排成圆形的阵势。圜:通“圆”。外向:面向外。

[118]持满毋发:把弓拉满,箭不射出去。

[119]大黄:弩名,因体大色黄而得名。裨将:副将。

[120]益解(xiè):逐渐松懈。解:通“懈”。

[121]意气自如:神色不变,与平常一样。

[122]益治军:更加注意整治队伍。

[123]罢:通“疲”。

[124]罢归:收兵回朝。

[125]留迟后期:因滞留延误而未在规定日期内到达。

[126]军功自如:指广虽兵败,但杀敌亦多,功与过相当。如:当。

[127]代相:代国的相。代:今河北西北及山西北部。相:王国的最高职位。

[128]乐安:县名。在今山东省博兴县北。

[129]公孙弘:字季,元朔中为丞相。元狩二年卒,李蔡代其为宰相。

[130]下中:下等中的中等,指才干。

[131]爵邑:爵位和封邑。

[132]九卿:汉以太常、光禄勋、卫尉、太仆、廷尉、鸿胪、宗正、大司农、少府为九卿。位在三公之下。

[133]三公:秦汉时,丞相、太尉、御史大夫称为三公,是当时中央最高长官。

[134]诸:众多。或:有的。

[135]望气:古代的迷信行为,以观测天象附会人事,预言吉凶。此处指望气者。燕语:私语,私人闲谈。

[136]校尉以下:指李广所率领部队中的军吏及士卒。

[137]中人:一般才能的人。

[138]不为后人:不算落人后的。

[139]相:面相,骨相。不当侯:不应该封侯。

[140]且固命也:还是命中注定的呢? 且:或者,还是。

[141]岂尝有所恨乎:难道曾经做过自己感到遗憾的事吗?

[142]羌:当时居住在陇西一带的少数民族。

[143]后二岁:元狩四年,即公元前119年。

[144]骠骑将军:官位仅次于大将军,此处指霍去病。

[145]数自请行:多次主动请求随军出征。

[146]前将军:率领先锋部队的将领。

[147]自以精兵走之:亲自率领精锐部队去追单于。走:追逐。

[148]右将军:指赵食(yì)其(jī)。

[149]少:稍微。回远:迂回,绕远。

[150]大军:李广与赵食起步合并后的军队。

[151]其势不屯行:这种形势不利于并队行进。

[152]结发:束发。指成年时。古代男子二十岁时结发于顶。

[153]一得当单于:得到一个遇到单于的机会。当:遇上。

[154]先死单于:首先和单于决一死战。

[155]阴受上诫:暗中得到武帝的告诫。

[156]数奇(jī):命运不好。数:命运的定数。奇:偶数之对立面,古以偶为吉,奇为凶。

[157]不得所欲:不能实现俘获单于的愿望。

[158]公孙敖:义渠人。与卫青友好,曾三次随卫青出击匈奴有功,封合骑侯。元狩二年,将兵击匈奴,因未在与骠骑将军霍去病约定的时间内到达,当斩,赎为庶人,所以说他“新失侯”。

[159]故徙前将军广:李广为前将军,应在前当单于,卫青故意徙之,出东道,欲使公孙敖当单于有功以得侯。

[160]固:坚决。自辞:要求辞去合并于右将军的任命。

[161]令长史封书与广之莫府:命令长史封文书,发给李广的幕府。书:公文、命令。莫,通“幕”。

[162]诣:往。部:指右将军军部。

[163]如书:按照文书执行。

[164]谢:辞谢,辞行。

[165]就部:回到自己的军部。

[166]军亡(wú)导:军队没有向导。亡:通“无”。导:向导。

[167]后大将军:落在大将军的后面。指在与大将军约定的日期后到达。

[168]南绝幕:向南横渡大沙漠。绝:横渡。幕:通“漠”。

[169]糒(bèi):干粮。醪(láo):浊酒。遗(wèi):赠送。

[170]军曲折:军情的曲折经过。

[171]对簿:对质。

[172]莫府:这里指卫青的幕府。莫,通“幕”。

[173]刀笔之吏:掌管文书、法令的官吏。古时文书写在简上,用笔书写,用刀削去误字。刀笔是掌管文书法令的官吏所必需,便以刀笔指代。

[174]引刀:抽刀。自颈:同"自刭",自刎。

[175]无:无论。垂涕:流泪。

[176]"其身正"四句:见《论语·子路篇》。

[177]悛悛(xúnxún):通"恂恂",诚恳拘谨的样子。鄙人:乡野之人。

[178]不能道辞:不善言谈。

[179]"彼其"句:他那忠诚老实的思想品德确实得到了士大夫们的信任。

[180]桃李不言,下自成蹊:桃李虽然不能说话,但由于花实并茂,引起人们的爱慕,以致树下被人们踩出一条条小路。蹊:小路。

[181]谕:通"喻",比喻。

作品赏析

"但使龙城飞将在,不教胡马度阴山。"这篇传记作品以李广一生抗击匈奴为线索,描绘了他的一生。文章通过具体生动的事例刻画出他的性格特征:战场上,他骑射无双、机智勇敢、谋略过人、爱护士卒;生活中,他廉洁轻财、忠实诚信、口讷少言、负能使性。也由此展现出他的杰出才能和高尚品行。与此同时,文章也写出了李广的不幸遭遇,由于长期受到不公平待遇,导致李广最终被迫自杀。文章表达了对李广的钦佩和同情,同时也揭露和批判了统治者赏罚不公、任人唯亲以及不合理的军功制度,并寄予了作者对自己身世的慨叹。

文章材料选择与安排独具匠心。一方面,文章按照李广一生经历顺序来写,线索清晰、结构严谨;另一方面,作者为表达自己的写作意图,又特别选择了"上郡遭遇战""雁门出击战""右北平之战""从卫青击匈奴之战"四个战例并加以详细描绘刻画,多侧面刻画人物英雄本色和悲剧命运。以富于特征的细节描写突出刻画人物性格也是本文的特色。如用"射虎穿石""中石没镞"来刻画李广的善射,用"射阔狭以饮""专以射为戏"来刻画李广的个性特征,人物形象跃然纸上。

此外,文中还通过对比衬托手法来刻画人物性格。与匈奴射雕者的对比,刻画出李广善射;与部下的对比,刻画出李广骁勇善战、胆识过人;与程不识对比,体现李广的治军简易、体恤下属;与李蔡的对比,写出李广的不幸遭遇。

词海拾贝

走(zǒu)

构造:会意字。古字形上部像挥动双臂奔跑的人形,下部像人脚,表示人在跑。

释义:本义为跑。《释名》曰:"徐行曰步,疾行曰趋,疾趋曰走。"

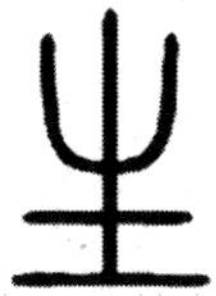

生(shēng)

构造：会意字。其甲骨文字形，上面是初生的草木，下面是地面或土壤，像草木从地面长出来。

释义：本义为草木从土中长出来。引申为滋长。

败(bài)

构造：会意字。从攴从贝。其甲骨文字形为“”左边为贝形，右边是手持棍形，用敲击贝的方式表示毁坏。

释义：本义为毁坏，引申指凋残、衰落、失败等。

知识巩固与能力训练

一、解释加点词语

1.用善骑射，杀首虏多，为汉中郎。

2.李广才气，天下无双，自负其能，数与虏敌战，恐亡之。

3.见广，以为诱骑，皆惊，上山陈。

4.虏多且近，即有急，奈何？

5.是时会暮，胡兵终怪之，不敢击。

6.大军不知广所之，故弗从。

7.广之将兵，乏绝之处，见水，士卒不尽饮，广不近水；士卒不尽食，广不尝食。

8.其射猛兽亦为所伤云。

9.为虏所生得。

10.急诣部，如书。

11.余睹李将军，悛悛如鄙人，口不能道辞。

二、翻译句子

1.士卒亦多乐从广而苦程不识。

2.汉下广吏，吏当广所失亡多，为虏所生得，当斩。赎为庶人。

3.今将军尚不得夜行，何乃故也？

4.祸莫大于杀已降，此乃将军所以不得侯也。

5.虏多且近，即有急，奈何？

6.(程不识)为人廉，谨于文法。

7.胡虏易与耳！

8.岂吾相不当侯耶？且固命也？

9.将军自念，岂尝有所恨乎？

三、阅读课文，回答问题

1.概括文中主人公李广的性格特征。

2.为什么说这篇传记在材料的选择与安排上是独具匠心的？

3.文中哪些地方运用了对比手法？对塑造人物形象起到了怎样的作用？

4.谈谈你对李广悲剧命运的看法。

学文心语

巴斯德说："机遇只偏爱那些有准备的头脑。"我们生在一个充满机遇的时代，年轻人必先"藏器于身"，方能"待时而动"。

导语

“才比宋玉，貌比潘安”、刘伶病酒、望梅止渴……这些耳熟能详的典故、词语，总是让人不由自主想起“魏晋风流”。那是一个黑暗的时代，也是一个张扬自我的时代，个性解放的时代！个性张扬的背后，是思想的活跃，文化的多元。21 世纪的今天，同样是多元文化并存，互生互长。新一代的年轻人，强调自我存在的价值，张扬自身个性与活力，并勇担重任，努力实现着人类文明的新飞跃。

《世说新语》三则

刘义庆[1]

石崇与王恺争豪[2]

石崇与王恺争豪，并穷绮丽以饰舆服[3]。武帝[4]，恺之甥也，每助恺[5]。尝以一珊瑚树高二尺许赐恺，枝柯扶疏[6]，世罕其比。恺以示崇。崇视讫[7]，以铁如意击之[8]，应手而碎。恺既惋惜，又以为疾己之宝[9]，声色甚厉。崇曰：“不足恨[10]，今还卿。”乃命左右悉取珊瑚树，有三尺四尺，条干绝世[11]，光彩溢目者六七枚[12]，如恺许比甚众[13]。恺惘然自失[14]。

石崇与王恺争豪

（选自《世说新语笺疏》，南朝宋刘义庆著，刘孝标注，余嘉锡笺疏，中华书局，1983 年版）

【注释】

[1]刘义庆(403—444)，彭城(今江苏徐州)人，南朝刘宋宗室，袭封临川王，曾任荆州刺史、江州刺史等职。性简朴，好文学，门下招聚了不少文学名士。著有《世说新语》《幽明录》等。《世说新语》是一本按内容分类的笔记小说集。共有三卷，分德行、言语、政事、文学、方正、雅量等三十六门，记载了东汉末年至东晋年间许多贵族、名人的言谈逸事，反映了魏晋士族阶层的精神面貌和生活情趣。所载人物的言行，往往是一些零星片断，但言简意赅，颇能传达人物的个性。其文质朴而意味隽永，自成一体，历来为人们所喜爱。

[2]这一则选自《世说新语·汰侈门》。汰侈：指过分奢侈、骄纵。石崇(249—300)，字季伦，西晋文学家，今存诗 8 首。历任刺史、卫尉等重要官职，以生活豪奢著名，后因反对赵王司马伦的专权，被赵王伦亲信孙秀诬杀。王恺：字君夫，西晋东海郯县(今山东郯城北)人，官至龙骧将军、骁骑将军等职。争豪：比赛富有。

[3]并穷绮丽以饰舆服：双方都尽力用最华贵的东西来装饰车辆、衣冠。穷：竭尽，极。舆服：车辆和衣冠。

[4]武帝：晋武帝司马炎。

[5]每：常常。

[6]枝柯：枝条。扶疏：繁茂的样子。

[7]视讫：看过之后。讫：完毕。

[8]如意:器物名,头呈灵芝形或云形,柄微曲,用玉、石、骨、竹、木或金属制成,供赏玩用。

[9]疾:通“嫉”,妒忌。

[10]恨:遗憾。

[11]条干绝世:枝条美丽,世间绝无仅有。

[12]光彩:明亮而华丽。溢目:耀眼,目不胜视。

[13]如恺许比甚众:像王恺那样的珊瑚树多得很。

[14]惘然自失:心情怅然,若有所失。

过江诸人[1]

过江诸人,每至美日,辄相邀新亭[2],藉卉饮宴[3]。周侯中坐而叹曰[4]:“风景不殊[5],正自有山河之异[6]!”皆相视流泪。唯王丞相愀然变色曰[7]:“当共勠力王室[8],克复神州[9],何至作楚囚相对[10]!”

(选自《世说新语笺疏》,南朝宋刘义庆著,刘孝标注,余嘉锡笺疏,中华书局,1983年版)

【注释】

[1]这一则选自《世说新语·言语门》。316年,西晋灭亡。次年,司马睿在建业(今南京)即位,为元帝,史称东晋。因黄河流域为外族侵占,中州士族多渡江南下。本篇写西晋灭亡后,南渡士族国破家亡的情感。过江诸人:指晋室南迁之时,随之南渡的北方士族官吏。

[2]新亭:三国时吴国所建,名临沧观。晋安帝隆安年间重修,改名新亭。故址在今江苏江宁县南。

[3]藉(jiè)卉:坐在草地上。藉:坐卧其上。卉:草的总称。

[4]周侯:周顗(yǐ),字伯仁,汝南安城(今河南汝南县东南)人,官至尚书仆射。后为王敦所害。中坐:坐中。

[5]不殊:没有区别。

[6]山河之异:山河不同于中原。

[7]王丞相:王导,字茂弘,临沂(今属山东)人。东晋元帝时为丞相,辅佐晋室。愀(qiǎo)然:严肃、不快的样子。

[8]勠力:合力。

[9]神州:此指沦于异族之手的中原地区。

[10]楚囚:《左传·成公九年》载,楚人钟仪被晋俘虏,晋人称他为楚囚。后借指处境窘困之人或泛指囚徒。

管宁割席[1]

管宁、华歆共园中锄菜[2],见地有片金,管挥锄与瓦石不异,华捉而掷去之[3]。又尝同席读书[4],有乘轩冕过门者[5],宁读如故,歆废书出观[6]。宁割席分坐,曰:“子非吾友也。”

(选自《世说新语笺疏》,刘义庆著,刘孝标注,余嘉锡笺疏,中华书局,1983年版)

【注释】

[1]这一则选自《世说新语·德行门》。管宁:字幼安。少与华歆、邴原友善。汉末,避乱辽东,聚徒讲学。历魏武、文帝、明帝三代,不仕而终。

[2]华歆:字子鱼,高唐(今属山东)人。东汉末举孝廉,任尚书令,曹魏时官至太尉。

[3]捉:拾拣。

[4]席:坐席。古人席地而坐。

[5]轩冕:古时候卿大夫的车乘和冕服。

[6]废:放下。

作品赏析

《世说新语》作为一部志人小说,记载了魏晋时期不少知识分子的逸闻轶事。作品善于通过细节刻画人物形象,往往通过寥寥数笔,人物形象便跃然纸上。

第一重在以事件写人物。作品通过石崇与王恺斗富事件,写出当时豪门士族的奢靡之风。石崇击碎珊瑚树这一细节,生动刻画石崇之骄奢淫逸及飞扬跋扈。而通过"恺以示崇""声色甚厉""惘然自失"几句简练的话语又将王恺从自得到自卑的心理变化生动呈现出来。

第二重在以言语写人物。以凝练的笔墨写出了王导的壮语,表现了他的爱国思想。此文之后,"新亭对泣"成为典故而流传。此外,作品中人物不同精神境界的刻画,是通过对比来完成的。

第三重在以行为写人物。对金钱、权势的不同态度,使得管宁、华歆在生活、学习中有截然不同的表现,作品在对比中刻画出了二人不同的性格特征,并以此揭示二者品格的优劣。

词海拾贝

穷(qióng)

构造:形声字。从穴,躳声。其甲骨文字形""及左图中的小篆字形等,都像一个人"躬"身在穴中而不得出的情状。小篆中上部为"穴",下部为"躳","躳"是"躬"的或体,"吕"指脊椎骨,表示身体弯曲显出脊椎。从隶书开始下部多写作"躬",也即繁体字形"窮",后简化为"穷"。

释义:本义为阻塞不通。与"通"或"达"相对。引申为到尽头、走投无路、贫困、不得志或不显贵等。在古代缺衣少食无财物叫"贫"不叫"穷"。

比(bǐ)

构造:会意字。像两个人并肩站立。

释义:本义为并列,并排,引申为亲近、挨近、勾结、比较等义。

色(sè)

构造:会意字。其甲骨文字像一人背负另一人,抬头看其脸色。

释义:本义为脸色,引申为颜色、情景、种类、品质等。

知识巩固与能力训练

一、三则故事是怎样通过对比塑造人物形象的?

二、分析《石崇与王恺争豪》中王恺的心理发展过程。

三、"新亭对泣""管宁割席"成语的意义是什么?

学文心语

"唯大英雄能本色,是真名士自风流。"魏晋名士中,不乏大英雄,亦有真名士。但真正的名士,既非石崇王恺,亦非华歆之流,此辈如若生于当代,必是禄蠹之辈。真正的名士,有一腔爱国赤诚的王导,有割席断交的管宁,有"当扫除天下"的陈蕃……吾辈生于今世,虽非"名士",亦应慎独自律,志存高远,方能自成风流!

导语

“韩柳文章李杜诗”，柳宗元是我国古代著名的散文大家。他勇于革新，不畏强权，勤政爱民；他寄情山水，笔耕不辍，佳作频出。《始得西山宴游记》中，他塑造了“特立”“不与培塿为类”的西山形象，正是其自身的生动写照。他的卓尔不群、刚直不阿、敢于创新，构成了其独特的人格魅力。这样的品格精神，在今天依然有着强烈的现实意义。它提示着我们，应培养独立人格，不断创新发展。

始得西山宴游记[1]

柳宗元

始得西山宴游记

自余为僇人[2]，居是州，恒惴栗[3]。其隙也[4]，则施施而行[5]，漫漫而游[6]，日与其徒上高山[7]，入深林，穷回溪[8]，幽泉怪石，无远不到。到则披草而坐[9]，倾壶而醉，醉则更相枕以卧[10]，卧而梦。意有所极，梦亦同趣[11]。觉而起，起而归。以为凡是州之山水有异态者，皆我有也，而未始知西山之怪特。

今年九月二十八日，因坐法华西亭[12]，望西山，始指异之[13]。遂命仆人，过湘江，缘染溪[14]，斫榛莽[15]，焚茅茷[16]，穷山之高而止[17]。攀援而登，箕踞而遨[18]，则凡数州之土壤，皆在衽席之下[19]。其高下之势，岈然[20]，洼然，若垤[21]，若穴。尺寸千里，攒蹙累积，莫得遁隐[22]。萦青缭白[23]，外与天际[24]，四望如一。然后知是山之特立，不与培塿为类[25]。悠悠乎与颢气俱[26]，而莫得其涯[27]；洋洋乎与造物者游[28]，而不知其所穷[29]。引觞满酌[30]，颓然就醉，不知日之入。苍然暮色，自远而至，至无所见，而犹不欲归。心凝形释[31]，与万化冥合[32]。然后知吾向之未始游[33]，游于是乎始[34]。

故为之文以志[35]。是岁，元和四年也[36]。

（选自《中国历代文学作品选》，朱东润主编，上海古籍出版社，1980 年版）

【注释】

[1]柳宗元(773—819)，字子厚，河东(今山西永济)人。世称柳河东。因官居柳州刺史，又称柳柳州。唐代著名政治家、文学家。“唐宋八大家”之一。与韩愈齐名，并称“韩柳”，同为唐代古文运动的倡导者。他是一位众体兼长的作家，尤以散文成就最高。其政论、传记、寓言均有特色，山水游记巧夺化工、穷微入妙，均写于贬谪永州以后。政治上的失意，使他寄情山水，并通过对景物的具体描写，抒发自己的不幸遭遇，成为后世写作山水游记的楷模。有《柳河东集》传世。本文是《永州八记》的第一篇，因西山为“向之未始游”，所以以“始得”命题名篇。《永州八记》：指《始得西山宴游记》《钴鉧潭记》《钴鉧潭西小丘记》《小石潭记》《袁家渴记》《石渠记》《石涧记》《小石城山记》。西山：在今湖南省永州市西厢江外二里。

[2]僇(lù)人：获罪的人。这里指的是作者遭到贬谪。僇：通“戮”，刑辱的意思。

[3]惴栗:惊恐不安的样子。

[4]隙:闲暇的时候。

[5]施(yí)施:缓慢行走的样子。

[6]漫漫:漫无目的的样子。

[7]日:每天。其徒:泛指他的僚属、朋友。其:指柳宗元。

[8]穷:穷尽,这里指走遍。回溪:迂回曲折的溪流。

[9]披:用手拨开。

[10]更:复。相枕以卧:互相枕着睡觉。

[11]意有所极,梦亦同趣:心中想到哪里,梦也做到哪里。极:至。趣:通“趋”,往。

[12]法华西亭:法华,寺名,在永州城内东山上。元和四年,作者在寺西建亭,并曾作《永州法华寺新作西亭记》记其事。

[13]指:指点。异:认为……奇异。

[14]缘:沿着。染溪:潇水支流,在永州西南,一名为“冉溪”。

[15]斫:砍伐。榛莽:杂乱丛生的草木。

[16]茅茷(fèi):长得茂盛的茅草。茷:草叶茂盛的样子。

[17]穷山之高而止:一直爬到山顶为止。穷:尽。

[18]箕踞:古人席地而坐,两腿伸开,形似簸箕,称箕踞。踞:坐。遨:游览。这里指用眼睛观赏。

[19]衽(rèn)席之下:形容离自己很近,如在身旁。衽:衣服的大襟。

[20]岈(xiā)然:山谷空洞的样子。

[21]若垤(dié):像蚁穴边的积土。

[22]尺寸千里,攒蹙积累,莫得遁影:千里之遥如在尺寸之间,聚集收拢,层层叠叠,尽收眼底。尺寸千里:形容登高望远。攒:聚。蹙:收缩。莫:没有。遁影:躲藏不见。

[23]萦青缭白:青山与白水相互萦绕。

[24]际:接、合。

[25]“然后”二句:这样,然后才知道这座山独立出众,不与一般的小土丘是同类的。特立:独立出众。培塿(pǒulǒu):小土丘。

[26]悠悠:渺远的样子。颢气:弥漫于天地之间的大气。俱:一道。

[27]涯:边际。

[28]洋洋乎:广大的样子。造物者:指天地、自然。

[29]穷:尽头。

[30]引觞:拿起酒杯。

[31]心凝形释,与万化冥合:物我两忘,似乎与万物相融合。释:解除束缚。

[32]万化:自然界万物。冥合:暗合,浑然一体。

[33]向:以前。

[34]游于是乎始:真正的游览从这一次开始。

[35]志:记。

[36]元和:唐宪宗李纯年号(806—820)。

作品赏析

本文是我国古代山水游记中的名篇。文章叙写了作者发现并游览西山的经过和感悟，既描摹山水，又言志抒情，在山水之美中寄托了作者政治失意的忧郁和苦闷，同时也表现出他特立不群的品格和在大自然中得到解脱的心情。文中的西山特异独立、卓尔不群，正是作者理想人格的化身。

本文题目"始得"二字贯穿全文，用"始得"把游西山经历层层推向深入。"始得"不仅为西山景物所"始得"，同时也是精神上有所"始得"。

作为山水游记的伟大宗匠，作者在本文中采用了铺垫、对比的手法。作者首先写宴游众山，在宴游的过程、心情与结果构成铺垫，同时也对山的描写构成铺垫，继而开始对西山之"特立"进行描绘，通过众山与西山的高下对比，烘托出西山的高峻及非凡气势，而寓情于景，从而突出了本文的主题。

词海拾贝

回(huí)

构造：像水回旋之形。

释义：本义指回旋、旋转，引申为环绕、包围、返回、改变、回报等。

缘(yuán)

构造：形声字。从糸，彖声。"糸"指布帛。

释义：本义指衣服的包边，引申为边、原因、沿着、命运等。

西(xī)

构造：像鸟在巢上之形。"栖"的本字。鸟入巢息止。

释义：本义指鸟在巢中休息，后假借为方向，指太阳落山的一边。

知识巩固与能力训练

一、解释加点词语

1. 自余为僇人。
2. 其隙也，则施施而行。
3. 望西山，始指异之。
4. 游于是乎始。
5. 故为之文以志。

二、翻译句子

1.以为凡是州之山水有异态者,皆我有也。

2.而未始知西山之怪特。

3.则凡数州之土壤,皆在衽席之下。

4.洋洋乎与造物者游,而不知其所穷。

三、阅读课文,回答问题

1.解释本文题目中"始得"的含义和作用。

2.文中哪些地方寄托了作者的人格之美?

3.指出文中寓情于景的语句,说明它们的寓意。

学文心语

陈寅恪先生有言:"独立之精神,自由之思想。"它启示我们,求知为人皆应独立思考、勇于探索、务实求真。

导语

“凡一代有一代之文学”,元之文学代表即为曲。元散曲中,有“啼莺燕舞,小桥流水飞红”(白朴《天净沙·春》)的明媚春景;有“天涯近,思君不见着”(任昱《金字经·书所见》)的动人相思;也有“兴,百姓苦;亡,百姓苦”(张养浩《山坡羊·潼关怀古》)的怀古伤今;更有“白甚么改了姓、更了名唤作汉高祖”直接冲击君权思想的《高祖还乡》。

般涉调·哨遍[1]

睢景臣

高祖还乡[2]

社长排门告示[3],但有的差使无推故[4]。这差使不寻俗[5]。一壁厢纳草也根[6],一边又要差夫,索应付[7]。又言是车驾,都说是銮舆,今日还乡故。王乡老执定瓦台盘[8],赵忙郎抱着酒胡芦[9]。新刷来的头巾,恰糨来的绸衫[10],畅好是妆么大户[11]。

【耍孩儿】瞎王留引定火乔男女[12],胡踢蹬吹笛擂鼓[13]。见一飑人马到庄门[14],匹头里几面旗舒[15]:一面旗白胡阑套住个迎霜兔[16],一面旗红曲连打着个毕月乌[17]。一面旗鸡学舞[18],一面旗狗生双翅[19],一面旗蛇缠葫芦[20]。

【五煞】红漆了叉,银铮了斧[21]。甜瓜苦瓜黄金镀[22]。明晃晃马镫枪尖上挑[23],白雪雪鹅毛扇上铺[24]。这几个乔人物[25],拿着些不曾见的器仗,穿着些大作怪衣服。

【四煞】辕条上都是马,套顶上不见驴。黄罗伞柄天生曲[26]。车前八个天曹判[27],车后若干递送夫。更几个多娇女[28],一般穿着,一样妆梳。

【三煞】那大汉下的车,众人施礼数。那大汉觑得人如无物。众乡老展脚舒腰拜,那大汉挪身着手扶[29]。猛可里抬头觑[30]。觑多时认得,险气破我胸脯!

【二煞】你须身姓刘[31],你妻须姓吕。把你两家儿根脚从头数[32]。你本身做亭长耽几盏酒[33],你丈人教村学读几卷书。曾在俺庄东住,也曾与我喂牛切草,拽坝扶锄[34]。

【一煞】春采了桑,冬借了俺粟。零支了米麦无重数。换田契强秤了麻三秆[35],还酒债偷量了豆儿斛。有甚胡突处[36]?明标着册历[37],见放着文书[38]。

【尾】少我的钱,差发内旋拨还[39];欠我的粟,税粮中私准除[40]。只道刘三,谁肯把你揪捽住[41],白甚么改了姓、更了名唤做汉高祖[42]!

(选自《全元散曲》,隋树森编,中华书局,1964年版)

【注释】

[1]睢景臣,字景贤,扬州人,元后期曲家,生卒年不详。一生著有杂剧《屈原投江》等三种,词一卷,

均不传世，唯散曲存三套，其中《高祖还乡》为其代表作，也是元散曲套数中的名篇。哨遍：套曲第一支曲子的曲牌名，也作“稍遍”。

[2]高祖：汉高祖刘邦。他出生微贱，登基后衣锦还乡，后来传为美谈，在元代更成为杂剧与散曲的热门题材。

[3]社：古时地方的基层单位。元代以五十家为一社，设社长管理赋税等。排门告示：挨户通知。

[4]无推故：不要借故推辞。

[5]不寻俗：不寻常，不一般。

[6]一壁厢：一边。纳草也根：供给马饲料。也：衬字，无意义。

[7]索应付：须认真对待。索：须。

[8]乡老：乡村中的头面人物。

[9]忙郎：一般农民的通谓。

[10]糨(jiàng)：旧时洗衣，用稀薄的面糊给洗净的衣服上浆叫“糨”。

[11]畅好是妆么大户：正好装有身份的阔佬。畅好是：正好是。妆么：装模作样。

[12]瞎王留引定火乔男女：爱出风头的青年率领一伙装模作样的家伙。瞎：坏，胡来。王留：元曲中常用以指好出风头的农村青年。火：同“伙”。乔：装模作样，稀奇古怪。

[13]胡踢蹬：胡乱，胡闹。

[14]一彪(biāo)人马：一大队人马。周密《癸辛杂识》别集下“一彪”条：“虏中谓一聚马为彪，或三百匹，或五百匹。”

[15]匹头里：相当于“劈头”“打头”“当头”。

[16]白胡阑套住个迎霜兔：指月旗。胡阑：“环”的合音，即圆圈。迎霜兔：玉兔，古代神话谓月中有玉兔捣药。一面旗上画的是白环里套住只白玉兔，即月旗。

[17]红曲连打着个毕月乌：指日旗。曲连：“圈”的合音，即红圈，像日的形状。毕月乌：古代传说日中有三足乌。后来的星历家又以七曜(日、月、火、水、木、金、土)及各种鸟兽配二十八宿，如“昴日鸡”“毕月乌”等。

[18]鸡学舞：这里指舞凤旗。

[19]狗生双翅：这里指飞虎旗。

[20]蛇缠葫芦：这是指蟠龙戏珠旗。这些旗帜都是乡下人没有看到过的，只是根据自己的生活经验，随意加以解释的。

[21]银铮：镀银。

[22]甜瓜苦瓜黄金镀：这是说金瓜锤，帝王的仪仗。

[23]明晃晃马镫枪尖上挑：这是说朝天镫，帝王的仪仗。

[24]白雪雪鹅毛扇上铺：这是写鹅朱宫扇。

[25]乔人物：怪人物，装模作样的人。

[26]黄罗伞柄天生曲：此指帝王仪仗中的“曲盖”。曲盖像伞，柄是曲的。

[27]天曹判：天上的判官。形容威风凛凛、表情呆板的侍从人员。

[28]多娇女：指美丽的宫娥。

[29]挪身：挪动身躯。

[30]猛可里：猛然间，忽然间。觑(qù)：偷看。上文“觑得人如无物”的“觑”，当“斜视”讲。

[31]你须身姓刘：你个人本姓刘。须：本。

[32]根脚：根基，犹今言出身。

[33]亭长：刘邦曾经做过泗水亭长。秦制，十里为亭，十亭为乡。耽：沉溺，迷恋。

[34]拽坝扶锄：泛指平整土地之类的农活。两牛并耕为一坝。坝：通“耙”。

[35]麻三秆：麻三十斤。乡间以十斤为一秆。

[36]有甚胡突处：有什么糊涂的地方，意即十分清楚。胡突：糊涂，含混不清。

[37]明标着册历：明白地记载在账簿上。标：记载。册历：账簿。

[38]见（xiàn）放着文书：现在还放着借据在那儿。文书：契约，借条。

[39]差发内旋拨还：在官差（征收的赋税）内立即偿还。差发：差拨，官家派的差役和钱粮。旋：立刻，马上。

[40]私准除：暗地里扣除。准除：抵偿，折算。

[41]刘三：刘邦排行第三，所以有此称呼。揪捽（zúo）：拉扯。

[42]白甚么：平白无故为什么。

作品赏析

本文是元曲中的讽刺名篇，通过叙写汉高祖刘邦还乡时乡民所见情景，对封建最高统治者的行径进行了大胆的揭露和无情的讽刺。

汉高祖刘邦衣锦还乡的故事，《史记·汉高祖本纪》与《汉书·高帝纪》记载很详细。他踌躇满志，召集父老聚会，大摆宴席，以示尊荣。汉以来的作家，经常以此入诗，对其进行极力颂扬。而睢景臣别开生面，反其意而用之。以辛辣的讽刺、诙谐的笔调，无情地撕下了刘邦“天生圣人”的伪装，表现出对最高统治者的蔑视和憎恶。

这组套曲叙事性很强，全套八首曲子可分四层：[哨遍]为第一层，以简洁的笔法、戏谑的笔调，描绘了众乡民迎驾忙碌的场景，开篇便定下诙谐、嘲讽的基调。[耍孩儿]、[五煞]、[四煞]为第二层，写乡民对皇帝车驾的嘲笑。本应是庄严高贵的场面在老百姓看来却怪里怪气、莫名其妙，这实际上讽刺了皇家气派和帝王尊严。[三煞]、[二煞]、[一煞]为第三层，写乡民认出刘邦，揭穿其隐藏在黄袍之后的真面目。[尾]为第四层，是全篇的高潮，写乡民向皇帝刘邦讨债，嘲笑他更名改姓的无赖行为。

本篇制作新奇、角度独特，情节富于戏剧性。虚化历史，用夸张的手法，通过一个乡民的所见所闻所感，把高祖还乡的场面，作了讽刺性的描绘，并在对比中揭示主人公的本质。

词海拾贝

舆（yú）

构造：形声字。从车舁声。

释义：本义是车厢，后引申为车，在古代又泛指地位较低的人，又引申指众人，众人的，如“舆论”“舆情”等。

器(qì)

构造:会意字。从犬。《说文解字》解释为:“象器之口,犬所以守之。”意为有很多器物,要用狗看守。

释义:本义为器具。引申为器官、才干等。

旋(xuán)

构造:形声兼会意字。从“㫃”(yǎn)从疋(shū),“㫃”也是声符。“㫃”为旌旗飞扬的样子,“疋”为脚,表示行走。合起来即为军队胜利归来后在旌旗引领下在城内游行一圈。

释义:本义指旌旗引领队伍绕行。引申为返回、绕行、立即等。

知识巩固与能力训练

一、作品中的刘邦是个怎样的人?

二、作者是怎样写汉高祖及乡民们的态度的?这样描写有什么积极意义?

三、文中哪些地方运用了夸张、对比手法,这些手法的运用有什么作用?

学文心语

“反其道而行之”,也是成功的一种方式。知规矩,但不囿于规矩。大胆想象,开拓创新,逆向而动,或能“柳暗花明又一村”!

导语

有人这样概括徐渭:“一生坎坷,二兄早亡,三次结婚,四处帮闲,五车学富,六亲皆散,七年冤狱,八试不售,九番自杀,十(实)堪嗟叹!”他自言“天下事苦无尽头,到苦处休言苦极”。他落魄,他狷狂,他猜忌,他患有精神疾病。然而,他又是旷世奇才,诗文书画样样精通。他是中国的梵高,是继苏轼之后又一位全才艺术家。

徐文长传[1]

袁宏道

余一夕坐陶太史楼[2],随意抽架上书,得《阙编》诗一帙[3],恶楮毛书[4],烟煤败黑[5],微有字形,稍就灯间读之。读未数首,不觉惊跃,急呼周望,《阙编》何人作者?今邪?古邪?周望曰:“此余乡徐文长先生书也。”两人跃起,灯影下,读复叫,叫复读。僮仆睡者皆惊起。盖不佞生三十年[6],而始知海内有文长先生。噫,是何相识之晚也!因以所闻于越人士者[7],略为次第[8],为徐文长传。

徐渭,字文长,为山阴诸生[9],声名藉甚[10]。薛公蕙校越时[11],奇其才,有国士之目[12]。然数奇[13],屡试辄蹶[14]。中丞胡公宗宪闻之[15],客诸幕[16]。文长每见,则葛衣乌巾[17],纵谈天下事,胡公大喜。是时,公督数边兵[18],威振东南,介胄之士[19],膝语蛇行[20],不敢举头,而文长以部下一诸生傲之,议者方之刘真长、杜少陵云[21]。会得白鹿[22],属文长作表[23],表上,永陵喜[24]。公以是益奇之,一切疏记[25],皆出其手。

文长自负才略,好奇计,谈兵多中,视一世士,无可当意者,然竟不偶[26]。文长既已不得志于有司[27],遂乃放浪曲蘖[28],恣情山水,走齐、鲁、燕、赵之地,穷览朔漠[29]。其所见山崩海立,沙起云行,风鸣树偃,幽谷大都,人物鱼鸟,一切可惊可愕之状,一一皆达之于诗。其胸中又有勃然不可磨灭之气,英雄失路,托足无门之悲,故其为诗,如嗔[30],如笑,如水鸣峡,如种出土,如寡妇之夜哭,羁人之寒起[31]。虽其体格时有卑者,然匠心独出,有王者气[32],非彼巾帼而事人者所敢望也[33]。文有卓识,气沉而法严,不以模拟损才,不以议论伤格,韩、曾之流亚也[34]。文长既雅不与时调合[35],当时所谓骚坛主盟者[36],文长皆叱而奴之,故其名不出于越,悲夫!喜作书,笔意奔放如其诗,苍劲中姿媚跃出,欧阳公所谓“妖韶女老自有余态”者也[37]。间以其余[38],旁溢为花鸟,皆超逸有致。卒以疑[39],杀其继室,下狱论死。张太史元汴力解[40],乃得出。晚年愤益深[41],佯狂益甚[42]。显者至门,或拒不纳;时携钱至酒肆,呼下隶与饮[43];或自持斧击破其头,血流被面,头骨皆折,揉之有声;或以利锥锥其两耳,深入寸余,竟不得死。

周望言[44]:“晚岁诗文益奇,无刻本,集藏于家。”余同年有官越者[45],托以抄录,今未至。余所见者,《徐文长集》《阙编》二种而已。然文长竟以不得志于时,抱愤而卒。

石公曰[46]:"先生数奇不已,遂为狂疾,狂疾不已,遂为囹圄[47]。古今文人,牢骚困苦未有若先生者也[48]。虽然[49],胡公间世豪杰[50],永陵英主:幕中礼数异等,是胡公知有先生矣;表上,人主悦,是人主知有先生矣。独身未贵耳[51]。先生诗文崛起,一扫近代芜秽之习[52],百世而下[53],自有定论。胡为不遇哉[54]?梅客生[55]尝寄余书曰:'文长吾老友,病奇于人,人奇于诗。'余谓文长,无之而不奇者也。无之而不奇,斯无之而不奇也,悲夫!"

(选自《中国历代文学作品选》,朱东润主编,上海古籍出版社,1980年版)

【注释】

[1]袁宏道(1568—1610),字中郎,号石公,荆州公安(今湖北省公安县)人。明代文学家。其作品清新明快、亲切自然,以抒发个人情趣为主。著有《袁中郎全集》。徐文长:徐渭,字文长,明代著名文士。

[2]一夕:指万历二十五年(1597)三月作者游绍兴时的一天晚上。陶太史:陶望龄,字周望,号石篑,会稽(今浙江绍兴)人。万历十七年(1589)会试第一,廷试第三,初授翰林院编修,官至国子监祭酒。明代史馆事多以翰林任之,故称翰林为太史。

[3]帙(zhì):书册。

[4]恶楮(chǔ)毛书:纸质低劣,装订粗糙。楮:树名,树皮可造纸。故作纸的代称。

[5]烟煤败黑:形容印刷质量很差。

[6]不佞:自称的谦词,意同"不才""小可"之类。

[7]越:古国名,地域大致相当于今浙江东部。

[8]次第:编排。

[9]山阴:今浙江绍兴。诸生:明代经过省内各级考试,录取入府、州、县学者,称生员。生员有增生、附生、廪生、例生等名目,统称诸生。

[10]声名藉甚:名声很大。藉甚:盛大,很多。

[11]薛公蕙:薛蕙,字君采,亳州(今安徽亳州)人。官至吏部考功司郎中。校越:主持越中考试。

[12]国士:旧称一国杰出的人物。

[13]数奇(jī):命运不好。

[14]辄蹶(jué):总是失败。蹶:挫。

[15]中丞胡公宗宪:浙江巡抚胡宗宪,字汝贞,绩溪(今属安徽)人。中丞:明代以副都御使或佥都御使任巡抚,所以称巡抚为中丞。

[16]客诸幕:作为幕宾。诸:兼词,相当于"之于"。

[17]葛衣乌巾:身着布衣,头戴黑巾。此为布衣装束。

[18]督数边兵:嘉靖三十二年,因倭寇猖獗,明设总督大臣,总督江南、江北、浙江、山东、福建、湖广诸军。嘉靖三十五年胡宗宪任此职。

[19]介胄之士:披甲戴盔之士,指将士们。

[20]膝语蛇行:跪着说话,爬着走路。形容极其恭敬惶恐。

[21]方:比。刘真长:刘惔,字真长,东晋人,著名清谈家,曾为简文帝幕中上宾。杜少陵:杜甫,在蜀时曾作剑南节度使严武的幕僚。

[22]会得白鹿:《徐文长自著畸谱》载,"三十八岁,孟春之三日,幕再招,时获白鹿二,……令草两表以献"。

[23]表:一种臣下呈于君主的文体,一般用来陈述衷情,颂贺谢圣。
[24]永陵:明世宗嘉靖皇帝的陵墓,此用来代指嘉靖皇帝本人。
[25]疏记:两种文体。疏:指臣下给皇帝的奏疏。记:书牍、札子。
[26]不偶:不遇。
[27]有司:主管部门的官员。
[28]曲蘖(niè):酿酒发酵剂,这里指酒。
[29]朔漠:北方沙漠地带。
[30]嗔:生气。
[31]羁人:旅客。
[32]王者气:称雄文坛的气派。
[33]帼:妇女的头巾。这里用巾帼代指妇女。
[34]韩、曾:唐朝的韩愈、宋朝的曾巩。流亚:匹配的人物。
[35]雅:平素,向来。时调:指当时盛行于文坛的拟古风气。
[36]骚坛:文坛。主盟者:指嘉靖时后七子的代表人物王世贞、李攀龙等。
[37]"欧阳公"句:欧阳修《水谷夜行寄子美圣俞》有句云:"譬如妖韶女,老自有余态。"妖韶:美艳。
[38]间:有时。余:余力。
[39]卒以疑:最终由于疑心。
[40]张太史元汴:张元汴,字子荩,别号阳和,浙江山阴人。隆庆五年(1571)进士,曾任翰林院编修等职。
[41]晚年愤益深:胡宗宪被处死后,徐渭更加愤激。
[42]佯狂:装疯。
[43]下隶:衙门差役。
[44]周望:陶望龄字。
[45]同年:同科考中的人,互称同年。
[46]石公:作者的号。
[47]囹圄(língyǔ):牢狱。
[48]牢骚:忧愁。
[49]虽然:即使如此。
[50]间世:间隔几世。古称三十年为一世。形容不常有的。
[51]独:只是。未贵:未曾做官。
[52]芜秽:杂乱、繁冗。
[53]百世而下:几百年以后。
[54]胡为不遇:怎么能说是没有遇合。遇:遇合,指施展抱负的机会。
[55]梅客生:名国桢,字客生。万历年间进士,官兵部右侍郎。

作品赏析

徐渭是明代杰出书画家、文学家。少聪慧,有壮志,然而仕途多舛,在文学上亦不得志。他一生潦倒,其磊落不平之气,发之于诗文,"愤激无聊,放言高论,不复问古人法度为何物"(《四库全书总目提要》)。本文从他的诗文不得行于世写起,对他的生平、遭遇和文艺上的成就作了简明、扼要的叙述与评论,突出描写了他生不逢时、饱经坎坷的一生,既同情又景仰,表达了作者强烈的愤世嫉俗的精神。

就文章内容而言,从“奇”字入手,写到了徐文长的“无之而不奇”,抓住了他的突出性格与行为特征。但另一方面又写到了徐文长的“雅不与时调合”,他的怀才不遇,使得他在生活中处处表现得狂傲、悲愤,甚至不惜以生命与世俗相抗衡。这才是文章要真正表现的主旨。文章通过文长一人之遭遇,表达了世间失意者的共同遭遇。

本文的最大特色在于作者在传主身上倾注了自己强烈的思想感情,字里行间都可以体会到作者与传主之间思想感情的交融与共鸣。如文章开篇写作者与陶望龄阅读《阙编》惊喜欢悦以致惊醒僮仆,表达出了一种发自内心的欢喜钦佩之情、相见恨晚之意。

词海拾贝

益(yì)

构造:会意字,上为水形,下部为“皿”,表示水从器皿中漫出来。为“溢”的古字。

释义:本义为溢出。后引申为增加、好处等义。

谷(gǔ)

构造:《说文解字》解释为:“泉出通川为谷。从水半见,出于口。”即山间的流水道。

释义:山间的流水道,也即山谷。稻谷、五谷之“谷”其繁体字形为“穀”,原本为两个不同的字。后“穀”简化成“谷”。

卒(zú)

构造:“卒”的字形一说是指缝好了线的衣服,表示完结;一说字形中交叉的线条是衣服上的记号,表示穿衣服人的身份,即差役。

释义:由完结引申为死亡、终于。又指差役。

知识巩固与能力训练

一、文中感叹徐渭“无之而不奇,斯无之而不奇也”,为何此后又用“悲夫”结束全篇呢?

二、清人评论此文“以‘奇’字立骨”,是否符合作者本意?

学文心语

张扬是一种自信,张扬是一种勇气。张扬自我,彰显的是个体的积极向上。同时,张扬自我又应顺应时代潮流,把个人与社会统一起来,在统一中实现个人价值。

导语

“情不知所起，一往而深，生者可以死，死可以生。生而不可与死，死而不可复生者，皆非情之至也。”爱情是文学永恒的主题，古今中外无数的文人墨客写下了关于爱情的动人篇章。它可以是“邂逅相遇，适我愿兮”的怦然心动；可以是“之子于归，宜其室家”的甜蜜美好；可以是“天地合，乃敢与君绝”的忠贞不渝；也可以是“拉杂摧烧之”“当风扬其灰”的果断决绝。“但是相思莫相负，牡丹亭上三生路”，纷纷扰扰世间，形形色色爱恋，唯愿有情人能“死生契阔，与子成说，执子之手，与子偕老”！

牡丹亭·惊梦[1]

汤显祖

牡丹亭

【绕池游】（旦上）梦回莺啭，乱煞年光遍[2]。人立小庭深院。（贴）炷尽沉烟[3]，抛残绣线，恁今春关情似去年？

【乌夜啼】（旦）晓来望断梅关[4]，宿妆残[5]。（贴）你侧着宜春髻子[6]，恰凭阑。（旦）剪不断，理还乱[7]，闷无端。（贴）已分付催花莺燕借春看。（旦）春香，可曾叫人扫除花径？（贴）分付了。（旦）取镜台衣服来。（贴取镜台衣服上）“云髻罢梳还对镜，罗衣欲换更添香[8]。”镜台衣服在此。

【步步娇】（旦）袅晴丝[9]，吹来闲庭院，摇漾春如线。停半晌，整花钿[10]。没揣菱花[11]，偷人半面，迤逗的彩云偏[12]。（行介）步香闺怎便把全身现！

（贴）今日穿插的好。

【醉扶归】（旦）你道翠生生出落的裙衫儿茜[13]，艳晶晶花簪八宝填[14]，可知我常一生儿爱好是天然[15]。恰三春好处无人见[16]。不提防沉鱼落雁鸟惊喧[17]，则怕的羞花闭月花愁颤。

（贴）早茶时了，请行。（行介）你看：画廊金粉半零星，池馆苍苔一片青。踏草怕泥新绣袜[18]，惜花疼煞小金铃[19]。（旦）不到园林，怎知春色如许？

【皂罗袍】原来姹紫嫣红开遍[20]，似这般都付与断井颓垣。良辰美景奈何天，赏心乐事谁家院[21]！恁般景致，我老爷和奶奶，再不提起。（合）朝飞暮卷[22]，云霞翠轩；雨丝风片，烟波画船[23]。锦屏人忒看的这韶光贱[24]！

（贴）是花都放了[25]，那牡丹还早。

【好姐姐】（旦）遍青山啼红了杜鹃[26]，荼蘼外烟丝醉软[27]。春香啊，牡丹虽好，他春归怎占的先[28]！（贴）成对儿莺燕啊。（合）闲凝眄，生生燕语明如剪[29]，呖呖莺歌溜的圆。

（旦）去罢。（贴）这园子委是观之不足也。（旦）提他怎的！（行介）

【隔尾】观之不足由他缱[30],便赏遍了十二亭台是枉然。到不如兴尽回家闲过遣。

(作到介)(贴)开我西阁门,展我东阁床[31]。瓶插映山紫[32],炉添沉水香。小姐,你歇息片时,俺瞧老夫人去也。(下)

(选自《牡丹亭》,明汤显祖著,徐朔方、杨笑梅校注,人民文学出版社,1963 年版)

【注释】

[1]汤显祖(1550—1616),字义仍,号若士,亦号海若,又号清远道人,别号玉茗堂主人。江西临川(今江西抚州)人。明代杰出的戏剧家。汤显祖个性耿介刚直、不肯趋炎附势。他受王学左派和李贽思想的影响,反对程朱理学,追求自由个性。文学上,与公安派反复古思潮相呼应,反对前后七子的复古主张,提倡抒写性灵。他所作《紫钗记》《还魂记》(即《牡丹亭》)《南柯记》《邯郸记》因均有梦境构想,被并称"临川四梦"(又称"玉茗堂四梦"),其中尤以《牡丹亭》为人叹赏。本文选自《牡丹亭》第十出《惊梦》。

[2]乱煞年光遍:指使人眼花缭乱的春光到处都是。

[3]沉烟:沉香燃烧的烟。沉香又叫沉水香,是一种名贵的香料。

[4]梅关:在大庾岭上,宋代蔡挺在这里设关。

[5]宿妆:隔夜的残妆。

[6]宜春髻子:一种发式。相传古代在立春那天,妇女剪彩色丝绸为燕子形状,上贴"宜春"两字,戴在髻上。见《荆楚岁时记》。

[7]剪不断,理还乱:南唐后主李煜《相见欢》中的两句。这里比喻杜丽娘无法摆脱由于长期禁锢而产生的苦闷。

[8]"云髻"二句:唐代薛逢《宫词》诗中的两句,见《全唐诗》卷五百四十八。

[9]袅晴丝:游丝摇曳飘荡。袅:摇曳飘荡。晴丝:游丝、飞丝。也即后文所说的烟丝,虫类所吐的丝,常在空中飘游。在春天晴朗的日子最易看见。

[10]花钿:指妇女戴的、鬓发两旁嵌有金花珠宝的饰物。

[11]没揣:不料。菱花:镜子。古时铜镜背面所铸花纹一般为菱花,因此称菱花镜,或用菱花作镜子的代称。

[12]迤逗:引诱,挑逗。彩云:式样美好的发髻。

[13]翠生生:色彩鲜艳。出落的:显出,衬托出。茜(qiàn):鲜明。

[14]艳晶晶花簪八宝填:戴着镶嵌有多种宝石的簪子。艳晶晶:指光彩绚丽灿烂。花簪:用珍宝装饰成的簪子。八宝:泛指各种珍宝。填:嵌饰。

[15]爱好:犹言爱美。天然:天性使然。

[16]三春好处:比喻自己的青春美貌。

[17]沉鱼落雁:形容女子的美貌。典出《庄子·齐物论》,意思是说,鱼见她的美色,自愧不如而下沉;雁则为看她的美色而停落下来。下文羞花闭月与此同。

[18]泥:这里用作动词,玷污。

[19]惜花疼煞小金铃:《开元天宝遗事》载,"天宝初,宁王……于后园中纫红丝为绳,密缀金铃,系于花梢之上。每有乌鹊翔集,则令园吏掣铃索以惊之。盖惜花之故也"。疼:因为惜花常常掣铃,连小金铃都被拉得疼煞了。这是夸大的描写。

[20]姹紫嫣红:指各色娇艳绚丽的鲜花。

[21]谁家:哪一家。本句与上句同出自谢灵运《拟魏太子邺中集诗序》:“天下良辰美景、赏心乐事,四者难并。”

[22]朝飞暮卷:形容楼阁壮丽。语出唐王勃《滕王阁诗》:“画栋朝飞南浦云,朱帘暮卷西山雨。”

[23]烟波:水气弥漫的情状。

[24]锦屏人:深闺中不能领略自然美景的人。忒:太。韶光:美好的春光。

[25]是:凡是、所有的。

[26]啼红了杜鹃:开遍了红色的杜鹃花。

[27]荼蘼:花名,属蔷薇科。晚春时开放,黄白色,有香味。

[28]牡丹虽好,他春归怎占的先:牡丹虽好,但它开花太迟了,怎能占春花中第一呢?这句里面包含了杜丽娘对大好青春年华被耽误的幽怨和哀伤。

[29]生生燕语明如剪:形容燕子的叫声如同剪刀一样明快动人。

[30]观之不足:看不厌。缱:留恋不舍。

[31]“开我”二句:改用《木兰辞》“开我东阁门,坐我西阁床”句。

[32]映山紫:映山红的一种。

作品赏析

《牡丹亭》是汤显祖的代表作,他曾言:“一生四梦,得意处唯在牡丹。”作品写杜丽娘游园后梦到与书生柳梦梅幽会。梦醒后为相思所苦,伤情而亡。三年后,柳梦梅经过杜丽娘的墓地,拾得她的自画像,后和杜丽娘的鬼魂相会,并掘墓开棺,使杜丽娘起死回生,二人结为夫妇。作品通过杜丽娘和柳梦梅的爱情故事,歌颂了反对封建礼教、追求自由爱情和要求个性解放的精神。它是我国戏曲史上浪漫主义的杰作。

《惊梦》是《牡丹亭》中最精彩的一折,也是杜丽娘性格发展的一个重要转折。本折中,苦闷的杜丽娘在丫鬟春香的鼓舞下,背着父母和老师到后花园游玩,看到了大好春光。而春天的生机更强化了她的伤感,并引起了她青春意识、爱情意识的觉醒。在感叹春色之美的同时,也引发了她对自身命运的无限感伤。在这里,杜丽娘复杂的内心变化通过游园被细腻地描绘出来,并为后来的梦中幽会、感梦而亡、还魂复生等情节做了铺垫。应该说,杜丽娘是我国古代爱情文学中继崔莺莺之后出现的最为动人的女性形象之一,她对爱情的追求,带有追求个性自由、个性解放的时代特征,比《西厢记》等爱情故事所表现的反封建礼教主题更为深刻。

在刻画人物方面,作品注重揭示人物内心世界,将其内心幽微细密的情感展现得淋漓尽致,从而赋予其鲜明的性格特征。同时,人物内心情感的描绘与景物描写合二为一,在描绘景物的同时展现出了人物心理,使得全文充满诗的意境,具有浓郁的抒情诗的色彩。如【皂罗袍】,既是景语,又是情语。景色描绘中杜丽娘的伤感、哀愁也随之喷薄而出。语言上,浓丽华艳,意境深远,优美动人,表现出很高的艺术水准。本折唱词直至今日,仍然脍炙人口。

词海拾贝

年(nián)

构造:会意字。上禾下人,像人弯腰背负成熟的禾穗。

释义:本义为禾谷成熟。引申为收成、年节、年纪、年代等。

理(lǐ)

构造:形声字。从玉里声。从玉,说明与玉有关,“里”是作坊,表示在作坊中加工玉石。

释义:本义为加工玉石。引申为治理、料理、条理、纹理等。

羞(xiū)

构造:会意字。从羊从手(今字形下部“丑”表示手),表示手拿着美味的羊肉去进献。

释义:本义为进献(美味)。引申为羞愧、难为情等。又指美味的食物,后写作“馐”。

知识巩固与能力训练

一、解释句子中加点的字词

1.袅晴丝,吹来闲庭院,摇漾春如线。

2.踏草怕泥新绣袜,惜花疼煞小金铃。

3.锦屏人忒看的这韶光贱!

4.是花都放了,那牡丹还早。

5.这园子,委是观之不足也。

二、为什么说【皂罗袍】既是景语,又是情语?

三、本文是怎样揭示人物的内心世界的?

学文心语

真真假假,虚虚幻幻,“梦中之情,何必非真”,能够打动人心的,始终是一个“真”字。《论语》云:“人而无信,不知其可也。”古语又云:“不受虚言,不听浮术,不采华名,不兴伪事。”可见,为人为事,贵在真。

导语

“满纸荒唐言，一把辛酸泪。都云作者痴，谁解其中味？”曹公痴于著述，“披阅五载，增删十次”，将一生“痴”情尽付“红楼”，塑造了形形色色的“痴”者形象。宝玉痴，黛玉痴，宝钗痴，晴雯痴，香菱痴，熙凤痴……痴者，乃人生百态，人生百味也。“世事洞明皆学问，人情练达即文章。”个中况味，你能体会几分呢？

红楼梦·宝玉挨打[1]

曹雪芹

原来宝玉会过雨村回来听见了，便知金钏儿含羞赌气自尽，心中早又五内摧伤，进来被王夫人数落教训，也无可回说。见宝钗进来，方得便走出，茫然信步来至厅上。刚转过屏门，不想对面来了一人正往里走，可巧儿撞了个满怀。只听那人喝了一声“站住！”宝玉唬了一跳，抬头一看，不是别人，却是他父亲，不觉的倒抽了一口气，只得垂手一旁站了。贾政道：“好端端的，你垂头丧气嗐[2]些什么？方才雨村来了要见你，叫你那半天你才出来；既出来了，全无一点慷慨挥洒谈吐，仍是葳葳蕤蕤[3]。我看你脸上一团思欲愁闷气色，这会子又咳声叹气。你那些还不足，还不自在？无故这样，却是为何？”宝玉素日虽口角伶俐，只是此时一心总为金钏儿感伤，恨不得也身亡命殒，跟了金钏儿去。如今见了他父亲说这些话，究竟不曾听见，只是怔呵呵的站着。

贾政见他惶悚[4]，应对不似往日，原本无气的，这一来倒生了三分气。方欲说话，忽有回事人来回：“忠顺亲王府里有人来，要见老爷。”贾政听了，心下疑惑，暗暗思忖道：“素日并不和忠顺府来往，为什么今日打发人来？”一面想，一面令“快请”，急走出来看时，却是忠顺府长史官，忙接进厅上坐了献茶。未及叙谈，那长史官先就说道：“下官此来，并非擅造潭府[5]，皆因奉王命而来，有一件事相求。看王爷面上，敢烦老大人作主，不但王爷知情，且连下官辈亦感谢不尽。”贾政听了这话，抓不着头脑，忙陪笑起身问道：“大人既奉王命而来，不知有何见谕，望大人宣明，学生好遵谕承办。”那长史官便冷笑道：“也不必承办，只用大人一句话就完了。我们府里有一个做小旦的琪官，一向好好在府里，如今竟三五日不见回去，各处去找，又摸不着他的道路[6]，因此各处访察。这一城内，十停[7]人倒有八停人都说，他近日和衔玉的那位令郎相与甚厚。下官辈等听了，尊府不比别家，可以擅入索取，因此启明王爷。王爷亦云：‘若是别的戏子呢，一百个也罢了，只是这琪官随机应答，谨慎老诚，甚合我老人家的心，竟断断少不得此人。’故此求老大人转谕令郎，请将琪官放回，一则可慰王爷谆谆奉恳，二则下官辈也可免操劳求觅之苦。”说毕，忙打一躬。

贾政听了这话，又惊又气，即命唤宝玉来。宝玉也不知是何原故，忙赶来时，贾政便问："该死的奴才！你在家不读书也罢了，怎么又做出这些无法无天的事来！那琪官现是忠顺王爷驾前承奉的人，你是何等草芥，无故引逗他出来，如今祸及于我。"宝玉听了唬了一跳，忙回道："实在不知此事。究竟连'琪官'两个字不知为何物，况更又加'引逗'二字！"说着便哭了。贾政未及开言，只见那长史官冷笑道："公子也不必掩饰。或隐藏在家，或知其下落，早说了出来，我们也少受些辛苦，岂不念公子之德？"宝玉连说不知，"恐是讹传，也未见得。"那长史官冷笑道："现有据证，何必还赖？必定当着老大人说了出来，公子岂不吃亏？既云不知此人，那红汗巾子[8]怎么到了公子腰里？"宝玉听了这话，不觉轰去魂魄，目瞪口呆，心下自思："这话他如何得知！他既连这样机密事都知道了，大约别的瞒他不过，不如打发他去了，免的再说出别的事来。"因说道："大人既知他的底细，如何连他置买房舍这样大事倒不晓得了？听得说他如今在东郊离城二十里有个什么紫檀堡，他在那里置了几亩田地几间房舍。想是在那里也未可知。"那长史官听了，笑道："这样说，一定是在那里。我且去找一回，若有便罢，若没有，还要来请教。"说着，便忙忙的走了。

贾政此时气的目瞪口歪，一面送那长史官，一面回头命宝玉："不许动！回来有话问你！"一直送那官员去了。才回身，忽见贾环带着几个小厮一阵乱跑。贾政喝令小厮"快打，快打！"贾环见了他父亲，唬的骨软筋酥，忙低头站住。贾政便问："你跑什么？带着你的那些人都不管你，不知往那里逛去，由你野马一般！"喝令叫跟上学的人来。贾环见他父亲盛怒，便乘机说道："方才原不曾跑，只因从那井边一过，那井里淹死了一个丫头，我看见人头这样大，身子这样粗，泡的实在可怕，所以才赶着跑了过来。"贾政听了惊疑，问道："好端端的，谁去跳井？我家从无这样事情，自祖宗以来，皆是宽柔以待下人。——大约我近年于家务疏懒，自然执事人操克夺之权[9]，致使生出这暴殄轻生的祸患。若外人知道，祖宗颜面何在！"喝令快叫贾琏、赖大、来兴。小厮们答应了一声，方欲叫去，贾环忙上前拉住贾政的袍襟，贴膝跪下道："父亲不用生气。此事除太太房里的人，别人一点也不知道。我听见我母亲说……"说到这里，便回头四顾一看。贾政知意，将眼一看众小厮，小厮们明白，都往两边后面退去。贾环便悄悄说道："我母亲告诉我说，宝玉哥哥前日在太太屋里，拉着太太的丫头金钏儿强奸不遂，打了一顿。那金钏儿便赌气投井死了。"话未说完，把个贾政气的面如金纸，大喝"快拿宝玉来！"一面说，一面便往里边书房里去，喝令："今日再有人劝我，我把这冠带家私一应[10]交与他与宝玉过去！我免不得做个罪人，把这几根烦恼鬓毛剃去，寻个干净[11]去处自了，也免得上辱先人下生逆子之罪。"众门客仆从见贾政这个情景，便知又是为宝玉了，一个个都是啖指咬舌，连忙退出。那贾政喘吁吁直挺挺坐在椅子上，满面泪痕，一叠声"拿宝玉！拿大棍！拿索子捆上！把各门都关上！有人传信往里头去，立刻打死！"众小厮们只得齐声答应，有几个来找宝玉。

那宝玉听见贾政吩咐他"不许动"，早知多凶少吉，那里承望贾环又添了许多的话。正在厅上干转，怎得个人来往里头去捎信，偏生没个人，连焙茗也不知在那里。正盼望时，只见一个老姆姆出来。宝玉如得了珍宝，便赶上来拉他，说道："快进去告诉：老爷要打我呢！快去，快去！要紧，要紧！"宝玉一则急了，说话不明白；二则老婆子偏生又聋，竟不曾听见是什么话，把"要紧"二字只听作"跳井"二字，便笑道："跳井让他跳去，二爷怕什么？"宝玉见是个聋子，便着急道："你出去叫我的小厮来罢。"那婆子道："有什么不了的事？老早的完了。太太又赏了衣服，又赏了银子，怎么不了事的！"

宝玉急的跺脚，正没抓寻处，只见贾政的小厮走来，逼着他出去了。贾政一见，眼都红紫了，也不暇问他在外流荡优伶，表赠私物，在家荒疏学业，淫辱母婢等语，只喝令："堵起嘴来，着实打死！"小厮们不敢违拗，只得将宝玉按在凳上，举起大板打了十来下。贾政犹嫌打轻了，一脚踢开掌板的，自己夺过来，咬着牙狠命盖了三四十下。众门客见打的不祥了，忙上前夺劝。贾政那里肯听，说道："你们问问他干的勾当可饶不可饶！素日皆是你们这些人把他酿[12]坏了，到这步田地还来劝解。明日酿到他弑君杀父，你们才不劝不成！"

众人听这话不好听，知道气急了，忙又退出，只得觅人进去给信。王夫人不敢先回贾母，只得忙穿衣出来，也不顾有人没人，忙忙赶往书房中来，慌的众门客小厮等避之不及。王夫人一进房来，贾政更如火上浇油一般，那板子越发下去的又狠又快。按宝玉的两个小厮忙松了手走开，宝玉早已动弹不得了。贾政还欲打时，早被王夫人抱住板子。贾政道："罢了，罢了！今日必定要气死我才罢！"王夫人哭道："宝玉虽然该打，老爷也要自重。况且炎天暑日的，老太太身上也不大好，打死宝玉事小，倘或老太太一时不自在了，岂不事大！"贾政冷笑道："倒休提这话。我养了这不肖的孽障，已不孝；教训他一番，又有众人护持；不如趁今日一发勒死了，以绝将来之患！"说着，便要绳索来勒死。王夫人连忙抱住哭道："老爷虽然应当管教儿子，也要看夫妻分上。我如今已将五十岁的人，只有这个孽障，必定苦苦的以他为法，我也不敢深劝。今日越发要他死，岂不是有意绝我。既要勒死他，快拿绳子来先勒死我，再勒死他。我们娘儿们不敢含怨，到底在阴司里得个依靠。"说毕，爬在宝玉身上大哭起来。贾政听了此话，不觉长叹一声，向椅上坐了，泪如雨下。王夫人抱着宝玉，只见他面白气弱，底下穿着一条绿纱小衣，皆是血渍，禁不住解下汗巾看，由臀至胫，或青或紫，或整或破，竟无一点好处，不觉失声大哭起来，"苦命的儿吓！"因哭出"苦命儿"来，忽又想起贾珠来，便叫着贾珠哭道："若有你活着，便死一百个我也不管了。"此时里面的人闻得王夫人出来，那李宫裁、王熙凤与迎春姊妹早已出来了。王夫人哭着贾珠的名字，别人还可，惟有宫裁禁不住也放声哭了。贾政听了，那泪珠更似滚瓜一般滚了下来。

正没开交处，忽听丫鬟来说："老太太来了。"一句话未了，只听窗外颤巍巍的声气说道："先打死我，再打死他，岂不干净了！"贾政见他母亲来了，又急又痛，连忙迎接出来，只见贾母扶着丫头，喘吁吁的走来。贾政上前躬身陪笑道："大暑热天，母亲有何生气亲自走来？有话只该叫了儿子进去吩咐。"贾母听说，便止住步喘息一回，厉声说道："你原来是和我说话！我倒有话吩咐，只是可怜我一生没养个好儿子，却教我和谁说去！"贾政听这话不像，忙跪下含泪说道："为儿的教训儿子，也为的是光宗耀祖。母亲这话，我做儿的如何禁得起？"贾母听说，便啐了一口，说道："我说一句话，你就禁不起，你那样下死手的板子，难道宝玉就禁得起了？你说教训儿子是光宗耀祖，当初你父亲怎么教训你来！"说着，不觉就滚下泪来。贾政又陪笑道："母亲也不必伤感，皆是作儿的一时性起，从此以后再不打他了。"贾母便冷笑道："你也不必和我使性子赌气的。你的儿子，我也不该管你打不打。我猜着你也厌烦我们娘儿们。不如我们赶早儿离了你，大家干净！"说着便令人去看[13]轿马，"我和你太太、宝玉立刻回南京去！"家下人只得干答应着。贾母又叫王夫人道："你也不必哭了。如今宝玉年纪小，你疼他，他将来长大成人，为官作宰的，也未必想着你是他母亲了。你如今倒不要疼他，只怕将来还少生一口气呢。"贾政听说，忙叩头哭道："母亲如此说，贾政无立足之地。"贾母冷笑道："你分明使我无立足之地，你反说起你来！只是我们回去了，你心里干净，看有谁来许你打。"一面说，一面只令快打点行李车轿回去。贾政苦苦叩头认罪。

贾母一面说话，一面又记挂宝玉，忙进来看时，只见今日这顿打不比往日，又是心疼，又是生气，也抱着哭个不了。王夫人与凤姐解劝了一会，方渐渐的止住。早有丫鬟媳妇等上来，要搀宝玉，凤姐便骂道："糊涂东西，也不睁开眼瞧瞧！打的这么个样儿，还要搀着走！还不快进去把那藤屉子春凳[14]抬出来呢。"众人听说连忙进去，果然抬出春凳来，将宝玉抬放凳上，随着贾母王夫人等进去，送至贾母房中。

彼时贾政见贾母气未全消，不敢自便，也跟了进去。看看宝玉，果然打重了。再看看王夫人，"儿"一声，"肉"一声，"你替珠儿早死了，留着珠儿，免你父亲生气，我也不白操这半世的心了。这会子你倘或有个好歹，丢下我，叫我靠那一个！"数落一场，又哭"不争气的儿"。贾政听了，也就灰心，自悔不该下毒手打到如此地步。先劝贾母，贾母含泪说道："你不出去，还在这里做什么！难道于心不足，还要眼看着他死了才去不成！"贾政听说，方退了出来。

此时薛姨妈同宝钗、香菱、袭人、史湘云也都在这里。袭人满心委屈，只不好十分使出来，见众人围着，灌水的灌水，打扇的打扇，自己插不下手去，便越性走出来到二门前，令小厮们找了焙茗来细问："方才好端端的，为什么打起来？你也不早来透个信儿！"焙茗急的说："偏生我没在跟前，打到半中间我才听见了。忙打听原故，却是为琪官、金钏姐姐的事。"袭人道："老爷怎么得知道的？"焙茗道："那琪官的事，多半是薛大爷素日吃醋，没法儿出气，不知在外头唆挑了谁来，在老爷跟前下的火。那金钏儿的事是三爷说的，我也是听见老爷的人说的。"袭人听了这两件事都对景[15]，心中也就信了八九分。然后回来，只见众人都替宝玉疗治。调停完备，贾母令："好生抬到他房内去。"众人答应，七手八脚，忙把宝玉送入怡红院内自己床上卧好。又乱了半日，众人渐渐散去，袭人方进前来经心服侍，问他端的。

话说袭人见贾母王夫人等去后，便走来宝玉身边坐下，含泪问他："怎么就打到这步田地？"宝玉叹气说道："不过为那些事，问他做什么！只是下半截疼的很，你瞧瞧打坏了那里。”袭人听说，便轻轻的伸手进去，将中衣褪下。宝玉略动一动，便咬着牙叫“嗳哟”，袭人连忙停住手，如此三四次才褪了下来。袭人看时，只见腿上半段青紫，都有四指宽的僵痕高了起来。袭人咬着牙说道：“我的娘，怎么下这般的狠手！你但凡听我一句话，也不得到这步地位。幸而没动筋骨，倘或打出个残疾来，可叫人怎么样呢！”

正说着，只听丫鬟们说：“宝姑娘来了。”袭人听见，知道穿不及中衣，便拿了一床袷纱被替宝玉盖了。只见宝钗手里托着一丸药走进来，向袭人说道：“晚上把这药用酒研开，替他敷上，把那淤血的热毒散开，可以就好了。”说毕，递与袭人，又问道：“这会子可好些？”宝玉一面道谢说：“好了。”又让坐。宝钗见他睁开眼说话，不像先时，心中也宽慰了好些，便点头叹道：“早听人一句话，也不至今日。别说老太太、太太心疼，就是我们看着，心里也疼。”刚说了半句又忙咽住，自悔说的话急了，不觉的就红了脸，低下头来。宝玉听得这话如此亲切稠密，大有深意，忽见他又咽住不往下说，红了脸，低下头只管弄衣带，那一种娇羞怯怯，非可形容得出者，不觉心中大畅，将疼痛早丢在九霄云外，心中自思：“我不过挨了几下打，他们一个个就有这些怜惜悲感之态露出，令人可玩可观，可怜可敬。假若我一时竟遭殃横死，他们还不知是何等悲感呢！既是他们这样，我便一时死了，得他们如此，一生事业纵然尽付东流，亦无足叹惜，冥冥之中若不怡然自得，亦可谓糊涂鬼祟矣。”想着，只听宝钗问袭人道：“怎么好好的动了气，就打起来了？”袭人便把焙茗的话说了出来。宝玉原来还不知道贾环的话，见袭人说出方才知道。因又拉上薛蟠，惟恐宝钗沉心[16]，忙又止住袭人道：“薛大哥哥从来不这样的，你们不可混猜度。”宝钗听说，便知道是怕他多心，用话相拦袭人，因心中暗暗想道：“打的这个形象，疼还顾不过来，还是这样细心，怕得罪了人，可见在我们身上也算是用心了。你既这样用心，何不在外头大事上做工夫，老爷也欢喜了，也不能吃这样亏。但你固然怕我沉心，所以拦袭人的话，难道我就不知我的哥哥素日恣心纵欲，毫无防范的那种心性。当日为一个秦钟，还闹的天翻地覆，自然如今比先前又更利害了。”想毕，因笑道：“你们也不必怨这个，怨那个。据我想，到底宝兄弟素日不正，肯和那些人来往，老爷才生气。就是我哥哥说话不防头，一时说出宝兄弟来，也不是有心调唆：一则也是本来的实话，二则他原不理论这些防嫌小事。袭姑娘从小儿只见宝兄弟这么样细心的人，你何尝见过天不怕地不怕、心里有什么口里就说什么的人。”袭人因说出薛蟠来，见宝玉拦他的话，早已明白自己说造次了，恐宝钗没意思，听宝钗如此说，更觉羞愧无言。宝玉又听宝钗这番话，一半是堂皇正大，一半是去己疑心，更觉比先畅快了。方欲说话时，只见宝钗起身说道：“明儿再来看你，你好生养着罢。方才我拿了药来交给袭人，晚上敷上管就好了。”说着便走出门去。袭人赶着送出院外，说：“姑娘倒费心了。改日宝二爷好了，亲自来谢。”宝钗回头笑道：“有什么谢处。你只劝他好生静养，别胡思乱想的就好了。不必惊动老太太、太太众人，倘或吹到老爷耳朵里，虽然彼时不怎么样，将来对景，终是要吃亏的。”说着，一面去了。

袭人抽身回来，心内着实感激宝钗。进来见宝玉沉思默默似睡非睡的模样，因而退出房外，自去栉沐[17]。宝玉默默的躺在床上，无奈臀上作痛，如针挑刀挖一般，更又热如火炙，略展转时，禁不住“嗳哟”之声。那时天色将晚，因见袭人去了，却有两三个丫鬟伺候，此时并无呼唤之事，因说道：“你们且去梳洗，等我叫时再来。”众人听了，也都退出。

这里宝玉昏昏默默，只见蒋玉菡走了进来，诉说忠顺府拿他之事，又见金钏儿进来哭说为他投井之情。宝玉半梦半醒，都不在意。忽又觉有人推他，恍恍忽忽听得有人悲戚之声。宝玉从梦中惊醒，睁眼一看，不是别人，却是林黛玉。宝玉犹恐是梦，忙又将身子欠起来，向脸上细细一认，只见两个眼睛肿的桃儿一般，满面泪光，不是黛玉，却是那个？宝玉还欲看时，怎奈下半截疼痛难忍，支持不住，便“嗳哟”一声，仍就倒下，叹了一声，说道：“你又做什么跑来！虽说太阳落下去，那地上的余热未散，走两趟又要受了暑。我虽然挨了打，并不觉疼痛。我这个样儿，只装出来哄他们，好在外头布散与老爷听，其实是假的。你不可认真。”此时林黛玉虽不是嚎啕大哭，然越是这等无声之泣，气噎喉堵，更觉得利害。听了宝玉这番话，心中虽然有万句言词，只是不能说得，半日，方抽抽噎噎的说道：“你从此可都改了罢！”宝玉听说，便长叹一声，道：“你放心，别说这样话。就便为这些人死了，也是情愿的！”一句话未了，只见院外人说：“二奶奶来了。”林黛玉便知是凤姐来了，连忙立起身说道：“我从后院子去罢，回来再来。”宝玉一把拉住道：“这可奇了，好好的怎么怕起他来。”林黛玉急的跺脚，悄悄的说道：“你瞧瞧我的眼睛，又该他取笑开心呢。”宝玉听说赶忙的放手。黛玉三步两步转过床后，出后院而去。

（选自《红楼梦》，清曹雪芹著，人民文学出版社，1982 年版）

【注释】

[1]曹雪芹（约 1715 或 1721—约 1764），名霑，字梦阮，号雪芹、芹圃、芹溪。曹雪芹经历了由锦衣玉食到“举家食粥”的沧桑巨变，对封建统治阶级的没落命运有切身感受，在艰难困苦的境遇中，他呕心沥血、“披阅十载，增删五次”，创作了不朽的现实主义巨著《红楼梦》。《红楼梦》，原名《石头记》。今传本共一百二十回，后四十回一般认为是高鹗续成。《红楼梦》内容丰富，思想深刻，艺术精湛，把中国古典小说创作推向最高峰，在文学发展史上占有十分重要的地位。本文选自曹雪芹《红楼梦》第 33 回“手足眈眈小动唇舌，不肖种种大承笞挞”、第 34 回“情中情因情感妹妹，错里错以错劝哥哥”。

[2]嗐（hài）：同“咳”，叹息声。

[3]葳葳蕤蕤：容貌举止畏缩，萎靡不振。

[4]惶悚：惶恐的样子。

[5]潭府：深宅大院。旧时对别人住宅的尊称。潭：深邃的样子。

[6]道路：行踪，去向。

[7]停：把总数分成若干份，其中一份叫一停。

[8]汗巾子：系内裤用的腰巾，因近身受汗，故名。

[9]执事人：具体操办某件事务的人。克夺之权：生杀予夺之权。

[10]冠带家私：官爵财产。冠带：帽子和束带，是官服的代称，这里代指官爵。家私：财产，代指家业。一应：所有的一切。

[11]鬓毛:头发,佛家称为"烦恼丝"。干净:佛家以为人世污浊不净,唯有佛门才能通向清净世界,即所谓净土。剃去烦恼鬓毛与寻个干净去处,都是出家当和尚的意思。

[12]酿:惯,纵容。

[13]看:料理,备办。

[14]春凳:一种面较宽的可坐可卧的长凳。藤屉子:凳面用藤皮编成。

[15]对景:对得上号,情况符合。

[16]沉心:多指言者无意而听者有心,陡生不快。也叫"吃心"或"嗔心"。

[17]栉(zhì)沐:梳洗。

作品赏析

本文是《红楼梦》中的一个高潮。全文可分为三个层次:一写宝玉挨打的原因,二写宝玉挨打的经过,三写宝玉挨打之后贾府上下前来探伤的情景。文章通过对宝玉挨打这一典型事件的描写,表现了封建正统势力对于叛逆者的惩治和压迫,表现出贵族大家庭内部叛逆者与卫道者之间不可调和的矛盾,揭示了封建大家庭必然灭亡的历史趋势。

宝玉挨打的起因主要有三个:一是贾政不满宝玉会见贾雨村时应对失态,二是宝玉与琪官的关系过于密切,三是贾环搬弄是非,污蔑宝玉逼死了金钏儿。宝玉不喜欢读书,却爱和丫鬟们厮混,他在少女们身上看到的清纯自然,与浊臭蠢笨的男人形成了鲜明对比。所以他宁肯与地位下贱的丫鬟厮混,也不愿见贾雨村那样势利恶俗的官场中人。三个方面归结为一点,宝玉挨打归根结底是因为不愿意走仕途经济的老路。这与贾政望子成龙、重整家业的期望是背道而驰的。表面上父亲教训儿子的一件普通小事,实际上体现了父子二人尖锐的思想冲突。此外,在这场矛盾冲突中,贾环所代表的封建大家庭的嫡庶之争也有所反映。

宝玉挨打,众人态度不一。作者将众多人物置于同一事件的矛盾冲突中揭示人物内心世界,展现人物性格特征。其中对王夫人、宝钗、黛玉的刻画最为突出。宝玉挨打,王夫人悲怆欲绝,以死相护。有爱子之情,也为维护其封建正统夫人的地位和将来的利益考虑。宝钗八面玲珑,内心虽认为宝玉"素日不正",惨遭毒打咎由自取,但依然"手里托着一丸药走进来",一个"托"字,反映了宝钗光明正大之态以及意欲让大家注意到她对宝玉关切的心思。黛玉则不同,"心中提起万句言词","两个眼睛肿得桃儿一般",出口时却只有一句:"你可都改了罢!"黛玉的关切是真情流露,短短六个字,表达了她的无限深情。三个人反应各不相同,既体现出了各自的身份地位,也表现了每个人的个性特征。作者运用人物间的互相对比和自身表里对比的手法来完成复杂的人物性格刻画。且不同的人物有各自不同的言语、动作、表情和心理活动,这就使人物形象有了鲜明生动、栩栩如生的个性特点。此外,本文叙事有条不紊、行文有张有弛、情节起伏跌宕、语言生动传神,表现出作者极高的艺术造诣。

词海拾贝

取(qǔ)

构造：会意字。由“又”“耳”组成，“又”即手，所以其字形所示为以手取耳。

释义：本义指在古代战争中割取敌人左耳作为记功凭证，有获取、取得之义，后引申为迎娶等义。

及(jí)

构造：会意字。由“人”“又”组成，表示后面的人伸手要抓到前面的人。

释义：本义为追上、抓住，后引申为到、和(连词)等义。

弑(shì)

构造：形声字。“杀”为形符，说明词义与其有关；“式”为声符。

释义：《说文解字》解释为：“臣杀君也。”古时称臣杀君、子杀父母为“弑”。

知识巩固与能力训练

一、宝玉挨打的导火线及其根本原因是什么？

二、分析概括贾政、贾宝玉的性格特征。

三、分析本文中宝钗、黛玉的性格差异。

四、作品是如何通过语言、行动、心理描写来表现人物的性格特征的？

学文心语

李贽云：“童心者，绝假纯真，最初一念之本心也。”人应有“童心”“赤子之心”，纯真，善良，不虚伪，不做作。生而为人，应将真善美作为永恒的追求。

【实践训练三】小品写作

一、写作基础

(一)小品的概念

小品是指通过形体和语言表现一个比较简单的场面或艺术形象的单人表演或组合表演。小品的写作,主要是台词的创作,故事情节以短小精悍的剧本形式呈现。基本要求为语言清晰,形态自然,能够表现出各个角色的性格特征。

小品创作更加接近于剧本的创作。由于小品篇幅有限,承载的主题思想有限,作品情节通常是围绕一个小小的事件展开,小品中人物较少,笔墨一般集中在一两个人物,其他人物一笔带过即可。剧作家的任务就是将简单的故事叙述、变成具体的人物在一个特定的时间、空间、所发生的事件及其经过。这就要求其必须具有比一般人更敏锐的洞察力和感受力。

小说通常以一个情节为线索,就像欧·亨利写的《最后一片绿叶》的情节:一个女孩得病了,认为窗外的最后一片叶子掉下来时自己的生命就会终结。果然,暴风雨之夜那片叶子被打落,有一位老画家却冒雨在墙上画了同样的一片叶子。女孩看见的叶子经历了暴风雨仍结实地长在那里,便鼓起了勇气,而老画家却因受了凉而患病死去……这个情节围绕着一片叶子展开,只在暴风雨之夜有一场起伏。

(二)小品的特点

1.短小精悍,情节简单

这是小品与其他艺术作品和艺术表现形式最基本的区别。小品属于"文化快餐",它是一碟精美的"小菜",而不是什么"火锅大烩菜"。

2.幽默风趣,滑稽可笑

小品是"笑"的艺术。好的小品大多有足够的笑料,让人在笑声中受到启发,得到教益。

3.雅俗共赏,题材广泛

小品反映的小题材、小事件源于基层和老百姓中间。人世冷暖、世相百态都是小品描写的对象,都可以通过小品这种形式在艺术上得到升华,在舞台上进行演出。

4.贴近生活,语言精练,角度新颖,感染力强

只有贴近生活的作品,群众才喜闻乐见,才易于接受。源于生活,高于生活,适度夸张,事例典型,这是成功小品的要领。

5.针砭时弊,内含哲理

透过表面现象,讽刺一些不合理的事物,揭示一定的哲理,寓教于乐。这既是小品的本意,也是人民群众对它的进一步要求。

(三)小品的分类

根据剧幕形态分为多幕剧和独幕剧。

从题材所反映的时代划分为历史剧和现代剧。

从小品艺术表现形式,可分为话剧、歌剧、舞剧、戏曲小品等。话剧小品是以对话为主、兼有一些动作的戏剧小品,这是最常见的戏剧小品样式。如陈佩斯与朱时茂表演的《王爷与邮差》《主角与配角》,严顺开等人表演的《张三其人》,赵本山等人表演的小品《卖拐》。歌剧小品是以唱歌为主、兼有对话和旁白,如潘长江表演的《过河》。戏曲小品是以中国传统的戏曲歌、舞、剧三位一体为特点的戏剧小品,如陈佩斯、小香玉表演的豫剧小品《黑狗与黑妞》。

根据戏剧小品的艺术效果,可分为:喜剧小品、悲剧小品和悲喜剧小品。喜剧小品如《超生游击队》,悲喜剧小品如《芙蓉树下》,悲剧小品还不成熟,没有典型的代表作品。

从戏剧小品与其他艺术形式相结合的角度,主要分为哑剧小品、相声小品、电视小品、儿童小品、木偶小品。哑剧小品如《吃鸡》,半哑剧小品《胡椒面》,相声小品如冯巩、牛群表演的《电子公司》,电视小品如陈佩斯拍摄并表演的拍电影系列、《热点访谈》系列等,儿童小品如曾涛写的《妙诀》,木偶剧小品如黄锡钧写的《训猴》,还有神话剧小品。

(四)小品的创作思路

1.矛盾法

抓住人物双方的冲突和反差,将其对立起来,使之构成矛盾体,在矛盾双方的冲突和反差中获得幽默效果。矛盾可以体现在言语前后矛盾,言语与行动矛盾,言行与身份地位矛盾等方面。

2.对比法

将具有内在关联的事物放在一起对照比较,或将同一事物前后的变化进行比较,揭示其中的反差或对立,获得幽默效果。可以是不同事物的对比,同时将对比各方呈现在观众面前,互相映衬。也可以按时序将双方先后进行对比,从人物形象、事物状态等具象出发进行对比,进行意象对比和意蕴对比。

3.夸张法

将人物性格或生活现象的基本特征提炼出来,并有意识地加以过分突出、强调,使之与常态产生较大的反差,获得幽默效果。它既可以建立在现实生活之上,也可以荒诞地对现实生活自由地、非同寻常地变形。

4.误会法

利用人们对事物或语意的错误理解，把观众的正常思路打断，使观众合乎逻辑的判断落空。其中包括：使用的词句本身具有多义性，因而产生歧义的言语误会和因情节发展过程中事件本身引起误会。

戏剧小品对语言的要求更为苛刻，正所谓“戏剧是语言的艺术”。戏剧小品最重要的或许不是情节，而是人物和语言。因为语言是体现人物性格、塑造人物形象的重要手段，幽默的语言是优秀的戏剧小品的闪亮串珠。由于戏剧小品容量小，事件单一，背景也不复杂，因此要求语言尽量简练，对话不宜过长，篇幅不能过大，要善于依赖人物的外部形体动作，人物的表情、感觉、眼色等“说话”。

二、实践训练

【项目一】阅读下面小品剧本，分析各角色的人物性格及语言特点。

三顾茅庐

人物：刘备、关羽、张飞、诸葛亮、轻风、满月、旁白

旁白：本故事胡编乱造，如有雷同，纯属有缘。话说刘备跃马过檀溪，偶遇水镜先生司马徽，得知欲安天下，必须卧龙凤雏，于是这一日，刘备偕关羽张飞二人来至卧龙岗下。

（刘备上）（音乐：滚滚长江东逝水）

刘备：在下刘备，字玄德，乃大汉皇叔，兼任大汉草鞋股份有限公司 CEO，可惜天不助我，如今公司已经面临兼并，我已是丧家之犬一般啊（哭状）还好有两个跟班儿，（左右看，找人）二弟、三弟。

（关羽、张飞上，关羽右臂受伤，张飞抱着一堆吃的东西）

刘备：三弟啊，别吃了，你看你都胖成什么样子了，我们刚结义的时候，你多么苗条，看看你现在（拉着张飞，转了一圈），不美颜不自拍啊！

张飞：大哥，来，咱俩拍一张，我发个朋友圈。

刘备：二弟，你的胳膊怎么样，在华佗大夫那里刮骨疗毒，应该没有什么问题了吧。

关羽：（哭丧着脸）大哥，别提了，我去华大夫那里刮骨疗伤，华大夫，给我刮呀刮呀，刮着刮着华大夫突然大叫“关将军，您中奖了，恭喜，恭喜”！

刘备/张飞：中奖了？什么奖？

关羽：（拿一个牌子）“再刮一次”，于是，我就又刮了一次。现在胳膊还疼呢！

刘备：这是什么鬼啊（把牌子扔到一旁）

关羽：大哥，您不是去见水镜先生了吗，水镜先生怎么说？

刘备：水镜先生说，要解决我等现在的困境，有两条路可走。第一，就是集齐传说中的七颗珠子……

张飞：我知道，只要集齐七颗龙珠，我们就可以召唤神龙了，对吗？

刘备：神龙你个头啊，先生说，那七个珠子，叫双色球……

关羽/张飞：啊？那另一个方法呢？

刘备：另一个方法就是到这卧龙岗请出来人称卧龙的诸葛亮。

张飞：那还等什么，奔跑吧，兄弟！

旁白：（前面一个人说，后面的人演哑剧）且说，刘备三兄弟第一次来到卧龙岗求见诸葛亮，（轻风和满月上，各拿一个牌子，上面分别写着：我是轻风，我是满月）但是被轻风和满月挡在了门外，说孔明去澳大利亚买奶粉去了（轻风和满月将手中的牌子反过来，一个写着澳大利亚，一个写着买奶粉），原来，就在不久前，诸葛亮的老婆，来自埃塞俄比亚的阿依土鳖公主响应国家号召，给诸葛亮生了个二胎。说是买奶粉，其实休产假去了（轻风和满月将牌子交给刘备三人，轻风满月下，刘备三兄弟垂头丧气下）。不久之后，刘备三兄弟第二次来卧龙岗，却碰到了雾霾天气，兄弟三人失散（刘备在台上呼喊：二弟、三弟，你们在哪里，刘备下）刘备不小心流落到了一个叫安阳的地方，境况惨不忍睹（刘备头发散乱，拿着一个牌子，牌子上写着：我要回家）。最终，经过一番精心准备，兄弟三人在一个大雪天气里，第三次来到卧龙岗。

（刘备、关羽、张飞手里拿着奶粉盒子，尿不湿袋子，带着防雾霾口罩上场）

刘备：哎，兄弟三人访大贤，三上高岗两回难，只要能见孔明面，砸锅卖铁也心甘。二弟、三弟，我们这次一定要见到孔明先生。

关羽：孔明不过一介村夫，大哥是大汉皇叔，而且还有军队的背景，几次三番求见，也算给足他面子了。

张飞：干脆用绳子把他绑回去得了。

刘备：二位兄弟不可造次，待为兄前去叫门。

（刘备上前）

刘备：孔明先生在家吗？

（轻风、满月上，手中依然拿着牌子，上写：我是轻风，我是满月）

轻风：你找先生什么事？

刘备：在下刘备，大汉皇叔，现兼任大汉草鞋股份有限公司 CEO，特来求见孔明先生，有要事相商。

轻风：想见先生，必须先过了我们两人这关。

满月：我们这里有两道题，答上来就给你们引荐。

刘备：既然如此，请二位出题。

满月：第一题，请给天下的英雄排个座次。

刘备：这个简单。第一位，当然是曹操，想打谁就打谁；第二位是孙权，谁打我我打谁；第三位是当今大汉天子，谁打我，我让曹操打谁。

张飞：那我们呢？

刘备：我们排行第四，谁打我，我骂谁。

关羽、张飞：大哥有见地。

满月：刘先生果然见识非凡。

轻风：请听第二题，如今雾霾横行，能见度低，所以大家纷纷选择徒步出行，可是这街上人太多，不便管理，不知三位有何高见啊？

关羽：关某有一计，一定管用。

轻风：请讲。

关羽：我们可以限号出行。单眼皮单日出行，双眼皮双日出行。一单一双晚上出行。

张飞：那戴墨镜的怎么办？

关羽：按故意遮挡号牌处理。

刘备：那割双眼皮的怎么办？

关羽：按套牌儿处理，不知关某这一计策怎么样啊？

轻风：高见，高见。恭喜过关，现在有请孔明先生出场。（音乐起）

（日本鬼子进村的音乐）

（孔明，戴墨镜上，走了几步）

孔明：轻风、满月，我出场怎么能用这样的音乐呢，换，重来。

（孔明下，《红色娘子军》的音乐起）

（孔明上，走几步发现不对）

孔明：（生气）换，换音乐，轻风、满月，将那个放音乐的人给我拖出去，拖出去……

台下：先生，饶了我吧。

孔明：（换语气）咳咳，在下诸葛亮，字孔明，人称卧龙先生，有经天纬地之才啊，哈哈哈哈，（唱）我就是天边最美的云彩，你想学我学呀学不来（《最炫民族风》）哈哈哈哈（陶醉中）

轻风：（走到孔明旁边，推了孔明一把）先生，刘备求见。

孔明：刘备，刘备是谁啊，什么背景？

轻风：他自称大汉皇叔，是大汉草鞋股份有限公司 CEO，有军队的背景啊。

孔明：哦，让我前去一见。

（见面，作揖）

孔明：不知皇叔驾到，有失远迎。

刘备：我等三人有事求见先生，多有打扰，特备薄礼，还望笑纳。

（关羽和张飞将奶粉和尿不湿送上来）

刘备：听闻先生喜得二子，故送上一些奶粉和尿不湿。

孔明：（脸色平淡）多谢！

刘备：现在雾霾很重，特送上防雾霾利器——防雾霾口罩，让您轻轻松松解决雾霾困扰。

孔明：口罩还有这个功能？

刘备：当然了（站起来）君不见，上得了宾馆，下得了病房，防得了雾霾，治得了流氓，

2015,口罩很忙!

关羽:防雾霾口罩——谁用谁知道。

张飞:用了防雾霾口罩,他好,我也好。

孔明:看来,刘 sir 很有诚意啊,不过,我并不是一个随便的人,我需要测试一下你们的智商。我出一个哑谜,只要你们能对上来,我就跟你们走。

刘备:这? 可否让我们商量一下。

孔明:请便。

(三人来到一旁)

关羽:大哥,诸葛亮不是想玩儿我们吧,猜哑谜,谁能猜过他。

张飞(生气):还不如照我说的,直接绑回去得了。

刘备:不妥,不妥。

张飞:那你说怎么办?

(刘备犹豫)

孔明:谁答题,请向前一步。

(关羽拉着刘备向后一步)

孔明:张将军,勇气可嘉啊!

张飞(环顾左右):这,不是,大哥。

刘备:三弟,就看你的了。

关羽:我们给你加油!

张飞:我来就我来。

(上前一步)

张飞:请!

孔明:请!

旁白:下面由我来为大家解说这场比赛,比赛的双方,一方是以智慧著称的诸葛孔明先生,另一方是以贪吃出名的张飞张将军。

轻风、满月:先生加油!

刘备、关羽:三弟必胜!

旁白:比赛开始了,

第一回合:孔明先生伸出食指指天,张飞将军伸出食指指地。

第二回合:孔明先生伸出了三个指头,画了一个小圈。张飞将军伸出了九个指头,画了一个大圈。

第三回合:孔明先生拍了拍自己的肚子,张飞将军指了指自己的袖子。

好,比赛结束,究竟结果如何呢,大家拭目以待吧!

张飞:小气鬼! (然后气冲冲下场)

孔明(面向刘备):张将军真是人才啊,孔明佩服,我指天,意为上晓天文,他指地,意为:下知地理;我伸出三个指头,画一个小圈,意为:三足鼎立。他伸九个指头,画个大圈,意为九九归一;我拍自己的肚子,意为:胸中藏有八卦;他指自己的袖子,意为:袖里自有乾坤。真是厉害啊。轻风,满月,给我收拾行囊,随刘将军出山,我去向夫人辞行。刘先生,一会儿见。

(孔明,轻风、满月下)

刘备对关羽:三弟,真的那么厉害。

关羽:为什么,三弟说孔明小气呢?

刘备:还是问问三弟吧,三弟,三弟。

(张飞上,生气状)

刘备:三弟,你为何说孔明先生小气?

张飞:他一指天,意为天上下雪,我一指地,意为地上路滑。然后他就想请我们吃晚饭,问我,三个这么小的烧饼够不够吃,我一想,那怎么行啊,我们得九个这么大的烧饼。他又拍着肚子说:要是吃不完怎么办;我一指袖子,没关系啊,我可以装到袖子里面带走啊。二哥,你说他是不是小气?

关羽:确实相当小气!

刘备:虽然是小气,但是我们有了孔明先生,打牌就不会三缺一啦!

二人:对!不用天天斗地主了,不再三缺一了!

刘备:二位兄弟,随我回去准备,迎接孔明先生。

(兄弟三人下)

旁白:就这样,阴差阳错,孔明终于出山辅佐刘备,预知后事如何,且看明年分解。

小品是精练的话剧,在十几分钟内表现一场有意义的人物互动关系。其核心是以人物趣谈三国的方式,把刘、关、张搬到了舞台上,人物的语言行为必须符合人物的动机,在多个人物动机的矛盾中产生包袱,人物表达内敛,包袱自然,节奏明快,通过语言使台上台下产生气场共振,幽默中不乏思考。

【项目二】看小品影碟,尝试编演小品。

单元二 现当代叙事类作品

导语

1917年7月1日，张勋拥护溥仪复辟，复辟时要求百姓留辫子。鲁迅先生在他的一篇杂文《病后杂谈之余》中说："然而辫子还有一场小风波，那就是张勋的'复辟'，一不小心，辫子是又可以种起来的，我曾见他的辫子兵在北京城外布防，对于没辫子的人们真是气焰万丈。幸而不几天就失败了……"《风波》这篇小说即取材于张勋复辟的历史事件。

风 波[1]

鲁 迅

鲁迅生平

临河的土场上，太阳渐渐的收了他通黄的光线了。场边靠河的乌桕树叶，干巴巴的才喘过气来，几个花脚蚊子在下面哼着飞舞。面河的农家的烟突里，逐渐减少了炊烟，女人孩子们都在自己门口的土场上泼些水，放下小桌子和矮凳；人知道，这已经是晚饭时候了。

老人男人坐在矮凳上，摇着大芭蕉扇闲谈，孩子飞也似的跑，或者蹲在乌桕树下赌玩石子。女人端出乌黑的蒸干菜和松花黄的米饭，热蓬蓬冒烟。河里驶过文人的酒船，文豪见了，大发诗兴，说，[2]"无思无虑，这真是田家乐呵！"

但文豪的话有些不合事实，就因为他们没有听到九斤老太的话。这时候，九斤老太正在大怒，拿破芭蕉扇敲着凳脚说："我活到七十九岁了，活够了，不愿意眼见这些败家相，——还是死的好。立刻就要吃饭了，还吃炒豆子，吃穷了一家子！"

伊的曾孙女儿六斤捏着一把豆，正从对面跑来，见这情形，便直奔河边，藏在乌桕树后，伸出双丫角的小头，大声说，"这老不死的！"

九斤老太虽然高寿，耳朵却还不很聋，但也没有听到孩子的话，仍旧自己说，"这真是一代不如一代！"

这村庄的习惯有点特别，女人生下孩子，多喜欢用秤称了轻重，便用斤数当作小名。九斤老太自从庆祝了五十大寿以后，便渐渐的变了不平家，常说伊年青的时候，天气没有现在这般热，豆子也没有现在这般硬：总之现在的时世是不对了。何况六斤比伊的曾祖，少了三斤，比伊父亲七斤，又少了一斤，这真是一条颠扑不破的实例。所以伊又用劲说，“这真是一代不如一代！”

伊的儿媳[3]七斤嫂子正捧着饭篮走到桌边，便将饭篮在桌上一摔，愤愤的说，“你老人家又这么说了。六斤生下来的时候，不是六斤五两么？你家的秤又是私秤，加重称，十八两秤；用了准十六，我们的六斤该有七斤多哩。我想便是太公和公公，也不见得正是九斤八斤十足，用的秤也许是十四两……”

“一代不如一代！”

七斤嫂还没有答话，忽然看见七斤从小巷口转出，便移了方向，对他嚷道，“你这死尸怎么这时候才回来，死到那里去了！不管人家等着你开饭！”

七斤虽然住在农村，却早有些飞黄腾达的意思。从他的祖父到他，三代不捏锄头柄了；他也照例的帮人撑着航船，每日一回，早晨从鲁镇进城，傍晚又回到鲁镇，因此很知道些时事：例如什么地方，雷公劈死了蜈蚣精；什么地方，闺女生了一个夜叉之类。他在村人里面，的确已经是一名出场人物了。但夏天吃饭不点灯，却还守着农家习惯，所以回家太迟，是该骂的。

七斤一手捏着象牙嘴白铜斗六尺多长的湘妃竹烟管，低着头，慢慢地走来，坐在矮凳上。六斤也趁势溜出，坐在他身边，叫他爹爹。七斤没有应。

“一代不如一代！”九斤老太说。

七斤慢慢地抬起头来，叹一口气说，“皇帝坐了龙庭了。”

七斤嫂呆了一刻，忽而恍然大悟的道，“这可好了，这不是又要皇恩大赦了么！”

七斤又叹一口气，说，“我没有辫子[4]。”

“皇帝要辫子么？”

“皇帝要辫子。”

“你怎么知道呢？”七斤嫂有些着急，赶忙的问。

“咸亨酒店里的人，都说要的。”

七斤嫂这时从直觉上觉得事情似乎有些不妙了，因为咸亨酒店是消息灵通的所在。伊一转眼瞥见七斤的光头，便忍不住动怒，怪他恨他怨他；忽然又绝望起来，装好一碗饭，搡在七斤的面前道，“还是赶快吃你的饭罢！哭丧着脸，就会长出辫子来么？”

太阳收尽了他最末的光线了，水面暗暗地回复过凉气来；土场上一片碗筷声响，人人的脊梁上又都吐出汗粒。七斤嫂吃完三碗饭，偶然抬起头，心坎里便禁不住突突地发跳。伊透过乌桕叶，看见又矮又胖的赵七爷正从独木桥上走来，而且穿着宝蓝色竹布的长衫。

赵七爷是邻村茂源酒店的主人，又是这三十里方圆以内的唯一的出色人物兼学问家；因为有学问，所以又有些遗老的臭味。他有十多本金圣叹批评的《三国志》[5]，时常坐着一个字一个字的读；他不但能说出五虎将姓名，甚而至于还知道黄忠表字汉升和马超表字孟起。革命以后，他便将辫子盘在顶上，像道士一般；常常叹息说，倘若赵子龙在世，天下便不会乱到这地步了。七斤嫂眼睛好，早望见今天的赵七爷已经不是道士，却变成光滑头皮，乌黑发顶；伊便知道这一定是皇帝坐了龙庭，而且一定须有辫子，而且七斤一定是非常危险。因为赵七爷的这件竹布长衫，轻易是不常穿的，三年以来，只穿过两次：一次是和他呕气的麻子阿四病了的时候，一次是曾经砸烂他酒店的鲁大爷死了的时候；现在是第三次了，这一定又是于他有庆，于他的仇家有殃了。

七斤嫂记得，两年前七斤喝醉了酒，曾经骂过赵七爷是“贱胎”，所以这时便立刻直觉到七斤的危险，心坎里突突地发起跳来。

赵七爷一路走来，坐着吃饭的人都站起身，拿筷子点着自己的饭碗说，“七爷，请在我们这里用饭！”七爷也一路点头，说道“请请”，却一径走到七斤家的桌旁。七斤们连忙招呼，七爷也微笑着说“请请”，一面细细的研究他们的饭菜。

“好香的干菜，——听到了风声了么？”赵七爷站在七斤的后面七斤嫂的对面说。

“皇帝坐了龙庭了。”七斤说。

七斤嫂看着七爷的脸，竭力陪笑道，“皇帝已经坐了龙庭，几时皇恩大赦呢？”

“皇恩大赦？——大赦是慢慢的总要大赦罢。”七爷说到这里，声色忽然严厉起来，“但是你家七斤的辫子呢，辫子？这倒是要紧的事。你们知道：长毛[6]时候，留发不留头，留头不留发[7]，……”

七斤和他的女人没有读过书，不很懂得这古典的奥妙，但觉得有学问的七爷这么说，事情自然非常重大，无可挽回，便仿佛受了死刑宣告似的，耳朵里嗡的一声，再也说不出一句话。

“一代不如一代，——”九斤老太正在不平，趁这机会，便对赵七爷说，“现在的长毛，只是剪人家的辫子，僧不僧，道不道的。从前的长毛，这样的么？我活到七十九岁了，活够了。从前的长毛是——整匹的红缎子裹头，拖下去，拖下去，一直拖到脚跟；王爷是黄缎子，拖下去，黄缎子；红缎子，黄缎子，——我活够了，七十九岁了。”

七斤嫂站起身，自言自语的说，“这怎么好呢？这样的一班老小，都靠他养活的人，……”

赵七爷摇头道，“那也没法。没有辫子，该当何罪，书上都一条一条明明白白写着的。不管他家里有些什么人。”

七斤嫂听到书上写着，可真是完全绝望了；自己急得没法，便忽然又恨到七斤。伊用筷子指着他的鼻尖说，“这死尸自作自受！造反的时候，我本来说，不要撑船了，不要上城了。他偏要死进城去，滚进城去，进城便被人剪去了辫子。从前是绢光乌黑的辫子，现在弄得僧不僧道不道的。这囚徒自作自受，带累了我们又怎么说呢？这活死尸的囚徒……”

村人看见赵七爷到村，都赶紧吃完饭，聚在七斤家饭桌的周围。七斤自己知道是出场人物，被女人当大众这样辱骂，很不雅观，便只得抬起头，慢慢地说道：

“你今天说现成话，那时你……”

“你这活死尸的囚徒……”

看客中间，八一嫂是心肠最好的人，抱着伊的两周岁的遗腹子，正在七斤嫂身边看热闹；这时过意不去，连忙解劝说，“七斤嫂，算了罢。人不是神仙，谁知道未来事呢？便是七斤嫂，那时不也说，没有辫子倒也没有什么丑么？况且衙门里的大老爷也还没有告示，……”

七斤嫂没有听完，两个耳朵早通红了；便将筷子转过向来，指着八一嫂的鼻子，说，“阿呀，这是什么话呵！八一嫂，我自己看来倒还是一个人，会说出这样昏诞胡涂话么？那时我是，整整哭了三天，谁都看见；连六斤这小鬼也都哭，……”六斤刚吃完一大碗饭，拿了空碗，伸手去嚷着要添。七斤嫂正没好气，便用筷子在伊的双丫角中间，直扎下去，大喝道，“谁要你来多嘴！你这偷汉的小寡妇！”

扑的一声，六斤手里的空碗落在地上了，恰巧又碰着一块砖角，立刻破成一个很大的缺口。七斤直跳起来，捡起破碗，合上了检查一回，也喝道，“入娘的！”一巴掌打倒了六斤。六斤躺着哭，九斤老太拉了伊的手，连说着“一代不如一代”，一同走了。

八一嫂也发怒，大声说，“七斤嫂，你‘恨棒打人’……”

赵七爷本来是笑着旁观的；但自从八一嫂说了“衙门里的大老爷没有告示”这话以后，却有些生气了。这时他已经绕出桌旁，接着说，“‘恨棒打人’，算什么呢。大兵是就要到的。你可知道，这回保驾的是张大帅[8]，张大帅就是燕人张翼德的后代，他一支丈八蛇矛，就有万夫不当之勇，谁能抵挡他，”他两手同时捏起空拳，仿佛握着无形的蛇矛模样，向八一嫂抢进几步道，“你能抵挡他么！”

八一嫂正气得抱着孩子发抖，忽然见赵七爷满脸油汗，瞪着眼，准对伊冲过来，便十分害怕，不敢说完话，回身走了。赵七爷也跟着走去，众人一面怪八一嫂多事，一面让开路，几个剪过辫子重新留起的便赶快躲在人丛后面，怕他看见。赵七爷也不细心察访，通过人丛，忽然转入乌桕树后，说道“你能抵挡他么！”跨上独木桥，扬长去了。

村人们呆呆站着，心里计算，都觉得自己确乎抵不住张翼德，因此也决定七斤便要没有性命。七斤既然犯了皇法，想起他往常对人谈论城中的新闻的时候，就不该含着长烟管显出那般骄傲模样，所以对于七斤的犯法，也觉得有些畅快。他们也仿佛想发些议论，却又觉得没有什么议论可发。嗡嗡的一阵乱嚷，蚊子都撞过赤膊身子，闯到乌桕树下去做市；他们也就慢慢地走散回家，关上门去睡觉。七斤嫂咕哝着，也收了家伙和桌子矮凳回家，关上门睡觉了。

七斤将破碗拿回家里，坐在门槛上吸烟；但非常忧愁，忘却了吸咽，象牙嘴六尺多长湘妃竹烟管的白铜斗里的火光，渐渐发黑了。他心里但觉得事情似乎十分危急，也想想些方法，想些计画，但总是非常模糊，贯穿不得：“辫子呢辫子？丈八蛇矛。一代不如一代！皇帝坐龙庭。破的碗须得上城去钉好。谁能抵挡他？书上一条一条写着。入娘的！……”

第二日清晨，七斤依旧从鲁镇撑航船进城，傍晚回到鲁镇，又拿着六尺多长的湘妃竹烟管和一个饭碗回村。他在晚饭席上，对九斤老太说，这碗是在城内钉合的，因为缺口大，所以要十六个铜钉，三文一个，一总用了四十八文小钱。

九斤老太很不高兴的说，“一代不如一代，我是活够了。三文钱一个钉；从前的钉，这样的么？从前的钉是……我活了七十九岁了，——”

此后七斤虽然是照例日日进城，但家景总有些黯淡，村人大抵回避着，不再来听他从城内得来的新闻。七斤嫂也没有好声气，还时常叫他“囚徒”。

过了十多日，七斤从城内回家，看见他的女人非常高兴，问他说，“你在城里可听到些什么？”

“没有听到些什么。”

“皇帝坐了龙庭没有呢？”

“他们没有说。”

“咸亨酒店里也没有人说么？”

“也没人说。”

“我想皇帝一定是不坐龙庭了。我今天走过赵七爷的店前，看见他又坐着念书了，辫子又盘在顶上了，也没有穿长衫。”

“……”

“你想，不坐龙庭了罢？”

“我想，不坐了罢。”

现在的七斤，是七斤嫂和村人又都早给他相当的尊敬，相当的待遇了。到夏天，他们仍旧在自家门口的土场上吃饭；大家见了，都笑嘻嘻的招呼。九斤老太早已做过八十大寿，仍然不平而且康健。六斤的双丫角，已经变成一支大辫子了；伊虽然新近裹脚，却还能帮同七斤嫂做事，捧着十八个铜钉[9]的饭碗，在土场上一瘸一拐的往来。

（选自《鲁迅作品精选》，长江文艺出版社，2012年版）

【注释】

[1]文章最初发表于1920年9月《新青年》第八卷第一号，后收入《呐喊》。鲁迅（1881—1936），本名周樟寿，字豫山，后改名周树人，字豫才，浙江绍兴人。中国现代文学的奠基人。1907年发表第一篇论文《人之历史》。1918年4月，开始用“鲁迅”的笔名，在《新青年》上发表了他的第一篇白话短篇小说《狂人日记》。1927年10月，到上海定居，开始了“左翼”十年的战斗生活。1930年后，鲁迅参加了中国自由运动大同盟、左翼作家联盟、中国民权保障同盟等进步团体。1936年10月19日，因积劳成疾，与世长辞。鲁迅笔耕一生，留下了大量著述。主要代表作有短篇小说集《呐喊》《彷徨》《故事新编》，散文诗集《野草》，散文集《朝花夕拾》，杂文集《热风》《坟》《华盖集》《华盖集续编》《且介亭杂文》等，书信集《两地书》，学术著作《中国小说史略》《汉文学史纲要》等。他的著作已被译成英、日、俄、法、德等五十多种文字，介绍到世界各地。1981年人民文学出版社出版了《鲁迅全集》16卷本。

[2]这里的标点符号，用的是逗号，现在一般用冒号。本文中类似情况很多，这是“五四”白话文运动开始使用新式标点的一种历史现象。

[3]伊的儿媳：从上下文看，这里的“儿媳”应该指的是孙媳。伊：“五四”前后的文学作品中，常用“伊”专指女性，后来改用“她”。

[4]辫子：我国满族旧俗，男子剃发垂辫（剃去头顶前部头发，后部结辫垂于脑后）。1644年清世祖

进入北京以后，几次下令强迫各族人民遵从满族发式，屠杀不遵从剃发令的民众。

[5]金圣叹批评的《三国志》：指小说《三国演义》。金圣叹（1608—1661）：明末清初文人，曾批注《水浒》《西厢记》等书，他把自己所加的序文、评语等称为"圣叹外书"。《三国演义》由元末明初罗贯中所著，后经清代毛宗岗改编，卷首有假托金圣叹所作的序，并有"圣叹外书"字样，每回前均附加评语，通常就把这些评语当成金圣叹所作。

[6]长毛：指太平天国起义军。他们不剃发不结辫，表示对清朝的反抗，被称为"长毛"。

[7]留发不留头，留头不留发：这里指清政府对太平天国起义军的残酷镇压。

[8]张大帅：指张勋，江西奉新人，北洋军阀之一。原为清朝军官，他和所部官兵仍留着辫子，表示忠于清王朝，被称为辫子军。1917 年 7 月 1 日，他在北京扶持清废帝溥仪复辟，7 月 12 日即告失败。

[9]十八个铜钉：据上文应是"十六个"。作者在 1926 年 11 月 23 日致李霁野的信中曾说："六斤家只有这一个钉过的碗，钉的是十六或十八，我也记不清了。总之两数之一是错的，请改成一律。"

作品赏析

这篇小说以 1917 年"张勋复辟"为背景，描写了在江南水乡引起的一场关于辫子的"风波"。

作品以辫子事件为中心线索，描述了事件的起因、发展和消解。通过"辫子"事件，以小见大，深刻地揭示了辛亥革命的不彻底性，真实地反映了辛亥革命后中国农村的封闭与落后，表现了农民的愚昧、保守与精神上的麻木。说明辛亥革命并没有给封建统治下的中国农村带来真正的变革，中国的面貌和人民的命运并没有真正改变，今后的社会革命，若不能唤醒民众，是难以成功的。

作品运用白描手法来塑造人物形象，通过富有个性色彩和乡土气息的人物对话来刻画人物性格，展开矛盾冲突，推动情节发展。如七斤与七斤嫂关于皇帝是否坐龙庭的两次对话，既展示了风波的发生与平息，又使我们看到了两个愚昧无知的农民形象，同时还说明了张勋复辟与辫子风波的关系。对话虽简洁生动，却深入刻画了人物，揭示了主题。

作者在揭示人物的内心活动与个性方面所作的细节描写也很富特色。例如九斤老太的一句口头禅"一代不如一代"反映了她的守旧；七斤口里含一根湘妃竹长烟管时的不同神态，有时表达了他的骄傲，有时又显出他的忧愁；而七斤嫂骂人时手里挥着一双筷子生动地体现了她粗野泼辣的性格。诸如此类的种种细节都很简练，并且符合人物身份，颇具生活气息，富有表现力。

此外，作品环境场面的描写也注意了首尾呼应。作品开头的环境描绘和场面描写，不仅是一幅充满地方色彩和生活气息的风景画和风俗画，而且以其场景的恬静与结尾相呼应，对辫子风波的波澜起伏起到了对比衬托的作用，说明了辫子风波不过是死水微澜，辛亥革命之后，农村并无真正的变革。这样的环境描写渲染了气氛，烘托了主题。

词海拾贝

1.飞黄腾达(fēihuáng-téngdá)

飞黄:传说中神马名。腾达:上升,引伸为发迹,宦途得意。形容骏马奔腾飞驰。比喻骤然得志,官职升得很快。出自唐代韩愈《符读书城南》诗:“飞黄腾踏去,不能顾蟾蜍。”

2.恍然大悟(huǎngrán-dàwù)

恍然:猛然清醒的样子;悟。心里明白。形容一下子明白过来。出自宋代释道原《景德传灯录》卷五:“简蒙指教,豁然大悟。”

3.自作自受(zìzuò-zìshòu)

自己做了蠢事坏事,自己倒霉。出自宋代释普济《五灯会元》:“僧问金山颖:‘一百二十斤铁枷,教阿谁担?’颖曰:‘自作自受。’”

4.自言自语(zìyán-zìyǔ)

自己一个人低声嘀咕。出自元代无名氏《桃花女》第四折:“你这般鬼促促的,在这自言自语,莫不要出城去砍那桃树吗?”

知识巩固与能力训练

一、结合课文有关段落,说明作品中人物对话对刻画人物、表现主题的作用。

二、简要说明环境描写对烘托主题的作用。

三、文中哪些地方采用了细节描写?谈谈它们的作用。

四、简要说明小说结尾对深化主题的作用。

学文心语

一个人对人民的服务不一定要站在大会上讲演或是做什么惊天动地的大事业,随时随地、点点滴滴地把自己知道的、想到的告诉人家,无形中就是替国家播种、垦植。

导语

1931年九一八事变后，东三省已沦陷于日本帝国主义的铁蹄之下，日本军国主义为实现其吞并中国的目的，不断挑起事端，妄图实现华北自治；同时，军阀混战正打得如火如荼。在面临亡国之际，老舍深感国人的盲目自大、无知和麻木不仁。先生知道一个文化的生存，必赖它有自我批判意识，时时矫正自己，充实自己，以老牌号自夸自傲，固执地拒绝更进一步，只能自取灭亡。

断魂枪[1]

老　舍

沙子龙的镖局已改成客栈。

东方的大梦没法子不醒了。炮声压下去马来与印度野林中的虎啸。半醒的人们，揉着眼，祷告着祖先与神灵；不大会儿，失去了国土、自由与权力。门外立着不同面色的人，枪口还热着。他们的长矛毒弩，花蛇斑彩的厚盾，都有什么用呢；连祖先与祖先所信的神明全不灵了啊！龙旗的中国也不再神秘，有了火车呀，穿坟过墓的破坏着风水。枣红色多穗的镖旗，绿鲨皮鞘的钢刀，响着串铃的口马[2]，江湖上的智慧与黑话，义气与声名，连沙子龙，他的武艺、事业，都梦似的变成昨夜的。今天是火车、快枪、通商与恐怖。听说，有人还要杀下皇帝的头呢！

这是走镖已没有饭吃，而国术还没被革命党与教育家提倡起来的时候。

谁不晓得沙子龙是利落、短瘦、硬棒，两眼明得像霜夜的大星？可是，现在他身上放了肉。镖局改了客栈，他自己在后小院占着三间北房，大枪立在墙角，院子里有几只楼鸽。只是在夜间，他把小院的门关好，熟习熟习他的“五虎断魂枪”。这条枪与这套枪，二十年的工夫，在西北一带，给他创出来“神枪沙子龙”五个字，没遇见过敌手。现在，这条枪与这套枪不会再替他增光显胜了；只是摸摸这凉、滑、硬而发颤的杆子，使他心中少难过一些而已。只有在夜间独自拿起枪来，才能相信自己还是“神枪沙”。在白天，他不大谈武艺与往事；他的世界已被狂风吹了走。

在他手下创练起来的少年们还时常来找他。他们大多数是没落子弟，都有点武艺，可是没地方去用。有的在庙会上去卖艺：踢两趟腿，练套家伙，翻几个跟头，附带着卖点大力丸，混个三吊两吊的。有的实在闲不起了，去弄筐果子，或挑些毛豆角，赶早儿在街上论斤吆喝出去。那时候米贱肉贱，肯卖膀子力气本来可以混个肚儿圆；他们可是不成：肚量既大，而且得吃口管事儿的[3]，干饽饽、辣饼子[4]咽不下去。况且他们还时常去走会：五虎棍，开路，太狮少狮……虽然算不了什么——比起走镳来——可是到底有个机会活动活动，露露脸。是的，走会捧场是买脸的事，他们打扮的得像个样儿，至少得有条青洋绉裤子,新漂白细市布的小褂,和一双鱼鳞洒鞋——顶好是青缎子抓地虎靴子。他们是神枪沙子龙的徒弟——虽然沙子龙并不承认——得到处露脸,走会得赔上俩钱,说不定还得打场架。没钱,上沙老师那里去求。沙老师不含糊,多少不拘,不让他们空着手儿走。可是,为打架或献技去讨教一个招数,或是请给说个"对子"——什么空手夺刀,或虎头钩进枪——沙老师有时说句笑话,马虎过去:"教什么?拿开水浇吧!"有时直接把他们赶出去。他们不大明白沙老师是怎么了,心中也有点不乐意。

可是,他们到处为沙老师吹腾,一来是愿意使人知道他们的武艺有真传授,受过高人的指教;二来是为激动沙老师:万一有人不服气而找上老师来,老师难道还不露一两手真的么?所以,沙老师一拳就砸倒了个牛!沙老师一脚把人踢到房上去,并没使多大的劲!他们谁也没见过这种事,但是说着说着,他们相信这是真的了,有年月,有地方,千真万确,敢起誓!

王三胜——沙子龙的大伙计——在土地庙拉开了场子,摆好了家伙。抹了一鼻子茶叶末色的鼻烟,他抡了几下竹节钢鞭,把场子打大一些。放下鞭,没向四围作揖,叉着腰念了两句:"脚踢天下好汉,拳打五路英雄!"向四围扫了一眼:"乡亲们,王三胜不是卖艺的;玩艺儿会几套,西北路上走过镖,会过绿林中的朋友。现在闲着没事,拉个场子陪诸位玩玩。有爱练的尽管下来,王三胜以武会友,有赏脸的,我陪着。神枪沙子龙是我的师傅;玩艺地道!诸位,有愿下来的没有?"他看着,准知道没人敢下来,他的话硬,可是那条钢鞭更硬,十八斤重。

王三胜,大个子,一脸横肉,努着对大黑眼珠,看着四围。大家不出声。他脱了小褂,紧了紧深月白色的腰里硬,把肚子杀进去,给手心一口唾沫,抄起大刀来:

"诸位,王三胜先练趟瞧瞧。不白练,练完了,带着的扔几个;没钱,给喊个好,助助威。这儿没生意口。好,上眼[5]!"

大刀靠了身,眼珠努出多高,脸上绷紧,胸脯子鼓出,象两块老桦木根子。一跺脚,刀横起,大红缨子在肩前摆动。削砍劈拨,蹲越闪转,手起风生,忽忽直响。忽然刀在右手心上旋转,身弯下去,四围鸦雀无声,只有缨铃轻叫。刀顺过来,猛的一个"跺泥",身子直挺,比众人高着一头,黑塔似的。收了势:"诸位!"一手持刀,一手叉腰,看着四围。稀稀的扔了几个铜钱,他点点头。"诸位!"他等着,等着,地上依旧是那几个亮而削薄的铜钱,外层的人偷偷散去,他咽了口气:"没人懂!"他低声的说,可是大家全听见了。

"有功夫!"西北角上一个黄胡子老头儿答了话。

"啊?"王三胜好似没听明白。

"我说:你——有——功——夫!"老头子的语气很不得人心。

放下大刀,王三胜随着大家的头往西北看。谁也没看重这个老人:小干巴个儿,披着件粗蓝布大衫,脸上窝窝瘪瘪,眼陷进去很深,嘴上几根细黄胡,肩上扛着条小黄草辫子,有筷子那么细,而绝对不像筷子那么直顺。王三胜可是看出这老家伙有功夫,脑门亮,眼睛亮——眼眶虽深,眼珠可黑得像两口小井,深深的闪着黑光。王三胜不怕:他看得出别人有功夫没有,可更相信自己的本事,他是沙子龙手下的大将。

“下来玩玩,大叔!”王三胜说得很得体。

点点头,老头儿往里走。这一走,四外全笑了。他的胳臂不大动;左脚往前迈,右脚随着拉上来,一步步的往前拉扯,身子整着[6],像是患过瘫痪病。蹭到场中,把大衫扔在地上,一点没理会四围怎样笑他。

“神枪沙子龙的徒弟,你说? 好,让你使枪吧;我呢?”老头子非常的干脆,很像久想动手。

人们全回来了,邻场耍狗熊的无论怎么敲锣也不中用了。

“三截棍进枪吧?”王三胜要看老头子一手,三截棍不是随便就拿得起来的家伙。

老头子又点点头,拾起家伙来。

王三胜努着眼,抖着枪,脸上十分难看。

老头子的黑眼珠更深更小了,像两个香火头,随着面前的枪尖儿转,王三胜忽然觉得不舒服,那俩黑眼珠似乎要把枪尖吸进去! 四外已围得风雨不透,大家都觉出老头子确是有威。为躲那对眼睛,王三胜耍了个枪花。老头子的黄胡子一动:“请!”王三胜一扣枪,向前躬步,枪尖奔了老头子的喉头去,枪缨打了一个红旋。老人的身子忽然活展了,将身微偏,让过枪尖,前把一挂,后把撩王三胜的手。啪,啪,两响,王三胜的枪撒了手。场外叫了好。王三胜连脸带胸口全紫了,抄起枪来;一个花子,连枪带人滚了过来,枪尖奔了老人的中部。老头子的眼亮得发着黑光;腿轻轻一屈,下把掩档,上把打着刚要抽回的枪杆,拍,枪又落在地上。

场外又是一片彩声。王三胜流了汗,不再去拾枪,努着眼,木在那里。老头子扔下家伙,拾起大衫,还是拉拉着腿,可是走得很快了。大衫搭在臂上,他过来拍了王三胜一下:“还得练哪,伙计!”

“别走!”王三胜擦着汗,“你不离,姓王的服了! 可有一样,你敢会会沙老师?”

“就是为会他才来的!”老头子的干巴脸上皱起点来,似乎是笑呢。“走,收了吧,晚饭我请!”

王三胜把兵器拢在一处,寄放在变戏法二麻子那里,陪着老头子往庙外走。后面跟着不少人,他把他们骂散。

“你老贵姓?”他问。

“姓孙哪,”老头子的话与人一样,都那么干巴。“爱练,久想会会沙子龙。”

沙子龙不把你打扁了! 王三胜心里说。他脚底下加了劲,可是没把孙老头落下。他看出来,老头子的腿是老走着查拳门中的连跳步;交起手来,必定很快。但是,无论他怎么快,沙子龙是没对手的。准知道孙老头要吃亏,他心中痛快了些,放慢了些脚步。

“孙大叔贵处?”

“河间的,小地方。”孙老者也和气了些,“月棍年刀一辈子枪,不容易见功夫! 说真的,你那两手就不坏!”

王三胜头上的汗又回来了，没言语。

到了客栈，他心中直跳，唯恐沙老师不在家，他急于报仇。他知道老师不爱管这种事，师弟们已碰过不少钉子，可是他相信这回必定行，他是大伙计，不比那些毛孩子；再说，人家在庙会上点名叫阵，沙老师还能丢这个脸么？

“三胜，”沙子龙正在床上看着本《封神榜》，“有事吗？”

三胜的脸又紫了，嘴唇动着，说不出话来。

沙子龙坐起来，“怎么了，三胜？”

“栽了跟头！”

只打了个不甚长的哈欠，沙老师没别的表示。

王三胜心中不平，但是不敢发作；他得激动老师：“姓孙的一个老头儿，门外等着老师呢；把我的枪，枪，打掉了两次！”他知道“枪”字在老师心中有多大分量。没等吩咐，他慌忙跑出去。

客人进来，沙子龙在外间屋等着呢。彼此拱手坐下，他叫三胜去泡茶。三胜希望两个老人立刻交了手，可是不能不沏茶去。孙老者没话讲，用深藏着的眼睛打量沙子龙。沙很客气：

“要是三胜得罪了你，不用理他，年纪还轻。”

孙老者有些失望，可也看出沙子龙的精明。他不知怎样好了，不能拿一个人的精明断定他的武艺。“我来领教领教枪法！”他不由得说出来。

沙子龙没接茬儿。王三胜提着茶壶走进来——急于看二人动手，他没管水开了没有，就沏在壶中。

“三胜，”沙子龙拿起个茶碗来，“去找小顺们去，天汇见，陪孙老者吃饭。”

“什么？”王三胜的眼珠几乎掉出来。看了看沙老师的脸，他敢怒而不敢言的说了声“是啦！”走出去，噘着大嘴。

“教徒弟不易！”孙老者说。

“我没收过徒弟。走吧，这个水不开！茶馆去喝，喝饿了就吃。”沙子龙从桌子上拿起缎子褡裢，一头装着鼻烟壶，一头装着点钱，挂在腰带上。

“不，我还不饿！”孙老者很坚决，两个“不”字把小辫从肩上抡到后边去。

“说会子话儿。”

“我来为领教领教枪法。”

“功夫早搁下了，”沙子龙指着身上，“已经放了肉！”

“这么办也行，”孙老者深深的看了沙老师一眼，“不比武，教给我那趟五虎断魂枪。”

“五虎断魂枪？”沙子龙笑了，“早忘干净了！早忘干净了！告诉你，在我这儿住几天，咱们各处逛逛，临走，多少送点盘缠。”

“我不逛，也用不着钱，我来学艺！”孙老者立起来，“我练趟给你看看，看够得上学艺不够！”一屈腰已到了院中，把楼鸽都吓飞起去。拉开架子，他打了趟查拳：腿快，手飘洒，一个飞脚起去，小辫儿飘在空中，像从天上落下来一个风筝；快之中，每个架子都摆得稳、准、利落；来回六趟，把院子满都打到，走得圆，接得紧，身子在一处，而精神贯串到四面八方。抱拳收势，身儿缩紧，好似满院乱飞的燕子忽然归了巢。

"好！好！"沙子龙在台阶上点着头喊。

"教给我那趟枪！"孙老者抱了抱拳。

沙子龙下了台阶，也抱着拳："孙老者，说真的吧，那条枪和那套枪都跟我入棺材，一齐入棺材！"

"不传？"

"不传！"

孙老者的胡子嘴动了半天，没说出什么来。到屋里抄起蓝布大衫，拉拉着腿："打搅了，再会！"

"吃过饭走！"沙子龙说。

孙老者没言语。

沙子龙把客人送到小门，然后回到屋中，对着墙角立着的大枪点了点头。

他独自上了天汇，怕是王三胜们在那里等着。他们都没有去。

王三胜和小顺们都不敢再到土地庙去卖艺，大家谁也不再为沙子龙吹腾；反之，他们说沙子龙栽了跟头，不敢和个老头儿动手；那个老头子一脚能踢死个牛。不要说王三胜输给他，沙子龙也不是他的对手。不过呢，王三胜到底和老头子见了个高低，而沙子龙连句硬话也没敢说。"神枪沙子龙"慢慢似乎被人们忘了。

夜静人稀，沙子龙关好了小门，一气把六十四枪刺下来；而后，拄着枪，望着天上的群星，想起当年的野店荒林的威风。叹一口气，用手指慢慢摸着凉滑的枪身，又微微一笑，"不传！不传！"

（选自《老舍文集》第八卷，人民文学出版社，1985年版）

【注释】

[1]文章最初发表于1935年9月天津《大公报》副刊《文艺》第13期。老舍（1899—1966），原名舒庆春，字舍予，笔名老舍，满族，北京人。现当代著名小说家、戏剧家。1924年夏，赴伦敦大学东方学院任中文教员，并从事文学创作。1926年发表了第一部长篇小说《老张的哲学》。1930—1936年，老舍先后在山东济南齐鲁大学和青岛山东大学任教。抗战爆发后，老舍投入抗日洪流中，担任"中华全国文艺界抗敌协会"理事兼总务部主任。新中国成立后，曾任全国文联副主席、中国作家协会副主席、北京市文联主席等职。1951年，北京市人民政府授予他"人民艺术家"称号。老舍是一位多产作家，一生共写了一千多篇（部）作品，七八百万字。他的作品大都取材于市民生活，他所描写的自然风光、世态人情、习俗时尚，运用的群众口语，都呈现鲜明的民族风格和浓郁的"京味儿"。主要著作有长篇小说《二马》《猫城记》《骆驼祥子》《四世同堂》，中篇小说《月牙儿》《我这一辈子》，短篇小说集《赶集》《樱海集》《蛤藻集》《火车集》《贫血集》，剧本《龙须沟》《茶馆》。另有《老舍剧作全集》《老舍散文集》《老舍诗选》《老舍文艺评论集》和《老舍文集》等。

[2]口马：指张家口外的马匹。

[3]管事儿的：有营养，吃了不至于不久又饿的。

[4]辣饼子：剩下的隔夜干粮。

[5]上眼：请观众注意看。

[6]身子整着：指两臂不动，身体僵硬地走路。

作品赏析

《断魂枪》是老舍短篇小说中的杰作。作品把反映个人命运的小故事与时代变迁的历史大背景结合起来，在短小的篇幅里营造出了大格局。故事发生的背景是“今天是火车、快枪、通商与恐怖”的时代，“龙旗的中国也不再神秘”，现代西方物质文明正在逐渐取代古老的传统文明。而这一切又是以民族压迫的方式进行的，古老的中国“不大会儿，失去了国土、自由与权力”。在两种文化、两种文明的强烈冲突中，拳师沙子龙的心态是极其复杂的。一方面，沙子龙是清醒的。他已经意识到时代所发生的巨大变化，淡出世俗，淡出江湖，坚持不传断魂枪，“顺应”潮流将镖局改为客栈。另一方面，沙子龙又是被迫的、无奈的，看似告别了过去的他，内心深处却满是恋恋不舍。因此，他才会在夜间独自拿起枪，在那一招一式当中找寻昔日的辉煌而孤芳自赏。在东西方文明的剧烈冲突中，沙子龙找不到自己可以生存的位置，找不到传统文化在现代社会中的延续点和连接线。因此，夹缝中的沙子龙又是痛苦的。

作品中还塑造了孙老者等人物。孙老者深藏不露的性格和沙子龙颇为接近，但同时他又乐观、坚韧、积极进取，为学习武林绝技而风尘仆仆地奔走江湖。与沙子龙相比，他仍旧沉浸在过去的旧梦当中，对时代的变化浑然不觉。在这一点上，他显然比沙子龙更为可悲。

小说在塑造人物形象时，采用了烘托和对比的手法。如王三胜的争强好胜与沙子龙的深藏不露相对比；孙老者的直率豪爽又与沙子龙的孤傲含蓄相映照。在对同一个人物的描绘中，或用反差极强的对比，或用欲扬先抑等手法刻画其性格特点。此外，小说的白描手法简练传神，通过肖像、语言、动作描写来刻画人物形象，塑造人物性格，可见作者写作功力。

词海拾贝

1.千真万确(qiānzhēn-wànquè)

形容情况非常确实。出自应修人《金字塔银宝塔》一：“这个南乡人，还说这个新闻是千真万确的。”

2.鸦雀无声(yāquè-wúshēng)

连乌鸦麻雀的声音都没有。形容非常静。出自宋代释道原《景德传灯录》卷四：“公曰：‘鸦去无声，又何言闻？’”苏轼《绝句三首》：“天风吹雨入阑干，乌鹊无声夜向阑。”

3.四面八方(sìmiàn-bāfāng)

指各个方面或各个地方。出自宋代释道原《景德传灯录》卷二十:“忽遇四面八方怎么生?”

知识巩固与能力训练

一、本文的艺术表现手法有何特色?

二、概括沙子龙、王三胜、孙老者的形象特征,并思考他们身上所体现的文化内涵。

学文心语

“修身”是对国家、对社会负责的第一前提。“先天下之忧而忧,后天下之乐而乐”,这是一种信仰,一种情怀,一种社会担当,然而条件是朴素的,是始自脚下的。修身养性、做好自我,就是起点。

导语

从边城走向城市,始终自称“乡下人”的沈从文以其独特的审美视角描绘了《菜园》的风雨沧桑,借小人物的悲剧展示了自己对社会人生的思考。

菜　园[1]

沈从文

玉家菜园出白菜,因为种子特别,本地任何种菜人所种的都没有那种大卷心。这原因从姓上可以明白,姓玉原本是旗人,菜种是当年从北京带来的。北京白菜素来著名。

辛亥革命以前,来城候补的是玉太爷,单名讳琛。当年来这小城时带了家眷,也带了白菜种籽。大致当时种来也只是为自己吃。谁知太爷一死,不久革命军推翻了清室,清宗室平时在国内势力一时失尽,顿呈衰败景象。各处地方都有流落的旗人,贫穷窘迫,无以为生,玉家却在无意中得白菜救了一家人的灾难。玉家靠卖菜过日子,从此玉家菜园在本县成为人人皆知的地方了。

主人玉太太,年纪五十岁,年青时节应当是美人,所以到老来还可以从余剩风姿想见一二。这太太有一个儿子是白脸长身的好少年,年纪二十一,在家中读过书,认字知礼,还有点世家风范。虽本地新兴绅士阶级,因切齿过去旗人的行为,极看不起旗人,如今又是卖菜佣儿子,很少同这家少主人来往。但这人家的儿子,总仍然有和平常菜贩儿子两样处。虽在当地得不到人亲近,却依然相当受人尊敬。

玉家菜园园地发展后,母子两双手已不大济事,因此另雇得有人。主人设计每到秋深便令长工在园中挖窖,冬天来雪后白菜全入窖。从此一年四季,城中人都有大白菜吃。菜园廿亩地,除了白菜也还种了不少其他菜蔬,善于经营的主人,使本城人一年任何时节都可得到极新鲜的蔬菜,特别是几种难得的蔬菜。也便因此,收入数目不小,十年来,渐渐成为小康之家了。

仿佛因为种族不同,很少同人往来的玉家母子,由旁人看来,除知道这家人卖菜有钱以外,其余一概茫然。

夏天薄暮,这个有教养又能自食其力的、富于林下风度的中年妇人,穿件白色细麻布旧式衣服,拿把蒲扇,朴素不华的在菜园外小溪边站立纳凉。侍立在身边的是穿白绸短衣裤的年青男子。两人常常沉默着半天不说话,听柳上晚蝉拖长了声音飞去,或者听溪水声音。溪水绕菜园折向东去,水清见底,常有小虾小鱼,鱼小到除了看玩就无用处。那时节,鱼大致也在休息了。

动风时,晚风中混有素馨兰花香茉莉花香。菜园中原有不少花木的,在微风中掠鬓,向天空柳枝空处数点初现的星,做母亲的想着古人的诗歌,可想不起谁曾写下形容晚天如落霞孤鹜一类好诗句，又总觉得有人写过这样恰如其境的好诗，便笑着问那个儿子，是不是能在这样情境中想出两句好诗。

“这景象，古今相同。对它得到一种彻悟，一种启示，应当写出几句好诗的。”

“这话好像古人说过了，记不起这个人。”

“我也这样想。是谢灵运，是王维，不能记得，我真上年纪了。”

“母亲你试作七绝一首，我和。”

“那么，想想吧。”

做母亲的于是当真就想下去，低吟了半天，总像是没有文字能解释当前这一种境界。一面是文字生疏已久，一面是情境相协，所谓超于言语，正如佛法，只能心印默契，不可言传，所以笑了。她说：

“这不行，哪里还会作诗？”

稍过，又问：

“少琛，你呢？”

男子笑着说，这天气是连说话也觉得可惜的天气，作诗等于糟蹋好风光。听到这样话的母亲莞尔而笑，过了桥，影子消失在白围墙竹林子后不见了。

不过在这样晚凉天气下，母子两人走到菜园去，看工人做瓜架子，督促舀水，谈论到秋来的菜种，萝卜的市价，也是很平常的事。他们有时还到园中去看菜秧，亲自动手挖泥浇水。一切不做作处，较之斗方诗人在瓜棚下坐一点钟便拟赋五言八韵田家乐，偶一出城就赞赏独木桥美不可言，虚伪真实，相去真不可以道里计。

冬天时，玉家白菜上了市，全城人都吃玉家白菜。在吃白菜时节，有想到这卖菜人家居情形的，赞美了白菜总同时也就赞美了这人家母子。一切人所知有限，但所知的一点点便仿佛使人极其倾心。这城中也如别的城市一样，城中所住蠢人比聪明人多十来倍，所以竟有那种人，说出非常简陋的话，说是每一株白菜，皆经主人的手抚手摸，所以才能够如此肥茁，这原因是有根有柢的。从这样呆气的话语中，也仍然可以看出城中人如何闪耀着一种对于这家人生活优美的企羡。

做母亲的还善于把白菜制各样干菜，根、叶、心各用不同方法制作成各种不同味道。少年人则对于这一类知识，远不及其对于笔记小说知识丰富。但他一天所做的事，经营菜园的时间却比看书写字时间多。年青人，心地洁白如鸽子毛，需要工作，需要游戏，所以菜园不是使他厌倦的地方。他不能同人锱铢必较的算账，不过单是这缺点，也就使这人变成更可爱的人了。

他不因为认识了字就不做工，也不因为有了钱就增加骄傲。对于本地人凡有过从的，不拘是小贩他也能用平等相待。他应当属于知识阶级，却并不觉得在作人意义上，自己有特别尊重读书人必要。他自己对人诚实，他所要求于人的也是诚实。他把诚实这一件事看做人生美德，这种品性同趣味却全出之于母亲的陶冶。

日子到了应当使这年青人定婚的时候了，这男子尚无媳妇。本城的风气，已到了大部分男女自相悦爱才好结婚，然而来到玉家菜园的仍有不少老媒人。这些媒人完全因为一种职业的善心，成天各处走动，只愿意事情成就，自己从中得一点点钱财谢礼。因太想成全他人，说谎自然也就成为才艺之一种。眼见用了各样谎话都等于白费以后，这些媒人才死了心，不再上玉家菜园。

然而因为媒人的撺掇，以及另一因缘，认识过玉家青年人，愿意作玉家媳妇私心窃许的，本城女人却很多很多。

二十二岁的生日，作母亲的为儿子备了一桌特别酒席，到晚来两人对坐饮酒。窗外就是菜园，时正十二月，大雪刚过，园中一片白。已经摘下还未落窖的白菜，全成堆的在园中，白雪盖满，正像一座座大坟。还有尚未收取的菜，如小雪人，成队成排站立在雪中。母子二人喝了一些酒，谈论到今年大雪同菜蔬，萝卜白菜皆须大雪始能将味道转浓，把窗推开了。

窗开以后，园中一切都收入眼底。

天色将暮，园中静静地。雪已不落了，也没有风。上半日在菜畦觅食的黑老鸹，不知到什么地方去了。母亲说：

“今年这雪真好！”

“今年刚十二月初，这雪不知还有多少次落呢。”

“这样雪落下人不冷，到这里算是稀奇事。北京这样一点点雪可就太平常了。”

“北京听说完全不同了。”

“这地方近十年也变得好厉害！”

这样说话的母亲，想起二十年来在本地方住下的经过人事变迁，她于是喝了一口酒。

“你今天满二十二岁，太爷过世十八年，民国反正十五年，不单是天下变得不同，就是我们家中，也变得真可怕。我今年五十，人也老了。总算把你教养成人，玉家不至于绝了香火。你爹若在世，就太好了。”

在儿子印象中只记得父亲是一个手持“京八寸”人物。那时吸纸烟真有格，到如今，连做工的人也买美丽牌，不用火镰同烟杆了。这一段长长的日子中，母亲的辛苦从家中任何一事皆可知其一二。如今儿子已成人了，二十二岁，命好应有了孙子。听说“母亲也老了”这类话的少琛，不知如何，忽想起一件心事来了。他蓄了许久的意思今天才有机会说出。他说他想过北京。

北京方面他有一个舅父，宣统未出宫以前，还在宫中做小管事，如今听说在旗章胡同开铺子，卖冰，卖西洋点心，生意不恶。

听说儿子要到北京去，作母亲的似乎稍稍吃了一惊。这惊讶是儿子料得到的，正因为不愿意使母亲惊讶，所以直到最近才说出来。然而她也挂念着那胞兄的。

“你去看看你三舅，还是做别的事？”

“我想读点书。”

“我们这人家还读什么书？世界天天变，我真怕。”

"那我们俩去!"

"这里放得下吗?"

"我去三个月又回来,也说不定。"

"要去,三年五年也去了。我不妨碍你。你希望走走就走走,只是书不读也不甚要紧。做人不一定要多少书本知识。像我们这种人,知识多,也是灾难!"

这妇人这样慨乎其言的说后,就要儿子喝一杯,问他预备过年再去还是到北京过年。

儿子说赶考试,还是年前走好,且趁路上清静,也极难得。

虽然母亲同意远行,却认为不必那么忙,因此到后仍然决定正月十五以后再离开母亲身边。把话说过,回到今天雪上来了,母亲记起忘了的一桩事情,她要他送一坛酒给做工人,因为今天不是平常的日子。

不久过年了。

过了年,随着不久就到了少琛动身日子了。信早已写给北京的舅父,于是坐了省河小轮,到长沙市坐车,转武汉,再换火车,到了北京。

时间过了三年。

在这三年中,玉家菜园还是玉家菜园。但渐渐的,城中便知道玉家少主人在北京大学读书,极其出名的事了。其中经过自然一言难尽,琐碎到不能记述。然而在本城,玉家白菜还是十分出色。在家中一方面稍稍不同了的,是作儿子的常常寄报纸回来,寄新书回来;作母亲的一面仍然管理菜园的事务,兼喂养一群白色母鸡。自己每天无事时,便抓玉米喂鸡,与鸡雏玩,一面读从北京所寄来的书报杂志。母亲虽然五十多岁,一切书报扇起二十岁年青学生的种种,母亲有时也不免有些幻梦。

地方一切新的变故甚多,随同革命,北伐……于是许多壮年都在这过程中,死到野外,无人收尸因而烂去了,也成长了一些英雄和志士先烈,也培养了许多新官旧官……于是地方的党部工会成立了……于是"马日事变"年轻人杀死了,工会解散,党部换了人……于是从报章上消息,知道北京改成了北平。

地方改了北平,北方已平定,仿佛真命天子出世,天下快太平了。在北平地方的儿子,还是常常有信来,寄书报则稍稍少了一点。

在本城的母亲,每月寄六十块钱去,同时写信总在告给身体保重以外顺便问问有不有那种合意的女子可以订婚。母亲是老一代人,年纪渐老,自然对于这些事也更见其关心。三年来的母亲,还是同样的不失林下风度。因儿子的缘故,多知了许多时事,然而一切外形,属于美德的,没有一种失去。且因一种方便,两个工人得到主人的帮助,都接亲了。母亲把这类事告给儿子时,儿子来信说这样做很对。

儿子也来过信,说是母亲不妨到北平看看,把菜园交给工人。虽说菜园的事也不一定放不下手,但不知如何,这老年人总不曾打量过北行的事。

当这母亲接到了儿子的一封信,说本学期终了可以回家来住一月时,欢喜极了。来信还只是四月,从四月起作母亲的就在家中为儿子准备一切。凡是这老年人想到可以使儿子愉快的事统统计划到了。一到了七月，就成天盼望远行人的归来。又派人往较远的××市去接他，又花了不少钱为他添办了一些东西，如迎新娘子那么期待儿子的归来。

儿子如期回来了。更出于意外叫人惊喜的，是同时还真有一个新媳妇回来。这事情直到进了家门母亲才知道，一面还在心中作小小埋怨，一面把“新客”让到自己的住房中去，作母亲的似乎人年青了十岁。

见到脸目略显憔悴的儿子，把新媳妇指点给两对工人夫妇，说“这是我们的朋友”时，母亲欢喜得话说不出。

儿子回家的消息不久就传遍了本城，美丽的媳妇不久也就为本城人全知道了。因为地方小，从北京方面回来的人不多，虽然绅士们的过从仍然缺少，但渐渐有绅士们的儿子到玉家菜园中的事了。还有本地教育局，在一次集会中，也把这家从北平回来的男子与媳妇请去开会了。还有那种对未来有所倾心的年青人，从别的事情上知道了玉家儿子的姓名，因为一种倾慕，特邀集了三五同好来奉访了。

从母亲方面看来，儿子的外表还完全如未出门以前，儿子已慢慢是个把生活插到社会中去的人了。许多事皆仿佛天真烂漫，凡是一切往日的好处完全还保留在身上，所有新获得的知识，却融入了生活里，找不出所谓痕迹。媳妇则除了像是过分美丽不适宜于做媳妇，住到这小城里值得忧心以外，简直没有疵点可寻。

时间仍然是热天，在门外溪边小立，听水听蝉，或在瓜棚豆畦间谈话，看天上晚霞，五年前母子两人过的日子如今多了一人。这一家某种情形仍然仿佛和一地方人是两种世界，生活中多与本城人发生一点关系，不过是徒增注意及这一家情形的人谈论到时一点企羡而已。

因为媳妇特别爱菊花，今年回家，拟定看过菊花，方过北平，所以作母亲的特别令工人留出一块地种菊花，各处寻觅佳种，督工人整理菊秧，母子们自己也动动手。已近八月的一天，吃过了饭，母子们同在园中看菊苗，儿子穿一件短衣，把袖子卷到肘弯以上，用手代铲，两手全是泥。

母亲见一对年青人，在菊圃边料理菊花，便做着一种无害于事极其合理的祖母的幻梦。

一面同母亲说北平栽培菊花的，如何使用他种蒿草干本接枝，开花如斗的事情，一面便同蹲在面前美丽到任何时见及皆不免出惊的夫人，用目光作无言的爱抚。忽然县里有人来说，有点事情，请两个年青人去谈一谈。来人连洗手的暇裕也没有留给主人，把一对年青人就“请”去了。从此一去，便不再回家了。

作母亲的当时纵稍稍吃惊，也仍然没有想到此后事情。

第二天，作母亲的已病倒在床，原来儿子同媳妇，已与三个因其他缘故而得着同样灾难的青年人，陈尸到教场的一隅了。

第三天，由一些粗手脚汉子把那五个尸身一起抬到郊外荒地，抛在业已在早一天掘就因夜雨积有泥水的大坑里，胡乱加上一点土，略不回顾的扛了绳杠到衙门去领赏，尽其慢慢腐烂去了。

作母亲的为这种意外不幸晕去数次，却并没有死去。儿子虽如此死了，办理善后，罚款，具结，她还有许多事得做。三天后大街上和城门上贴出告示，才使她同本城人同时知道儿子原来是共产党。仿佛还亏得衙门中人因为想到要白菜吃，才把老的生命留下来，也没有把菜园产业全部充公。这样打量着而苦笑的老年人，不应当就死去，还得经营菜园才行。她于是仍然卖菜，活下来了。

秋天来时菊花开遍了一地。

主人对花无语，无可记述。

玉家菜园或者终有一天会改作玉家花园，因为园中菊花多而且好，有地方绅士和新贵强借作宴客的地方了。

骤然憔悴如七十岁的女主人，每天坐在园里空坪中喂鸡，一面回想一些无用处的旧事。

玉家菜园从此简直成了玉家花园。内战不兴，天下太平，到秋天来地方有势力的绅士在园中宴客，吃的是园中所出产的蔬菜，喝着好酒，同赏菊花。因为赏菊，大家在兴头中必赋诗，有祝主人有功国家，多福多寿，比之于古人某某典雅切题的好诗，有把本园主人写作卖菜媪对于旧事加以感叹的好诗。地方绅士有一种习惯，多会做点诗，自以为好的必题壁，或花钱找石匠来镌石，预备嵌墙中作纪念。名士伟人，相聚一堂，人人尽欢而散，扶醉归去。各人回到家中，一定还有机会作与五柳先生猜拳照杯的梦。

玉家菜园改称玉家花园，是主人在儿子死去三年后的事。这妇人沉默寂寞的活了三年，到儿子生日那一天，天落大雪，想这样活下去日子已够了，春天同秋天不用再来了，把一点剩余家产全部分派给几个工人，忽然用一根丝绦套在颈子上，便缢死了。

一九二九年夏作

（选自《沈从文专集·边城》，吉林美术出版社，2014 年版）

【注释】

[1]本文原发表于 1929 年 10 月《小说月报》，1936 年 11 月收入短篇小说集《新与旧》。沈从文（1902—1988），原名沈岳焕，笔名休芸芸、甲辰、上官碧、璇若等。湖南凤凰县人。现代著名作家、历史文物研究家。沈从文创作的作品有 80 多部，主要以小说、散文为主。著名的中长篇作品有《边城》《长河》等，散文有《湘行散记》《湘西》和《从文自传》等。其小说主要有两类：一类以湘西生活为题材，一类以都市生活为题材。前者通过描写湘西人原始、自然的生命形式，赞美人性美；后者通过都市生活的腐化堕落，揭示都市自然人性的丧失。他的创作表现手法不拘一格，文体不拘常例，故事不拘常格，尝试各种体式和结构进行创作，成为现代文学史上不可多得的"文体作家"。他的散文也独具魅力，为现代散文增添了艺术光彩。一些后来的作家深受他创作风格的影响。

作品赏析

《菜园》是沈从文 1929 年创作的一部短篇小说，情节一如他的诸多小说一般平淡清浅，但在淡雅中寓下了深蕴，使人难以忘怀。

作品讲述了一个凄美的故事：一个衰败但是依靠自食其力仍然过着宽绰日子的旗人

家庭，母亲和儿子相依为命，过着安恬而舒适的日子。平静被儿子的强烈求知欲打破，他外出上学并带回了一个儿媳，但最终的结果是不幸的，儿子和儿媳被官府带走再没回来，母亲在儿子去世后的三年也自缢而去。

沈从文追求的是“一种‘优美，健康，自然而又不悖乎人性的人生形式’”，他曾说“我只想造希腊小庙。选小地作基础，用坚硬石头堆砌它。精致、结实、对称，形体虽小而不纤巧，是我理想的建筑，这神庙供奉的是‘人性’”。沈从文的“湘西世界”正是对“人性”的抒写。而在本文当中，作者仍旧坚持着他对自然人性的追求与歌颂。《菜园》本是一则悲剧，一则本是人间大起大落的悲剧，作者却将其写成了一则淡淡的哀歌。作品更多给与我们的是一种平和、淡然、真切动人的感觉，原因就在于作者的着力点是在对于美好人性、人情的赞美上。作品中对母亲和儿子的脾气禀赋写得并不多，却着力描绘了母子相亲相爱、“心印默契”的情感。母子夏日薄暮作诗的情景温馨感人，构成一组和谐的音符，让人深深体味这依依相惜的骨肉亲情。儿子外出求学归来，“作母亲的似乎人年轻了十岁”，母亲的欣喜可想可知。然而，悲剧发生了，儿子被官府带走，母亲“骤然憔悴如七十岁”，三年后自缢而亡。笔墨是淡淡的，近于白描的手笔。然而淡然中却隐含着让人无法释怀的悲哀。作者在“人性”的情结中所吐露的爱与憎，融入社会、历史的层面，看似平淡，却深入肌里，入木三分。

沈从文的小说与同时代的小说相比，也许缺乏风云雷动的氛围，却不乏平和幽远的深韵。他的作品没有气势恢宏的巨著，却在山地村野中制作精美的诗篇。李健吾认为，沈从文的小说是热情的，然而不说教；是抒情的，然而更是诗的。这诗的情境渗透在他的整个作品中，使得他和现实生活有点“隔”，有距离感，他的小说充满了山乡古远的原生态的气息，却不乏诗的韵味。《菜园》中淡淡的白描的话语，无须大红大绿的底色作陪衬，一切都是淡雅的。在恬淡中，却流露出诗的气息。

词海拾贝

1.不可言传(bùkě-yánchuán)

言：言语。指对某些事理只能揣摩领悟，不能用言语来表达。出自宋代释道原《景德传灯录》卷二十五：“诸法寂灭相，不可以宣言，和尚如何为人?”明代圆极居顶《续传灯录》卷二十四：“妙契不可以意到，真证不可以言传。”

2.妙不可言(miàobù-kěyán)

妙：美妙。形容好得难以用文字、语言表达。出自晋代郭璞《江赋》：“经纪天地，错综人术，妙不可尽之于言，事不可穷之于笔。”

知识巩固与能力训练

一、《菜园》中，造成玉家儿子儿媳悲剧的时代背景和社会原因是什么?

二、沈从文在《菜园》中是怎样表现人性的？

三、作品中的故事情节与现实生活有无距离感？作者为什么要这样做？

学文心语

真正的和，不仅是一个小区邻里之间的和谐，也不仅是人与人之间的和谐，还包括大地万物和谐而快乐的成长；人对自然万物，有一种敬畏，有一种适应，有一种默契。

导语

曹禺作为中国新文化运动的开拓者之一，与鲁迅、郭沫若、茅盾、巴金、老舍齐名。他是中国现代戏剧界的泰斗和著名的戏剧教育家，他塑造的每一个角色，都给人留下了难忘的印象。如果说《雷雨》以其扣人心弦的情节、精练含蓄的语言和各具特色的人物，树立起中国现代话剧成熟的里程碑的话，《日出》则以鲜明的时代性和深广的历史内容，在曹禺剧作中居于领衔地位。

日出・第二幕[1]

曹　禺

【李石清由中门进。】

陈白露　站住！走过来点！（小东西就走过来。她用手帕把她的胭脂涂匀，揩去她的泪痕，爱抚地笑着）去吧！（小东西又回到右屋。露回头）哦，李先生，你来了！李太太非要找你不可，你们真亲热。

李石清　（笑）您不知道，陈小姐，我们也是一对老情人。我的太太，要是一点钟不跟我说一次情话是过不得的。

陈白露　真的么？那你们尽管在这儿谈吧，我不打搅了。

【白露由左门下。】

李石清　（鞠躬，望着白露出了门，半晌，四面看看。放下心，拉下脸，严重地）打得怎么样？输了？赢了？

李太太　（哀求地）石清，你让我回去吧？

李石清　（疑惧地）你输了？

李太太　（低头）嗯。

李石清　（有些慌）我给你一百五十块钱都输了？

李太太　（低声）还没有都输——也差不多少。

李石清　（半天，想不出办法）可是怎么能输这么些！

李太太　我心里着急。我怕输，牌更打不好了。

李石清　（不觉地气起来）着急？都是一样地打牌，你着什么急？你真，你真不见世面。

李太太　（受不了这样的委屈，落下眼泪）我不去打牌，你偏要我打牌。我不愿意来，你偏逼我到这儿来。我听你的话，我来了，陪着这帮有钱的人们打大牌——输了钱，你又——（泣出声）

李石清　（看着她，反而更气起来）哭！哭！哭！你就会哭！这个地方是你哭的么？

这成什么样子？别哭了。(不耐烦地)我这儿有的是钱,得了,得了。

李太太　我不要钱。

李石清　你要什么？

李太太(怯弱地)我要回家。

李石清　少说废话,这儿有钱。(取出皮夹来安慰她)你看,我这儿有一百块钱,你看。先分给你八十,好不好？

李太太　你在哪儿弄来的钱？

李石清　你不用管。

李太太　(忽然)你的皮大氅呢？

李石清　在家里,没有穿来。

李太太　(瞥见李手内一卷钞票内夹着的一张纸)石清,你这是什么？

李石清　(抢说)这是……(但已被李太太拿去)

李太太　(望望那张纸,又交还李)你又把你的皮大衣当——

李石清　你不要这么大声嚷嚷！

李太太　唉,石清,你这是何苦！

李石清　(不高兴)你不用管,我跟你说,你不用管。

李太太　石清,我实在受不了啦。石清,你叫我回家去吧,好不好？这不是我们玩的地方,没有一个正经人,没有一句正经话,——

李石清　谁说没有正经人,潘经理不就是个正经人么！你看他办学校,盖济贫院,开工厂,这还不是好人做的事？

李太太　可是你没有看见他跟这位陈小姐——

李石清　我怎么没看见。那是经理喜欢她。他有的是钞票,他爱花这样的钱,这有什么正经不正经？

李太太　好了,这都不是我们的事。(哀求地)你难道不明白,我们的进款这样少,我们不配到这个地方来陪着这位陈小姐？陪着这些有钱的人们玩么？

李石清　我跟你说过多少遍,这样的话你要说,在家里说。不要在这儿讲。省得人家听见笑话你。

李太太　(委屈地)石清,真地我的确觉得他们都有点笑话我们。

李石清　(愤恨地)谁敢笑话我们？我们一样有钱,一样地打着牌,不是百儿八十地应酬着么？

李太太　可是这是做什么呀！我们家里有一大堆孩子！小英儿正在上学,芳儿都要说人家,小五儿又在不舒服。妈妈连一件像样过冬的衣服都没有。放着这许多事情都不做。拿着我们这样造孽的钱陪他们打牌,百儿八十地应酬,你……你叫我怎么打得下去？

李石清　(低头)不用提了,不用提了。

李太太　你想,在银行当个不大不小的职员,一天累到死,月底领了薪水还是不够家用,也就够苦了。完了事,还得陪着这些上司们玩,打牌,应酬;孩子没有上学的钱,也得应酬;到月底没有房租的钱,还得应酬;孩子生了病,没有钱找好医生治,还是得应酬;——

李石清　(爆发)你不要说了!你不要再说下去了!(沉痛地)你难道看不出来我心里整天难过?你看不出我自己总觉得我是个穷汉子吗?我恨,我恨我自己为什么没有一个好父亲,生来就有钱,叫我少低头,少受气。我不比他们坏。这帮东西,你是知道的,并不比我好。没有脑筋,没有胆量,没有一点心肝。他们跟我不同的地方,是他们生来有钱,有地位;我生来没钱没地位,就是了。我告诉你,这个社会没有公理,没有平等。什么道德,服务,那是他们骗人。你按部就班地干,做到老也是穷死。只有大胆地破釜沉舟地跟他们拚,还许有翻身的那一天!

李太太　石清,你只顾拼,你怎么不想想我们自己的儿子,他们将来怎么办?

李石清　(叹一口气)孩子!哼,要不是为我们这几个可怜的孩子,我肯这么厚着脸皮拉着你,跑到这个地方来?陈白露是个什么东西?舞女不是舞女,娼妓不是娼妓,姨太太又不是姨太太。这么一个贱货!这个老混蛋看上了她。老混蛋有钱,我就得叫她小姐;她说什么,我也说什么。可是你只看见我把他们当做我的祖宗来奉承。素贞,你没有觉出有时我是怎么讨厌我自己,我这么不要脸。来巴结他们,我什么人格都不要来巴结他们。我这么四十多的人,我要天天鞠着躬跟这帮王八蛋,以至于贱种像胡四这个东西混!我一个一个地都要奉承,联络。我,李石清,一个男子汉,我——(低头不语)

李太太　石清,你不要难过,不要丧气。我明白你,你在外面受了许多委曲。

李石清　不,我决不难过。(忽然慢慢抬起头来,愤恨地)哼,我要起来,我要翻过身来。我要硬得成一块石头,我要不讲一点人情。我以后不可怜人,不同情人;我只要自私,我要报仇。

李太太　报仇?谁欺负了你,你恨谁?

李石清　谁都欺负我,谁我都恨。我在这儿二十年,干到现在,受了多少肮脏气!我早晚要起来的,我要狠狠地出口气。你看,我就要起来了。

【潘月亭由中门进。】

潘月亭　石清!你回来了。

李石清　(恭谨地)早来了。我听说您正跟报馆的人谈天,所以没敢叫人请您去。

潘月亭　李太太有事么?

李石清　没有事,没有事。(对李太太)你还是进去打牌去吧。

【李太太由左门下。】

李石清　报馆有什么特别关于时局的消息么?

潘月亭　你不用管,叫你买的公债都买好了么?

李石清　买了一共二百万,本月份。

潘月亭　成交是怎么个行市?

李石清　七七五。

潘月亭　买了之后，情形怎么样？

李石清　我怕不大好。外面有谣言，市面很紧，行市只往下落，有公债的都抛出，可是您反而——

潘月亭　我反而买进。

李石清　您自然是看涨。

潘月亭　我买进，难道我会看落？

李石清　（表示殷勤）经理，平常做存货没什么大危险，再没办法，我们收现，买回来就得了。可现在情形特别，行市一个劲儿往下跌。要是平定一点，行市还有翻回来的那一天，那您就大赚了。不过这可是由不得我们的事。

潘月亭　（拿吕宋烟）你怎么知道谣言一定可靠？

李石清　（卑屈地笑）是，是，您说这是空气？这是空户们要买进，故意造出的空气？

潘月亭　空气不空气？我想我干公债这么些年，总可以知道一点真消息。

李石清　（讨好地）不过金八的消息最灵通。我听说他老人家一点也没有买，并且——

潘月亭　（不愉快）石清先生，一个人顶好自己管自己的事。在行里，叫你做的你做；不叫你做的，就少多事，少问。这是行里做事的规矩。

李石清（被这样顶撞，自然不悦，但极力压制着自己）是，经理，我不过是说说，给您提醒。

潘月亭　银行里面的事情，不是说说讲讲的事，我并且用不着你提醒。

李石清　是，经理。

潘月亭　你到金八爷那儿去了么？

李石清　去过了。我跟他提过这回盖大丰大楼的事情。他说银行现在怎么会有钱盖房子？后来他又讲市面太坏，地价落。他说这楼既然刚盖，最好立刻停工。

潘月亭　你没有说这房子已经订了合同，定款已经付了么？

李石清　我自然说了，我说包给一个外国公司，钱决不能退。所以金八爷在银行的存款，一时实在周转不过来，请缓一两天提。

潘月亭　他怎么样？

李石清　他想了想，他说“再看吧”。看神气，仿佛还免不了有变故。

潘月亭　这个流氓！一点交情也不讲！

李石清　（偷看他）哦，他还问我现在银行所有的房地产是不是已经都抵押出去了？

潘月亭　怎么，他会问你这些事情？

李石清　是，我也奇怪呢，可是我也没怎么说。

潘月亭　你对他说什么？

李石清　我说银行的房地产并没有抵押出去。（停一下。又偷看潘的脸，索性壮起胆子，孤注一掷）固然我知道银行的产业，早已全部押给人了。

潘月亭　（愣住）你——谁跟你说押给人了？

李石清　（抬起头）经理，您不是在前几个月，把最后的一片房产，由长兴里到黄仁里都给押出去了么？

潘月亭　笑话。这是谁说的？

李石清　经理，您不是全部都押给友华公司了么？

潘月亭　哦，哦，（走了两步）石清，你从哪儿得来这个消息？（坐下）怎么，这件事会有人知道么？

李石清　（明白已抓住了潘月亭的短处）您放心，您放心，没有人知道。就是我自己看见您签字的合同。

潘月亭　你在哪儿看见这个合同？

李石清　在您的抽屉里。

潘月亭　你怎么敢——

李石清　不瞒您说，（狞笑）因为我在行里觉得很奇怪，经理忽而又是盖大楼，又是买公债的，我就有一天趁您送客的那一会工夫，开了您的抽屉看看。（笑）可是，我知道我这一举是有点多事。

潘月亭　（呆了半天）石清，不不——这不算什么。不算多事。（不安地笑着）互相监督，也是好的。你请坐，你请坐，我们可以谈谈。

李石清　经理。您何必这么客气？

潘月亭　不，你坐坐，不要再拘束了。（坐下）你既然知道了这件事，你自然明白这件事的秘密性，这是决不可泄漏出去，弄得银行本身有些不便当。

李石清　是，（开始胁迫）我知道最近银行大宗提款的不算少。

潘月亭　好了，我们是一个船上的人啦。我们应该互相帮助，团结起来。这些日子关于银行的谣言很多，他们都疑惑行里准备金是不够的。

李石清　（故意再顶一句）的的确确行里不但准备金不足，而且有点周转不灵。金八爷这次提款不就是个例子吗？

潘月亭　（不安地）可是，石清——

李石清　（抢一句）可是，经理，自从您宣布银行赚了钱，把银行又要盖大丰大楼的计划宣布出去，大家提款的又平稳了些。

潘月亭　你很聪明，你明白我的用意。所以现在的大楼必须盖。哪一天盖齐不管他，这一期的建筑费拿得出去，那就是银行准备金充足，是巩固的。

李石清　然而不赚钱，行里的人是知道的。

潘月亭　所以抵押房产同金八提款这两个消息千万不要叫人知道。这个时候，随便一个消息可以造成风波，你要小心。

李石清　我自然会小心，伺候经理我一向是谨慎，这件事我不会错的。

潘月亭　我现在正想旁的办法。这一次公债只要买得顺当，目前我们就可以平平安安地渡过去。这关渡过去，你这点功劳我要充分酬报的。

李石清　我总是为经理服务的。呃,呃,最近我听说襄理张先生要调到旁的地方去?

潘月亭　(沉吟)是,襄理——是啊,只要你不嫌地位小,那件事我总可以帮忙。

李石清　谢谢,谢谢,经理,您放心,我总是尽我的全力为您办事。

潘月亭　好,好。——哦,那张裁员单子你带来了吗?

李石清　带来了。

潘月亭　人裁了之后,大概可以省出多少钱?

李石清　一个月只省出五百块钱左右。

潘月亭　省一点是一点。上次修理房子的工钱,你扣下了吗?

李石清　扣下了,二百块钱,就在身上。

潘月亭　怎么就这么多?

李石清　是不算多,扣到每个小工,也不过才一毛钱。

潘月亭　好的,再谈吧。(向左门走了两步,忽然回过头来)哦,我想起来了,你见金八,提到昨天晚上那个小东西的事么?

李石清　我说了,我说陈小姐很喜欢那孩子,请他讲讲面子给我们。

潘月亭　他怎么样?

李石清　他摇摇头,说根本不知道有这么一件事。

潘月亭　这个混蛋,他装不知道,简直一点交情也不讲。……好,让他去吧,反正不过是个乡下孩子。

李石清　是,经理。

【潘下。】

李石清　(走了两步,听着外面工人哼哼唷哼哼唷的劳动声,忽然愤愤地)你们哼哼吧,你们哼哼吧,你们就这样干一辈子吧,你们这群傻八蛋们。我恨,你们怎么这么老实!

【忽然电话铃响。】

李石清　(拿起耳机)喂,你哪儿?哦!你是报馆张先生。你找潘四爷,他不在这儿,……我是石清。跟我说,一样的。是,什么?金八也买了这门公债了,多少!三百万!奇怪,哦……哦,怪不得我们经理也买了呢!……是,是,本来公债等于金八自己家里的东西,完全操纵在他手里。……是,是,那么要看涨了?……好,……我就告诉经理。再见,张先生!再见!

(选自《曹禺代表作》,田本相编,河南人民出版社,1995年版)

【注释】

[1]该剧本完成于1935年,最初发表于1936年6月—9月《文学季刊》第1期至第4期,所选为第二幕部分内容。曹禺(1910—1996),原名万家宝,字小石,湖北潜江人。1910年9月24日出生于天津一个封建官僚家庭。1922年入南开中学。1925年加入南开新剧团,并成为骨干。1928年入南开大学政治系,次年转入清华大学西洋文学系。1933年大学毕业时完成话剧《雷雨》,次年发表后引起轰动。抗战期间参加文艺界进步活动,并创作了《蜕变》《北京人》等话剧。新中国成立后,先后任中央戏剧学院副

院长、北京人民艺术剧院院长、中国戏剧家协会主席等职务。创作有《明朗的天》《胆剑篇》(合著)《王昭君》等话剧。曹禺是中国现代杰出的剧作家,被称为“中国的莎士比亚”。他广泛借鉴和吸收了中国古典戏曲和欧洲近代戏剧的表现方法,把中国的话剧艺术提到了一个新的高度。

作品赏析

《日出》是曹禺的代表作。它是一部四幕话剧,以20世纪30年代初期具有中国特色的半封建半殖民地都市天津为背景,以“交际花”陈白露的华丽客厅和翠喜所在的三等妓院“宝和下处”为具体地点,展示了“有余者”和“不足者”两个社会阶层完全不同的生存状态:“有余者”剥削下层,贪得无厌,为所欲为;“不足者”饥寒交迫,备受欺凌。作者通过这种强烈的对比,深刻地揭露了旧社会“损不足以奉有余”的黑暗与罪恶。

《日出》采用的是“人像展览”式的结构方法,用许多人物片断来塑造人物,表达主题。本文节选的是《日出》的第二幕,主要表现了潘月亭与李石清二人之间的明争暗斗,通过人物对话鲜明地表现出两个人不同的性格特征。潘月亭贪得无厌、工于心计、阴险狡诈,他挪用银行资金投机公债,制造谎言,控制形势,把银行产业抵押给他人。当他知道李石清了解他的秘密之后,他先是恐吓,后是拉拢,为了自己的享乐费尽心机。应该说,潘月亭是“有余者”的典型代表。而李石清,这个受过一定教育的知识分子,在大丰银行干了二十多年,却一直是个不起眼的小职员。他不甘心居于人下,绞尽脑汁向上钻营。他一方面对潘月亭唯命是从,另一方面又想方设法地获取对方秘密,要挟对方。为了达到自己的目的,他卑躬屈膝、费尽心机、不择手段。但卑污的灵魂有时也会显露出人性中的某些亮色。文中对李石清的描写与剧本中申斥黄省三、自我诅咒等戏剧场面,展现了其性格的不同侧面,共同构成了一个复杂而完整的人的形象。这样,剧中通过对李石清和潘月亭性格的刻画,对20世纪30年代中国黑暗的社会真相和罪恶的制度做了深刻的揭露和概括。此外,文中仅是略微一提的陈白露是全剧集中刻画的主人公,她年轻美丽,既玩世不恭又富有同情心和正义感,看清了社会的腐朽却又无力摆脱“习惯的桎梏”,充满矛盾对立的性格将她推向毁灭的结局。

剧中人物的语言充满鲜活的个性化特点,符合各自的身份地位,显示出曹禺语言的客观、准确、冷峻。

词海拾贝

1.按部就班(ànbù-jiùbān)

部、班:门类,次序;就:归于。按照一定的步骤、顺序进行。也指按老规矩办事,缺乏创新精神。出自晋代陆机《文赋》:“然后选义案部,考辞就班。”

2.破釜沉舟(pòfǔ-chénzhōu)

比喻下决心不顾一切地干到底。出自《史记·项羽本纪》:“项羽乃悉引兵渡河,皆沉船,破釜甑,烧庐舍,持三日粮,以示士卒必死,无一还心。”

知识巩固与能力训练

一、简要分析李石清、潘月亭的性格特征。

二、阅读全剧，分析陈白露这一人物形象。

三、怎样理解该剧表现的主题？

学文心语

民富则国强，国家昌盛则民族昌盛。

导语

叶圣陶1894年10月28日生于江苏苏州，现代作家、教育家、文学出版家和社会活动家，有“优秀的语言艺术家”之称。其严谨自律、待人宽厚值得我们敬仰和学习。

叶圣陶先生二三事[1]

张中行

叶圣陶先生二三事

叶圣陶先生于1988年2月16日逝世。记得那是旧历丁卯年除夕，晚上得知这消息，外面正响着鞭炮，万想不到这繁碎而响亮的声音也把他送走了，心里立即罩上双层的悲哀。参加遗体告别仪式之后，总想写点什么，一则说说自己的心情，二则作为纪念。可是一拖延就三个月过去了。依理，或依礼，都应该尽早拿起笔来。写什么呢？这有困难。一是他业绩多，成就大，写不胜写；二是遗体告别仪式印了《叶圣陶同志生平》的文本，一生事业已经简明扼要地说了；三是著作等身，为人，以及文学、教育、语文等方面，足以沾溉后人的，都明摆着，用不着再费辞。但纪念文是还要写。为了不重复，打算沿着两条线选取题材：一是写与我有关的，二是写不见于或不明显见于高文典册的。

我第一次见到叶圣陶先生，是五十年代初，我编课本，他领导编课本。这之前，我当然知道他，那是上学时期，大量读新文学作品的时候。那时候他还没以字行，用叶绍钧的名字。我的印象，比如与鲁迅、郁达夫相比，鲁迅笔下多锋芒，郁达夫有才任情，叶先生只是平实规矩而已。相识之后，交往渐多，感到过去的印象虽然不能说错，也失之太浅；至少是没有触及最重要的方面，品德。《左传》[2]说不朽有三种，居第一位的是立德。在这方面，就我熟悉的一些前辈说，叶圣陶先生总当排在最前列。中国读书人的思想，汉魏以后不出三个大圈圈：儒、道、释。搀合的情况很复杂，如有的人是儒而兼道，或阳儒阴道；有的人儒而兼释，或半儒半释；有的人达则为儒，穷则修道；等等。叶圣陶先生则不搀合，而是单一的儒，思想是这样，行为也是这样。这有时使我想到《论语》上的话，一处是：“躬行君子，则吾未之有得。”一处是：“学而不厌，诲人不倦，何有于我哉！”两处都是孔老夫子认为虽心向往之而力有未能的，可是叶圣陶先生却偏偏做到了。因此，我常常跟别人说：“叶老既是躬行君子，又能学而不厌，诲人不倦，所以确是人之师表。”

凡是同叶圣陶先生有些交往的，无不为他的待人深厚而感动。前些年，一次听吕叔湘先生说，当年他在上海，有一天到叶先生屋里去，见叶先生伏案执笔改什么，走近一看，是描他的一篇文章的标点。这一次他受了教育，此后写文章，文字标点一定清清楚楚，不敢草率了事。我同叶圣陶先生文墨方面的交往，从共同修润课本的文字开始。其时他刚到北方来，跟家乡人说苏州话，跟其他地方人说南腔北调话。可是他写文章坚决用普通话。

普通话他生疏，于是不耻下问，让我帮他修润。我出于对他的尊敬，想不直接动笔，只提一些商酌性的意见。他说："不必客气。这样反而费事，还是直接改上。不限于语言，有什么不妥都改。千万不要慎重，怕改得不妥。我觉得不妥再改回来。"我遵嘱，不客气，这样做了。可是他却不放弃客气，比如有一两处他认为可以不动的，就一定亲自来，谦虚而恳切地问我，同意不同意恢复。我当然表示同意，并且说："您看怎么样好就怎么样，千万不要再跟我商量。"他说："好，就这样。"可是下次还是照样来商量，好像应该作主的是我，不是他。

文字之外，日常交往，他同样是一以贯之，宽厚待人。例如一些可以算作末节的事，有事，或无事，到东四八条他家去看他，告辞，拦阻他远送，无论怎样说，他一定还是走过三道门，四道台阶，送到大门外才告别，他鞠躬，口说谢谢，看着来人上路才转身回去。晚年，记得有两次是已经不能起床，我同一些人去问候，告辞，他总是举手打拱，还是不断地说谢谢。

"文革"的大风暴来了，还见了一次给他贴的大字报，幸而这有如阵风阵雨，不到片刻就过去。但交往总是不便了，何况其时我更是自顾不暇。所以只能默祝老人能够如《尚书》[3]所说："皇天无亲，惟德是辅。"一晃差不多十年过去，知道老人幸得安居，食住如旧，也就放了心。其时我是依据七十年代初的什么文件，干校结业，因为妻室是有两只手，仍在城里吃闲饭的人，所以没有返城居住的权利，双肩扛着一口下了乡。大概是七十年代中期某年的春天吧，我以临时户口的身份在妻女家中小住，抽空去看他。他家里人说，很少出门，这一天有朋友来约，到天坛看月季去了。我要一张纸，留了几句话，其中说到乡居，说到来京，末尾写了住址，是西郊某大学的什么公寓。第二天就接到他的信。他说他非常悔恨，真不该到天坛去看花。他看我的地址是公寓，以为公寓必是旅店一类，想到我在京城工作这么多年，最后沦为住旅店，感到很悲伤。我看了信，也很悲伤，不是为自己的颠沛流离，是想到十年来的社会现象，像叶圣陶先生这样的人竟越来越少了。

叶圣陶先生待人厚，还有一次更为突出，是在某一小型会上发言。大概是"讨论"批评和自我批评之类的大题目吧，他说，这，他只能做到一半，是自我批评；至于批评，别人的是非长短，他不是看不出来，可是当面指摘人的短处，他总是说不出来。这只能做到一半的作风，是对是错，自然是仁者见仁、智者见智的事。这里我只能说说我自己的感觉，那是：至少是某些时候，或从某个角度看，德的力量会比力大，因为它可以使人自重，努力争取不愧于屋漏。

以上说待人厚，是叶圣陶先生为人的宽的一面。他还有严的一面，是律己，这包括正心修身和"己欲立而立人，己欲达而达人"。己，人，思想和行动，范围太广，我想损之又损，只说说我深知，而且应该受到高度重视的一个方面，"语文"方面；这仍嫌范围广，只好再缩小，限于写作应该用什么样的语言这个像是不成问题的问题。说是不成问题，因为：一，看历史，似乎早已解决。那还是民初高喊文学革命的时候，以前言文不一致，如言，说"我觉得对"，文则要写"余然之"，既增加了无谓的负担，又不容易懂，所以应该合二为一。

起初有些人,如林琴南之流,不以为然,但这是大势所趋,众意所归,不久就统一了天下,理,认定怎样说就应该怎样写,行,用笔写白话。二,看现实,写,都不用文言,而用普通话。但这里还隐藏着不少问题。由文学革命时期起,就应该有所谓白话指什么(如有孔乙己的白话,鲁迅的白话,北京市民的白话,等等),能不能这样写,应该不应该这样写等问题。这且不管,文学革命之后,许多知名的和不很知名的作家,以及广大的能执笔而不成家的,总是这样做了。成果呢?我的看法,除了少数人、个别文体(如小说、戏剧里的对话)之外,都是只能“不即不离”。不即,是与街谈巷议的口语不尽同;不离,是无论如何,总可以算作雅化的精练化的条理化的口语。这都是过去的事了。值得重视的大问题在现在,流行的文的大多数,从用语方面看,与过去相比,不即的成分显然增加了,从而不离的成分就相应地减少了。这表现为冗长,扭曲,修饰,晦涩,不像话。不像话,有影响,是不自然,不简明,不易懂。这样写,有的来于心有余而力不足,有的来于看什么,学什么;但更多的是来于认识(纵使是不很明确的),以为不这样就不成其为文,甚至不足以称为文。有认识为依据,不即而离的文就会发荣滋长,终于成为文风问题。叶圣陶先生坚决反对这种文风,他提出正面的主张,要“写话”。写话,粗略说是嘴里怎么说,笔下就怎么写;加细一些说是,所写,从用语方面看,要是简明而有条理的口头话。

我们在一起的时候,常常谈到写文章,他不只一次地说:“写成文章,在这间房里念,要让那间房里的人听着,是说话,不是念稿,才算及了格。”他这个意见,不同的人会有不同的反应。譬如近些年来,有不少人是宣扬朦胧的,还有更多的人是顺势朦胧的,对于以简明如话为佳文的主张,就必致付之一笑。这里为题目所限,不能牵涉过多,甚至挑起论辩。专说我的看法,写话,虽然其中有些细节还需要进一步说明,但大体上说,或当作行文用语的一个高标准看,总是既正确又对症。说正确,因为这是坚持文学革命以来求言文一致的老传统。说对症,因为时下的脱离口语甚至有意远离口语的文风正在制造“新文言”。称为文言,是因为只见于书面,嘴里并不这样说。新文言,就其难于为绝大多数人轻易了解说,会比旧文言更糟,因为旧文言简短,新文言冗长,旧文言直说,新文言要多绕弯子。不简短,不直说,再加上结果的难于了解,就成为症。去症要有对症药,那就是写话,写话的主张会碰到两种性质的难易问题。一种是执笔之前,刚才说过的,认为这样就不成其为文,下里巴人,不屑于。认识,属于一念之差,可是变却大不易,要慢慢学,多多比较,细心体会,求速成办不到。另一种是执笔之后,我的经验,就说是下里巴人吧,写得简明自然,让下里巴人听着像话,不是容易,而是很难。这也要靠慢慢学(多念像话的文),多多比较,细心体会;此外还要加上叶圣陶先生提到的办法,写完,可以自己试念试听,看像话不像话,不像话,坚决改。叶圣陶先生就是这样严格要求自己的,所以所作都是自己的写话风格,平易自然,鲜明简洁,细致恳切,念,顺口,听,悦耳,说像话还不够,就是话。

在文风方面,叶圣陶先生还特别重视“简洁”。简洁应该是写话的一项要求,这里提出来单独说说,是因为叶圣陶先生常常提到,有针对性。他是带着一些感慨说的:“你写成文章,给人家看,人家给你删去一两个字,意思没变,就证明你不行。”关于繁简,关于修改，鲁迅提到的是字句段。叶圣陶先生只说字，我的体会，一是偏重用语，二是意在强调，精神是可简就决不该繁。可是现实呢，常常是应简而偏偏要繁。繁简有时牵涉到内容方面，意思无价值，甚至更坏，当然以不写为是。内容还会引来其他性质的复杂问题，这里不管，只说用语。用语的可简而繁，近些年来大为流行，种类和花样都很多，几年前我在拙作《作文杂谈》的"累赘拖沓"一题里曾较详细地谈到，这里不能多说。我的想法，值得重视的不是多用少用一两个字，而是应该少用而偏偏多用的这种热爱冗赘的心情，它扩张，无孔不入，就会成为风。举最微末的两个字为例。一个是"了"，势力越来越大，占据的地盘越来越广，如"我见到老师"，"他坐在前排"，简明自然，现在却几乎都要写"我见到了老师"，"他坐在了前排"，成为既累赘又别扭。另一个是"太"，如"吸烟不好"，"那个人我不认识"，也是简明自然，现在却几乎都要写"吸烟不太好"，"那个人我不太认识"，成为不只累赘，而且违理。像这样的废字，删去不只是意思没变，而且是变拖沓无理为简洁合理，可是竟然很少人肯删，也就无怪乎叶圣陶先生感慨系之了。

在我认识的一些前辈和同辈里，重视语文，努力求完美，并且以身作则，鞠躬尽瘁，叶圣陶先生应该说是第一位。上面说的是总的用语方面。零碎的，写作的各个方面，小至一个标点，以至抄稿的格式，他都同样认真，不做到完全妥帖决不放松。还记得五十年代早期，他发现课本用字，"做"和"作"分工不明，用哪一个，随写者的自由，于是出现这一处是"叫做"，那一处是"叫作"的现象。这不是对错问题，是体例不统一的问题。叶圣陶先生认为这也不应该，必须定个标准，求全社出版物统一。商讨的结果，定为"行动"义用"做"，"充当"义用"作"，只有一些历史悠久的，如作文、自作自受之类仍依旧贯。决定之后，叶圣陶先生监督执行，于是"做"和"作"就有了明确的分工。

叶圣陶先生，人，往矣，我常常想到他的业绩。仍以《左传》的三不朽为标准，"立德"是"太上"的事，就理说应该受到尊重，没有问题。问题是行方面的如何效法。两个时代有距离，相通的可能究竟有多大呢？不过无论如何，悲观总是不可取的，要知难而不畏难，办法是长记于心，学。语文方面也是这样，——不，是困难比较多，因为理的方面也不是人人都首肯。不人人首肯，乐观的空话就不大有什么用。但希望，即使不是很大的，总不当因不乐观而放弃。这希望就是，凡是拿笔的人，尤其或有意或无意而写得不像话的人，都要常常想想叶圣陶先生的写话的主张，以及提出这种主张的深重的苦心。

（选自《谈文论语集》，张中行著，内蒙古教育出版社，1994年版）

【注释】

[1]张中行（1909—2006），河北省香河县河北屯乡石庄（今属天津市武清区河北屯镇）人，著名学者、哲学家、散文家，主要从事语文、古典文学及思想史的研究，代表作有随笔集《负暄琐话》等。

[2]《左传》：全称《春秋左氏传》，儒家十三经之一。《左传》既是古代汉族史学名著，也是文学名著。《左传》是中国第一部叙事完备的编年体著作，相传是春秋末年鲁国史官左丘明根据鲁国国史《春秋》编成，记叙范围起自鲁隐公元年（前722），迄于鲁哀公二十七年（前468）。

[3]《尚书》：最早书名为《书》，约成书于公元前5世纪，传统《尚书》（又称"今文尚书"）由伏生传下

来。传说为上古文化“三坟五典”遗留著作。被列为重要核心儒家经典之一,“尚”即“上”,《尚书》就是上古的书,它是中国上古历史文献和部分追述古代事迹著作的汇编,是我国最早的一部历史文献汇编。

作品赏析

文章开篇言简情挚,写听到叶圣陶先生逝世的消息是在除夕夜,那“繁碎而响亮”的鞭炮声,在作者的感受里,是悲上加悲的,接着回忆第一次见到叶圣陶先生,是在他领导下编写课本。这之前对叶圣陶的认识是通过读新文学作品,以及前辈对他立德为高的评价,联想《论语》对君子的定义,作者切实感到“叶老既是躬行君子,又能学而不厌,诲人不倦,的确是人之师表”,这是对叶圣陶先生的总论。接下来,作者回忆了与叶圣陶交往的一些事。

第一个方面写“凡是同叶圣陶先生有些交往的,无不为他的待人宽厚而深受感动”。先写了吕叔湘先生曾经说过的一件事,就是叶圣陶给他的文章描标点,让他受了教育。接着详细叙述自己同叶圣陶修润课本时发生的事。叶圣陶是苏州人,写作时坚决要用普通话,可是自己觉得没有把握,便请作者帮他修润,作者感于前辈的恳切,就遵嘱直接改了,但若一两处叶老认为可以不改,反要去再征得作者的同意。这两件事,写出叶圣陶对人对事的态度,既谨严认真又诚恳谦逊,教人不由生出敬重的感情。接下来又叙述了叶圣陶在日常交往中宽厚待人的一些言行。虽然是生活中的小事,但留给作者的印象是深刻的,温暖的。譬如他去看望叶老,老人家要一送再送,要穿门越阶,鞠躬致谢,直到目送他上路,才转身回去;叶圣陶晚年已不能起床,对来访者还是要举手打拱,连声致谢。更让作者感动的是,20 世纪 70 年代中期,他去拜访叶圣陶不遇,第二天就接到叶圣陶的信,信中叶圣陶为不得见深表悔恨,又从作者留言地址推测他境遇窘困,而感到悲伤难过。在那个特殊年月,叶圣陶对作者这样一个落魄的人如此情重!怎能不叫他感念至深呢?

第二个方面回忆叶圣陶先生不仅有为人宽厚的一面,还有严谨的一面,那就是律己、正心、修身。他不仅做人这样,在做学问和使用语言上,也是一丝不苟,能以身作则。作者引用叶圣陶多次说过的用语主张:“写成文章,在这间房里念,要让那间房里的人听着,是说话,不是念稿,才算及了格。”叶圣陶在写作方面追求明白如话,写出来要让人看得明白,他心里装着的是读者。叶老还常提到“你写成文章,给人家看,人家给你删去一两个字,意思没变,就证明你不行”,说的是行文要力求简洁,不累赘拖沓。这些主张是叶圣陶针对现实中的不良文风(有些人“宣扬朦胧”,还有些人“应简而偏偏要繁”)提出的。不仅在用语方面,凡写作的方方面面,叶圣陶都认真至极,求妥帖和完美,文中也都予以列举,也正是这些小事才细致入微地表现出叶圣陶的学术态度和风范。尤其在课本中“做”和“作”用字体例不统一的问题上,叶圣陶从发现问题,到提出解决办法,再到监督执行,不吝心力去推进,其重视语言使用的规范性,表现出一名语文教育家的社会责任感,值得后人细细揣思和学习。

总之,本文所叙事情虽小,但是小事情见大品格;所忆的内容多且杂,既写作者亲身感受的事，也有他人的转述和评价，因主旨统摄，故不觉得散乱，人物形象因这些片段和细节而真切丰厚起来。行文沉稳平和，质朴蕴藉，平静的叙述中充满感情，评说随叙述自然生发，援引议论精要庄重，之间承合自如，这是大家的境界。

词海拾贝

1.著作等身（zhùzuò-děngshēn）

形容著述极多，叠起来能跟作者的身高相等。出自《宋史·贾黄中传》："黄中幼聪悟，方五岁，玭每旦令正立，展书卷比之，谓之等身书，课其诵读。"

2.诲人不倦（huìrén-bùjuàn）

教导人特别耐心，从不厌倦。出自《论语·述而》："学而不厌，诲人不倦，何有于我哉？"

3.为人师表（wéirén-shībiǎo）

师表：榜样，表率。在人品学问方面做别人学习的榜样。出自《北齐书·王昕书》："杨愔重其德业，以为人之师表。"

4.不耻下问（bùchǐ-xiàwèn）

乐于向学问或地位比自己低的人学习，而不觉得不好意思。出自《论语·公冶长》："敏而好学，不耻下问。"

5.下里巴人（xiàlǐ-bārén）

原指战国时代楚国民间流行的一种歌曲，今用于比喻通俗的文学艺术。阳春白雪为其反面，比喻高深、不通俗的文学艺术。出自战国后期楚国宋玉《对楚王问》："客有歌于郢中者，其始曰：《下里巴人》，国中属而和者数千人。"

知识巩固与能力训练

一、作者写这篇文章的缘由是什么？

二、本文记述了叶圣陶先生哪些品德？分别用了哪些事例来体现？

学文心语

宽容代表着善良、和谐，拥有宽容就拥有了美好的品质，让人格充满了魅力。你应该庆幸，因为你拥有宽容！

导语

2013年的某日，伴着贝多芬的《命运交响曲》，一代翻译大师傅雷与夫人朱梅馥的骨灰安葬于上海浦东故里，大师亡魂飘零47年后终于"落叶归根"。与约翰·克里斯朵夫一样，傅雷的一生是与命运抗争的一生，"曾经奋斗，曾经痛苦，曾经流浪，曾经创造"；与克里斯朵夫不同的是，没有一个臂膀能让他歇一歇，所以他失去了为新的战斗再生的勇气。傅雷悲壮的一生是中国时代洪流中知识分子命运的缩影。

纪念傅雷[1]

施蛰存

纪念傅雷

1966年9月3日，这是傅雷和夫人朱梅馥离开这个世界的日子，今年今天，正是20周年纪念。这20年过得好快，我还没有时间写一篇文章纪念他们。俗话说："秀才人情纸半张。"我连这半张纸也没有献在老朋友灵前，人情之薄，可想而知。不过，真要纪念傅雷夫妇，半张纸毕竟不够，而洋洋大文却也写不出，于是拖延到今天。

现在，我书架上有十五卷的《傅雷译文集》和两个版本的《傅雷家书》，都是傅敏[2]寄赠的，还有两本旧版的《高老头》和《欧也妮·葛朗台》[3]，是傅雷送给我的，有他的亲笔题字。我的照相册中有一张我的照片，是1979年4月16日在傅雷追悼会上，在赵超构[4]送的花圈底下，沈仲章[5]给我照的，衣襟上还有一朵黄花。这几年来，我就是默对这些东西，悼念傅雷。

1939年，我在昆明。在江小鹣[6]的新居中，遇到滕固[7]和傅雷。这是我和傅雷定交的开始。可是我和他见面聊天的机会，只有两次，不知怎么一回事，他和滕固吵翻了，一怒之下，回上海去了。这是我第一次领略到傅雷的"怒"。后来知道他的别号就叫"怒庵"，也就不以为奇。从此，和他谈话时，不能不提高警惕。

1943年，我从福建回沪省亲，在上海住了五个月，曾和周煦良[8]一同到吕班路(今重庆南路)巴黎新村去看过傅雷，知道他息影孤岛[9]，专心于翻译罗曼·罗兰[10]。这一次认识了朱梅馥。也看见客堂里有一架钢琴，他的儿子傅聪[11]坐在高凳上练琴。

我和傅雷的友谊，只能说开始于解放以后。那时他已迁居江苏路安定坊，住的是宋春舫[12]家的屋子。我住在邻近，转一个弯就到他家。五十年代初，他在译巴尔扎克，我在译伐佐夫、显克微支和尼克索[13]。这样，我们就成为翻译外国文学的同道，因此，在这几年中，我常去他家里聊天，有时也借用他的各种辞典查几个字。

可是，我不敢同他谈翻译技术，因为我们两人的翻译方法不很相同。一则因为他译的是法文著作，从原文译，我译的都是英文转译本，使用的译法根本不同。二则我主张翻译只要达意,我从英文本译,只能做到达英译本的意。英译本对原文本负责,我对英译本负责。傅雷则主张非但要达意,还要求传神。他屡次举过一个例。他说:莎士比亚的《哈姆雷特》[14]第一场有一句"静得连一个老鼠的声音都没有"。但纪德[15]的法文译本,这一句却是"静得连一只猫的声音都没有"。他说"这不是译错,这是达意,这也就是传神。"我说,依照你的观念,中文译本就应该译作"鸦雀无声"。他说:"对"。我说:"不行,因为莎士比亚时代的英国话中不用猫或鸦雀来形容静。"

傅雷有一本《国语大辞典》,书中有许多北方的成语。傅雷译到法文成语或俗话的时候,常常向这本辞典中去找合适的中国成语俗话。有时我去看他,他也会举出一句法文成语,问我有没有相当的中国成语。他这个办法,我也不以为然。我主张照原文原意译,宁可加个注,说明这个成语的意义相当于中国的某一句成语。当然,他也不以为然。

1958年,我们都成为第五类分子[16],不便来往,彼此就不相闻问。不过,有一段时候,朱梅馥和我老伴都被居委会动员出去办托儿所,她们俩倒是每天在一起,我因此便间接知道一些傅雷的情况。

1961年,大家都蒙恩摘除了"帽子",可以有较多的行动自由,于是我又常去看他。他还在译书,而我已不干这一行了,那几年,我在热衷于碑版文物,到他那里去,就谈字画古董。他给我看许多黄宾虹[17]的画,极其赞赏,而我却又有不同意见。我以为黄宾虹晚年的画越来越像个"墨猪"[18]了。这句话又使他"怒"起来,他批评我不懂中国画里的水墨笔法。

1966年8月下旬,我已经在里弄里被"示众"[19]过了。想到傅雷,不知他这一次如何"怒"法,就在一个傍晚,踱到他门口去看看。只见他家门口贴满了大字报,门窗紧闭,真是"鸦雀无声"。我就踱了回家。在9月10日前后,才知道他们两夫妇已撒手西归,这是怒庵的最后一"怒"。

我知道傅雷的性情刚直,如一团干柴烈火,他因不堪凌辱,一怒而死,这是可以理解的,我和他虽然几乎处处不同,但我还是尊敬他。在那一年,朋友中像傅雷那样的毅然决然不自惜生命的,还有好几个,我也都一律尊敬。不过,朱梅馥的同归于尽,这却是我想象不到的,伉俪[20]之情,深到如此,恐怕是傅雷的感应。

傅雷逝世,其实我还没有了解傅雷。直到他的家书结集出版,我才能更深一步地了解傅雷。他的家教如此之严,望子成龙的心情如此之热烈。他要把他的儿子塑造成符合于他的理想的人物。这种家庭教育是相当危险的,没有几个人能成功,然而傅雷成功了。

傅雷的性格,最突出的是他的刚直。在青年时候,他的刚直还近于狂妄。所以孔子说:"好刚不好学,其蔽也狂。[21]"傅雷从昆明回来以后,在艺术的涵养,知识学问的累积之后,他才成为具有浩然之气[22]的儒家之刚者,这种刚直的品德,在任何社会中,都是难得见到的,连孔子也说过:"吾未见刚者[23]。"

傅雷之死，完成了他的崇高品德，今天我也不必说"愿你安息吧"，只愿他的刚劲，永远弥漫于知识分子中间。

（选自《施蛰存散文》，施蛰存著，浙江文艺出版社，1994 年版）

【注释】

[1]傅雷(1908—1966)，字怒安，号怒庵，江苏南汇(今属上海市浦东新区)人。早年留学法国，专攻艺术，并游览了欧洲各国。回国后致力于法国文学艺术的翻译介绍，"文革"中遭迫害而死。译著有罗曼·罗兰《约翰·克利斯朵夫》，巴尔扎克《高老头》《欧也妮·葛朗台》，丹纳《艺术哲学》等 30 多部。施蛰存(1905—2003)，原名施德普，字蛰存，浙江杭州人，中国现代小说家、散文家。先后就读于之江大学、上海大学、震旦大学。先后任上海水沫书店、现代书局编辑，云南大学、厦门大学、暨南大学、沪江大学教授。新中国成立后任华东师范大学教授。施蛰存在 20 世纪 30 年代的小说创作，是中国最早的"新感觉派"的代表。他在古典文学研究、碑帖研究、外国文学翻译等方面也均有很大成就。主要作品有散文集《灯下集》《待旦集》，短篇小说集《上元灯》《梅雨之夕》《善女人行品》《小珍集》《将军底头》，专著《唐诗百话》《水经注碑录》《北山集古录》《词学名词释义》等。

[2]傅敏：傅雷的次子。《傅雷家书》是其所编的。

[3]《高老头》和《欧也妮·葛朗台》：法国作家巴尔扎克的著名长篇小说，由傅雷译成中文。

[4]赵超构：笔名林放，我国著名杂文家，新中国成立后担任上海新民晚报社社长多年。

[5]沈仲章：中国现代文学家、古琴家。

[6]江小鹣：中国现代画家，20 世纪 30 年代曾任上海新华艺术学校雕塑系主任。

[7]滕固：中国现代小说家，文学研究会成员。

[8]周煦良：翻译家，生前任上海华东师范大学外语系主任，曾译过英国作家毛姆的《刀锋》等。

[9]孤岛：指第二次世界大战中太平洋战争爆发前的上海租界。

[10]罗曼·罗兰：法国现代作家、社会活动家，著有长篇小说《约翰·克利斯朵夫》等。

[11]傅聪：旅英钢琴家，傅雷的长子。

[12]宋春舫：中国现代戏剧家，著有喜剧《五里雾中》。

[13]伐佐夫：保加利亚近代作家，其代表作长篇小说《轭下》由施蛰存译成中文。显克微支：波兰近代作家，施蛰存与人合译过《显克微支短篇小说集》。尼克索：丹麦近代作家，施蛰存译过他的长篇小说《征服者贝莱》，与人合译《尼克索短篇小说》。

[14]《哈姆雷特》：英国剧作家莎士比亚的著名悲剧。

[15]纪德：法国近代作家，第二次世界大战时沦为亲法西斯分子。

[16]第五类分子：在"以阶级斗争为纲"的时代，把"地主、富农、反革命分子、坏分子、右派分子"五类人列为无产阶级专政的对象。第五类分子指右派分子。施蛰存在 1957 年"反右运动"中被错划为右派。

[17]黄宾虹：中国现代画家，曾在多家美术院校任教。

[18]墨猪：比喻书画的点画痴肥而无骨力。

[19]"示众"：指"文革"时期的当众批斗与羞辱。

[20]伉俪：夫妻。

[21]好刚不好学，其蔽也狂：爱好刚强却不爱好学习，它的弊病是狂妄自大。出自《论语·阳货》。

[22]浩然之气：见《孟子·公孙丑上》。指一种至大至刚、充塞天地的正气。

[23]吾未见刚者：出自《论语·公冶长》。

作品赏析

这是一篇悼念友人的散文。作者以客观冷静的笔墨，叙述了自己与傅雷生前交往的情谊，展现了傅雷独特的个性，深情地赞颂了像傅雷这样的中国知识分子坚持真理、刚直不屈的优秀品格。

傅雷因在反右斗争中被错划为“右派分子”，在“文革”期间不堪凌辱而弃世，为非正常死亡。本文作者回忆与傅雷的交往并不涉及傅雷在政治上遭受迫害的具体原因与过程，而是突出写了傅雷的“怒”。第一次是在昆明“不知怎么一回事”和滕固吵翻了，竟致一怒之下回上海去了。第二次是作者与傅雷关于翻译方法和黄宾虹画的争论，讨论的都是学术问题，但傅雷直率的性格已经跃然纸上。写这两次傅雷之“怒”，都是为第三次“怒”作铺垫。在“文革”中他因“不堪凌辱，一怒而死”，这最后一“怒”导致轻生，却是傅雷刚直性格臻于极致的表现，令人扼腕，也令人尊敬。

文章的最后两段，是作者因傅雷之死引发的关于“刚者”的议论，指出傅雷的“怒”非一般的个人脾性，而是在他思想成熟之后成为具有浩然之气的儒家之刚者，是极为难得的刚直品德。作者写作此文不仅是怀念自己与傅雷的友谊，更是为了对傅雷的崇高品德表示深深的敬意，并希望他的这种精神“永远弥漫于知识分子中间”。这才是对傅雷最好的纪念。

文章是按时间顺序进行记叙的。作者选取自己与傅雷交往 27 年中的若干片断，依次写来，显得层次井然。在回忆傅雷时，又突出了他的个性，将傅雷的性格写得鲜明生动，给读者留下深刻的印象。文章的语言朴实无华，但饱含深情，有时还显出机趣和幽默。

词海拾贝

1.同归于尽(tóngguī-yújìn)

尽：完。一起死亡或一同毁灭。出自《列子・天瑞》：“天地终乎？与我偕终。”卢重玄解：“大小虽殊，同归于尽耳。”

2.望子成龙(wàngzǐ-chénglóng)

希望自己的子女能在学业和事业上有成就。

知识巩固与能力训练

一、阅读全文，文中写到了傅雷的哪几次“怒”？

二、本文主要运用了哪些手法来表达对傅雷的认识和纪念？

三、文中说“傅雷从昆明回来以后，在艺术的涵养，知识学问的累积之后，他才成为具有浩然之气的儒家之刚者”，又说“只愿他的刚劲，永远弥漫于知识分子中间”。如何理解其中所蕴含的作者的态度和情感？

学文心语

完善的人格魅力，其基本点就是真诚，而真诚待人、恪守信义亦是赢得人心、产生吸引力的必要前提。待人真诚，守信，能更多地获得他人的依赖、理解，能得到更多的支持、合作，由此可以获得更多的成功机遇。

导语

《台北人》真实刻画了饱受悲欢离合的台湾移民群体的人生百态，作品描绘了漂泊、离散者对故园的无限追忆和他们在夹缝中的生存困境、身份认同的危机意识，以及青年一代未知的命运。作为《台北人》系列首篇的《永远的尹雪艳》，通过对尹雪艳形象的刻画，揭示出台湾上流社会纸醉金迷的腐朽生活。

永远的尹雪艳[1]

白先勇

一

尹雪艳总也不老。十几年前那一班在上海百乐门舞厅替她捧场的五陵[2]年少，有些天平开了顶，有些两鬓添了霜，有些来台湾降成了铁厂、水泥厂、人造纤维厂的闲顾问，但也有少数却升成了银行的董事长、机关里的大主管。不管人事怎么变迁，尹雪艳永远是尹雪艳，在台北仍旧穿着她那一身蝉翼纱的素白旗袍，一径那么浅浅地笑着，连眼角儿也不肯皱一下。

尹雪艳着实迷人。但谁也没能道出她真正迷人的地方。尹雪艳从来不爱擦胭抹粉，有时最多在嘴唇上点着些似有似无的蜜丝佛陀；尹雪艳也不爱穿红戴绿，天时炎热，一个夏天，她都浑身银白，净扮的了不得。不错，尹雪艳是有一身雪白的肌肤，细挑的身材，容长的脸蛋儿配着一副俏丽甜净的眉眼子，但是这些都不是尹雪艳出奇的地方。见过尹雪艳的人都这么说，也不知是何道理，无论尹雪艳一举手、一投足，总有一份世人不及的风情。别人伸个腰、蹙一下眉，难看，但是尹雪艳做起来，却又别有一番妩媚了。尹雪艳也不多言、不多语，紧要的场合插上几句苏州腔的上海话，又中听、又熨帖。有些荷包不足的舞客，攀不上叫尹雪艳的台子，但是他们却去百乐门坐坐，观观尹雪艳的风采，听她讲几句吴侬软话，心里也是舒服的。尹雪艳在舞池子里，微仰着头，轻摆着腰，一径是那么不慌不忙地起舞着；即使跳着快狐步，尹雪艳从来也没有失过分寸，仍旧显得那么从容，那么轻盈，像一球随风飘荡的柳絮，脚下没有扎根似的。尹雪艳有她自己的旋律，尹雪艳有她自己的拍子。绝不因外界的迁异，影响到她的均衡。

尹雪艳迷人的地方实在讲不清，数不尽，但是有一点却大大增加了她的神秘。尹雪艳名气大了，难免招忌，她同行的姊妹淘醋心重的就到处吵起说：尹雪艳的八字[3]带着重煞，犯了白虎[4]，沾上的人，轻者家败，重者人亡。谁知道就是为着尹雪艳享了重煞的令誉，上海洋场的男士们都对她增加了十分的兴味。生活优闲了，家当丰沃了，就不免想冒险，去闯闯这颗红遍了黄浦滩的煞星儿。上海棉纱财阀王家的少老板王贵生就是其中探险者之一。天天开着崭新的开德拉克，在百乐门门口候着尹雪艳转完台子，两人一同上国际饭店二十四楼的屋顶花园去共进华美的宵夜。望着天上的月亮及灿烂的星斗，王贵生说，如果用他家的金条儿能够搭成一道天梯，他愿意爬上天空去把那弯月牙儿掐下来，插在尹雪艳的云鬓上。尹雪艳吟吟地笑着，总也不出声，伸出她那兰花般细巧的手，慢条斯理地将一枚枚涂着俄国乌鱼子的小月牙儿饼拈到嘴里去。

王贵生拼命地投资，不择手段地赚钱，想把原来的财富堆成三倍四倍，将尹雪艳身边那批富有的逐鹿者一一击倒，然后用钻石玛瑙串成一根链子，套在尹雪艳的脖子上，把她牵回家去。当王贵生犯上官商勾结的重罪，下狱枪毙的那一天，尹雪艳在百乐门停了一宵，算是对王贵生致了哀。

最后赢得尹雪艳的却是上海金融界一位热可炙手的洪处长。洪处长休掉了前妻，抛弃了三个儿女，答应了尹雪艳十个条件。于是尹雪艳变成了洪夫人，住在上海法租界一幢从日本人接收过来华贵的花园洋房里。两三个月的工夫，尹雪艳便像一株晚开的玉梨花，在上海上流社会的场合中以压倒群芳的姿态绽发起来。

尹雪艳着实有压场的本领。每当盛宴华筵，无论在场的贵人名媛，穿着紫貂，围着火狸，当尹雪艳披着她那件翻领束腰的银狐大氅，像一阵三月的微风，轻盈盈地闪进来时，全场的人都好像给这阵风熏中了一般，总是情不自禁地向她迎过来。尹雪艳在人堆子里，像个冰雪化成的精灵，冷艳逼人，踏着风一般的步子，看得那些绅士以及仕女们的眼睛都一齐冒出火来。这就是尹雪艳：在兆丰夜总会的舞厅里，在兰心剧院的过道上，以及在霞飞路上一幢幢侯门官府的客堂中，一身银白，歪靠在沙发椅上，嘴角一径挂着那流吟吟浅笑，把场合中许多银行界的经理、协理、纱厂的老板及小开，以及一些新贵和他们的夫人们都拘到跟前来。

可是洪处长的八字到底软了些，没能抵得住尹雪艳的重煞。一年丢官，两年破产，到了台北来连个闲职也没捞上。尹雪艳离开洪处长时还算有良心，除了自己的家当外，只带走一个从上海跟来的名厨司及两个苏州娘姨。

二

尹雪艳的新公馆坐落在仁爱路四段的高级住宅区里，是一幢崭新的西式洋房，有个十分宽敞的客厅，容得下两三桌酒席。尹雪艳对她的新公馆倒是刻意经营过一番。客厅的家具是一色桃花心红木桌椅。几张老式大靠背的沙发，塞满了黑丝面子鸳鸯戏水的湘绣靠枕，人一坐下去就陷进了一半，倚在柔软的丝枕上，十分舒适。到过尹公馆的人，都称赞尹雪艳的客厅布置妥帖，叫人坐着不肯动身。打麻将有特别设备的麻将间，麻将桌、麻将灯都设计得十分精巧。有些客人喜欢挖花，尹雪艳还特别腾出一间有隔音设备的房间，挖花的客人可以关在里面恣意唱和。冬天有暖炉，夏天有冷气，坐在尹公馆里，很容易忘记外面台北市的阴寒及溽暑。客厅案头的古玩花瓶，四时都供着鲜花。尹雪艳对于花道十分讲究，中山北路的玫瑰花店常年都送来上选的鲜货，整个夏天，尹雪艳的客厅中都细细地透着一股又甜又腻的晚香玉。

尹雪艳的新公馆很快地便成为她旧遇新知的聚会所。老朋友来到时，谈谈老话，大家都有一腔怀古的幽情，想一会儿当年，在尹雪艳面前发发牢骚，好像尹雪艳便是上海百乐门时代永恒的象征，京沪繁华的佐证一般。

“阿媛，看看干爹的头发都白光喽！依还像枝万年青一式，愈来愈年轻！”

吴经理在上海当过银行的总经理，是百乐门的座上常客，来到台北赋闲，在一家铁工厂挂个顾问的名义。见到尹雪艳，他总爱拉着她半开玩笑而又不免带点自怜的口吻这样说。吴经理的头发确实全白了，而且患着严重的风湿，走起路来，十分蹒跚，眼睛又害沙眼，眼毛倒插，常年淌着眼泪，眼圈已经开始溃烂，露出粉红的肉来。冬天时候，尹雪艳总把客厅里那架电暖炉移到吴经理的脚跟前，亲自奉上一盅铁观音，笑吟吟地说道：

“哪里的话，干爹才是老当益壮呢！”

吴经理心中熨帖了，恢复了不少自信，眨着他那烂掉了睫毛的老花眼，在尹公馆里，当众票[5]了一出“坐宫”，以苍凉沙哑的嗓子唱出：

“我好比浅水龙，

被困在沙滩。”

尹雪艳有迷男人的功夫，也有迷女人的功夫。跟尹雪艳结交的那班太太们，打从上海起，就背地数落她。当尹雪艳平步青云时，这起太太们气不忿，说道：凭你怎么爬，左不过是个货腰娘。当尹雪艳的靠山相好遭到厄运的时候，她们就叹气道：命是逃不过的，煞气重的娘儿们到底沾惹不得。可是十几年来这起太太们一个也舍不得离开尹雪艳，到了台北都一窝蜂似的聚到尹雪艳的公馆里，她们不得不承认尹雪艳实在有她惊动人的地方。尹雪艳在台北的鸿祥绸缎庄打得出七五折，在小花园里挑得出最登样的绣花鞋儿，红楼的绍兴戏码，尹雪艳最在行，吴燕丽唱“孟丽君”的时候，尹雪艳可以拿得到免费的前座戏票，论起西门町的京沪小吃，尹雪艳又是无一不精了。于是这起太太们，由尹雪艳领队，逛西门町、看绍兴戏、坐在三六九里吃桂花汤团，往往把十几年来不如意的事儿一古脑儿抛掉，好像尹雪艳周身都透着上海大千世界荣华的麝香一般，熏得这起往事沧桑的中年妇人都进入半醉的状态，而不由自主都津津乐道起上海五香斋的蟹黄面来。这起太太们常常容易闹情绪。尹雪艳对于她们都一一施以广泛的同情，她总耐心地聆听她们的怨艾及委曲，必要时说几句安抚的话，把她们焦躁的脾气一一熨平。

“输呀，输得精光才好呢！反正家里有老牛马垫背，我不输，也有旁人替我输！”

每逢宋太太搓麻将输了钱时就向尹雪艳带着酸意地抱怨道。宋太太在台湾得了妇女更年期的痴肥症，体重暴增到一百八十多磅，形态十分臃肿，走多了路，会犯气喘。宋太太的心酸话较多，因为她先生宋协理有了外遇，对她颇为冷落，而且对方又是一个身段苗条的小酒女。十几年前宋太太在上海的社交场合出过一阵风头，因此她对以往的日子特别向往。尹雪艳自然是宋太太倾诉衷肠的适当人选，因为只有她才能体会宋太太那种今昔之感。有时讲到伤心处，宋太太会禁不住掩面而泣。

“宋家阿姐，‘人无千日好，花无百日红’，谁又能保得住一辈子享荣华，受富贵呢？”

于是尹雪艳便递过热毛巾给宋太太揩面，怜悯地劝说道。宋太太不肯认命，总要抽抽搭搭地怨怼一番：

“我就不信我的命又要比别人差些！像侬吧，尹家妹妹，侬一辈子是不必发愁的，自然有人会来帮衬侬。”

三

尹雪艳确实不必发愁，尹公馆门前的车马从来也未曾断过。老朋友固然把尹公馆当做世外桃源，一般新知也在尹公馆找到别处稀有的吸引力。尹雪艳公馆一向维持它的气派。尹雪艳从来不肯把它降低于上海霞飞路的排场。出入的人士，纵然有些是过了时的，但是他们有他们的身份，有他们的派头，因此一进到尹公馆，大家都觉得自己重要，即使是十几年前作废了的头衔，经过尹雪艳娇声亲切地称呼起来，也如同受过诰封[6]一般，心理上恢复了不少的优越感。至于一般新知，尹公馆更是建立社交的好所在了。

当然，最吸引人的，还是尹雪艳本身。尹雪艳是一个最称职的主人。每一位客人，不分尊卑老幼，她都招呼得妥妥帖帖。一进到尹公馆，坐在客厅中那些铺满黑丝面椅垫的沙发上，大家都有一种宾至如归、乐不思蜀的亲切之感，因此，做会总在尹公馆开标，请生日酒总在尹公馆开席，即使没有名堂的日子，大家也立一个名目，凑到尹公馆成一个牌局。一年里，倒有大半的日子，尹公馆里总是高朋满座。

尹雪艳本人极少下场，逢到这些日期，她总预先替客人们安排好牌局；有时两桌，有时三桌，她对每位客人的牌品及癖性都摸得清清楚楚，因此牌搭子总配得十分理想，从来没有伤过和气。尹雪艳本人督导着两个头干脸净的苏州娘姨在旁边招呼着。午点是宁波年糕或者湖州粽子。晚饭是尹公馆上海名厨的京沪小菜：金银腿、贵妃鸡、抢虾、醉蟹——尹雪艳亲自设计了一个转动的菜牌，天天转出一桌桌精致的筵席来。到了下半夜，两个娘姨便捧上雪白喷了明星花露水的冰面巾，让大战方酣的客人们揩面醒脑，然后便是一碗鸡汤银丝面作了宵夜。客人们掷下的桌面十分慷慨，每次总上两三千。赢了钱的客人固然值得兴奋，即使输了钱的客人也是心甘情愿。在尹公馆里吃了玩了，末了还由尹雪艳差人叫好计程车，一一送回家去。

当牌局进展激烈的当儿，尹雪艳便换上轻装，周旋在几个牌桌之间，踏着她那风一般的步子，轻盈盈地来回巡视着，像个通身银白的女祭司，替那些作战的人们祈祷和祭祀。

“阿媛，干爹又快输脱底喽！”

每到败北阶段，吴经理就眨着他那烂掉了睫毛的眼睛，向尹雪艳发出讨救的哀号。

“还早呢，干爹，下四圈就该你摸清一色了。”

尹雪艳把个黑丝椅垫枕到吴经理害了风湿症的背脊上，怜恤地安慰着这个命运乖谬的老人。

“尹小姐，你是看到的。今晚我可没打错一张牌，手气就那么背！”

女客人那边也经常向尹雪艳发出乞怜的呼吁，有时宋太太输急了，也顾不得身份，就抓起两颗骰子啐道：

“呸！呸！呸！勿要面孔的东西，看你霉到甚么辰光！”

尹雪艳也照例过去,用着充满同情的语调,安抚她们一番。这个时候,尹雪艳的话就如同神谕一般令人敬畏。在麻将桌上,一个人的命运往往不受控制,客人们都讨尹雪艳的口采来恢复信心及加强斗志。尹雪艳站在一旁,叼着金嘴子的三个九,徐徐地喷着烟圈,以悲天悯人的眼光看着她这一群得意的、失意的、老年的、壮年的、曾经叱咤风云的、曾经风华绝代的客人们,狂热地互相厮杀,互相宰割。

四

新来的客人中,有一位叫徐壮图的中年男士,是上海交通大学的毕业生,生得品貌堂堂,高高的个儿,结实的身体,穿着剪裁合度的西装,显得分外英挺。徐壮图是个台北市新兴的实业巨子,随着台北市的工业化,许多大企业应运而生,徐壮图头脑灵活,具有丰富的现代化工商管理的知识,才是四十出头,便出任一家大水泥公司的经理。徐壮图有位贤慧的太太及两个可爱的孩子,家庭美满,事业充满前途,徐壮图成为一个雄心勃勃的企业家。

徐壮图第一次进入尹公馆是在一个庆生酒会上。尹雪艳替吴经理做六十大寿,徐壮图是吴经理的外甥,也就随着吴经理来到尹雪艳的公馆。

那天尹雪艳着实装饰了一番,穿着一袭月白短袖的织锦旗袍,襟上一排香妃色[ ]的大盘扣,脚上也是月白缎子的软底绣花鞋,鞋尖却点着两瓣肉色的海棠叶儿。为了讨喜气,尹雪艳破例地在右鬓簪上一朵酒杯大血红的郁金香,而耳朵上却吊着一对寸把长的银坠子。客厅里的寿堂也布置得喜气洋洋。案上全换上才铰下的晚香玉,徐壮图一踏进去,就嗅中一阵沁人脑肺的甜香。

"阿媛,干爹替侬带来顶顶体面的一位客人。"吴经理穿着一身崭新的纺绸长衫,佝着背,笑呵呵地把徐壮图介绍给尹雪艳道,然后指着尹雪艳说:

"我这位干小姐呀,实在孝顺不过。我这个老朽三灾五难的还要赶着替我做生。我忖忖:我现在又不在职,又不问世,这把老骨头天天还要给触霉头的风湿症来折磨。管他折福也罢,今朝我且大模大样地生受了干小姐这场寿酒再讲。我这位外甥,年轻有为,难得放纵一回,今朝也来跟我们这群老朽一道开心开心。阿媛是个最妥当的主人家,我把壮图交给侬,侬好好地招待招待他吧。"

"徐先生是稀客,又是干爹的令戚,自然要跟别人不同一点。"尹雪艳笑吟吟地答道,发上那朵血红的郁金香颤巍巍地抖动着。

徐壮图果然受到尹雪艳特别的款待。在席上,尹雪艳坐在徐壮图旁边一径殷勤地向他劝酒让菜,然后歪向他低声说道:

"徐先生,这道是我们大司傅的拿手,你尝尝,比外面馆子做的如何?"

用完席后,尹雪艳亲自盛上一碗冰冻杏仁豆腐捧给徐壮图,上面却放着两颗鲜红的樱桃。用完席上牌局的时候,尹雪艳经常走到徐壮图背后看他打牌。徐壮图的牌张不熟,时常发错张子。才是八圈,徐壮图已经输掉一半筹码。有一轮,徐壮图正当发出一张梅花五筒的时候,突然尹雪艳从后面欠过身伸出她那细巧的手把徐壮图的手背按住说道:

"徐先生,这张牌是打不得的。"

那一盘徐壮图便和了一副“满园花”，一下子就把输出去的筹码赢回了大半。客人中有一个开玩笑抗议道：

“尹小姐，你怎么不来替我也点点张子，瞧瞧我也输完啦。”

“人家徐先生头一趟到我们家，当然不好意思让他吃了亏回去的喽。”徐壮图回头看到尹雪艳朝着他满面堆着笑容，一对银耳坠子吊在她乌黑的发脚下来回地浪荡着。

客厅中的晚香玉到了半夜，吐出一蓬蓬的浓香来。席间徐壮图喝了不少热花雕，加上牌桌上和了那盘“满园花”的亢奋，临走时他已经有些微醺的感觉了。

“尹小姐，全得你的指教，要不然今晚的麻将一定全盘败北了。”

尹雪艳送徐壮图出大门时，徐壮图感激地对尹雪艳说道。尹雪艳站在门框里，一身白色的衣衫，双手合抱在胸前，像一尊观世音，朝着徐壮图笑吟吟地答道：

“哪里的话，隔日徐先生来白相[8]，我们再一道研究研究麻将经。”

隔了两日，果然徐壮图又来到了尹公馆，向尹雪艳讨教麻将的诀窍。

五

徐壮图太太坐在家中的藤椅上，呆望着大门，两腮一天天削瘦，眼睛凹成了两个深坑。

当徐太太的干妈吴家阿婆来探望她的时候，她牵着徐太太的手失惊叫道：

“嗳呀，我的干小姐，才是个把月没见着，怎么你就瘦脱了形？”

吴家阿婆是一个六十来岁的妇人，硕壮的身材，没有半根白发，一双放大的小脚，仍旧行走如飞。吴家阿婆曾经上四川青城山去听过道，拜了上面白云观里一位道行高深的法师做师父。这位老法师因为看上吴家阿婆天资禀异，飞升时便把衣钵传了给她。吴家阿婆在台北家中设了一个法堂，中央供着她老师父的神像。神像下面悬着八尺见方黄绫一幅。据吴家阿婆说，她老师父常在这幅黄绫上显灵，向她授予机宜，因此吴家阿婆可以预卜凶吉，消灾除祸。吴家阿婆的信徒颇众，大多是中年妇女，有些颇有社会地位。经济环境不虞匮乏，这些太太们的心灵难免感到空虚。于是每月初一十五，她们便停止一天麻将，或者标会的聚会，成群结队来到吴家阿婆的法堂上，虔诚地念经叩拜，布施散财，救济贫困，以求自身或家人的安宁。有些有疑难大症，有些有家庭纠纷，吴家阿婆一律慷慨施以许诺，答应在老法师灵前替她们祈求神助。

“我的太太，我看你的气色竟是不好呢！”吴家阿婆仔细端详了徐太太一番，摇头叹息。徐太太低首俯面忍不住伤心哭泣，向吴家阿婆道出了许多衷肠话来。

“亲妈，你老人家是看到的，”徐太太流着泪断断续续地诉说道，“我们徐先生和我结婚这么久，别说破脸，连句重话都向来没有过。我们徐先生是个争强好胜的人。他一向都这么说：‘男人的心五分倒有三分应该放在事业上。’来台湾熬了这十来年，好不容易盼着他们水泥公司发达起来，他才出了头，我看他每天为公事在外面忙着应酬，我心里只有暗暗着急。事业不事业倒在其次，求祈他身体康宁，我们母子再苦些也是情愿的。谁知道打上月起，我们徐先生竟好像变了一个人似的。经常两晚三晚不回家。我问一声，他就摔碗砸筷，脾气暴的了不得。前天连两个孩子都挨了一顿狠打。有人传话给我听说是我们徐先生在外面有了人，而且人家还是个有头有脸的人物。亲妈，我这个本本分分的人哪里经过这些事情？人还撑得住不走样？”

“干小姐，”吴家阿婆拍了一下巴掌说道，“你不提呢，我也就不说了。你知道我是最怕兜揽是非的人。你叫了我声亲妈，我当然也就向着你些。你知道那个胖婆儿宋太太呀，她先生宋协理搞上个甚么‘五月花’的小酒女。她跑到我那里一把鼻涕一把眼泪要我替她求求老师父。我拿她先生的八字来一算，果然冲犯了东西。宋太太在老师父灵前许了重愿，我替她念了十二本经。现在她男人不是乖乖的回去了？后来我就劝宋太太：‘整天少和那些狐狸精似的女人穷混，念经做善事要紧！’宋太太就一五一十地把你们徐先生的事情原原本本数了给我听。那个尹雪艳呀，你以为她是个甚么好东西？她没有两下，就能拢得住这些人？连你们徐先生那么个正人君子她都有本事抓得牢。这种事情历史上是有的：褒姒、妲己、飞燕、太真——这起祸水！你以为都是真人吗？妖孽！凡是到了乱世，这些妖孽都纷纷下凡，扰乱人间。那个尹雪艳还不知道是个甚么东西变的呢！我看你呀，总得变个法儿替你们徐先生消了这场灾难才好。”

“亲妈，”徐太太忍不住又哭了起来，“你晓得我们徐先生不是那种没有良心的男人。每次他在外面逗留了回来，他嘴里虽然不说，我晓得他心里是过意不去的。有时他一个人闷坐着猛抽烟，头筋叠暴起来，样子真唬人。我又不敢去劝解他，只有干着急。这几天他更是着了魔一般，回来嚷着说公司里人人都寻他晦气。他和那些工人也使脾气，昨天还把人家开除了几个。我劝他说犯不着和那些粗人计较，他连我也喝斥了一顿。他的行径反常得很，看着不像，真不由得不叫人担心哪！”

“就是说呀！”吴家阿婆点头说道，“怕是你们徐先生也犯着了什么吧？你且把他的八字递给我，回去我替他测一测。”

徐太太把徐壮图的八字抄给了吴家阿婆说道：

“亲妈，全托你老人家的福了。”

“放心，”吴家阿婆临走时说道，“我们老师父最是法力无边，能够替人排难解厄的。”

然而老师父的法力并没有能够拯救徐壮图。有一天，正当徐壮图向一个工人拍起桌子喝骂的时候，那个工人突然发了狂，一把扁钻从徐壮图前胸刺穿到后胸。

六

徐壮图的治丧委员会吴经理当了总干事。因为连日奔忙，风湿又弄翻了，他在极乐殡仪馆穿出穿进的时候，一径拄着拐杖，十分蹒跚。开吊的那一天灵堂就设在殡仪馆里。一时亲戚友好的花圈丧帐白簇簇地一直排到殡仪馆的门口来。水泥公司同仁挽的却是“痛失英才”四个大字。来祭吊的人从早上九点钟起开始络绎不绝。徐太太早已哭成了痴人，一身麻衣丧服带着两个孩子，跪在灵前答谢。吴家阿婆却率领了十二个道士，身着法衣，手执拂尘，在灵堂后面的法坛打解冤洗业醮[9]。此外并有僧尼十数人在念经超度，拜大悲忏。

正午的时候，来祭吊的人早挤满了一堂，正当众人熙攘之际，突然人群里起了一阵骚动,接着全堂静寂下来,一片肃穆。原来尹雪艳不知什么时候却像一阵风一般地闪了进来。尹雪艳仍旧一身素白打扮,脸上未施脂粉,轻盈盈地走到管事台前,不慌不忙地提起毛笔,在签名簿上一挥而就地签上了名,然后款款地走到灵堂中央,客人们都倏地分开两边,让尹雪艳走到灵台跟前,尹雪艳凝着神,敛着容,朝着徐壮图的遗像深深地鞠了三鞠躬。这时在场的亲友大家都呆如木鸡。有些显得惊讶,有些却是忿愤,也有些满脸惶惑,可是大家都好似被一股潜力镇住了,未敢轻举妄动。这次徐壮图的惨死,徐太太那一边有些亲戚迁怒于尹雪艳,他们都没有料到尹雪艳居然有这个胆识闯进徐家的灵堂来。场合过分紧张突兀,一时大家都有点手足无措。尹雪艳行完礼后,却走到徐家太太面前,伸出手抚摸了一下两个孩子的头,然后庄重地和徐太太握了一握手。正当众人面面相觑的当儿,尹雪艳却踏着她那风一般的步子走出了极乐殡仪馆。一时灵堂里一阵大乱,徐太太突然跪倒在地,昏厥了过去,吴家阿婆赶紧丢掉拂尘,抢身过去,将徐太太抱到后堂去。

当晚,尹雪艳的公馆里又成上了牌局,有些牌搭子是白天在徐壮图祭悼会后约好的。吴经理又带了两位新客人来。一位是南国纺织厂新上任的余经理,另一位是大华企业公司的周董事长。这晚吴经理的手气却出了奇绩,一连串地在和满贯。吴经理不停地笑着叫着,眼泪从他烂掉了睫毛的血红眼圈一滴滴淌下来。到了第十二圈,有一盘吴经理突然双手乱舞大叫起来:

“阿媛,快来!快来!‘四喜临门’!这真是百年难见的怪牌。东、南、西、北——全齐了,外带自摸双!人家说和了大四喜,兆头不祥。我倒霉了一辈子,和了这副怪牌,从此否极泰来。阿媛,阿媛,侬看看这副牌可爱不可爱?有趣不有趣?”

吴经理喊着笑着把麻将撒满了一桌子。尹雪艳站到吴经理身边,轻轻地按着吴经理的肩膀,笑吟吟地说道。

“干爹,快打起精神多和两盘。回头赢了余经理及周董事长他们的钱,我来吃你的红!”

(选自《白先勇文集》第二卷,白先勇著,花城出版社,2009年版)

【注释】

[1]白先勇,1937年生,广西桂林人,笔名有白黎、肖雷、郁金等。童年在重庆生活,后随父母迁居南京、香港、台湾。1957年考入台湾大学外文系,1958年发表第一篇小说《金大奶奶》。1960年与同学陈若曦、欧阳子等人创办《现代文学》杂志,发表了《月梦》《玉卿嫂》《毕业》等小说多篇。1963年赴美就读于爱荷华大学,1965年获硕士学位后旅居美国,并于加州大学圣塔芭芭拉分校教授中国语言文学。出版有短篇小说集《寂寞的十七岁》《台北人》《纽约客》,散文集《蓦然回首》,长篇小说《孽子》等。白先勇是台湾现代派小说的代表作家,他吸收了西洋现代文学的写作技巧,融合到中国传统的表现方式之中,描写新旧交替时代人物的故事和生活,富于历史兴衰和人世沧桑感。

[2]五陵:原指渭水北岸(今咸阳附近)汉代帝王的陵墓:长陵、安陵、阳陵、茂陵、平陵。后泛指靠近大都市的繁华之地。

[3]八字:指用天干地支表示人出生的年、月、日、时的八个字,又称生辰八字。

[4]白虎：二十八宿中西方七宿的合称。

[5]票：指非职业性的戏曲演唱。

[6]诰封：古代帝王对臣民的命令、封赐。

[7]香妃色：淡红色。

[8]白相：吴方言，玩耍的意思。

[9]打解冤洗业醮(jiào)：打醮，旧时道士设坛祭祷。业：泛指一切行为、言语和思想。一般分三业：身业、口业、意业。

作品赏析

《永远的尹雪艳》发表于台湾《现代文学》杂志1965年第24期，是白先勇的代表作之一。作品通过对尹雪艳形象的刻画，揭示出台湾上流社会生活的腐朽与堕落。主人公尹雪艳是当年上海百乐门舞厅一位如花似玉的红舞女。她八面玲珑、才貌双全、气度不凡。她"有一身雪白的肌肤，细挑的身材，容长的脸蛋儿配着一副俏丽甜净的眉眼子，但是这些都不是尹雪艳出奇的地方"。她的出奇是由于她"一举手、一投足，总有一份世人不及的风情"，由于她那又中听、又熨帖的吴侬软话，以及那布置得十分妥帖，叫人坐着不肯动身的客厅，更让人说不清、数不尽的还在于她既有让男人着迷的魅力，又有让女人着迷的功夫，而且"总也不老"，"不管人事怎么变迁，尹雪艳永远是尹雪艳"。尹雪艳是神秘的，但尹雪艳又是一颗"煞星"，"沾上的人，轻者家败，重者人亡"。上海棉纱财阀王贵生为之遭了枪杀，金融界洪处长因其倾家荡产，而迷恋上她的台湾新暴发户徐壮图也遇刺身亡。尹雪艳的"重煞"，意味着这个贵族社会的必然归宿。

作品体现出了浓重的道德批判意味，在尹雪艳等人身上反映出了社会道德的沦丧。但作品所蕴含的意义又不止于此。白先勇的系列小说《台北人》的卷末曾特意引用了唐代著名诗人刘禹锡的《乌衣巷》："朱雀桥边野草花，乌衣巷口夕阳斜。旧时王谢堂前燕，飞入寻常百姓家。"通过这首诗，我们可以窥见作者在其作品中所表现出的浓重的"今昔之感"与"文化乡愁"的主题。而《永远的尹雪艳》恰恰就是这部小说集的开篇之作。这群从祖国大陆流落而去的失意的"台北人"，表现出了浓重的怀旧情绪。"尹雪艳便是上海百乐门时代永恒的象征，京沪繁华的佐证一般"，无论男人女人都到她那里去找寻已经失去的昔日辉煌，并时时沉湎于过去的繁华记忆当中。白先勇正是用这群"台北人"在道德上的沦丧以及他们对于过去的怀念，来表现传统文化在台湾的失落。而这种传统文化的"失落感"，便是白先勇面对国家兴衰、社会剧变所要在《台北人》系列小说中表现的"文化乡愁"的核心所在。然而，在本文中，这种寄托于尹雪艳身上的"乡愁"并不能真正地被排解，他们对于往昔的疯狂沉醉与追求，最终却往往以悲剧收场。上流社会生活的腐朽与堕落，反而更证明了传统文化的彻底失落。白先勇清醒地认识到了这一切，并无比沉痛地在《永远的尹雪艳》等一系列凄楚动人的故事中表达出来。此外，作品显然也表现出了强烈的宿命意识。

作品以塑造人物形象、刻画人物性格为中心，所有的情节和事件以及次要人物，都是为描写主人公尹雪艳的需要而安排的。在刻画人物上，运用了我国传统小说“以形写神”的手法，运用白描，通过对人物的穿着打扮、神情动作的细致入微的描绘，塑造出栩栩如生的人物形象。如对尹雪艳的描写所费笔墨不多，却都是很精致的白描，重点突出尹雪艳皮肤白的特点，如“尹雪艳不爱穿红戴绿，天时炎热，一个夏天，她都浑身银白，净扮得不得了”“当尹雪艳披着她那件翻领束腰的银狐大氅……像个冰雪化成的精灵”等。同时，通过人物的语言、富有特征性的细节来描绘人物心理，表现人物性格特征。

“白先勇是一位嘲讽家，他所擅长的是众生相的嘲讽，他的冷酷分析多于热情的拥抱。”在这篇小说中，同样表现出了强烈的讽刺意味。叙事时，他故意使用“五陵年少”“两鬓添霜”“一腔怀古的幽情”“津津乐道”“高朋满座”“世外桃源”“呆如木鸡”“倾诉衷肠”等成语、陈腔滥调以及夸张言语。而夸张的比喻与描写更是俯拾皆是，给全篇小说带来含有喜剧意味的嘲讽效果。如：“望着天上的月亮及灿烂的星斗，王贵生说，如果用他家的金条儿能够搭成一道天梯，他愿意爬上天空去把那弯月牙儿掬下来，插在尹雪艳的云鬓上。”“用钻石玛瑙串成一根链子，套在尹雪艳的脖子上，把她牵回家去。”这种夸张得近乎滑稽的描写，呈现给读者一幅活生生的社会讽刺图画。

此外，作品象征性极强。尹雪艳便是一个具有强烈象征意义的形象。作者描绘尹雪艳时，几乎离不开“白”字：“素白旗袍”“混身银白”“一身雪白的肌肤”“犯了白虎”“雪白……的冰面中”“通身银白的女祭司”“月白……旗袍”“月白……绣花鞋”“一身白色的衣衫”“一身素白打扮”。而白色在尹雪艳身上给人的感觉是冷的，是“死亡”之色的象征。这种象征手法的运用，使作品的意蕴更为深厚，也使作品更为耐读。

词海拾贝

1.慢条斯理(màntiáo-sīlǐ)

原指说话做事有条有理，不慌不忙。现也形容说话做事慢腾腾，不慌不忙。出自元代王实甫《西厢记》第三本第二折金圣叹批：“写红娘从张生边来入闺中，慢条斯理，如在意如不在意。”

2.不择手段(bùzé-shǒuduàn)

择：选择。指为了达到目的，什么手段都使得出来。出自鲁迅《三闲集·通信》：“要谋生，谋生之道，则不择手段。”

3.情不自禁(qíngbù-zìjīn)

指自己控制不了自己的情感，比喻感情激动得不能控制。出自南朝梁刘遵《七夕穿针》诗：“步月如有意，情来不自禁。”

4.平步青云(píngbù-qīngyún)

平：平稳，稳当。步：登上，行步。青云：青天。指人一下子轻易登上很高的官位。出自《史记·范雎蔡泽列传》：“须贾顿首言死罪，曰：‘贾不意君能自致于青云之上。’”

5.宾至如归(bīnzhì-rúguī)

宾:客人;至:到;归:回到家中。客人到这里就像回到自己家里一样。形容招待客人热情周到。出自《左传·襄公三十一年》:“宾至如归,无宁灾患,不畏寇盗,而亦不患燥湿。”

6.乐不思蜀(lèbù-sīshǔ)

很快乐,不思念蜀国。比喻在新环境中得到乐趣,不再想回到原来环境中去。出自《三国志·蜀书·后主传》裴松之注引《汉晋春秋》:“问禅曰:‘颇思蜀否?’禅曰:‘此间乐,不思蜀。’”

7.雄心勃勃(xióngxīn-bóbó)

勃勃:旺盛的样子。形容雄心很大,很有理想。出自茅盾《新版后记》:“最初构思的时候,原也雄心勃勃,打算在我力所能及的广阔画面上把一些最典型的人物事态组织进去。”

8.轻举妄动(qīngjǔ-wàngdòng)

轻:轻率;妄:任意。指不经慎重考虑,轻率地采取行动。出自《韩非子·解老》:“众人之轻弃道理而易忘(妄)举动者,不知其祸福之深大而道阔远若是也。”

知识巩固与能力训练

一、应该怎样理解《永远的尹雪艳》的主题?谈谈你的认识。

二、作品的象征手法具体表现在何处?有何作用?

三、分析尹雪艳的性格特征。

学文心语

我们生活在一个五彩斑斓的世界,在这个世界里不光有着美丽的风景,也有着不同个性、不同气质、不同人格魅力的人。在漫漫的人生旅途中,你会相遇相识很多的人,不同的人身上有着不同的品质及魅力。

导语

"文革"结束后，一部分作家开始反思"文革"给社会和文艺带来的灾难，在这一时期，王蒙塑造了不少"文革"时期受害知识青年启蒙者形象，借助这些受害知识青年启蒙者在"文革"时期的悲剧命运，透析历史悲剧原因。短篇小说《春之声》就是其中卓越的代表。

春之声[1]

王 蒙

咣地一声，黑夜就到来了。一个昏黄的、方方的大月亮出现在对面墙上。岳之峰的心紧缩了一下，又舒张开了。车身在轻轻地颤抖。人们在轻轻地摇摆。多么甜蜜的童年的摇篮啊！夏天的时候，把衣服放在大柳树下，脱光了屁股的小伙伴们一跃跳进故乡的清凉的小河里，一个猛子扎出十几米，谁知道谁在哪里露出头来呢？谁知道被他慌乱中吞下的一口水里，包含着多少条蛤蟆蝌蚪呢？闭上眼睛，熟睡在闪耀着阳光和树影的涟漪之上，不也是这样轻轻地、轻轻地摇晃着的吗？失去了的和没有失去的童年和故乡，责备我么？欢迎我么？母亲的坟墓和正在走向坟墓的父亲！

方方的月亮在移动，消失，又重新诞生。唯一的小方窗里透进了光束，是落日的余晖还是站台的灯？为什么连另外三个方窗也遮严了呢？黑咕隆咚，好像紧接着下午便是深夜。门咣地一关，就和外界隔开了。那愈来愈响的声音是下起了冰雹吗？是铁锤砸在铁砧上？在黄土高原的乡下，到处还靠人打铁，我们祖国的胳膊有多么发达的肌肉！呵，当然，那只是车轮撞击铁轨的噪声，来自这一节铁轨与那一节铁轨之间的缝隙。目前不是正在流行一支轻柔的歌曲吗，叫作什么来着——《泉水叮咚响》。如果火车也叮咚叮咚地响起来呢？广州人可真会生活，不像这西北高原上，人的脸上和房屋的窗玻璃上到处都蒙着一层厚厚的黄土。广州人的凉棚下面，垂挂着许许多多三角形的瓷板，它们伴随着清风，发出叮叮咚咚的清音，愉悦着心灵。美国的抽象派音乐却叫人发狂。真不知道基辛格听我们的杨子荣咏叹调时有什么样的感受。京剧锣鼓里有噪音，所有的噪音都是令人不快的吗？反正火车开动以后的铁轮声给人以鼓舞和希望。下一站，或者下一站的下一站，或者许多许多的下一站以后的下一站，你所寻找的生活就在那里，母亲或者孩子，友人或者妻子，温热的澡盆或者丰盛的饮食正在那里等待着你。都是回家过年的。过春节，我们的古老的民族的最美好的节日，谢天谢地，现在全国人民都可以快快乐乐地过年了。再不会用"革命化"的名义取消春节了。

这真有趣。在出国考察三个月回来之后，在北京的高级宾馆里住了一阵——总结啦，汇报啦，接见啦，报告啦……之后，岳之峰接到了八十多岁的刚刚摘掉地主帽子的父亲的信。他决定回一趟阔别二十多年的家乡。这是不是个错误呢？他怎么也没想到要坐两个小时零四十七分钟的闷罐子车呀。三个小时以前，他还坐在从北京开往X城的三叉戟客机的宽敞、舒适的座位上。两个月以前，他还坐在驶向汉堡的易北河客轮上。现在呢，他和那些风尘仆仆的，在黑暗中看不清面容的旅客们挤在一起，就像沙丁鱼挤在罐头盒子里。甚至于他辨别不出火车到底是在向哪个方向行走。眼前只有那月亮似的光斑在飞速移动，火车的行驶究竟是和光斑方向相同抑或相反呢？他这个工程物理学家竟为这个连小学生都答得上来的、根本算不上是几何光学的问题伤了半天脑筋。

他已经有二十多年没有回过家乡了。谁让他错投了胎？地主，地主！一九五六年他回过一次家，一次就够用了——回家待了四天，却检讨了二十二年！而伟人的一句话，也够人们学习贯彻一百年。使他惶惑的是，难道人生一世就是为了作检讨？难道他生在中华，就是为了作一辈子的检讨的么？好在这一切都过去了。斯图加特的奔驰汽车工厂的装配线在不停地转动，车间洁净敞亮，没有多少噪音。西门子公司规模巨大，具有一百三十年的历史。我们才刚刚起步。赶上，赶上！不管有多么艰难。咔，咔，咔，快点开，快点开，快开，快开，快，快，快，车轮的声音从低沉的三拍一小节变成两拍一小节，最后变成高亢的呼号了。闷罐子车也罢，正在快开。何况天上还有三叉戟？

尘土和纸烟的雾气中出现了旱烟叶发出的辣味，像是在给气管和肺作针灸。梅花针大概扎在肺叶上了。汗味就柔和得多了。方言的浓度在旱烟与汗味之间，既刺激，又亲切。还有南瓜的香味哩！谁在吃南瓜？X城火车站前的广场上，没有见卖熟南瓜的呀。别的小吃和土特产倒是都有。花生、核桃、葵花籽、柿饼、醉枣、绿豆糕、山药、蕨麻……全有卖的。就像变戏法，举起一块红布，向左指上两指，这些东西就全没了，连火柴、电池、肥皂都跟着短缺。现在呢，一下子又都变了出来，也许伸手再抓两抓，还能抓出更多的财富。柿饼和枣朴质无华，却叫人甜到心里。岳之峰咬了一口上火车前买的柿饼，细细地咀嚼着儿时的甜香。辣味总是一下子就能尝到，甜味却埋得很深很深。要有耐心，要有善意，要有经验，要知觉灵敏。透过辛辣的烟草和热烘烘的汗味儿，岳之峰闻到了乡亲们携带的绿豆香。绿豆苗是可爱的，灰兔子也是可爱的，但是灰色的野兔常常要毁坏绿豆。为了追赶野兔，他和小柱子一口气跑了三里，跑得连树木带田垄都摇来摆去。在中秋的月夜，他亲眼见过一只银灰色的狐狸，走路悄无声息，像仙人，像梦。

车声小了，车声息了。人声大了，人声沸了。咣——哧，铁门打开了，女列车员——一个高个子、大骨架的姑娘正在洒利地用家乡方言指挥下车和上车的乘客。“没有地方了，没有地方了，到别的车厢去吧。”已经在车上获得了自己的位置的人发出了这种无效的，也是自私的呼吁。上车的乘客正在拥上来，熙熙攘攘。到哪里都是熙熙攘攘。与我们的王府井相比，汉堡的街道上简直可以说是看不见人，而且市区的人口还在减少。岳之峰从飞机场来到X城火车站的时候吓了一跳——黑压压的人头，压迫得白雪不白，冬青也不绿了。难道是出了什么事情？一九四六年学生运动，人们集合在车站广场，准备拦车去南京请愿，也没有这么多人！岳之峰上大学的时候在北平，有一次他去逛故宫博物院，刚刚下午四点就看不见人影了,阴森森的大殿使他的后脊背冒凉气。他小跑着离开了故宫,上了拥挤的有轨电车才放心了一点。如果跑慢了,说不定珍妃[2]会从井里钻出来把他拉下去哩!

但是现在,故宫南门和北门前买入场券的人排着长队。而且不是星期天。X城火车站前的人群令人晕眩。好像全中国有一半人要在春节前夕坐火车。到处都是团聚,相会,团圆饺子,团圆元宵,对于旧谊,对于别情,对于天伦之乐,对于故乡和童年的追寻。卖刚出屉的肉馅包子的,盖包子的白色棉褥子上尽是油污。卖烧饼、锅盔、油条、大饼的。卖整盒整盒的点心的。卖面包和饼干的。X车站和X城饮食服务公司倾全力到车站前露天售货。为了买两个烧饼也要挤出一身汗。岳之峰出了多少汗啊!他混饱了(环境和物质条件的急骤改变已使他分辨不出饥和饱了)肚子,又买到了去家乡的短途客车的票。找给钱的时候使他一怔,写的是一块二,怎么只收了六角呢?莫非是自己没有报清站名?他想再问一问,但是排在他后面的人已经占据了售票窗口前的有利阵地,他挤不回去了。

他怏怏地看着手中的火车票。火车票上黑体铅字印的是1.20元,但是又用双虚线勾上了两个占满票面的大字:陆角。这使他百思不得其解,简直像是一种生物学上的密码。"这是怎么回事?为什么我买一块二角的票她却给了我六角钱的?"他自言自语。他问别人。没有人回答他。等待上车的人大多是一些忙碌得可以原谅的利己主义者。

各种信息在他的头脑里撞击。黑压压的人群。遮盖热气腾腾的肉包子的油污的棉被。候车室里张贴着的大字通告:关于春节期间增添新车次的情况,和临时增添的新车次的时刻表。男女厕所门前排着等待小便的人的长队。陆角的双钩虚线。大包袱和小包袱,大篮筐和小篮筐,大提兜和小提兜……他得出了这最后一段行程会是艰难的结论。他有了思想准备。终于他从旅客们的闲谈中听到了"闷罐子车"这个词儿,他恍然了。人脑毕竟比电脑聪明得多。

上到列车上的时候,他有点垂头丧气。在二十世纪八十年代的第一个春节即将来临之时,正在梦寐以求地渴望实现四个现代化的人们,却还要坐瓦特和史蒂文森时代的闷罐子车!事实如此。事实就像宇宙,就像地球,华山和黄河,水和土,氢和氧,钛和铀。既不像想象那样温柔,也不像想象那么冷酷。不是么,闷罐子车里坐满了人,而且还在一个两个,十个二十个地往人与人的缝隙,分子与分子,原子与原子的空隙之中嵌进。奇迹般地难以思议,已经坐满了人的车厢里又增加了那么多人。没有人叫苦。

有人叫苦了:"这个箱子不能压。"一个包着头巾的抱着孩子的妇女试探着能不能坐到一只箱子上。"您到这边来,您到这边来。"岳之峰连忙站起身,把自己的靠边的位置让了出来。坐在靠边的地方,身子就能倚在车壁上,这就是最优越的"雅座"了。那女人有点不好意思。但终于抱着小孩子挪动了过来。她要费好大的力气才能不踩着别人。"谢谢您!"妇女用流利的北京话说。她抬起头。岳之峰好象看到一幅炭笔的素描,题目应该叫《微笑》。

叮铃叮铃的铃声响了,铁门又咣的一声关上了,是更深沉的黑夜。车外的暮色也正在浓重起来嘛。大骨架的女列车员点起了一支白蜡，把蜡烛放到了一个方形的玻璃罩子里。为什么不点油灯呢？大概是怕煤油摇洒出来。偌大车厢，就靠这一盏蜡烛照亮。微微的亮光，照得乘客变成了一个又一个的影子。车身又摇晃了，对面车壁上的方形的光斑又在迅速移动了。离家乡又近一些了。摘了帽子，又见到了儿子，父亲该可以瞑目了吧？不论是他的罪恶或者忏悔，不论是他的眼泪还是感激，也不论是他的狰狞丑恶还是老实善良，这一切都快要随着他的消失而云消雾散了。老一辈人正在一个又一个地走向河的那边。咚咚咚，噔噔噔，嘭嘭嘭，是在过桥了吗？联结着过去和未来，中国和外国，城市和乡村，此岸和彼岸的桥啊！

靠得很近的蜡灯把黑白分明的光辉和阴影印制在女列车员的脸上。女列车员像是一尊全身的神像。“旅客同志们，春节期间，客运拥挤，我们的票车[3]去支援长途……提高警惕……”她说得挺带劲，每吐出一个字就像拧紧了一个螺母。她有一种信心十足，指挥若定的气概，以小小的年纪，靠一支蜡烛的光亮，领导着一车的乌合之众。但是她的声音也淹没在轰轰轰，嗡嗡嗡，隆隆隆，不仅是七嘴八舌，而且是七十嘴八十舌的喧嚣里了。

自由市场。百货公司。香港电子石英表。豫剧片《卷席筒》。羊肉泡馍。醪糟蛋花。三接头皮鞋。三片瓦帽子。包产到组。收购大葱。中医治癌。差额选举。结婚筵席……在这些温暖的闲言碎语之中，岳之峰轮流把体重从左腿转移到右腿，再从右腿转移到左腿。幸好人有两条腿，要不然，无依无靠地站立在人和物的密集之中，可真不好受。立锥之地，岳之峰现在对于这句成语才有了形象的理解。莫非古代也有这种拥挤的、没有座位和灯光的旅行车辆吗？但他给一个女同志让了“座位”。不，没有座，只有位。想不到她讲一口北京话。这使岳之峰兴致似乎高了一些。“谢谢”，“对不起”，在国外到处是这种礼貌的用语。虽然有一个装着坚硬的铁器的麻袋正在挤压他右腿的小腿肚子。而另一个席地而坐的人的脊背干脆靠到了他的酸麻难忍的左腿上。

简直是神奇。不仅在慕尼黑的剧院里观看演出的时候；而且在北京，在研究所、部里和宾馆里，在二十三平方米的住房和一〇三和三三二路公共汽车上；他也想不到人们还要坐闷罐子车。这不是运货和运牲畜的车吗？倒霉！可又有什么倒霉的呢？咒骂是最容易不过的。咒骂闷罐子车比起制造新的美丽舒适的客运列车来，既省力又出风头。无所事事而又怨气冲天的人的口水，正在淹没着忍辱负重、埋头苦干的人的劳动。人们时而用高调，时而又用低调冲击着、替代着那些一件又一件，一天又一天，一年又一年地坚韧不拔的工作。

“给这种车坐，可真缺德！”

“你凑合着吧。过去，还没有铁路哩！”

“运兵都是用闷罐子车，要不，就暴露了。”

“要赶上拉肚子的就麻烦了，这种车上没有厕所。”

“并没有一个人拉到裤子里么。”

“有什么办法呢？每逢春节，有一亿多人要坐火车……”

黑暗中听到了这样一些交谈。岳之峰的心平静下来了。是的，这里曾经没有铁路，没有公路，连自行车走的路也没有。阔人骑毛驴，穷人靠两只脚。农民挑着一千五百个鸡蛋，从早晨天不亮出发，越过无数的丘陵和河谷，黄昏时候才能赶到X城。我亲爱的美丽而又贫瘠的土地！你也该富饶起来了吧？过往的记忆，已经像烟一样，雾一样地淡薄了，但总不会被彻底地忘却吧？历史，历史；现实，现实；理想，理想；哞——哞——咣气咣气……喀郎喀郎……沿着莱茵河的高速公路。山坡上的葡萄。暗绿色的河流。飞速旋转。

这不就是法兰克福的孩子们吗？男孩子和女孩子，黄眼睛和蓝眼睛，追逐着的，奔跑着的，跳跃着的，欢呼着的。喂食小鸟的，捧着鲜花的，吹响铜号的，扬起旗帜的。那欢乐的生命的声音。那友爱的动人的呐喊。那红的、粉的和白的玫瑰。那紫罗兰和蓝蓝的勿忘我。

不。那不是法兰克福。那是西北高原的故乡。一株巨大的白丁香把花开在了屋顶的灰色的瓦瓴上。如雪，如玉，如飞溅的浪花。摘下一条碧绿的柳叶，卷成一个小筒，仰望着蓝天白云，吹一声尖厉的哨子。惊得两个小小的黄鹂飞起。挎上小篮，跟着大姐姐，去采撷灰灰菜。去掷石块，去追逐野兔，去捡鹌鹑的斑斓的彩蛋。连每一条小狗，每一只小猫，每一头牛犊和驴驹都在嬉戏。连每一根小草都在跳舞。

不，那不是西北高原。那是解放前的北平。华北局城工部（它的部长是刘仁同志）所属的学委组织了平津学生大联欢。营火晚会。“太阳下山明朝依旧爬上来……我的青春小鸟一样不回来”，“山上的荒地是什么人来开？地上的鲜花是什么人来栽？”一支又一支的歌曲激荡着年轻人的心。最后，大家发出了使国民党特务胆寒的强音：“团结就是力量……让一切不民主的制度死亡！”信念和幸福永远不能分离。

不，那不是逝去了的，遥远的北平。那是解放了的，飘扬着五星红旗的首都。那是他青年时代的初恋，是第一次吹动他心扉的和煦的风。春节刚过，忽然，他觉察到了，风已经不那么冰冷，不那么严厉了。二月的风就带来了和暖的希望，带来了早春的消息。他跑到北海，冰还没有化哩。还没有什么游人哩。他摘下帽子，他解开上衣领下的第一个扣子。还是冬天吗？当然，还是冬天。然而是已经联结着春天的冬天，是冬与春的桥。有风为证，风已经不冷！风会愈来愈和煦，如醉，如酥……他欢迎着承受着别人仍然觉得凛冽，但是他已经为之雀跃的“春”风，小声叫着他悄悄地爱着的女孩子的名字。

那，那……那究竟是什么呢？是金鱼和田螺吗？是荸荠和草莓吗？是孵蛋的芦花鸡吗？是山泉，榆钱，返了青的麦苗和成双的燕子吗？他定了定神。那是春天，是生命，是青年时代。在我们的生活里，在我们每个人的心房里，在猎户星座和仙后星座里，在每一颗原子核，每一个质子、中子、介子里，不都包含着春天的力量，春天的声音吗？

他定了定神，揉了揉眼睛。分明是法兰克福的儿童在歌唱，当然，是德语。在欢快的童声合唱旁边，有一个顽强的、低哑的女声伴随着。

他再定了定神，再揉了揉眼睛，分明是在从X城到N地的闷罐子车上。在昏暗和喧器当中,他听到了德语的童声合唱,和低哑的,不熟练的,相当吃力的女声伴唱。

什么?一台录音机。在这个地方听起了录音。一支歌以后又是一支歌,然后是一个成人的歌。三支歌放完了。是叭啦叭啦的撳动键钮的声音,然后三支歌重新开始。顽强的,低哑的,不熟练的女声也重新开始。这声音盖过了一切喧嚣。

火车悠长的鸣笛。对面车壁上的移动着的方形光斑减慢了速度,加大了亮度。在昏暗中变成了一个个的影子的乘客们逐渐显出了立体化的形状和轮廓。车身一个大晃,又一个大晃,大概是通过了岔道。又到站了。咣——哧,铁门打开了,站台的聚光灯的强光照进了车厢。岳之峰看清楚了,录音机就放在那个抱小孩的妇女的膝头。开始下人和上人。录音机接受了女主人的指令,"叭"的一声,不唱了。

"这是……什么牌子的?"岳之峰问。

"三洋牌。这里人们开玩笑地叫它作'小山羊'"。妇女抬起头来,大大方方地回答。岳之峰仿佛看到了她的经历过风霜的,却仍然是年轻而又清秀的脸。

"从北京买的么?"岳之峰又问,不知为什么这么有兴趣。本来,他并不是一个饶舌的人。

"不,就从这里。"

这里?不知是指X城还是火车正在驶向的某一个更小的县镇。他盯着"三洋"商标。

"你在学外国歌吗?"岳之峰又问。

妇女不好意思地笑了,"不,我在学外国语。"她的笑容既谦逊,又高贵。

"德语吗?"

"噢,是的。我还没学好。"

"这都是些什么歌儿呀?"一个坐在岳之峰脚下的青年问。岳之峰的连续提问吸引了更多的人。

"它们是……《小鸟,你回来了》《五月的轮转舞》和《第一株烟草花》,"女同志说:"欣梅尔——天空,福格尔——鸟儿,布鲁米——花朵……"她低声自语。

他们的话没有再继续下去。车厢里充满了的照旧是"别挤!""这个箱子不能坐!""别踩着孩子!""这边没有地方了!"……之类的喊叫。

"大家注意啦!"一个穿着民警服装的人上了车,手里拿着半导体扬声喇叭,一边喘着气一边宣布道:"刚才,前一节车厢里上去了两个坏蛋,混水摸鱼,流氓扒窃。有少数坏痞,专门到闷罐子车上偷东西。那两个坏蛋我们已经抓住了。希望各位旅客提高警惕,密切配合,向刑事犯罪分子作坚决的斗争。大家听清楚了没有?"

"听清楚了!"车上的乘客象小学生一样地齐声回答。

乘务警察满意地,匆匆地跳了下去,手提扩音喇叭,大概又到别的车厢作宣传去了。

岳之峰不由得也摸了摸自己携带的两个旅行包,摸了摸上衣的四个和裤子的三个口袋。一切都健在无恙。

车开了。经过了短暂的混乱之后,人们又已经各得其所,各就其位。各人说着各人的闲话,各人打着各人的瞌睡,各人嗑着各人的瓜子,各人抽着各人的烟。“小山羊”又响起来了,仍然是《小鸟,你回来了》,《五月的轮转舞》和《第一株烟草花》。她仍然在学着德语,仍然低声地歌唱着欣梅尔——天空,福格尔——鸟儿和布鲁米——花朵。

她是谁?她年轻吗?抱着的是她的孩子吗?她在哪里工作?她是搞科学技术的吗?是夜大学的新学员吗?是“老三届”的毕业生吗?她为什么学德语学得这样起劲?她在追赶那失去了的时间吗?她作到了一分钟也不耽搁了吗?她有机会见到德国朋友或者到德国去或者已经到德国去过了吗?她是北京人还是本地人呢?她常常坐火车吗?有许多个问题想问啊。

“您听音乐吧。”她说。好像是在对他说。是的,三支歌曲以后,她没有揿键钮。在《第一株烟草花》后面,是约翰·斯特劳斯的《春之声圆舞曲》,闷罐子车正随着这春天的旋律而轻轻地摇摆着,熏熏地陶醉着,袅袅地前行着。

车到了岳之峰的家乡。小站,停车一分钟。响过了到站的铃,又立刻响起了发车的铃。岳之峰提着两个旅行包下了车。小站没有站台,闷罐子车又没有阶梯。每节车厢放着一个普通木梯,临时支上。岳之峰从这个简陋的木梯上终于下得地来,他长出了一口气。他向那位女同志道了再见。那位女同志也回答了他的再见。他有点依依不舍。他刚下车,还没等着验票出站,列车就开动了。他看到闷罐子车的破烂寒伧的外表:有的地方已经掉了漆,灯光下显得白一块、花一块的。但是,下车以后他才注意到,火车头是蛮好的,火车头是崭新的、清洁的、轻便的内燃机车。内燃机车绿而显蓝,瓦特时代毕竟没有内燃机车。内燃机车拖着一长列闷罐子车向前奔驶。天上升起了月亮。车站四周是薄薄的一层白雪。天与雪都泛着连成一片的青光。可以看到远处墓地上的黑黑的、永远长不大的松树。有一点风。他走在了坑坑洼洼的故乡土地上。他转过头,想再多看一眼那一节装有小鸟、五月、烟草花和约翰·斯特劳斯的神妙的春之声的临时代用的闷罐子车。他好像从来还没有听过这么动人的歌。他觉得如今每个角落的生活都在出现转机,都是有趣的,有希望的和永远不应该忘怀的。春天的旋律,生活的密码,这是非常珍贵的。

(选自《王蒙文集》,人民文学出版社,2020 年版)

【注释】

[1]本文选自《王蒙文集》,小说最初发表在《人民文学》1980 年第 5 期。王蒙,1934 年生于北京,祖籍河北省南皮县。上中学时参加中共领导的城市地下工作,1948 年加入中国共产党。1950 年从事北京市新民主主义青年团区委工作。1953 年创作长篇小说《青春万岁》。1956 年因发表短篇小说《组织部新来的年轻人》引起争论,并因此于 1957 年被错划为右派。1978 年调北京市文联从事专业创作。1979 年平反后,曾任《人民文学》主编、中国作协副主席、文化部部长等职。王蒙具有勇于探索的创造精神和开放意识,在 20 世纪 50 年代他以“干预生活”著称,70 年代他是新文学初期的“领衔人物”,80 年代“意识流”兴起,他又创作了大量的“意识流”小说,并对小说的传统观念和表现形式进行了大胆的改革和突破。王蒙在多年的创作过程中进行不倦的探索和创新,成为新时期文坛创作最为丰硕、最有活力的作家之一。著有长篇小说《青春万岁》《活动变人形》《这边风景》,中短篇小说集《深的湖》,散文集《德美两

国纪行》,评论集《漫话小说创作》《王蒙报告文学集》《王蒙选集》(4 卷)等。其中《最宝贵的》《悠悠寸草心》《春之声》分别获 1978 年、1979 年、1980 年全国优秀短篇小说奖,《蝴蝶》《相见时难》分别获全国第一、二届优秀中篇小说奖,《访苏心潮》获全国第三届优秀报告文学奖。其作品被译成英、俄、日等多种文字在国外出版。

[2]珍妃:清朝光绪帝妃。因支持光绪变法,1900 年慈禧太后逃离北京时,命太监将她推入井中溺死。

[3]票车:客车的俗称。

作品赏析

《春之声》原载于《人民文学》1980 年第 5 期,是王蒙在新时期致力于小说观念和艺术方法探索的第一篇代表作。作者在内容上努力表现现实生活中的“转机”,在艺术上则大胆尝试“意识流”的表现手法。

本文故事情节单纯而集中,出国考察归来的工程物理学家岳之峰,在 20 世纪 80 年代第一个春节即将到来之际,乘闷罐车回乡探望 20 多年没见面的、刚被摘掉地主“帽子”的父亲。通过主人公探亲的沿途见闻和心理联想,赞美了中共十一届三中全会后出现的令人振奋的转机,表现了“歌颂新时期我们生活新转机”的主题。

《春之声》是新时期文坛较早出现的一篇心态小说,它没有贯穿全篇的故事情节,大胆突破了传统小说的结构方式与从人物外貌、语言、行动来写人物的方法,借鉴西方“意识流”的表现手法,借助人物在特定环境下的心境、联想和下意识的活动,形成一种放射式的心理结构。岳之峰置身于沙丁鱼罐头一般拥挤的车厢里,他的思想却如天马行空。作品直接深入人物的内心,借助人物周围诸如声响、晃动、味道、乐曲等信息刺激,让主人公意识流动,并用直接内心独白和间接内心独白来表现其感觉、联想、回忆、幻觉、甚至梦境等活动,主人公所经历过、体验过、目睹过的生活景象,都通过心理的旋转得到全景式、对照式的反映。这种手法的运用,突破了时空界限,揭示了主人公的心灵奥秘及时代氛围。作者以意识流的放射结构形式,把历史和现实、中国和外国、城市和乡村、新与旧、先进与落后,在主人公意识流动中交织在一起,展示了新时期生活状态的全景。

此外,作品还成功地运用了对比、象征等手法。一方面通过对祖国历史和现实的“纵向”的对比,使人感受到深沉的历史感和时代感;另一方面又从祖国的现实与外国的“横”的对比中,使人们看到祖国的落后和与先进国家的差距,以激励人们顽强奋斗。而作品中自然界春天的来临象征着时代的新旧交替。“崭新的、清洁的、轻便的内燃机火车头,拖着破烂寒伧的车厢奔驰”“落后、破旧、令人不适的闷罐子车里,却有先进精巧的进口录音机在播放音乐”,既象征着现实生活的矛盾、不协调,也象征着希望。生活中,困难是存在的,但同时也充满希望,社会与时代已经出现了“转机”。

词海拾贝

1.熙熙攘攘(xīxī-rǎngrǎng)

熙熙:和乐的样子;攘攘:纷乱的样子。形容人来人往,非常热闹拥挤。出自《史记·货殖列传》:"天下熙熙,皆为利来;天下攘攘,皆为利往。"

2.垂头丧气(chuítóu-sàngqì)

垂头:耷拉着脑袋。丧气:神情沮丧。形容因失败或不顺利而情绪低落、萎靡不振的样子。出自唐代韩愈《送穷文》:"主人于是垂头丧气,上手称谢。"

3.混水摸鱼(húnshuǐ-mōyú)

比喻乘混乱的时候从中捞取利益。出自茅盾《蚀·动摇》:"他又觉得南乡农民的办法,'也不无可取之处',只要加以变化,自己就可混水摸鱼,择肥而噬。"

4.依依不舍(yīyī-bùshě)

依依:依恋的样子。舍:放弃。形容舍不得离开。出自明代冯梦龙《醒世恒言·卢太学诗酒傲王侯》:"那卢楠直送五百余里,两下依依不舍。"

知识巩固与能力训练

一、《春之声》对小说艺术的探索,主要表现在哪些方面?

二、举例说明《春之声》是如何表现中国社会当时出现的"转机"的。

三、《春之声》是如何运用"意识流"的表现技巧的?

学文心语

一个真正健康的人应该具备的基本能力有:自识能力、自理能力、自学能力、自立能力、自创能力。

导语

法国作家法郎士曾如此评价莫泊桑："莫泊桑的语言雄劲、明晰、流畅，充满乡土气息，使人们爱不释手。他具有法国作家的三大优点：明晰、明晰、明晰。"法国作家左拉说："读他的作品的时候，可以是笑或是哭，但永远是发人深思的。"这位被称为"世界短篇小说之王"的小说艺术究竟如何？我们读一读便知。

绳子的故事[1]

［法］莫泊桑

张裕禾　译

这是个赶集的日子。戈德维尔附近的每一条路上都有农民带着娘儿们向镇上走来。男人们步履安闲，迈着弯曲的长腿，冉冉向前。繁重的田间劳动——左肩耸起歪着身子扶犁，两膝分开立得稳稳地割麦，以及农村中所有做起来又慢又吃力的活，使他们的双腿变成了畸形。他们的蓝布罩衫浆得笔挺，像上了凡立水[2]一样闪闪发光，袖口和领口用白线绣着花纹，鼓鼓囊囊地裹着瘦骨嶙峋的身子，活像个要腾空而起的气球，气球外面伸出一个脑袋，一双胳膊，两只脚。

有的人手牵着一头奶牛或者一头牛犊。娘儿们跟在牲口后面，一手拿着根还带着叶子的树枝，抽着牲口两肋，催促牲口向前，一手挽着大篮子，篮子口上东冒出个鸡头，西伸出个鸭头。比起她们的丈夫来，娘儿们的步子短小而急促。她们身体干瘦，腰杆挺直，一条窄窄的小披肩用别针别在平坦的胸前，头上贴发裹着块白布，上面再戴一顶便帽。

一匹马驹以短促的快步拉着一辆大车驰过，摇得车上的两男一女前俯后仰。两个男的并排坐着，女的坐在车后，双手攥着车档，以期缓和一下车子激烈的颠簸。

戈德维尔的集市广场上，人群和牲畜混在一起，黑压压一片。只见牛的犄角，富裕农民的长毛绒高帽，农妇们的头巾在集市上攒动。尖厉刺耳的嘈杂声嗡嗡一片，持续不断，气息粗犷。不时还可听到一声从乡下人结实的胸脯里发出的开怀大笑，或者系在墙边的母牛的一声长叫。

整个集市都带着牛栏、牛奶、牛粪、干草和汗臭的味道，散发着种田人所特有的那种难闻的人和牲畜的酸臭气。

布雷奥戴村奥士高纳大爷刚刚到达戈德维尔，正在向集市广场走来。突然他发现地下有一小段绳子。奥士高纳大爷具有真正诺曼第人的勤俭精神，认为一切有用的东西都该捡起来。他弯下身去，因为患风湿病而十分吃力。他从地上捡起了那段细绳子，并准备绕绕好收起来。这时他发现马具商马朗丹大爷在自家门口瞅着他。他们过去为了一根络头[3]曾有过纠葛，双方怀恨在心，至今互不理睬。现在奥士高纳大爷在粪土里捡绳头，被自己的冤家对头看见了，颇感坍台[4]。他立即将绳头藏进罩衫，接着又藏入裤子口袋。然后他又装模作样在地上寻找什么东西，但没有找到，于是便向市场走去，脑袋冲在前面，身子因风湿痛而弓着。

他很快便消失在赶集的人群中了。赶集的人吵吵嚷嚷，慢慢吞吞，由于没完没了地讨价还价而有点激动。农民们用手拍拍奶牛，走开去又走回来，拿不定主意，总是怕上当，永远下不了决心，偷偷瞧着卖者眼色，总想识破卖者的诡计，发现牲口的缺点。

娘儿们把手里的大篮子放在脚跟边，从里面拉出家禽，搁在地上。家禽的双脚缚着，两眼惊慌，鸡冠通红。

她们不动声色，面无表情，听任顾客还价，不肯松口，或者，突然决定接受顾客还的价钱，向慢慢走开去的顾客叫道：

“昂迪姆大爷，就这样吧，我卖给您了。”

随后，集市上的人群渐渐散去。教堂敲响了午祷的钟声。远道而来的农民纷纷走进镇上的各家客店。

朱尔丹掌柜的店堂里，坐满了顾客。大院里也停满了各式各样的车子：双轮马车，双轮轻便篷车，大马车，敞篷双座轻便马车，以及蹩脚的张篷马车，这些车子沾满黄土，东歪西斜，千补百衲。有的车辕翘到天上，像举着两只胳膊；有的车头冲地，车尾朝天。

在店堂的一边，大壁炉里火光熊熊。坐在右排的顾客，脊背被烤得暖洋洋的。三把铁叉在炉上转动着，烤着小鸡、野鸽和羊肉。烤肉的香味，棕色肉皮上流着的油汁的香味，从炉膛里飘出来，闻得顾客们喜上眉梢，馋涎欲滴。

所有种田的老把式都在朱尔丹掌柜的店里吃饭，他既是客店老板又是马贩子，是个手头宽裕的精明人。

餐肴和黄色的苹果酒端上来，吃光饮尽。各人谈着自己的生意买卖，相互打听收成的前景。天时对青苗生长有利，但对麦子不佳。

突然，客店前面的大院里响起了一阵鼓声。除少数几个漠不关心的人以外，大家唰地站起身来，嘴里含着食物，手里拿着餐巾，向门口、窗口奔过去。

传达通知的乡丁敲了一阵小鼓之后，拉开嗓门背诵起来，声音断断续续，重音读错，句子读破。

“戈德维尔的居民以及所……有赶集的乡亲们：今天早晨，九十点钟……之间，有人在勃兹维尔大路上遗失黑皮夹子一只。内装法郎五百，单据若干。请拾到者立即交到……乡政府，或者曼纳维尔村伏图内·乌勒布雷克大爷家。送还者得酬金法郎二十。特此通告。”

乡丁说完便走。远处隐隐约约又传来一次乡丁的击鼓声和叫喊声。

于是大家就这件事议论开来，数说着乌勒布雷克大爷寻找得到或者寻找不到皮夹子的种种可能。

午饭已经用毕。

大家正在喝着最后一点咖啡。这时，宪兵大队长突然出现在店堂门口。他问道：

“布雷奥戴村奥士高纳大爷在这儿吗？”

坐在餐桌尽头的奥士高纳大爷回答说：

“在。”

于是宪兵大队长又说：

“奥士高纳大爷，请跟我到乡政府走一趟。乡长有话要对您说。”

这位农民既感到诧异又觉得不安。他一口喝完了杯子里的咖啡，起身上路，嘴里连连说：“在，在。”他每当休息之后，起步特别困难，所以身子比早晨弓得更加厉害了。

他跟在宪兵大队长后面走了。

乡长坐在扶手椅里等着他。乡长是当地的公证人，身体肥胖，态度威严，说话浮夸。

“奥士高纳大爷，”他说：“有人看见您今天早上在勃兹维尔大路上捡到了曼纳维尔村乌勒布雷克大爷遗失的皮夹子。”

这位乡下人不知如何回答是好，瞧着乡长，自己也不知为什么，已经被这种对他的怀疑吓呆。

“我，我，我捡到了那只皮夹子？”

“是的，是您亲自捡到的。”

“我以名誉担保，我连皮夹子的影子也没见过。”

“有人看见您啦。”

“有人看见我，我啦？谁看见的？”

“马朗丹先生，马具商。”

这时老人想起来了，明白了，气得满脸通红。

“啊！他看见了，这个乡巴佬！他看见我捡起的是这根绳子。乡长先生，您瞧！”

他在口袋里摸了摸，掏出了那一小段绳子。

但是乡长摇摇脑袋，不肯相信。

“奥士高纳大爷，马朗丹先生是个值得信赖的人，我不会相信他把这根绳子错当成了皮夹子。”

这位老农气呼呼地举起手来，向身边吐了一口唾沫，表示以名誉起誓，再次说：

“老天有眼，这可是千真万确，丝毫不假的啊，乡长先生。我再说一遍，这件事，我可以用我的良心和生命担保。”

乡长又说：

“您捡起皮夹子之后，甚至还在地上找了很久，看看是否有张把票子从皮夹子里漏了出来。”

老人又气又怕，连话都说不上来了。

“竟然说得出！……竟然说得出……这种假话来糟蹋老实人！竟然说得出！……”

他抗议也是白费，别人不相信他。

他和马朗丹先生当面对了质。后者再次一口咬定他是亲眼看见的。他们互相对骂了整整一小时。根据奥士高纳大爷的请求,大家抄了他的身,但什么也没抄着。

最后,乡长不知如何处理是好,便叫他先回去,同时告诉奥士高纳大爷,他将报告检察院,并请求指示。

消息已经传开了。老人一走出乡政府就有人围拢来问长问短。有的人确是出于好奇,有的人则是出于嘲弄癖,但都没有任何愤慨。于是老人讲起绳子的故事来。他讲的,大家听了不信,一味地笑。

他走着走着,凡是碰着的人都拦住他问,他也拦住熟人,不厌其烦地重复他的故事,重复他的抗议,把只只口袋都翻转来给大家看,表明他什么也没有。

有人对他说:

"老滑头,滚开!"

他生气,着急,由于别人不相信他而恼火,痛苦,不知怎么办,总是向别人重复绳子的故事。

天色将晚,该回去了。他和三位村邻一起往回走,把捡到绳头的地方指给他们看,一路不停地讲他的遭遇。

晚上,他到布雷奥戴村里走了一圈,目的是把他的遭遇讲给大家听,但是没有一个人相信他。

他为此心里难过了整整一夜。

第二天,午后一时左右,依莫维尔村的农民布列东大爷的长工马利于斯·博迈勒,把皮夹子和里面的钞票、单据一并送还给了曼纳维尔村的乌勒布雷克大爷。

这位长工声称确是在路上捡着了皮夹子,但他不识字,所以就带回家去交给了东家。

消息传到了四乡。奥士高纳大爷得到消息后立即四出游说,叙述起他那有了结局的故事来。他胜利了。

"要知道,使我伤心的是,"听说,"根本不是那么回事,而是污蔑。由于污蔑而遭众人非难,这种事是再损人不过的了。"

他整天讲他的遭遇,在路上向过路的人讲,在酒馆里向喝酒的人讲,星期天在教堂门口讲。不相识的人,他也拦住讲给人家听。现在他心里坦然了,不过,他觉得有某种东西使他感到不自在。是什么东西,他也说不清楚。人家在听他讲故事时,脸上带着嘲弄的神气。看来人家并不信服。他好像觉得别人在他背后指指戳戳。

下一个星期二,他纯粹出于讲自己遭遇的欲望,又到戈德维尔来赶集。

马朗丹站在家门口,看见他走过,笑了起来,为什么呢?

他朝克里格多村的一位庄稼汉走过去。这位老农民没有让他把话说完,在他胸口推了一把,冲着他大笑说:"老滑头,滚开!"然后扭转身就走。

奥士高纳大爷目瞪口呆,越来越感到不安。为什么人家叫他"老滑头"呢?

他在朱尔丹的客店里坐下之后,又解释起来。

蒙迪维利埃村的一位马贩子对他大声说：

“好了，好了，老主顾，你那根绳子，我知道啦！”

奥士高纳大爷嘀咕道：

“皮夹子既然找到了嘛。”

但那个人接着说：

“老爹，别说了。有个人捡着了，又有个人送还了。俗话说，没人见，没人晓，骗你你也不知道。”

奥士高纳气得连话也说不上来。他终于明白了。人家指责他是叫一个同伙，一个同谋，把皮夹子送回去的。

他想抗议。满座的人都笑了起来。

他午饭没能吃完便在一片嘲笑声中走了。

他回到家里，又羞又恼。忿怒和羞耻使他痛苦到了极点。他特别感到狼狈，因为，凭他诺曼第人的刁钻，他是做得出别人指责他的事来的，甚至可以自夸手段高明。他门槛精[5]是出名的，所以他模模糊糊意识到他无法证明自己是清白的了。他遭到无端的怀疑，因而伤透了心。

于是，他重新向人讲述自己的遭遇，故事每天都长出一点来，每天都加进些新的理由，更加有力的抗议，更加庄严的发誓。这些都是他一人独处的时候编出来的，准备好的，因为他的心思专门用在绳子的故事上了。他的辩解越是复杂，理由越是多，人家越不相信他。

有人背后议论说：“这都是骗子的歪理。”

别人的议论，他有所感。他闷闷不乐，用尽了力气洗刷自己，还是白费。

他眼看着消瘦下去。

现在，爱开玩笑的人为了逗乐而请他讲绳子的故事，就像人家请打过仗的士兵讲他亲身经历的战斗故事一样。他那鼓到顶点的士气垮了下来。

将近年底的时候，他卧病不起。

年初，他含冤死去。临终昏迷的时候，他还在证明自己是清白无辜的，一再说：

“一根细绳……一根细绳……乡长先生，您瞧，绳子在这儿。”

（选自《外国短篇小说》中册，上海文艺出版社，1978年版）

【注释】

[1]莫泊桑（1850—1893），19世纪后半叶法国批判现实主义作家，与俄国契诃夫和美国欧·亨利并称为“世界三大短篇小说巨匠”。代表作品有《项链》《漂亮朋友》《羊脂球》和《我的叔叔于勒》等。莫泊桑1850年出生于法国上诺曼府滨海塞纳省的一个没落贵族家庭。曾参加普法战争，此经历成为他日后创作小说的一个重要主题。他一生创作了六部长篇小说，三百五十九篇中短篇小说及三部游记，是法国文学史上短篇小说创作数量最多、成就最高的作家之一。莫泊桑患有神经痛和强烈的偏头痛，巨大的劳动强度使他逐渐病入膏肓。直到1891年，他已不能再进行写作。在遭受疾病残酷的折磨之后，莫泊桑

于 1893 年 7 月 6 日逝世,年仅 43 岁。他擅长从平凡琐屑的事物中截取富有典型意义的片断,以小见大地概括生活的真谛。他的短篇小说构思别具匠心,情节变化多端,描写生动细致,刻画人情世态惟妙惟肖,读后令人回味无穷。张裕禾,1936 年生,1955 年考入北京大学西方语言文学系法语专业。专攻法国文学。1960 年毕业后被分配到上海外国语学院教授法语。

[2]凡立水:英文 Varnish 的音译,即“清漆”。

[3]络头:用皮条或绳子做成的套在马头上用来系缰绳的马具,也叫马笼头。

[4]坍台:丢脸,出丑。

[5]门槛精:指为人精明,爱占便宜,不肯吃亏。

作品赏析

这篇小说发表于 1883 年。19 世纪后期的法国,已经从自由竞争阶段走向垄断阶段。随之而来的是社会道德的败坏,人们视尔虞我诈、损人利己、暗箭伤人等为天经地义,这种道德观念在当时已经形成一种习惯势力。《绳子的故事》就发生在这样的时代。作品描写了诚实的农民奥士高纳因捡到一根绳子而被诬陷最终含冤死去的不幸遭遇,揭示出社会道德的荒唐和习惯势力的可怕。

奥士高纳是法国北方诺曼底地区一个勤俭、诚实的农民。作者紧紧扣住他的“诚实”性格,描绘他在捡到绳子之后的不幸遭遇。虽然他百般辩解,但仍无法摆脱被诬陷、奚落的命运,最终忧郁而死。作品中,导致奥士高纳死亡的有三种力量:一是马具商的诬告,二是乡政府的审问,三是周围群众的奚落。马具商是狡猾、阴险、诡诈的,为达到陷害仇家的目的,不惜造谣中伤,无中生有,把奥士高纳捡到的绳子说成是一个黑皮夹子。问题还不止于此,马具商的行为还得到了乡政府的支持和保护,而且更为可悲的是,那些像奥士高纳一样处于社会底层的人们,也在嘲弄、奚落着奥士高纳。这样,三股力量汇集一起,便形成一张无形的大网,而其核心是荒唐的道德偏见,它最终导致了奥士高纳的含冤而死。

莫泊桑是风俗画的巨匠。作品一开始就用不多的笔墨,展示了一幅法国北方集市的风俗画。同时,作者巧妙地处理了赶集这样一个特定环境,使得群众场面栩栩如生,主要人物形象鲜明、个性突出。在塑造人物形象方面,作者以洗练、精确的细节描写,深入细致的心理刻画来突出不同人物的性格特征。

词海拾贝

莫泊桑名言

1.不谦恭、不和睦的人,不但会遭受物质的损失,且将失去生活的情趣。

2.生活不可能像你想象得那么好,但也不会像你想象得那么糟。我觉得人的脆弱和坚强都超乎自己的想象。有时,我可能脆弱得因一句话就泪流满面,有时,也会发现自己咬着牙走了很长的路。

3.世上不知有多少人,为着疏懒误了自己的人生。奋发,活动,做事,谈话考虑问题之类,对某种人是很困难的事。

4.爱情是一本教科书,它教我们怎样做人。

5.人是生活在希望之中的。旧的希望实现了,或者泯灭了,新的希望的烈焰随之燃烧起来。

6.才能来自独创性。独创性是思维、观察、理解和判断的一种独特的方式。

7.如果一个人只是度过一天算一天,什么希望也没有,那么,他的生命实际上也就停止了。

8.时间的脚步是不会因为我们有许多事情要处理而稍停片刻的。稍纵即逝的机会,更不会因为我们的犹豫不决而等待我们。

9.只要有一种无穷的自信充满了心灵,再凭着坚强的意志和独立不羁的才智,总有一天会成功的。

知识巩固与能力训练

一、这篇小说批判揭示了当时社会生活中的哪些病态?

二、奥士高纳具有怎样的性格特征?作者是运用哪些手法来刻画这个人物的?

三、莫泊桑常常通过选取日常生活中极其平凡、极其普通的故事来揭示深刻的社会现实,简要分析这篇小说以小见大的特色。

四、奥士高纳本人的思想性格在他的悲剧中起到了什么作用?

五、奥士高纳与祥林嫂有什么异同?

学文心语

卑鄙是卑鄙者的通行证,高尚是高尚者的墓志铭。假如一个社会发展到这种地步,那一定是人类的悲哀。从远古到今天,我们人类应越来越文明、善良、友爱、高贵。

导语

年轻的朋友，你有过苦恼吧，你会跟谁诉说呢？让我们来读一读契诃夫的《苦恼》吧。小说写的是一位名叫姚纳的车夫，一心想跟别人谈谈他内心的苦恼，减轻一些内心的伤痛，可几次三番没有人听他的，结果他只好把满腹心事向他的小马诉说。

苦　恼[1]

[俄]契诃夫

汝龙　译

——我拿我的烦恼向谁去诉说？……[2]

暮色晦暗。大片的湿雪绕着刚点亮的街灯懒洋洋地飘飞，落在房顶、马背、肩膀、帽子上，积成又软又薄的一层。车夫姚纳・波达波夫周身白色，像个幽灵。他坐在车座上一动也不动，身子向前伛着，伛到了活人的身子所能伛到的最大限度。哪怕有一大堆雪落在他身上，仿佛他也会觉得用不着抖掉似的……他的小母马也一身白，也一动不动。它那呆呆不动的姿势、它那瘦骨棱棱的身架、它那棍子一样笔直的四条腿，使得它活像拿一个小钱就可以买到的马形蜜糖饼。它大概在想心事吧。不管是谁，只要被人从犁头上硬拉开，从熟悉的灰色景致里硬拉开，硬给丢到这个充满古怪的亮光、不断的喧哗、熙攘的行人的旋涡里，那它就不会不想心事……

姚纳和他的小马有好久没动了。还是在午饭以前，他们就走出了院子，至今还没拉到一趟生意。可是现在黄昏的暗影笼罩全城了。街灯的黯淡的光已经变得明亮生动，杂乱的街上也热闹多了。

"车夫，到维堡区去[3]！"姚纳听见有人喊车。"车夫！"

姚纳猛地哆嗦一下，从粘着雪的睫毛望出去，看见一个军人，穿一件军大衣，头戴一顶兜囊[4]。

"到维堡区去！"军人又说一遍，"你是睡着了还是怎么的？拉到维堡区去！"

为了表示同意，姚纳抖了抖缰绳；这样一来，一片片的雪就从马背上和他的肩膀上纷纷掉下来……军人坐上了雪橇。车夫嘬起嘴唇，对那匹马发出啧的一响[5]，跟天鹅那样伸出脖子，在车座上微微挺起身子，与其说是由于需要还不如说是出于习惯地扬起鞭子。那小母马也伸出脖子，弯一弯像棍子一样笔直的腿，迟迟疑疑地走动了……

"你往哪儿闯啊，鬼东西？"姚纳立刻听见黑暗里有人嚷起来，一团团黑影在他跟前游过来游过去，"你到底是往哪儿走啊？靠右！"

"你不会赶车！靠右走！"军人生气地说。

一个赶四轮轿车的车夫朝他咒骂；一个行人穿过马路，肩膀刚好擦着马鼻子，就狠狠地瞪他一眼，抖掉袖子上的雪。姚纳坐在车座上局促不安，仿佛坐在针尖上似的，他向两旁撑开胳臂肘儿，眼珠乱转，就跟有鬼附了体一样，仿佛他不知道自己在哪儿，也不知道为什么在那儿似的。

“这些家伙真是混蛋！”军人打趣地说，“他们简直是极力跑来撞你，或者扑到马蹄底下去。他们这是预先商量好的。”

姚纳回头瞧着他的乘客，张开嘴唇……他分明想要说话，可是喉咙里没吐出一个字来，只是哼了一声。

“什么？”军人问。

姚纳咧开苦笑的嘴，嗓子里用一下劲，这才干哑地说出来：

“老爷，我的……嗯……我的儿子在这个星期死了。”

“哦！……他害什么病死的？”

姚纳掉转整个身子朝着乘客说：

“谁说得清呢？多半是热病吧……他在医院里躺了三天就死了……上帝的意旨哟。”

“拐弯呀，鬼东西！”黑暗里有人喊，“瞎了眼还是怎么的，老狗？用眼睛瞧着！”

“赶车吧，赶车吧……”乘客说，“照这样走下去，明天也到不了啦。快点赶车吧！”

车夫又伸出脖子，微微挺起身子，笨重而优雅地挥动他的鞭子。他有好儿回转过身去看军官，可是军官闭着眼睛，分明不愿意再听了。姚纳把车赶到维堡区，让乘客下车，再把车子赶到一个饭馆的左近停下来，坐在车座上伛下腰，又不动了……湿雪又把他和他的马涂得挺白。一个钟头过去了，又一个钟头过去了……

三个青年沿着人行道走过来，两个又高又瘦，一个挺矮，驼背；他们互相谩骂，他们的雨鞋踩出一片响声。

“车夫，上巡警桥去！”驼背用破锣似的声音喊道，“我们三个人……二十个戈比！”

姚纳抖动缰绳，把嘴唇嘬得啧啧的响。二十个戈比是不公道的，可是他顾不得讲价了。现在，一个卢布也好，五个戈比也好，在他全是一样，只要有人坐车就行……青年们互相推挤着，骂着下流话，拥上雪橇，三个人想一齐坐下来。这就有了需要解决的问题：该哪两个坐着？该哪一个站着呢？经过很久的吵骂、变卦、责难，他们总算得出了结论：该驼背站着，因为他顶矮。

“好啦，赶车吧！”驼背站稳，用破锣样的声音说，他的呼吸吹着姚纳的后脑壳，“快走！你戴的这是什么帽子呀，老兄！走遍彼得堡，再也找不到比这更糟的了……”

“嘻嘻！……嘻嘻！……”姚纳笑，“这帽子本来不行啦！”

“得啦，本来不行了，你啊，赶车吧！你就打算一路上都照这样子赶车吗？啊？要我给你一个脖儿拐吗？……”

“我的脑袋要炸开了……”一个高个子说，“昨天在杜科玛索夫家里，华斯卡和我两个人一共喝了四瓶白兰地。”

“我真不懂你为什么要胡说！”另一个高个子生气地说，“你跟下流人似的胡说白道。”

“要是我胡说，让上帝惩罚我！我说的是实在的情形嘛！……”

“要是这实在，跳蚤咳嗽就也实在罗。”

“嘻嘻！”姚纳笑了，“好有兴致的几位老爷！”

“呸！滚你的！……”驼背愤愤地喊叫，“你到底肯不肯快点走啊，你这老不死的？难道就这样赶车？给它一鞭子！他妈的！快走！结结实实地抽它一鞭子！”

姚纳感到了背后那驼背的扭动的身子和抖动的声音。他听着骂他的话，看着这几个人，孤单的感觉就渐渐从他的胸中消散了。驼背一股劲儿地骂他，诌出一长串稀奇古怪的骂人话，直说得透不过气来，连连咳嗽。那两个高个子开始讲到一个名叫娜节日达·彼得罗芙娜的女人。姚纳不住地回头看他们。等到他们的谈话有了一个短短的停顿，他又回过头去，叽叽咕咕地说：

“这个星期我……嗯……我的儿子死了！”

“大家都要死的……”驼背咳了一阵，擦擦嘴唇，叹口气说，“算了，赶车吧！赶车吧！诸位先生啊，车子照这么爬，我简直受不了啦！什么时候他才会把我们拉到啊？”

“那么，你给他一点小小的鼓励也好……给他一个脖儿拐！”

“你听见没有，你这老不死的？我要给你一个脖儿拐啦！要是跟你们这班人讲客气，那还不如索性走路的好！……听见没有，你这条老龙[6]？莫非我们说的话你不在心上吗？”

于是姚纳，与其说是觉得，不如说是听见脖子后面拍的一响。

“嘻嘻！……”他笑，“好有兴致的几位老爷……求上帝保佑你们！”

“赶车的，你结过婚没有？”一个高个子问。

“我？嘻嘻……！好有兴致的老爷！现在我那老婆成了烂泥地罗……嘻嘻嘻！……那就是，在坟里头啦！这会儿，我儿子也死了，我却活着……真是怪事，死神认错了门啦……它没来找我，却去找了我的儿子……”

姚纳回转身去，想说一说他儿子是怎么死的，可是这当儿驼背轻松地吁一口气，说是谢天谢地，他们总算到了。姚纳收下二十个戈比，对着那几个玩乐的客人的后影瞧了好半天，他们走进一个漆黑的门口，不见了。他又孤单了，寂静又向他侵袭过来……苦恼，刚淡忘了不久，现在又回来了，更为有力地撕扯他的胸膛。姚纳的眼睛焦灼而痛苦地打量大街两边川流不息的人群：难道在那成千上万的人当中，连一个愿意听他讲话的人都找不到吗？人群匆匆地来去，没有人理会他和他的苦恼……那苦恼是浩大的，无边无际。要是姚纳的胸裂开，苦恼滚滚地流出来的话，那苦恼仿佛会淹没全世界似的，可是话虽如此，那苦恼偏偏没人看见。那份苦恼竟包藏在这么渺小的躯壳里，哪怕在大白天举着火把去找也找不到……

姚纳看见一个看门人提着一个袋子，就下决心跟他攀谈一下。

“现在什么时候啦，朋友？”他问。

“快到十点了……你停在这儿做什么？把车子赶开！”

姚纳把雪橇赶到几步以外，伛下腰，任凭苦恼来折磨他……他觉得向别人诉说也没有用了。可是还没过上五分钟，他就挺起腰板，摇着头，仿佛感到一阵剧烈的疼痛似的；他拉了拉缰绳……他受不住了。

“回院子里去！”他想，“回院子里去！”

他那小母马仿佛领会了他的想头似的，踩着小快步跑起来。过了一个半钟头，姚纳已经坐在一个又大又脏的火炉旁边了。炉台上、地板上、凳子上，全睡得有人，正在打鼾。空气又臭又闷……姚纳看一看那些睡熟的人，搔一搔自己的身子，后悔回来得太早了……

“其实我连买燕麦的钱还没挣到呢，”他想，“这就是为什么我会这么苦恼的缘故了。一个人，要是会料理自己的事……让自己吃得饱饱的，自己的马也吃得饱饱的，那他就会永远心平气和……”

墙角上，有一个年轻的车夫爬起来，睡意蒙眬地嗽了嗽喉咙，走到水桶那儿去。

“想喝水啦？”姚纳问他。

“是啊，想喝水！”

“那就喝吧。……喝点水，身体好……可是，老弟，我的儿子死啦……听见没有？这个星期在医院里死的……真是怪事！”

姚纳看一看他的话生了什么影响，可是什么影响也没看见。那年轻小伙子已盖上被子蒙着头，睡着了。老头儿叹口气，搔搔自己的身子……如同那青年想喝水似的，他想说话。他儿子去世快满一个星期了，他却至今还没跟别人好好的谈过这件事……应当有条有理、有声有色地讲一讲……应当讲一讲他儿子怎样得的病，怎样受苦，临死以前说过些什么话，怎样去世的……他要描摹一下儿子怎样下葬，后来他怎样上医院里去取死人的衣服。他还有个女儿姚尼霞住在乡下……他也想谈一谈她……他现在可以讲的话还会少吗？听讲的人应该哀伤，叹息，惋惜……倒还是跟娘们儿谈一谈的好。她们虽是些蠢东西，不过听不上两句话就会呜呜地哭起来。

“出去看看马吧，”姚纳想，“有的是工夫睡觉……总归睡得够的，不用担心……”

他穿上大衣，走进马棚，他的马在那儿站着。他想到燕麦，想到干草，想到天气……他孤单单一个人的时候，不敢想儿子……对别人谈一谈儿子倒还可以，至于想他，描出他的模样，那是会可怕得叫人受不了的……

“你在嚼草吗？”姚纳问他的马，看见它亮晶晶的眼睛，“好的，嚼吧，嚼吧……我们挣的钱既然不够吃燕麦，那就吃干草吧……对了……我呢，岁数大了，赶车不行啦……应当由我儿子来赶车才对，不该由我来赶了……他可是个地道的马车夫……要是他活着才好……”

姚纳沉默一会儿，接着说：

“是这么回事，小母马……库司玛·姚尼奇下世了……他跟我说了再会……他一下子就无缘无故死了……哪，打个比方，你生了个小崽子，你就是那小崽子的亲妈了……突然间，比方说，那小崽子跟你告别，死了……你不是要伤心吗？……”

小母马嚼着干草，听着，闻闻主人的手……

姚纳讲得有了劲，就把心里的话统统讲给它听了……

（选自《契科夫短篇小说选》，人民文学出版社，2003 年版）

【注释】

[1] 契诃夫（1860—1904），俄国著名小说家、戏剧家。出身于破产的商人家庭，接触了很多下层社会的“小人物”，为他此后的文学创作积累了丰富的经验。大学时代开始发表作品。代表作如《一个小公务员之死》《变色龙》《苦恼》等，以暴露黑暗、针砭社会弊病为主。1886 年后，他的思想剧变，作品中的批判因素增强，创作风格日趋成熟。1888 年，他因短篇小说集《黄昏》获“普希金文学奖”而一举成名。这一时期他写了一百余篇短篇小说，有《草原》《第六病室》《带阁楼的房子》《新娘》等脍炙人口的作品。他的小说简练冷峻，风格独特。他与莫泊桑齐名，是世界上最有影响的短篇小说家之一。他也是一位著名的戏剧家，戏剧名作有《万尼亚舅舅》《三姊妹》《樱桃园》等。

[2] 这句话出自《旧约全书》。

[3] 维堡区：彼得堡一个区的名字。

[4] 兜囊：一种与大衣连在一起、可以折叠用作御寒的帽子。

[5] 啧的一响：这是唤马向前走的表示。

[6] 老龙：原文是“高里尼奇尼”，神话传说中的一条怪龙的名字，住在深山里。这里用作骂人的话。

作品赏析

本文写于 1886 年，是契诃夫短篇小说的代表作之一，曾被托尔斯泰列为作者的“第一流作品”。故事发生在 19 世纪沙皇统治下的俄国，作品以小见大，以一个“小人物”马夫姚纳的遭遇来揭示俄国社会的黑暗和人际关系的冷酷无情，反映下层劳动人民的悲惨命运。小说描写了一个老马夫姚纳被丧子之痛折磨，想要向别人倾诉心中的悲苦，但偌大的彼得堡找不到一个他可以倾诉的对象，最后他只能对着自己的小母马诉说的故事。小人物小小的可怜的心愿、平凡的日常小事却揭示了其艰难的生存处境，折射出整个社会的黑暗。

全篇作品以题记“我拿我的烦恼向谁去诉说”为情节线索，所有的情节内容都紧紧围绕着姚纳深怀苦恼、倾诉苦恼的动机和行为而展开。文中姚纳四次想向军人、青年、看门人、年轻马夫诉说苦恼，却接二连三地遭到这些人的冷眼、蔑视与辱骂的打击。此时原有的悲伤不仅没有倾诉，反而又添无处诉说的新愁。最后无奈他来到小母马面前，小母马不仅听着“他的倾诉”，还“闻闻主人的手”。马有情而人无情，二者形成了鲜明的对比。这一对比，更加比照出姚纳牛马般的社会地位和现实处境，更能引起读者对主人公悲惨命运的同情、对世态炎凉的战栗、对黑暗社会现实的憎恶，具有强烈的震撼人心的力量和催人泪下的艺术效果。

小说的对话描写精练而极富表现力，不仅符合特定环境和场合人物的性格逻辑，而且恰当地映射出人物此时此境的内心活动。作品中的对话主要存在于姚纳和军人及三个青年之间，通过对话，不仅揭示了军人及青年的自私自利、麻木不仁、缺乏同情心，而且反映了姚纳老实巴交、逆来顺受的性格和急于倾诉愁苦的心情。

小说的细节描写、心理描写匠心独运，内涵深刻。虽没有巨大的场面和引人入胜的曲折情节，但能以小见大，平淡中见深刻，在简单的情节中反映重大的社会问题，体现了契诃夫短篇小说的独特风格。如以二十个戈比坐一趟车既写出了三个青年的要赖，又刻画出姚纳被苦恼压倒而无心讲价钱；关于"娘儿们"的评价，写出了姚纳轻视妇女的传统思想，以及当时小人物虽孤苦无援，但地位还在妇女之上的社会现实。

词海拾贝

契诃夫名言

1.人生的快乐和幸福不在金钱，不在爱情，而在真理。即使你想得到的是一种动物式的幸福，生活也不会任你一边酗酒，一边幸福的，它会时时刻刻猝不及防地给你打击。

2.人的一生应当是美丽的——面貌，衣裳，心灵，思想。

3.只有受过教育的、诚心诚意的人才是有趣味的人，也只有他们才是社会所需要的。这样的人越多，天国来到人间也就越快。

4.人，不管是什么，应当从事劳动，汗流满面地工作，他生活的意义和目的、他的幸福、他的欢乐就在于此。

5.我们的事业就是学习再学习，努力积累更多的知识，因为有了知识，社会就会有长足的进步，人类的未来幸福就在于此。

6.不要心平气和，不要容你自己昏睡！趁你还年轻、强壮、灵活，要永不疲倦地做好事。

7.学问是光明，蒙昧是黑暗。念书吧！

8.科学是人生中最重要的最美好的和最需要的东西。

知识巩固与能力训练

一、马车夫姚纳的苦恼反映了什么样的社会现实？

二、说明小说中的心理描写和细节描写在刻画人物形象、深化主题方面的作用。

三、小说是怎样将"人与人"的关系与"人与马"的关系作对比的？这样对比有何作用？

四、本文的人物对话描写有何特色？对塑造人物形象起了什么作用？

学文心语

西赛罗说，世界上没有比友谊更美好，更令人愉快的东西了，没有友谊，世界仿佛失去了太阳。在孤独的黑暗中，在荒凉的原野上，在某些艰难的时刻，朋友就如火炬能照亮你的人生——朋友，听你倾诉烦恼的人，解你心中忧愁的人，陪你走出困境的人。朋友，给你陪伴与安慰，给你胆量与勇气，理解你支持你，与你一同走路的人。

导语

购买一件商品,你在意的是价格还是品质?映照现实,《品质》这篇小说对我们仍然有着无与伦比的意义:我们享受工业革命、技术革新带来的种种便利之时,同时也应该保留着对道德的敬畏之心;如此,方可不欺人心,活出善意。格斯拉最后的饿死,既是一种理想主义的无奈消逝,又是那些恪守职业道德的手工艺人的一曲挽歌。

品　质

[英]约翰·高尔斯华绥[1]

沈长钺　译

我很年轻时就认识他了,因为他承做我父亲的靴子。他和他哥哥合开一爿店,店房有两间打通的铺面,开设在一条横街上——这条街现在已经不存在了,但是在那时,它却是坐落在伦敦西区的一条新式街道。

那座店房有某种素静的特色;门面上没有注明为任何王室服务的标记,只有包含他自己日耳曼姓氏的"格斯拉兄弟"的招牌;橱窗里陈列着几双靴子。我还记得,要想说明橱窗里那些靴子为什么老不更换,我总觉得很为难,因为他只承做定货,并不出售现成靴子;要说那些都是他做得不合脚因而被退回来的靴子,那似乎是不可想象的。是不是他买了那些靴子来做摆式的呢?这也好像不可思议。把那些不是亲手做的皮靴陈列在自己的店里,他是决不能容忍的。而且,那几双靴子太美观了——有一双轻跳舞靴,细长到非言语所能形容的地步;那双带布口的漆皮靴,叫人看了舍不得离开;还有那双褐色长筒马靴,闪着怪异的黑而亮的光辉,虽然是簇新的,看来好像已经穿过一百年了。只有亲眼看过靴子灵魂的人才能做出那样的靴子——这些靴子体现了各种靴子的本质,确实是模范品。我当然在后来才有这种想法,不过,在我大约十四岁那年,我够格跟他定做成年人靴子的时候,对他们两兄弟的品格就有了些模糊的印象。因为从那时起一直到现在,我总觉得,做靴子,特别是做像他所做的靴子,简直是神妙的手艺。

我清楚地记得:有一天,我把幼小的脚伸到他跟前时,羞怯地问道:

"格斯拉先生,做靴子是不是很难的事呢?"

他回答说:"这是一种手艺。"从他的含讽带刺的红胡根上,突然露出了一丝微笑。

他本人有点儿像皮革制成的人:脸庞黄皱皱的,头发和胡须是微红和鬈曲的,双颊和嘴角间斜挂着一些整齐的皱纹,话音很单调,喉音很重;因为皮革是一种死板板的物品,本来就有点儿僵硬和迟钝。这正是他的面孔的特征,只有他的蓝灰眼睛含蓄着朴实严肃的风度,好像在迷恋着理想。他哥哥虽然由于勤苦在各方面都显得更虚弱、更苍白,但是他们两兄弟却很相像，所以我在早年有时要等到跟他们订好靴子的时候，才能确定他们到底谁是谁。后来我搞清楚了：如果没有说“我要问问我的兄弟”，那就是他本人；如果说了这句话，那就是他哥哥了。

一个人年纪大了而又荒唐起来以至赊账的时候，不知怎么的，他决不赊格斯拉兄弟俩的账。如果有人拖欠他几双——比如说——两双以上靴子的价款，竟心满意得地确信自己还是他的主顾，所以走进他的店铺，把自己的脚伸到那蓝色铁架眼镜底下，那就未免有点儿太不应该了。

人们不可能时常到他那里去，因为他所做的靴子非常经穿，一时穿不坏的——他好像把靴子的本质缝到靴子里去了。

人们走进他的店堂，不会像走进一般店铺那样怀着“请把我要买的东西拿来，让我走吧！”的心情，而是心平气和地像走进教堂那样。来客坐在那张仅有的木椅上等候着，因为他的店堂里从来没有人的。过了一会，可以看到他的或他哥哥的面孔从店堂里二楼楼梯口往下边张望——楼梯口是黑洞洞的，同时透出沁人脾胃的皮革气味。随后就可以听到一阵喉音，以及趿木皮拖鞋踏在窄狭木楼梯上的踢跶声；他终于站在来客的面前，上身没有穿外衣，背有一点儿弯，腰间围着皮围裙，袖子往后卷起，眼睛眨动着——像刚从靴子梦中惊醒过来，或者说，像一只在日光中受了惊动因而感到不安的猫头鹰。

于是我就说：“你好吗，格斯拉先生？你可以给我做一双俄国皮靴吗？”

他会一声不响地离开我，退回到原来的地方去，或者到店堂的另一边去；这时，我就继续坐在木椅上休息，欣赏皮革的香味。不久后，他回来了，细瘦多筋的手里拿着一张黄褐色皮革。他眼睛盯着皮革对我说：“多么美的一张皮啊！”等我也赞美一番以后，他就继续说：“你什么时候要？”我回答说：“啊！你什么时候方便，我就什么时候要。”于是他就说：“半个月以后，好不好？”如果答话的是他的哥哥，他就说：“我要问问我的兄弟。”

然后，我会含糊地说：“谢谢你，再见吧，格斯拉先生。”他一边说“再见”，一边继续注视他手里的皮革。我向门口走去的时候，就又听到他的趿木皮拖鞋的踢跶声把他送回楼上做他的靴子梦了。但是假如我要定做的是他还没有替我做过的新式样靴子，那他一定要照手续办事了——叫我脱下靴子，把靴子老拿在手里，以立刻变得又批评又抚爱的眼光注视着靴子，好像在回想他创造这只靴子时所付的热情，好像在责备我竟这样穿坏了他的杰作。以后，他就把我的脚放在一张纸上，用铅笔在外沿搔上两三次，跟着用他的敏感的手指来回地摸我的脚趾，想摸出我的要求的要点。

有一天，我有机会跟他谈了一件事；我忘不了那一天。我对他说：“格斯拉先生，你晓得吗，上一双在城里散步的靴子咯吱咯吱地响了。”

他看了我一下，没有做声，好像在盼望我撤回或重新考虑我的话，然后他说：

“那双靴子不该咯吱咯吱地响呀。”

“对不起，他响了。”

“你是不是在靴子还经穿的时候把它弄湿了呢？”

“我想没有吧。”

他听了这句话以后，蹙蹙眉头，好像在搜寻对那双靴子的回忆；我提起了这件严重的事情，真觉得难过。

“把靴子送回来！”他说，“我想看一看。”

由于我的咯吱咯吱响的靴子，我内心里涌起了一阵怜悯的感情；我完全可以想象到他埋头细看那双靴子时的历久不停的悲惨心情。

“有些靴子，”他慢慢地说，“做好的时候就是坏的。如果我不能把它修好，就不收你这双靴子的代价。”

有一次（也只有这一次），我穿着那双因为急需才在一家大公司买的靴子，漫不经心地走进他的店铺。他接受了我的定货，但没拿皮革给我看；我可以意识到他的眼睛在细看我脚上的次等皮革。他最后说：

“那不是我做的靴子。”

他的语调里没有愤怒，也没有悲哀，连鄙视的情绪也没有，不过那里面却隐藏着可以冰冻血液的潜在因素。为了讲究时髦，我的左脚上的靴子有一处使人很不舒服；他把手伸下去，用一个手指在那块地方压了一下。

“这里疼痛吧，”他说，“这些大公司真不顾体面。可耻！”跟着，他心里好像有点儿沉不住气了，所以说了一连串的挖苦话。我听到他议论他的职业上的情况和艰难，这是唯一的一次。

“他们把一切垄断了，”他说，“他们利用广告而不靠工作把一切垄断去了。我们热爱靴子，但是他们抢去了我们的生意。事到如今——我很快就要失业了。生意一年年地清淡下去——过后你会明白的。”我看看他的皱折的面孔，看到了我以前未曾注意到的东西：惨痛的东西和惨痛的奋斗——他的红胡子好像突然添上好多花白须毛了！

我尽一切可能向他说明我买这双倒霉靴子时的情况。但是他的面孔和声调使我获得很深刻的印象，结果在以后几分钟里，我定了许多双靴子。这下可糟了！这些靴子比以前的格外经穿。差不多穿了两年，我也没想起要到他那里去一趟。

后来我再去他那里的时候，我很惊奇地发现：他的店铺外边的两个橱窗中的一个漆上了另一个人的名字——也是个靴匠的名字，当然是为王室服务的啦。那几双常见的旧靴子已经失去了孤高的气派，挤缩在单独的橱窗里去了。在里面，现在已缩成一小间，店堂的楼梯井口比以前更黑暗、更充满着皮革气味。我也比平时等了更长的时间，才看到一张面孔向下边窥视，随后才有一阵趿木皮拖鞋的踢跶声。最后，他站在我的面前了；他透过那副生了锈的铁架眼镜注视着我说：

“你是不是——先生？”

“啊！格斯拉先生！”我结结巴巴地说：“你要晓得，你的靴子实在太结实了！看，这双还很像样的呢！”我把脚向他伸过去。他看了看这双靴子。

“是的，”他说，“人们好像不要结实靴子了。”

为了避开他的带责备的眼光和语调，我赶紧接着说："你的店铺怎么啦？"

他安静地回答说："开销太大了。你要做靴子吗？"

虽然我只需要两双，我却向他定做了三双；我很快就离开了那里。我有一种难以描述的感觉，以为他的心里把我看成对他存坏意的一分子；也许不一定跟他本人作对，而是跟他的靴子理想作对。我想，人们是不喜欢那样的感觉的；因为过了好几个月以后，我又到他的店铺里去；我记得，我去看他的时候，心里有这样的感觉："呵！怎么啦，我撇不开这位老人——所以我就去了！也许会看到他的哥哥呢！"

因为我晓得，他哥哥很老实，甚至在暗地里也不至于责备我。

我的心安下了，在店堂出现的正是他的哥哥，他正在整理一张皮革。

"啊！格斯拉先生，"我说，"你好吗？"

他走近我的跟前，盯着看我。

"我过得很好，"他慢慢地说，"但是我哥哥死掉了。"

我这才看出来，我所遇到的原来是他本人——但是多么苍老，多么消瘦啊！我以前从没听他提过他的哥哥。我吃了一惊，所以喃喃地说："啊！我为你难过！"

"的确，"他回答说，"他是个好人，他会做好靴子；但是他死掉了。"他摸摸头顶，我猜想，他好像要表明他哥哥死的原因；他头上的头发突然变得像他的可怜哥哥的头发一样稀薄了。"他失掉了另外一间铺面，心里老是想不开。你要做靴子吗？"他把手里的皮革举起来说，"这是一张美丽的皮革。"

我定做了几双靴子。过了很久，靴子才送到——但是这几双靴子比以前的更结实，简直穿不坏。

不久以后，我到国外去了一趟。

过了一年多，我才又回到伦敦。我所去的第一个店铺就是我的老朋友的店铺。我离去时，他是个六十岁的人，我回来时，他仿佛已经七十五岁了，显得衰瘦、软弱，不断地发抖，这一次，他起先真的不认识我了。

"啊！格斯拉先生，"我说，心里有些烦闷，"你做的靴子好极啦！看，我在国外时差不多一直穿着这双靴子的；连一半也没有穿坏呀，是不是？"

他细看我这双俄国皮靴，看了很久，脸上似乎恢复了镇静的气色。他把手放在我的靴面上说：

"这里还合脚吗？我记得，费了很大劲才把这双靴子做好。"

我向他确切地说明：那双靴子非常合脚。

"你要做靴子吗？"他说，"我很快就可以做好；现在我的生意很清淡。"

我回答说："劳神，劳神！我急需靴子——每种靴子都要！"

"我可以做时新的式样。你的脚恐怕长大了吧。"他非常迟缓地照我的脚型画了样子，又摸摸我的脚趾，只有一次抬头看着我说：

"我哥哥死掉了，我告诉过你没有？"

他变得衰老极了，看了他实在叫人难过；我真高兴离开他。

我对这几双靴子并不存什么指望，但有一天晚上靴子送到了。我打开包裹，把四双靴子排成一排；然后，一双一双地试穿这几双靴子。一点问题也没有。不论在式样或尺寸上，在加工或皮革质量上，这些靴子都是他给我做过的最好的靴子。在那双城里散步穿的靴口里，我发现了他的账单。单上所开的价钱与过去的完全一样，但我吓了一跳。他从来没有在四季结账日以前把账单开来的。我飞快地跑下楼去，填好一张支票，而且马上亲自把支票寄了出去。

一个星期以后，我走过那条小街，我想该进去向他说明：他替我做的新靴子是如何地合脚。但是当我走近他的店铺所在地时，我发现他的姓氏不见了。橱窗里照样陈列着细长的轻跳舞靴、带布口的漆皮靴，以及漆亮的长筒马靴。

我走了进去，心里很不舒服。在那两间门面的店堂里——现在两间门面又合而为一了——只有一个长着英国人面貌的年轻人。

"格斯拉先生在店里吗？"我问道。

他诧异地同时讨好地看了我一眼。

"不在，先生，"他说，"不在。但是我们可以很乐意地为你服务。"我们已经把这个店铺过户过来了。毫无疑问，你已经看到隔壁门上的名字了吧。我们替上等人做靴子。"

"是的，是的，"我说，"但是格斯拉先生呢？"

"啊！"他回答说，"死掉了！"

"死掉了？但是上星期三我才收到他给我做的靴子呀！"

"啊！"他说，"真是怪事。可怜的老头儿是饿死的。"

"慈悲的上帝啊！"

"慢性饥饿，医生这样说的！你要晓得，他是这样去做活的！他想把店铺撑下去；但是除了自己以外，他不让任何人碰他的靴子。他接了一份定货后，要费好长时间去做它。顾客可不愿等待呀。结果，他失去了所有的顾客。他老坐在那里，只管做呀做呀——我愿意代他说这句话——在伦敦，没有一个人可以比他做出更好的靴子！但是也得看看同业竞争呀？他从不登广告！他肯用最好的皮革，而且还要亲自做。好啦，这就是他的下场。照他的想法，你对他能有什么指望呢？"

"但是饿死——"

"这样说，也许有点儿夸张——但是我自己知道，他从早到晚坐在那里做靴子，一直做到最后的时刻。你知道，我往往在旁边看着他。他从不让自己有吃饭的时间；店里从来不存一个辨士[2]。所有的钱都用在房租和皮革上了。他怎么能活得这么久，我也莫名其妙。他经常断炊。他是个怪人。但是他做了顶好的靴子。"

"是的，"我说，"他做了顶好的靴子。"

（选自《诺贝尔文学奖获奖作家短篇小说精品》，百花洲文艺出版社，1995 年版）

【注释】

[1]约翰·高尔斯华绥(1867—1933),英国小说家、剧作家,生于伦敦,曾在牛津大学读法律,后放弃律师工作从事文学创作。1906年,高尔斯华绥完成长篇小说《有产业的人》,小说获得广泛好评,他也因此被公认为英国一流作家。高尔斯华绥是个多产作家,他的重要作品有长篇小说《福尔赛世家》三部曲、《现代喜剧》三部曲、《尾声》三部曲,以及剧本《银匣》《斗争》《群众》等。其中《福尔赛世家》三部曲获得1932年诺贝尔文学奖。约翰·高尔斯华绥的作品以19世纪后期和20世纪初期的英国社会为背景,描写了英国资产阶级的社会和家庭生活,以及盛极而衰的历史。他的作品语言简练,形象生动,讽刺辛辣。

[2]辨士:英语 pence 的音译,现在通常写为“便士”,为英国最小的货币单位,类似于人民币的“分”。

作品赏析

《品质》创作于1911年,这部小说客观地描绘了在工商业日益现代化的英国社会中手工业者的生存危机。小说主人公鞋匠格斯拉恪守职业道德,把做靴子当成自己一生的理想,为了做出完美的靴子不惜花上大量的时间,投入大量的精力,最终在工业化大潮的冲击下贫困而死。小说赞颂了主人公勤勉敬业、追求完美的执着精神,表现出对底层劳动者的尊重,同时揭露了工业革命、市场竞争带来的商业诚信危机。

商业大潮下,有人抛弃自我,投入工业化的大潮,有人扔掉本心,投入时髦广告的潮流……留下来的那些坚守工匠本心的手工从业者,却只有无能为力,暗自喟叹。这是社会的浮躁,亦是人心的变异。

小说通过“我”的目光,去观察制鞋匠格斯拉兄弟。兄弟两人诚信待人,用最优质的皮料,耗费大量的心血,来制作一双双结实耐穿的鞋子。可是面对气势汹汹的工业革命,兄弟俩的手工作坊面临着严重的影响。虚假的广告,流水线造的鞋子,一天天冲击着靠个人支撑着的手工作坊。随着时间的逐渐推移,两方对比与失衡越来越严重。最终,格斯拉兄弟只能靠出售门面,来维持自己的生意。即使如此陷入困境,两兄弟仍然坚持制作鞋子的原材料,决不以次充好。结局是悲惨的,格斯拉哥哥多年前已经死去,格斯拉弟弟也没能坚持多久,最后竟然被活活地饿死。

主人公格斯拉虽然外表平庸,“有点儿像皮革制成的人”“有点僵硬和迟钝”“瘦弱”“苍白”“只有他的蓝灰眼睛含蓄着朴实严肃的风度,好像在迷恋着理想”,但他是一个技艺高超的鞋匠,“在伦敦,没有一个人可以比他做出更好的靴子”。在工业化大潮的冲击下,他的生意每况愈下,但贫穷的他却依然恪守着职业道德,把靴子做到尽善尽美,死而无憾。他的地位是卑微的,但在他的身上体现出了人性的高贵,他那高尚的职业道德和追求完美的品质散发出了耀眼夺目的光辉。在商业社会里,它是抗衡金钱、物质价值观的人格力量。这种精神,在任何时代都有重要的现实意义。

在小说《品质》中,作者通过一系列的细节描写,“那几双靴子太美观了——有一双轻跳舞靴,细长到非言语所能形容的地步;那双带布口的漆皮靴,叫人看了舍不得离开;还有那双褐色长筒马靴，闪着怪异的黑而亮的光辉，虽然是簇新的，看来好像已经穿过一百年了。只有亲眼看过靴子灵魂的人才能做出那样的靴子——这些靴子体现了各种靴子的本质，确实是模范品”“他本人有点像皮革制成的人”“因为皮革是一种死板板的物品，本来就有点僵硬和迟钝”“只有他的蓝灰眼睛含蓄着朴实严肃的风度，好像在迷恋着理想”，这些细致写真，真实反映出格斯拉兄弟制鞋手艺的高超，完全把制鞋当作了一种艺术，由此映射出来：靴子的本质，确实是制作者的品质的体现。

小说叙事平淡，语言朴素，通篇都无惊人之笔，然而却在平淡、朴素之中，蕴藏着强烈的思想感情，从而极富艺术感染力。同时，小说采用了第一人称叙事角度来叙述故事、塑造人物，显得真实、亲切、可信。既有对“我”心理矛盾的描写，又有“我”对格斯拉兄弟这种坚持职业道德的钦佩，以此来反照面对工业革命的潮流，诸多社会人的各种理念的碰撞。格斯拉兄弟的职业精神让“我”心生惭愧，也像一面镜子照射出拥有高贵品质的格斯拉兄弟的崇高。此外，本文叙事线索清晰，材料多而不显零乱，并且描写细致，善于运用人物对话来刻画人物性格。

词海拾贝

高尔斯华绥名言

1.尊敬别人，就是尊敬自己。

2.在一切日常事务中，非常需要坚强果决的行动。

3.我饮的是抱负酒，服的是幻想药，所以我会永远朝气蓬勃。

4.我们不能控制生活，但是我们能够和它斗争。

5.法律就是法律。它是一座雄伟的大夏，庇护着我们大家；它的每一块砖石都垒在另一块砖石上。

6.一个人的眼睛是现在的他，一个人的嘴巴是将来的他。

7.如果把灵魂剔掉，美就不能给人以安慰。

8.就算不快乐也不要皱眉，因为你永远不知道谁会爱上你的笑容。

知识巩固与能力训练

一、本篇小说题目为“品质”，具有怎样的含义？

二、分析鞋匠格斯拉的性格特征。

三、造成格斯拉兄弟悲惨命运的原因是什么？

四、为了避免鞋匠饿死的结局，你会提出什么建议？

五、这篇小说有哪些艺术特点？

学文心语

想征服世界吗？那么，提高你的产品质量吧。产品质量是企业的生命，没有了人们对企业产品质量的信任，就意味着企业的生命在衰弱。像三聚氰胺之于三鹿奶粉，企业瞬间灰飞烟灭。因此，无论多大的企业，其生命也会随着公众对其产品质量的信任丧失而无情地被市场剥夺生存的机会。

【实践训练四】微型小说写作

一、写作基础

微型小说，又称小小说、超短篇小说、一分钟小说等。在小说这一体裁样式中，篇幅最短，容量最小。相对短篇小说而言，它能够适应当今社会的快节奏，能够更加及时迅速地反映变化中的社会生活，从而受到读者的普遍欢迎。这类作品着意描写社会生活中的一鳞半爪，表达一定的思想见解，使人们在艺术欣赏中受到某种启迪。虽然篇幅很小，情节简单，对人物、事件不作完整的描写和叙述，但要求画龙点睛，形象鲜明突出。

(一)微型小说的特点

微型小说在写作上追求：微、新、密、奇。

微，指的是篇幅微小，不超过1500个字。因此，构思和行文时必须注意字句的凝练，不允许作品中有赘词冗句。如马克·吐温的《丈夫支出账本中的一页》。全文只有七行字，却具有长篇小说的全部情节。

新，主要是指立意新颖，风格清新。星新一写作一分钟小说，就极力追求"新"。他写道："有些评论家把我的小说与美国的超短篇小说(Short—Short)混为一谈，这是不妥当的。我是受了美国超短篇小说的影响。但是没有完全照搬，而是发挥了自己独特的风格和技巧。我的小说强调一个'新'字，给读者以新题材、新知识，甚至让他们感到惊讶！"(星新一《一分钟小说选》)为此，他常常借助童话、寓言、科幻、推理等手法，通过非现实的题材或现实题材的非现实笔法，表现清新的主题，反映他在现实生活中的独特的感觉。如他的《保修》，当然，微型小说的立意和其他形式的小说作品一样，有时并不是一眼能看出的，有时主题并非一个，而是多元化的，这都是可以的。例如，美国著名科幻作家弗里蒂克·布朗写的一篇被称为世界上最短的科学幻想小说："地球上最后一个人独自坐在房间里，这时忽然响起了敲门声……"就写得十分别致且耐人寻味。

密，指的是结构严密。微型小说在结构上，应力求时间、场所、人物都尽可能地压缩、集中，使作品结构简练、精巧，如同微雕工艺品那样。因此，特别要在选材、剪裁和布局上下功夫。

奇，指的是结尾要新奇巧妙，出人意料。中外作家的许多优秀作品就常在结尾处使人拍案叫绝。微型小说的特点多半在于一个"奇"字。例如邵宝健的《永远的门》的结尾就出人意料。

(二)人物形象的塑造

小说创作的三要素是指人物、情节和环境，而其中塑造人物形象又是小说创作的中心课题。文学即人学，文学是反映人生的，不论一部小说的创作是侧重于人物、侧重于情节、还是侧重于环境,归根到底都必须表现人。因此,优秀的小说家会把塑造出个性鲜明、呼之欲出的人物形象作为小说创作的重中之重,并使其在自己的文学作品中具有永久的艺术魅力。

马克思在《致斐·拉萨尔》的信中批评拉萨尔说:“我感到遗憾的是,在性格的描写方面看不出什么特殊的东西。”(《马克思恩格斯选集》第4卷,340页)马克思在这里所指的实际上就是拉萨尔作品当中的人物形象缺乏鲜明的特征,从而缺乏典型性。而恩格斯的“真实地再现典型环境中的典型人物”的命题,科学地提出了“典型人物”的概念。在文学作品当中,应当塑造人物形象,特别是“典型人物”形象,“必须使人们一方面成为一个特殊世界的人们的代表,同时还是一个完整的个别的人”(《别林斯基论文学》)。

典型人物是共性与个性的统一。作品中的人物,一方面要具有写作者所要表现的某一类人物的共同特征,也就是共性;另一方面是要表现人物的个性,塑造出个性鲜明、呼之欲出、栩栩如生的具有典型性的人物形象。这样,我们可以从其身上看到在社会现实生活中确确实实存在的某一类人的形象,从而对这类人物形象有更加深入的理解,同时又可以从他的“个性”身上领略到他独有的艺术魅力,看到他作为作品中独有的“这一个”的存在价值。这种个性,也就是人物的生命力之所在。人物越有个性,生命力就越强。因此,作为文学作品中的典型形象,无不具有丰富而复杂的个性。

塑造“典型人物”的方法很多。小说中的人,作为有血有肉的个体,要具有鲜活的生命力,必须运用各种艺术手段。

文学,亦可称为“人学”,是对社会现实的反映,是在社会现实的基础上创造出来的。所以,尽管是一个“典型”的人,他的塑造也不可能脱离现实。这样,我们就可以从一个现实中的人的角度出发,去考察一下作品中人物形象的塑造。一个现实中的人,我们要了解他、懂得他,无非是从几方面进行观察。首先,是一个人的言行,“言为心声”,“言”是一个人内心的表现,无论是真话还是假话,都可以体现出人的内心。言行可以说是一个人内心的最好的外在表现。这样来说,描写、塑造一个人物形象最关键的就是要从他的言行、心理入手。其次,把这个人放到一个特定的环境中去,通过环境衬托描写,从而塑造“典型环境中的典型人物”。

(三)艺术构思的过程

人物形象的塑造是小说创作的中心课题,写作者要围绕人物形象的塑造进行艺术构思,包括题材、主题、情节、结构、表现手法等多方面,各方面的设计、布局等都必须围绕人物形象来进行。其中,情节的安排、结构的设计、整个描写过程中的环境描绘等是艺术构思的关键所在。

1.安排情节

情节是人物性格形成、发展的过程,是作品中同时也是社会生活中矛盾冲突的艺术反映。高尔基说:“文学的第三个要素是情节,即人物之间的联系、矛盾、同情、反感和一般的相互关系——某种性格、典型的成长和构成的历史。”可见，情节要安排好，要生动、丰富，才能够有力地刻画人物性格。在安排情节时，要尽量做到：

（1）组织高潮。小说完整的情节发展过程一般是由开端、发展、高潮、结局四部分构成的，这个过程其实也就是矛盾逐渐发展的过程。一般而言，高潮都处于作品的后半部分，矛盾展开导致了尖锐的冲突。在这里，人物的思想面貌得到最鲜明的揭示，主题也得到最充分的展现。在组织高潮的过程中，要按照现实生活中因果逻辑的关系进行巧妙的铺垫，使高潮的出现势在必然。

（2）运用技巧。小说情节的安排可以运用多种技巧，通过技巧的运用，可以增加情节的复杂性，使故事情节更为生动、曲折。其中误会、巧合、悬念等就是常采用的。就“悬念”而言，为了使故事情节更加吸引读者，引起人们对作品中人、事的关注，作者往往在交代人物行动时有所保留，使读者对作品产生一种强烈的期待心理，并在这种心理的推动下继续阅读作品。而阅读的趣味，往往就在这种期待当中产生。欧·亨利的《最后一片藤叶》中读者对贫病交加的琼西姑娘的命运的关注所产生的阅读趣味，正是由于悬念的设置获得的。

（3）曲折多变。小说中人物形象的性格往往是典型而复杂的，而这种复杂生动的性格塑造和复杂的故事情节有密不可分的关系。“文似看山不喜平”，在故事情节中，为人物行动多设置一些障碍，多制造一些曲折，既为多方面刻画人物形象创造了条件，也为作品增加了丰富性和生动性。从多方面增强作品的趣味，使小说扣人心弦，引人入胜。

情节是小说创作的三要素之一，安排情节要从多方面入手综合进行。除了上述提到的几点之外，还要注意叙事节奏的舒缓有度，有张有弛，使作品显出鲜明的层次感和强烈的节奏感。

2.设计结构

小说的结构，一般而言没有固定的原则。结构贵在多变，贵在创新。但在长期的发展过程中，古今中外的优秀文学家们在结构方面积累了丰富的经验，从中总结出一些共同的原则。如结构要服从表现主题的需要，要为塑造人物性格服务，要符合生活的逻辑和想象的逻辑，要匀称和谐、完整统一、力求创新、引人入胜等。就结构模式而言，有单线式结构、复线式结构、辐射式结构、意识流式结构等。总之，小说的结构是多种多样的，它因写作者设计而异，因作品风格而异。

3.描绘环境

狄德罗曾经谈道：“人物的性格要根据他们的处境来决定。”（《论戏剧艺术》，《文艺理论论丛》，1958 年第 1 期）左拉说：“要使真实的人物在真实的环境中活动。”（左拉《论小说》，《古典文艺理论译丛》第 8 期，121-123 页）文学作品中，要塑造“典型人物”所生存的“典型环境”。这里的“典型环境”，既包括在特定时代背景下的社会大环境，又包括人物所生活的具体环境。

社会大环境的塑造往往不是直接的、公开呈现的，而是一种隐匿的、潜伏的存在，对人物性格和情节推进起着决定性的作用。《红楼梦》中人物性格各异，但他们的命运和整个社会背景密切相关，他们的悲剧性命运，是时代、社会发展的必然。恩格斯对《人间喜剧》的评价，也贴切生动地反映出了“人间喜剧”所发生的社会大背景，这种背景描写是和对形态各异的人物形象的塑造分不开的，它是人物生存的背景，也推动着故事情节的发展、人物形象的塑造。个人环境是人物所生活的小环境，文学作品里具体描写的就是这种特定的典型环境。作品中人物生活的社会大环境是相同的，小环境却互不相同。作品中各个人物的小环境交叉、融合，构成总体性的大环境。如《水浒传》中对整体大环境以及对每个人物所生存的具体环境的描写，两者融合在一起，构成了《水浒传》的总体性环境。

二、实践训练

【项目一】结合自己的大学生活，自选题目创作一篇微型小说。

【项目二】阅读鉴赏以下作品，分组讨论其特色。

一枚军功章

陶柏军

我是一名眼科医生，同时还是一个收藏爱好者。

一年春天，医院组织我们去一个边远的山区医疗扶贫。一天黄昏散步时，我被村口的一老一少吸引了。老者满脸都是皱纹，小孩三四岁，在玩着一堆乱七八糟的玩具。准确地说，就是那堆玩具吸引了我。因为在这些玩具中，竟有一枚价值千元以上的抗美援朝时期的军功章！

我走过去，和这位老大爷聊起了家常。老人说，他姓周，七十八岁了，小孩是他的孙子。我拿起那枚军功章，故作不经意地问：“大爷，这是什么呀？”老人说：“我当过兵，去过朝鲜，那是朝鲜给的一个牌牌。”我反复看了看这枚军功章，然后对老人说：“大爷，我看这奖章还很漂亮，要不，您出个价，卖给我吧！”不想老人一边摆手一边说：“那可不行，那可不行！这是我在战场上拿命换来的，给多少钱我都不卖！”我有些不解地问：“这么好的东西，您怎么随便给孩子玩啊？”老人听了哈哈大笑：“这奖章是我的命根子，孙子也是我的命根子，把两个命根子放在一起，我才活得有意思啊！”

想不到老人竟是如此睿智，我有点尴尬地笑笑，然后走了。

一周以后，我们的扶贫结束了。就在我们将要上车离开这里时，一个中年汉子拦住了我们。原来他有个远房姑姑得了白内障，听说我们在这里，刚刚赶来。我简单地检查了一下患者的眼睛，发现此时做手术正是时候。面对患者和那个中年汉子的祈求，我实在不忍就这样离去。于是我向领导请示，希望能把这个手术做完再走。领导同意了，给我留下了一台车和器械。

第二天的手术很顺利。在向当地的医生交代好有关术后护理的事情后，我和司机踏上了归程。村里很多乡亲们都出来相送，那个中年汉子更是热泪盈眶。

在村口，我又看到了周大爷和他的孙子。周大爷递给我一个纸包说："给你拿点红枣，回家给孩子吃！"

回家后，我打开了那个纸包。这时候，我竟然看到了那枚抗美援朝的军功章！

那一刻，我哭了。

（选自《小小说选刊》，2006年第10期）

第三编

说理类作品的阅读与鉴赏

说理类作品是对以说理为宗旨和主要表现形式的文章的统称，除了哲理诗，这类作品大多以散文的形式出现。说理类文章是日常生活中最常用到的一类，哲学家用它来阐释思想，政治家用它来宣扬国策，学者用它来成就理论，教育家用它来教书育人，而我们每一个人在工作、学习、生活的方方面面都不可避免地要进行说理。

要说理，首先要明白什么是"理"。《韩非子·解老》里做过这样的表述："理者，成物之文也。长短大小、方圆坚脆、轻重白黑之谓理。"换言之，"理"指的就是事物的本质特征和自身的发展规律。那么，"说理"也就是运用语言方式阐释事物的本质及其规律，很多情况下可能要通过去粗取精、去伪存真的过程，或者由此及彼、由表及里地深入探寻、辨析，才能达到目标。

说理类的文章就是"说理"过程的书面载体。文章的作者，为了阐释自己对于事物本质和规律的认识，说服别人接受他的思想和观点，在"怎样说、如何说"的语言艺术层面精心策划、布局，以达到有理、有据、有说服力的效果，这些语言艺术、谋篇布局方面的努力，就形成了说理类文章的文学艺术价值，因此称之为"作品"。当然，不同的作者有自己不同的说理方式，有的单纯说理，有的借事明理，有的以形蕴理，有的表情达理，但无论是通过哪种方式，其作文的宗旨和目标都是相似的。从总体上来说，说理类作品也有其自身的"理"。

一、说理类作品的特征

（一）观点突出，目的明确

"理"是文章的核心，一篇好的说理文章，要找准核心，做到言之有物，有的放矢。一般情况下，作者写作说理文的目的，就是阐释科学的思想、观点，以启迪读者。所以说理文应该做到观点突出、主张鲜明，这样读者才能一目了然，快速把握文章的中心思想。比如罗素在《如何避免愚蠢的见识》一文中，开篇就直接指出："怀有各种各样愚蠢的见识乃是人类的通病。要想避免这种通病，并不需要超人的天才，下面提供的几项简单原则，虽然不能保证你不犯任何错误，却可以保证你避免一些可笑的错误。"读者一读开头，就可以明确认识这篇文章要讨论的核心是什么，目的又是什么。当然，文章观点的提出有的在开头，也有的在文中或者结尾，但无论位置如何，观点都是突出、鲜明的。

（二）言之有据，材料充分

"理"的阐释不是凭空而为的，那样会空洞、枯燥，丧失说服力。好的说理作品都有充分、翔实的材料做支撑。这些材料不仅能使"理"的确立有本可循、有据可依，而且可以充实文章的内容，增强文章的阅读趣味，更深入地影响读者，获得读者的认可。如《容忍与自由》，为了说明人类喜同恶异的习惯是不容忍的根源，胡适引入了欧洲宗教革新历史，通过对材料的多层面分析，来印证观点的正确性，同时也扩大了文章的知识含量，开拓了文章的表现空间，增强了可读性。

（三）逻辑严密，思路清晰

说理类文章的魅力，很大程度上要凭借严密的逻辑思维。文章层层推进，句句勾连，读来言之有理，又丝丝入扣，前因导出后果，下理接着上理，如大树的年轮，环环相叠，又如大江奔涌出峡，豁然开朗；也如路随山转，非此莫行。这种推理的效果自然而然引导读者得出结论，同时又让读者心悦诚服。比如梁启超先生的名篇《少年中国说》，文中就有大量的逻辑推理。其中关于保守与创新的论述最为经典，"欲言国之老少，请先言人之老少。老年人常思既往，少年人常思将来。惟思既往也，故生留恋心；惟思将来也，故生希望心。惟留恋也故保守，惟希望也故进取。惟保守也故永旧，惟进取也故日新。惟思既往也，事事皆其所已经者，故惟知照例；惟思将来也，事事皆其所未经者，故常敢破格……"可谓层层演进，推理严密，无可辩驳。

（四）以情达理，说服力强

说理文的目的在于说服。但说服不是靠滔滔不绝的理论堆砌就能够做到的。能达到作者和读者心灵联通共鸣的，应该是情感，以情动人，更能获得读者的认可，也能更有效地达到说服的目的。有人认为说理文最适宜用客观冷静的方式来书写，保持"零度风格"，因为说理就应该彰显理性色彩，杜绝感性。对于这种说法，朱光潜先生在《漫谈说理文》中予以驳斥："这种论调对于说理文不但是一种歪曲，而且简直是一种侮辱。"说理文的作者不可能抛开感情进行所谓的"零度"说理，那种文章也无法真正从内心震撼读者。好的说理文总是在行文之中流露出情感的因素。比如欧阳修的史论名作《五代史伶官传序》，在论述"盛衰之理在于人事"这一核心观点时，列举了后唐庄宗李存勖的兴亡史，用饱含感情的笔调感叹历史兴衰，进而提出“忧劳可以兴国，逸豫可以亡身”，委婉地表达自己对于当朝乱局的深深忧虑，含蓄地对当政者进行规劝，之所以这么做，恰恰是作者忧国忧民情怀的体现。这样的文章不仅观点清晰，更能从情感上感动读者，达到说理的目的。

(五)语言凝练，意蕴深刻

“理”是作者对世事人生的感悟，是哲学思辨的火花，也是万念汇聚的精华。它大到可以纵贯古今，横亘中外，辐射大千世界，穿透人生社会；也可以小到家长里短、萝卜白菜，一句话、一首诗、一个眼神，用哲思领悟万千景观。用有限的语言含纳丰富的思想，这是说理类作品的基本特点之一。好的说理文往往能达到“言有尽而意无穷”的效果。如钱钟书的《窗》中，警言妙语随处可见，“门许我们追求，表示欲望，窗子许我们占领，表示享受”，“门是住屋子者的需要，窗多少是一种奢侈”，“门是人的进出口，窗可以说是天的进出口”。文章对于“窗”的意义进行了形象概括，既渗透了作者细腻的人生体验，也展示了钱老深邃的思想和智慧的心灵。文字虽少，却给人以无穷的思考。

二、阅读与鉴赏

对于说理类作品的阅读和鉴赏，核心就在于品味作品的理趣。理趣是指说理的意趣、妙趣，也就是作者在阐释事理过程中所表现出来的生动形象和新颖有趣。对于这一概念，有的学者这样解释：所谓“理趣”，就是艺术作品包含了道与理的精妙意味……也未尝不可。无论怎样表述，理趣总是要通过多种方式来营造的。比如丰富的联想和想象，生动的描写和叙述，精彩的分析和概括，以及不拘一格的行文结构和活泼风趣的语言，这些都有助于文章“理趣”的形成。

那么，如何品味作品的理趣呢？

一、理解作品的观点、思想，品味其中所蕴含的深意

这是阅读说理类作品的首要内容，也是理趣的核心。好的说理作品总有一个新颖的观点、独到的思想。比如王小波的作品《一只特立独行的猪》。文章以对一只猪的形象塑造入手，着重呈现这只猪“特立独行”的行事作风。它不安于现状，试图以自己的方式自由自在地生活，因此成为众人眼中的“异类”，并招来了众人的“围剿”。作者对猪的命运是理解和同情的，甚至想拿着武器与猪并肩战斗。在这样的表述中，我们可以感受到作者对这只猪的态度，那就是“欣赏”。结尾段点题，用“我倒见过很多想要设置别人生活的人，还有对被设置的生活安之若素的人”，把猪和人放在一起比较，肯定猪的“特立独行”，批判人的“安于被设置”，哲理意味浓厚，给人以无穷的回味与思考。

二、将品味理趣与品味情趣结合起来

说理类作品，虽然是以说理为宗旨和目的的，但行文之中必然渗透着作者的情感。抓

住作者的情感走向,有助于深入领会作者的思想。而情感作为人类共通之处,更能够震撼人的心灵,读者可以从中获得丰富的心理体验,更多地感受到阅读的乐趣。如爱因斯坦的《我的世界观》,在对世界观这一理性问题进行阐释的过程中,流露出丰富生动的人文精神内涵。他痛恨“罪恶渊薮”的战争,反对专制制度,对科学饱含感情,执着地探寻宇宙世界的奥秘,真情的流露随处可见,让我们在理解他的世界观、人生观之余,更深刻感受到他胸怀的坦荡和人格的高尚。

三、分析作品的表现方法,品味艺术效果

不同的作家各有其擅长的表现方法,不同的作品也有其最适宜的表现形式。如李贽的《又与焦弱侯》,文章的主旨是批评假道学,那么假道学到底是什么样的表现?作者为什么要批判?这些也是作品同时要含纳的内容。为了达到好的效果,作者采用了夹叙夹议的表达方式,以“黄生”为典型让假道学的丑陋面目暴露无遗,然后再进行批判,让读者在具体可感的形象中领略作者的讽刺和批判意识。罗家伦的《生命的意义》则高屋建瓴,直接从“生命”一词入手,以“我们为什么生在世上”起领下文,揭开文章的序幕;而后通过对生命意义的反省,提出三个认识,“生命是无数的,生命是变动的,生命是容易过去的”;再通过大量例证论述应该追求有价值、有意义的生命;结尾用“不偷生”“不枉生”感召读者。文章虽是在讨论抽象的哲学问题,内容却充实感人。当然,这里所举的只是这些文章的突出特点,而不是各篇文章的唯一特点,实际上每篇文章都有诸种写作上的妙处,而且是相互交叉、不可拆分的。

四、品味作品的语言

说理类作品的语言不仅凝练、深刻,具有哲理性,而且具有形象生动、富有趣味、新颖独创的特点。而且作者的个性也渗透其中,孔子有孔子的风格,言简意赅,蕴涵深刻;孟子有孟子的风格,循循善诱,气势充足;胡适有胡适的风格,深入浅出,沉稳练达;钱钟书有钱钟书的风格,警言妙句,幽默成趣;王小波、史铁生、罗家伦、爱因斯坦、罗素等也各有自身的行文习惯。揣摩作品的语言,体味作家的独特风格,有助于我们从各个方面品味说理文章的理趣。

当然,品味说理类作品的理趣,有个“仁者见仁,智者见智”的问题。鉴赏者的个性不同,文化素养不同,鉴赏角度不同,鉴赏作品的所得也不尽相同。因此,我们在阅读鉴赏这类文章时,可以结合自己独有的人生体验和知识积累,发挥创造性思维,进行个性化的审美活动。

单元一　古代说理类作品

导语

太阳照亮人生的路，月亮照亮心灵的路。纵观中国历史，儒家思想可以说既是太阳，也是月亮，给予无数华夏子孙心灵的启迪，并深深植入民族文化的血脉。孔子和孟子作为儒家的开创者和发扬者，其语录中闪耀着思想的光辉，对于21世纪的我们，依然有着深远的意义，值得我们穿越时空深入品味和思考。

孔孟语录（九则）[1]

《论语》《孟子》

孔孟语录

子曰："吾十有五而志于学[2]，三十而立[3]，四十而不惑[4]，五十而知天命[5]，六十而耳顺[6]，七十而从心所欲，不逾矩。"（《论语·为政》）

子曰："君子周而不比[7]，小人比而不周。"（《论语·为政》）

子曰："人而无信，不知其可也。大车无輗[8]，小车无軏[9]，其何以行之哉？"（《论语·为政》）

子曰："富与贵是人之所欲也，不以其道得之[10]，不处也[11]；贫与贱是人之所恶也[12]，不以其道得之，不去也[13]。君子去仁，恶乎成名[14]？君子无终食之间违仁[15]，造次必于是[16]，颠沛必于是[17]。"（《论语·里仁》）

子曰："君子和而不同，小人同而不和。"（《论语·子路》）

子曰："志士仁人，无求生以害仁[18]，有杀身以成仁。"（《论语·卫灵公》）

（孟子对梁惠王问）曰："不违农时，谷不可胜食也[19]；数罟不入洿池[20]，鱼鳖不可胜食也；斧斤以时入山林[21]，材木不可胜用也。谷与鱼鳖不可胜食，材木不可胜用，是使民养生丧死无憾也[22]。五亩之宅，树之以桑，五十者可以衣帛矣[23]。鸡豚狗彘之畜[24]，无失其时，七十者可以食肉矣。百亩之田，勿夺其时，数口之家可以无饥矣。谨庠序之教[25]，申之以孝悌之义[26]，颁白者不负戴于道路矣[27]。七十者衣帛食肉，黎民不饥不寒，然而不王者，未之有也。狗彘食人食而不知检[28]，涂有饿莩而不知发[29]。人死，则曰：'非我也，岁也[30]。'是何异于刺人而杀之，曰：'非我也，兵也。'王无罪岁，斯天下之民

至焉。"(《孟子·梁惠王上》)

孟子曰:"桀纣之失天下也,失其民也。失其民者,失其心也。得天下有道:得其民,斯得天下矣。得其民有道:得其心,斯得民矣。得其心有道:所欲与之聚之[31],所恶勿施[32],尔也[33]。民之归仁也,犹水之就下[34],兽之走圹也[35]。故为渊驱鱼者[36],獭也;为丛驱爵者[37],鹯[38]也;为汤武驱民者,桀与纣也。……"(《孟子·离娄上》)

孟子

孟子曰:"民为贵,社稷次之[39],君为轻。是故得乎丘民而为天子[40],得乎天子而为诸侯,得乎诸侯而为大夫。诸侯危社稷,则变置[41]。牺牲既成[42],粢盛既絜[43],祭祀以时[44],然而旱干水溢,则变置社稷。"(《孟子·尽心下》)

【注释】

[1]孔子(前551—前479),名丘,字仲尼,春秋后期鲁国(今山东曲阜)人,我国古代伟大的思想家、教育家,儒家学派的创立者,被尊称为"圣人"。《论语》是记录孔子和其弟子言行的书,由孔子的弟子及其再传弟子编撰而成。它以语录体和对话文体为主,集中体现了孔子的政治主张、伦理思想、道德观念和教育原则等,是儒家学派的经典著作之一。孟子(前372—前289),名轲,字子舆,战国中期邹国(今山东邹县)人,儒家学派继孔子之后又一集大成者,被称为"亚圣"。《孟子》一书是由孟子和他的弟子万章等编撰的,主要记录了孟子及其弟子的言行。

[2]有:通"又"。

[3]立:自立,立足(于社会)。

[4]不惑:不再迷茫。

[5]天命:人生的真谛。

[6]耳顺:听各种言论都觉得顺耳了。

[7]周:周至,周到。此指因道义而求取普遍的团结。比:朋比,指结党营私。

[8]輗(ní):古代大车辕前端与横木相接的活销。

[9]軏(yuè):古代车辕与横木相连接的销钉。

[10]道:正确的方法或途径。

[11]处:接受。

[12]恶:讨厌,不喜欢。

[13]去:摆脱,抛弃。

[14]恶(wū)乎:怎么能。

[15]终食之间:在吃一顿饭的时间里。

[16]造次:紧迫,匆忙。

[17]颠沛:跌倒,挫折,流离失所。

[18]害:损害。

[19]不可胜食:吃不完。胜:尽。

[20]数罟(cùgǔ):细密的鱼网。数:细密。罟:鱼网。洿(wū)池:深池。

[21]斤:斧头的一种。以时:按时,指遵循四季规律。

[22]生:活着的人。死:死者。无憾:没有遗恨,没有不满。

[23]衣:名词活用作动词,穿衣。

[24]豚：小猪。彘（zhì）：猪。

[25]庠序：古代地方学校。

[26]申：申明开导。悌：敬爱兄长。

[27]颁白者：须发半白的老人。负戴：背负、头顶东西。泛指肩挑手提一类的辛苦劳作。

[28]检：《汉书·食货志》引作"敛"。敛：收敛，检束。不知检：即放纵之意。

[29]涂：通"途"。饿莩（piǎo）：饿死的人。莩：通"殍"。发：指开仓赈救。

[30]岁：年成。泛指自然灾害。

[31]与之聚之：给予人民并且为他们积聚财富。

[32]所恶勿施：百姓所厌恶的事情就不要强加在他们身上。

[33]尔也：如此而已。

[34]犹水之就下：如水向低处流，是其自然本性所决定的。

[35]走圹：奔向旷野。"圹"：通"旷"。

[36]为渊驱鱼：把鱼儿赶向深池中。

[37]爵：同"雀"。

[38]鹯（zhān）：鹞鹰。

[39]社：土神。稷：谷神。古代诸侯祭社稷以祈丰年。后来社稷引申指国家。

[40]得：获得信任。丘民：众民，指广大百姓。

[41]变置：更换，改立。

[42]牺牲：祭祀用的猪、牛、羊一类的牲口。成：肥壮。

[43]粢盛：盛在礼器中的黍稷一类祭品。絜：通"洁"。

[44]祭祀以时：祭祀不失时节。

作品赏析

"孔孟之说"博大精深，源远流长，已深入中华民族的文化血脉。孔子思想主张内"仁"外"礼"，从个人修养出发，塑造表里如一的"君子"形象，进而建构起尊"仁"守"礼"的人伦体系；而孟子则在孔子仁学思想的基础上，提出"仁政"，为统治阶层提供系统的治世之道。

本课所选《论语》六则重在人格修养，不为富贵违仁、杀身成仁、和而不同、周而不比等，对"君子"提出了人格上的严格要求。"人而无信"则针对普遍意义上的人，强调"信"在安身立命方面的重要性。第一则语录通过人生经验的总结，把"阅历"对于人生的重要意义揭示出来，同时也凭借着精辟的表述成为后世援引最广泛的语录之一。

所选《孟子》部分内容核心在于"民本思想"。孟子的"仁政"主张，很明显具有阶级性，其思想主要是针对统治者而言的。"孟子对梁惠王问"提出君王要维护其统治，首先要保证人民的生存，然后要"申之以孝悌之义"，也就是说在保证人民基本物质生存的基础上，还要对他们进行思想上的教化，这样才能成就为王之业。后两则语录则强调了"民心"对于君王统治的重要性，并且提出了获得民心的有效途径与方法。

《论语》作为语录体散文的代表,语言言简意赅,含蓄隽永,《孟子》则在语录体的基础上向体式完整的说理文推进,语言中大量使用比喻、排比、对比等多种修辞,气势澎湃,说理透彻,论辩性强。

词海拾贝

和(hé)

构造:采用“口”作边旁,“禾”作声旁。

释义:相呼应。和谐;协调。

信(xìn)

构造:采用“人、言”会意,是会意字。㐰,这是古文写法的“信”,采用有所省略的“言”作边旁。訫:这是古文写法的“信”字。

释义:人的言论应当是诚实的。本义为真心诚意。

仁(rén)

构造:采用“人、二”会意。古文写法的“仁”,字形采用“千、心”会意。𡰥,这是“仁”的古文异体字,字形采用“尸”作边旁。

释义:古代一种含义极广的道德观念。其核心指人与人相互亲爱。孔子以之作为最高的道德标准。

知识巩固与能力训练

一、解释句中加点字

1.君子周而不比,小人比而不周。

2.志士仁人,无求生以害仁,有杀身以成仁。

3.谨庠序之教,申之以孝悌之义,颁白者不负戴于道路矣。

4.狗彘食人食而不知检,涂有饿莩而不知发。

5.王无罪岁,斯天下之民至焉。

6.民为贵,社稷次之,君为轻。

二、翻译句子

1.人而无信,不知其可也。

2.君子无终食之间违仁,造次必于是,颠沛必于是。

3.谷与鱼鳖不可胜食,材木不可胜用,是使民养生丧死无憾也。

4.是故得乎丘民而为天子，得乎天子而为诸侯，得乎诸侯而为大夫。

三、细读第七则语录，回答问题

1.在这段语录中，孟子为实行王道提出了哪些主要措施？

2.孟子在论证观点时运用了什么论证方法？

四、谈谈你对“和而不同”的理解

学文心语

对上以敬，对下以慈，对人以和，对事以真。有修养、有品格的人生，才能行之无愧，过之不忘，念之无悔。

导语

“祸兮福之所倚，福兮祸之所伏”，这一句国人耳熟能详的谚语所蕴含的智慧，启迪了无数身处逆境的人，也孕育了中华民族认知世界的方式。无论说这句话的老子是不是老聃，也无论他驾青牛西出函谷关到底归于何处，他的“中国哲学之父”的身份是毋庸置疑的，中国哲学也因他的哲学思想而扛鼎于人类哲学之林。

老子三章

《老子》三章[1]

道可道[2]，非常道[3]。名可名[4]，非常名。无名[5]，天地之始；有名，万物之母[6]。故常无欲[7]，以观其妙[8]；常有欲，以观其徼[9]。此两者同出而异名，同谓之玄[10]。玄之又玄[11]，众妙之门[12]。（第一章）

天下皆知美之为美，斯恶已[13]；皆知善之为善，斯不善矣。故有无相生[14]，难易相成，长短相较[15]，高下相倾[16]，音声相和[17]，前后相随。是以圣人处无为之事，行不言之教。万物作焉而不辞[18]，生而不有[19]，为而不恃[20]，功成而弗居[21]。夫惟弗居，是以不去[22]。（第二章）

天之道[23]，其犹张弓与[24]？高者抑之[25]，下者举之[26]；有余者损之，不足者与之。天之道，损有余而补不足，人之道则不然[27]，损不足以奉有余[28]。孰能有余以奉天下？唯有道者[29]。是以圣人为而不恃，功成而不处[30]，其不欲见贤[31]。（第七十七章）

（选自《国学经典导读——老子》，张松辉著，中国国际广播出版社，2011 年版）

【注释】

[1]《老子》又名《道德经》，今传本分上下两编，上编《道经》37 章，下编《德经》44 章，是道家学派的经典。《道德经》的国外版本有一千多种，是被翻译语言最多的中国书籍。老子（生卒年不详），姓李名耳，字伯阳，春秋末期楚国苦县（今河南鹿邑）人，我国古代伟大的哲学家和思想家，道家学派创始人，世界文化名人。曾任周守藏室之史。他博学多才，孔子周游列国时曾到洛邑向老子问礼。后来辞官归隐。传说他晚年乘青牛西去，在函谷关写成了五千言的《道德经》（又名《老子》），最后不知所终。

[2]道：第一个“道”是名词，指的是宇宙的本原和实质，引申为原理、原则、真理、规律等。第二个“道”是动词，指解说、表述，犹言“说得出”。

[3]常：一般，普通，正常。

[4]名：第一个“名”是名词，指“道”的形态。第二个“名”是动词，说明的意思。

[5]无名：指无形。

[6]母：母体，根源。

[7]常：经常。

[8]妙：始物之妙。

[9]徼（jiào）：边际、边界。这里指终物之徼。

[10]谓:称谓。此为“指称”。

[11]玄:深黑色。这里指玄妙深远。

[12]众妙之门:一切奥妙变化的总门径,即“道”的门径。

[13]恶:丑。已:通“矣”。

[14]相:互相。

[15]相较:相互比较,此指从比较、对照中显现出来的意思。

[16]相倾:相互倾斜依靠。

[17]音声相和:音与声互相和谐。音声:汉代郑玄为《礼记·乐记》作注时说,合奏出的乐音叫作“音”,单一发出的音响叫作“声”。

[18]作:兴起、发生。不辞:不拒绝,不限制。

[19]有:据为己有。

[20]为而不恃:帮助万物而不依赖它们。为:帮助。恃:依赖,引申为追求回报。

[21]弗居:不居功自傲。

[22]不去:不会失掉功业。

[23]天之道:指自然界的规律。

[24]其犹张弓:就好像是拉开弓一样。

[25]高者抑之:瞄准时高过靶的就降低一些。

[26]下者举之:瞄准时低于靶的就抬高一些。这里所说的“高”与“低”相对于“准”而言。

[27]人之道:人类社会的规则。

[28]奉:供。

[29]有道者:圣贤及有道明君。

[30]处:居功自处。

[31]见贤:表现贤能才干。见:通“现”,显现。

作品赏析

《老子》作为道家的基本典籍,其中蕴含着丰富而深邃的思想。对“道”的阐释、辩证法思想和社会政治理论构成了老子哲学思想的整体架构。

《老子》第一章重点介绍了哲学意义上的“道”。“道可道,非常道”首先指出“道”的不可名状的特征,接着又借“无”“有”的概念引出“玄”来进一步阐释“道”,最后提出道乃“众妙之门”的核心论题。在这一章中,我们可以看出老子是如何认识自然万物的:“道”虽玄妙却衍生万物。这虽然有些神秘主义色彩,但源自老子对于自然界体察入微的观察。老子是在探索自然变化的法则,并因此获得独到的领悟,形成其哲学思想的基石的。

第二章具体体现了老子的辩证法思想。这一部分通过对世间万事万物相互依存、相互影响关系的阐述,明确了对立统一这一永恒的法则。同时在后半部分又提出“圣人”应对自然规律的方式,即“无为”“不言”,这又成为老子行为哲学的重要内涵。但这里所讲的“无为”,并不是我们直观理解的“无所作为”,而是通过不争、不抢、不干涉、不占有,来达到顺应自然规律、让一切矛盾迎刃而解的目的。而“不言”则是指圣人通过自己的行为举动来影响世人,达到教化的目的。所以“无为”“不言”只是途径,或者说实现目的的方式。可见,老子哲学中也有成就功业的理想和目标。

第七十七章主要体现了老子的社会观。老子借用“张弓”的比喻,把“天之道”和“人之道”进行对比,指出天道的均衡和人道的不公,表达了对人民的同情和对统治者的怨愤。后半部分把实现人道均衡的希望寄托于“圣人”,因为“圣人”有道,有道才能保持社会总体的均衡与和谐,这对统治者提出了希望和要求。由此可见,老子的哲学思想并不是简单的“出世”哲学,而是有着丰富的政治和社会意义的学说理论,对于现实生活和社会发展有着广泛的借鉴意义和深远的影响。

《老子》作为一部哲学著作,具有一定的文学性。从文体上说,语录体的形式对于说理有一定的局限性,并不能完全展开、系统深入地论述。但老子克服局限,取得了很好的说理效果。全书只有约 5000 字,却警句频出,说理形象透彻,有很强的语言表现力。另外,文章整体来讲属于韵文,多用排比、对偶之句,如“无名天地之始;有名万物之母”,“故常无欲,以观其妙;常有欲,以观其徼”,“高者抑之,下者举之,有余者损之,不足者与之”,文词凝练,节奏整齐,具有很强的韵律感,而且说理玄妙深远,为后世文士广泛取法。

词海拾贝

名(míng)

构造:采用“口、夕”会意。夕:天黑。天黑了人们不相见,所以用嘴向别人说自己的名。

释义:本义为自己报出姓名,起名字。指人的名字。后引申为事物的名称、名分、声誉等。

老(lǎo)

构造:采用“人、毛、匕”会意。这是说须发都变白了。甲骨文字形,像一个手里拿着拐杖的老人形。

释义:本义为年老、衰老。人到七十的状态叫“老”。所有与老相关的字,都采用“老”作边旁。

道(dào)

构造:采用“辵、訔”会意。直达的大路叫作“道”。

释义:本义为供行走的道路。引申为道理、规律、原则等。

知识巩固与能力训练

一、解释句中加点字

1.道可道,非常道。

2.故常无欲,以观其妙;常有欲,以观其徼。

3.万物作焉而不为始,生而不有,为而不恃,功成而弗居。

4.是以圣人为而不恃,功成而不处,其不欲见贤。

二、翻译句子

1.天下皆知美之为美,斯恶已;皆知善之为善,斯不善矣。

2.天之道,其犹张弓乎?高者抑之,下者举之,有余者损之,不足者与之。

三、简答

阅读第七十七章选文,谈谈你对老子“天之道,损有余而补不足;人之道则不然,损不足以奉有余”这一观点的理解和认识

学文心语

耐得住寂寞才能守得住繁华。矛盾并生并存,所谓的得失也只是相对而言的。面对现实,我们更要明白“舍得”的意义。珍惜能拥有的,放弃得不到的,何乐而不为?

导语

当你经历了十二年的埋头苦读，熬过了“水深火热”的高考，来到了充满未知的大学，可曾想过，“大学”意味着什么？在大学又会面对着怎样的学习和生活？早在两千多年前的典籍中已经对“大学”做出了注解，也将会为你打开一扇大学的神秘之门。

大学(节选)[1]

《礼 记》

大学(节选)

大学之道[2]，在明明德[3]，在亲民[4]，在止于至善[5]。知止而后有定[6]，定而后能静[7]，静而后能安[8]，安而后能虑[9]，虑而后能得[10]。物有本末[11]，事有终始[12]。知所先后，则近道矣。

古之欲明明德于天下者，先治其国。欲治其国者，先齐其家[13]。欲齐其家者，先修其身[14]。欲修其身者，先正其心[15]。欲正其心者，先诚其意[16]。欲诚其意者先致其知[17]，致知在格物[18]。物格而后知至[19]，知至而后意诚，意诚而后心正，心正而后身修，身修而后家齐，家齐而后国治，国治而后天下平。自天子以至庶人[20]，壹是皆以修身为本[21]。其本乱而末治者否矣[22]。其所厚者薄[23]，而其所薄者厚[24]，未之有也[25]。此谓知本，此谓知之至也[26]。

(选自《礼记训纂》，清朱彬撰，中华书局，1996年版)

【注释】

[1]《礼记》又名《小戴礼记》《小戴记》，成书于汉代，据说为西汉礼学家戴圣所编。《礼记》是中国古代一部重要的典章制度选集，共二十卷四十九篇，书中内容主要写先秦的礼制，体现了先秦儒家的哲学思想、教育思想、政治思想、美学思想，是研究先秦社会的重要资料，是一部儒家思想的资料汇编。《礼记》章法谨严，文辞婉转，前后呼应，语言整饬而多变，与《诗》《书》《乐》《易》《春秋》并称为“六经”。其中记载的古代文化史知识及思想学说，对儒家文化传承、当代文化教育、社会主义和谐社会建设有重要影响。《大学》是其中的第四十二章。

[2]大学之道：大学的宗旨。“大学”一词在古代有两种含义：一是“博学”的意思，二是相对于小学而言的“大人之学”。古人八岁入小学，学习“洒扫应对进退、礼乐射御书数”等文化基础知识和礼节；十五岁入大学，学习伦理、政治、哲学等“穷理正心，修己治人”的学问。后一种含义其实和前一种含义有相通的地方，同样有“博学”的意思。

[3]明明德：前一个“明”用作动词，有使动的意味，即“使彰明”，也就是发扬、弘扬的意思。后一个“明”用作形容词，明德也就是光明正大的品德。亲民：根据后面的“传”文，“亲”应为“新”，即革新、弃旧图新。

[4]亲民：也就是新民，使人弃旧图新、去恶从善。

[5]止:达到且能坚守不移。

[6]知止:知道应该达到的目标。定:有确定的志向。

[7]静:心态平静。

[8]安:精神安宁。

[9]虑:思虑。

[10]得:有所收获。

[11]物有本末:万物都有主次轻重。

[12]事有始终:万事都有先后次序。

[13]齐其家:管理好自己的家庭或家族,使家庭或家族和和美美,蒸蒸日上,兴旺发达。

[14]修其身:修养自身的品性。

[15]正其心:端正其心。

[16]诚其意:使其意念诚实。

[17]致其知:使自己获得知识。

[18]格物:认识、研究万事万物。

[19]“物格”句:与上句“欲……先……”同样表示逻辑的条件关系,上句是由果及因倒溯,此句则是由因及果顺推。

[20]庶人:指平民百姓。

[21]壹是:都是。本:根本。

[22]本:指“修身”。末:相对于本而言,指枝末、枝节。否:不可能。

[23]厚者薄:该重视的不重视。

[24]薄者厚:不该重视的却加以重视。

[25]未之有也:即未有之也。没有这样的道理(事情、做法等)。

[26]知之至:智慧的极致。知:即智。

作品赏析

《大学》作为四书之一,在中国古代文化视野中地位很高。不仅是世人传诵不已的经典,也成为古代知识分子自强不息、努力进取、不懈追寻的人生理想境界。

本文节选了第一章,内容核心是阐述儒家的教育思想。第一节明确了大学教育的宗旨:“明明德”“亲(新)民”“止于至善”。首先,“明明德”,是从自我道德修养的方面而言的,强调个人道德的不断完善;其次,“亲民”在个人道德提升的基础上,强调推己及人,用道德感化民众,形成普遍影响力;最后,“止于至善”既是对善的不懈追寻,又是对善的坚守不渝。这里突出了大学教育的核心——道德,体现了儒家鲜明的道德理想主义色彩。第二节着重阐述了如何进行自我道德的修养,从“格物”“致知”到“诚意”“正心”“修身”,展现了个人学习循序渐进、自我修养由表入里的历程,这也是大学教育的根本。“齐家”“治国”“平天下”,讲的则是自我修养社会化功用。内修自我而为“圣”,外平天下而为“王”,这是对儒家人格理想最精准的表述,凝聚了儒家关于社会人生、道德政治等问题的思想精髓,表达了儒家有用于世的强烈愿望。

儒家思想产生于封建社会的文化背景之下，有着一定的历史局限性。比如“家”“国”“天下”，“溥天之下，莫非王土；率土之滨，莫非王臣”，一切都是王的，一切也都要以王的利益为唯一标准。而这时的“大学”，也是为王培训人才，或者供贵族子弟接受教育的学校。从王到诸侯，再到公卿大夫，各层级之间形成了宗法制下的管理网络，而他们都位于金字塔的上层。因此他们所提倡的道德修养也就具有了鲜明的功利意识，为了维护本阶层的地位和利益。随着社会的演进发展，我们今天的大学当然具备了不同的教育目标，我们现在所讲的道德修养也具有不同的文化内涵，这是值得我们深思的问题。

这段文字的语言艺术也非常高明，不仅大量使用排比，形成汹涌澎湃的语势，而且运用蝉联的修辞，使得语言逻辑环环相扣，自然导出结论，具有毋庸置疑的说服力。

词海拾贝

齐(qí)

构造：象形字。甲骨文字形，像禾麦穗头长得平整的样子。小篆字形下面多了两条线，表示地面。

释义：禾麦吐穗时穗子上端处于同一高度。南唐徐锴曰：“生而齐者莫若禾麦。二，地也。两傍在低处也。”

修(xiū)

构造：形声字。字形采用“彡(shān)”作边旁，采用“攸(yōu)”作声旁。

释义：“彡”有装饰的意思，所以本义为修饰，装饰。引申为修理、建造、锻炼、培养等。

治(zhì)

构造：形声字。“水”作边旁，“台”是声旁。

释义：本义是河川名。源于东莱郡曲城县的阳丘山，向南流入大海。引申为治水、整治、修治。

知识巩固与能力训练

一、解释句中加点字

1.大学之道，在明明德。

2.知止而后有定，定而后能静，静而后能安，安而后能虑，虑而后能得。

3.欲诚其意者先致其知，致知在格物。

4.其本乱而末治者否矣。

二、翻译句子

1.大学之道,在明明德,在亲民,在止于至善。

2.物格而后知至,知至而后意诚,意诚而后心正,心正而后身修,身修而后家齐,家齐而后国治,国治而后天下平。

三、简答

《大学》的核心纲领是什么？结合你对当代大学的了解,谈谈你的认识。

学文心语

知道自己要做什么,才能做好什么。大学,恰恰是我们明确志向、规划人生的阶段。志当存高远,瞄准月亮,即使迷失也会在星河之间。

导语

你读过《中庸》吗？听说过“中庸之道”吗？这种哲学到底是一种圆滑、庸俗的混世之道，还是省己修身的名言至理？让我们带着这些疑问走进这部经典。

好学·力行·知耻

《中　庸》[1]

好学·力行·知耻

或生而知之[2]，或学而知之[3]，或困而知之[4]，及其知之一也[5]。或安而行之[6]，或利而行之[7]，或勉强而行之[8]，及其成功一也。

子曰[9]：“好学近乎知，力行近乎仁，知耻近乎勇。”知斯三者[10]，则知所以修身；知所以修身，则知所以治人；知所以治人，则知所以治天下国家矣。

博学之，审问之，慎思之，明辨之，笃行之[11]。有弗学，学之弗能，弗措也[12]。有弗问，问之弗知，弗措也。有弗思，思之弗得，弗措也。有弗辨，辨之弗明，弗措也。有弗行，行之弗笃，弗措也。人一能之，己百之，人十能之，己千之[13]。果能此道矣[14]，虽愚必明[15]，虽柔必强[16]。

（选自《大学·中庸》，王媛、徐阳鸿译注，广州出版社，2001 年版）

【注释】

[1]《中庸》：儒家经典著作“四书”之一，原载于《礼记》第三十一篇，约成书于战国末期至西汉初年，相传为战国时孔子之孙子思所作。宋代朱熹推崇此书，将其与《大学》《论语》《孟子》并称“四书”。

[2]或生而知之：有的人天资聪颖，能自然地从生活中获得知识。

[3]学而知之：通过学习获取知识。

[4]困而知之：通过解决困惑疑难问题获得知识。

[5]及其知之一也：尽管(上述三者的)途径不一样，但获取知识的效果是相同的。

[6]或安而行之：有的人，能出于本能自然地行道。

[7]利而行之：出于对自己有利而行道。

[8]勉强而行之：条件或力量不够。

[9]子曰：孔子说。据朱熹《四书集注》的说法，此二字为衍文。

[10]斯：此，这。

[11]“博学之”五句：讲如何达到“诚”的五层功夫。审：详审，详细。慎：谨慎，勤勉。笃：笃实。

[12]有弗学，学之弗能，弗措也：要么不学，学了就一定要学会，否则就不停止。有：有假设意味。措：停止，放弃。

[13]“人一能之”四句：别人用一倍功夫的，自己就用百倍功夫；别人用十倍功夫的，自己就用千倍功夫。

[14]果能此道矣：真的能具有这种精神。果：真。

[15]虽愚必明：即使再愚昧的人也一定能达到聪明的境地。虽：即使。

[16]虽柔必强：即使再软弱的人也一定能进至勇敢的境地。

作品赏析

“中庸之道”在当代国人的眼中，通常代表着保守、迂腐、不思进取、不敢创新等性格，这其实是在历史演进过程中对《中庸》这部经典的误读。我们认真研读这部著作就会发现，《中庸》的核心是修身养性，告诫我们要至诚至性，处事有度，以“诚”为世界之本，以“中庸”为道德准则，并且提出了修养人格境界的方法和途径。

本文内容主要针对学习而言。第一段论述如何获取知识的不同方法途径；第二段“好学近乎知，力行近乎仁，知耻近乎勇”，讲的则是要遵循知行合一的原则；第三段“博学之，审问之，慎思之，明辨之，笃行之”，则具体地概括了学习的深入过程和认知方法。

人首先有志、好学，才可能具有智慧。而智慧是创造的首要条件，进而应该知行合一，光说不做难成大事；身体力行，才能不断精进，达到仁者无私的境界。同时，人需要自省，要“知耻”，明晓社会道德规范，才能有无畏的精神。

此外，《中庸》中“上不怨天，下不尤人”“行远必自迩，登高必自卑”“凡事豫则立，不豫则废”等，广为传习，对于当代社会依然有着丰富的借鉴意义。

词海拾贝

庸(yōng)

构造：会意字。小篆字形。从用，从庚。“庚更”同音，表更换。先做某事，然后更换做别的事。

释义：本义是用、需要。《说文解字》言：“庸，用也。”引申为平常、平庸等。

笃(dǔ)

构造：形声字。字形采用“马”作边旁，“竹”是声旁。

释义：本义指马走得迟缓。《说文解字》言：“笃，马行钝迟也。”《尔雅·释诂》言：“笃，厚也。”又引申为忠实、专一、切实、丰厚等意义。

耻(chǐ)

构造：形声字。字形采用“心”作边旁，“耳”作声旁。

释义：本义指耻辱，可耻的事情，因声誉受损害而致的内心羞愧。《说文解字》：“耻，辱也。”

知识巩固与能力训练

一、解释句中加点字

1.或生而知之。

2.博学之,审问之。

3.有弗行,行之弗笃,弗措也。

二、翻译句子

1.好学近乎知,力行近乎仁,知耻近乎勇。

2.博学之,审问之,慎思之,明辨之,笃行之。

3.人一能之,己百之,人十能之,己千之。

三、简答

"所以治天下国家"的核心是什么?结合你对本文的理解,谈谈你对文中观点的认识。

学文心语

人生最精彩的不是实现梦想的瞬间,而是坚持梦想的过程。胡适说:"功不唐捐。"保罗·柯艾略说:"当我们努力使自己变得比现在更好的时候,我们周围的一切也会变得更好。"懂得享受奋斗的过程,就会有更美满的人生。

导语

有网语曰："好看的皮囊千篇一律，有趣的灵魂百里挑一。"一时蔚为流行。两千多年前，百家争鸣，众说纷纭，其中有一位特立独行者，他敢于蔑视一切，只愿与自然为伍，追寻个体精神的绝对自由。虽有癫狂之貌，却以不着边际的"胡言乱语"成为一位伟大的智者，并为后世名流不懈追随，可谓有趣的灵魂。他，就是庄子。

秋水（节选）

庄　子[1]

秋水

秋水时至[2]，百川灌河，泾流之大[3]，两涘渚崖之间[4]，不辨牛马[5]。于是焉河伯欣然自喜[6]，以天下之美为尽在己。顺流而东行，至于北海，东面而视，不见水端。于是焉河伯始旋其面目，望洋向若而叹曰[7]："野语有之曰：'闻道百，以为莫己若者'[8]，我之谓也。且夫我尝闻少仲尼之闻而轻伯夷之义者[9]，始吾弗信，今我睹子之难穷也[10]，吾非至于子之门则殆矣，吾长见笑于大方之家[11]。"

北海若曰："井鼃不可以语于海者[12]，拘于虚也[13]；夏虫不可以语于冰者[14]，笃于时也[15]；曲士不可以语于道者，束于教也[16]。今尔出于崖涘，观于大海，乃知尔丑[17]，尔将可与语大理矣。天下之水，莫大于海，万川归之，不知何时止而不盈；尾闾泄之[18]，不知何时已而不虚；春秋不变，水旱不知。此其过江河之流[19]，不可为量数。而吾未尝以此自多者[20]，自以比形于天地，而受气于阴阳[21]，吾在天地之间，犹小石小木之在大山也。方存乎见少[22]，又奚以自多[23]？计四海之在天地之间也，不似礨空之在大泽乎[24]？计中国之在海内，不似稊米之在大仓乎[25]？号物之数谓之万[26]，人处一焉[27]；人卒九州[28]，谷食之所生，舟车之所通[29]，人处一焉。此其比万物也[30]，不似豪末之在于马体乎[31]？五帝之所连[32]，三王之所争，仁人之所忧[33]，任士之所劳[34]，尽此矣[35]！伯夷辞之以为名[36]，仲尼语之以为博[37]，此其自多也，不似尔向之自多于水乎[38]？"

（选自《庄子集解》，清王先谦集解，中华书局，1987 年版）

【注释】

[1]庄子（约前 369—前 286），战国中期道家学派的代表人物。庄子姓庄名周，宋国蒙（今河南商丘东北）人，与道家始祖老子并称为"老庄"。曾为蒙地漆园吏，家境贫寒，曾借粮为生。但蔑视权贵，批判"窃钩者诛，窃国者侯"的黑暗现实，主张顺应自然，提倡无为而无不为。代表作《庄子》又称《南华真经》，文风汪洋恣肆，词藻瑰丽，多用寓言，富有浪漫色彩，成为后世文学创作的源泉之一。

[2]时：按时令。

[3]泾（jīng）流：直流的水波，此指水流。

[4]涘(sì):岸。渚:水中的小洲。

[5]不辨:分不清。

[6]河伯:河神,名冯夷。旋:改变。

[7]望洋:仰视的样子。“望洋兴叹”即出于此。比喻因大开眼界而惊奇。若:下文的“北海若”,海神。

[8]闻道百,以为莫己若者:听说了很多道理,以为没有人比得过自己。

[9]少仲尼之闻而轻伯夷之义:以为仲尼的见闻浅陋,伯夷的高义微不足道。伯夷:商孤竹君之子,与弟叔齐争让王位,被认为节义高尚之士。

[10]子:原指海神若,此指海水。

[11]长:永远。大方之家:有学问的人,通晓大道的人。“贻笑大方”即源于此。

[12]鼃:同“蛙”。

[13]虚:同“墟”,居住的地方。

[14]笃(dǔ):固。这里引申为束缚、限制。

[15]曲士:乡曲之士,指孤陋寡闻的人。

[16]教:教养。

[17]丑:鄙陋,缺乏知识。

[18]尾闾(lǘ):海的底部,排泄海水的地方。

[19]过:超过。

[20]自多:自夸。

[21]受气于阴阳:(不过是)秉受阴阳之气而形成的一物(而已)。

[22]方:正。存:省察。

[23]奚:何,怎么。

[24]礨(lěi)空:蚁穴,小孔穴。礨:石块。大泽:大湖泊。

[25]稊(tí)米:泛指细小的米粒。大(tài):同“太”。

[26]号:称。

[27]人处一焉:人只是万物中的一类。处:占。焉:于此(于万物之中)。

[28]人卒九州:人遍布九州。卒:尽。

[29]“谷食”两句:谷物生长的地方,车船通达的地方。

[30]此其比万物:指个人与万物相比。

[31]毫末:毫毛的末梢。

[32]连:继续。

[33]仁人:指讲仁义的人。

[34]任士:指以天下为己任的贤能之士。所劳:所劳碌的事。

[35]尽此矣:都不出这个范围。

[36]“伯夷”句:伯夷辞让君位是为了名声。

[37]“仲尼”句:孔子谈说天下是为了显示渊博。

[38]“此其”二句:他们这样自我夸耀,不正像你刚才因河水上涨而自我夸耀一样吗?

作品赏析

《秋水》选自《庄子·外篇》，虽无法确定是庄子本人的作品，但选文鲜明展现出了庄子意境雄浑、奇异诡谲的文风。选文是《秋水》的第一部分，依托黄河河伯和北海海神的谈话，以神话的形式表达庄子对外在世界和内在自我的认知，提出只有不断突破自身的局限，才能不断提升认识境界，逐步接近世界本真的论题。

文章一开篇，“秋水时至，百川灌河”，呈现出一幅波澜壮阔的自然景观。时值秋季，雨水连绵，形成浩大的水流，奔涌向前，这为河伯的沾沾自喜提供了良好的现实基础。而当河伯顺流而东，见到了辽阔无边的大海，才发现自己的短视无知。可贵的是，河伯敢于正视自己的缺点，从而展开反思和自我批评：“吾非至于子之门则殆矣，吾长见笑于大方之家。”海神首先以井鼃、夏虫、曲士为例对河伯进行正面批评，接着出于对河伯自知的肯定，认为他可以“语大理也”。接着就展开了对“大道”的阐释，由河到海，进而是天地，接着是中国、海内、人类、万物，层层类比，形象地说明了事物都有自身局限的客观事实。而面对这样的现实，只有勇于突破局限，敢于正视自身的有限性，才能领悟“大道”。此外，也对人类的妄自尊大予以辛辣的讽刺。

一问一答，一气呵成，构成本篇的主体。河伯的部分描写细腻，形象鲜明；海神的回答层层递进，论述透彻。海神先用三个排比，以井鼃、夏虫衬托曲士，后满怀热情地肯定河伯的自知其丑，概括了河伯的转变过程，而后通过表扬，引出下文推论。下文先写海的广袤无边，远非江河可比，又点明其相比于天地仍然很小，所以不足以自夸。接着又用一连串精彩的排比，由大及小，最后一句反问作结，回应了河伯开头的那段话。文中不仅比喻非常精彩，而且论证由小到大，再由大到小，逐层推进，富有特色。

词海拾贝

望（wàng）

构造：会意字。原写作“朢”。甲骨文字形，上面是“臣”，像眼睛，下面是“壬”（tǐng）。像一个人站在土地上远望。小篆又加“月”字，表望的对象。

释义：本义为远望。《说文解字》：“望，出亡在外望其还也。”引申为希望、期望。

教（jiào）

构造：会意字。从攴（pū），从孝，孝亦声。“攴”，篆体像以手持杖或执鞭。在奴隶社会，奴隶主要靠鞭杖来施行他们的教育、教化。

释义：本义为教育、指导。《说文解字》：“上所施下所效也。”

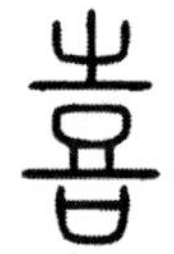

喜(xǐ)

构造:会意字。甲骨文上面是“鼓”本字,下面是“口”。“鼓”表示欢乐,“口”是发出欢声。

释义:本义为快乐、高兴。《说文解字》:“喜,乐也。”引申为喜爱、喜好。

知识巩固与能力训练

一、解释句中加点的字词

1.今我睹子之难穷也。

2.吾长见笑于大方之家。

3.吾非至于子之门则殆矣。

4.而吾未尝以此自多者。

5.望洋向若而叹曰。

6.计中国之在海内。

7.秋水时至,百川灌河。

8.于是焉河伯始旋其面目。

9.夏虫不可以语于冰者,笃于时也。

二、翻译句子

1.于是焉河伯欣然自喜,以天下之美为尽在己。

2.曲士不可以语于道者,束于教也。

3.且夫我尝闻少仲尼之闻而轻伯夷之义者。

4.伯夷辞之以为名,仲尼语之以为博。此其自多也。

三、简答

1.本文的主旨是什么?在客观上有什么思想意义?

2.试分析本文的论证方法。

3.就整体而言,本文是通过什么方式来揭示道理的?

学文心语

不要企图无所不知,否则将一无所知。身有涯,知无涯。拥有谦逊的态度才能常思进取,精进修养,避免贻笑大方的尴尬。

导语

"防民之口,甚于防川",这句劝导管理者广开言路、勇于纳谏的箴言,成就了历史上多位英明的君王,也促成了一个又一个盛世繁华。然而始终有刚愎自用、闭目塞听的统治者不能明其理,无法正其行,终以惨淡收场,淹没于历史的洪流之中。而这一至理名言的来源又在何处呢?让我们翻开《国语》……

召公谏厉王弭谤[1]

《国　语》

召公谏厉王弭谤

厉王虐[2],国人谤王[3]。召公告王曰[4]:"民不堪命矣[5]!"王怒。得卫巫[6],使监谤者[7]。以告,则杀之。国人莫敢言,道路以目[8]。

王喜。告召公曰:"吾能弭谤矣[9],乃不敢言!"

召公曰:"是障之也[10]。防民之口,甚于防川。川壅而溃[11],伤人必多;民亦如之。是故为川者决之使导[12],为民者宣之使言[13]。故天子听政,使公卿至于列士献诗[14],瞽献曲[15],史献书[16],师箴[17],瞍赋[18],矇诵[19],百工谏[20],庶人传语[21],近臣尽规[22],亲戚补察[23],瞽史教诲[24],耆艾修之[25],而后王斟酌焉。是以事行而不悖[26]。民之有口,犹土之有山川也,财用于是乎出。犹其有原隰衍沃也[27],衣食于是乎生。口之宣言也,善败于是乎兴[28]。行善而备败[29],其所以阜财用衣食者也[30]。夫民虑之于心而宣之于口,成而行之[31],胡可壅也?若壅其口,其与能几何[32]?"

王弗听。于是国人莫敢出言[33]。三年[34],乃流王于彘[35]。

(选自《国语集解》修订本,徐元诰集解,中华书局,2002年版)

【注释】

[1]《国语》又名《春秋外传》《左氏外传》,是中国最早的一部国别体史书,共二十一卷(篇),分为周、鲁、齐、晋、郑、楚、吴、越八国记事。记事时间为公元前990年(周穆王十二年)到公元前453年(周贞定王十六年),前后538年。相传它和《左传》都是出于左丘明之手。一般的看法是,《国语》的成书有一个过程,最初是左丘明传诵,然后是时人传习,最后经列国之瞽史改编、润色而成。时代大约在战国初年。弭谤:消弭民间对帝王的各种议论指责,此指以政治高压手段压制思想言论自由。

[2]厉王:周夷王之子,名胡,公元前877年至公元前842年在位。

[3]国人:居住在国都里的人,这里指平民百姓。

[4]召公:作"邵公",即召穆公,名虎,时为周厉王的卿士,谥穆公。

[5]民不堪命:意为老百姓无法忍受(厉王)的暴政。命:指周厉王苛虐的政令。

[6]卫巫:卫国的巫者。巫:以装神弄鬼为职业的人。

[7]谤者:批评国王的人。

[8]道路以目:百姓在路上相遇,不敢讲话,只能默默以目示意。

[9]弭(mǐ):消除。

[10]障:堵塞。意为暂时阻挡,并未彻底制止。

[11]川壅而溃:筑堤坝防河水,水易于壅塞,会导致溃堤。

[12]为川者:治水的人。决之使导:排除壅障之物,使河水畅流。

[13]为民者:治理国家、统治民众的人。宣之使言:引导老百姓讲话。

[14]公卿:指执政大臣。古代有三公九卿之称。《尚书·周官》:"立太师、太傅、太保,兹惟三公。"九卿指少师、少傅、少保、冢宰、司徒、宗伯、司马、司寇、司空。列士:古代官员有上士、中士、下士之分,统称列士。位在大夫之下。诗:指有讽谏意义的诗篇。

[15]瞽(gǔ):盲人。因古代乐官多由盲人担任,故也称乐官为瞽。曲:乐曲,指反映民间呼声的作品。

[16]史:史官。书:指史籍。

[17]师:少师,乐官。箴:一种具有规戒性的文辞。

[18]瞍(sǒu):没有眼珠的盲人。赋:有节奏地诵读。

[19]矇(méng):有眼珠的盲人。瞍矇均指乐师。诵:不讲究声调节奏地诵读。

[20]百工:有专门技艺侍奉君王的人。

[21]庶人:平民。传语:间接地反映意见。

[22]近臣:最接近帝王的大臣。尽规:向帝王进言规劝。一说为尽到规劝的职责。

[23]亲戚:指君王的内外亲属。补察:弥补帝王过失,监督帝王行为是非。

[24]教诲:(用礼仪礼法对帝王)教育、引导。

[25]耆(qí)艾:年六十叫耆,年五十叫艾。这里指年长的师傅。修:整理修饰。

[26]悖(bèi):违背道理。

[27]原隰(xí):平原和低湿之地。衍沃:指平坦肥沃的良田。《左传·襄公二十五年》:"井衍沃。"疏:"衍沃并是平美之地。衍是高平而美者,沃是低平而美者,二者并是良田。"

[28]兴:兴起、表露之意。

[29]行善:民众认为好的就推行。备败:民众认为坏的就防范。

[30]阜:丰盛,增多。

[31]成而行之:考虑成熟之后自然流露出来。

[32]与:语助词,无义。一说为"偕从"之意,句谓老百姓跟从你的能有多少?亦通。

[33]国人:"国"下原无"人"字,据别本补。

[34]三年:周厉王于公元前842年被国人放逐到彘,据此,召公谏厉王事当在公元前845年。

[35]乃流王于彘(zhì):把国王放逐到彘地去。乃:终于,副词。流:流放,放逐。于:到,介词。彘:地名,在今山西省霍县境内。

作品赏析

"以史为鉴"是中国古代史学家在进行历史记述时所追求的目标,出于这样的目标,形成了他们尚实录、寓褒贬的优良传统。他们惯于从真实历史中总结具有普遍性、规律性的事理,以留于后世供统治者借鉴。《召公谏厉王弭谤》就提出了"防民之口,甚于防川"

的著名论断。

文章记述了周厉王不听召公劝谏，闭塞言路，导致被流徙失去王权的历史事件。文笔明快简洁，叙事却轻重有择，重点突出，事理鲜明。开篇首先交代了劝谏的背景。“厉王虐，国人谤王”，区区七个字，民怨沸腾的现实境况便一目了然。接着召公第一次劝谏：“民不堪命矣！”既表现出了召公的忧国之心，又折射出召公的深思远见。而面对这样的规劝，厉王的反应却是“怒”，进而采取严苛的措施堵塞言路，使得百姓只能“道路以目”。王因此而“喜”，向召公炫耀自己的成就，也就有了召公的第二次劝谏。第三段召公的劝谏从正、反两个方面展开，先指出厉王做法的不妥，又用历史上开明统治者广纳民谏的做法从正面论证观点，语气恳切，表达有力。但王并没有听进召公的苦劝，虽然“国人莫敢出言”，但实际上只是表面的平静，百姓的愤怒正在慢慢地积聚，反抗也在慢慢地酝酿。最终国人暴动，厉王被逐，作者只写了“三年，乃流王于彘”，简单的七个字，既表现了对厉王的轻视，也留给后人以深刻的思考。

文章采用谏因、谏言、谏果的三段式结构，层次分明，逻辑清晰。总体上又以记言为主，事略言详，这也正体现了《国语》记言重于记事的一般特点。作为主体的召公谏词，以两个比喻为主。第一个比喻，“防民之口，甚于防川”，以阻塞河流来比阻塞言路，以“川壅而溃”形象地说明了“防民之口”的严重后果；第二个比喻，“民之有口，犹土之有山川也，财用于是乎出”，说明广开言路，使百姓“宣之于口”的益处。两个比喻中间，用“天子听政”开启下文，正面阐明“宣之使言”的好处——使王的政策、政令不悖真理，可以顺利推行。这样的劝谏思路，融生动形象的比喻和宏大严肃的主题于一体，既有较强的说服力，又具有丰富的文学性。

词海拾贝

谤(bàng)

构造：形声兼会意字。字形采用“言”作边旁，用“旁”作声旁。

释义：本义指在背后公开地议论或批评某人的短处。《说文解字》：“谤，毁也。”今义指恶意攻击别人，说别人的坏话。

虐(nüè)

构造：会意字。小篆字形，采用“虍”(hǔ，指虎头)作边旁，像虎足反爪抓人。，古文的“虐”。隶书变后省略“人”字。

释义：本义为凶恶。《说文解字》：“虐，残也。”指虎豹残杀猎物，引申为伤害、残害。

障(zhàng)

构造:形声字。字形采用“左耳旁”(阜),“章”是声旁。阜指土山,与高下、险阻有关。

释义:本义指阻塞,阻隔。《说文解字》:“障,隔也。”指山体阻隔。

知识巩固与能力训练

一、翻译句子

1.吾能弭谤矣,乃不敢言。

2.是以事行而不悖。

3.成而行之,胡可壅也。

4.防民之口,甚于防川。

5.国人莫敢言,道路以目。

二、阅读文中第三段,回答问题

1.此段的中心思想是什么?有什么现实意义?

2.这一段运用了什么样的修辞方法?

学文心语

一个人能走多远,要看他有谁同行;一个人有多优秀,要看他有谁指点;一个人有多成功,要看他有谁相伴。择善而从,明正视听,才能拨开迷雾,海阔天空。

导语

“人才是第一资源。古往今来，人才都是富国之本、兴邦大计。我说过，要把我们的事业发展好，就要聚天下英才而用之。”这是习近平关于人才的著名论述。而这一认识不仅适应于科技、文化高速发展的21世纪，在中华民族浩浩荡荡的历史长河中，人才天平的倾斜也发挥了力挽狂澜、扭转乾坤的洪荒之力。公元前221年，秦统一天下，建立了中国历史上第一个封建帝国。这一成就的取得历经数十年的积淀，其中关键的元素就是人才。李斯的文章恰恰是历史的明证。

谏逐客书[1]

李　斯

臣闻吏议逐客，窃以为过矣[2]。

昔缪公求士[3]，西取由余于戎[4]，东得百里奚于宛[5]，迎蹇叔于宋[6]，来丕豹、公孙支于晋[7]，此五子者，不产于秦，而缪公用之，并国二十[8]，遂霸西戎。孝公用商鞅之法[9]，移风易俗，民以殷盛，国以富强，百姓乐用，诸侯亲服，获楚、魏之师，举地千里，至今治强。惠王用张仪之计[10]，拔三川之地[11]，西并巴、蜀[12]，北收上郡[13]，南取汉中[14]，包九夷[15]，制鄢、郢[16]，东据成皋之险[17]，割膏腴之壤，遂散六国之从[18]，使之西面事秦，功施到今[19]。昭王得范雎，废穰侯，逐华阳[20]，强公室，杜私门[21]，蚕食诸侯，使秦成帝业。此四君者，皆以客之功。由此观之，客何负于秦哉？向使四君却客而不内[22]，疏士而不用，是使国无富利之实，而秦无强大之名也。

今陛下致昆山之玉[23]，有随、和之宝[24]，垂明月之珠，服太阿之剑[25]，乘纤离之马[26]，建翠凤之旗[27]，树灵鼍之鼓[28]。此数宝者，秦不生一焉，而陛下说之，何也？必秦国之所生然后可，则是夜光之璧不饰朝廷[29]，犀象之器不为玩好[30]，郑、卫之女不充后宫[31]，而骏良駃騠不实外厩[32]，江南金锡不为用，西蜀丹青不为采[33]。所以饰后宫、充下陈[34]、娱心意、说耳目者，必出于秦然后可，则是宛珠之簪[35]、傅玑之珥[36]、阿缟之衣[37]、锦绣之饰不进于前，而随俗雅化[38]，佳冶窈窕，赵女不立于侧也。夫击瓮叩缶[39]、弹筝搏髀[40]而歌乎呜呜快耳者，真秦之声也；郑卫桑间[41]，昭虞武象者[42]，异国之乐也。今弃击瓮叩缶而就郑卫，退弹筝而取昭虞，若是者何也？快意当前，适观而已矣。今取人则不然，不问可否，不论曲直，非秦者去，为客者逐。然则是所重者在乎色乐珠玉，而所轻者在乎人民也，此非所以跨海内、制诸侯之术也。

臣闻地广者粟多，国大者人众，兵彊则士勇。是以太山不让土壤[43]，故能成其大；河海不择细流，故能就其深；王者不却众庶，故能明其德。是以地无四方，民无异国，四时充美[44]，鬼神降福，此五帝三王之所以无敌也[45]。今乃弃黔首以资敌国[46]，却宾客以业诸侯[47]，使天下之士退而不敢西向，裹足不入秦，此所谓藉寇兵而赍盗粮者也[48]。

夫物不产于秦，可宝者多；士不产于秦，而愿忠者众。今逐客以资敌国，损民以益仇[49]，内自虚而外树怨于诸侯，求国无危，不可得也。

（选自《史记》，汉司马迁撰，南朝宋裴骃集解，中华书局，1959年版）

【注释】

[1]李斯（前？—前208），战国末期楚国上蔡（今河南上蔡）人。曾和韩非一起师从著名思想家荀况学习“帝王之术”。公元前247年李斯由楚入秦，受到秦王器重，拜为客卿，为秦始皇统一中国发挥了重要作用。秦统一后，一度官至丞相，秦始皇实施的郡县制、统一文字、统一度量衡、焚书坑儒、下禁书令等政策均采纳了他的意见和主张。秦二世时，他被郎中令赵高以“谋反”罪诬陷入狱，被腰斩于咸阳。李斯的文章均收在司马迁《史记·李斯列传》中，共有《谏逐客书》《论督责书》和《狱中上秦二世书》三篇。谏：下对上进行劝诫的用语。客：指客卿，是指诸侯授给外来人士的官职。书：又称“上书”，是用来陈述自己的政治见解或主张的一种文书，写作对象是国君，内容则是针对时政，陈述己见。

[2]窃：私自，自谦之词。过：错误。

[3]缪公：秦穆公，春秋时秦国君主，公元前659年至公元前621年在位，为春秋五霸之一。缪：同“穆”。

[4]由余：春秋时晋国人，流亡入戎，奉戎国命出使秦国。秦穆公用计离间由余与戎王，并收他为谋臣。后由余帮助秦消灭十二戎国，开地千里。戎：古代对西部少数民族的泛称。

[5]百里奚：春秋时楚国人，曾任虞国大夫。晋灭虞后，作为晋献公女儿陪嫁的奴仆入秦。后逃到楚国，被俘。秦穆公听说他贤能，用五张黑羊皮（当时赎一名奴仆的物品）将其赎回，并任用为相，后人又称之为五羖大夫。宛：楚邑名，在今河南省南阳市。

[6]蹇（jiǎn）叔：春秋时秦国岐（今陕西岐山东北）人，寓居宋国，为百里奚的好友。经百里奚推荐，秦穆公以厚礼聘蹇叔入秦，任为上大夫。

[7]丕豹：春秋时晋国大夫丕郑的儿子。晋惠公杀了他的父亲，丕豹逃到秦国。穆公任他为大将攻晋，打下八城，并生俘晋惠公。公孙支：春秋时秦国岐人，字子桑，寓居于晋。秦穆公聘其为谋士，任大夫。

[8]并：吞并，兼并。二十：泛指我国西部的诸多小国。

[9]孝公：秦孝公，战国时秦国君主，公元前361年至公元前338年在位。商鞅：战国时卫国人，名鞅，因秦封他于商，故名。任秦相十年，先后两次变法，奠定了秦统一六国的基础。

[10]惠王：秦惠文王，战国时秦国君主，公元前337年至公元前331年在位。张仪：战国时魏国人，惠文王任之为秦相，他用连横之计破坏六国的合纵，以便秦国对六国各个击破。

[11]拔：攻取。三川之地：时属韩国，在今河南省黄河以南、灵宝以东的地区，境内有黄河、洛水、伊水，故称“三川”。

[12]巴、蜀：当时的两个小国。巴在今四川省东部，蜀在今四川省西部。

[13]上郡：魏郡名，在今陕西省西北部。公元前328年，惠文王派公子华与张仪攻魏，魏国以上郡十五县献秦求和。

[14]汉中：战国时楚地，在今陕西省南部和湖北西北部。公元前313年，张仪诱骗楚国与齐国断交，次年大破楚军于丹阳，斩首八万，接着攻占楚汉中六百里土地，置汉中郡。

[15]包：囊括。九夷：当时楚国境内的少数民族。九：虚指数量之多。

[16]制：控制。鄢（yān）：楚地，在今湖北省宜城县东南。郢（yǐng）：楚国国都，在今湖北江陵县北。

[17]成皋(gāo):又名虎牢关,在今河南荥阳汜水镇,为古代军事重地。

[18]六国:韩、魏、燕、赵、齐、楚。从:同"纵",东方六国结成联合战线以抵抗秦国的一种策略。

[19]施(yì):延续。

[20]"昭王"三句:范雎以利害说动昭王,废除太后、穰侯。范雎提出"远交近攻"的策略,屡破韩、赵、魏之兵,秦国日益强大。昭王:指秦昭襄王,战国时秦国君主。范雎(jū):字叔游,战国时魏国人。穰(ráng)侯、华阳君:都是昭王之母宣太后的弟弟,在朝专权。

[21]杜:断绝、制止。私门:相对于公室而言,此指穰侯、华阳君等贵族豪门。

[22]向:原先,当时。使:假如。内:"纳"的古字,容纳,接纳。

[23]致:使至。昆山:指昆仑山,相传昆仑山北麓的和田出产美玉。

[24]随、和之宝:指随侯珠、和氏璧。

[25]服:佩带。太阿(ē):宝剑名,相传为春秋时吴国名匠欧冶子与干将所铸。

[26]纤离:古骏马名。

[27]建:竖立。翠凤之旗:用翠鸟羽毛做成凤鸟形状装饰起来的旗子。

[28]树:设置。灵鼍(tuó):俗称"猪婆龙",鳄鱼的一种,皮可制鼓,声音洪亮。

[29]璧:一种中间有孔的圆形玉器。楚王曾在张仪的游说下,遣使献夜光璧于秦王。

[30]犀象之器:用犀牛角和象牙制成的器物。玩好(hào):供玩赏的奇异珍宝。

[31]郑、卫之女:当时人们认为郑国、卫国多美女,此处泛指各国的美女。

[32]駃騠(juétí):骏马名。外厩(jiù):宫外的养马棚。

[33]丹青:作画的颜料。不为采:不被采用。

[34]下陈:古代殿堂台阶下陈列礼品、站列姬妾的地方。

[35]宛珠之簪(zān):用宛地出产的珍珠装饰的发簪。

[36]傅玑之珥:镶嵌有珍珠的耳饰。傅:同"附",附着。玑:不圆的珠子。珥:耳饰。

[37]阿(ē)缟:齐国东阿所产的缟。缟:白色绢。

[38]随俗雅化:随着时尚的变化而打扮得雅致漂亮。

[39]瓮:瓦器,小口大腹,可用于汲水或盛酒、水。缶(fǒu):瓦器,小口大腹,器嘴处与瓮略有不同,可用于汲水或盛酒、水。这里是指用瓮、缶作为表示音乐节奏的打击乐器。

[40]筝:拨弦乐器,形似瑟。搏髀(bì):拍击大腿。

[41]郑、卫:国名,以盛行新兴民间音乐著名。桑间:当时卫国男女欢聚歌唱的地方,后来用作当地民间音乐的代称。

[42]昭虞:舜乐名。武象:周乐名。另一说,昭虞,为舜时的舞曲;武象,为周武王时的舞乐。

[43]让:辞让,拒绝。

[44]四时:四季。充美:指生活富庶美好。

[45]五帝:传说中的上古帝王,一般指黄帝、颛顼(zhuānxū)、帝喾(kù)、尧、舜。三王:一般指夏禹、商汤、周文王。

[46]黔首:秦统治者对百姓的称呼。黔:黑色。古时平民百姓以黑巾裹头,故称黔。

[47]业诸侯:使诸侯成就功业。

[48]藉:借给。寇:敌人,入侵者。兵:武器。赍(jī):送物给人。

[49]损:减损。益:增多。

作品赏析

战国末期，秦始皇为扩大势力四处征伐，韩国派水利人员郑国（人名）到秦国游说秦王大兴水利，以削弱秦国国力，实现自保。事情败露后，秦始皇在宗室大臣的议论之中对仕于秦的客卿下逐客令，李斯也在被逐之列。他认识到了这一举措的重大错误，就写了这篇《谏逐客书》力谏秦王。

作为一篇政论性散文，本文可谓立意高远，行文朗阔。开头一句“臣闻吏议逐客，窃以为过矣”，开门见山，直抒己见，观点鲜明。第二段开始具体论证观点。首先援古证今，列举四代秦王不拘内外任用客卿，从而一步步铸成强秦的历史事实，来说明“客何负于秦哉”，为下一步的论证提供依据。第三段转而深入秦王的具体生活，通过一系列的比喻逐步推论，揭示出秦王“重物轻人”的错误，并上升到秦国统一大业的高度直陈利害。第四段通过类比，列举分析五帝三王无敌于天下的原因，正面强调为王者应具有的胸怀，指出驱逐客卿的弊端。最后一段进行总结，再次强调逐客的利害，照应前文，语言精练而有力。

作为一篇优秀的论说文，本文在说理艺术上有很大的成就。第一，论据充分。从穆公、孝公、惠王、昭王这些历史君王，到昆山之玉、随和之宝、郑卫之女、异国之乐，都成为李斯说服秦王的重要论据，阐述观点的有力支撑。第二，论证方法多样。第二段先列举四代秦王任用客卿获得历史成就的事实从正面论证，又假设四位君王如果不用客卿就会招致恶果从反面论证；第四段用“太山不让土壤，故能成其大；河海不择细流，故能就其深”进行类比论证，方法多样，说理透辟，具有很强的说服力。第三，语言组织上，大量运用对偶、排比句式，行文流畅，语韵铿锵，文采飞扬，气势充沛。金圣叹用“后来无数笔法之祖也”来评价此文，可见其艺术成就之高。

词海拾贝

逐（zhú）

构造：字形采用“辵”作边旁，采用省略了“肉”的“豚”作声旁，会意字。甲骨文字形，像人（脚）在豕等动物后面追逐的样子。“止”小篆改从辵（chuò）。

释义：本义为追赶、追捕，也有使追赶对象离开或消灭的意思。

书（shū）

构造：字形采用“聿”作边旁，采用“者”作声旁。形声字。聿（yù），即笔。隶书省“者”成“曰”。

释义：把文字刻画或写画在竹简上。《说文解字》：“书，箸也。”箸（著）即显明。合起来表示用笔使文字显明，“者、箸”音近，故“者”有表意作用。本义为书写、记录、记载。

客(kè)

构造:形声字。字形采用“宀(mián)”作边旁,采用“各”作声旁。表示与家室房屋有关,各声。

释义:寄居、旅居,住在异国他乡客,寄居他人家里。《说文解字》:“故自此托彼曰客。引伸之曰宾客。宾,所敬也。客,寄也。”

【知识巩固与能力训练】

一、解释下列句中加点的字词

1.来丕豹、公孙支于晋。

2.遂散六国之从,使之西面事秦。

3.强公室,杜私门。

4.向使四君却客而不内,疏士而不用,是使国无富利之实,而秦无强大之名也。

5.所以饰后宫、充下陈、娱心意、说耳目者,必出于秦然后可。

6.此非所以跨海内、制诸侯之术也。

7.是以太山不让土壤,故能成其大。

8.此所谓藉寇兵而赍盗粮者也。

二、翻译下列重点句子

1.臣闻吏议逐客,窃以为过矣。

2.向使四君却客而不内,疏士而不用,是使国无富利之实,而秦无彊大之名也。

3.是以太山不让土壤,故能成其大;河海不择细流,故能就其深;王者不却众庶,故能明其德。

4.今逐客以资敌国,损民以益仇,内自虚而外树怨于诸侯,求国无危,不可得也。

三、阅读文章第四段,回答以下问题

1.本段的中心论点是什么?

2.文中所列出的论据有哪些?

3.这段文字用了怎样的论证方法?

4.举例说明这段文字所用的修辞手法。

四、简答

为什么李斯说逐客“弃黔首以资敌国,却宾客以业诸侯”?结合当代现实生活情况谈谈你的看法。

学文心语

《资治通鉴》中言:“才者,德之资也;德者,才之帅也。”习近平言:“人无德不立。”足见无论任何时代,德才兼备都是杰出人才的标配。

导语

他是“唐宋八大家”之首，打开了唐代文章的全新境界；他为人耿直，发言真率，无所畏避，风骨超群；他力倡儒学于释、道盛行之际，使得宋儒眼中，除了孔孟，唯有此身；他的一篇《师说》流传千古，成为后世为师者的行为准则。他就是大名鼎鼎的韩愈。

答李翊书[1]

韩　愈

六月二十六日，愈白，李生足下[2]：

生之书辞甚高，而其问何下而恭也[3]！能如是，谁不欲告生以其道[4]？道德之归也有日矣，况其外之文乎[5]？抑愈所谓望孔子之门墙而不入于其宫者[6]，焉足以知是且非邪[7]？虽然，不可不为生言之。

生所谓立言者[8]，是也；生所为者与所期者，甚似而几矣[9]。抑不知生之志，蕲胜于人而取于人邪[10]？将蕲至于古之立言者邪？蕲胜于人而取于人，则固胜于人而可取于人矣。将蕲至于古之立言者，则无望其速成，无诱于势利，养其根而俟其实[11]，加其膏而希其光[12]。根之茂者其实遂[13]，膏之沃者其光晔[14]。仁义之人，其言蔼如也[15]。

抑又有难者，愈之所为，不自知其至犹未也。虽然，学之二十余年矣！始者，非三代两汉之书不敢观[16]，非圣人之志不敢存。处若忘，行若遗，俨乎其若思[17]，茫乎其若迷[18]。当其取于心而注于手也，惟陈言之务去，戛戛乎其难哉[19]！其观于人，不知其非笑之为非笑也。如是者亦有年，犹不改，然后识古书之正伪[20]，与虽正而不至焉者，昭昭然白黑分矣。而务去之[21]，乃徐有得也。当其取于心而注于手也，汩汩然来矣[22]。其观于人也，笑之则以为喜，誉之则以为忧，以其犹有人之说者存也[23]。如是者亦有年，然后浩乎其沛然矣[24]，吾又惧其杂也[25]，迎而距之[26]，平心而察之，其皆醇也[27]，然后肆焉[28]。虽然，不可以不养也。行之乎仁义之途，游之乎《诗》《书》之源[29]，无迷其途，无绝其源，终吾身而已矣。

气[30]，水也；言，浮物也。水大而物之浮者，大小毕浮。气之与言犹是也，气盛则言之短长与声之高下者皆宜。虽如是，其敢自谓几于成乎？虽几于成，其用于人也奚取焉[31]？虽然，待用于人者[32]，其肖于器邪[33]？用与舍属诸人[34]。君子则不然[35]，处心有道[36]，行己有方[37]；用则施诸人，舍则传诸其徒，垂诸文而为后世法[38]。如是者，其亦足乐乎？其无足乐也？

有志乎古者希矣[39]！志乎古，必遗乎今，吾诚乐而悲之。亟称其人[40]，所以劝之，非敢褒其可褒而贬其可贬也。

问于愈者多矣，念生之言，不志乎利，聊相为言之。愈白。

（选自《唐宋八大家大全集》，王宝华主编，百花洲文艺出版社，2011年版）

【注释】

[1]韩愈(768—824),字退之,唐代文学家、哲学家,河南河阳(今河南孟州)人。郡望昌黎,世称韩昌黎。晚年任吏部侍郎,又称韩吏部。谥号"文",又称韩文公。德宗贞元八年(792)登进士第,曾任监察御史、刑部侍郎、吏部侍郎等显职。在政治上力主加强统一,反对藩镇割据。思想上尊儒排佛,以孔孟道统的继承者自居。文学上反对六朝以来的形式主义的骈偶文风,大力提倡古文,和柳宗元共同领导了中唐古文运动。苏轼称他"文起八代之衰"(《潮洲韩文公庙碑》),其散文内容广博,体裁不拘一格;其诗亦别开生面,勇于创新,工于长篇古风,采用散文辞赋的章法笔调,气势雄浑,才力充沛,想象奇特,形成奇崛宏伟的独特风格。有门人李汉所编《昌黎先生集》传世。李翊:唐德宗贞元十八年进士。

[2]这是古代书信的一种格式。六月二十六日:唐德宗贞元十七年六月二十六日。

[3]下而恭:谦恭,虚心而有礼貌。

[4]告生以其道:以其道告生。道:这里主要指"立言"之道。即本文所讲的如何至于古之立言者之道。

[5]其外之文:仁义道德是内容,文辞是表现形式。

[6]抑:可是、不过。望孔子之门墙而不入于其宫:语自《论语·子张》:"夫子之墙数仞,不得其门而入,不见宗庙之美、百官之富。"这里化用其意,自言于孔子之道所知甚少。

[7]焉:怎么。

[8]立言:著书立说而成一家之言。

[9]几:近。

[10]蕲(qí):祈,求。取于人:见取于人,为人所接受。

[11]俟:等待。

[12]膏:油膏。光:光亮。

[13]遂:形容果实累累。

[14]沃:油汪汪的样子。晔:明,光明。

[15]蔼如:形容语言之美。符合仁义道德,人乐于听,使人心悦诚服。

[16]三代:夏商周。两汉:东、西汉。

[17]俨乎:庄重而严敬的样子。这是对"处若忘"的补充。

[18]这句是对"行若遗"的进一步描述。

[19]戛戛(jiá)乎:吃力、困难的样子。

[20]识:识别。正:纯正。伪:驳杂,不纯正。

[21]去:扬弃。之:不纯正或虽正而不至者。

[22]汩汩然:水流的样子,这里形容文思如泉涌,下笔迅速。

[23]"誉之则以为喜"三句:自己以别人的讥笑为喜,以别人的赞誉为忧,因为尚有被别人喜欢的东西存在。当时盛行骈文,韩愈好古文,与时尚背道而驰。说:悦。

[24]浩乎:浩荡,一望无际的样子。沛然:汹涌澎湃,充溢迅急。形容文思之盛。

[25]杂:不醇正,不合乎圣人之志的陈言。

[26]距:拒。

[27]醇:醇正。

[28]肆:放纵,纵情发挥。

[29]游之乎《诗》《书》之源:意谓从《诗》《书》中吸取营养。

[30]气:这里指文章的气势。

[31]这句是说,即使接近于古之立言者,一旦出而应世,求被人取用,又有什么作用呢?

[32]待用于人:等待被人取用。

[33]肖:像。器:器具。

[34]舍:舍弃不用。

[35]君子:这里指古之立言者。

[36]处心:心之所处。道:原则。

[37]行己:己之所行。方:法度。

[38]垂诸文:垂之于文,通过撰写文章以流传下去。垂:流传下来。为后世法:为后世人所取法。

[39]希:稀少。

[40]亟:急。一说屡次,一再。称:称道。

作品赏析

韩愈是中唐时期古文运动的领袖,理论上主张师法古文,文道合一,以道为主;创作上提出“不平则鸣”,主张作文要为现实鸣不平,为人生鸣不平;还提出“文气”之说,突出作家的道德思想修养对于作文的重要性,理论上建树很高。同时他又有丰富的创作实践,他的散文形式多样,涉及论、说、传、记、颂、赞、书、序等各种体裁,对后代散文创作提供了丰富的范例资源。本篇是一篇书信体的论文,是韩愈宣传其“古文”理论的重要文章之一,同时,体现了韩愈散文的基本特点。

作文之道是本文讨论的核心问题。文章开篇首先建立“文”与“道”两者之间的联系,“道德之归也有日矣,况其外之文乎”,从侧面表达了“道”为内涵而“文”为外在形式、“道”重于文的观点。第二段通过对李翊“蕲胜于人而取于人”还是“将蕲至于古之立言者邪”的询问,提出要在作文上有大的成就,即达到“立言”的境界,根本上还要靠自身的人格修养,道德高尚的“仁义之人”,自然能“其言蔼如”,有所成就。第三段韩愈从自己的人生经验出发,指出“无迷其途,无绝其源”,持之以恒地提高个人道德修养,才是作文的根本途径。其间又表达了“惟陈言之务去”的艺术追求。第四段则引出了新的概念“气”,指出行文气势的重要性,“气盛则言之短长与声之高下者皆宜”。并进而基于“用”与“不用”的矛盾,提出“君子”处世之法,为文之道。结尾部分申明自己对于师法古文者的态度,对李翊进行劝勉。这篇文章中,韩愈提出了作文以道德修养为基础、“惟陈言之务去”、文以气为先等一系列文论主张,给古文运动理论体系注入了丰富的内涵,对后代散文艺术的发展产生了深远影响。

本文在写作艺术上充分显现了韩愈散文的特点。虽然是论说文,却采用书信体裁,其中杂糅了叙事、描写、抒情等多种表达方式。比如第三段,用叙事手法追述自己学习古文的人生经历,又用“处若忘,行若遗,俨乎其若思,茫乎其若迷”对学习状态进行描写,文中又有多处使用感叹句法进行情感的表达,具有一定的抒情性。这样的文章说理透彻又生动可感，可谓韩愈对自己古文理论的成功实践。同时，文中又使用了比喻、对偶、反问等多种修辞手法，句式长短变化丰富，读起来文从字顺，跌宕有致，富有气势。

词海拾贝

恭(gōng)

构造：形声字。字形采用“心”作边旁，采用“共”作声旁。

释义：本义指恭敬、谦逊有礼。《说文解字》：“肃也。肃者，持事振敬也。”有态度肃敬之义。

茂(mào)

构造：形声字。字形采用“艸”作边旁，“戊”(wù)是声旁。

释义：本义指草木繁盛。《说文解字》：“茂，草丰盛也。”引申为大、盛大、美好、优秀等。

距(jù)

构造：形声字。字形采用“足”作边旁，采用“巨”作声旁。

释义：《说文解字》：“距，鸡距也。”指鸡腿后面突出的像脚趾的部分。引申为距离。古汉语里也通“拒”，指抗拒、抵御的意思。

知识巩固与能力训练

一、解释句中加点的字词。

1.生所为者与所期者，甚似而几矣。

2.仁义之人，其言蔼如也。

3.当其取于心而注于手也，汩汩然来矣。

4.水大而物之浮者，大小毕浮。

5.气之与言犹是也，气盛则言之短长与声之高下者皆宜。

6.虽几于成，其用于人也奚取焉？

7.虽然，待用于人者，其肖于器邪？

8.舍则传诸其徒，垂诸文而为后世法。

9.有志乎古者希矣！

10.亟称其人，所以劝之。

二、翻译句子

1.抑不知生之志，蕲胜于人而取于人邪？将蕲至于古之立言者邪？

2.养其根而俟其实，加其膏而希其光。

3.处若忘，行若遗，俨乎其若思，茫乎其若迷。

4.当其取于心而注于手也，惟陈言之务去，戛戛乎其难哉！

5.君子则不然，处心有道，行己有方，用则施诸人，舍则传诸其徒，垂诸文而为后世法。

三、简答

1.本文的中心论点是什么？对我们有什么启发？

2.文章提出了哪些写作主张？你怎样看待这些主张？

学文心语

说正话，做正事，走正道，扬正气。身有正义凌然之气，言必有威，行必有力，才能有坦荡胸怀，无悔人生。

导语

历史沧桑，有时是无情的，碾碎过无数善良美好的梦；但历史也是公平的，祸福兴衰皆有其内在的根由。“忧劳可以兴国，逸豫可以亡身”“先天下之忧而忧，后天下之乐而乐”“满招损，谦受益”，这些被世人吟咏不休的名言，时时给人以启示和警醒，既是从政者的座右铭，也是对心怀天下的贤能之士最好的缅怀。

五代史伶官传序[1]

欧阳修

五代史伶官传序

呜呼！盛衰之理，虽曰天命，岂非人事哉！原庄宗之所以得天下[2]，与其所以失之者，可以知之矣。

世言晋王之将终也[3]，以三矢赐庄宗[4]，而告之曰：“梁[5]，吾仇也；燕王[6]，吾所立；契丹与吾约为兄弟[7]；而皆背晋以归梁。此三者，吾遗恨也。与尔三矢[8]，尔其无忘乃父之志[9]！”庄宗受而藏之于庙[10]，其后用兵，则遣从事以一少牢告庙[11]，请其矢[12]，盛以锦囊，负而前驱，及凯旋而纳之[13]。方其系燕父子以组[14]，函梁君臣之首[15]，入于太庙，还矢先王，而告以成功，其意气之盛，可谓壮哉！及仇雠已灭[16]，天下已定，一夫夜呼，乱者四应[17]，仓皇东出，未及见贼，而士卒离散[18]，君臣相顾，不知所归。至于誓天断发，泣下沾襟[19]，何其衰也！岂得之难而失之易欤？抑本其成败之迹[20]，而皆自于人欤？

《书》曰[21]：“满招损，谦得益[22]。”忧劳可以兴国，逸豫可以亡身[23]，自然之理也。故方其盛也，举天下之豪杰莫能与之争；及其衰也，数十伶人困之，而身死国灭[24]，为天下笑。夫祸患常积于忽微[25]，而智勇多困于所溺[26]，岂独伶人也哉！作《伶官传》。

［《中国古代文学作品选》（第四版），于非主编，高等教育出版社，2016 年版］

【注释】

[1]《五代史》：记载后梁、后唐、后晋、后汉、后周五个王朝共 53 年的历史。有新、旧两种，《新五代史》为欧阳修著。本文是欧阳修著本中《伶官传》的序文。欧阳修（1007—1072），字永叔，自号醉翁，晚年号六一居士，谥号文忠，世称欧阳文忠公，北宋时期政治家、文学家、史学家和诗人，“唐宋八大家”之一。在政治和文学方面都主张革新，既是范仲淹庆历新政的支持者，也是北宋诗文革新运动的领导者。他主张文章应“明道”“致用”“事信”“言文”，反对宋朝初年的浮艳文风。他还致力于奖掖后进，苏轼父子及曾巩、王安石皆出其门下。被称为北宋“文坛宗主”。伶官：古代宫廷乐官。这里指五代后唐庄宗李存勖时供奉内廷并授予官职的伶人。

[2]原：推究本源。

[3]晋王：庄宗之父李克用，西突厥沙陀族人，曾参与镇压黄巢起义，封晋王。将终：临死。

[4]矢：箭。

[5]梁:指后梁太祖朱温,曾追随黄巢,降唐,成为军阀,与李克用长期对峙。

[6]燕王:刘仁恭父子。刘因李克用之荐而为卢龙军节度使,据幽州。后背晋,其子刘守光受梁封,为燕王。

[7]契丹:北方少数民族。这里指辽太祖耶律阿保机,曾与李克用结盟,不久又与朱温联合反晋。

[8]尔:你。

[9]乃父:你的父亲,李克用自称。

[10]庙:太庙,帝王的祖庙。

[11]从事:官名,这里泛指一般属吏。少牢:古代祭祀用猪、羊各一头,称少牢。《礼记·王制》:"天子社稷皆太牢,诸侯社稷皆少牢。"太牢以牛、羊、猪三牲为祭品,少牢无牛。告:祭告。

[12]请:敬语,意为"取出"。

[13]纳:放回。

[14]方:当。系燕父子以组:用绳索捆绑燕王父子。913年,李存勖破幽州,擒刘仁恭。刘守光出走,不久亦被擒。系:捆绑。组:绳索。

[15]函梁君臣之首:把梁王君臣的首级装在匣子里。923年,李存勖灭梁,梁末帝朱友贞及大臣皇甫麟自杀,李砍二人首级,装匣献于太庙。函:木匣。这里用作动词。

[16]仇雠(chóu):仇敌。

[17]"一夫"二句:926年,驻扎在贝州的军士皇甫晖发动兵变,周围驻军纷纷响应,李存勖派成德军节度使李嗣源前去平乱,李嗣源也叛变称帝,反攻后唐京城洛阳。一夫:指皇甫晖。

[18]"仓皇"三句:李存勖闻变,仓皇率军东进,至万胜镇,听闻李嗣源已占据大梁,就引兵折返洛阳,所率两万余官兵叛逃殆尽。仓皇:仓促。

[19]"至于"两句:李存勖率部至洛阳附近的石桥,君臣对泣,部将百余人拔刀断发,向天立誓,表示效忠。

[20]抑:还是。本:探究。

[21]《书》:指《尚书》,儒家经典著作之一。

[22]"满招损"二句:《尚书·虞书·大禹谟》原文为"满招损,谦受益"。

[23]逸豫:安乐。

[24]"数十"两句:李存勖灭梁后,纵情声色,朝政日非,宠幸伶人郭从谦等人,郭乘机作乱,李存勖中乱箭而死。李克用养子李嗣源继位,后唐国号虽不变,但已名存实亡,所以说"国灭"。

[25]忽:寸的十万分之一。微:寸的百万分之一。

[26]所溺:所溺爱的人或事物。

作品赏析

本文是欧阳修所著的一篇史论,不仅具有严密的论证思路,而且具有浓厚的抒情意味。

作为史论,首先要依据一定的历史事实,其次要有鲜明的论点。本文整体基于后唐庄宗李存勖的兴亡史,通过对其兴之"盛"和败之"衰"的对比分析,阐述了"虽曰天命,岂非人事"的道理,强调人为因素在历史变迁中的决定性作用。

文章第一段用感叹词“呜呼”开头，首先注入了作者对历史的深沉感慨，接着用简练的语言直陈观点，总领全文。第二段从庄宗的兴亡过程入手展开分析阐述，通过张弛有度的描述，生动地再现了历史场景，既有画面感，又有鲜明的对照，段末通过“岂得之难而失之易欤？抑本其成败之迹，而皆自于人欤？”这一选择性的问句来呼应开头，强调论点。

第三段在前文基础上，延伸出了新的观点——“忧劳可以兴国，逸豫可以亡身”。先引《尚书》经典为证，接着继续以庄宗的史料为论据，通过简短的概括来印证观点。结尾又基于自己对当朝现实的担忧，提出“夫祸患常积于忽微，而智勇多困于所溺，岂独伶人也哉”，希望能够警醒当政者，彰显出一位有识之士的家国情怀。

文章采用了例证法、引证法、对比论证等多种论证方法来进行观点的论证，历史描述语言精练、概括力强、形象鲜明；观点提出直观精辟、力敌千钧、震撼人心。虽无华丽辞采，却“文从字顺，明白晓畅”，充分体现了欧阳修散文的特色。其中“忧劳可以兴国，逸豫可以亡身”“满招损，谦得益”“夫祸患常积于忽微，而智勇多困于所溺”等著名论断，也对后世产生了很大的影响，不负明朝古文家茅坤“此等文章，千年绝调”的赞叹。

词海拾贝

满(mǎn)

构造：形声字。字形采用“水”作边旁，“”是声旁。

释义：指液体达到器皿容量而外溢。《说文解字》：“满，盈溢也。”本义为填满、布满，引申为全部、充实、没有余地。

谦(qiān)

构造：形声字。字形采用“言”作边旁，采用“兼”作声旁。

释义：谦虚，谦逊。《说文解字》：“谦，敬也。”表达对他人的恭敬。侧重于内心的恭顺谨慎。引申为虚心、不自满。

微(wēi)

构造：会意字。字形采用“彳(chì)”作边旁，“(wēi)”作声旁。

释义：隐秘地行走。《说文解字》：“微，隐行也。”《春秋传》曰：“白公其徒微之。”为隐藏、藏匿之义。

知识巩固与能力训练

一、解释下列句中加点的字词

1.原庄宗之所以得天下。

2.尔其无忘乃父之志。

3.则遣从事以一少牢告庙。

4.请其矢,盛以锦囊。

5.方其系燕父子以组,函梁君臣之首。

6.抑本其成败之迹。

7.举天下之豪杰,莫能与之争。

8.而智勇多困于所溺。

9.忧劳可以兴国,逸豫可以亡身!

二、翻译下列句子

1.身死国灭,为天下笑。

2.祸患常积于忽微,而智勇多困于所溺。

3.忧劳可以兴国,逸豫可以亡身。

4.与尔三矢,尔其无忘乃父之志。

5.方其系燕父子以组,函梁君臣之首。

6.举天下之豪杰,莫能与之争。

三、简答

1.以第二段为例,分析作者是怎样运用对比论证来证明中心论点的。

2.本文运用的历史事实论据和理论论据有哪些?

学文心语

古人云:“艰难困苦,玉汝于成。”做好承受苦难的准备,才能打开迎接希望的大门。青春正好,未来可期。

导语

欢心不可取，真心才可贵。真、善、美，人心之所向也。《庄子》言："真者，精诚之至也，不精不诚，不能动人。"托尔斯泰也曾说："没有单纯、善良和真实，就没有伟大。"而在人世浮沉之中，有多少人迷茫困顿，又有多少人失去本心。于是智者们开始用不同的表达方式来呼唤本真。李贽就是大明王朝勇于撕开伪善面具的"异端"，也是"斗士"。虽结局惨烈，却也以一时之悲壮荡涤了蒙尘晦暗的人世，留下一抹醒目的鲜红。

又与焦弱侯[1]

李　贽

郑子玄者，丘长孺父子之文会友也[2]。文虽不如其父子，而质实有耻[3]，不肯讲学，亦可喜，故喜之。盖彼全不曾亲见颜、曾、思、孟[4]，又不曾亲见周、程、张、朱[5]，但见今之讲周、程、张、朱者，以为周、程、张、朱实实如是尔也，故耻而不肯讲。不讲虽是过，然使学者耻而不讲，以为周、程、张、朱卒如是而止，则今之讲周、程、张、朱者可诛也。彼以为周、程、张、朱者皆口谈道德而心存高官[6]，志在巨富；既已得高官巨富矣，仍讲道德、说仁义自若也[7]；又从而哓哓然语人曰[8]："我欲厉俗而风世[9]。"彼谓败俗伤世者，莫甚于讲周、程、张、朱者也，是以益不信。不信故不讲。然则不讲亦未为过矣。

黄生过此[10]，闻其自京师往长芦抽丰[11]，复跟长芦长官别赴新任。至九江[12]，遇一显者，乃舍旧从新，随转而北，冲风冒寒，不顾年老生死。既到麻城[13]，见我言曰："我欲游嵩少[14]，彼显者亦欲游嵩、少，拉我同行，是以至此。然显者俟我于城中，势不能一宿[15]。回日当复道此[16]，道此则多聚三五日而别，兹卒卒诚难割舍云[17]"。其言如此，其情何如？我揣其中实为林汝宁好一口食难割舍耳[18]。然林汝宁向者三任[19]，彼无一任不往，往必满载而归，兹尚未厌足[20]，如饿狗思想隔日屎，乃敢欺我以为游嵩、少。夫以游嵩、少藏林汝宁之抽丰来嗛我[21]；又恐林汝宁之疑其为再寻已也，复以舍不得李卓老，当再来访李卓老以嗛林汝宁；名利两得，身行俱全。我与林汝宁几皆在其术中而不悟矣，可不谓巧乎！今之道学，何以异此！

由此观之，今之所谓圣人者，其与今之所谓山人者一也[22]；特有幸不幸之异耳[23]。幸而能诗，则自称曰山人；不幸而不能诗，则辞却山人而以圣人名。幸而能讲良知[24]，则自称曰圣人；不幸而不能讲良知，则谢却圣人而以山人称。展转反复，以欺世获利，名为山人而心同商贾，口谈道德而志在穿窬[25]。夫名山人而心商贾，既已可鄙矣，乃反掩抽丰而显嵩、少，谓人可得而欺焉，尤可鄙也！今之讲道德性命者，皆游嵩、少者也；今之患得患失，志于高官厚禄，好田宅，美风水[26]，以为子孙荫者[27]，皆其托名于林汝宁，以为舍不得李卓老者也。然则郑子玄之不肯讲学，信乎其不足怪矣[28]。

且商贾亦何可鄙之有[29]？挟数万之赀[30]，经风涛之险，受辱于关吏，忍诟于市易[31]，辛勤万状，所挟者重，所得者末[32]。然必交结于卿大夫之门，然后可以收其利而远其害，安能傲然而坐于公卿大夫之上哉！今山人者，名之为商贾，则其实不持一文[33]；称之为山人，则非公卿之门不履[34]，故可贱耳。虽然，我宁无有是乎[35]？然安知我无商贾之行之心，而释迦其衣以欺世而盗名也耶[36]？有则幸为我加诛[37]，我不护痛也。虽然，若其患得而又患失，买田宅，求风水等事，决知免矣[38]。

（选自《焚书·续焚书》，[明]李贽著，中华书局，1975年版）

【注释】

[1]焦弱侯：名竑(hóng)，字弱侯，号漪园，又号淡园，江宁人，曾为翰林院编修，李贽好友。李贽(1527—1602)，字卓吾，号宏甫，别号温陵居士、百泉居士等。泉州晋江(今属福建)人。嘉靖三十一年(1552)中举后，历任河南共城(今河南辉县)教谕、国子监博士、礼部司务、南京刑部员外郎、云南姚安知府等职，万历八年辞官归隐，主要从事研究、讲学和著述。李贽是明代著名思想家、文学家、史学家。基于对明后期社会现实的洞察，他公然反对当时流行的"假道学"，追求个性解放，抨击封建礼教，主张人人平等，是当时社会的"异端"。文学上，他提出"童心"说，主张从人的真性情出发进行文学创作，反对当时的拟古之风。他对明代思想和文学的发展做出了突出贡献。1602年在狱中自杀身亡，终年76岁。他的著作主要有《初潭集》《焚书》《续焚书》《藏书》《续藏书》等。

[2]郑子玄：生平不详。丘长孺：名坦，字坦之，号长孺。明万历年间武举人，也擅长写诗。两人都是李贽在麻城时的朋友。

[3]质实有耻：质朴、诚实、有羞耻心。

[4]颜：颜回，又名颜渊，字子渊，孔子的得意弟子。早亡。后世尊为复圣。曾：曾参，字子舆。孔子弟子。以孝著称。传孔子之学，以授子思。后世尊为宗圣。思：子思。孔子之孙，名伋。受学于曾子，后世称为述圣。孟：孟轲，字子舆，子思的再传弟子，后世尊为亚圣。

[5]周：周敦颐，字茂叔，号濂溪，道州营道(今湖南道县)人。北宋理学的创始人。程：指程颢、程颐兄弟。世称"二程"，洛阳人。并为理学奠基人。张：张载，字子厚，凤翔郿县(今陕西眉县)人，人称横渠先生，北宋理学家，其学派称"关学"。朱：朱熹，字元晦，号晦庵，婺源(今属江西)人。他把二程学说发展为完整的理学体系，为理学的集大成者，人称"程朱学派"。

[6]存：想，想念。

[7]自若：自如，自在，无所顾忌。

[8]哓(xiāo)哓然：争辩不休的样子。

[9]厉：同"励"，劝勉。风(fèng)：教化，感化。

[10]黄生：其名及生平不详。

[11]京师：这里指明代京都北京。长芦：在今河北沧州市西。抽丰：指找关系走门路向人求取财物。也作"秋风"或"打秋风"。

[12]九江：今江西九江市。

[13]麻城：今湖北麻城，时李贽在此讲学。

[14]嵩少：河南嵩山的别称。嵩山西峰叫少室山，故称"嵩少"。

[15]势不能一宿：看情况不能在这里留宿。

[16]道：取道于此。这里指路过。

[17]卒卒：同“猝猝”，仓猝。

[18]林汝宁：指汝宁林知府。汝宁府，治所在今河南汝南县。

[19]向者：以前。

[20]厌足：满足。厌：通“餍”，饱。

[21]嗛(qiè)：或当作“赚”，欺骗。下同。

[22]山人：指隐士。

[23]特：只，只是。

[24]良知：孟子用以指天赋的道德观念。《孟子·尽心上》：“人之所不学而能者，其良能也；所不虑而知者，其良知也。”后来王守仁据以提出“致良知”说，作为道德的修养方法。

[25]穿窬(yú)：语自《论语·阳货》：“其犹穿窬之盗也与！”穿：穿壁。窬：同“逾”，越墙。

[26]风水：旧时迷信之说认为住宅或坟墓周围的风向、水流、地脉等能招致居住的人或死者一家的祸福。

[27]荫：庇护。

[28]信：确实、实在。

[29]何可鄙之有：有什么可以瞧不起的呢？鄙：鄙视。

[30]赀：同“资”，财物。

[31]市易：市井交易。

[32]末：小，微不足道。

[33]不持一文：指不投入一文本钱而获得丰厚利润。

[34]履：登，踏。

[35]宁：岂，难道。

[36]释迦：释迦牟尼，佛教的始祖，后来泛指佛教。这里作动词。

[37]幸：希望。

[38]决知：定然知道。

作品赏析

明代道学盛行，虽然有少数的真学者，但多是欺世盗名的假道学。提倡回归人性本真的李贽对假道之风深恶痛绝，写下了一系列揭露和批判假道学的文章，本文就是其中之一。

本文虽立意于批判，却没有言辞激烈、剑拔弩张，而是通过记叙假道者的言行举止，让其丑陋面目自然呈现，然后适当点评，阐明主旨。文章内容大体分三部分。第一部分由郑之玄不肯讲学说起，通过对郑不肯讲学原因的分析，揭示假道学“口谈道德而心存高官，志在巨富”的虚伪面目，含蓄表达了自己的褒贬之意。第二部分(第二、三段)作为文章的主体部分，以黄生为典型例子，通过对黄生“打抽丰”事件的记叙和分析，生动而又深刻地批判了假道学欺世盗名、费尽心机谋取私利的可耻行径。最后一部分则在前两部分的基础上，展开论述，引入商人形象与假道学做对比，指出商人经营的不易，而假道学者则“不持一文”获取暴利，进一步对其进行批判。同时检点自身，表明摒除恶习、洁身自好的决心。

这篇文章从文法上来讲，最大的特点就是夹叙夹议，通过具体形象的塑造和事件的记叙来达到议论批判的目的。如文中对黄生形象的刻画，仅一句“如恶狗思想隔日屎”就把黄生贪婪不知足的本性生动地传达出来，在讽刺和批判同时，又给人以幽默诙谐之趣味。“哓哓然语人曰”“冲风冒寒，不顾年老生死”等句同样具有鲜明的形象性，调节了单纯说理的枯燥、呆板，文风更加灵动。但形象刻画与事件记叙又都是为议论服务的，是支撑观点的有力论据。叙与议实现了很好的结合。语言上，李贽的语言质朴、浅近，随心所欲。如“恶狗”句，是凡风雅人都不敢在书面文章中大胆使用的。由此可见李贽文章从心所欲、不拘格套的风格。

词海拾贝

真(zhēn)

构造：采用“匕、目、乚、八”会意，“八”表示仙人升天所乘坐的东西。小篆字形，从华(huà)，从目，从乚(yǐn)，从八。

释义：长生不死的人变形升天。《说文》：“仙人变形而登天也。”匕：变化。目：眼睛。乚：隐藏。八：乘载的工具。道家称存养本性或修真得道的人为真人。引申为真诚。

实(shí)

构造：会意。从宀，从贯。宀，房屋。贯，代表财货宝贝，以货物充于屋下。

释义：本义指财物粮食充足，富有。引申为真实、诚实。

良(liáng)

构造：形声字。字形采用有所省略的“畗”作边旁，采用“亡”作声旁。，都是古文写法的“良”字。

释义：本义指善良。《说文解字》：“良，善也。”引申为良好、美好。

【知识巩固与能力训练】

一、解释句中加点的字词

1.又从而哓哓然语人曰："我欲厉俗而风世。"

2.回日当复道此。

3.然林汝宁向者三任，彼无一任不往。

4.好田宅，美风水，以为子孙荫者，皆其托名于林汝宁，以为舍不得李卓老者也。

二、翻译句子

1.名为山人而心同商贾，口谈道德而志在穿窬。

2.挟数万之赀，经风涛之险，受辱于关吏，忍诟于市易，辛勤万状，所挟者重，所得者末。

三、简答

1.本文写"黄生"一段有什么用意？

2.文中李贽对商人持怎样的看法？你觉得这样的看法合理吗？为什么？

学文心语

宋代郑思肖诗云："宁可枝头抱香死，不曾吹落北风中。"美德的馨香总能荡涤污浊，浸润心灵。纯真的品性、高尚的人格永远值得持之以恒地追求。

导语

戊戌变法后，梁启超流亡日本。当时由于帝国主义的侵略，导致中国爆发了义和团爱国运动。八国联军勾结清政府，镇压义和团运动，攻陷了天津和北京等地。八国联军制造舆论，污蔑中国是“老大帝国”，是“东亚病夫”，是“一盘散沙”，不能自立，只能由列强共管或瓜分。而中国人中有一些无知昏庸者，也跟着叫嚷“中国不亡是无天理”“任何列强三日内就可以灭亡中国”，散布悲观情绪，民族危机空前严重。为了驳斥帝国主义的无耻滥言，也纠正国内一些人自暴自弃、崇洋媚外的奴性心理，唤起人民的爱国热情，激起人民的民族自尊心和自信心，梁启超适时地写出了这篇《少年中国说》。

少年中国说[1]

梁启超

少年中国说

日本人之称我中国也，一则曰老大帝国，再则曰老大帝国。是语也，盖袭译欧西人之言也。呜呼！我中国其果老大矣乎[2]？梁启超曰：恶[3]！是何言！是何言！吾心目中有一少年中国在。

欲言国之老少，请先言人之老少。老年人常思既往，少年人常思将来。惟思既往也，故生留恋心；惟思将来也，故生希望心。惟留恋也，故保守；惟希望也，故进取。惟保守也，故永旧；惟进取也，故日新。惟思既往也，事事皆其所已经者，故惟知照例；惟思将来也，事事皆其所未经者，故常敢破格。老年人常多忧虑，少年人常好行乐。惟多忧也，故灰心；惟行乐也，故盛气。惟灰心也，故怯懦；惟盛气也，故豪壮。惟怯懦也，故苟且；惟豪壮也，故冒险。惟苟且也，故能灭世界；惟冒险也，故能造世界。老年人常厌事，少年人常喜事。惟厌事也，故常觉一切事无可为者；惟好事也，故常觉一切事无不可为者。老年人如夕照，少年人如朝阳；老年人如瘠牛[4]，少年人如乳虎；老年人如僧，少年人如侠；老年人如字典，少年人如戏文[5]；老年人如鸦片烟，少年人如泼兰地酒；老年人如别行星之陨石，少年人如大洋海之珊瑚岛；老年人如埃及沙漠之金字塔[6]，少年人如西比利亚之铁路[7]；老年人如秋后之柳，少年人如春前之草；老年人如死海之潴为泽[8]，少年人如长江之初发源。此老年与少年性格不同之大略也。梁启超曰：人固有之，国亦宜然[9]。

梁启超曰：伤哉，老大也！浔阳江头琵琶妇，当明月绕船，枫叶瑟瑟，衾寒于铁，似梦非梦之时，追想洛阳尘中春花秋月之佳趣[10]。西宫南内，白发宫娥，一灯如穗，三五对坐，谈开元天宝间遗事，谱《霓裳羽衣曲》[11]。青门种瓜人[12]，左对孺人[13]，顾弄孺子[14]，忆侯门似海、珠履杂遝之盛事[15]。拿破仑之流于厄蔑[16]，阿剌飞之幽于锡兰[17]，与三两监守吏，或过访之好事者，道当年短刀匹马驰骋中原，席卷欧洲，血战海楼[18]，一声叱咤，万国震恐之丰功伟烈[19]，初而拍案，继而抚髀[20]，终而览镜[21]。呜呼！面皴齿尽[22]，白发盈把，颓然老矣！若是者，舍幽郁之外无心事[23]，舍悲惨之外无天地，舍颓唐之外无日月，舍叹息之外无声音，舍待死之外无事业，美人豪杰且然，而况于寻常碌碌者耶？生平亲友，皆在墟墓[24]；起居饮食，待命于人。今日且过，遑知他日[25]？今年且过，遑恤明年[26]？普天下灰心短气之事，未有甚于老大者。于此人也，而欲望以拏云之手段[27]，回天之事功[28]，挟山超海之意气[29]，能乎不能？

呜呼！我中国其果老大矣乎？立乎今日以指畴昔，唐虞三代[30]，若何之郅治[31]；秦皇汉武，若何之雄杰；汉唐来之文学，若何之隆盛；康乾间之武功[32]，若何之烜赫[33]。历史家所铺叙，词章家所讴歌，何一非我国民少年时代良辰美景赏心乐事之陈迹哉！而今颓然老矣，昨日割五城，明日割十城，处处雀鼠尽，夜夜鸡犬惊。十八省之土地财产[34]，已为人怀中之肉；四百兆之父兄子弟[35]，已为人注籍之奴[36]，岂所谓"老大嫁作商人妇"者耶[37]？呜呼！凭君莫话当年事，憔悴韶光不忍看[38]！楚囚相对[39]，岌岌顾影，人命危浅，朝不虑夕[40]。国为待死之国，一国之民为待死之民。万事付之奈何，一切凭人作弄，亦何足怪。

梁启超曰：我中国其果老大矣乎？是今日全地球之一大问题也。如其老大也，则是中国为过去之国，即地球上昔本有此国，而今渐渐灭[41]，他日之命运殆将尽也。如其非老大也，则是中国为未来之国，即地球上昔未现此国，而今渐发达，他日之前程且方长也。欲断今日之中国为老大耶？为少年耶？则不可不先明国家之意义。夫国也者，何物也？有土地，有人民，以居于其土地之人民，而治其所居土地之事，自制法律而自守之；有主权，有服从，人人皆主权者，人人皆服从者。夫如是，斯谓之完全成立之国。地球上之有完全成立之国也，自百年以来也。完全成立者，壮年之事也。未能完全成立而渐进于完全成立者，少年之事也。故吾得一言以断之曰：欧洲列邦在今日为壮年国，而我中国在今日为少年国。

夫古昔之中国者，虽有国之名，而未成国之形也。或为家族之国，或为酋长之国，或为诸侯封建之国，或为一王专制之国。虽种类不一，要之，其于国家之体质也，有其一部而缺其一部。正如婴儿自胚胎以迄成童，其身体之一二官支[42]，先行长成，此外则全体虽粗具，然未能得其用也。故其唐虞以前为胚胎时代，殷商之际为乳哺时代，由孔子而来至于今为童子时代，逐渐发达，而今乃始将入成童以上少年之界焉。其长成所以若是之迟者，则历代之民贼有窒其生机者也。譬犹童年多病，转类老态。或且疑其死期之将至焉，而不知皆由未完全未成立也；非过去之谓，而未来之谓也。

且我中国畴昔，岂尝有国家哉？不过有朝廷耳。我黄帝子孙，聚族而居，立于此地球之上者既数千年，而问其国之为何名，则无有也。夫所谓唐、虞、夏、商、周、秦、汉、魏、晋、宋、齐、梁、陈、隋、唐、宋、元、明、清者，则皆朝名耳。朝也者，一家之私产也；国也者，人民之公产也。朝有朝之老少，国有国之老少。朝与国既异物，则不能以朝之老少而指为国之老少明矣。文、武、成、康[43]，周朝之少年时代也；幽、厉、桓、赧[44]，则其老年时代也。高、文、景、武[45]，汉朝之少年时代也；元、平、桓、灵[46]，则其老年时代也。自余历朝，莫不有之。凡此者，谓为一朝廷之老也则可，谓为一国之老也则不可。一朝廷之老且死，犹一人之老且死也，于吾所谓中国者何与焉？然则，吾中国者，前此尚未出现于世界，而今乃始萌芽云尔。天地大矣，前途辽矣，美哉我少年中国乎！

玛志尼者[47]，意大利三杰之魁也。以国事被罪，逃窜异邦。乃创立一会，名曰“少年意大利”。举国志士，云涌雾集以应之，卒乃光复旧物，使意大利为欧洲之一雄邦。夫意大利者，欧洲之第一老大国也。自罗马亡后[48]，土地隶于教皇，政权归于奥国，殆所谓老而濒于死者矣。而得一玛志尼，且能举全国而少年之，况我中国之实为少年时代者耶？堂堂四百余州之国土，凛凛四百余兆之国民，岂遂无一玛志尼其人者！

龚自珍氏之集有诗一章，题曰《能令公少年行》[49]。吾尝爱读之，而有味乎其用意之所存[50]。我国民而自谓其国之老大也，斯果老大矣；我国民而自知其国之少年也，斯乃少年矣。西谚有之曰：“有三岁之翁，有百岁之童。”然则，国之老少，又无定形，而实随国民之心力以为消长者也。吾见乎玛志尼之能令国少年也。吾又见乎我国之官吏士民能令国老大也。吾为此惧！夫以如此壮丽浓郁、翩翩绝世之少年中国，而使欧西日本人谓我为老大者，何也？则以握国权者，皆老朽之人也。非哦几十年八股[51]，非写几十年白折[52]，非当几十年差，非捱几十年俸，非递几十年手本[53]，非唱几十年诺[54]，非磕几十年头，非请几十年安，则必不能得一官，进一职。其内任卿贰以上[55]，外任监司以上者[56]，百人之中，其五官不备者[57]，殆九十六七人也。非眼盲，则耳聋；非手颤，则足跛，否则半身不遂也。彼其一身，饮食步履视听言语，尚且不能自了，须三四人在左右扶之捉之，乃能度日。于此而欲责之以国事，是何异立无数木偶而使之治天下也！且彼辈者，自其少壮之时，既已不知亚细欧罗为何处地方[58]，汉祖唐宗是那朝皇帝，犹嫌其顽钝腐败之未臻其极，又必搓磨之[59]，陶冶之，待其脑髓已涸，血管已塞，气息奄奄，与鬼为邻之时，然后将我二万里山河，四万万人命，一举而畀于其手[60]。呜呼！老大帝国，诚哉其老大也！而彼辈者，积其数十年之八股、白摺、当差、捱俸、手本、唱诺、磕头、请安，千辛万苦，千苦万辛，乃始得此红顶花翎之服色[61]，中堂大人之名号[62]，乃出其全副精神，竭其毕生力量，以保持之。如彼乞儿拾金一锭，虽轰雷盘旋其顶上，而两手犹紧抱其荷包，他事非所顾也，非所知也，非所闻也。于此而告之以亡国也，瓜分也，彼乌从而听之[63]，乌从而信之！即使果亡矣，果分矣，而吾今年既七十矣，八十矣。但求其一两年内，洋人不来，强盗不起，我已快活过了一世矣。若不得已，则割三头两省之土地[64]，奉申贺敬[65]，以换我几个衙门，卖三几百万之人民作仆为奴，以赎我一条老命，有何不可？有何难办？呜呼！今之所谓老后、老臣、老将、老吏，其修身齐家治国平天下之手段[66]，皆具于是矣。西风一夜催人老，凋尽朱颜白尽头。使走无常当医生[67]，携催命符以祝寿。嗟呼痛哉！以此为国是安得不老且死？且吾恐其未及岁而殇也[68]。

梁启超曰：造成今日之老大中国者，则中国老朽之冤业也；制出将来之少年中国者，则中国少年之责任也。彼老朽者何足道！彼与此世界作别之日不远矣；而我少年乃新来而与世界为缘。如僦屋者然[69]，彼明日将迁居他方，而我今日始入此室处。将迁居者，不爱护其窗栊，不洁治其庭庑[70]，俗人恒情，亦何足怪。若我少年者，前程浩浩，后顾茫茫。中国而为牛为马为奴为隶，则烹脔鞭箠之惨酷[71]，惟我少年当之；中国如称霸宇内，主盟地球，则指挥顾盼之尊荣，惟我少年享之。于彼气息奄奄，与鬼为邻者何与焉！彼而漠然置之，犹可言也。我而漠然置之，不可言也。使举国之少年而果为少年也，则吾中国为未来之国，其进步未可量也。使举国之少年而亦为老大也，则吾中国为过去之国，其澌亡可跷足而待也[72]。故今日之责任，不在他人，而全在我少年。少年智则国智，少年富则国富，少年强则国强，少年独立则国独立，少年自由则国自由，少年进步则国进步，少年胜于欧洲，则国胜于欧洲，少年雄于地球，则国雄于地球。红日初升，其道大光[73]。河出伏流[74]，一泻汪洋。潜龙腾渊，鳞爪飞扬。乳虎啸谷，百兽震惶。鹰隼试翼[75]，风尘吸张。奇花初胎，矞矞皇皇[76]。干将发硎[77]，有作其芒[78]。天戴其苍，地履其黄[79]。纵有千古，横有八荒[80]。前途似海，来日方长。美哉我少年中国，与天不老！壮哉我中国少年，与国无疆！

（选自《饮冰室合集·文集之五》，中华书局，1989年版）

【注释】

[1]本文作于光绪二十六年(1900)，原载于《清议报》第35册。梁启超(1873—1929)，字卓如，号任公，又号饮冰室主人、饮冰子、哀时客、中国之新民、自由斋主人等，广东新会人。近代中国资产阶级改良运动的代表人物之一，同时也是杰出的宣传家、教育家、史学家和文学家。梁启超自幼在家中接受传统教育，1889年中举。1890年赴京会试，不中。在上海开始接受西方思想。后拜康有为为师，走上改良维新的道路。1895年春再次赴京会试，与康有为一起发动在京应试举人联名请愿的"公车上书"。维新运动期间，曾主办北京《万国公报》(后改名《中外纪闻》)和上海《时务报》宣传维新思想。变法失败后流亡日本。一度与孙中山为首的革命派有过接触。在日期间，先后创办《清议报》和《新民丛报》，鼓吹改良，反对革命；同时也大量介绍西方社会政治学说，在当时的知识分子中影响很大。梁启超一生勤奋，各种著述达一千四百万字，内容涉及多种学科领域。在文学方面，他倡导"诗界革命""文界革命""小说界革命"，而且改造定型了"新文体"，提倡平易畅达的文风，为近代文学革命立下了汗马功劳。有《饮冰室合集》。

[2]其：难道。果：果真。

[3]恶(wù)：叹词，犹"唉"，含有否定的意思。

[4]瘠(jí)：瘦弱。

[5]戏文：泛指戏曲。

[6]金字塔：古埃及国王的陵寝，以石筑成，底面为四方形，侧面作三角形之方尖塔，望之状如"金"字，故译名"金字塔"。古埃及最古老的金字塔约建于公元前37世纪。

[7]西比利亚之铁路：在俄国，是连接东亚与欧洲的铁路干线，始建于1891年。

[8]死海：湖名，一名咸海。因水中含盐量高，鱼类不生，故名。在约旦、以色列和巴基斯坦间。潴(zhū)：聚积的水流。

[9]宜然：应当如此。

[10]"浔阳"六句：用白居易《琵琶行》诗所写的故事。琵琶妇原是长安歌女(此处误为洛阳歌女)，

老大嫁作商人妇。商人离她经商而去。在浔阳江头的夜晚,枫叶瑟瑟,她回想往事,有不胜零落之感。浔阳江:在今九江市北,长江流经九江市的一段。

[11]“西宫”六句:就白居易《长恨歌》所咏唐玄宗与杨贵妃事,用元稹《行宫》“白头宫女在,闲坐说玄宗”诗意,谓安史之乱后,白头宫人忆及当年事,倍感凄凉。西宫:唐太极宫。南内:唐兴庆宫。李隆基自四川返京后,先居兴庆宫,后迁西宫。《霓裳羽衣曲》:本名《婆罗门》,源出印度,开元中传入中国。传说李隆基梦游月宫,听诸仙奏曲,默记其调,醒后令乐工谱成。

[12]青门种瓜人:指秦末汉初广陵的邵平。邵平在秦末为东陵侯。秦亡后,在长安东门外种瓜为生。青门:长安城东最南头的霸城门,门色青,所以叫青门。

[13]孺人:古代大夫之妻称孺人,明、清两代七品官的妻子封孺人。

[14]孺子:儿童,这里指子女。

[15]侯门似海:唐崔郊《赠去婢》诗:“侯门一入深如海。”侯门:显贵之家。珠履杂遝(tà):形容宾客的豪华和众多。珠履:用珠子装饰的鞋。杂遝:杂乱。

[16]拿破仑:指拿破仑一世。法国资产阶级政治家、军事家。他于1804年为法国皇帝,曾称霸欧洲。1814年各国联军攻破巴黎,拿破仑被流放于厄尔巴岛。厄蔑:指厄尔巴岛,在意大利半岛和法国科西嘉岛之间。

[17]阿剌飞:指埃及民族解放运动领袖阿拉比,曾率众推翻英、法殖民统治。1882年,英国侵略军进攻埃及,阿拉比领导军队抗击,战败被流放于锡兰。

[18]海楼:音译地名,即埃及首都开罗。阿剌飞曾经在开罗抗击英军。

[19]丰功伟烈:丰功伟绩。烈:功绩。贾谊《过秦论》:“及至始皇,奋六世之馀烈,振长策而御宇内。”

[20]抚髀(bì):《三国志·蜀书·先主传》裴注引《九州春秋》:“备住荆州数年,尝于(刘)表坐起至厕,见髀里肉生,慨然流涕。还坐,表怪问备,备曰:‘吾常身不离鞍,髀肉皆消;今不复骑,髀里肉生。日月若驰,老将至矣,而功业不建,是以悲耳!’”

[21]览镜:对镜子照看面容。

[22]皴(cūn):皱。

[23]幽郁:深沉的忧郁。

[24]墟墓:坟墓。

[25]遑:无暇。

[26]恤:忧虑。

[27]拏云:上干云霄之意。李贺《致酒行》诗:“少年心事当拏云。”

[28]回天:使天地倒转,喻改变局势。

[29]挟山超海:喻英雄壮举。《孟子·梁惠王上》:“挟泰山以超北海。”

[30]唐虞三代:指唐尧、虞舜和夏、商、周三代。

[31]郅(zhì)治:至治,把国家治理得太平强盛。郅:极,至。

[32]康乾:清代康熙、乾隆两朝。

[33]烜(xuǎn)赫:声威盛大。

[34]十八省:清初全国共分十八个省。光绪末年增至二十三省,但人们习惯上仍称十八省。

[35]四百兆:指四亿,当时中国有四亿人口。

[36]注籍之奴:注入户籍的奴隶。这里指失去自由的人。

[37]老大嫁作商人妇:白居易《琵琶行》中的诗句。

[38]“凭君”二句:化用自唐曹松“凭君莫话封侯事”和南唐李璟“还与韶光共憔悴,不堪看”。大意是:请不要再谈及过去的事情,美好的青春时光已经枯槁萎靡,不堪再看。

[39]楚囚相对:喻遇到强敌,窘迫无计。《晋书·王导传》载,晋元帝时,国家动乱,中州人士纷纷避乱江左。“过江人士,每至暇日,相要出新亭饮宴。周顗中坐而叹曰:‘风景不殊,举目有江河之异。’皆相视流涕。惟(王)导愀然变色曰:‘当共勠力王室,克复神州,何至作楚囚相对泣邪?’”

[40]“人命危浅”二句:出自李密《陈情表》。原指祖母生命垂危,这里指国事危殆。

[41]澌灭:消亡,消失。

[42]官支:五官、四肢。

[43]文、武、成、康:周朝初年的几代帝王。周文王奠定了灭商的基础;周武王灭商建立周朝;成王、康王把国家治理得非常强盛,史称“成康之治”。所以下句将其比作周朝的少年时代。

[44]幽、厉、桓、赧(nǎn):指周幽王、厉王、桓王、赧王。幽王宠褒姒,废申后,申侯联合犬戎攻周,幽王被杀,西周灭亡。周厉王暴虐,被流放于彘(今山西霍县)。周桓王时,东周王室衰落。周赧王死后不久,东周灭亡。

[45]高、文、景、武:指汉初四代皇帝。汉高祖灭秦、楚,建立汉王朝。文帝、景帝发展生产,国家强盛,史称“文景之治”。武帝重武功,国力强盛。

[46]元、平、桓、灵:汉元帝、平帝、桓帝、灵帝。汉元帝时,西汉开始衰落;汉平帝死后不久,王莽篡国,西汉灭亡。桓帝、灵帝是东汉末年的两代帝王,其执政期间外戚、宦官专权,政治黑暗,为东汉灭亡种下了祸根。

[47]玛志尼(1805—1872):意大利爱国者。罗马帝国灭亡后,意大利受奥地利帝国奴役,玛志尼创立“少年意大利党”,创办《少年意大利报》,发动和组织资产阶级革命,完成意大利的独立统一事业。他与同时的加里波的、喀富尔并称“意大利三杰”。下文“旧物”,指国家原有的基业。

[48]罗马亡后:罗马帝国曾跨欧亚两洲,后分裂为二。西罗马亡于476年,东罗马亡于1453年。下文“土地隶于教皇,政权归于奥国”,是指1815年后,意大利分为几个邦国,其中罗马教皇国势力甚大,都受奥地利的控制。

[49]《能令公少年行》:龚自珍抒怀之诗,收入《定盦全集》,原意是说一个人不追求名利,放宽胸怀,就能长葆青春。这里取其长葆青春之意。

[50]味:体味。

[51]八股:八股文,又称时文、制艺,明、清考试制度的规定文体,形式刻板。

[52]白折:清代科举应试的试卷之一。殿试取中进士后,还要进行朝考,以分别授予官职。朝考用白折,即用工整的楷书写在白纸制的折子上。

[53]手本:明、清官场中下级晋见上级时用的名帖。

[54]唱诺(rě):古代的一种礼节。对人打恭作揖,口中出声,叫唱喏。诺:当作“喏”。下文“请安”,系清代问候的礼节,男子打千,即右膝微跪,隆重时,双膝跪地,呼“请某某安”。

[55]卿贰:卿是朝廷各部的长官,贰指副职。

[56]监司:清代通称各省布政使、按察使及各道道员为监司。

[57]五官不备:指五官功能不全。

[58]亚细欧罗：亚洲和欧洲。

[59]搓磨：磋磨，切磋琢磨。原指精益求精，这里指磨去棱角、锋芒。

[60]畀(bì)：给予，赋予。

[61]红顶花翎：大官的帽饰。清代官员帽顶上顶珠的颜色、质料，标志着官阶的品级，一品官用红宝石顶珠。花翎，用孔雀翎做的帽饰，以翎眼多者为贵，五品以上用花翎，六品以下用蓝翎。

[62]中堂：明清时对大学士的称呼。明代大学士实际掌握宰相的权力，在内阁办公，中书居东、西两房，大学士居中，故称"中堂"。清代包括协办大学士均用此称。

[63]乌：何，哪里。

[64]三头两省：闽奥方言，三两个省。

[65]奉申贺敬：进献作为贺敬的礼物。

[66]修身齐家治国平天下：儒家教义。出自《礼记・大学》："古之欲明明德于天下者，先治其国；欲治其国者，先齐其家；欲齐其家者，先修其身。"

[67]走无常：迷信说法，阴司用活人为鬼役，摄取后死者的魂。充当这种鬼差者，称走无常。

[68]殇：未成年而死。

[69]僦(jiù)屋：租赁房屋。

[70]庭庑(wǔ)：庭院走廊。

[71]脔(luán)：切成小块的肉，这里用作动词，宰割之意。箠：棍杖。这里用作动词，捶打之意。

[72]跷足而待：比喻很快就能实现。

[73]其道大光：语出《周易・益》："自上下下，其道大光。"光：广大，发扬。

[74]伏流：水流地下。《水经注・河水》："河出昆仑，伏流地中万三千里。"

[75]鹰隼(sǔn)：指鹰类猛禽。

[76]矞(yù)矞皇皇：形容艳丽。《太玄经・交》："物登明堂，矞矞皇皇。"司马光集注引陆绩曰："矞皇，休美貌。"

[77]干将：古剑名，后泛指宝剑。发硎(xíng)：刀刃新磨。硎：磨刀石。

[78]有作其芒：发出光芒。

[79]"天戴"二句：是说少年中国如苍天之大，如地之广阔。

[80]八荒：八方荒远之地。《说苑・辨物》："八荒之内有四海，四海之内有九州。"

作品赏析

本文写于戊戌变法失败之后，此时的梁启超对清政府的腐败没落有了较为充分的认识，同时也对列强瓜分侵略中国的意图有了全面的了解，出于爱国主义精神，梁启超从对"国"这一概念的理性分析入手，提出了"少年中国"的核心论题，呼唤中国少年奋发进取、振兴民族、国家的豪情壮志。

文章采用了驳论与立论相结合的论证方式。开头首先借西方列强之口提出"老大帝国"的反面论点，跟着直接批驳，提出"吾心目中有一少年中国在"的正面论点，引发全文议论。文中，"人"和"国"是论证的主体。梁启超先是以人喻国，通过老年人与少年人的不同来揭示中国"老大"的面貌，分析中国为什么被称为"老大"；接着借助"国"这一理论概念，分析历史，指出中国历史上的王朝并非真正意义上的“国”，进而确立“我中国在今日为少年之国”的论点。文章最后两段，作者揭露和批判了把握中国政权的“老后、老臣、老将、老吏”们，而把国家未来的命运寄托于中国少年，对他们提出要求和希望，激情慷慨，鼓舞人心。

作为一篇政论性的文章，本文读起来却让人丝毫没有枯燥之感，而是激情澎湃，生机盎然。这得益于梁启超对“新文体”的艺术探索与实践。丰富的形象是文章的第一大特点。中外古今人物形象、自然形象、文化形象、艺术形象，作者信手拈来，依据形象本身的特点来充实文章的内涵，进而增强论证语言的力度。“笔锋常带情感”是“新文体”的又一特色。文章从始到终都奔流着作者丰沛的爱国之情。文中假以比喻、排比、反问等多种修辞使情感的表达直观而强烈，又通过长短句、骈偶句等丰富的句式变化，使情感时而深沉，时而热切，时而愤激，时而昂扬，论证之余，给人以丰富的情感体验。语言方面，本文的特点是文白交杂，且夹杂了俚语、韵语、外语句法等多种语言元素，具有独创性。如文章结尾“红日初升，其道大光。河出伏流，一泻汪洋”，像四言诗一样的语言；“赎我一条老命”“走无常当医生”则带有俚语的色彩；而“有土地，有人民……”一段，却又接近外文语言习惯。总而言之，梁启超的这篇《少年中国说》可谓近代文化背景下的一朵文学奇葩。

对于梁启超，历来有诸多的评价，虽然梁启超的政治立场有其落后性和局限性，但其爱国的热情是值得钦佩和学习的，其对于文学的贡献也是不容抹杀的。

词海拾贝

1.秦皇汉武(qínhuáng-hànwǔ)

原指秦始皇嬴政和汉武帝刘彻，泛指杰出帝王。出自南北朝刘勰《文心雕龙·知音》：“昔《储说》始出，《子虚》初成，秦皇汉武，恨不同时；既同时矣，则韩囚而马轻，岂不明鉴同时之贱哉！”

2.千辛万苦(qiānxīn-wànkǔ)

各种各样的艰难困苦。出自元代张之翰《元日》：“千辛万苦都尝遍，只有吴淞水最甘。”

3.气息奄奄(qìxī-yǎnyǎn)

形容呼吸微弱，快要断气的样子。也比喻事物衰败没落，即将灭亡。出自晋代李密《陈情表》：“但以刘日薄西山，气息奄奄，人命危浅，朝不虑夕。”

4.来日方长(láirì-fāngcháng)

来日：未来的日子。方：正。将来的日子还长着呢。表示事有可为或将来还有机会。出自宋代文天祥《与洪端明云岩书》：“某到郡后，颇与郡人相安，日来四境无虞，早收中熟，觉风雪如期，晚稻亦可望，惟是力绵求牧，来日方长。”

知识巩固与能力训练

一、解释句中加点的字词

1.是语也,盖袭译欧西人之言也。

2.我中国其果老大矣乎?

3.今日且过,遑知他日?

4.唐虞三代,若何之郅治。

5.其五官不备者,殆九十六七人也。

6.如僦屋者然,彼明日将迁居他方,而我今日始入此室处。

7.其澌亡可跷足而待也。

二、翻译句子

1.是语也,盖袭译欧西人之言也。

2.龚自珍氏之集有诗一章,题曰《能令公少年行》。吾尝爱读之,而有味乎其用意之所存。

3.以此为国是安得不老且死?且吾恐其未及岁而殇也。

三、简答

1.结合文章,分析本文语言上的特点。

2.举例说明本文在抒情上有什么特点。

学文心语

梦想的蓝图等你描画,美好的未来等你创造;祖国的明天等你建设,成功的道路等你探索。奔涌吧,后浪!

【实践训练五】演讲稿写作

一、写作基础

（一）演讲稿的概念

演讲稿写作

演讲稿又被称为演讲词，主要指在比较隆重或公开的场合发表讲话的文字稿。作为演讲的主要内容，演讲稿可以把演讲者的观点与思想感情传达给听众和读者，使他们信服并在情感上产生共鸣。可以说演讲稿准备的好坏对演讲的最终展示有极为重要的作用。

有些情况下演讲是即兴发言，不需要提前准备演讲稿，但是绝大部分情况下还是有演讲稿的演讲。这样不仅可以保证演讲的整体思路有条理，而且对于增强演讲者本身的勇气和信心都有一定的益处。

在现代社会，演讲越来越普遍，逐渐成为社会文化和学术交流的重要形式。领导者公开讲话，学者传授学识，谈判中双方的沟通，主持人的陈述与提问，采访者与被采访者的即席问答，应聘求职，商品推销，小项目的组织，对上汇报工作，向下布置任务，都需要演讲技能，缺乏该项技能，会失去很多成功的机会。中央电视台《对话》节目《全球大调查问卷》中有这样一个问题："您认为在未来十年中最有竞争力，最有希望成功的人应具备哪些素质？"令人惊奇的是，有 26 位商界巨子无一例外地选择了交际能力、交流能力、公关能力等与口才密切相关的词汇。由此可见，一个人在融入社会时，口才越来越显示其独特的优势。有人把当今社会称为"全面公共关系时代"，西方人则将"口才、金钱及电脑"称为国际斗争的"三大战略武器"。可见演讲与口才已经成为衡量创造型人才的重要标准之一。

演讲是展现口才的最好形式，它的特点是声形合一，情景交融，感召力强。演讲主要是为达到某种目的，从而集中系统地进行语言表达。

（二）演讲稿的特点

演讲之所以优于其他一切语言的表达形式，具有吸引人、感染人、教育人的魅力，这是因为演讲不但具有一般语言的特点，而且还有与其他语言交际不同的地方。

1.鼓动性

真正的演讲，说服力强，感染力强，受众面大。可以针对听众的特殊要求、特殊问题作专题性的传播，因而具有鼓动性大的特点。首先，它表现在演讲者对所阐述的人或事等的态度旗帜鲜明，或褒或贬，或肯定或否定，泾渭分明。其次，它表现在演讲的论证是逻辑严密的，过程是清晰明朗的，虽然话题单纯有限，但演讲者可以充分施展自己的学术水平，或旁征博引，或有理有据，或深入浅出。最后，演讲者是以自己的心灵去呼唤听众的心灵，以自己的感情火花去点燃听众的感情火花，激发听众对某现象的注意和思考，从而接受演讲者的观点。

2.时间性

演讲是直接诉诸听众的听、视觉器官,有很强的时间性。首先,在内容上,古今中外的著名演讲,都切合时代的脉搏,属于那个时代的声音。例如:1775 年,美国政治家、演讲家帕特里克·亨利发表的为独立而战的《在弗吉尼亚州议会上的演说》,是美国人民反击英国殖民主义的战斗动员令和争取自由的宣言书,使千百万人民觉醒起来,掀起了一场为独立与自由而战的伟大斗争。其次,一场演讲的时间,受听众可接受性的制约。尽管有些演讲需要几小时甚至几十小时,如孙中山的《三民主义演讲》、毛泽东的《关于正确处理人民内部矛盾的问题》等,都是久负盛名的长篇演讲。但大众化的演讲,终究以短居多,以短为贵,以精粹为标准。

3.艺术性

演讲,虽然不能说是百分之百的艺术活动,但它同样具有艺术性高的特点。演讲是由多种系统构成的,包括语言系统、演示系统、主体形象系统、时境系统,等等。这些系统有机地结合在一起,使得演讲带上某些艺术色彩,具有引人入胜的魅力。正如一位演讲家所说,在每一次演讲时,都力求做到八个字:相声、小说、戏剧、朗诵。具体地说,就是"演讲开始几分钟内,就要有相声般的幽默;在演讲过程中,贯穿着小说般的形象;讲到高潮时,必须有戏剧般的冲突;结束之前,要出现诗歌般的激情。"演讲若能达到这一境界,那就实现了演讲的美学价值。

(三)演讲稿的写作过程

演讲稿的写作过程包括确定主题、构架结构、调整语言、试演修改四部分。

1.确定主题

任何一篇演讲稿,都应该在正式动笔之前考虑清楚整篇稿子应该确定的主题。没有一个集中、鲜明的主题就不能给听众留下深刻的印象。在这一过程中,应该从客观和主观两个方面来考虑主题的确定:

(1)客观方面。根据演讲活动的场合与目的来确定主题。无论哪种类型的演讲稿,首先要考虑的就是其演讲的场合与目的,政治演讲的主题应该突出政治观点,学术演讲的主题应该体现学术主张。

(2)主观方面。确定主题还要考虑到听众的情况,如听众的政治素质、社会地位、文化教养、年龄结构以及心理需求等。这就要求在准备演讲稿的时候,一定要认真分析听众的具体情况和心理因素,以此作为确定主题的主要依据。

2.构架结构

(1)引入。"万事开头难",如何在演讲的开始就能抓住听众的心,这是每一份演讲稿最重要的任务。常用的引入方法有:

①实例引入。用一件具体的事情作为开头,能将演讲带入一个娓娓动人的场景,是吸

引听众的常用方法。杨澜2006年在北京大学演讲《成长,你唯一的把握》时用一件孩子的事情作为开头:

什么是个人的成长?我觉得我做了母亲以后,我对成长有了一个更新的认识。有一次,我女儿幼儿园的老师给孩子们出了一道题:"如果世界上只有一种颜色……"让孩子们自己来回答。有的小朋友说:"如果只有一种颜色,就不可能有彩虹了。"有的小朋友说:"我最喜欢粉红色,如果只有一种颜色,我希望是粉红色。"……我注意到我女儿的回答,她对老师说:"如果只有一种颜色,那么连白天和黑夜都没有。"所以,我觉得一个孩子的成长,就是他对外部世界的不断探索和认知的过程。

那么对于一个成年人来讲,什么是一个人的成长?……

这样的引入,简单亲切,能和下面的演讲内容自然而然地联系起来。

②直接入题。如:

很高兴来到北京大学和各位同学进行这场文化上的交流与经验的分享。我今天要演讲的题目是"一个没有质感的民族"。我在这里所指的民族,不是别人,就是我们华人自己。而华人一词的称谓泛指包括大陆(内地)、台湾、香港、东南亚一带的传统华侨,以及美、加地区的华裔新移民等。

这是台湾著名音乐词作家方文山在北京大学作《当一个有质感的华人》演讲时的开场白。开场直接入题,没有任何多余的铺垫,这种形式的开头在演讲中也比较常见,给人简洁利索、不拖泥带水的印象。

③实物引入。台湾网络作家"九把刀"在北大演讲时先展示了自己小时候的照片:

人生就是不停的战斗,这个演讲我们先从一个从小就长得非常白痴的人开始说起。(出示幻灯片)照片中间这个笑得非常像智障人的,就是幼稚园时候的我。

以此进入演讲。这种开头的方式因为有实物演示,能迅速吸引听众的注意力,因而也具有较好的效果。

④问题引入。用问题来引入演讲,也是演讲稿常用的开头方式,如微软CEO鲍尔默在清华大学演讲时就用了一连串的问题引入自己的演讲:

在我开始进入正题之前,我想问你们几个问题,希望对我的听众有个大概的了解。你们中间有多少人希望在日常工作中使用微软的Windows产品?有多少人在工作中使用Linux?有多少人在过去24小时之内上过因特网?

问题的提出会引发听众的思索,这就自然引导听众进入演讲的内容。

(2)主体。作为演讲稿的主要内容,主体部分一定要注意一下两点要求:

①条理清晰。演讲稿最终是要以口头语言表达的形式来展示,所以比起书面文字,更要注意到条理清晰的重要作用。这样才能确保演讲时听众能全面明白地了解,不至于让听众感到漫无边际、不知所云。怎样才能保证条理清晰呢?

首先,按照一定的顺序组织演讲稿。例如,美国前总统乔治·布什在美国斯坦福大学演讲时主体内容就是三个故事:"第一个故事讲的是点与点之间的关系。……我的第二个故事是关于好恶与得失。……我的第三个故事与死亡有关。……”这种顺序可以是平行的,也可以是递进的,但是会让听众有一个比较明晰的印象,了解演讲的整体思路。

其次,按照时间的顺序组织演讲稿,这是许多演讲稿常用的方式。如郎朗在央视《开讲啦》节目中的演讲《指尖上的青春》中,就是按照时间发展的顺序,从自己五岁开始学琴然后到北京学习,十四岁时到美国师从加里·格拉夫曼学琴,再到抓住机会获得芝加哥交响乐团的演奏机会,将自己整个与钢琴相伴的成长岁月一一道来,给听众留下很清晰的印象。

再次,借助过渡词、句或者主题句来明确条理。如温家宝总理在英国剑桥大学访问时作题为“用发展的眼光看中国”的演讲,就用“我深深爱着的祖国——古老而又年轻”“我深深爱着的祖国——历经磨难而又自强不息”“我深深爱着的祖国——珍视传统而又开放兼容”三个主题句来串起演讲的层次。这样鲜明的形式能够让听众迅速把握演讲的脉络,给人以层次分明的感受。

最后,除了主题句,还可以用一些关联词语、关联句等来处理,如“首先……其次……最后……”“第一……第二……第三……”,等等,都可以给听众条理清晰的感受。

②有理有据。演讲稿的最终目的是通过演讲带给听众自己的观点、想法,而如何说服听众接受自己,关键的一点就是要有理有据,不能想当然、强词夺理。

如例文中的百度总裁李彦宏在2008年北大毕业典礼上的演讲稿中谈了三个问题,分别是:“关于选择”“关于专注”“关于视野”,而在这三个观点中,他都以亲身经历做了阐释,具有很强的说服力。

(3)结尾。美国演讲大师戴尔·卡耐基说:“当听众听到最愉快的顶点,你就应该设法早些结束了。”那么,怎样让自己的演讲稿有个完美的结尾呢?常用的结尾方式有以下几种。

①赠言式。乔治·布什在斯坦福大学演讲的结尾是借用一份杂志的赠言作为结尾:“斯图尔特和他的同事们出了好几期《全球概览》,到最后办不下去时,他们出了最后一期。那是20世纪70年代中期,我也就是你们现在的年纪。最后一期的封底上是一张清晨乡间小路的照片,就是那种爱冒险的人等在那儿搭便车的那种小路。照片下面写道:好学若饥、谦卑若愚。那是他们停刊前的告别辞。求知若渴,大智若愚。这也是我一直想做到的。眼下正值诸位大学毕业、开始新生活之际,我同样愿大家:好学若饥、谦卑若愚。”

②点睛式。台湾著名音乐词作家方文山在《当一个有质感的华人》演讲结尾用简单的两句话再次点明自己的演讲观点:“最后恳请大家重视今天所讨论的议题,当一个有质感的华人,就从你我间的改变开始……谢谢大家!”

③激励式。“我们要有归零的决心,不要抱着:我曾经在非常好的学校学习过的想法,是吧,我已经不得了了。但是你要肯放下,肯归零。要想到,我要从零开始,要保持一个勇往直前、拼搏向上的一种精神。在拼搏的过程当中,一定会遇到困难。那么我们该怎么办?我们要有忍耐力!你的忍耐力有多强,你的成就就有多高。你的承受力有多大,你

的成功就会有多大!”这是邓亚萍在中央电视台《开讲啦》节目中《转型从零开始》的演讲稿结尾。邓亚萍在这里号召在场的听众有归零的决心,有忍耐力和承受力,这种激励式也是演讲稿结尾的常用方式。

④总结式。莫言在获得诺贝尔文学奖的颁奖典礼上发表演讲,结尾是这样的:“我是一个讲故事的人。因为讲故事我获得了诺贝尔文学奖。我获奖后发生了很多精彩的故事,这些故事,让我坚信真理和正义是存在的。今后的岁月里,我将继续讲我的故事。谢谢大家!”因为他的整个演讲就是围绕“我是一个讲故事的人”来展开的,所以在结尾他用简单的总结来结束,给人“言有尽而意无穷”的感觉。

当然在具体的运用中,结尾还有其他形式。总之,结尾要干净利落、发人深省。这样才能给听众留下一个回味无穷的印象。

3.调整语言

演讲稿创作中还要注意语言的调整,这是因为演讲稿要供演讲者以口头表达的形式来展示,所以语言的使用也是十分关键的一点。具体来说,有以下几个要求:

(1)通俗。语言通俗就意味着不要使用长句、不要使用艰涩的词句、不要过多引用典故。乔治・布什在斯坦福大学毕业典礼上的演讲开头,通俗易懂,没有任何的交流障碍。“我今天很荣幸能和你们一起参加毕业典礼,斯坦福大学是世界上最好的大学之一。我从来没有从大学毕业。说实话,今天也许是在我的生命中离大学毕业最近的一天了。今天我想向你们讲述我生活中的三个故事。不是什么大不了的事情,只是三个故事而已。”

(2)生动。演讲稿的观点可以是深奥的,但是一定要用生动形象的语言表达出来,只有这样,才能被听众所理解和认可。否则太过高深的语言会严重影响观点看法的表达。

莫言在诺贝尔奖获奖演讲稿中有一段话,语言极为生动形象,他是这样说的:“到了荒滩上,我把牛羊放开,让它们自己吃草。蓝天如海,草地一望无际,周围看不到一个人影,没有人的声音,只有鸟儿在天上鸣叫。我感到很孤独,很寂寞,心里空空荡荡。有时候,我躺在草地上,望着天上懒洋洋地飘动着的白云,脑海里便浮现出许多莫名其妙的幻象。我们那地方流传着许多狐狸变成美女的故事,我幻想着能有一只狐狸变成美女与我来作伴放牛,但她始终没有出现。但有一次,一只火红色的狐狸从我面前的草丛中跳出来时,我被吓得一屁股蹲在地上。狐狸跑没了踪影,我还在那里颤抖。有时候我会蹲在牛的身旁,看着湛蓝的牛眼和牛眼中的我的倒影。有时候我会模仿着鸟儿的叫声试图与天上的鸟儿对话,有时候我会对一棵树诉说心声。但鸟儿不理我,树也不理我。许多年后,当我成为一个小说家,当年的许多幻想,都被我写进了小说。”

(3)准确。所谓准确是指在表达上一定要用最贴切、最恰当的语言,这样才能准确传情达意,得到听众和读者的理解认可。温家宝总理在英国剑桥大学演讲稿中有这样一段话:

我深深爱着的祖国——古老而又年轻。

说她古老,她是一个有着数千年文明史的东方大国。中华民族以自己的勤劳和智慧,创造了灿烂的古代文明,对人类发展做出过重大贡献。

说她年轻，新中国成立才60年，改革开放才30年。中国人民经过长期不懈的斗争建立了新中国，又经过艰苦的探索，终于找到了适合国情的发展道路——中国特色社会主义道路，文明古国焕发了青春活力。

这里“古老”“年轻”的定义和解释都是准确到位的，可以说能立刻得到听众的认可，同时也给人留下深刻的印象，这样的语言才符合演讲稿的要求。

4.试演修改

演讲稿完成之后，并不意味着大功告成。这时，作为演讲者，应该将稿件朗读几遍，感受一下整体的风格和具体的细节，包括遣词造句、条理结构、观点看法、用时长度等都是要考虑的问题。然后根据实际情况进行修改和完善，达到“胸中有稿”又能“不拘泥于稿”，这样才能在正式演讲中更好发挥主观能动性，进行“再创造”，不至于被稿件本身束缚，从而发挥出自己的风格和魅力。这样才算是一篇成功的演讲稿。

(四)演讲稿写作的注意事项

1.明确事实，搜集材料

演讲的效果和力度如何，常常与主题的角度选择有关系。所谓角度选择，是指面对一个大的主题，要根据现实和对象的需要，选择一个最恰当、最新颖、最深刻、最有针对性的主题来，从而使演讲取得最佳效果。例如：面对“向雷锋同志学习”这个论题，就要根据当前国内新形势，根据不同的对象，应解决的不同问题，选择不同的角度锤炼主题。如果给青年学生讲，最好选择和确定的主题是：在学习上要倡导雷锋同志的刻苦与钉子精神，在生活上要发挥雷锋同志的艰苦朴素精神，在情操上要学习雷锋同志的共产主义精神。如果是给干部讲，可选择和确定的主题是：结合自己的本职工作，学习雷锋同志工作中实事求是，全心全意为人民服务的精神。如果给农民兄弟讲，可选择和确定的主题是：在耕作中要学习雷锋同志的科学精神，在同自然的斗争中学习雷锋同志的顽强精神，在致富中要学习雷锋同志的团结互助精神。这些主题的确定注意了角度的选择，不是泛泛而谈学习雷锋同志的意义，而是结合各自的工作和学习的实际情况，因而更贴近现实，其教育意义更深，说服力更强。

主题作为演讲的灵魂和统帅，具有不可忽视的作用和意义，但它还须填充“血肉”以撑“骨架”。这“血肉”就是材料，有了它才能展现出主题的意义，否则主题只不过是一个空壳。正因如此，写演讲稿的时候一定要占有大量丰富的材料。

2.厘清思路，拟出提纲

在演讲的准备过程中，所谓厘清思路，是指在主题已经确定，材料搜集完备之后，根据对听众的了解，演讲者在头脑中决定先讲什么、后讲什么的一个大体的规划和设计。而拟定提纲，则是用文字的形式将上述思考的后果记录和固定下来，进而为演讲稿的写作奠定基础，或是不写讲稿，拿着提纲径直走向讲台。

厘清思路是演讲者对自己的思维的梳理和整顿，涉及对主题认识的深化，材料的剪裁和组织，结构的安排等。拟定提纲则是将这种梳理和整顿的结果转化为纲目性文字。前者见诸内，后者见诸外，两者其实是一个东西，只是后者更完善扼要地反映了前者。

3.起草讲稿，反复推敲

如果说演讲活动是一项“系统工程”的话，那么讲稿的写作就是这项工程的重要一环，集中体现了演讲的目的、演讲的思维模式、演讲的材料组织和演讲的力度效果等。除了即兴演讲外，无论是有经验的演讲者还是无经验的演讲者，都十分重视演讲稿的写作。

从结构上看，演讲稿一般分为开头、主体、结尾三部分，与提出问题、分析问题、解决问题的逻辑思维过程相吻合。从语言上看，演讲稿要求既适合于书面写作，又适合于口头表达。从“说”的方面看，其基本特征是口语化。具体来讲，句式短小，便于口头表达；通俗明了，便与听众接受；动作性强，便于配合演讲的手势、姿态。从“写”的方面来看，它具有某些书面语的色彩。具体来说，短小的句式还应夹有其他句式，典雅蕴藉，便于读者慢慢玩味等。

初稿起草完毕，还要进行反复推敲和修改。推敲和修改可以从这些方面入手：主题的深化、材料的增删、结构的调整、语言的润色、题目的修改等。

二、实践训练

【项目一】围绕“大学生涯规划”写一篇演讲稿。

【项目二】分析以下演讲稿的风格。

视野有多远，世界就有多大

——李彦宏在2008年北京大学毕业典礼上的演讲稿

尊敬的闵书记、许校长，各位老师，各位家长，亲爱的学弟学妹们，大家上午好：

今天，站在各位同学毕业典礼的讲台上，我最大的感受就是觉得非常的荣幸，在各位生命中最值得纪念的时刻与你们在一起，让我百感交集。我仿佛找回了十七年前，坐在你们中间，对这个再熟悉不过的校园感到万分的留恋，也对即将展开的新的生活有期待、有迷茫甚至有所畏惧。

说实话，我今天除了荣幸之外，还有一些紧张。因为我知道，在座的不仅有我十分尊敬的师长，更多的是未来中国最有影响力的一群人。你们中一定会有未来中国最杰出的科学家，最成功的企业家，最优秀的政治家、外交家。如果我这个曾经住在43号楼522的北大男生今天和大家交流的内容，能够为各位即将铺展开的未来有些许帮助的话，那我也会觉得，这是经历了2005年百度在纳斯达克的辉煌上市后，我所经历的又一个光荣时刻。

今天，回忆十多年前，我走入社会的感觉，那是让视野顿时豁然开朗的一步，走出校园后看到的是一个充满机会、日新月异的新天地。大家今天所面对的中国与世界，与十年前我所见到的华尔街和硅谷，当然会有很大的不同。但以我在美国八年，回到中国八年多的经历,我更感受到今天,社会经济文化生活各个方面都充满了活力,你们面对的是更广阔的天地,一定将大有所为。

今天我想给大家分享一些我的经历和对生活的感悟。

第一,是关于选择的故事。

进北大前我就非常喜欢计算机,我相信未来的计算机肯定会被广泛应用,而单纯的学计算机恐怕不如把计算机和某项应用结合起来有前途,于是我选择了北大的信息管理系,而不是计算机系。

我有个姐姐先我五年考上了北大,她告诉我北大的学生出国都很容易,她告诉我外面的世界很精彩。上了北大之后,我却发现我的情报学专业出国并不容易,而最先进的计算机技术那时候在美国。我被迫开始思考自己的下一步,并通过不断参与各种活动来丰富自己的视野。我去学了不少计算机系的课,我翻阅了很多美国有关情报学的论文,希望能够在国际学术期刊上找到自己的机会,我作为那时唯一的理科生参加了学校的"五四"辩论赛,我听了各种各样的讲座:气功、哲学、电影,我参加了合唱团,还在国庆的时候到天安门广场去跳集体舞,我尽情地享受着北大带给我的各种机会,我接触了各种各样的人,每个人都有他们自己的思路,每个人都不一样,每个人都很精彩。这让我逐渐形成了不轻信、不跟风的思维方式。对于我未来人生道路的选择,北大四年让我具备了独立思考的能力。

我在美国读计算机的时候,本来是读博士的,后来选择了放弃。原因是发现我更希望我做的东西能够被很多很多人使用,而不喜欢去研究一个别人已经研究了10年的命题。

1997年我离开自己奋斗了三年多的华尔街,前往当时在硅谷很著名的搜索引擎公司Infoseek。在硅谷,我亲见了当时最成功的搜索技术公司如何在股市上呼风唤雨,见识了每天支持上千万流量的大型工业界信息系统是怎样工作运转,我也见证了Infoseek后来的每况愈下和惨淡经营。但最重要的是,在Infoseek,我找到了我一生的兴趣所在——互联网搜索引擎。那时,是北大所学的信息检索方面的理论,让我比任何计算机系科班出身的工程师都更能够理解普通用户习惯于怎样的信息获取方式。我意识到搜索能让每个人与所需信息的距离只有鼠标的点击一下那么近,这种感觉是那么的美妙。从那以后,我从来没有离开搜索引擎超过24小时,不是因为我是工作狂,而是因为我喜欢。

百度公司走过了8年的历程,今天已经成为一个市值超过100亿美元的公司,为越来越多的人提供服务。我最大的心得就是选择做自己喜欢做的事情,我们需要从自己真正的心里面去作选择,并不是你认为社会期望你这样做,父母期望你这样做,朋友期望你这样做。只有这样,你才会越工作越开心,在遇到困难遇到挫折的时候,不会被沮丧击败,而全身心地去享受整个过程。

第二,是关于专注的认识。

我一生有两个最大的幸运,一是找到我的太太,二是从事一份自己喜欢的工作。但太太与工作唯一的不同就是:太太只有一个,而工作每时每刻都充满了诱惑。很多人都会专注于一个妻子，但很多人都会喜欢上多个不同的工作。

在百度上市之前，百度只做一件事情就是中文搜索。在创业初期，搜索在美国硅谷并不是炙手可热的概念，当时更热的是门户，是电子商务，以及后来在中国火起来的无线、网游等。百度在招第一批职员的时候，碰到一位我特别希望他能加盟的人，他技术很好，可惜他对我说如果我们不做 e-Commerce 他就不来了。2001 年，曾经有一位百度的工程师找到我，很认真地说他想做网上购物，结果被我拒绝了，并为此离开了百度。百度上市后，也有一些共事多年的老同事先后离开了百度去尝试更多的业务。

很多时候，我感到百度能一直坚持做搜索是因为我对专注有宗教一般的信仰。普通人很难想象对于一个有 2 亿用户的公司，每天要面对多少诱惑。百度可以做一百件事，最后我们只选择了一件，并一做就是 8 年，而且还会再做下去。

人一生中可以完成的事情是有限的。只有专注才能让自己变得足够优秀。所以说"有所不为，才能有所为"。

第三，是关于视野的感悟。

回头望望自己走过的路，我会发现，这个世界的广阔是自己很难想象的。很多当时觉得非常大的困难，现在看来不过是一些小事，很多当时感觉到很棘手的事，现在也只是茶余饭后的话题罢了。

百度在 2000 年成立时，并不直接为网民提供搜索服务，我们只为门户网站输出搜索引擎技术，而当时只有门户需要搜索服务。2001 年夏天，我做了这样一个决定，从一个藏在门户网站后面技术服务商，转型做一个拥有自己品牌的独立搜索引擎。这是百度发展历程中唯一的一次转型，会得罪几乎所有的客户，所以当时遭到很多投资者反对。但当我把视线投向若干年以后时，我不得不坚持自己的观点。大家知道，后来我说服了投资者，所以才有了大家今天看到的百度。

百度从后台走向了前台，加上我们的专注与努力，今天运营着东半球最大的网站。

事实上，从创立百度的第一天，我的理想就是"让人们最便捷地获取信息"。这个理想不局限于中文，不局限于互联网。作为一名北大信息管理系的学生，我很幸运在前互联网时代，在大学时就理解了信息与人类的关系和重要性。所以，百度从第一天起，就胸怀远大理想：我们希望为所有中国人，以至亚洲，以至全世界的人类，寻求人与信息之间最短的距离，寻求人与信息的相亲相爱。

所以说：视野有多远，世界就有多大。

最后，我在这里衷心祝贺你们顺利完成在北京大学的学习，祝愿你们未来的道路越走越宽广，世界在你们手中。也让我们一起祝福我们的母校传承历史、继往开来、再攀高峰。

谢谢大家！

寒门贵子

刘媛媛

在这个演讲开始之前，我先问问现场的大家一个问题，你们当中有谁觉得自己家境普通，甚至出身贫寒，将来想要出人头地只能靠自己？你们当中又有谁觉得自己是有钱人家的小孩儿，起码在奋斗的时候可以从父母那里得到一点助力？

前些日子，有一个在银行工作了十年的HR(人力资源管理师)，他在网络上发了一篇帖子，叫作《寒门再难出贵子》。意思是说在当下，我们这个社会里面，寒门的小孩儿想要出人头地，想要成功，比我们父辈的那一代更难了。这个帖子引起了特别广泛的讨论，你们觉得这句话有道理吗？

先拿我自己说，我就是出身寒门的，我一直都觉得自己特别幸运，我爸跟我妈都没怎么读过书，我妈连小学一年级都没上过，她居然觉得读书很重要，她吃再多的苦，也要让我们三个孩子上大学。

我一直也不会拿自己跟那些，比如家庭富裕的小孩儿做比较，说我们之间会有什么不同，或者有什么不平等，但是我们必须承认这个世界是有一些不平等的，他们有很多优越的条件，我们都没有，他们有很多的捷径我们也没有，可是我们不能抱怨，每一个人的人生都是不尽相同的，有些人出生就含着金钥匙，有些人出生连爸妈都没有。

人生和人生是没有可比性的，我们的人生是怎么样，完全取决于自己的感受，你一辈子都在感受抱怨，那你的一生就是抱怨的一生，你一辈子都在感受感动，那你的一生就是感动的一生，你一辈子都立志于改变这个社会，那你的一生就是一个斗士的一生。

英国有一部纪录片，叫作“人生七年”，片中访问了十二个来自不同阶层的七岁小孩儿，每七年再去重新访问这些小孩儿。到了影片的最后发现，富人的孩子还是富人，穷人的孩子还是穷人，但是里面有一个叫尼克的贫穷的小孩儿，他通过自己的奋斗变成了一名大学教授，可见命运的手掌里面是有漏网之鱼的。而且，现实生活中寒门子弟逆袭的例子更是数不胜数。

所以当我们遭受失败的时候，我们不能把所有的原因都归结到出身，更不能抱怨自己的父母为什么不如别人的父母，家境不好，并没有斩断一个人成功的所有可能。

当我在人生中遇到很大困难的时候，我就会在北京的大街上走一走，看着人来人往，而那时候我就想，刘媛媛，你在这个城市里面真的是一无所依，你有的只是你自己，你什么都没有，你现在能做的就是单枪匹马在这个社会杀出一条路来。

我们大部分人都不是出身豪门的，我们都要靠自己，所以你要相信，命运给你一个比别人低的起点，是想告诉你，让你用你的一生去奋斗出一个绝地反击的故事。

谢谢大家！

【项目三】组织一次关于如何展开团队合作的演讲。

单元二 现当代说理类作品

导语

胡适倡导自由主义,其主张不仅在于人争取自己的人身自由、言论自由、法律上的平等,或许更看重容忍对于社会自由的重要性。真正自由的社会是有包容性的社会,可以让持不同观点的人生活在一起。这个社会处处是自由的人,正因为他们彼此之间的相互容忍。

容忍与自由[1]

胡 适

容忍与自由

十七八年前,我最后一次会见了母校康奈尔大学的史学大师布尔先生(George Lincoln Burr)。我们谈到英国史学大师阿克顿(Lord Acton)一生准备要著作一部“自由之史”,没有完成他就死了。布尔先生那天谈话很多,有一句话我至今没有忘记。他说:“我年纪越大,越感觉到容忍(tolerance)比自由更重要。”

布尔先生死了十多年了,他这句话我越想越觉得是一句不可磨灭的格言。我自己也有“年纪越大,越觉得容忍比自由更重要”的感想。有时我竟觉得容忍是一切自由的根本:没有容忍,就没有自由。

我十七岁的时候(1908)曾在《竞业旬报》上发表几条“无鬼丛话”,其中有一条是痛骂小说《西游记》和《封神榜》的,我说:

《王制》[2]有之:“假于鬼神时日卜筮以疑众[3],杀。”吾独怪夫数千年来之掌治权者,之以济世明道自期者[4],乃懵然不之注意[5],惑世诬民之学说得以大行,遂举我神州民族投诸极黑暗之世界!……

这是一个小孩子很不容忍的“卫道”态度。我在那时候已是一个无鬼论者,所以发出那样摧除迷信的狂论,要实行《王制》的“假于鬼神时日卜筮以疑众,杀”的一条经典!

我在那时候当然没有梦想到说这话的小孩子在十五年后(1923)会很热心的给《西游记》作两万字的考证!我在那时候当然更没有想到那个小孩子在二三十年后还时时留心

搜求可以考证《封神榜》的作者的材料！我在那时候也完全没有想想《王制》那句话的历史意义。那一段《王制》的全文是这样的：

析言破律[6]，乱名改作[7]，执左道以乱政，杀。作淫声异服奇技异器以疑众[8]，杀。行伪而坚[9]，言伪而辩[10]，学非而博[11]，顺非而泽以疑众[12]，杀。假于鬼神时日卜筮以疑众，杀。此四诛者，不以听[13]。

我在五十年前，完全没有懂得这一段话的“诛”正是中国专制体制下禁止新思想、新学术、新信仰、新艺术的经典的根据。我在那时候抱着“破除迷信”的热心，所以拥护那“四诛”之中的第四诛：“假于鬼神时日卜筮以疑众，杀。”我当时完全没有想到第四诛的“假于鬼神……以疑众”和第一诛的“执左道以乱政”的两条罪名都可以用来摧残宗教信仰的自由。我当时也完全没有注意到郑玄注里用了公输般作“奇技异器”的例子[14]，更没有注意到孔颖达《正义》里举了“孔子为鲁司寇七日而诛少正卯”的例子来解释“行伪而坚，言伪而辩，学非而博，顺非而泽以疑众，杀”[15]。故第二诛可以用来禁绝艺术创作的自由，也可以用来“杀”许多发明“奇技异器”的科学家。故第三诛可以用来摧残思想的自由，言论的自由，著作出版的自由。

我在五十年前引用《王制》第四诛，要“杀”《西游记》《封神榜》的作者。那时候我当然没有梦想到十年之后我在北京大学教书时就有一些同样“卫道”的正人君子也想引用《王制》的第三诛，要“杀”我和我的朋友，当年我要“杀”人，后来人要“杀”我；动机是一样的：都是因为动了一点正义的火气，就失掉容忍的度量了。

我自己叙述五十年前主张“假于鬼神时日卜筮以疑众，杀”的故事，为的是要说明我年纪越大，越觉得“容忍”比“自由”还更重要。

我到今天还是一个无神论者，我不信有一个有意志的神，我也不信灵魂不朽的说法。

我自己总觉得，这个国家、这个社会、这个世界，绝大多数人信神的，居然能有这雅量，能容忍我的无神论，能容忍我这个不信神不信灵魂不灭的人，能容忍我在国内和国外自由发表我的无神论的思想，从没有人因此用石头掷我，把我关在监狱里，或把我捆在柴堆上用火烧死。我在这个世界里居然享受了四十多年的容忍与自由。我觉得这个国家、这个社会、这个世界对我的容忍态度是可爱的，是可以感激的。

所以我自己总觉得我应该用容忍的态度来报答社会对我的容忍。所以我自己不信神，但我能诚心的谅解一切信神的人，也能诚心的容忍并且敬重一切信仰有神的宗教。

我要用容忍的态度来报答社会对我的容忍，因为我年纪越大，我越觉得容忍的重要意义。若社会没有这点容忍的气度，我决不能享受四十多年的大胆怀疑的自由，公开主张无神论的自由了。

在宗教自由史上，在思想自由史上，在政治自由史上，我们都可以看见容忍的态度是最难得、最稀有的态度。人类的习惯是喜同而恶异的，总不喜欢和自己不同的信仰、思想、行为。这就是不容忍的根源。不容忍只是不能容忍和我自己不同的新思想和新信仰。一个宗教团体总相信自己的宗教信仰是对的，是不会错的，所以它总相信那些和自己不同的宗教信仰必定是错的,必定是异端,邪教。一个政治团体总相信自己的政治主张是对的,是不会错的,所以它总相信那些和自己不同的政治见解必定是错的,必定是敌人。

一切对异端的迫害,一切对“异己”的摧残,一切宗教自由的禁止,一切思想言论的被压迫,都由于这一点深信自己是不会错的心理。因为深信自己是不会错的,所以不能容忍任何和自己不同的思想信仰了。

试看欧洲的宗教革新运动的历史。马丁·路德(Martin Luther)和约翰·高尔文(John Calvin)[16]等人起来革新宗教,本来是因为他们不满意于罗马旧教的种种不容忍,种种不自由。但是新教在中欧、北欧胜利之后,新教的领袖们又都渐渐走上了不容忍的路上去,也不容许别人起来批评他们的新教条了。高尔文在日内瓦掌握了宗教大权,居然会把一个敢独立思想、敢批评高尔文的教条的学者塞维图斯(Servetus)定了“异端邪说”的罪名,把他用铁链锁在木桩上,堆起柴来,慢慢的活烧死。这是1553年10月23日的事。

这个殉道者塞维图斯的惨史,最值得人们的追念和反省。宗教革新运动原来的目标是要争取“基督教的人的自由”和“良心的自由”。何以高尔文和他的信徒们居然会把一位独立思想的新教徒用慢慢的火烧死呢?何以高尔文的门徒(后来继任高尔文为日内瓦的宗教独裁者)柏时(Beze)竟会宣言“良心的自由是魔鬼的教条”呢?

基本的原因还是那一点深信我自己是“不会错的”的心理。像高尔文那样虔诚的宗教改革家,他自己深信他的良心确是代表上帝的命令,他的口和他的笔确是代表上帝的意志,那么他的意见还会错吗?他还有错误的可能吗?在塞维图斯被烧死之后,高尔文曾受到不少人的批评。1554年,高尔文发表一篇文字为他自己辩护,他毫不迟疑的说:“严厉惩治邪说者的权威是无可疑的,因为这就是上帝自己的说话。……这工作是为上帝的光荣战斗。”

上帝自己的说话,还会错吗?为上帝的光荣作战,还会错吗?这一点“我不会错”的心理,就是一切不容忍的根苗。深信我自己的信念没有错误的可能(infallible),我的意见就是“正义”,反对我的人当然都是“邪说”了。我的意见代表上帝的意旨,反对我的人的意见当然都是“魔鬼的教条”了。

这是宗教自由史给我们的教训:容忍是一切自由的根本;没有容忍“异己”的雅量,就不会承认“异己”的宗教信仰可以享受自由。但因为不容忍的态度是基于“我们的信念不会错”的心理习惯,所以容忍“异己”是最难得、最不容易养成的雅量。

在政治思想上,在社会问题的讨论上,我们同样的感觉到不容忍是常见的,而容忍总是很稀有的。我试举一个死了的老朋友的故事作例子。四十多年前,我们在《新青年》杂志上开始提倡白话文学的运动,我曾从美国寄信给陈独秀,我说:

此事之是非,非一朝一夕所能定,亦非一二人所能定。甚愿国中人士能平心静气与吾辈同力研究此问题。讨论既熟,是非自明。吾辈已张革命之旗,虽不容退缩,然亦决不敢以吾辈所主张为必是而不容他人之匡正也。

独秀在《新青年》上答我道:

鄙意容纳异议，自由讨论，固为学术发达之原则，独于改良中国文学当以白话为正宗之说，其是非甚明，必不容反对者有讨论之余地；必以吾辈所主张者为绝对之是，而不容他人之匡正也。……

我当时就觉得这是很武断的态度。现在四十多年之后，我还忘不了陈独秀这一句话，我还觉得这种“必以吾辈所主张者为绝对之是”的态度是很不容忍的态度，是最容易引起别人的恶感，是最容易引起反对的。

我曾说过，我应该用容忍的态度来报答社会对我的容忍。现在常常想，我们还得戒律自己：我们若想别人容忍谅解我们的见解，我们必须先养成能够容忍谅解别人的见解的度量。至少至少我们应该戒约自己决不可“以吾辈所主张者为绝对之是”。我们受过实验主义的训练的人，本来就不承认有“绝对之是”，更不可以“以吾辈所主张者为绝对之是”。

［选自《中国新文学大系·杂文卷（1949—1976）》，上海文艺出版社，1997年版］

【注释】

［1］本文原载于1959年3月14日台北《自由中国》第26卷第6期。胡适（1891—1962），安徽绩溪人，原名嗣穈，学名洪骍，字希疆，后取达尔文学说“物竞天择，适者生存”而改名胡适，字适之。胡适是1910年庚子赔款第二期官费生，赴美国留学期间师从实验主义哲学家约翰·杜威，1917年获得哥伦比亚大学博士学位。同年回国后任北京大学教授，加入《新青年》编辑部，撰文反对封建主义，宣传个性自由、民主和科学，积极提倡“文学改良”和白话文学，成为当时新文化运动的领袖之一。1920年至1933年，主要从事中国古典小说的研究考证，同时也参与一些政治活动。1938年被任命为中国驻美国大使。抗战胜利后，于1946年任北京大学校长。1949年赴美国定居，致力于《水经注》的考证等工作。后去台湾，任台湾“光复大陆设计委员会”副主任委员、台湾“中央研究院”院长等职。1962年，在台湾的一个酒会上突发心脏病去世。胡适是现代著名学者、诗人、历史学家、文学家、哲学家，在诸多领域均有不小的建树。主要著作有《中国哲学史大纲》《尝试集》《胡适文存》《胡适自传》《戴东原的哲学》《白话文学史》《胡适文选》《胡适论学近著》《藏晖室札记》《齐白石年谱》，以及《先秦名学史》等英文论著。此外，还翻译了大量外国作品。

［2］《王制》：《礼记》中的一篇。《礼记》相传是西汉戴胜编纂的，共有《礼运》《学记》《乐记》《大学》《中庸》《王制》等49篇。《王制》比较系统地记述了有关封国、爵禄、朝觐、丧祭、行政、学校、巡狩等典章制度，内容与实际商周礼制有不相符的地方。

［3］假于鬼神：假借鬼神的名义。时日卜筮以疑众：经常用卜筮的迷信活动来谣惑民众。

［4］以济世明道自期者：期望自己能够成为补救时艰、阐明事理的人。

［5］懵（měng）然：糊涂、不明事理的样子。

［6］析言破律：曲解圣贤之言，破坏既定法制。

［7］乱名改作：扰乱名物概念，改变行为规范。

［8］淫声：放荡的音乐。奇技异器：奇异怪诞的技术与器物。

［9］行伪而坚：行为虚伪却又固执己见。

［10］言伪而辩：言论虚伪却能言善辩。

［11］学非而博：学理错误却驳杂恣肆。

［12］顺非而泽以疑众：依顺错误却文过饰非。

[13]不以听：不必再审问听取意见。

[14]郑玄注：东汉郑玄为《礼记》作的注释。郑玄(127—200)，字康成，北海高密(今属山东)人，东汉著名经学家。公输般：春秋时鲁国人，世称鲁班，古代建筑大匠，被木工业奉为鼻祖。

[15]孔颖达《正义》：唐代经学家孔颖达(574—648)的《礼记正义》。孔子为鲁司寇七日而诛少正卯：孔子在鲁国做司寇，第七天就杀了少正卯，原因是少正卯兼有《王制》里的四诛等罪恶。这件事的记载最早见于《荀子·宥坐》，清代学者对此多持怀疑态度。

[16]马丁·路德(Martin Luther)和约翰·高尔文(John Calvin)：1517年，德国马丁·路德发表《95条论纲》，揭开欧洲宗教革新运动的序幕，反对教皇对各国教会的控制，要求建立适合君主专制的新教会、新教义，深得市民上层和一部分德国诸侯的支持。法国约翰·高尔文受马丁·路德的影响，1533年改信新教，建立新教教会，废除主教制，用长老制代替，在日内瓦建立了政教合一的神权体制，成为一个宗教独裁者，其主张和信条适合资产阶级激进派的要求。后来曾以“异端”的罪名，处死西班牙科学家塞维图斯等多人。

作品赏析

本文是胡适发表在《自由中国》上的一篇议论性杂文。《自由中国》以倡导言论自由，大胆批评时政著称，发表此文时正是杂志受台湾当局围攻的时候，在紧张的局势之下胡适畅谈“容忍”与“自由”，有一定的用意。

本文从布尔先生“我年纪越大，越感觉到容忍比自由更重要”的谈话说起，引出论题，进而结合自我的人生体验，提出“没有容忍，就没有自由”的中心论点。在接下来的论证中，先是追述自己过去所做的一些“不容忍”的事情，指陈其实质是对自由的戕害，在自我批评之中强调容忍的重要性，态度真诚，富有说服力。然后以宗教自由史为例，从人“喜同而恶异”的心理习惯出发，通过论述宗教运动标榜“绝对之是”所带来的恶果，剖析“不容忍”的根源。最后一部分，从宗教史过渡到政治、社会和学术层面，回顾自己和陈独秀关于提倡白话运动的讨论，否定“以吾辈所主张者为绝对之是”的错误思想，再次重申容忍的重要性。这篇文章被殷海光先生誉为“近四十年来中国思想史上的一个伟大的文献”，最主要的依据就是其关于“容忍与自由”关系的精辟论述。这一论述无论在任何时代背景之下，都有着广泛的社会意义，尤其在今天，我们积极倡导建设“和谐社会”，“容忍”是必需态度，也只有“容忍”才能促使国家和社会实现最终的“和谐”。

作为一篇具有深刻理论内涵的文章，本文却没有严肃的理论架势，显得平易近人，说理明晰透彻。首先体现在作者以自我人生经验的方式来述理，有效拉近了读者与作者的距离，具有较强的亲和力。其次在于作者在文中以真诚的态度进行自我剖析与批评，表现出客观严谨的学术精神，让人肃然起敬。最后作者在对观点的论述过程中，运用历史事实作为论据，使得文章内容充实，读之有味。总之，文章突出体现了胡适所倡导的“言之有物、明白清楚”的文风，具有“大家风范”。

词海拾贝

1.不可磨灭(bùkě-mómiè)

磨灭:消失。永远消失不了。指事迹、言论等将始终保留在人们的记忆中。出自宋代欧阳修《记旧本韩文后》:“韩氏之文,没而不见者二百年,而后大施于今,此又非特好恶之所上下,盖其久而愈明,不可磨灭,虽蔽于暂而终耀于无穷者,其道当然也。”

2.一朝一夕(yīzhāo-yīxī)

朝:早晨;夕:晚上。一个早晨或一个晚上。形容很短的时间。出自《周易·坤》:“臣弑其君,子弑其父,非一朝一夕之故,其所由来者渐矣。”

知识巩固与能力训练

一、胡适在本文中所阐述的“容忍”与“自由”的关系是怎样的?结合实际生活,谈谈你对两者关系的理解。

二、胡适在文章中指出的“不容忍的根源”是什么?你对胡适这一论断怎么看?

学文心语

为人可以不伟大,但不能卑鄙;头脑可以不聪明,但不能糊涂;生活可以不乐观,但不能厌世;交友可以不慷慨,但不能损人。

导语

九一八事变之后，中国屡遭凌侮。九一八事变又在许多中国人心中投下失败的阴影，国内悲观论调一时甚嚣尘上。当时资产阶级报纸《大公报》发表社论，指责中华民族失去了自信力，为国民党反动政府推卸责任。针对这一观点，鲁迅先生凭着对社会现状的洞悉，发出了中国人当自信自强的呐喊。鲁迅写这篇文章之前的一个月就发烧，肺病已相当严重。文章写完之后的两个多月，他写了《病后杂谈》，还致信杨霁云，自称是在敌人和"战友"的夹攻下的"横战"，病情的恶化和精神的压力，并没有影响他对世事的热忱和关注。

中国人失掉自信力了吗[1]

鲁　迅

中国人失掉自信力了吗

从公开的文字上看起来：两年以前，我们总自夸着"地大物博"，是事实；不久就不再自夸了，只希望着国联[2]，也是事实；现在是既不夸自己，也不信国联，改为一味求神拜佛，怀古伤今了——却也是事实。

于是有人慨叹曰：中国人失掉自信力了。

如果单据这一点现象而论，自信其实是早就失掉了的。先前信"地"，信"物"，后来信"国联"，都没有相信过"自己"。假使这也算一种"信"，那也只能说中国人曾经有过"他信力"，自从对国联失望之后，便把这他信力[3]都失掉了。

失掉了他信力，就会疑，一个转身，也许能够只相信了自己，倒是一条新生路，但不幸的是逐渐玄虚起来了。信"地"和"物"，还是切实的东西，国联就渺茫，不过这还可以令人不久就省悟到依赖它的不可靠。一到求神拜佛，可就玄虚之至了，有益或是有害，一时就找不出分明的结果来，它可以令人更长久的麻醉着自己。

中国人现在是在发展着"自欺力"[4]。

"自欺"也并非现在的新东西，现在只不过日见其明显，笼罩了一切罢了。然而，在这笼罩之下，我们有并不失掉自信力的中国人在。

我们从古以来，就有埋头苦干的人，有拼命硬干的人，有为民请命的人，有舍身求法的人，……虽是等于为帝王将相作家谱的所谓"正史"，也往往掩不住他们的光耀，这就是中国的脊梁。

这一类的人们，就是现在也何尝少呢？他们有确信，不自欺；他们在前仆后继的战斗，不过一面总在被摧残，被抹杀，消灭于黑暗中，不能为大家所知道罢了。说中国人失掉了自信力，用以指一部分人则可，倘若加于全体，那简直是诬蔑。

要论中国人,必须不被搽在表面的自欺欺人的脂粉所诓骗,却看看他的筋骨和脊梁。自信力的有无,状元宰相的文章是不足为据的,要自己去看地底下。

九月二十五日

(选自《鲁迅作品精选》,长江文艺出版社,2012 年版)

【注释】

[1]本文是鲁迅先生在民国时期所著的一篇杂文,最早于 1934 年刊发,后编入《且介亭杂文》。作于九一八事变三周年之际,反驳了当时社会对抗日前途的悲观论调以及指责中国人失掉了自信力的言论,鼓舞了民族自信心和抗日斗志。

[2]国联:指国际联盟(英文:League of Nations,简称 LON 或国联),是第一次世界大战后成立的国际组织,宗旨是减少武器数目及平息国际纠纷。但国联不能有效阻止法西斯的侵略行为。第二次世界大战后为联合国所取代。这个组织是第一次世界大战战胜的协约国一方建立,战败国没有权利参加,但是后来非国联成员的强盛国家不需要遵守规矩而无所顾忌,国联平息国际纠纷的职能根本无法履行。对强大起来的法西斯国家(德国、日本),国联也没有好办法来遏制,且美国不是国际联盟成员国,越往后这个组织越显得无用,至第二次世界大战爆发宣告其彻底沦为废物。

[3]他信力:指的是相信和依赖其他事物的思想和心态。

[4]自欺力:指的是自己欺骗自己的思想和心态。

作品赏析

第一部分:摆出对方的论点和论据。

开篇以似乎确凿的事实为据,用一句话指出了三个阶段中“中国人”表现出来的三种不同的态度:①盲目骄傲,夜郎自大。(“总”含有“一向”的意思)②盲目崇拜,借助外援。(“只”含有“唯一”的意思)③今不如昔,祈求鬼神。(“一味”含有“死心塌地”的意思)把这三者连贯起来,其态度是:由自夸到崇洋,再到自欺欺人、虚无渺茫。因此有人“慨叹”:“中国人失掉自信力了。”这是论题的论点。(这是报刊上先后宣扬过的三件“事实”,都不过是“公开”的、表面的东西,并不能反映社会的本质和主流)用了三个事实来反复强调和肯定,即事实已铸成铁案。

第二部分:驳斥对方的论证。

根据批驳的对象不同,分两层。第一层,针对对方的三个论据,运用层层剥茧的方法,指出其虚伪性和欺骗性,抨击其卖国行径。

“他信力”“自欺力”这是作者在本文里特地造的两个新词,用“自”和“他”,“信”和“欺”两对反义词衍义造成的。这是一种修辞手法,这两个新造的词和原词“自信力”一对照,就显出极其深刻的讽刺意义。第二自然段“有人”是指梁实秋等文人,针对对方三个论据一一批驳。文章用两个假设复句,第一个假设复句,“自信”早已失掉,第二个假设复句,是退一步讲,接着指出失掉“他信力”后可能寻找一条“新生路”,那就是相信自己,“但”字一转,“不幸”得很,走上了一条可怕的路,即求神拜佛、虚无缥缈、精神麻醉的路。这就是上层统治者自欺欺人,以掩盖他们乞求于帝国主义镇压革命的罪恶目的。因此,文中“中国人”究竟是谁，就不言而喻了。

第五自然段从正面立论，这是第三、四自然段所揭露的逻辑结论。既失掉“自信力”又失掉“他信力”走上自我麻醉的道路，就是“发展自欺力”的表现，这一语道破了反动派自欺欺人的实质。

第二层，正面歌颂我国有史以来前仆后继战斗着的中国人民，揭露反动派凶残毒辣的行径，驳斥论敌的论点。

第六自然段是过渡段，承上启下，明确论点“我们有并不失掉自信力的中国人在”。先承接上文，对“自欺”作了历史说明，指出“自欺”是反动派的老货色，从古就有，于今更甚。“笼罩了一切”说明“自欺”在当时国民党上层社会泛滥的严重性。

这里的“中国人”与上文的“中国人”内涵迥然不同，上文指国民党反动势力一小撮民族败类；这里指富有反抗精神的中国人民。“中国的脊梁”是不求名利，埋头苦干，创造社会财富和灿烂文化，推动历史前进的广大劳动人民和创造发明家。如毕昇、李时珍等。也是不怕流血牺牲，起而反抗反动统治的革命者和坚持抗战抵御外侮的民族英雄。如陈涉、李自成、洪秀全、岳飞、文天祥等。一种是代表人民利益，不顾个人安危，为解除或减轻人民疾苦而奔走呼号，为民请命的人。如杜甫、白居易、关汉卿等。一种是历尽艰辛，奋不顾身，探求佛教教理的人。如法显、玄奘等。这就是“中国的脊梁”，是用比喻形象地对在历史上起过进步作用的人的高度评价。

除历史人物外当今的英雄更多，斗争更伟大。鲁迅先生在赞美革命者具有坚定的信仰和不屈不挠的精神的同时，怒不可遏地揭露了敌人“摧残”“抹杀”革命者的罪行。最后鲁迅先生郑重宣告：“说中国人失掉了自信力，用指一部分人则可，倘若加于全体，那简直是诬蔑。”直斥“有人”的无耻谰言。观点十分鲜明，感情十分强烈。

在这一层中，鲁迅运用辩证唯物主义的观点，从历史和现实两方面，对“中国人”作了阶级分析，热情赞扬了作为“中国的脊梁”的“并不失掉自信力的中国人”。

第三部分：号召广大中国人民要分清是非，向英雄人物学习，积极投入革命的洪流中去。同时写出作者鲁迅的观点——从古至今都有不失自信力的中国人在。

这一部分，鲁迅号召广大中国人民必须擦亮眼睛，剥去敌人的伪装，彻底粉碎反革命的阴谋活动。同时指出“状元宰相”与“地底下”的地位不同、立场不同、对待革命的态度也不同。“状元宰相”是为一小撮上层统治阶级摇旗呐喊的，“地底下”是指中国人的真正代表及其正在奋斗的光辉业绩。这里运用了比喻，含义是：反动派及其御用文人的文章是荒谬的，不足为据的，要自己亲自到被压在下面的另一个世界去观察。

词海拾贝

1.地大物博（dìdà-wùbó）

博：丰富。指国家疆土辽阔，资源丰富。出自唐代韩愈《平淮西碑》：“地大物博，蘖牙其间。”

2.舍身求法(shěshēn-qiúfǎ)

舍身:舍弃身体。求法:寻求佛法。原指佛教徒不惜牺牲自己,远道求经。后比喻为了追求真理而不惜牺牲自己。

3.前仆后继(qiánpū-hòujì)

仆:倒下。继:接着,跟上。前面的倒下了,后面的紧跟上去。形容斗争的英勇壮烈。出自唐代孙樵《祭梓潼神君文》:"跛马愠仆,前仆后踣。"

4.自欺欺人(zìqī-qīrén)

欺骗自己,也欺骗别人。出自《朱子语类》:"因说自欺欺人曰:欺人亦是自欺,此又是自欺之甚者。"

知识巩固与能力训练

一、分析本文的论证方法。

二、文章最后一段中的"状元宰相"和"地底下"分别指什么?

三、"中国的脊梁"在当下指的是什么人?

学文心语

只有使自己自卑的心灵自信起来,弯曲的身躯才能挺直;只有使自己懦弱的体魄健壮起来,束缚的脚步才能迈开;只有使自己狭隘的心胸开阔起来,短视的眼光才能放远;只有使自己愚昧的头脑聪明起来,愚昧的幻想才能抛弃!

导语

一个人待在房子里，面对一扇窗户，太阳照进屋子，屋子洒满阳光。你会作何感想呢？静静思考，窗户不是一般意义上的窗户，窗户可以是人的眼睛，而眼睛是心灵的窗户，透过窗户，也许会看到一个不一样的世界。

窗[1]

钱钟书

又是春天，窗子可以常开了。春天从窗外进来，人在屋子里坐不住，就从门里出去。不过屋子外的春天太贱了！到处是阳光，不像射破屋里阴深的那样明亮；到处是给太阳晒的懒洋洋的风，不像搅动屋里沉闷的那样有生气。就是鸟语，也似乎琐碎而单薄，需要屋里的寂静来做衬托。我们因此明白，春天是该镶嵌在窗子里看的，好比画配了框子。

窗

同时，我们悟到，门和窗有不同的意义。当然，门是造了让人出进的。但是，窗子有时也可作为进出口用，譬如小偷或小说里私约的情人就喜欢爬窗子。所以窗子和门的根本分别，决不仅是有没有人进来出去。若据赏春一事来看，我们不妨这样说：有了门，我们可以出去；有了窗，我们可以不必出去。窗子打通了大自然和人的隔膜，把风和太阳逗引进来，使屋子里也关着一部分春天，让我们安坐了享受，无需再到外面去找。古代诗人像陶渊明[2]对于窗子的这种精神，颇有会心。《归去来兮辞》[3]有两句道："倚南窗以寄傲，审容膝之易安。"不等于说，只要有窗可以凭眺，就是小屋子也住得么？他又说："夏月虚闲，高卧北窗之下，清风飒至，自谓羲皇上人。"意思是只要窗子透风，小屋子可成极乐世界；他虽然是柴桑人，就近有庐山，也用不着上去避暑。所以，门许我们追求，表示欲望，窗子许我们占领，表示享受。这个分别，不但是住在屋里的人的看法，有时也适用于屋外的来人。一个外来者，打门请进，有所要求，有所询问，他至多是个客人，一切要等主人来决定。反过来说，一个钻窗子进来的人，不管是偷东西还是偷情，早已决心来替你做个暂时的主人，顾不到你的欢迎和拒绝了。缪塞[4]（Musset）在《少女做的是什么梦》那首诗剧里，有句妙语，略谓父亲开了门，请进了物质上的丈夫（matérielépoux），但是理想的爱人（idéal），总是从窗子出进的。换句话说，从前门进来的，只是形式上的女婿，虽然经丈人看中，还待博取小姐自己的欢心；要是从后窗进来的，才是女郎们把灵魂肉体完全交托的真正情人。你进前门，先要经门房通知，再要等主人出现，还得寒暄几句，方能说明来意，既费心思，又费时间，那像从后窗进来的直捷痛快？好像学问的捷径，在乎书背后的引得，若从前面正文看起，反见得迂远了。这当然只是在社会常态下的分别，到了战争等变态时期、屋子本身就保不住，还讲什么门和窗！

世界上的屋子全有门，而不开窗的屋子我们还看得到。这指示出窗比门代表更高的人类进化阶段。门是住屋子者的需要，窗多少是一种奢侈，屋子的本意，只像鸟窠兽窟，准备人回来过夜的，把门关上，算是保护。但是墙上开了窗子，收入光明和空气，使我们白天不必到户外去，关了门也可生活。屋子在人生里因此增添了意义，不只是避风雨、过夜的地方，并且有了陈设，挂着书画，是我们从早到晚思想、工作、娱乐、演出人生悲喜剧的场子。门是人的进出口，窗可以说是天的进出口。屋子本是人造了为躲避自然的胁害，而向四垛墙、一个屋顶里，窗引诱了一角天进来，驯服了它，给人利用，好比我们笼络野马，变为家畜一样。从此我们在屋子里就能和自然接触，不必去找光明，换空气，光明和空气会来找到我们。所以，人对于自然的胜利，窗也是一个。不过，这种胜利，有如女人对于男子的胜利，表面上看来好像是让步——人开了窗让风和日光进来占领，谁知道来占领这个地方的就给这个地方占领去了！我们刚说门是需要，需要是不由人做得主的。譬如饿了就要吃，渴了就得喝。所以，有人敲门，你总得去开，也许是易卜生所说比你下一代的青年想冲进来，也许像德昆西论谋杀后闻打门声所说，光天化日的世界想攻进黑暗罪恶的世界，也许是浪子回家，也许是有人借债（更许是讨债），你愈不知道，怕去开，你愈想知道究竟，愈要去开。甚至每天邮差打门的声音，也使你起了带疑惧的希冀，因为你不知道而又愿知道他带来的是什么消息。门的开关是由不得你的。但是窗呢？你清早起来，只要把窗幕拉过一边，你就知道窗外有什么东西在招呼着你，是雪，是雾，是雨，还是好太阳，决定要不要开窗子。上面说过窗子算得奢侈品，奢侈品原是在人看情形斟酌增减的。

我常想，窗可以算房屋的眼睛。刘熙[5]《释名》说：“窗，聪也；于内窥外，为聪明也。”正和凯罗（Gottfried Keller）《晚歌》（Abendlied）起句所谓：“双瞳如小窗（Fensterlein），佳景收历历。”同样地只说着一半。眼睛是灵魂的窗户，我们看见外界，同时也让人看到了我们的内心；眼睛往往跟着心在转，所以孟子认为相人莫良于眸子，梅特林克戏剧里的情人接吻时不闭眼，可以看见对方有多少吻要从心里上升到嘴边。我们跟戴黑眼镜的人谈话，总觉得捉摸不住他的用意，仿佛他以假面具相对，就是为此。据爱戈门（Eckermann）记一八三〇年四月五日歌德[6]的谈话，歌德恨一切戴眼镜的人，说他们看得清楚他脸上的皱纹，但是他给他们的玻璃片耀得眼花缭乱，看不出他们的心境。窗子许里面人看出去，同时也许外面人看进来，所以在热闹地方住的人要用窗帘子，替他们私生活做个保障。晚上访人，只要看窗里有无灯光，就约略可以猜到主人在不在家，不必打开了门再问，好比不等人开口，从眼睛里看出他的心思。关窗的作用等于闭眼。天地间有许多景象是要闭了眼才看得见的，譬如梦。假使窗外的人声物态太嘈杂了，关了窗好让灵魂自由地去探胜，安静地默想。有时，关窗和闭眼也有连带关系，你觉得窗外的世界不过尔尔，并不能给与你什么满足，你想回到故乡，你要看见跟你分离的亲友，你只有睡觉，闭了眼向梦里寻去，于是你起来先关了窗。因为只是春天，还留着残冷，窗子也不能整天整夜不关的。

【注释】

[1]本文选自钱钟书《写在人生边上》。钱钟书（1910—1998），字默存，号槐聚，曾用笔名中书君，江

苏无锡人。出身于诗书世家,十九岁考入清华大学,1933 年毕业后在上海光华大学任教,1935 年,赴西方留学,先后在牛津大学、巴黎大学学习。1938 年回国后历任清华大学教授、国立蓝田师范学院英文系主任、上海暨南大学外文系教授、南京中央图书馆英文馆刊《书林季刊》编辑、文学研究所研究员、中国社科院副院长及院特邀顾问等职务,是中国现代著名作家、文学研究家。钱钟书博学多能,兼通数国语言,学贯中西,在文学创作和学术研究两方面均做出了卓越成绩。文学作品主要有散文集《写在人生边上》,短篇小说集《人·兽·鬼》,长篇小说《围城》;学术研究成果主要有《谈艺录》《七缀集》《宋诗选注》《管锥编》五卷等。其中《围城》有独特成就,被译成多国文字在国外出版。

[2]陶渊明(352 或 365—427):名潜,字渊明,又字元亮,自号“五柳先生”,私谥“靖节”,世称靖节先生,浔阳柴桑人。东晋末至南朝宋初期伟大的诗人、辞赋家。曾任江州祭酒、建威参军、镇军参军、彭泽县令等职,出任彭泽县令八十多天便弃职而去,从此归隐田园。他是中国第一位田园诗人,被称为“古今隐逸诗人之宗”。有《陶渊明集》。

[3]《归去来兮辞》:是晋宋之际文学家陶渊明创作的抒情小赋,也是一篇脱离仕途回归田园的宣言。这篇文章作于作者辞官之初,叙述了他辞官归隐后的生活情趣和内心感受,表现了他对官场的认识以及对人生的思索,表达了他洁身自好、不同流合污的精神情操。作品通过描写具体的景物和活动,创造出一种宁静恬适、乐天自然的意境,寄托了他的生活理想。语言朴素,辞意畅达,匠心独运而又通脱自然,感情真挚,意境深远,有很强的感染力。结构安排严谨周密,散体序文重在叙述,韵文辞赋则全力抒情,二者各司其职,成“双美”之势。

[4]缪塞(1810—1857):19 世纪法国浪漫主义诗人、小说家、剧作家。主要作品有“四夜组诗”,长诗《罗拉》,诗剧《酒杯与嘴唇》等。

[5]刘熙:生卒年不详,生于 160 年前后,或称刘熹,字成国,北海(今山东昌乐)人,官至南安太守。东汉经学家,训诂学家。生当汉末桓、灵之世,献帝建安中曾避地交州。据陈寿《三国志》说,吴人程秉、薛综、蜀人许慈都曾从熙问学。著有《释名》和《孟子注》,其中《释名》是我国重要的训诂著作,在后代有很大影响。

[6]歌德:1749 年 8 月 28 日出生于法兰克福,德国著名的思想家、作家、科学家,他是魏玛的古典主义最著名的代表。而作为诗歌、戏剧和散文作品的创作者,他是最伟大的德国作家之一,也是世界文学领域的一个出类拔萃的光辉人物。他在 1773 年写了一部戏剧《葛兹·冯·伯利欣根》,从此蜚声德国文坛。1774 年发表了《少年维特之烦恼》,更使他名声大噪。1776 年开始为魏玛公国服务。1831 年完成《浮士德》,翌年在魏玛去世。

作品赏析

本文以小见大,见解独到,语言妙趣横生,启人心智。本文的议论语言读起来庄谐杂出,或似是而非,或似非而是,或形同悖论,或正经话作荒唐语,充满了理趣。如:在说“窗子有时也可作为进出口用”时,举例为“小偷或小说里私约的情人就喜欢爬窗子”;在说“人对于自然的胜利,窗也是一个”时“有如女人对于男子的胜利,表面上看来好像是让步——人开了窗让风和日光进来占领,谁知道来占领这个地方的就给这个地方占领去了!”读后让人忍俊不禁。这些荒唐语作正经话,取决于作者心智的高卓。因为“矛盾是智慧的代价”,智慧就在于从矛盾中发现为人们所忽视或所误会或所掩盖的内在统一。

钱钟书学贯中西，作文一向是旁征博引，这篇文章中也有很多引用，这对说明中心有一定的作用。比如作者引刘熙和凯罗的话要说明的意思是眼睛是心灵的窗户，孟子“相人莫良于眸子”的话，说明的又是眼睛也可让人看到内心。这些名人名言的引用，不仅增加了文章的知识性、哲理性，更重要的是有助于表达文章的主题。

全文以独特的自我情感体验、观察理解为基础，借助常见的窗子，以小见大，铺陈譬喻，直指心灵，让我们明白从新的角度、用新的眼光去观察事物、思考问题，会体会出不一样的情感，得出不一般的认识。作者行文多用打比方，见解独到、深刻，表达含蓄、风趣。

《窗》由“春天”入笔，写“春天是该镶嵌在窗子里看的”，道出“窗”的作用，总领全文。接着在第二段对比了门和窗对于人的不同意义，自然引出“窗打通了大自然和人的隔膜”这一中心论点。在第三段中进一步谈“窗”之于人的意义是人对自然的精神上的胜利。最后总结全文，用一形象的比喻“窗可算是房屋的眼睛”，道出窗对于屋内与屋外人的意义。最后一句“因为只是春天，还留着残冷，窗子也不能整天整夜不关的”完美地照应了开头。

作者爱窗，原因不止一个，对窗子的看法也是独到、深刻而多样的；“窗子打通了人与大自然的隔膜”“窗子许我们占领，表示享受”“窗比门代表更高的人类进化阶段”“窗子算得上奢侈品”“窗可以算房屋的眼睛”……这些都是钱钟书先生对窗子的钟爱及其独到的个人见解。

词海拾贝

1.鸟窠兽窟(niǎokē-shòukū)

指筑在地洞里的鸟窝和禽兽的洞穴。

2.举重若轻(jǔzhòng-ruòqīng)

举重东西就像举轻东西那样。比喻做繁难的事或处理棘手的问题轻松而不费力。出自清代赵翼《瓯北诗话》：“坡诗不尚雄杰一派，其绝人处，在乎议论英爽，笔锋精锐，举重若轻，读之似不甚用力，而力已透十分。”

知识巩固与能力训练

一、文章以“窗”做标题有何作用？

二、文章第一自然段说“春天是该镶嵌在窗子里看的”，这句话的含义是什么？

三、文章第二自然段说“窗子和门的根本分别，决不仅是有没有人进来出去”，那么，“窗子”的意义主要体现在哪里？

四、文章开头说“开窗”，是为了欣赏屋外的春天；文章最后又说“关窗”，其原因有哪些？

学文心语

生活的最高境界是理解,人生的最高境界是心静。心静,就能进入一种闭门即深山,读书随处净土的妙处。别在无关的人与事上费尽心机,别在小处微利上计较太多,让心沉淀,静心做事,常心为人,修炼人格的魅力,提升自身的实力,赢得属于自己的机遇和尊重。

导语

生命的意义是一个解释人类存在的目的与意义的哲学问题。这个概念通过许多相关问题体现出来，例如：“我为何在此？”“什么是生命？”“生命的真谛是什么？”……先人在不同的文化环境与意识形态背景下也给出了多元化的答案。

生命的意义[1]

罗家伦

生命的意义

我们人类的生命很多，宇宙间万物的生命更多。生之现象，非常普遍。但是我们为什么生在世上？这个问题，数千年来经过多少哲学家科学家的研讨和追求。如果做了人而对于人生的意义不明了，浑浑噩噩，糊涂一世，那他真是白活了。因为对于本身的生命还不明白，我们的行为，就没有标准；我们的态度，也无从确定。有许多人觉得生活很是痛苦，恨不得立刻把自己的生命毁灭掉。他觉得活在世上，乃是尝着无穷尽的痛苦；在生命的背后，似乎有一种黑暗的魔力，时刻逼着他向苦难的路上推动，使他欲生不能，欲死不得；因此他常想设法解除这生命的痛苦。佛教所谓“涅槃”[2]，也就是谋解除生命痛苦的一个方法。不过是否真能解除，乃是另一问题。又有些人认为生命是快乐的，以为世界上一切事物，宇宙间一切创作，都是供我们享受的，遂成为一种绝对的享乐主义。其他对于生命所抱的态度很多，要皆各有其见解。我们若是不知道生命真正的意义，就会彷徨歧路，感觉生命的空虚，于是一切行动，茫无所措。所以我们对于这个问题，至少应该有一种初步的，也就是基本的反省。

第一，在无数生命中，人的生命何以有特别意义？

如果就“生命”二字来讲，他的意义非常广泛。谈到宇宙的生命，其含义更深。这个纯粹的哲学问题，此处暂且不讲。生命既然很多，人类的生命，不过为宇宙无穷生命之一部分。庄子说：“朝菌不知晦朔，蟪蛄不知春秋。[3]”朝菌蟪蛄，何尝没有生命？大之如“天山龙”[4]，固曾有其生命，小之如微生物，也有生命。但是在这无量数的生命中，为什么人的生命，才有特殊的意义？为什么人的生命，才有特殊的价值？为什么只有人才对他的生命发生意义和价值的问题？

第二，生命是变动的，物我之间，究竟有什么关系？

生命是变动的。我们身上的细胞，每天有多少新的生出来，多少陈旧的逐渐死去。这种新陈代谢的变动，可说无一刻停止。一方我们采取动植矿物的滋养成分为食料，以增加我们的新细胞，维持我们的生长；但一旦人死了，身体的有机组织，又渐腐败分离，为其他动植矿物所吸收。生命之循环，变化无已。我们若分析人类的生命，与其他动植物的生命，可以发生许多哲学上的推论。如近代柏格森、杜里舒[5]等哲学系统，都是由此而来的。即梁启超的今日之我非昨日之我,故不惜今日之我与昨日之我宣战的一段话,也是由观察生命不断变动的现象而来的,不过他得到的是不正确的推论罢了。可见我们总是想到在生命不断的变动当中,物我之间究有什么关系这个问题。

第三,生命随着时间容易过去。

生命随着真实的时空不断地过去。人生上寿,不过百年,转瞬消逝,于是便有"生为尧舜死亦枯骨,生为桀纣死亦枯骨"之感。在悠悠无穷的时间中,人的一生不过一刹那。印度人认为宇宙曾经多少劫;每劫若干亿万年。人的生命,在这无数劫中,还不是一刹那吗?若仅就生命现在的一刹那看来,时光实在过于短促;生命的价值,如果仅以一刹那之长短来估定,那么人生实在没有多大意义。尧舜苦心经营创制,不过是一刹那的过去;桀纣醉生梦死,作恶殃民,也不过是一刹那的过去。若是把他们的生命价值认为相等,岂非笑话!故以生命之久暂来估定它的意义与价值,当然是不妥。一个人只要有高尚的思想,伟大的人格,虽不生为百岁老人,亦有何伤?否则上寿百岁与三十四十岁而死者,从无穷尽的时间过程看来,都不过是一刹那。欲从这时间久暂上来求得生命的意义,真是微乎其微。故生命的意义,当然别有所在。

这就是我们对于生命初步的反省。我们从此得到了三个认识,就是:生命是无数的,生命是变动的,生命是容易过去的。

人生的意义在能认识和创造生命的价值。宇宙间的生命,既是如此的多,何以只是人类的生命,才有特别的意义?想解答这个问题,是属于价值哲学的研究。人的生命之所以有意义,乃是因为人能认识和创造人生的价值。因为人类能够反省,所以他能对于宇宙整个的系统,求得认识;更能从宇宙的整个系统之中,认识其本身价值之所在。人类的生命,虽然限制在一定的空时系统之中,但是他能够扩大经验的范围,不受环境的束缚;能够离开现实的环境而创造理想的意境。其他动物则不能如此。例如蛙在井中,则以井为其唯一的天地;离开了井,他便一无认识。人类则不然,其意境所托,可以另辟天地。只有人才能把世上的事事物物,分析观察,整理成一个系统,探讨彼此间的关系,以求得存在于这个系统内的原理,并且能综合各种原理,以推寻生命的究竟。说到人类能创造价值一层,对于生命的意义,尤关重要。一方面他固须接受前人对于人生已定了的价值表,一方面更须自己重新定出价值表来,不断地根据这种新的启示,鼓励自己和领导大家从事于创造事业和完成使命。如此,不但个人的生命,不致等闲消失,并且把整个人类生命的意义提高。古圣先哲,终生的努力,就在于此。这是旁的生命所不能做,而为人类生命所能独到的。所以说宇宙间的生命虽是无量数,惟有人类的生命才有特殊的意义。

人格的统一性与一贯性。生命不断地变,但必须求得当中不变的真理。我们人类虽每天吸收动植矿物的滋养成分,以促进身体上新陈代谢的变化,但是生命当中所包含的真理,决不因生理上的变化而稍移易。这种生命的一贯性和统一性,就是人格。人因为有人格,所以不致因为今日食猪肉,就发猪脾气;明天食牛肉,就发牛脾气。只是以一切的物质，为我们生命的燃料罢了！至于“今日之我与昨日之我宣战”的见解，正是因为缺乏了整个的人格观念，所以陷入于可笑的矛盾。世界上人与人相处，彼此之间全赖有人格的认识。大家所共认为是善人的，应该今日如此，明日也必定如此；今年如此，明年也必定如此。若是人类无此维系，便无人类的社会可言。所谓人格，就是一贯的自我。他应当是根据我们对于宇宙系统的研究与反省所得到的精确认识，而向着完满的意境前进，向着真善美的世界发展的。他须努力使生命格外美满和谐，使个人的生命与整个宇宙的生命相协调。他更须佐以渊博的知识，培以丰富纯正的感情，从事于促成生命系统的完善。这种好的人格才真是一贯的；因为是一贯的，所以是经得起困苦艰难，决不会随着变幻的外界现象而转移的。有了这种人格，然后在整个宇宙的生命系统当中，人的生命才可立定一个适当的地位。倘若今日如此，明日如彼；苟且偷安，随波逐流，便认为是自我的满足；那不但是无修养，而且是无人格。人与其他生物的分际，就在人格上。人虽吸收了若干外来的食物成分，变其血轮，变其细胞，变其生理上的一切，但他的人格，理想上的人格，永久不变，这就是人格的统一性与一贯性。可见生命虽不断地变，尚有不变者在。这也是人类生命的特殊性。

要保持生力，从力行中以生命来换取伟大的事业。生命随着时间容易过去。《庄子》上所说的朝菌蟪蛄，固然生命很短；楚南冥灵[6]，以五百岁为春，五百岁为秋，上古大椿，以八千岁为春，八千岁为秋，这种生命可以说是很长了，然而在整个时间系统之中，又何尝不是一刹那的过去？故生命的长短，不足以决定生命之价值。生命之价值，要看生命存在的意义如何，乃能决定。吾人之生，决定要有一种作为。生命虽易过去，但有一点不灭，那就是以生命所换来永不磨灭的事业。古今来已死过了的生命不知有多少，若以四万万人每人能活到六十岁来计算，那么，每六十年要死去四万万，一百二十年就死去八万万，照此推算下去，有史以来，过去了的生命，不知若干万万。但是古今来立德立功立言的人，名垂青史，虽在千百年以后，也还是为人所景仰崇拜；那些追随流俗，一事无成的人，他的姓名，及身就不为人所知，到了后代，更如飘忽的云烟，一些痕迹也不曾留着。所以惟有事业，才是人生的成绩，人类的遗产。孔子虽死，他的伦理教训，仍然存在；秦始皇虽死，他为中国立下的大一统规模，依然存在；拿破仑已死，他的法典，仍然存在。生命虽暂，而以生命换来的事业，是不会磨灭的；其事业的精神，也永远会由后人继承了去发扬光大。诸葛亮在隆中，自比管、乐[7]；管、乐生在数百年前，其遗留的事业精神，诸葛亮继承着去发扬光大。左宗棠[8]平新疆，以“新亮”自居，也就是隐然以诸葛亮自承。所以生命之易消逝，不足为忧；所忧者当在这有限的生命，能否换来无限光荣的事业。若是苟且偷生，闲居待死，就是活到九十或百岁，仍与人类社会无关。生命千万不可浪费，浪费生命是最可惜的事。萧伯纳[9]曾叹人生活到可以创造事业的年龄，即行死去，觉得太不经济。他想如果人能和基督教创世记所载的眉寿是拉[10]一样，活到九百六十九岁，则文明的进步岂不更有可观。但这是文学家的理想，是做不到的事。然而西洋人利用生命的时间，比中国人却经济多了。西洋人从四十岁到七十岁为从事贡献于政治、文艺、哲学、科学以及工商社会事业的有效时期，而中国人四十岁以后即呈衰老，到六十岁就打算就木。两相比较，中国人生命的短促和浪费，真可惊人！我们既然不能希望活到九百六十九岁的高龄，那我们就得把这七八十年的一段生命，好好利用。我们要有长命的企图，我们同时要有短命的打算。长命的企图是我们不要把生命消耗在无意义的方面。短命的打算是我们要活一天做两天的事，活一年做两年的事。不问何时死去，事业先已成就。我们生在世上一天，就得充分地保持和发挥自己的生力一天。无生力的生命，是不会成就事业的，无永久价值的事业的生命，是无声无臭度过的。

所以人生在世，不要因生命之数量过多及其容易消逝而轻视生命，不要因生命之时常变动而随波逐流，终至侮辱生命。我们须得对人生的价值有认识，对人格能维持其一贯性；以鞠躬尽瘁，死而后已的精神，加紧地去把自己的生命，换成有永久价值的事业。这样，才不是偷生，才不是枉生！

（选自《文化教育与青年》，罗家伦著，商务印书馆，1947 年版）

【注释】

[1]罗家伦(1897—1969)，字志希，浙江绍兴人。中国现代著名学者、教育家。1917 年考入北京大学文科，成为蔡元培的学生。1919 年，在陈独秀、胡适支持下，与傅斯年、徐彦之成立新潮社，出版《新潮》月刊，并当选为北京学生界代表，到上海参加全国学联成立大会，支持新文化运动。五四运动中，亲笔起草了唯一的印刷传单《北京学界全体宣言》，提出了“外争国权，内除国贼”的口号，并在 5 月 26 日的《每周评论》上第一次提出“五四运动”这个名词，一直沿用至今。1920 年秋，赴欧美留学。1926 年归国后参加北伐，任国民革命军总司令部参议、编辑委员会委员长等职。后曾担任清华大学校长、武汉大学历史系教授、南京中央政治学院教育长、中央大学校长等职。1950 年到台湾，先后任国民党“中央编纂委员会”主任委员、“考试院”副院长、“国史馆”馆长、“中国笔会”会长等职。主要著作有《新民族观》《新人生观》《文化教育与青年》《逝者如斯集》等。

[2]涅槃：佛教语，原意是火的熄灭或风的吹散状态。意为寂灭、安乐、无为、不生、解脱、圆寂等。佛教用以作为修习所要达到的最高理想境界。

[3]“朝菌”二句：出自庄子的《逍遥游》，用朝菌和蟪蛄比喻生命的短暂。朝菌：一种早上生长晚上死亡的菌类植物。蟪蛄(huìgū)：蝉的一种。夏末自早至暮鸣声不息。

[4]天山龙：1930 年中国地质科学家袁复礼在新疆发现的恐龙化石，是当时中亚地区所见最长的，被定名为“天山龙”。

[5]柏格森(1859—1941)：法国著名哲学家，生命哲学和直觉主义的主要代表之一。杜里舒(1867—1941)：德国哲学家、生物学家、新活力论者。

[6]冥灵：庄子《逍遥游》里提到的古树。下文“大椿”同。

[7]管：指春秋时齐国名相管仲。乐：指战国时燕国名将乐毅。

[8]左宗棠(1812—1885)：湖南湘阴人，晚清湘军统帅之一，清朝军政重臣。

[9]萧伯纳(1856—1950)：爱尔兰著名戏剧家、散文家、社会活动家。

[10]眉寿是拉：《旧约・创世纪》中提到的最长寿者。

作品赏析

这是罗家伦先生基于对人生价值和意义的思考而撰写的一篇文化随笔。文章从“我们为什么活在世上”这一疑问谈起，对悲观主义和享乐主义两种人生观给予否定，进而开始对生命意义的反省，“在无数生命中，人的生命何以有特别的意义”“生命是变动的，物我之间，究竟有什么关系”“生命随着时间容易过去”。通过对生命意义的反省，得出对于生命的基本认识：生命是无数的，生命是变动的，生命是容易过去的。那么在这种生命状态中人生真正的意义又是什么？作者认为体现在三个方面：人生的意义在于能认识和创造生命的价值；人格的统一性与一贯性；要保持生力，从力行中以生命来换取伟大的事业。文章的最后，作者又用劝勉、激励性的语言申明自己的观点：我们不能偷生、枉生，“须得对人生的价值有认识，对人格能维持其一贯性；以鞠躬尽瘁，死而后已的精神，加紧地去把自己的生命，换成有永久价值的事业”。作为知名的教育家，这种人生观无疑对青年人的成长具有指导性的意义。

文章以设问—思考—解答的逻辑思路建构文章，清晰明了。在思考过程中，征引了各种看法和意见，对比权衡后否定其他，确立自己的见解，更具有说服力。文章语言朴实温厚，晓畅明快，用诸多历史人物事迹做论据，内容丰富，表达有力。

词海拾贝

1.浑浑噩噩(húnhún-è-è)

原意是浑厚而严正，后用以形容质朴天真。现多形容糊里糊涂，什么事也不懂的样子。出自汉代扬雄《法言・问神》：“虞夏之书浑浑尔，《商书》灏灏尔，《周书》噩噩尔。”

2.醉生梦死(zuìshēng-mèngsǐ)

意思是像喝醉酒和做梦那样，昏昏沉沉，糊里糊涂地过日子。出自宋代朱熹《小学》卷五引程灏曰：“虽高才明智，胶于见闻，醉生梦死，不自觉也。”

3.微乎其微(wēihū-qíwēi)

形容非常小或非常少。出自《尔雅・释训》：“式微式微者，微乎微者也。”

4.井底之蛙(jǐngdǐ-zhīwā)

指井底的青蛙认为天只有井口那么大。比喻那些见识短浅的人。出自《庄子・秋水》：“井蛙不可以语于海者，拘于虚也。”

5.随波逐流(suíbō-zhúliú)

随着波浪起伏，跟着流水漂荡。比喻没有坚定的立场，没有主见，盲目地随着别人行动。出自宋代孙奕《履斋示儿编・乡原》：“随波逐流，佞伪驰骋，苟合求媚于世。”

6.鞠躬尽瘁(jūgōng-jìncuì)

尽瘁：竭尽劳苦。恭敬谨慎，勤勤恳恳，尽心竭力，奉献一切。出自三国蜀诸葛亮《后出师表》：“鞠躬尽力，死而后已。”

知识巩固与能力训练

一、作者认为人生的意义是什么？你对此怎么看？

二、作者在文中引用了古今中外很多哲人的观点，作者对这些观点持怎样的态度？这些观点与作者本人的观点构成了怎样的关系？

学文心语

每一个人都拥有生命，却并非每一个人都能读懂生命；每一个人都拥有头脑，却并非每一个人都能善用头脑。只有热爱生命、善于动脑的人，才算得上真正拥有生命。

导语

柏拉图说:“人类的结局,无关他物,只有死与向死。”在从前食不果腹的年代,人们自然会为生死而焦虑,饥饿和贫穷都可以导致一场灾难,而在如今高速发展的社会,生与死依然是人们津津乐道的话题,不是外界所说的矫情,而是因为,这是每个人都不得不面对的现实。

轻轻地走与轻轻地来[1]

史铁生

轻轻地走与轻轻地来

现在我常有这样的感觉:死神就坐在门外的过道里,坐在幽暗处,凡人看不到的地方,一夜一夜耐心地等我。不知什么时候它就会站起来,对我说:嘿,走吧。我想那必是不由分说。但不管是什么时候,我想我大概仍会觉得有些仓促,但不会犹豫,不会拖延。

“轻轻地我走了,正如我轻轻地来”——我说过,徐志摩这句诗未必牵涉生死,但在我看,却是对生死最恰当的态度,作为墓志铭真是再好也没有。

死,从来不是一次性完成的。陈村有一回对我说:人是一点一点死去的,先是这儿,再是那儿,一步一步终于完成。他说得很平静,我漫不经心地附和,我们都已经活得不那么在意死了。

这就是说,我正在轻轻地走,灵魂正在离开这个残损不堪的躯壳,一步步告别着这个世界。这样的时候,不知别人会怎样想,我则尤其想起轻轻地来的神秘。比如想起清晨、晌午和傍晚变幻的阳光,想起一方蓝天,一个安静的小院,一团扑面而来的柔和的风,风中仿佛从来就有母亲和奶奶轻声的呼唤……不知道别人是否也会像我一样,由衷地惊讶:往日呢?往日的一切都到哪儿去了?

生命的开端最是玄妙,完全的无中生有。好没影儿的忽然你就进入了一种情况,一种情况引出另一种情况,顺理成章天衣无缝,一来二去便连接出一个现实世界。真的很像电影,虚无的银幕上,比如说忽然就有了一个蹲在草丛里玩耍的孩子,太阳照耀他,照耀着远山、近树和草丛中的一条小路。然后孩子玩腻了,沿小路蹒跚地往回走,于是又引出小路尽头的一座房子,门前正在张望他的母亲,埋头于烟斗或报纸的父亲,引出一个家,随后引出一个世界。孩子只是跟随这一系列情况走,有些一闪即逝,有些便成为不可更改的历史,以及不可更改的历史的原因。这样,终于有一天孩子会想起开端的玄妙:无缘无故,正如先哲所言——人是被抛到这个世界上来的。

其实,说“好没影儿的忽然你就进入了一种情况”和“人是被抛到这个世界上来的”,这两句话都有毛病,在“进入情况”之前并没有你,在“被抛到这世界上来”之前也无所谓人。——不过这应该是哲学家的题目。

对我而言，开端，是北京的一个普通四合院。我站在炕上，扶着窗台，透过玻璃看它。屋里有些昏暗，窗外阳光明媚。近处是一排绿油油的榆树矮墙，越过榆树矮墙远处有两棵大枣树，枣树枯黑的枝条镶嵌进蓝天，枣树下是四周静静的窗廊。——与世界最初的相见就是这样，简单，但印象深刻。复杂的世界尚在远方，或者，它就蹲在那安恬的时间四周窃笑，看一个幼稚的生命慢慢睁开眼睛，萌生着欲望。

奶奶和母亲都说过：你就出生在那儿。

其实是出生在离那儿不远的一家医院。生我的时候天降大雪。一天一宿罕见的大雪，路都埋了，奶奶抱着为我准备的铺盖趟着雪走到医院，走到产房的窗檐下，在那儿站了半宿，天快亮时才听见我轻轻地来了。母亲稍后才看见我来了。奶奶说，母亲为生了那么个丑东西伤心了好久，那时候母亲年轻又漂亮。这件事母亲后来闭口不谈，只说我来的时候"一层黑皮包着骨头"，她这样说的时候已经流露着欣慰，看我渐渐长得像回事了。但这一切都是真的吗？

我蹒跚地走出屋门，走进院子，一个真实的世界才开始提供凭证。太阳晒热的花草的气味，太阳晒热的砖石的气味，阳光在风中舞蹈、流动。青砖铺成的十字甬道连接起四面的房屋，把院子隔成四块均等的土地，两块上面各有一棵枣树，另两块种满了西蕃莲。西蕃莲顾自开着硕大的花朵，蜜蜂在层叠的花瓣中间钻进钻出，嗡嗡地开采。蝴蝶悠闲飘逸，飞来飞去，悄无声息仿佛幻影。枣树下落满移动的树影，落满细碎的枣花。青黄的枣花像一层粉，覆盖着地上的青苔，很滑，踩上去要小心。天上，或者是云彩里，有些声音，有些缥缈不知所在的声音——风声？铃声？还是歌声？说不清，很久我都不知道那到底是什么声音，但我一走到那块蓝天下面就听见了他，甚至在襁褓中就已经听见他了。那声音清朗，欢欣，悠悠扬扬不紧不慢，仿佛是生命固有的召唤，执意要你去注意他，去寻找他、看望他，甚或去投奔他。

我迈过高高的门槛，艰难地走出院门，眼前是一条安静的小街，细长、规整，两三个陌生的身影走过，走向东边的朝阳，走进西边的落日。东边和西边都不知通向哪里，都不知连接着什么，惟那美妙的声音不惊不懈，如风如流……

我永远都看见那条小街，看见一个孩子站在门前的台阶上眺望。朝阳或是落日弄花了他的眼睛，浮起一群黑色的斑点，他闭上眼睛，有点怕，不知所措，很久，再睁开眼睛，啊，好了，世界又是一片光明……有两个黑衣的僧人在沿街的房檐下悄然走过……几只蜻蜓平稳地盘桓，翅膀上闪动着光芒……鸽哨声时隐时现，平缓，悠长，渐渐地近了，噗噜噜飞过头顶，又渐渐远了，在天边像一团飞舞的纸屑……这是件奇怪的事，我既看见我的眺望，又看见我在眺望。

那些情景如今都到哪儿去了？那时刻，那孩子，那样的心情，惊奇和痴迷的目光，一切往日情景，都到哪儿去了？它们飘进了宇宙，是呀，飘去五十年了。但这是不是说，它们只不过飘离了此时此地，其实它们依然存在？

梦是什么？回忆，是怎么一回事？

倘若在五十光年之外有一架倍数足够大的望远镜，有一个观察点，料必那些情景便依然如故，那条小街，小街上空的鸽群，两个无名的僧人，蜻蜓翅膀上的闪光和那个痴迷的孩子，还有天空中美妙的声音，便一如既往。如果那望远镜以光的速度继续跟随，那个孩子便永远都站在那条小街上，痴迷地眺望。要是那望远镜停下来，停在五十光年之外的某个地方，我的一生就会依次重现，五十年的历史便将从头上演。

真是神奇。很可能，生和死都不过取决于观察，取决于观察的远与近。比如，当一颗距离我们数十万光年的星星实际早已熄灭，它却正在我们的视野里度着它的青年时光。

时间限制了我们，习惯限制了我们，谣言般的舆论让我们陷于实际，让我们在白昼的魔法中闭目塞听不敢妄为。白昼是一种魔法，一种符咒，让僵死的规则畅行无阻，让实际消磨掉神奇。所有的人都在白昼的魔法之下扮演着紧张、呆板的角色，一切言谈举止一切思绪与梦想，都仿佛被预设的程序所圈定。

因而我盼望夜晚，盼望黑夜，盼望寂静中自由的到来。甚至盼望站到死中，去看生。

我的躯体早已被固定在床上，固定在轮椅中，但我的心魂常在黑夜出行，脱离开残废的躯壳，脱离白昼的魔法，脱离实际，在尘嚣稍息的夜的世界里游逛，听所有的梦者诉说，看所有放弃了尘世角色的游魂在夜的天空和旷野中揭开另一种戏剧。风，四处游走，串联起夜的消息，从沉睡的窗口到沉睡的窗口，去探望被白昼忽略了的心情。另一种世界，蓬蓬勃勃，夜的声音无比辽阔。是呀，那才是写作啊。至于文学，我说过我跟它好像不大沾边儿，我一心向往的只是这自由的夜行，去到一切心魂的由衷的所在。

（选自《中华读书报》，2005 年 6 月 15 日）

【注释】

[1] 史铁生（1951—2010）：中国作家，出生于北京市。1967 年毕业于清华附中初中，1969 年去延安地区插队落户。1972 年因双腿瘫痪回到北京。在街道工厂工作，后因急性肾损伤，回家疗养。1979 年后相继有小说集《我的遥远的清平湾》《命若琴弦》等；散文集《我与地坛》等；以及长篇小说《务虚笔记》发表。1998 年肾衰竭致尿毒症，终至透析。之后，有随笔集《病隙碎笔》、散文集《记忆与印象》等以及长篇小说《我的丁一之旅》出版。2010 年出版随笔集《扶轮问路》和剧本与影评集《妄想电影》。2010 年底去世。2012 出版未竟集《昼信基督夜信佛》。

作品赏析

生是什么？死又是什么？有人把这个问题看得很重，而有些人却把这个问题看得很轻。

人生是一条东西走向的大街，向西走是落日，向东走是朝阳。人们都愿意向东走，追赶朝阳，却不知道朝阳的背后却是落日；而有人一开始就去寻找落日，结果找到的却是朝阳。生死有时只是一个时间上的概念，告诉我们生就是生，死就是死。其实事实并非如此，实际上，时间限制了我们，习惯限制了我们，让我们匆匆追赶生的快乐，向往白昼。却不知白昼是一种魔法一种符咒，深入你的脑海和心。

“站到死中去看生”，深入到夜里，才真正了解白昼，了解朝阳。我们有时在白昼中的穿行不比黑夜多多少，反而失去了自由、快乐和对大自然伟大的体验。当一切的事物沉寂下来，在黑夜中的那一点星光就是你的生，当你看到你的生时，你会惊讶，令你难以置信。好好享受吧，在这自由快乐，无拘无束的宇宙中。

词海拾贝

1.漫不经心(mànbù-jīngxīn)

比喻人做事随随便便，不放在心上。出自闻一多《伟大的事实，不朽的意义》：“当时漫不经心，却等事后再去追怀。”

2.无中生有(wúzhōng-shēngyǒu)

《三十六计》中的第七计，原文为：“诳也，非诳也，实其所诳也。少阴，太阴，太阳。”本指本来没有却硬说有。现形容凭空捏造。本计计语出自中国古代哲学家老子《道德经》第40章：“天下万物生于有，有生于无。”

3.天衣无缝(tiānyī-wúfèng)

喻指事物(多系文艺作品)浑成自然，细致完美，无破绽缺漏可寻。出自五代前蜀牛峤《灵怪录·郭翰》：“徐视其衣并无缝，翰问之，谓曰：‘天衣本非针线为也。’”

知识巩固与能力训练

一、作者轻轻地来的“神秘”在第四自然段中有哪些体现？

二、作者为什么说“我一心向往的只是这自由的夜行”？这表现了作者怎样的生活态度？

三、文章题为“轻轻地走与轻轻地来”，结合全文，谈谈文中是如何体现“轻轻”二字的。

四、你如何看待生与死？

学文心语

人的一生，有许多事情，是需要放在心里慢慢回味的，过去的就莫要追悔，一切向前看吧，任何打击都不足以成为你堕落的借口，即使你改变不了这个世界，你却依然可以改变自己，选择一条正确的路永远走下去。

导语

中国文坛外曾经有这样一个人，长得有些丑，被人骂过流氓，时常藏着坏笑。高晓松却把他当成“神一样的存在”，称之为“中国白话文第一人且甩开第二名很远”，林少华将他称作“真正敢讲真话的人”，冯唐说他是“一个奇迹”“一个好得不得了的开始”。他的情诗被当成灵魂爱情的范本流传，他的妻子称他是“世间一本最美好、最有趣、最好看的书”。他的作品让诸多作家惊叹“原来文章还能这么写”，叶兆言称他的文字“纯得不能再纯”，刘瑜说他的书籍“影响了整整一代人”。曾经采访过他的主持人李静说：“我敢打一百万的赌，他的作品将是被后世反复阅读的不朽之作。”那么，他是谁呢？

一只特立独行的猪

王小波[1]

一只特立独行的猪

插队的时候，我喂过猪、也放过牛。假如没有人来管，这两种动物也完全知道该怎样生活。它们会自由自在地闲逛，饥则食渴则饮，春天来临时还要谈谈爱情；这样一来，它们的生活层次很低，完全乏善可陈。人来了以后，给它们的生活做出了安排：每一头牛和每一口猪的生活都有了主题。就它们中的大多数而言，这种生活主题是很悲惨的：前者的主题是干活，后者的主题是长肉。我不认为这有什么可抱怨的，因为我当时的生活也不见得丰富了多少，除了八个样板戏，也没有什么消遣。有极少数的猪和牛，它们的生活另有安排。以猪为例，种猪和母猪除了吃，还有别的事可干。就我所见，它们对这些安排也不大喜欢。种猪的任务是交配，换言之，我们的政策准许它当个花花公子。但是疲惫的种猪往往摆出一种肉猪（肉猪是阉过的）才有的正人君子架势，死活不肯跳到母猪背上去。母猪的任务是生崽儿，但有些母猪却要把猪崽儿吃掉。总的来说，人的安排使猪痛苦不堪。但它们还是接受了：猪总是猪啊。

对生活做种种设置是人特有的品性。不光是设置动物，也设置自己。我们知道，在古希腊有个斯巴达，那里的生活被设置得了无生趣，其目的就是要使男人成为亡命战士，使女人成为生育机器，前者像些斗鸡，后者像些母猪。这两类动物是很特别的，但我以为，它们肯定不喜欢自己的生活。但不喜欢又能怎么样？人也好，动物也罢，都很难改变自己的命运。

以下谈到的一只猪有些与众不同。我喂猪时，它已经有四五岁了，从名分上说，它是肉猪，但长得又黑又瘦，两眼炯炯有光。这家伙像山羊一样敏捷，一米高的猪栏一跳就过；它还能跳上猪圈的房顶，这一点又像是猫——所以它总是到处游逛，根本就不在圈里待着。所有喂过猪的知青都把它当宠儿来对待，它也是我的宠儿——因为它只对知青好，容许他们走到三米之内，要是别的人，它早就跑了。它是公的，原本该劁掉。不过你去试试看，哪怕你把劁猪刀藏在身后，它也能嗅出来，朝你瞪大眼睛，噢噢地吼起来。我总是用细米糠熬的粥喂它，等它吃够了以后，才把糠兑到野草里喂别的猪。其他猪看了嫉妒，一起嚷起来。这时候整个猪场一片鬼哭狼嚎，但我和它都不在乎。吃饱了以后，它就跳上房顶去晒太阳，或者模仿各种声音。它会学汽车响、拖拉机响，学得都很像；有时整天不见踪影，我估计它到附近的村寨里找母猪去了。我们这里也有母猪，都关在圈里，被过度的生育搞得走了形，又脏又臭，它对它们不感兴趣；村寨里的母猪好看一些。它有很多精彩的事迹，但我喂猪的时间短，知道得有限，索性就不写了。总而言之，所有喂过猪的知青都喜欢它，喜欢它特立独行的派头儿，还说它活得潇洒。但老乡们就不这么浪漫，他们说，这猪不正经。领导则痛恨它，这一点以后还要谈到。我对它则不止是喜欢——我尊敬它，常常不顾自己虚长十几岁这一现实，把它叫作“猪兄”。如前所述，这位猪兄会模仿各种声音。我想它也学过人说话，但没有学会——假如学会了，我们就可以做倾心之谈。但这不能怪它。人和猪的音色差得太远了。

后来，猪兄学会了汽笛叫，这个本领给它招来了麻烦。我们那里有座糖厂，中午要鸣一次汽笛，让工人换班。我们队下地干活时，听见这次汽笛响就收工回来。我的猪兄每天上午十点钟总要跳到房上学汽笛，地里的人听见它叫就回来——这可比糖厂鸣笛早了一个半小时。坦白地说，这不能全怪猪兄，它毕竟不是锅炉，叫起来和汽笛还有些区别，但老乡们却硬说听不出来。领导上因此开了一个会，把它定成了破坏春耕的坏分子，要对它采取专政手段——会议的精神我已经知道了，但我不为它担忧——因为假如专政是指绳索和杀猪刀的话，那是一点门都没有的。以前的领导也不是没试过，一百人也治不住它。狗也没用：猪兄跑起来像颗鱼雷，能把狗撞出一丈开外。谁知这回是动了真格的，指导员带了二十几个人，手拿五四式手枪；副指导员带了十几人，手持看青的火枪，分两路在猪场外的空地上兜捕它。这就使我陷入了内心的矛盾：按我和它的交情，我该舞起两把杀猪刀冲出去，和它并肩战斗，但我又觉得这样做太过惊世骇俗——它毕竟是只猪啊；还有一个理由，我不敢对抗领导，我怀疑这才是问题之所在。总之，我在一边看着。猪兄的镇定使我佩服之极：它很冷静地躲在手枪和火枪的连线之内，任凭人喊狗咬，不离那条线。这样，拿手枪的人开火就会把拿火枪的打死，反之亦然；两头同时开火，两头都会被打死。至于它，因为目标小，多半没事。就这样连兜了几个圈子，它找到了一个空子，一头撞出去了；跑得潇洒之极。以后我在甘蔗地里还见过它一次，它长出了獠牙，还认识我，但已不容我走近了。这种冷淡使我痛心，但我也赞成它对心怀叵测的人保持距离。

我已经四十岁了，除了这只猪，还没见过谁敢于如此无视对生活的设置。相反，我倒见过很多想要设置别人生活的人，还有对被设置的生活安之若素的人。因为这个缘故，我一直怀念这只特立独行的猪。

（选自王小波作品集《沉默的大多数》，王小波著，中国青年出版社，1997 年版）

【注释】

[1]王小波(1952—1997),中国当代学者、作家。代表作品有《黄金时代》《白银时代》《青铜时代》《黑铁时代》等。1952年5月13日,王小波出生于北京。1978年考入中国人民大学,1980年发表处女作《地久天长》。1984年赴美匹兹堡大学东亚研究中心求学,两年后获得硕士学位。在美留学期间,游历了美国各地,并利用1986年暑假游历了西欧诸国。1988年回国,先后在北京大学、中国人民大学任教。1992年9月辞去教职,做自由撰稿人。他的唯一电影剧本《东宫西宫》获阿根廷国际电影节最佳编剧奖,并且入围1997年戛纳国际电影节。1997年4月11日病逝于北京,年仅45岁。王小波无论为人、为文都颇有特立独行的意味,其作品别具一格,深具批判精神,被人们广泛阅读、关注、讨论并引发了一场持久不衰的“王小波热”,王小波荒诞不经的想象力和妙趣横生的叙述方式一定会赢得人们更多的会心的微笑。

作品赏析

在这篇广为流传的杂文《一只特立独行的猪》里,王小波怀念了一只特别的猪,因为“除了这只猪,还没见过谁敢于如此无视对生活的设置”。猪的命运是被人设置好的,公猪阉掉,长肉,傻吃,闷睡,等死;母猪下仔。就算不甘心于这样的设置,猪们能做的也不过是种猪不与母猪交配,母猪会吃掉小猪仔。不然还能怎么样呢?“猪总是猪啊。”但是那只猪与众不同,它有着几乎不属于猪的骄傲与不羁,不喜欢猪圈,却喜欢到处乱逛。吃饱了以后,它就跳上房顶去晒太阳,还模仿汽车响、拖拉机响。最后因为跳到房上学汽笛,而与人类干了起来。

不用我提醒,读者自然明白这不是在写猪,而是在写那些崇尚自由的人。然而在我看来,这只猪没有任何特立独行的地方,它不想被劁掉,想叫就叫,看到有人拿枪指着自己就要逃跑,就连嫌弃又脏又臭的老母猪而喜欢村寨里好看一些的猪,不也是猪之常情吗?

就像王小波在《黄金时代》里说的那样,“那一天我21岁,在我一生的黄金时代,我有好多奢望。我想爱,想吃,还想在一瞬间变成天上半明半暗的云。”这样美好的奢望和猪的愿望没有本质的区别,都是自然而美好的。所谓“特立独行”,大概是“正常”在不正常的社会中的样子。“一只特立独行的猪”,重点应该在“一只”上,而非在“特立独行”。后者多少有些一惊一乍,而前者却真正彰显了无视对生活的设置的独立性。

词海拾贝

1.特立独行(tèlì-dúxíng)

行:行为。也泛指特殊的,与众不同的。普遍形容人的志向高洁,不同流俗。出自《礼记·儒行》:“其特立独行,有如此者。”

2.乏善可陈(fáshàn-kěchén)

善:良好成绩。陈:陈述,告诉。没有什么好的可以称道的。出自熊召政《张居正》第四卷第二十七回:“当了六年京官,虽然乏善可陈,没有一件政绩搛得上筷子,但宫内外的权势要人,却没有一个人说他坏话。”

3.鬼哭狼嚎(guǐkū-lángháo)

形容大声哭叫，声音凄厉。出自元代无名氏《马陵道》第二折："可怎生神嚎鬼哭，雾惨云昏，白日为幽。"

4.惊世骇俗(jīngshì-hàisú)

指人因思想、言行等异于寻常而使人感到震惊。出自宋代朱熹《答陈抑之》："勤劳半世，汩没于章句训诂之间，黾勉于规矩绳约之内，卒无高奇深眇之见可以惊世而骇俗。"

5.心怀叵测(xīnhuái-pǒcè)

心怀：存心。叵：不可。指心存险恶，不可推测。也作"居心叵测"。出自明代罗贯中《三国演义》第五十七回："曹操心怀叵测，叔父若往，恐遭其害。"

6.安之若素(ānzh- ruòsù)

意思是安然相处，和往常一样，不觉得有什么不合适。出自清代范寅《越谚·附论·论堕贫》："贪逸欲而逃勤苦，丧廉耻而习谄谀，甘居人下，安之若素。"

知识巩固与能力训练

一、文中"这只特立独行的猪"和其他"猪"最大的不同是什么？

二、文章的主题是什么？

三、简述文章的艺术风格。

学文心语

不要做廉价的自己，不要一厢情愿去迎合别人，你努力合群的样子并不漂亮，圈子不同，不必强融。

导语

叔本华是世界哲学史上第一个公开反对理性主义哲学的人，他开创了非理性主义哲学的先河，也是唯意志论的创始人和主要代表之一，认为生命意志是主宰世界运作的力量。他说，“每一部生命史都是痛苦史”“世界唯有人的痛苦最深”。他的悲观有时让我们窒息、绝望，但他的深刻有时也不得不让我们点头称是。

读书与书籍

［德］叔本华[1]

读书与书籍

一

愚昧无知如伴随着富豪巨贾，更加贬低了其人的身价。穷人忙于操作，无暇读书无暇思想，无知是不足为怪的。富人则不然，我们常见其中的无知者，恣情纵欲，醉生梦死，类似禽兽。他们本可做极有价值的事情，可惜不能善用其财富和闲暇。

二

我们读书时，是别人在代替我们思想，我们只不过是在重复他的思想活动的过程而已，犹如儿童启蒙习字，用笔按照教师以铅笔所写的笔画依样画葫芦一般。我们的思想活动在读书时被免除了一大部分。因此，我们暂不自行思索而拿书来读时，会觉得很轻松，然而在读书时，我们的头脑实际上成为别人思想的运动场了。所以，读书愈多，或整天沉浸于读书的人，虽然可借以休养精神，但他的思维能力必将渐次丧失，此犹如时常骑马的人步行能力必定较差，道理相同。有许多学者就是这样，因读书太多而变得愚蠢。经常读书，有一点闲空就看书，这种做法比常做手工更会使精神麻痹，因为在做手工时还可以沉湎于自己的思想中。我们知道，一条弹簧如久受外物的压迫，会失去弹性，我们的精神也是一样，如常受别人的思想的压力，也会失去其弹性。又如，食物虽能滋养身体，但若吃得过多，则反而伤胃乃至全身；我们的“精神食粮”如太多，也是无益而有害的。读书越多，留存在脑中的东西越少，两者适成反比，读书多，他的脑海就像一块密密麻麻、重重叠叠、涂抹再涂抹的黑板一样。读书而不加以思考，决不会有心得，即使稍有印象，也浅薄而不生根，大抵在不久后又会淡忘丧失。以人的身体而论，我们所吃的东西只有五十分之一能被吸收，其余的东西，则因呼吸，蒸发等作用而消耗掉。精神方面的营养亦同。

况且被记录在纸上的思想，不过是像在沙上行走者的足迹而已，我们也许看到他所走过的路径；如果我们想要知道他在路上看见些什么，则必须用我们自己的眼睛。

三

作家们各有其所专擅，例如雄辩、豪放、简洁、优雅、轻快、诙谐、精辟、纯朴、文采绚丽、表现大胆等，然而，这些特点，并不是读他们的作品就可学得来的。如果我们自己天生就有着这些优点，也许可因读书而受到启发，发现自己的天赋。看别人的榜样而予以妥善的应用，然后我们才能也有类似的优点。这样的读书可教导我们如何发挥自己的天赋，也可借以培养写作能力，但必须以自己有这些禀赋为先决条件。否则，我们读书只能学得陈腔滥调，别无利益，充其量只不过是个浅薄的模仿者而已。

四

如同地层依次保存着古代的生物一样，图书馆的书架上也保存着历代的各种古书。后者和前者一样，在当时也许曾洛阳纸贵，传诵一时，而现已犹如化石，了无生气，只有那些“文学的”考古学家在鉴赏而已。

五

据希罗多德(Herodotus，希腊史学家)说，薛西斯(Xerxes，波斯国王)眼看着自己的百万雄师，想到百年之后竟没有一个人能幸免黄土一抔的厄运，感慨之余，不禁泫然欲泣。我们再联想起书局出版社那么厚的图书目录中，如果也预想到十年之后，这许多书籍将没有一本还为人所阅读时，岂不也要令人兴起泫然欲泣的感觉？

六

文学的情形和人生毫无不同，不论任何角落，都可看到无数卑贱的人，像苍蝇似的充斥各处，为害社会。在文学中，也有无数的坏书，像蓬勃滋生的野草，伤害五谷，使它们枯死。他们原是为贪图金钱，营求官职而写作，却使读者浪费时间、金钱和精神，使人们不能读好书，做高尚的事情。因此，它们不但无益，而且为害甚大。大抵来说，目前十分之九的书籍是专以骗钱为目的的。为了这种目的，作者、评论家和出版商，不惜同流合污，朋比为奸。

许多文人，非常可恶又狡猾，他们不愿他人企求高尚的趣味和真正的修养，而集中笔触很巧妙地引诱人来读时髦的新书，以期在交际场中有谈话的资料。如斯宾德连、布尔维尔及尤金·舒等人都很能投机，而名噪一时。这种为赚取稿费的作品，无时无地不存在着，并且数量很多。这些书的读者真是可怜极了，他们以为读那些平庸作家的新作品是他们的义务，因此而不读古今中外的少数杰出作家的名著，仅仅知道他们的名姓而已！——尤其那些每日出版的通俗刊物更是狡猾，能使人浪费宝贵的时光，以致无暇读真正有益于修养的作品。

因此，我们读书之前应谨记“决不滥读”的原则，不滥读有方法可循，就是不论何时凡为大多数读者所欢迎的书，切勿贸然拿来读。例如正享盛名，或者在一年中发行了数版的书籍都是，不管它属于政治或宗教性还是小说或诗歌。你要知道，凡为愚者所写作的人是常会受大众欢迎的。不如把宝贵的时间专读伟人的已有定评的名著，只有这些书才是开卷有益的。

不读坏书，没有人会责难你，好书读得多，也不会引起非议。坏书有如毒药，足以伤害心神。——因为一般人通常只读新出版的书，而无暇阅读前贤的睿智作品，所以连作者也仅停滞在流行思想的小范围中，我们的时代就这样在自己所设的泥泞中越陷越深了。

七

有许多书，专门介绍或评论古代的大思想家，一般人喜欢读这些书，却不读那些思想家的原著。这是因为他们只顾赶时髦，其余的一概不理会；又因为“物以类聚”的道理，他们觉得现今庸人的浅薄无聊的话，比大人物的思想更容易理解，是以古代名作难以入目。

我很幸运，在童年时就读到了施莱格尔的美妙警句，以后也常奉为圭臬。

“你要常读古书，读古人的原著；今人论述他们的话，没有多大意义。”

平凡的人，好像都是一个模型铸成的，太类似了！他们在同时期所发生的思想几乎完全一样，他们的意见也是那么庸俗。他们宁愿让大思想家的名著摆在书架上，但那些平庸文人所写的毫无价值的书，只要是新出版的，便争先恐后地阅读。太愚蠢了！

平凡的作者所写的东西，像苍蝇似的每天产生出来，一般人只因为它们是油墨未干的新书，而爱读之，真是愚不可及的事情。这些东西，在数年之后必遭淘汰，其实，在产生的当天就应当被遗弃的才对，它只可作为后世的人谈笑的资料。

无论什么时代，都有两种不同的文艺，似乎各不相悖地并行着。一种是真实的，另一种只不过是貌似的东西。前者成为不朽的文艺，作者纯粹为文学而写作，他们的进行是严肃而静默的，然而非常缓慢。在欧洲一世纪中所产生的作品不过半打。另一类作者，文章是他们的衣食父母，但它们却能狂奔疾驰，受旁观者的欢呼鼓噪，每年送出无数的作品于市场上。但在数年之后，不免令人发生疑问：它们在哪里呢？它们以前那烜赫的声誉在哪里呢？因此，我们可称后者为流动性的文艺，前者为持久性的文艺。

八

买书又有读书的时间，这是最好的现象，但是一般人往往是买而不读，读而不精。

要求读书的人记住他所读过的一切东西，犹似要求吃东西的人，把他所吃过的东西都保存着一样。在身体方面，人靠所吃的东西而生活；在精神方面，人靠所读的东西而生活，因此变成他现在的样子。但是身体只能吸收同性质的东西，同样的道理，任何读书人也仅能记住他所感觉有趣的东西，也就是适合于他的思想体系，或他的目的物。任何人当然都有他的目的，然而很少人有类似思想体系的东西，没有思想体系的人，无论对什么事都不会有客观的兴趣，因此，这类人读书必定是徒然无功，毫无心得。

温习乃研究之母。任何重要的书都要立即再读一遍，一则因再读时更能了解其所述各种事情之间的联系，知道其末尾，才能彻底理解其开端；再则因为读第二次时，在各处都会有与读第一次时不同的情调和心境，因此，所得的印象也就不同，此犹如在不同的照明中看一件东西一般。

作品是作者精神活动的精华，如果作者是一个非常伟大的人物，那么他的作品常比他的生活还有更丰富的内容，或者大体也能代替他的生活，或远超过它。平庸作家的著作，也可能是有益和有趣的，因为那也是他的精神活动的精华，是他一切思想和研究的成果。但他的生活际遇并不一定能使我们满意。因此，这类作家的作品，我们也不妨一读。何况，高级的精神文化，往往会使我们渐渐达到另一种境地，从此可不必再依赖他人以寻求乐趣，书中自有无穷之乐。

没有别的事情能比读古人的名著更能给我们精神上的快乐。我们一拿起一本这样的古书来，即使只读半小时，也会觉得无比的轻松、愉快、洁净、超逸，仿佛汲饮清冽的泉水似的舒适。这原因，大概一则是由于古代语言之优美，再则是因为作者的伟大和眼光之深远，其作品虽历数千年，仍无损其价值。我知道目前要学习古代语言已日渐困难，这种学习，如果一旦停止，当然会有一种新文艺兴起，其内容是以前未曾有过的野蛮、浅薄和无价值。德语的情况更是如此。现在的德语还保留有古代的若干优点，但很不幸的是有许多无聊作家正在热心而有计划地予以滥用，使它渐渐成为贫乏、残废，或竟成为莫名其妙的语言。

文学界有两种历史：一种是政治的，一种是文学和艺术的。前者是意志的历史；后者是睿智的历史。前者的内容是可怕的，所写的无非是恐惧、患难、欺诈及可怖的杀戮等；后者的内容都是清新可喜的，即使在描写人的迷误之处也是如此。这种历史的重要分支是哲学史。哲学实在是这种历史的基础低音，这种低音也传入其他的历史中。所以，哲学实在是最有势力的学问，然而它的发挥作用是很缓慢的。

九

我很希望有人来写一部悲剧性的历史，他要在其中叙述：世界上许多国家，无不以其大文豪及大艺术家为荣，但在他们生前，却遭到虐待；他要在其中描写，在一切时代和所有的国家中，真和善常对着邪和恶作无穷的斗争；他要描写，在任何艺术中，人类的大导师们几乎全都遭灾殉难；他要描写，除了少数人外，他们从未被赏识和关心，反而常受压迫，或流离颠沛，或贫寒饥苦，而富贵荣华则为卑鄙者所享受，他们的情形和创世纪中的以扫(Esau)相似（旧约故事，以扫和雅各为孪生兄弟。以扫出外为父亲击毙野兽时，雅各穿上以扫的衣服，在家里接受父亲的祝福）。然而那些大导师们仍不屈不挠，继续奋斗，终能完成其事业，光耀史册，永垂不朽。

［选自《世界散文随笔精品文库》（德语国家卷），陈晓南译，中国社会科学出版社，1993年版］

【注释】

［1］叔本华（1788—1860），德国哲学家。出生于波兰格但斯克一个富商家庭。早年在英国和法国接受教育，能够流利使用英语、意大利语、西班牙语等多种欧洲语言和拉丁语等古代语言。最初被迫选择经商以继承父业，父亲死后他才得以进入大学专修学术。曾就读于哥廷根大学和柏林大学，一度对费希特和施莱艾尔马赫产生浓厚兴趣。后来转向学习柏拉图和康德思想。1813年以《论充足理由律的四重根》获得了博士学位。1818年出版了他的代表作品《作为意志和表象的世界》，被认为是将东方和西方思想融合的首部作品，但发表后无人问津。1833年移居法兰克福，并在那儿度过了最后的27年。叔本华被称为"悲观主义哲学家"，一生不得志，一直过着隐居生活。直到1851年，他完成了对《作为意志和表象的世界》的补充与说明，这篇以格言体写成的《附录与补遗》使他获得了声誉。1859年，《作为意志和表象的世界》第三版出版引起轰动，使他成为具有世界意义的思想家。

作品赏析

本文从富人与穷人的对比谈起，穷人无暇读书“不足为怪”，富人愚昧无知则“更加贬低了其人的身价”，通过对比，间接指出读书是有价值的事情，确立文章的主题。第二、三部分着重对读书活动的基本特征进行探讨，指出读书“只不过重复他的思想活动的过程而已”，并不一定是有益的，只有通过思考，发现自己的天赋和优点，才能真正获得自己的精神养料，培养自己的写作能力，而不是成为一个“浅薄”的模仿者。第四、五部分抒情痕迹较为明显，慨叹古书籍被遗忘的命运，遥想现代的书将来也必然被遗忘的结局，同样充满悲哀。第六、七部分从书籍的创作动机出发评判书籍的价值，提出“决不滥读”的原则，鼓励人们读经典的好书。第八部分则重在读书方法的介绍，提出“温习乃研究之母”，要从古书、经典作品中找到阅读的乐趣、精神的快乐。结尾部分在读书与书籍的主题上进一步拓展，对创作经典作品的大师们的命运表示同情，对其不屈不挠的奋斗精神表达最高的敬意。

作为一位哲学家，叔本华的这篇文章处处充满了哲理的意味，“愚昧无知如伴随着富豪巨贾，更加贬低了其人的身价”“我们的时代就这样在自己所设的泥泞中越陷越深了”“温习乃研究之母”“况且被记录在纸上的思想，不过是像在沙上行走者的足迹而已，我们也许看到他所走过的路径；如果我们想要知道他在路上看见些什么，则必须用我们自己的眼睛”，耐人寻味的语言加上巧妙生动的比喻，使得文章读起来充满了诗的意韵。这不仅给了读者思想和方法，而且给人以语言艺术上的享受。

词海拾贝

叔本华名言

1.事物本身是不变的，变的只是人的感觉！

2.做学问是目的不是手段。

3.世上的每一朵玫瑰花都是有刺的，如果因为怕扎手，就此舍之，那么你永远也不能得到玫瑰芬芳。

4.人一生要做的两件事就是防患于未然和豁达大度。前者是为了使他避免遭受痛苦和损失，后者是为了避免纷争和冲突。

5.“美”是高级的“善”，创造“美”是最高级的乐趣。

6.智者，总是享受着自己的生命，享受着自己的闲暇时间；而那些愚不可耐的人总是害怕空闲，害怕空闲带给自己的无聊，所以总是给自己找些低级趣味的游戏，给自己一点暂时的快感。

7.幸福是存在于心灵的平和以及满足中的。

知识巩固与能力训练

一、文中作者对古书和时髦的书持怎样的看法？你赞同他的看法吗？为什么？

二、仔细阅读文章最后一部分，作者为什么说“希望有人来写一部悲剧性的历史”？这样的结尾有什么深意？

三、本文在语言风格上有什么特点？

四、读了这篇文章，你以后打算怎么读书呢？

书籍是人类进步的阶梯。阅读能够满足求知欲，丰富人们的精神世界。通过阅读，可以了解世界、了解他人，知道什么是宽容、什么是狭隘，什么是高贵、什么是卑贱……这些对人的成长都非常重要。一个人的底蕴，是在阅读中逐渐形成的。

导语

爱因斯坦是谁？他是有史以来和牛顿齐名的最伟大的自然科学家，相对论的创始者，一系列了不起的科学成就的功臣泰斗。这个曾被希特勒视为眼中钉并且悬赏两万马克要他人头的犹太人，不仅是天才和伟大的科学家，还是思想家和人道主义者、和平主义者。

我的世界观[1]

[美]爱因斯坦

张卜天　译

我的世界观

我们这些终有一死之人的命运是多么奇特啊！在这个世上，每个人都是匆匆过客；目的何在，他并不知晓，尽管有时自认为感觉得到。但不必深思，从日常生活就可以知道，人是为他人而活着的——首先是为这样一些人，我们的幸福完全依赖于他们的快乐与健康；还为许多素不相识之人，同情的纽带将其命运与我们紧密相连。我每天无数次地提醒自己：我的精神生活和物质生活都依赖于他人的劳动，无论他们去世还是健在，我必须尽力以同等程度回报我已经领受和正在领受的东西。我强烈向往俭朴的生活，并时常为发觉自己占用了同胞们过多的劳动而心情沉重。我认为阶级的区分是不合理的，它最终以暴力为根据。我也相信，无论在身体上还是精神上，简单纯朴的生活对每个人都是有益的。

我完全不相信人会有哲学意义上的自由。每一个人的行为不仅受到外界的强迫，还要符合内在的必然。叔本华说："人能做其所意愿，但不能意愿其所意愿。"从青年时代起，这句话就一直激励着我；当我面对生活的困境时，它总能给我慰藉，并且永远是宽容的源泉。这种认识可以减轻那种容易使人气馁的责任感，防止我们太过严肃地对待自己和他人，而且有助于建立一种幽默在其中有着特殊地位的人生观。

客观地讲，要探究一个人自身或所有生物存在的意义或目的，我总觉得是荒唐可笑的。不过，每个人都有一些理想作为他努力和判断的指南。在这个意义上，我从不把安逸和享乐看成目的本身（我把这种伦理基础称为猪栏的理想）。照亮我道路的理想是善、美和真，它们不断给我以新的勇气去愉快地面对生活。倘若没有对志同道合者的亲切感，倘若不是全神贯注于客观世界，那个在艺术和科学研究领域永远达不到的对象，在我看来生活便是空虚的。人们努力追求的庸俗目标——财产、虚名、奢侈——我总觉得是可鄙的。

对于社会正义和社会责任，我有着强烈的感受，但对于直接接触他人和社会，我又表现出明显的淡漠，二者之间总是形成古怪的对照。我实在是一个"孤独的过客"，从未全心全意地属于我的国家、我的家庭、我的朋友，甚至是我的直系亲人；在所有这些关系面前，我从未失去一种疏离感和保持孤独的需要，而且这种感受正与日俱增。人会清楚地发觉，与别人的相互理解和协调一致是有限度的，但这并不足惜。这样的人无疑会失去一些天真无邪和无忧无虑，但也因此能在很大程度上不为别人的意见、习惯和判断所左右，并且不去尝试把他内心的平衡建立在这样一些不可靠的基础之上。

我的政治理想是民主。每个人都应当作为人而受到尊重，不要把任何人当作偶像来崇拜。我一直受到别人过分的赞扬和尊敬，这不是我的过错或功劳，而实在是命运的嘲弄。这大概源于许多人无法实现的一种愿望，他们想理解我以自己的绵薄之力通过不懈努力所获得的几个观念。我清楚地知道，一个组织要想实现它的目标，必须有一个人去思考、去指挥，并且全面担负起责任。但被领导的人绝不能受到强迫，他们必须能够选择自己的领袖。在我看来，强迫性的独裁专制很快就会腐化堕落，因为暴力总是会吸引来一些品德低劣之人。我相信，天才的暴君总是由恶棍来继承，这是一条亘古不变的规律。因此，我总是强烈反对当今意大利和俄国的那些制度[2]。今天欧洲的民主形式之所以受到质疑，不能归咎于民主原则本身，而是由于政府缺乏稳定性以及选举制度中人性考虑不足所造成的。在这方面，我相信美国已经找到了正确的道路。他们选出的总统任期足够长，有充分的权力来真正履行职责。而在德国的政治制度[3]中，我所看重的是，它为救助病人或贫困的人作了广泛规定。在丰富多彩的人类生活中，我认为真正可贵的不是政治上的国家，而是有创造性和情感的个人，是人格；只有个人才能创造出高贵和崇高的东西，而民众本身在思想和感觉上总是迟钝的。

接着这个话题，我要谈谈民众生活中一种最坏的表现，那就是我所憎恶的军事制度。一个人能以随着军乐旋律在队列中行进为乐，单凭这一点就足以让我鄙视他。他长了大脑只是出于误会，单凭脊髓就足以满足他的需要了。文明的这个罪恶之源应当尽快铲除。由命令而产生的英雄主义，毫无意义的暴行，打着爱国主义的旗号所进行的一切令人作呕的胡闹，所有这些都令我深恶痛绝。在我看来，战争是多么邪恶、卑鄙！我宁愿被千刀万剐，也不愿参与这种可憎的勾当[4]。无论如何，我对人类的评价还是很高的。我相信，若不是那些通过学校教育和报刊媒体而起作用的商业与政治利益系统地破坏了人们的健康感受，战争这个恶魔早就消失不见了。

我们所能拥有的最美好的体验是神秘体验。这种基本情感是真正的艺术与科学的策源地。谁要是不了解它，不再有好奇心和惊异感，谁就无异于行尸走肉，其视线是模糊不清的。正是这种对神秘的体验——即使夹杂着恐惧——产生了宗教。我们认识到有某种无法参透的东西存在着，感受到只能以最原始的形式为我们的心灵所把握的最深奥的理性和最灿烂的美——正是这种认识和这种情感构成了真正的宗教性；在这个意义上，也仅仅是在这个意义上，我才是一个笃信宗教的人。我无法想象神会对自己的造物加以赏罚，也无法想象他会有我们亲身体验到的那样一种意志。我不能也不愿去想象一个人在肉体死亡之后还会继续活着；让那些脆弱的灵魂，出于恐惧或者可笑的唯我论，去拿这些思想当宝贝吧！我满足于生命永恒的奥秘，满足于知晓和窥探现有世界的神奇结构，能以诚挚的努力去领悟显示于自然之中的那个理性的一部分，哪怕只是极小一部分，我也就心满意足了。

（选自《我的世界观》，商务印书馆，2018年版）

【注释】

[1]阿尔伯特·爱因斯坦（1879—1955），举世闻名的物理学家。出生于德国乌尔姆镇的一个犹太人家庭，1900年毕业于苏黎世工业大学，并入瑞士籍。1905年获苏黎世大学哲学博士学位。1913年返回德国，任柏林威廉皇帝物理研究所长和柏林大学教授，并当选为普鲁士科学院院士。1921年获诺贝尔物理学奖。1933年因受纳粹政权迫害，迁居美国，任普林斯顿高级研究所教授，从事理论物理研究，1940年入美国国籍。爱因斯坦是现代物理学的开创者和奠基人，相对论的提出者，"决定论量子力学诠释"的捍卫者。同时，他又有着非凡的人格魅力。热爱真理，追求正义，反对战争，关怀社会进步，是他无穷探索、一生奋斗的精神动力。他还留下许多关于政治、社会、人生感悟的文字，同样给世人以巨大而深刻的影响。1999年12月26日，爱因斯坦被美国《时代》周刊评选为"世纪伟人"。张卜天，男，1979年9月生。学者，清华大学人文学院科学史系长聘教授。

[2]第二次世界大战期间，爱因斯坦承认他在战前很长一段时期受了反苏宣传的影响，以后他对这个问题的看法有一些改变。参见他1942年10月25日在美国"犹太人支援俄国战争公会"一次宴会上的演讲和1950年3月16日给美国反共"理论家"胡克的一封信。

[3]指1918年第一次世界大战结束时建立，1933年被希特勒推翻的"魏玛共和国"。

[4]1933年7月以后，爱因斯坦改变了这种绝对的反战态度，积极号召反法西斯力量武装起来，以打击法西斯的武装侵略。

作品赏析

"人是为别人而生存的"，这是文章的出发点，也是爱因斯坦世界观人生观的基础和核心。基于这一认识，爱因斯坦尊重别人的劳动，认同简单淳朴的生活，对他人抱有一颗宽容的心，追求真、善和美。对于政治，他的理想是民主主义，"让每一个人都作为个人而受到尊重，而不让任何人成为崇拜的偶像"。民主主义的理想直接决定了他对专制制度和暴力、战争强烈反对的态度。而对于宗教，爱因斯坦所拥有的感情集中在"奥秘的经验"上，所以他执着于对奥妙无穷的科学世界的无休止探索，并认为这才是"真正的宗教感情"。这些方面构成了爱因斯坦世界观人生观的丰富内涵。

这是爱因斯坦在谈自己世界观方面最有代表性也最出名的一篇文章。作为世界著名的科学家，爱因斯坦的这篇文章里，不仅体现了他对待世界和人生的科学的态度，也蕴含着丰富生动的人文精神，科学的理性与人文的情感获得了高度统一，这也正是爱因斯坦伟大人格的魅力所在。而文章行文言语朴实，坦诚自然，情感含于笔端，自然流露，这种文风也正是其人品的一种体现。

词海拾贝

爱因斯坦名言

1.把你的手放在滚热的炉子上一分钟,感觉起来像一小时。坐在一个漂亮姑娘身边整整一小时,感觉起来像一分钟。这就是相对论。

2.只有爱才是最好的教师,它远远超过责任感。

3.提出一个问题往往比解决一个问题更重要,因为解决问题也许仅是一个数学上或实验上的技能而已。而提出新的问题、新的可能性,从新的角度去看旧的问题,却需要创造性的想象力,而且标志着科学的真正进步。

4.独立思考和独立判断的一般能力,应当始终放在首位。

5.教育就是当一个人把在学校所学全部忘光之后剩下的东西。

6.不要努力成为一个成功者,要努力成为一个有价值的人。

7.没有想象力的灵魂,就像没有望远镜的天文台。

8.我们一来到世间,社会就在我们面前竖起了一个巨大的问号:你怎样度过自己的一生?

知识巩固与能力训练

一、文中爱因斯坦说"人是为别人而生存的",谈谈你对这一观点的认识。

二、仔细阅读文章,谈谈爱因斯坦所向往的生活是怎样的,你对这种生活怎么看。

三、爱因斯坦说:"我才是一个笃信宗教的人。"原因是什么?

四、什么是科学精神?什么是人文精神?你怎么看?

学文心语

以前只知道爱因斯坦是科学家,后来才知道他还是思想家。让我们像爱因斯坦一样,研究科学、热爱真理、追求正义吧。

导语

有这么一个人，他是哲学家、数学家、历史学家、逻辑学家，还是世界和平运动的社会活动家，并且凭借他的哲学作品获得了诺贝尔文学奖。他就是罗素。你是否对人生充满困惑？你是否想成为一个智慧的人？你是否愿意听他谈谈“如何避免愚蠢的见识”？

如何避免愚蠢的见识

[英]罗　素[1]

刘勃　译

如何避免愚蠢的见识

怀有各种各样愚蠢的见识乃是人类的通病。要想避免这种通病，并不需要超人的天才，下面提供的几项简单原则，虽然不能保证你不犯任何错误，却可以保证你避免一些可笑的错误。

如果一个问题仅凭观察就可以解决的话，就请您亲自观察一番。亚里士多德[2]误以为妇女牙齿的数目比男人少。这种错误，他本来是可以避免的，而且办法很简单。他只消请他的夫人把嘴张开亲自数一数就行了。但他没有这样做，原因是他自以为是。自以为知道而实际上自己并不知道；这是我们人人都容易犯的一种致命错误。我自己就以为刺猬好吃油虫，理由无非是我听人这么讲过；但是如果我真的要动手写一部介绍刺猬习性的著作，我就不应该妄下断语，除非我亲自看见一只刺猬享用这种并不可口的美餐。然而亚里士多德却不够谨慎。古代和中古时代的著作家谈起麒麟和火蛇来头头是道；但是他们当中谁也没有觉得，既然自己从未见过任何麒麟和火蛇，那就必须避免武断。

不过也有许多事情不那么容易用经验加以检验。如果你像大多数人一样在许多这类事情上有颇为激烈的主张，也有一些办法可以帮你认识自己的偏见。如果你一听到一种与你相左的意见就发怒，这就表明，你已经下意识地感觉到你那种看法没有充分理由。如果某个人硬要说二加二等于五，或者说冰岛位于赤道，你就只会感到怜悯而不是愤怒，除非你自己对数学和地理也是这样无知，因而他的看法竟然动摇了你的相反的见解。最激烈的争论是关于双方都提不出充分证据的那些问题的争论。迫害见于神学领域而不见于数学领域，因为数学问题是知识问题，而神学问题则仅是见解问题。所以，不论什么时候，只要发现自己对不同的意见发起火来，你就要小心；因为一经检查，你大概就会发现，你的信念并没有充分证据。

摆脱某些武断看法的一种好办法就是设法了解一下与你所在的社会圈子不同的人们所持有的种种看法。我年轻时期在外国——法、德、意、美等国住过很长时间。我觉得这对削弱狭隘偏见的强烈程度很有好处。如果你无法外出旅行，也要设法和一些持不同见解的人们有些交往,或者阅读一种和你政见不同的报纸。如果这些人和这种报纸在你看来是疯狂的、乖张的,甚至是可恶的,那么你不应该忘记在人家看来你也是这样。双方的这种看法可能都是对的,但不可能都是错的。这样想一下,应该能够慎重一些。

有些人富于心理想象力。对于这些人来说,一个好办法便是设想一下自己在同一位怀有不同偏见的人进行辩论。这同实地跟论敌进行辩论比起来有一个(也只有一个)有利条件,那就是这种方法不受时间和空间的限制。圣雄甘地[3]就对铁路、轮船和机器深表遗憾,在他看来整个产业革命都要不得。也许你永远没有机会真的遇见一位抱有这种见解的人,因为在西方国家里大多数人都把现代技术的种种好处视为当然。但是如果你想弄确实你同意这种流行的看法乃是正确的,那么一个好办法就是设想一下甘地为了反驳现代技术的种种好处而可能提出的论据,从而检验一下你自己想到的论据。我自己有时就因为进行这种想象性的对话而真的改变了原来的看法;即使没有改变原来的看法,也常常因为认识到假想的论敌有可能满有道理而变得不那么自以为是。

对于那些容易助长你狂妄自大的意见尤宜提防。不论男人或女人,十之八九都坚信男性或女性特别优越。双方都有不可胜数的证据。如果你自己是男性,你可以指出大多数诗人和科学家都是男子;而如果你是女性,你可以用大多数罪犯也都是男子来反唇相讥。这个问题本来就根本无法解决;但是,自尊心却使大多数人都看不到这一点。不管我们属于世界上哪个国家,我们大家总是认为我们自己的民族比所有其他民族都优越。既然每个民族都有自己特有的长处和短处,我们就把自己的价值标准加以调整,以便证明自己民族的长处乃是真正重要的长处,而其缺点相对来说则微不足道。在这个问题上,一位明白事理的人也一定会承认,它没有明显正确的答案。由于我们无法和人类之外的智者辩论清楚,所以要处理这个人之作为人的自高自大的问题就更加困难了。就我所知,处理这个普遍存在的人类自高自大问题的唯一方法就是,要经常提醒自己,在茫茫宇宙中一个小小角落的一颗小小星球的生命史上,人类仅仅是一个短短的插曲,而且说不定宇宙中其他地方还有一些生物,他们优越于我们的程度不亚于我们优越于水母[4]的程度。

(选自《幸福之路》,华夏出版社,2013年版)

【注释】

[1]伯特兰·罗素(1872—1970),20世纪英国哲学家、数学家、逻辑学家、历史学家,无神论或者不可知论者,也是20世纪西方最著名、影响最大的学者和和平主义社会活动家。生于英国贵族世家。青少年时期先后对数学、历史和文学感兴趣,阅读了大量历史和文学著作,这对他今后的著述有很大影响。1890年,罗素考入剑桥大学,学习数学、哲学和经济学,获得数学和伦理科学学位。毕业后,他一方面进行研究,一方面参与大量社会活动。哲学上,提出逻辑原子主义和中元一元论学说;数学上,从事过数学逻辑和数学基础的研究,以他命名的"罗素悖论"曾对20世纪的数学基础发生过重大影响;教育上,主张自由教育,认为教育的基本目的应该是培养"活力、勇气、敏感、智慧"四种品质;政治上,反对侵略战争,倡导和平主义。主要著作有《数学原理》《哲学问题》《心的分析》《物的分析》《西方哲学史》《论教育》等,其中《数学原理》被誉为"人类心灵的最高成就之一"。1950年,诺贝尔奖金委员会以他的"哲学作品

对人类道德文化做出了贡献”为由，授予他诺贝尔文学奖。

[2]亚里士多德（前384—前322）：古希腊哲学家、科学家。

[3]甘地（1869—1948）：印度民族运动领袖，主张“非暴力抵抗”，长期领导印度国大党，被称为“圣雄”。

[4]水母：腔肠动物门水母型个体的统称。

作品赏析

“见识”本身属于思想的范畴，罗素这篇文章就从思想的角度进行讨论，告诉读者如何避免“愚蠢的见识”。

文章起首简明扼要，开门见山，首先阐明作文的主旨，那就是“提供几项简单原则”，“保证你避免一些可笑的错误”。要解决问题，就要知道发生问题的症结在哪。罗素通过一些事例的分析，指出自以为是、狂妄自大是导致“愚蠢的见识”发生的主要心理原因，针对原因，从三个方面提出了解决方法：第一是要有科学的认知态度，对凭观察就可以解决的问题，可用经验加以检验；不能用经验加以检验的，就要有充分的证据。第二是要能够听取不同意见，除了类似我们经常说的“兼听则明”这一层意思，作者还提出了“心理想象力”，用“假想的论敌”来反驳自己以防止自以为是。第三是要充分认识到客观世界的复杂性和不确定性，有些问题“本来就根本无法解决”，有些问题“没有明显正确的答案”，所以只有采取谦虚慎重的态度，才能克服自高自大，而克服狂妄自大的根本办法就是要树立“宇宙无限，而人的认识十分有限”这一基本理念。

作为一篇论说文，作者采用了很少用的第二人称“你”，通过你我对话的形式进行论述，拉近了作者与读者之间的距离，更容易打动人。从而也成为这篇文章形式上的突出特点。在语言表述中，出现了很多“也许”，“说不定”，“设想一下”等虚拟语气，这体现了作者谨慎的作风和谦和的态度。作者在告诉人们如何少犯错误，避免愚蠢的见识，采用这样的文风，正好使风格与主旨相协调，使人感觉非常亲切，娓娓道来，容易为人所接受。

词海拾贝

罗素名言

1.为爱所支配的知识是教育者所必需的，也是他的学生所应获得的。在低年级，对学生的爱是最重要的爱；到高年级，热爱所传授的知识，就逐渐成为必要。

2.幻觉不是你的错，在幻觉中做决定，这就是你的不对了。

3.知识是使人类快乐的主要因素之一。

4.作为一个人，对父母要尊敬，对子女要慈爱，对穷亲戚要慷慨，对一切人要有礼貌。

5.在世界上一切道德品质之中，善良的本性是最需要的。

6.美好的人生是为爱所激励，为知识所引导的人生。

7.希望是坚韧的拐杖,忍耐是旅行袋。携带它们,人可以走完世界,登上永恒之旅。

8.青年时期是豁达的时期,应该利用这个时期养成自己豁达的性格。

9.我的人生正是:使事业成为喜悦,使喜悦成为事业。

知识巩固与能力训练

一、本文指出导致愚蠢见识的原因是什么?解决这一问题的方法有哪些?

二、本文在论述过程中,主要采用了怎样的论证方法,请举例说明。

三、怎么才能成为一个智慧的人呢?

学文心语

读些哲学吧,不经反省的人生不是真正的人生。哲学可以让我们思考宇宙自然,让我们思考生命死亡,让我们思考亲情、友情、爱情。借助哲学的智慧指引,我们可以了解社会,了解人性,也了解自己。哲学,能帮助我们找到适合自己的人生之路。

【实践训练六】学术论文写作

一、写作基础

(一)学术论文的概念

学术论文是人们对科学领域的某个学术问题进行研究后系统阐述其成果的理论文章。大学生“术业有专攻”,都有自己的专业研究方向,既需要查阅相关论文,也需要借助论文这种文体发表自己的创新学术见解与创新成果。

《科学技术报告、学位论文和学术论文的编写格式》对学术论文是这样定义的:“学术论文是某一学术课题在实验性、理论性或观测性上具有新的科学研究成果或创新见解和知识的科学记录;或是某种已知原理应用于实际中取得新进展的科学总结,用以学术会议上宣读、交流或讨论;或在学术刊物上发表;或作其他用途的书面文件。”它是发现问题、分析问题、解决问题的理性思维,是学科领域的科学研究成果结晶,它既不是现象的简单记录或材料的机械罗列,也不是对他人研究成果的重复,而是对科学真理的探索。

(二)学术论文的基本特点

1.科学性

学术论文的科学性是指文章切实从客观存在和真实实验出发,得出符合实际的结论。不得带有个人好恶的偏见,更不能主观臆造。要求作者应尽可能多地占有资料,以最充分的、确凿有力的论据作为立论的依据,论证过程必须经过缜密的思考、严谨的论证和审慎的验证,论文的结论要经得起科学检验。

2.创造性

学术论文的创造性是指作者的独创性,文章或是有自己的新发现,或是有新方法,或是有新理论,总之要有自己的独特见解,不能人云亦云,亦步亦趋,挑选一些所谓的热门问题简单重复一下,那是没有学术与实践价值的。论文的创造性需要研究者对某一领域的课题进行长时间周密、细致的研究分析,或在多人成果的基础上进行比较、检验,从中发现前人还没有发现,或认识不够全面,或未达到一定深度的问题,发人之所未发,言人之所未言,取得有价值的成果。

3.真实性

学术论文应该根据研究对象做真实的研究,记录实际的研究过程与结论,不能设置伪命题,不能使用不正当手段,不能伪造实验的或调查的数据、材料,这样才能保证研究结论的原创性与真实性。论文的真实性反对抄袭、剽窃他人成果的不诚信行为。

4.简明性

如果说科学性和创造性是学术论文的灵魂和生命,真实性和简明性就是学术论文的本体和形象。无论多么高深的理论、精密的原理,都需要使用最简洁准确的语言表达出来,向社会大众、同行、领导者、服务对象作出清晰的说明,只有这样才能扩大它的传播和影响范围,不辜负自己研究的初衷与目的。如果成果虽好,却不能为人所知,只会成为阳春白雪,知音寥寥,曲高和寡,不利于提高自己的工作成效。

上述四点不仅是学术论文的基本特点,也是一篇合格的学术论文的必备条件。

(三)学术论文的主要种类

1.学术论文按研究的学科门类不同,可分为哲学社会科学论文和自然科学论文

(1)哲学社会科学论文。这种论文主要采用调查研究、逻辑判断、理论推理、实践检验等方法构建文章,又可细分为哲学、历史、政治、法律、伦理、教育、文学等学科论文。

(2)自然科学论文,又称为科技论文。这种论文是在科学实验和研究的基础上,对学科领域或学科交叉领域的某些现象、问题及其联系性,进行科学的分析和阐述,揭示这些事物的本质特征与规律,科技论文特别强调科学结论的实证性。

2.学术论文按研究目的不同,可分为理论研究型论文和实践研究型论文

(1)理论研究型论文。这种理论研究型论文,侧重于对不同学科领域的基础性概念与基本原理进行检讨式分析研究与讨论。

(2)实践研究型论文。这种实践研究论文侧重于将各学科领域的理论知识转化为具体可操作的专门技术,并总结实际应用经验,是理论联系实际的纽带。

3.学术论文按创作目的不同,可分为学位论文和交流性论文

(1)学位论文。这种论文是"表明作者从事科学研究取得创造性的结果或有了新的见解,并以此为内容撰写而成、作为提出申请授予相应的学位时评审用的学术论文"。主要目的是通过论文展示其学术水平,是授予其相应学位的重要依据。学位论文又分为学士论文、硕士论文和博士论文,在字数、内容和影响力上有不同的要求。

(2)交流性论文。这种论文主要是作为学术会议交流、讨论的媒介,或通过学术刊物、论文集出版达到阐述自己观点,扩大学术成果影响力的目的,须注意相关会议、刊物、结集对论文篇幅、格式、图录、音频、视频等的一些特殊要求。

(四)学术论文创作过程

1.学术课题的科学选择

爱因斯坦认为:"提出一个问题往往比解决一个问题更重要,因为解决问题也许仅仅是一个教学或实验上的技能而已。而提出新的问题、新的可能性,从新的角度去看旧的问题,都需要有创造性的想象力,而且标志着科学的真正进步。"研究选题要有正确的态度,还要有科学的方法,这样才能保证后续研究过程的展开,及论文撰写的顺利进行。

(1)学术研究选题应遵循的原则

①意义性。所谓意义性是课题关乎科学进步和社会发展的重要性问题,也即着眼于科学发展与社会进步的需要,同时在相关学科领域具有较大价值,或能填补研究空白。从根本上来说,理论和实践是统一的,学术研究也是如此,真正好的学术课题在学术研究深入与社会价值两个方面都具有重要意义。

②创新性。创新是学术研究的灵魂,是衡量学术论文价值的重要标准,没有创新性的课题是没有学术价值的,因此,创新性是科研选题的一条根本性原则。学术史上总有前人未曾真正开展研究或虽有研究却没有完全解决的问题,我们所谓创新,就是要拓展旧有知识体系,在学术上创建新理论,提出新观点,对现有学术理论进行补充、深化,或对某种理论进行批评、纠正。

③可行性。可行性是指研究者的知识结构、研究能力、技术条件、情报资料、协作水平、经费、时间等相关因素是否能够满足研究要求的需要。从主观上来看,个人的知识、能力、相关研究基础可能存在局限,对课题研究的兴趣可能转移;从客观上来看,情报的搜集、研究技术、分析技术与设备条件是否达到一定的水平,这些都是课题研究可行性须审视的问题。

(2)学术研究中选题的几种途径

①主动寻找。研究课题往往需要研究者在研究过程中主动去发掘和挑选,要求研究者成为一名学术探索的有心人,培养自己学术发现的敏锐眼光。我们可以转换新的审视角度,采取新的思想方法另辟蹊径,也可以扩大时空视野,对现有论题进行大纵深、多领域的立体研究,开拓论题的内涵和外延,作交叉学科的关联研究。

②现有的任务。国家及相关科研部门每年会向研究者们提供一定数量的指导性研究课题,如国家社会科学基金和国家自然科学基金发布的课题指南,只确定研究的大致方向,而不确定具体的研究题目,研究者可根据自己的研究能力、条件与兴趣选择申报。

2.搜集学术情报资料

学术情报资料的搜集与占有可以开阔自己的研究视野,评估所选课题的创新性,特别在主要采用文献研究方法的课题中,学术情报资料也是写作者立论、批评、论证的支撑材料。

学术情报资料大致包括著作、期刊、报纸、学位论文、会议论文等文献、实物、图片、视频资料。可以去图书馆、博物馆查阅资料,可以实地考察,也可以借助互联网手段,搜集远比前辈们做研究更便捷、更广泛的资料。目前提供网络学术资料的有中国知网(CNKI)、万方数据库、维普数据库、读秀网等数据平台。

某些学科、课题的研究,除了文献资料,还需要实验资料和调查资料。这些资料的搜集需要具备一定的实验条件和调查手段,同时需要验证手段以保证数据的真实客观性。资料搜集不仅是量的丰富,也是质的高水准,尽量搜集第一手资料、原始资料、完整资料,只有这样才能为研究成果提供坚实可靠的依据。

资料的具体搜集整理过程可以考虑以下几个步骤：

(1)全面搜寻。以选题为中心，对有关领域的研究现状进行“一网打尽”式的材料搜寻，明确其学术研究历史和研究成果，掌握该问题的研究程度及尚未解决的问题是什么，这样可以全面评估自己研究问题在整个领域的地位和意义。

(2)资料整理与审核。在材料的全面掌握之后，对目前有关论题的所有观点和成果进行分析比较，梳理有关研究对相关资料的引述与解释，寻找逻辑破绽或可疑点，从而提出自己的研究假设。

(3)调查或实验。如果条件允许的话，应当进行一定形式的社会调查或科学实验，以取得实证过程与结果，获取第一手的数据、资料与观察体验。

(4)材料加工与规范。原始材料的使用往往需要进行标准化加工，如所搜集的不同时期物价信息如何使其具有可比性，就需要先完成标准化加工，再经过归纳、演绎、分析、综合创造性加工，才能最终形成清晰的观点和思路。

值得注意的是，在搜集、整理资料的过程中，应记录作者(编者、译者)、论著(或资料)名称、出版单位、出版时间等来源信息，以免在引用、注释使用时引起混乱。若非原始资料，则应该追查其出处，并对照原文，防止引用时出现与原文不一致，或错误理解的情况。

3.拟定标题和提纲

(1)拟定标题。论文的标题是文章的名，孔子曰“名不正则言不顺”，一篇论文应该在形成基本观点和思路的基础上确定合乎文章内容的标题，这样可以让观点更明确，同时也为后续的写作工作定下一个中心，以免写作中出现跑题现象。

一般来说，拟定标题应遵循恰当、简明、新颖的原则，即准确反映核心观点、用语规范明白、整体印象醒目。好的标题能恰如其分地反映研究的方向、范围和深度。

(2)拟定提纲。如果说标题如同论文的眼睛，提纲就是文章的骨架，它将研究者的总体思路通过逻辑性的结构框架完美地展现出来。草拟提纲不仅能让思想明确、条理清晰，还可以发现构思上的缺陷、材料准备的不足，使论文写作少走弯路。如果不拟写提纲，直接动笔写初稿，往往会因为构思不成熟，造成天马行空、任意驰骋的结果，反而会让论文费时更多。

从文体来说，学术论文属于议论文，而议论文的写作，一般遵循提出问题—分析问题—解决问题的顺序展开，这种结构形式又被称为“三段论式”，故学术论文也同样适用这种结构形式。

论文提纲一般包括文章的基本论点和主要论据，体现整体结构。从提纲的内容来看，可以分为简略提纲与详细提纲。简单的提纲一般只有层次，每一层次上只概括出小标题，将全文的层次扼要地编排出来。详细提纲则写得较为具体一些，除了列出各级层次小标题，写出各层次大小论点，还将相关论据和论证方法都详细列出，显示出论文的基本框架和主要内容。

提纲各个层次间的逻辑关系是草拟过程中应重点关注的,一般来说常用的关系有以下几种:

①并列式。根据表达基本论点的需要,从不同角度、不同层次组织安排,各部分之间的关系是平行的。这些层次间没有谁先谁后,谁主谁次的区别,但是各层次之间必须依照统一的标准,不能互相矛盾、重复、包容。

②递进式。围绕基本论点,按照各个问题内在的逻辑联系,逐层深入地论述。

③因果式。任何问题的发生总有其原因和结果,具体的层次的安排可以先结果后原因,也可先原因后结果。

④纵入式。按照研究的先后顺序,或者遵循时间发展变化的进程来组织文章。这种提纲格式在自然科学研究中用得多一些。

4.拟写初稿

在前期的准备工作就绪之后,创作初稿就可以开始了。原则上要按照提纲结构上的先后逻辑顺序完成论文序论、本论和结论的拟稿工作及参考文献的列示。写作中应该尽量切实做到观点与材料统一、逻辑思维严谨、层次结构清晰、文字表达准确。

当然还有一种写作方法,就是分层次写,将各个单独章节写作完毕之后再合并起来连接统一。不管采用哪种方法,都应该注意几点:

(1)正确选择论据。作为学术论文理论基础的论据,是论文的有机组成部分,属于论文的物质要素。论据可以分为两种类型:事实论据和理论论据。前者是指具体实例和相关数据,后者是指被证明过的理论观点和政策法规文件等。

具体来说,论据材料选择的标准主要有:

①真实材料。真实确切的材料,才能保证推导出的结论正确可信;真实确切的材料,才能说服读者接受相应的论点。

②典型材料。只有最有说服力、最贴近要说明的论点的材料,才能从根本上支持所要证明的论点。

③新颖材料。带给读者新鲜感的材料,不仅指发生时间的最近,还包括尚未被研究者关注的材料或从全新角度给予阐释的材料。这些材料可以让论文的论点更深入人心。

(2)科学论证方法。对于议论文来说,论点、论据、论证是其三大要素,学术论文的创作也基本如此。三者都不可忽视,论证方法更是决定着一篇学术论文的科学性、逻辑性,在论文写作中贯穿到个环节,用途极为广泛。

常用的论证方法有:

①归纳法。从特殊到一般的论证方法。

②演绎法。从一般到特殊的论证方法。

③类比法。两种相同或相近的现象事理进行比较,由已知一方推出未知一方的论证方法。

④事实例证法。以事实为论据来证明论点的论证方法。

⑤对比法。将两种相反情况进行比较来得出结论的论证方法。

⑥喻证法。用比喻等形象的方法来论证的方法。

⑦反证法。先证明相反论点的错误,从而证明论点的正确性。

⑧引用法。引用理论依据或他人言论数据来证明论点的论证方法。

在具体创作学术论文中,由于其本身的复杂性,论证方法往往也要综合使用,从而使论证过程缜密而严谨。

5.修改定稿

(1)修改。初稿写完后,必须经过反复修改,才能确保论文质量,这是学术论文创作中不可缺少的重要程序。论文的修改步骤大致如下:

①通读全文,找出存在的问题和缺点。

②修正论点。将与全文逻辑结构不符、主观片面或陈旧有误的论点修改或删除。

③调整结构。通篇全面考虑,使论文中心突出、条理清晰、逻辑缜密。

④修饰语言。逐一审核段落、句子、字、词和数码,使其符合论文规范的要求。尤其对于开头、结尾、过渡、呼应、详略的处理。具体遣词造句的要求是简明、规范,不得出现语法或逻辑上的错误。引文不可断章取义,要核对无误,出处要加注释。

(2)定稿。初稿在反复修改、补充与校核后方可定稿。判断一篇论文能否定稿的标准是:论文的中心论点或基本观点科学正确,论据真实恰当,结构严谨清晰,语言规范明白。论文定稿后,还要认真做好誊正、校对和署名等技术性工作。这样,一篇学术论文就基本创作完毕。

(五)学术论文的结构与写法

学术论文的结构是:标题+摘要+关键词+目录+正文+注释+参考文献+致谢+附录。

1.标题

标题一般反映的是所论证的问题或展示中心论点。字数要求不超过 20 字,注重简明扼要。常表现的形式为单行标题或双行标题,后者为一主一副两行标题,全面地阐述提出的相关问题。论文标题常用“论……”“谈……”“……分析”“……研究”等语句形式。

在标题的构造中,需要注意的是不要出现逻辑语法上的错误,例如:结构混乱、搭配不当、标题冗长、介词搭配不当,以及有关标题的其他错误。

2.摘要

摘要是对论文内容论点的简短陈述。一般言简意赅,中文摘要保持在 200 到 300 字,外文摘要不超过 250 个实词。位于标题、作者之后,正文之前。摘要如同论文的精华版,以便读者在没有看到论文主体之前,就可从中获取论文即将表达的论点,以及运用到的论证方法和最终结论。在通常情况下,问题主要集中在摘要太长或直接照搬引用其论文中的标题。

3.关键词

关键词主要是为了显示论文关键词汇和术语,伴随着文献标引工作而呈现。一篇论文可以用3至8个词作为关键词,置于摘要的下一行。需要注意的是为了规范和检索方便,尽量用《汉语主题词表》提供的规范词汇。

4.目录

目录是为了解决长篇论文的篇幅问题而存在。目录即论文各级小标题的顺序排列,各个标题所在的页码随之在右顺序排列。目录主要是为了读者能够迅速把握论文的整体结构,以便读者阅读各个章节和部分。

5.正文

正文即论文的主体部分。通常分为三部分:绪论、本论和结论。绪论包括研究综述、研究方法等,主要是为了阐明所研究问题的方向和意义。本论没有硬性的统一要求,是因为学科的差异及研究对象的不同。内容主要有论点、论据(理论论据、事实论据、实验数据、调查结果等)、论证方法、图表、实验结果等。结论则是对论文的综合描述和总结概括,也就呈现出论文的意义及价值所在。

值得注意的是,整篇论文的结构务必保持统一,字体、字号、行距、标点、序号等都要前后一致,切记不可混乱。

6.注释

在论文中的注释有两种,一种是资料注,即对引用文献资料的来源作出详细的注明;第二种是内容注,即有些概念、论述属于背景资料的范畴,不便在文中展开论述,但又需要给读者解释清楚,这里就要进行注释。前者是学术论文的基本要求,这样做是对前人劳动的尊重,也让材料来源更清楚无误,方便读者查阅。后者则在不影响论文连贯性的前提下,增加读者的信息量。

注释体例有不同形式,比较常用的标准为:

(1)著作。内容依次为著者、书名、出版地点、出版社全名、出版年、版次、页码。

如果著者是古人或外国人,可在著者前用括号标明朝代或国别。如果著作为译本,在书名之后需加上翻译者姓名。如果是外文文献注意使用英文标点。

(2)期刊。内容依次为作者、文章全名、期刊全名、刊发年份、刊期、页码。

(3)学位论文。内容依次为作者、论文全名、论文通过高校全称、论文发布时间、页码。

(4)报纸文献。内容依次为作者、文献全名、报纸全称、刊发时间、版面。

(5)网络文献。内容依次为文献全名、网站全称、登录时间、登陆网址。需要注意的是:网络文献除非是只发表在网络上,否则需找到其原始来源,即书面的来源。另外网络文献通常应当注意网站来源必须正规可靠。论坛或者搜索引擎(如百度、谷歌)上的文献，一般不允许引用。

注释的位置可以放在每一页的下面，也可以集中在一篇论文的最后。可以用 Word 文档插入中的引用，具体位置有脚注、尾注和题注，一般用带圈阿拉伯数字顺序来排列。

7.参考文献

按照 GB/T 7714—2015《信息文献　参考文献　著录规则》，参考文献是“对一个信息资源或其中一部分进行准确和详细著录的数据”。需要注意的是参考文献与注释并不一样，前者是写作论文时所参考、引用的相关文献，位置在文章结尾统一排列，后者则是具体引用材料的出处，可以放在每页下面，也可以集中在文末。目前不同出版单位对这二者的要求不一样，在具体的应用中可以视情况而定。按照 GB/T 7714—2015《信息文献　参考文献　著录规则》中的要求录入，参考文献应该按照如下规范来使用：

（1）专著。主要责任者、书名〔文献类型标识〕、其他责任者、版本、出版地：出版者，出版年、文献数量、丛编项、附注项、文献标准编号。其中主要责任者、书名、版本、出版地：出版者，出版年为必备项。

（2）连续出版物。题名、主要责任者、版本、年、月，卷（期）、出版地：出版者，出版年、丛编项、附注项、文献标准编号。其中题名、主要责任者、版本、出版地：出版者，出版年为必备项。

（3）专利文献。专利申请者、专利题名、其他责任者、附注项、专利国别，专利文献种类，专利号、出版日期。其中专利申请者、专利题名、专利国别，专利文献种类，专利号、出版日期为必备项。

（4）专著中析出的文献。析出责任者、析出题名、析出其他责任者、见：原文献责任者、原文献题名、版本、出版地：出版者，出版年、在原文献中的位置。除了析出其他责任者，其余为必备项。

（5）连续出版物中析出的文献。析出责任者、析出题名、析出其他责任者、原文献题名、版本、在原文献中的位置。除了析出其他责任者，其余都为必备项。

具体排列上，参考文献表可以按顺序编码制组织，也可以按“著者—出版年”制组织。

①顺序编码制。参考文献表按顺序编码制组织时，参考文献表中的各篇文献要按专论正文部分标注的序号依次列出。

②“著者—出版年”制。参考文献表采用“著者-出版年”制组织时，参考文献表中的各篇文献首先按文种集中，可分为中文、日文、西文、俄文、其他文种五部分，然后按著者字顺和出版年排列。中文文献可以按笔画、笔顺（“一”“丨”“丿”“、”“乛”）排列，也可以按汉语拼音字顺排列。专论正文部分引用的文献的标注方法可以采用顺序编码制，也可以采用“著者-出版年”制。

文献类型和标志代码如下：

期刊［J］、专著［M］、论文集［C］、学位论文［D］、专利［P］、标准［S］、报纸［N］、技术报告［R］；数据库［DB］、计算机程序［CP］、电子公告［EB］、磁带［MT］、磁盘［DK］、光盘

[CD];联机网络[OL]、联机网上数据库[DB/OL]、磁带数据库[DB/MT]、光盘图书[M/CD];磁盘软件[CP/DK]、网上期刊[J/OL]、网上电子公告[EB/OL]。

8.致谢

有些论文还要对相关的协助人员和协作单位表示谢意,可在文末致谢。

9.附录

不适合在文中出现的部分,可以用附录的形式在文章最后附上。

以上就是学术论文的全部组成部分,一篇规范的学术论文,有些需要包括全部的项目,也可以不包括全部,通常标题、摘要、关键词、正文、注释及参考文献是必备项目。

(六)学术论文写作的注意事项

1.学术论文在语言结构上主要是为了避免文字使用不规范、表述不清、语法紊乱、辞藻浮夸、华而不实。为追求文学性影响到实事求是的科学表述。

2.选题时要注意把握研究深度和宽度二者间的关系,论题要适中,既不能过大,也不能过小。论题过大使自己力有不逮,容易导致论文空泛不实;论题选得太小,限制了研究所需的大观格局,也缩小了自己捭阖纵论的语言空间,所以要综合考虑研究所需的深度、宽度,以及自己的研究精力所及。

二、实践训练

【项目一】分析以下论文的结构特点。

似少陵,似乐天

——浅谈两种对柳永词的评价

摘要:柳永在宋词历史上是举足轻重的关键人物,但后代对他的词作评价褒贬不一,且多是批驳意见。然而有人将他的词比作杜诗,还有人将他比作白居易。柳永与杜甫某些作品中所反映的“太平气象”确有相似之处,且由于出身与经历的相似,“言志”传统在二人作品中反映出的相似的内容与情感;而柳永与白居易则在作品中表现出相似的思想倾向和艺术追求,并因而有着同样伟大的创新功劳和强大的生命力。

关键词:柳永;杜甫;白居易

王国维先生《人间词话补遗》认为:“故以宋词比唐诗,则东坡似太白,欧秦似摩诘,耆卿似乐天,……昔人以耆卿比少陵,犹未为当也。”

评价准确与否姑且不谈,不过在这段话里却看到对一个人的作品两种差别很大的评价,即:“耆卿似乐天”和“以耆卿比少陵,犹未为当也”。这里的“耆卿”即宋代著名词人柳永。而“乐天”与“少陵”则分别为唐代大诗人白居易与杜甫。柳永创制慢词长调,一生专力写词,开创了俗文学的发展。然而从他生活的时代到后代,上至仁宗皇帝下至晏殊、苏轼等历代著名文人,对他的评价大多鄙斥不屑,很少肯定的意见。对这么一个特殊的词人，又将他与“诗圣”杜甫和有着“元轻白俗”之称的白居易相提并论，这么迥异的对比，不能不引起我们的思索：到底应该怎样看待这两种不同的评价呢？

一、与杜甫诗歌的异同

（一）与杜诗的相似性

1.内容上忠实反映了现实社会

“柳永是福建崇安五夫里人，祖父柳崇是五代末年的‘处士’。父亲柳宜本仕于南唐，入宋为沂州费县令，太宗雍熙二年(985年)登进士第，官至工部侍郎。柳永约生于雍熙四年(987)。……他的主要活动年代在真宗、仁宗两朝。《石林燕语》卷六和《能改斋漫录》卷十六都说柳永登第的时间在景祐元年(1034)。宋翔凤《乐府余论》亦谓柳永‘及第时已老’。《福建通志》卷一七五说柳永登第后‘调睦州团练推官。皇祐中(1049-1054)，历任屯田员外郎’。柳永卒年约在仁宗皇祐五年(1053)。”

从柳永的生世可见他出身于官宦之家，经历坎坷，快五十岁才中进士，也只做过一些较低的官职。在后人对他评价里有两条是将他的词与杜甫的诗相比的。

宋代黄裳《演山集》中《书〈乐章集〉后》中认为：“予观柳氏《乐章》，喜其能道嘉祐中太平气象，如观杜甫诗。典雅文体，无所不有。”

宋代张端义《贵耳集》记载：“项平斋自号江陵病叟，余侍先君往荆南，所训：学诗当学杜诗，学词当学柳词。扣其所以，云：‘杜诗柳词皆无表德，只是实说。’”

很显然，黄裳认为“柳词似杜诗”是着眼于柳词中描写“太平气象”的作品，称它们“典雅文体，无所不有”，是说词的内容风格典雅华美，在作品中反映社会生活的方方面面。而项平斋则认为柳词如杜诗一样“只是实话，皆无表德”，其共同点在于“真实不虚美”，不夸饰，不作态。而后一个观点是没有定指柳永一个人，“少陵之体”中“体”我们大概可以理解为形式与体制上的一些相似之处。

的确，柳永出色地反映了如杭州、苏州、金陵、成都等地城市的繁荣，人民的富庶安宁及各地的山川风物。如描写汴京的《破阵乐》(露华倒影)、写清明踏青的《木兰花慢》(拆桐花烂漫)，还有描写苏州的《永遇乐》(天阁神游)、金陵的《瑞鹧鸪》(吴会风流)，以及脍炙人口的《望海潮》(东南形胜)。我们来看他笔下元宵狂欢的京城汴京：

> [迎新春]嶰管变青律，帝里阳和新布。晴景回轻煦，庆佳节，当三五。列华灯，千门万户。遍九陌，罗琦香风微度。十里然绛树，鳌山耸，喧天萧鼓。渐天如水，素月当午。香径里，绝缨掷果无数。更阑烛影花阴下，少年人，往往奇遇。太平时，朝野多欢民康阜。随分良缘，堪对此景，争忍独醒归去。

这种天上人间，倾城狂欢的繁华景象，的确是道尽了当时的“太平气象”。难怪他同时代的范镇感叹：“当仁庙四十二年太平，吾身为史官二十年不能赞述，而耆卿能尽形容之。”

同样杜诗中也从各个方面忠实的反映了他生活时代的广阔社会生活情况。他走到哪里，就用手中的诗笔记下了当地的山川风土：京城长安、秦州、成都、梓州、夔州、衡州、岳阳、潭州……美丽的四时风景、热闹的城市、苦难的人民、民俗民风、各地土产。如他描写开元盛世的《忆昔二首》：

忆昔开元全盛日，小邑犹藏万家室。稻米流脂粟米白，公私仓廪俱丰实。九州道路无豺虎，远行不劳吉日出。

齐纨鲁缟车班班，男耕女桑不相失。宫中圣人奏云门，天下朋友相交清。百余年来未灾变，叔孙礼乐萧何律。

后人奉他为"诗史"正是指杜诗中如此深刻而广泛的社会现实记录。在这一点上，柳永和杜甫都在认真做着同时代人没能做到的事情：忠实反映广泛的社会生活。尽管生逢时代不同，然而在内容及反映历史现实上有共同之处！

2.表达上真切抒发了羁旅行役之情

当然，杜甫作为一代诗圣，被奉为诗中"孔子"地位的伟大诗人，而柳永是被仁宗皇帝"临轩放榜，特黜之"的异类文人，放浪不羁，"词多媟黩"，将二人相提并论的说法遭到后人的不满。在王国维先生之前，清代刘熙载《艺概》中就驳斥说："柳耆卿词，昔人比之为杜诗为其实说，无表德也。余谓此论其体则然，若论其旨，少陵恐不许之。"所谓"旨"是说作者的思想意旨，而"体"则如详细的描写、开阔的意境等体制上的东西。

无论是"旨"还是"体"，二者作品都有相似之处，也都有不同特点，杜诗的古雅与柳词的绵密并不相同，而某些相同的思想感情却能在两人的作品中同样真实的反映出来。追本溯源，更深层的原因是经历与"言志"传统。

杜甫出身于"奉儒守官"的仕宦家族，所以他毕生都以"致君尧舜上，再使风俗淳"为己任。所以他献赋、干谒权贵以求取功名。柳永同样出身于封建士大夫家庭，也是年轻时就离家到京城为考进士而奋斗，一直到快五十岁还在考进士。杜甫直到年老病魔缠身、避乱漂泊西南时，仍然念念不忘回到朝廷有所作为。柳永也在遭皇帝"罢黜"后仍然不放弃进士考试，而且为了做官更大，借老人星出现向皇帝献贺词，希望得到仁宗的恩赏。

然而命运对他们都是极为严酷的，杜甫中年之后即逢安史之乱，刚刚做官即遭贬谪，从此在乱世漂泊中走完残生。而柳永也为了功名一直奔波多年，即使年老中进士后也依然沉居下僚，始终没有摆脱皇帝对他的不满。理想与现实的巨大差别，反映在各自的作品中，又体现了儒家"言志"传统。

二人都有多年行役的人生经历，背井离乡、风餐露宿的艰难痛苦以及由此而生的不遇之悲、乡国之思……种种情感都只能在各自的作品中抒发流露。杜甫有《秦州杂诗》《发同谷》等一系列纪行诗，柳词中也有大量的羁旅行役内容。

杜诗："晨发赤谷亭，险艰方自兹。"(《赤谷》)

"羁栖负幽意，感叹向绝迹。"(《石柜阁》)

"飘蓬踰三年，回首肝肺热。"(《铁堂峡》)

柳词："万水千山迷远近，想乡关何处?"(《安公子》)

"山路险，新霜滑。"(《塞孤》)

"念荡子，终日驱驱，争觉乡关转迢递。"(《定风波》)

从以上的作品中可以清楚看到二者因为都有着羁旅行役的人生经历，故而都成功的将内心所想所感所叹真切的抒发出来，千古之下我们依然能感受到其中涌动的情感。这也成为两者的相似之处。

(二)与杜诗的不同

用手中的笔抒发胸中积郁的情志感怀，这样的"言志"传统，导致了二人作品中内容与表达上都有相提并论之处。然而，时代与个人秉性都不同，也必须看到二人作品的巨大差别：杜诗庄重古正，心系君国民生。柳词则更多倾向个人世界的狭小范围。

二、与白居易诗歌的异同

(一)柳词与白诗的相似性

相比较而言，"柳词似白诗"则有更大程度上的科学性。《四库全书总目》卷一九八中的《东坡词提要》认为："词自晚唐五代以来，以清切婉丽为宗，至柳永而一变，如诗家之有白居易。"

从中可见两个看法：柳永是让词一变的开创人物；柳词的风格是与清切婉丽的晚唐五代之风相反的。在唐诗史上，白居易也扮演与柳永相似的角色。

的确，无论是作品风格、创新精神还是作品影响，二人都有很大程度上的相似性。

1.作品风格的相似

柳永作品的两个最突出特点分别为：一是铺叙展衍；二是俚俗。

(1)铺叙展衍。对第一个特点，我们可以看几则前人的评论：

> 耆卿词铺叙展衍，备足无余。
>
> 耆卿词，善于铺叙。

在他的大量描写城市乡村风貌的作品中，这一特色尤为突出。如《望海潮》《东南形胜》中，由自然风景的钱塘江写到"市列玑珠"的都市繁华，又写到"嬉嬉钓叟莲娃"人民的欢愉安宁，还写到"三秋桂子，十里荷花"的四时风光，极尽描写铺叙之能事!

白居易也是一个铺叙能手，他在《长恨歌》中不惜笔墨层层渲染，从杨贵妃的外貌神态，从李杨相识到马嵬惊变到玄宗思念以至上天入地到蓬莱求仙，务求淋漓尽致!

虽然二人描写的内容不同，但是我们不难发现二人都长于铺叙描写，无论是写景、写物、写情都是详细绵密，层层展衍，曲尽形容。

(2)俚俗。柳词多近俚俗的特点与白居易的浅切诗风的相近更是一目了然。

"元轻白俗"久成定论。"元和以后，……诗章则……学浅切于白居易。"

"白乐天作诗，令一老妪解之，问曰：解否？妪曰解，则录之。不解，则易之。则唐末之诗，近于鄙俚。"

而柳永则被评价为：

“柳耆卿《乐章集》……惟是浅近卑俗。”

“虽协音律，而词语尘下。”

所谓“俗”是与“雅”相对的。白诗屡屡提及自己的官位，俸钱，饱食足衣之适，柳词毫不避忌写到歌妓的交往甚至欢爱，这些都是为传统文人不屑、不齿的俗事俗情，而且二人语言风格也相当“平民化”，平易浅近且有口语出现，这也脱离了传统文学重典尚雅的路线。在中国古代文学史上，这两位可以说是独具特色的“世俗文人”代表。

2.创新精神的相似

白诗与柳词都有着明显的文学从士人走向平民的世俗倾向，没有遵循传统的创作道路。其原因就在于二人的又一个相似之处：不因循守旧，有创新意识。

“诗到元和体变新”——这是白居易对自己和元稹诗歌创作的自我评价；“不复拟赋古题，即事名篇，无复依傍”，这是白居易在《与元九书》中总结他们创作《新乐府》的指导思想(杜诗中已有新题乐府，但自觉并大量创作从而影响诗风的还应是元、白和李绅他们的这次创作)。可见白居易在自己身前都已经有意识地进行创新，同时他也将其付诸行动。创作了大量“即事名篇”的乐府名篇如《卖炭翁》《轻肥》《宿紫阁山北村》等，这些诗作与当时流行的诗歌截然不同，直指时弊、大胆直接，毫无避忌，与传统”温柔敦厚“的儒家精神大相径庭。真实体现了其自觉创新的精神。

柳永也不再沿着晚唐五代及宋初词人“花间”一派以小令为主流的道路，而是大量创作慢词长调。他的词作中十之七八都是慢词，这在词的历史上到他为止没有出现过的现象。而且他把词的内容从樽前花下的狭小空间扩大到城市乡村，羁旅行役。这样的一种创作思想无论在当时还是今日都是难能可贵的。

所以王兆鹏认为：“柳永有三创之功：创体，即慢词创意；创意，即将词的抒情取向转移到自我独特的人生体验上来，表现自我的情感心态；创法，将赋法移植于词。”

而叶嘉莹则认为：“早期文士所写的，可以说大都只不过是闺阁园亭，伤离怨别的一种‘春女善怀’的情意而已；而柳词中一些自抒情意的佳作，则写出了一种关河寥阔，羁旅落拓的‘秋土易感’的哀伤。”

尽管二人评价角度不同，但都指出了柳永在词作发展上的创新。

从他对歌妓的心态，我们也能感受到他的不同流俗：

“一生赢得凄凉。追前事，暗心伤。”(《少年游》)

“想娇魂媚魄非远，纵洪都方土方也难寻。最苦是，好景良天，尊前歌笑，空想遗音”。(《离别难》)

“算得人间天上，惟有两心同。……待作真个宅院，方信有初终”。(《集贤宾》)

无论是《少年游》中对歌女凄凉命运的同情，还是《离别难》中对她们生命陨落的痛惜，还是《集贤宾》中想与歌女长相厮守的真挚，都不同于以往士人的玩赏甚至玩弄心态，而是真诚的理解她们，甚至和她们有着超越欲望的真情厚谊。

3.作品影响的相似

正因二人作品有着与前人不同的创新意识，所以他们的作品也呈现出“平民化”的变化，从而也带来相似的流传效果和影响。

(1)后世较多的批评贬斥。二人的作品在当时直到后世都遭到较多的批评贬斥。对白诗最典型的就是杜牧借李戡之口所批驳的“有元、白者，纤艳不逞，非庄士雅人……淫言媟语，冬寒夏热，入人肌骨，不可除去”。这是有些个人意气的评价。

再如张戒《岁寒堂诗话》：“情意失于太详，景物失于太露，遂成浅近，略无余蕴。”

“其词伤于太烦，其意伤太尽，遂成冗长卑陋尔。”

至于对柳永的贬责就更多了：“好俳体，词多媟黩。”

王灼甚至认为柳词“野狐涎之毒。……不知书者尤好之”。

这也容易理解，文学在古代是属于士大夫阶层的专利，如果背离了这个传统，向世俗发展，自然就不能受到传统士人的推崇，然而正因如此，他们的作品才在民间有着强大的生命力。

(2)后世的广泛流传。白诗的流传在白居易生前就已经开始了，他在《与元九书》中写道：“自长安抵江西三四千里，凡乡校、佛寺、逆旅、行舟之中，往往有题仆诗者，士庶、僧徒、孀妇、处女之口，每每有咏仆诗者。”而且会唱白诗的歌妓会因此提高身价，村校的儿童也在先生的教导下学白居易的诗。鸡林国的宰相以百金换一篇他的作品，而且有伪作，宰相能马上辨别出来。在他死后，宣宗皇帝为他写吊诗：“童子解吟《长恨曲》，胡儿能唱《琵琶篇》。文章已满行人耳，一度思卿一怆然。”

柳词也同样如此。“变旧声，作新声，出《乐章集》，大得声称于世。”“一时动听，散播四方。”而且他的作品在宋代就流传到国外。西夏归明官云：“凡有井水饮处，即能歌柳词。”“(《望海潮》)此词流播，金主亮闻歌，欣然有慕于‘三秋桂子，十里荷花’遂起投鞭渡江之志。”在宋徽宗赐给高丽的宋乐中也有柳永的词作。

二者的作品都在后世甚至同时代出现了传播范围和传播层次都极为广泛的流传。

(3)对后世文坛的深远影响。从宋初开始，王禹偁等创立“白体”“香山体”，白居易开始影响后代文学家、文学流派。后代剧作家也多取材白诗进行再创作，如白朴、洪昇取材《长恨歌》分别作《梧桐雨》《长生殿》；马致远、蒋士铨取材《琵琶行》分别作《青衫泪》《四弦秋》。白诗词句，也在宋、元、明话本中频被采用。直到清初吴伟业《圆圆曲》中依然能看到白诗的影响。

柳词尽管被后来文人所不屑，“实际上却开风气之先，常被后人所效仿，如苏轼、李清照、辛弃疾等都经常以俗入雅。这一特点还影响到更远的金元曲子、诸宫调，以至有人把柳永封为‘曲祖’”。对文学风格乃至具体的作家都有不容忽视的巨大影响。柳永对慢词的贡献在文学史上已成定论，对羁旅行役题材、以及将词从高雅文学变成通俗文学上都有决定性作用，而这些也都对后世文学有着或潜或显的深远影响。

（二）与白居易诗歌的不同

从作品流传影响来看，二人相似之处甚多。而不同之处也不容忽视：白居易在遭到官场打击后就潜心佛理、委顺任命，之后官位渐高，大量创作闲适、感伤、游戏之作，不复“新乐府”创作时的创新与锐气。而柳永则官位坎凛，放浪形骸，为官后作品中有“雅化”趋向。

三、结语

总之，柳永与杜甫是在反映社会内容的广泛性上有相似之处，而且由于出身与经历的相近，“言志”传统在二人作品中反映出相似的内容与感情。而柳永与白居易则在作品中表现出相似的思想倾向和艺术追求，并因而有着同样伟大的创新功劳和强大的生命力。

【项目二】在本专业领域设计一个论文选题，到图书馆查阅相关资料，或通过网络收集电子资料，完成一篇格式完整的学术论文。

附录

中国文学史概述

“史”,有流变之意,所以,文学史即文学流变的历程。中国文学历史悠久,源远流长,以文学自身发展为依据,对其断代有“三古七段”之说,将中国文学史分为上古期、中古期、近古期,在三古之中又细分为七段,上古期包括先秦文学和秦汉文学两个阶段;中古期即魏晋到明中叶(3 世纪至 16 世纪),包括魏晋至唐中叶、唐中叶至南宋末年、元初至明中叶四个阶段;近古期即明中叶至五四运动(16 世纪至 20 世纪初期),包括明嘉靖初至 1840 年鸦片战争、鸦片战争至 1919 年五四运动两个阶段。三古七段的断代方法主要着眼于文学自身的发展变化表现出来的阶段性作为断代的依据,而把时代的变迁和社会体制变化作为文学发展的背景,对中国文学的发展历程进行了描述。

中国文学史按其时代大致分为四个阶段:古典文学时期(远古至清朝)、近代文学时期(1840 年鸦片战争至 1919 年五四运动前夕)、现代文学时期(1919 年五四文学革命至新中国成立前);当代文学时期(1949 年至今)。无论从何角度解析中国文学发展历程,先秦诗骚,两汉大赋,六朝骈文,以及唐诗、宋词、元曲、明清小说,我们的先人都把他们极富哲思与智慧的文学才华,以及对人生和世间万物深刻的思索流之于笔端,创造了一代又一代灿烂的文学景观。

一、先秦文学

先秦时期,即公元前 221 年秦始皇统一中国之前上溯至远古时期,是中国文学的源头。广义的先秦包括原始社会、奴隶社会和封建社会的战国时代。狭义的先秦主要指春秋战国时期。春秋之前的文学作品留存甚少,故现存先秦文学作品多产生于春秋战国时期。先秦文学的主要形式是诗歌和散文,奠定了中国文学健康发展的坚实基础,揭开了我国古代文学辉煌的一页。

春秋以前,书写文学尚处于萌芽状态,文学形式主要为口耳相传的原始诗歌、神话传说，以及文字出现后的殷商甲骨卜辞、铜器铭文和《易经》中的卦爻辞等。其中诗歌是最早的文学形式，源于人类的集体劳动，内容直观地记录了人们的劳动生活，并常常与音乐和舞蹈结合，集歌、乐、舞三位一体，表现了远古时期人类的思想、情感和意志，然而由于年代久远，且缺少文字记录，已很难窥其全貌。如《涂山氏歌》仅四字："候人兮猗！"表达了涂山氏对大禹的思念之情，是中国原始歌唱中有史可查的第一首情歌，被誉为"南音之始"。除原始歌谣之外，神话传说是远古口头文学的另一重要文学形式，因受口耳相传方式的限制，未得到完整的保存。但从散见于《山海经》《淮南子》等古书中的神话故事，我们仍能看到古代神话的特质和形态，具有极高的艺术和审美价值。

春秋战国时期的文学可分为韵文文学的《诗经》、楚辞和散文体制的历史散文、诸子散文。

《诗经》迄今为止已有两三千年的历史，是我国第一部诗歌总集，收录了自西周初至春秋中叶约五百年间的作品共三百零五篇，均为配乐的乐歌，所以也被称为《诗三百》。因其内容丰富、语言生动、手法多样，被尊为儒家六经之一。《诗经》按乐曲的不同而分为"风""雅""颂"三类，音调流畅，语言朴素。"风"为乡土之音，共计十五国风；"雅"为朝廷之音，即周王朝京畿之地的音乐；"颂"为庙堂之音，是宗庙祭祀的舞乐。相比"风""雅""颂"在文学价值上远不及前两者。艺术手法上《诗经》采用了赋、比、兴的表现手法，"赋"者铺陈，"比"者比喻，"兴"者联想。《诗经》的精华是《国风》和《小雅》中的民间诗，其中既有苦难的农奴之歌，如《硕鼠》《伐檀》，也有或哀伤或慷慨的战争徭役诗，如《伯兮》《君子于役》；既有男女相思相恋的婚恋情诗，如《静女》《蒹葭》，也有被弃女子无尽感伤的弃妇诗，如《氓》。这些诗均为老百姓的口头吟唱，内容紧扣民众生活，基调健康，风格淳朴，真切地反映了当时社会生活的各个方面和劳动人民的思想感情，具有鲜明的时代感和真实性。

《诗经》展现的现实主义传统，以及赋、比、兴的艺术手法对后世中国诗歌创作和理论构建都产生了广泛而深远的影响。

战国后期，在南方的楚国，产生了具有楚文化独特光彩的新体诗——楚辞，楚辞的产生，开辟了中国诗歌史上继《诗经》之后的第二个高峰。它本指楚人或楚地的歌辞，用来"书楚语、作楚声、名楚物"，后来特指一种具有浓厚地方色彩的诗体，篇制宏伟繁复，句式参差多变，一般以六言、七言为主，多用语气词"兮"。伟大的爱国主义诗人屈原，是中国文学史上第一个伟大的诗人，他一生尽心国事，却遭谗被疏，流放边荒，最终蒙冤自沉汨罗江。忠怀见屈的无尽幽怨，理想失落的无奈感伤，坎坷不平的生命遭际，凝成了屈原笔下壮丽多姿的楚辞诗章，他运用这种诗歌形式，创作出了优美动人的《九歌》十一篇，言志述怀诗《九章》九篇，以及《天问》等，共 23 篇楚辞作品。以屈原作品为代表的楚辞，竖起了中国诗歌发展史上一座新的里程碑。屈原的诗作，洋溢着热爱祖国、忠于理想的激情，充满着神奇瑰丽的想象，富于浓厚的浪漫主义色彩。后继者有宋玉、景差等人。屈原的代表作是具有诗人自传性质的《离骚》，它是古代文学史上第一首抒情长诗，也是我国古代文学史上最宏伟壮丽的长篇抒情诗。《离骚》作为楚辞艺术的代表和颠峰之作，在文学史上与《诗经》并称“风”“骚”，共同开创了我国古代现实主义和浪漫主义的优秀传统，成为中国古典诗歌艺术两大源头，代表着先秦诗歌的最高成就，垂范于后世。

散文主要用于记事。早在商代，我国已有了专司记事的史官，先秦时期的史家记言记事之文对后世文学的影响十分深远。从现存的文献资料可知，殷商时期，殷人就开始用甲骨文记录卜辞，文字使用规范简约，虽未成篇章，但表意清晰。内容涉及生产、狩猎、祭祀、战争等，可以说，甲骨卜辞是中国最早的散文。《尚书》是我国最早的一部历史文献，其篇章、结构和表现手法相当成熟，作为中国第一部兼记叙和论说为一体的散文集，可以称为中国古典散文之祖。《春秋》是继《尚书》之后以记事为主的第一部编年体鲁国简史。《尚书》《春秋》奠定了我国历史散文记言、记事的体例。《左传》是我国第一部叙事详赡的编年体史书，全称《春秋左氏传》，与开创了国别史叙事体例的《国语》共同标志着历史散文的成熟。《战国策》虽分国记事，却以记录战国游士策谋为中心，人物形象更有个性光彩，描写技巧愈加高明，语言敷丽恣肆，其修辞手法娴熟无人能出其右，有“文辞之最”的称号，是历史散文中文学价值最高的一部，其中运用的寓言故事更是耳熟能详。中国因先秦寓言的丰富，与古希腊、古印度并称为世界寓言文学三大发祥地。《晏子春秋》以人系事，为纪传体历史散文的出现奠定了基础。与之交相辉映的是先秦诸子散文：《论语》雍容和顺富有哲理性、《墨子》朴实谨严富有逻辑性，虽为语录体却言约意丰，《荀子》淳厚富赡富有学术性、《韩非子》峻峭透辟富有政治性、《老子》玄妙精警富有思辨性、《孟子》说理畅达具有论说文雏形、《庄子》汪洋谲怪极具浪漫性，而《荀子》《韩非子》，说理透辟，论证严密，已是成熟的论说文了。

二、秦汉文学

公元前 221 年，秦统一六国后，结束了先秦时期百家争鸣的局面，实行“燔灭文章，以愚黔首”的文化专制政策，焚书坑儒，至公元前 209 年，秦万世之业的梦想因二世而亡，士阶层文化创造精神遭受摧残，留存下来只有为数不多的歌颂秦皇功德的刻石文字和诏令奏议之类的应用文，故秦代文学几乎一片空白。其间，李斯的《谏逐客书》笔力恣肆，富于文采，是这一时期少有的优秀散文篇章。

两汉时期，其统治者在国富力强之余汲取秦亡教训，尊重儒学，优礼文人，汉代文学因此而获得了蓬勃发展。赋是汉代文学最具代表性、最发达的，介于诗、文之间文学体式。这是一种带有鲜明贵族印记的文体，是两汉最流行的文体，是一代文学的标志，其名源于战国后期荀子的《赋》篇。汉初贾谊的《鹏鸟赋》、淮南王刘安及其宾客所作的《淮南子》，尚未脱楚辞行迹，被称为骚体赋。其后在发展中，赋汲取了楚辞、战国纵横之文主客问答的文学表达形式和铺张扬厉的文风、先秦史传文学的叙事手法，从而形成一种介于诗歌与散文之间、韵散兼行的新型文学体制。枚乘的《七发》表现了向汉代散体大赋的过渡，标志着含有诗、骚、散文等的综合性文学体制——赋体文学的定型和成熟，奠定了汉代大赋的形式格局。至汉武帝时代，散体大赋定型并达到全盛期，诵赋风气大盛，产生了一大批汉赋名家。司马相如的《子虚赋》《上林赋》写得铺张扬厉，极具夸张之能事，代表了赋体文学的最高成就。而扬雄所作的《甘泉赋》《羽猎赋》颇富讽谏意义，是西汉后期赋体文学的代表作品。张衡的《东京赋》《西京赋》是散体大赋中的代表作。东汉时期的班固是赋体文学由全盛走向没落的最后一个代表性的作家，所作的《东都赋》《西都赋》，运用写实与夸张相结合的笔法，叙写长安、洛阳的城市布局和风貌，甚富创新意义。后来随着社会矛盾的日益激化，一些有识之士开始用辞赋来抒情写志、针砭时事，如张衡的《归田赋》、赵壹的《刺世疾邪赋》、蔡邕的《述行赋》等成为汉末抒情小赋的代表作品。汉赋经过了骚体赋、大赋、抒情小赋几个阶段，对以后魏晋时期的抒情小赋和唐宋时期的散文赋产生了积极的影响。

乐府是自秦朝就已设立的国家音乐机关。汉承秦制，汉武帝时扩大乐府规模，乐府除制作雅乐外，兼采各方乐歌，配乐演唱，名为乐府，后来被作为一种诗体的名称，即汉乐府诗。汉乐府民歌和《诗经》是一脉相承的，《诗经》是“饥者歌其食，劳者歌其事”；汉乐府诗以“感于哀乐，缘事而发”的现实主义精神，从抒情角度出发，运用赋比兴的手法，以五言、杂言为主，巧于叙事，极擅铺陈，富于生活气息，深刻反映了两汉社会生活的各个方面，表现当时劳动人民的生活状态、生活愿望和要求。据《汉书·艺文志》著录篇目，西汉乐府民歌有一百三十八首，现存约四十首。现存的汉乐府民歌，多数是东汉的作品。汉乐府诗以其深厚的社会内容和民歌独有的风貌，填补了汉代诗坛的空白，标志着古代叙事诗的完全成熟。《孔雀东南飞》是中国古代汉民族第一叙事长诗，与《陌上桑》被称作“文学双璧”。汉乐府民歌还推动了五言诗的形成，《古诗十九首》代表了汉末文人五言诗的最高成就，最早载于萧统的《文选》，作品选词用语自然天成，“格古调高，句平意远”。它的出现，在中国诗歌史上有着相当重要的意义，刘勰称之为“五言之冠冕”。

除诗歌、辞赋以外，两汉时期的散文创作还跨出了一个新的高度。汉代散文以政论文居多，形式上继承先秦诸子散文余绪，无大的突破。西汉初期贾谊的《过秦论》《陈政事疏》和晁错的《论贵粟疏》等作品，直言时弊、文采飞扬，是汉代论说体散文中的力作。西汉后期至东汉，散文虽向骈偶化发展，文风却一如既往，依然关注社会现实，民生疾苦。此时代表作家有扬雄、桓谭、王充、王符和仲长统等人。而代表两汉散文最高成就的，是司马迁的《史记》。司马迁著史，意为“究天人之际，通古今之变，成一家之言”。《史记》是我国第一部纪传体的通史，开创了纪传体以人为经，以事为纬的史书编写体例，古代正史体例，由此确立。其书以“不虚美，不隐恶”的实录精神为人们所称道，开启了传纪文学的新纪元，对后世叙事散文起到了示范的作用，不仅是史学的名著，还是文学的名著，鲁迅誉之为“史家之绝唱，无韵之离骚”。与《史记》可以相提并论的是汉代另一部历史巨著，即班固的《汉书》。《汉书》是我国第一部纪传体的断代史，以史家近乎纯史之笔，记录了西汉一代的历史，较为客观真实地反映了社会危机、民生疾苦。但因作者生在经学统治严重的时代，经学家与史学家的双重人格，使得《汉书》的史学见解和精神略逊于《史记》。

三、魏晋南北朝文学

魏晋南北朝文学是指汉献帝建安初年(196)到隋文帝统一中国(589)约四百年时间,是中国历史上极为动荡极为混乱的时期,却为文学艺术和文化思想的发展创造了一个相对自由的空间。此时的文学创作极为活跃,富于创造性,魏晋南北朝的文人在意气消沉之时创造出了愈发精致的文学成果。魏晋南北朝被称为文学自觉时代,文学日益摆脱经学的影响独立发展,成为一个独立的门类,文学主题摆脱了两汉时期教化的文学功利原则和“天人合一”的经学思想束缚,注重更深刻地反映广阔的现实人生和个人的精神世界,使人成为文学的真正主题。就文体而言,诗歌创作获得长足发展,是这一时期成就最显著的文学门类。辞赋仍是文学大宗,出现了一些抒情咏物小赋的名篇佳作,文体创作开始出现骈文化的倾向。小说创作的虚构性增强,笔记小说盛行。文学理论和批评渐趋繁荣。魏晋南北朝文学对唐代文学的全面繁盛和后代文学的持续发展,有着不可磨灭的贡献。

纵观魏晋南北朝文学,大体可分为魏晋文学和南北朝文学。魏晋文学分为建安文学、正始文学、西晋文学和东晋文学,南北朝文学包括南朝文学和北朝文学。

汉末魏初,社会极度动荡不安,世积乱离,风衰俗怨,两汉以来的社会秩序和价值观念发生了变化,文学观念和文学创作也发生了改变,中国文学从此进入建安时期。建安年间的文学创作呈现出清峻、通脱、骋词、华靡的特点,文人摆脱了道德信条和礼教规范的束缚,注重表现自我的内心体验和对生命价值的思考,既有直面现实的乐观精神,又有世事无常的人生苦闷。格调慷慨悲壮、文笔健美有力、感情真挚热烈成为建安文学的一大特征,被誉为“建安风力”或“汉魏风骨”。建安时期的诗歌呈现出“五言腾踊”的局面,主要以三曹(曹操、曹丕、曹植)、七子(孔融、王粲、陈琳、刘桢、徐干、阮瑀、应玚)以及女诗人蔡琰为诗坛主力,飞扬的政治激情与衰蔽乱离的政治时局交错的独特感受,被这一代作家渗润于文学创作中,诗风慷慨沉郁,形成了著名的“建安风骨”。曹操的诗、文皆突破了前代的思想传统,形式自由洒脱,文风清峻。他的诗歌全用乐府古题,兼四言、五言、杂言,多为感于时事而作,苍劲有力,慷慨苍凉,具有“诗史”之质。如《观沧海》,笔调豪壮,气象宏大,在中国诗史上当推第一。三曹中曹植的文学成就最高,人称“建安之杰”,是第一个大力写作五言诗的诗人,其诗“骨气奇高,词采华茂”。曹植的散文和辞赋也表现出很高的思想性和艺术性,著名的《洛神赋》美不胜收。曹丕存诗近40首,其《燕歌行》是我国诗史上第一首成熟的七言古诗。“七子”中最有成就的作家是王粲,他的《七哀诗》《登楼赋》等篇章,为历史的真实写照,是建安文学中具有现实主义精神的杰作,被刘勰誉为“七子之冠冕”。蔡琰是蔡邕之女,其五言《悲愤诗》为其代表作品。正始是魏齐王曹芳的年号,文学史上多以“正始文学”泛指魏朝后期文学。这一时期的文学风尚由建安风骨的“慷慨以任气”“志深而笔长”的风格一变而为明哲保身、归隐园林的玄学思潮,其代表作家为“竹林七贤”(嵇康、阮籍、王戎、阮咸、山涛、刘伶、向秀)。嵇康、阮籍继承了建安文学的优秀传统,诗风或沉郁艰深,或风调峻切,是“七贤”中成就最高的作家,进一步推动了五言古诗的发展。西晋太康时期文坛呈现繁荣局面，诗人有“三张(张载、张协、张亢)、二陆(陆机、陆云)、两潘(潘岳、潘尼)、一左(左思)”之称，但多数作品流于华采繁缛，唯左思的诗歌骨力遒劲，其《咏史》诗开启了咏史和咏怀结合的新路子，所以钟嵘《诗品》誉之为“左思风力”。东晋在玄学的影响下，玄言诗泛滥一时，渐成主流。此时伟大诗人陶渊明超越“真风告逝，大伪斯兴”的流俗，其诗平淡自然，意境高妙，开创了“田园诗”，创造了情、景、理交融，平淡和醇美统一的艺术境界。《归园田居》《饮酒》是他田园诗的代表作。陶诗对后世影响很大，尤其是唐代的山水田园诗派受其直接影响。陶渊明的文学成就是多方面的，他的散文、辞赋，数量虽不多，却非常出色，著名的有《桃花源记》《归去来兮辞》等。

世称元嘉三大家的谢灵运、颜延之和鲍照也是不可忽视的著名诗人。谢灵运志向高远却不得志，在痛感士族利益受损又畏惧上层的冷酷无情之时，于山水间抒解情怀，其愤世之情不同于阮籍，其山水诗又不同于陶渊明式的静观，而长于营造意境，移步换景，更着意于炼句用字。陶、谢虽因胸襟志趣和生活环境的不同，田园山水诗的意境和画境皆不相同，但把自然景物纳入文学创作方法方面，他们的贡献是巨大的。颜延之的作品多为应诏之作，抒情诗也多艰涩难懂，《秋胡行》极细腻地写出游子思妇之情，可谓上乘佳作。能发扬左思风力，继承建安传统的，唯鲍照一人。鲍照长于用七言古诗体来抒发愤世嫉俗的情怀，他隔句押韵的七言歌行为七言诗的发展作出了贡献。他是继左思后对士族社会进行激烈批判的诗人，《拟行路难》以慷慨之笔直抒胸臆，《代出自蓟北门行》《代东门吟》等表现边塞风光、沙场征战、征人离愁的边塞诗在当时文学体气渐弱的情势下非常可贵。

南北朝时“淡乎寡味”的玄言诗渐行销声匿迹，文学样式主要是诗歌和骈文。南朝的大小谢继承陶渊明的清淡诗风，将山水诗写得清新圆熟，丰富了中国诗歌的题材内容，加强了诗歌的艺术表现力。南朝齐永明年间，出现了一种不同于传统五言古体诗的诗歌形式，被称为“新体诗”。其诗强调诗歌创作的声律和对偶。因其形成于永明年间，故又被称为“永明体”。“永明体”诗人中，沈约、谢朓成就最高。南朝梁陈时期，浮艳轻靡的宫体诗充斥诗坛，一直延续到初唐。与南朝政权对峙的北朝，文苑稍嫌荒寂，在骈文风靡的年代，北魏郦道元的《水经注》、杨衒之的《洛阳伽蓝记》、北齐颜之推的《颜氏家训》是北朝别开生面的散文名篇。最有成就的是由南入北的作家庾信，诗风劲健浑灏，其诗赋集南北文学之大成，成为唐代诗风的先声。骈文是这一时期的流行文体，鲍照的《登大雷岸与妹书》《芜城赋》、江淹的《恨赋》《别赋》、庾信《哀江南赋》都是非常优秀的作品。除文人诗歌外，南北朝时期的乐府民歌也足以与汉乐府诗前后辉映。南朝吴歌、西曲清新婉媚，多写男女情思，代表性的作品如《西洲曲》《子夜歌》等；北朝乐府则刚劲苍凉，多是马上征战之曲，代表性的作品有《敕勒歌》《木兰诗》等。

魏晋南北朝时期，叙事性的小说创作和文学理论是文坛一大亮点，以干宝的《搜神记》为代表的志怪小说和刘义庆的《世说新语》为代表的志人轶事小说，开后世笔记小说的先河。随着文学意识的渐趋自觉，这一时期如曹丕的《典论·论文》、陆机的《文赋》、刘勰的《文心雕龙》、钟嵘的《诗品》、徐陵的《玉台新咏》等文学评论总集为建立完备的中国文学理论体系奠定了坚实的基础。刘勰《文心雕龙》是中国文学理论批评史上的划时代的著作，以其体大精深被推为显学。

南北朝时期，继《诗经》和汉乐府民歌后，我国又留存了一批民歌，南朝民歌以《清商曲辞》中的《吴声歌》和《西曲歌》为主，多为情歌，形式短小，五言四句为主，语言清新自然，多用双关隐语。其中，《西洲曲》为少见的长篇抒情民歌。北朝民歌主要保存在《梁鼓角横吹曲》中，如《敕勒歌》。北朝民歌在艺术风貌上不同于南朝民歌，显得质朴无华，表情达意更为粗犷豪放，增加了七方四句和七言古体等体制。与南朝《西洲曲》相对，北朝出现了长篇叙事诗《木兰诗》。

四、隋唐五代文学

581 年，隋国公杨坚建立了隋朝，结束了长达 270 余年的南北分裂，实现了全国统一。不到 40 年的隋朝使得隋代文学只能继承了南朝文风，国家统一又为南北文风的融合创造了条件，文风呈现出改革的趋势，一些刚健峭拔的诗歌出现在隋代文坛，形式上也产生了类似初唐歌行、七律、七绝的作品。

618 年，李渊即位于长安，建立唐朝。唐朝是我国封建社会的鼎盛时期，国力强盛、经济繁荣、文化发达，和汉代被后人并称为“汉唐盛世”。755 年的安史之乱成为唐朝乃至中国封建社会由盛转衰的转折点。后虽有“永贞改革”“元和中兴”“会昌中兴”，但只是昙花一现，唐末爆发的农民起义，虽被镇压，终究改变不了唐朝的颓势，唐朝灭亡后，中国进入了分裂割据的时期。907 年朱温建立梁，史称后梁，后有后唐、后晋、后汉、后周五个时代，以及十国：吴越、吴、前蜀、楚、闽、南平、南汉、后蜀、北汉、南唐，即五代十国时期，延续了 50 余年后，960 年，赵宋王朝再度统一全国。

如果说魏晋南北朝是文学界的自觉时代，唐朝就是我国古典文学的繁荣成熟期。入唐以后，国家从长期分裂的局面复归于统一，再加之唐王朝统治者思想开明，封建经济和文化获得充分发展，成为中国封建社会最为辉煌的时代，也因此造就了唐代文学的最高峰。这一时期的作家作品数量之多，成就之高，影响之大，可谓空前绝后。

唐代文学诗文并举，特别是唐诗代表了中国古典诗歌的最高成就，被王国维称为“后世莫能继焉者也”的“一代之文学”。初唐约一百年，是唐诗繁荣到来的准备阶段。前 50 年，诗歌内容承齐、梁余风，多为应制奉和、歌功颂德之流，一股以靡丽软艳的宫廷诗——“上官体”流行于诗坛。上官仪对诗歌的对仗进一步研究归纳为六对、八对等。沈佺期、宋之问在“永明体”的基础上完成了律诗的定型，在我国诗歌史上有重要意义。王绩是这一时期与众不同的一个诗人，他的诗歌思想内容和风格有阮籍和陶渊明之风，对五律的形成有较大贡献。高宗时的“初唐四杰”——王勃、杨炯、卢照邻、骆宾王以及陈子昂开始冲破绮靡诗风，上承汉魏风骨，将诗歌从宫廷台阁移到市井社会，边关塞漠，融北朝文学的刚健之气与南朝文学的清柔之风于一体，力扫齐梁宫体诗颓靡之风，扩大了诗歌的表现内容。卢照邻的《长安古意》、骆宾王的《在狱咏蝉》、杨炯的《从军行》、王勃的《送杜少府之任蜀川》都是这一时期的佳作。陈子昂标举“汉魏风骨”，提倡“风雅兴寄”，为盛唐诗的进一步繁荣发展确立了方向，最有代表性的作品是《感遇诗》三十八首和《登幽州台歌》，风格高古，寄托遥深。和初唐四杰相近的张若虚，其作品《春江花月夜色》代表了初唐歌行体的成就，被闻一多先生誉为“诗中之诗，顶峰上的顶峰”。唐玄宗开元、天宝年间，史称盛唐，是唐代社会高度繁盛文学成就空前发展的时代。这一时期的诗坛名家辈出，佳作如林，风骨雄健刚劲，意境浑然高远，形式各体皆备，形成了后世文学所无可企及的“盛唐诗风”。这一时期的诗歌分为两大流派：以王维、孟浩然、储光羲等人为代表的山水田园诗派和以高适、岑参、王昌龄等人为代表的边塞诗派。大诗人李白和杜甫无疑是盛唐“众星”中最为璀璨的双子星座。李白之诗豪放飘逸，语言清新自然，史称“诗仙”；杜甫史称“诗圣”，其诗号称“诗史”，诗中饱含着诗人忧国忧民的沉痛情感和乱世漂泊的生命感叹，“沉郁顿挫”是杜诗最大的风格。李白、杜甫之诗，代表着浪漫主义和现实主义的最高成就，它们不仅是盛唐也是整个中国古典诗歌的最高成就，其流风余韵，泽被后世，影响深远。“安史之乱”后的五十年，史称中唐，诗坛又流派纷呈，诗人云集。不仅出现了长于山水诗的刘长卿、韦应物，长于边塞诗的卢纶、李益等“大历十才子”，还出现了致力于用新题乐府诗反映现实的诗人元结和顾况，元、顾用风格古朴的乐府古体，反映百姓疾苦，抨击时弊，成为新乐府运动的前驱。贞元后期至长庆年间，元稹、白居易发起的“新乐府”运动，明确提出“文章合为时而著，歌诗合为事而作”的创作主张。新题乐府中，白居易成就最高。这一时期，和元白诗派齐名而诗风迥异的是以韩(愈)孟(郊)诗派。李贺以其浓丽浪漫、奇诡绮艳的诗风独树一帜，并启迪了晚唐的李商隐，史称“诗鬼”。衰颓的国势为晚唐的诗歌蒙上一层浓重的感伤情绪。最有成就的诗人是杜牧和李商隐，世称“小李杜”。二人以其夭矫之才，创造了唐诗最后的辉煌。

唐代的散文创作也是继先秦两汉后的另一高峰，主要有骈文和古文两类，古文代表了唐代散文的主要成就。韩愈和柳宗元在这一领域取得了卓越的成就，他们发起的古文运动一直影响到宋代，出现了唐宋八大家，形成了散文史上的第二个高潮。唐传奇脱胎于六朝志怪小说，演变为真正的文言小说。唐人的传奇是我国古典小说的成熟之作，虽然唐传奇有意识地虚构奇幻故事，却大多是秉笔纪实，其中以爱情小说的成就最为突出，标志着小说文体的成熟。唐人传奇代表作品如陈玄佑《离魂记》、沈既济《任氏传》、白行简《李娃传》、元稹《莺莺传》、蒋防《霍小玉传》等，唐代小说的探索为后世小说的发展提供了创作经验。

唐代还出现了词和说唱文学形式的变文两种新文体，词文和话本开了宋代通俗文学的先河。词是在唐代随燕乐而兴起的新诗体。著名词人如张志和、白居易、刘禹锡、温庭筠、韦庄等均有词行世。尤其是温庭筠的闺思宫怨词，风格上香软浓丽，确立了“词为艳科”的文体樊篱和婉约为宗的词体风范。五代时，西蜀和南唐成为词的创作中心，中国第一部文人词总集《花间集》问世于西蜀，而词人中成就最高的是南唐后主李煜。

五、宋元文学

唐诗主情,宋诗主理。宋元文学在前代文学的基础上,融入了新的因素和文学现象,呈现出不同的时代特色。宋初诗坛,作家多尊唐音,出现了“白体”“晚唐体”“西昆体”等。但当时的“白体”诗丢掉了白诗反映民生疾苦的现实主义传统,一味以唱酬诗为主。“昆体”学晚唐李商隐,却大多为辞藻典故堆砌之作。“晚唐体”学晚唐贾岛,诗风平淡清丽却境界狭小,成就不高。王禹偁是宋初最有成就的诗人,他学白体且关注现实。宋代的诗文经过了诗文革新运动才走上了健康发展的道路。真正使北宋诗文革新运动走向高潮并取得决定性作用的是范仲淹、梅尧臣、欧阳修等人。欧阳修作为宋代诗文革新运动的倡导者和领袖人物,提倡重构文学风尚,倡导平易流畅、主张注重气骨、长于思理的诗风,形成宋诗的自身特点,从而奠定了宋诗健康发展的基础。欧阳修是史学家又是文学家,诗、文、词都有作品,散文文学成就最高。《醉翁亭记》是他写景抒情散文的名篇。北宋中期,一大批极富才华与学养的诗人崛起诗坛,影响最大的两位诗人是苏轼和黄庭坚。苏轼进一步将诗文革新运动精神发展扩大,诗、文、词作俱佳,是宋诗最杰出的代表。苏诗题材广阔,各体兼备,代表了北宋诗歌革新运动的最高成就,开拓了宋诗新的境界,赋予了宋诗新的生命力,《题西林壁》和《饮湖上初晴后雨》等作品都是脍炙人口的名作。黄庭坚宗尚杜甫,“点铁成金”“夺胎换骨”,创建了江西诗派。南宋中期,尤袤、杨万里、范成大、陆游被后人称为“中兴四大诗人”。陆游是宋代最伟大的爱国诗人,唱出了那个时代的最强音。他也是中国文学史上罕见的高龄和多产作家,以诗的成就最高,其代表作《关山月》《书愤》《示儿》等作品。杨万里的诗,师法自然,幽默活泼,人称“诚斋体”。南宋后期,诗格浮弱,在宋亡之际,文天祥、汪元量等爱国诗人为宋代诗歌画上了一个刚劲的句号。

词发展到宋代,进入了鼎盛时期,成为一代文学的主要标志。唐诗、宋词,堪称中国文学的双璧。北宋初期,词风尚未摆脱晚唐五代花间一派的婉约绮靡,代表作家是晏殊、晏几道。范仲淹的词境界开阔、格调苍凉,开豪放词风之先河。宋初对词体发展作出突出贡献的是柳永。作品多为慢词,创作手法上多用铺叙白描之法,在当时市民中传唱极盛,以致“凡有井水饮处,即能歌柳词”。北宋中期,苏轼作为词的革新家,肆力打破诗词界限,他的词作在题材、内容、风格各方面都有很大的开拓,“以诗为词”,“无意不可入,无事不可言”,扩大了词的题材,提高了词的意境,丰富了词的表现手法,使词成为抒情言志的新体。他的豪放词更是独树一派,为南宋词人辛弃疾等人的爱国主义情怀打下了基础,《念奴娇·赤壁怀古》是他豪放词的代表作。北宋后期,词坛上活跃的重要词人有秦观、晏几道、贺铸、周邦彦等。集北宋婉约词之大成的是周邦彦,其作品标志着宋词艺术的深化和成熟,他妙解音律,其艺术手法影响至南宋的格律派、风雅派词人。

南北宋之交,李清照、张元干、朱敦儒等南渡词家,以凄厉之笔,抒写国破家亡的生命沉痛。其中,我国古代最优秀的女词人李清照以其女性敏感细腻的心理感受着时代风雨,将国破家亡的悲愤与身世漂泊的伤痛融合一气,形成了意境深厚,感情宛曲、造语清新的个人特色。

南宋中期,以辛弃疾为代表,陈亮、刘过等人为羽翼的辛派词人,踵武苏轼,在天崩地坼的时代巨变影响下,紧密结合关系民族命运的斗争现实,发为英雄豪杰的慷慨悲歌,使词的创作进入了一个崭新的境界。在两宋词家中,辛弃疾作词最多,存世词作六百多首。他的词以豪放为主,不受音律限制,题材广泛,风格多样,与苏轼接近,世称“苏辛”,但苏轼“以诗为词”,辛弃疾则“以文为词”。刘克庄、刘辰翁、文天祥等人接辛派词风,刚劲凌厉,但所作已乏新鲜活力,宋词随着南宋小朝廷的覆灭而走向衰微。

在宋、金对峙,政局相对稳定的南宋后期,姜夔、吴文英、王沂孙等上承周邦彦词绪余风,尚风雅、主格律。南宋词人姜夔的词作以纪游、咏物、怀人为主要内容,意境清空,格调骚雅,音律严整,在艺术上冠绝一时。在词风偏于疏宕的南宋,吴文英词却倾向于密丽的风格,人称“七宝楼台”,可谓一枝独秀。由宋入元的重要词家尚有张炎、周密、王沂孙等,随着南宋王朝的覆灭,他们哀怨衰飒的词作成了宋词的尾声余韵。

宋代散文成就在唐文之上,宋初散文沿袭晚唐五代浮艳文风,成就不高。虽经柳开、石介、尹洙的大力改革推崇,但效果甚微,直到北宋中期以欧阳修为首的文人集团掀起诗文革新运动,推崇唐代韩、柳言之有物、朴素流畅的古文后,宋初浮华的文风才得以革除,宋代散文取得了足与唐文媲美的杰出成就。欧阳修之文富于情韵、平易畅达,无论写景状物,还是叙事怀人,都有较强的艺术感染力量。范仲淹、王安石、苏洵、苏轼、苏辙、曾巩等人,皆为此时俊彦。范仲淹和王安石是政治家兼文学家,范仲淹虽一生未专门致力于文学创作,但诗、文、词都是名篇传世,最著名的是散文《岳阳楼记》,表现出他忧国爱民,以天下为己任的高尚情操和伟大的政治情怀。王安石的政论散文观点鲜明,言辞犀利,如著名的《答司马谏议书》,充分表现了一个政治改革家坚定的立场和杰出的辩才。“三苏”中的苏轼,其散文不拘常格,自由挥洒,因物赋形,汪洋恣肆,代表了诗文革新运动的最高成就。《赤壁赋》《后赤壁赋》兼有辞赋的体格和散文的气韵,形象性与哲理性紧密结合,水乳交融,是宋代文赋的代表作。欧、王、曾、三苏加上唐代的韩、柳,被后世尊崇为“唐宋八大家”,他们的作品一直是后人学习古代散文的楷模。此外,由于两宋理学盛行,代表作家有周敦颐、程颢、程颐、朱熹等。北宋后期以迄宋亡,散文创作虽不乏佳制,然总体成就不高。

话本小说是在唐代讲唱文学的基础上演化产生的,以口传故事为蓝本,是宋元时期出现的一种新的文体形式,它最初是在民间流行的一种口头文学形式,即讲故事。话本就是对说话艺人的说唱内容记录整理后形成的故事文本,所以话本小说是宋元时代的一种通俗文学,和正统的诗文完全不同,包括小说话本和讲史话本,后者通常被称作平话。话本小说一般由散文和韵文两部分组成,开头常有一段入话,其作用是静场或者等听众。小说话本数量相当可观,可惜多数已亡佚,只是在明嘉靖年间洪楩编撰的《清平山堂话本》和明末冯梦龙编刻的《喻世明言》《警世通言》《醒世恒言》中收录了一部分。其内容主要有八类:灵怪、传奇、朴刀、烟粉、公案、神仙、妖术、杆棒,故小说话本的内容十分丰富,有不少作品都反映了社会现实生活和市民阶层的生活思想感情,有着强烈的现实主义色彩和生活气息。其中《碾玉观音》《快嘴李翠莲记》是宋话本中的名篇,作品中的女主人公都具有大胆地反抗封建礼教和压迫的斗争精神和刚强不屈的性格,这些正面女性形象大量出现,在中国文学史上有着重要意义。《错斩崔宁》等公案作品揭露了政治的黑暗和封建官僚制度的腐败,具有积极的社会意义。小说话本使中国古典小说的现实主义艺术更加成熟,为明清小说的发展和繁荣奠定了重要的根基。讲史话本虽然在艺术上没有小说话本成熟,却是中国古典长篇小说的雏形,为明清长篇小说名著的产生提供了条件。宋代的南戏是产生在永嘉一带的地方戏曲,与北方的杂剧并称成熟的中国戏剧。宋杂剧的民间流播,为后来元代杂剧的全面繁荣奠定了基础。

辽、金文坛甚为寂寞。金代作家中,以元好问成就最高,写作了不少感慨悲歌的诗词,有苏轼雄爽俊拔之风,苍凉激愤,又颇有老杜之风。此外,金代的诸宫调对南方文坛以及后来的元代文学产生了深远影响。如董解元的《西厢记诸宫调》,成为元代王实甫写作《西厢记》杂剧的基础。南方的宋杂剧流传到金朝,称为院本。院本的主流也是滑稽小戏,表演体制与宋杂剧没有太大的差别。但金院本的流播,也为后来元杂剧的繁荣提供了艺术营养。

元代在中国历史上,既是一个空前统一的时代,又是一个充满苦难的朝代。元代文学在中国文学发展过程中是一个新的转折时期,其诗文成就虽不及唐宋,在戏剧文学上却取得了伟大成就。戏曲、散曲、小说等俗文学在元代获得了长足的发展,特别是元杂剧在经过长期的酝酿之后,以它高度的社会历史价值、独特的艺术风格和形式体制,开辟了我国戏曲文学的黄金时代,一跃成为元代的代表文学形式。元曲又称为“大元乐府”,包括元杂剧和散曲。元杂剧是在宋金杂剧、院本、诸宫调等说唱艺术基础上形成的比较完善的综合性的表演艺术,因其主要用当时北方流行的乐曲演唱,故又称为北曲杂剧,它的出现标志着中国戏曲艺术走向成熟。在元代以前,中国戏剧的产生经历了漫长的发展过程,宋金时期,在民间歌舞和说唱、滑稽戏的基础上形成了最早的戏剧形式——宋杂剧和金院本,它们形成的表演艺术是元杂剧得以繁盛的重要条件,可以说,没有宋杂剧和金院本就没有元杂剧。据钟嗣成《录鬼簿》,元代有姓名可考的杂剧作家八十余人,杂剧四百多本。元杂剧的兴盛不仅表现在作家作品数量多,还表现在这些作品中不乏精品和绝唱,产生了许多大家与名作。首屈一指的就是关汉卿,他是元杂剧的奠基人和前期剧坛领袖。其作品《窦娥冤》《救风尘》《单刀会》等善于将现实主义精神和理想主义色彩融成一体,当行本色,雅俗共赏,是元杂剧中的第一流作品。尤其是《窦娥冤》,被王国维在《宋元戏曲史》称为“即列之于世界大悲剧中,亦无愧色也”。关汉卿与马致远、白朴、郑廷玉被并称为“四大元曲家”。王实甫《西厢记》被认为是元杂剧的压卷之作,突破了《董西厢》及其他传统“西厢”故事才子佳人的陈套,是元杂剧中一颗璀璨夺目的艺术明珠。学界将它与关汉卿的《拜月亭》、白朴的《墙头马上》、郑德辉的《倩女离魂》并称为元曲“四大爱情剧”。著名的杂剧还有《李逵负荆》《赵氏孤儿》《梧桐雨》《汉宫秋》等。北曲杂剧在元末渐趋衰微,这时一直活跃于南方民间的南曲戏文——南戏日渐兴盛起来。在传世的十多种南戏剧本中，元末明初流行的《荆钗记》《刘智远白兔记》《拜月亭》《杀狗记》四大南戏和高明的《琵琶记》最为著名，尤其是《琵琶记》，为明清传奇奠定了基础。

元代还出现了一种配合当时流行曲调清唱的抒情诗体，就是散曲。宋词到南宋末年走向内容贫乏形式绮丽的道路，失去了艺术生命力，这时北方的少数民族带来的马上音乐和北方苍凉悲壮的曲调相结合，产生了新的诗歌形式——散曲。散曲有小令和套数两种，小令是单支曲子，又叫“叶儿”，是由同一宫调里习惯连唱的两支或三支曲调组成。套数又称散套、套曲，是由两支以上属于同一宫调的曲子联合而成的组曲。套数要求一韵到底，一般都有尾声。元代散曲作家据《全元散曲》记录，可考之人有 210 多名，作品有 4300 余首。元代前期的王和卿、关汉卿、马致远、白朴是当时的散曲名家，其中马致远成就最高，影响最大，所作《天净沙・秋思》被周德清《中原音韵》誉之为“秋思之祖”。元代后期散曲的代表作家是睢景臣、张养浩、张可久、乔吉等，他们一改前期散曲的本色，而趋于雅正典丽。其中睢景臣的套曲［般涉调・哨遍］《高祖还乡》、张养浩［山坡羊］《潼关怀古》是元后期散曲中的经典之作。

正统诗文在元代远逊唐宋。较有成就的作家有许衡、刘因以及被称为“元诗四大家”的虞集、杨载、范梈、揭傒斯，其中以虞集最著名。

六、明清文学

明朝建国之初，人心振奋，久乱思治，但开国不久推行的党狱、文字狱等一系列专制政策使得人人自危，而且宦官专政，而后的各个继世之祖几乎无一明君。在这样的专制政权下，明代的经济出现了农业衰退商业繁荣的新情况，经济得到了高速发展，资本主义萌芽已经出现。这种情形下，正直的文人学者无以自保，明代的诗文几乎无法与唐宋比肩。小说、戏曲等通俗文学昌盛，而正统诗文则不免相形见绌。

明代特殊的社会风气，使得一些文人学者从事小说和戏剧的编写和创作，成就远超诗文，一种由宋元讲史话本发展而来的长篇章回小说形式出现了。章回小说的开山之作，是明初罗贯中在民间流传的三国故事基础上“据正史，采小说，证文辞，通好尚”整理加工而成的《三国志通俗演义》。清康熙年间，毛纶、毛宗岗父子又对该书进行了较大幅度的修饰润色，并将书名定为《三国演义》。《三国演义》中“七实三虚”的史料改编模式，具有高智慧比值的战争描写，以及“文不甚深，言不甚俗”的语言表述，开长篇章回体历史演义小说之先河。明代另一部长篇巨著是施耐庵综合各类民间题材而成的一部杰出的长篇白话小说《忠义水浒传》。创作于元末明初的《水浒传》，是一部描写中国封建社会农民起义的章回体小说，它通过细节描写塑造了一大批起义中的英雄人物，个性鲜明、语言简练生动，其文学成就也是前所未有的，波澜壮阔的农民起义，在小说中得到了艺术的表现，并突出了“官逼民反”的主题。《水浒传》的出现，奠定了长篇章回体英雄传奇小说的叙事风范。

明中叶以后，长篇小说创作进入高潮，引发了历史演义和英雄传奇小说的创作热潮。讲史小说、神魔小说、世情小说、公案小说，各有佳作问世，留传至今的尚有五六十部之多。而万历年间问世的吴承恩《西游记》和托名兰陵笑笑生的《金瓶梅》，又开辟出神魔小说和世情小说两大小说题材类型。神魔小说《西游记》，具有鲜明的浪漫主义艺术特征。中国文学史上艺术成就最高的神魔小说《西游记》，充满了浪漫主义色彩，其讽刺揶揄的笔锋直指整个封建社会的黑暗现实。出现在万历年间的百回长篇小说《金瓶梅》不仅为中国小说开拓了新的题材，面向现实社会一个家庭的日常生活和平凡世人，而且是第一部由文人作家独立创作的长篇小说。兰陵笑笑生写的《金瓶梅》，借一个家庭的兴衰起伏反映广阔的社会人生，开世情小说之先河，它的出现标志着我国古典小说的发展步入了一个新的阶段，在古代小说中有开创性的意义。

文言短篇小说在明代也取得了一定的成就。其主要形式是一种文人模仿民间话本而创作的案头文学——拟话本。宋元话本不仅受到群众的喜爱，也引起了文人的重视，他们一方面对话本进行加工成集，一方面模拟宋元话本进行创作，被称之为拟话本。天启年间，由冯梦龙整理的《喻世明言》《警世通言》和《醒世恒言》是影响最大的三部白话短篇小说集。崇祯年，凌蒙初的《初刻拍案惊奇》《二刻拍案惊奇》是继“三言”后最重要的拟话本集，合称“三言”“二拍”。

明代前期的戏曲创作也了无建树，文人创作近乎一片空白，其戏剧文学成就主要集中在大量的传奇作品和少量的杂剧创作。传奇由宋元南戏发展而成，明代前期的传奇仍沿袭封建道德说教的风尚，甚至八股文也充斥其中，这一时期的戏剧已成为宣扬封建忠孝道德观念的工具，好的作品甚少。正德、嘉靖年间开始，民间戏曲演出繁兴，形成海盐、余姚、弋阳、昆山四大声腔为代表的南曲诸腔竞相争唱的局面。昆曲因其唱腔清柔婉转，一字之长，延至数息的特点，不仅在士大夫中流传甚广，不少文人也开始对它进行再创作。嘉靖时期，江苏昆山人魏良辅又改革昆腔，戏曲创作出现繁荣局面，学界称之为传奇，取代了杂剧的主导地位。问世于这一时期的李开先的《宝剑记》、无名氏的《鸣凤记》和梁辰鱼的《浣纱记》，标志着明代传奇的第一个高潮。明后期，传奇创作出现了全面繁荣局面，出现了主音律的吴江派（代表人物沈璟）与主才情的临川派（代表人物汤显祖）两大戏剧流派。沈璟著有传奇 17 种，合为《属玉堂传奇》，他还有若干戏曲理论著作，《南九宫十三调曲谱》是最有代表性的一部。沈璟强调格律，提倡戏曲语言本色化。汤显祖是明代最杰出的剧作家，代表作《牡丹亭》是中国戏剧史上成就最高的作品之一。另有《紫钗记》《牡丹亭》《南柯记》《邯郸记》合成的《临川四梦》等作品。他还著有诗文集《玉茗堂尺牍》等，现合编为《汤显祖集》。明代前期的杂剧作品没有较高成就，其中朱权和贾仲名分别编撰的《太和音正谱》《录鬼簿续编》有着极重要的戏剧史料价值。明中叶以后，主要的杂剧作家有王九思、康海和徐渭，徐渭在明代杂剧作家中成就最高。康海的《中山狼》和徐渭的《四声猿》是明代杂剧中较优秀的作品。

诗文创作上，明代没有出现大家，但流派颇多。由元入明的“明初三大家”宋濂、刘基、高启，因其丰厚的人生阅历，发笔为文，不乏佳作。宋濂以散文见长，特别是传记文写得生动形象，其《送东阳马生序》被广为传诵。刘基即刘伯温，诗、文皆长，《卖柑者言》是一篇揭露统治者金玉其外、败絮其中的著名文章。高启的诗歌成就最高，以歌行体和七律最有名，《登金陵雨花台望大江》是这方面的代表作。永乐至成化年间，以“三杨”杨士奇、杨荣、杨溥为代表的“台阁体”流行文坛，所作几乎都是歌功颂德，道学气浓厚。其后，出现了前后七子的诗文复古运动，弘治正德年间，以李梦阳、何景明为首的“前七子”标举“文必秦汉，诗必盛唐”，但其末流陷于刻意模拟，了无生气，将文学创作引向复古歧途。嘉靖、隆庆时期，以李攀龙、王世贞为代表的“后七子”，重揭李梦阳、何景明等人的文学复古“旗帜”。针对前后七子的盲目复古，嘉靖年间，王慎中、唐顺之、茅坤、归有光等，继承唐宋以来推尊“韩柳欧曾王苏”古文的传统，提倡唐宋古文，文学史上称他们为“唐宋派”。“唐宋派”中文学成就最高的是归有光，《项脊轩志》《沧浪亭记》等名篇寄事抒情，淡而有味，浅中有深。真正起来反对拟古主义的，是以三袁（袁宗道、袁宏道、袁中道）兄弟为代表的“公安派”。“公安派”在思想上赞同李贽，不满于程朱理学，提出“独抒性灵”，在当时是最有新时代感特点的文学流派，给拟古倾向以猛烈的冲击。以钟惺、谭元春为首的“竟陵派”，主张与“公安派”相仿，但艺术宗尚“幽深孤峭”，别具一格，趣味比较偏狭。经过“公安”“竟陵”两派作者的不同探索，晚明小品文特盛，直到明末张岱的小品文，《陶庵梦忆》《西湖梦寻》《西湖七月半》，都成为明代散文中颇见光彩的一部分，是为后人广为传诵的名篇。明末时期，一些文人在国家存亡之际，组织文社写了不少优秀的诗文。如张溥的《五人墓碑记》，陈子龙的《狱中上母书》，张煌言的《张苍水集》都能深深感染读者。

明后期自嘉靖朝始，社会经济得到恢复并迅速发展，都市经济繁荣，市民阶层壮大，而这一时期哲学上王阳明“心学”思潮以及王学左派李贽等对人性人情的张扬，为文学的全面繁荣提供了条件。

清代是中国最后一个封建王朝，全国统一之后，民族矛盾和阶级矛盾，以及统治阶级内部的矛盾都异常尖锐。清王朝为巩固统治，在思想文化领域实行严酷统治，对知识分子施行高压与笼络两手并用的政策。为了加强文化专制，清朝大兴文字狱，在这种情形之下，很多文人学者潜心考据，形成了乾嘉学派，对中国学术发展产生了巨大影响。因此，清代是对中国古代文学全面总结但又无法超越前代的时代。小说、戏曲继明代之后又取得了巨大的成就，诗、词、散文、骈文领域作家众多，流派林立，成就斐然。

清代文学成就最大的当是小说，其思想性和艺术性较前代都达到了新的高度，出现了集大成的作家作品。就长篇章回小说而言，如清初陈忱的《水浒后传》、钱彩的《说岳全传》，清后期李汝珍的《镜花缘》、纪昀的《阅微草堂笔记》、无名氏的《醒世姻缘传》等。而代表中国古代小说艺术顶峰的是曹雪芹的《红楼梦》。这部旷世杰作通过“追魂摄魄”的语言艺术，成为表现封建社会、封建家庭各种生活和各种人物的百科全书。另一部长篇巨著——吴敬梓的《儒林外史》，“以功名富贵为一篇之骨”，以折子式为其独特结构，“戚而能谐、婉而多讽”,是我国文学史上历史成就最高的长篇讽刺小说,被鲁迅先生认为是“说部中乃始有足称讽刺之书”,“是后亦鲜有以公心讽世之书如《儒林外史》者”“其文又戚而能谐,婉而多讽”,“虽云长篇,颇同短制”,对晚清谴责小说有极大影响。就文言短篇小说而言,最优秀的是清初蒲松龄所作的《聊斋志异》。这部短篇小说“用传奇法,而以志怪”,继承了六朝志怪小说和唐宋传奇小说的艺术成果,即使是写非现实世界的人物,也极富人情味。这些小说对封建社会进行了深刻的揭露和批判,是传统文言小说和通俗小说的集大成者。

清代戏曲无论在创作还是理论上均取得较高成就。清初有吴伟业是《秣陵春》、李玉的《清忠谱》,反映了明清之际的民族矛盾和社会现实。洪昇的《长生殿》和孔尚任的《桃花扇》借离合之情,写兴亡之感,艺术上也颇多创新,有“南洪北孔”之称,是继明代《牡丹亭》之后中国戏剧史最有成就最有影响力的作品,代表了清代传奇的最高成就。清代传奇在出现了“南洪北孔”的创作高潮之后,便日趋衰微了。戏曲理论上,李渔所作《闲情偶寄》是对一直处于零散状态的中国戏曲理论的一次系统总结。清代戏曲在乾隆中期以后逐渐走向衰落,再没有产生大家。但此期在各地民间流行的各种地方戏却蔚然兴起,对长期主导剧坛的昆曲形成威胁,尤其是乾隆末年京剧的形成,不仅形成了“花雅之争”的繁盛局面,也为这一时期寂寥的剧坛吹进了一股清新的空气。

散文方面,桐城派的散文理论和创作,一直影响到清末。桐城派的代表人物是安徽桐城人方苞、刘大櫆、姚鼐,他们主张散文创作“义以为经,而法纬之”,提出义理、考据、辞章三者交互为用的理论。由于他们过度强调文章的道德内涵,以宣扬程朱理学为己任,故所作散文内容上道学气浓厚,但一些叙事写景的散文,简洁雅驯,颇多佳制。此外,骈文在清中叶后也走向复兴,代表作家是汪中,所作《哀盐船文》,是骈文中的精品。

清代的诗、词、散文、骈文,虽然总的成就未能超越前代,但是名家迭出,流派众多,也不可轻视。明末清初的诗坛上,诗人黄宗羲、顾炎武、王夫之、钱谦益、吴伟业等都是清初有特色的诗人。王士祯提倡“神韵”说,成为当时诗坛领袖。清中叶以后,考据学风盛极一时,影响到诗坛,学古、尊古、重形式、重学问成为诗风大炽,如沈德潜之“格调说”,翁方纲之“肌理说”。唯郑燮反映民情之作,袁枚的“性灵说”主张直抒性情,不拘格式,黄景仁独写哀怨,能不被时风所染,较有特色。

词至清代又呈“中兴”气象。词家辈出,词作繁富,词派林立,探讨创作之风特盛。出现诸如效法苏、辛的“阳羡词派”(陈维崧),推崇姜、张的“浙西词派”(朱彝尊),以张惠言、周济为代表的“常州词派”等。清初词人纳兰性德善作小令,长于白描,其词逼近南唐李煜,自成一家。

七、近代文学

清王朝由盛转衰始于鸦片战争前后,自 1840 年鸦片战争至 1919 年“五四”运动近八十年,历史学界多称之为近代,历史发生了巨大的变革,文学也进入了向新文学过渡的阶段:一方面,反帝爱国和民主主义成为文学的基本主题,显现出强烈的政治性、战斗性;另一方面,维护封建统治、抗拒新思潮的正统文学,虽然日渐陷于窘境,但仍在不断挣扎。

自鸦片战争至戊戌变法前的四五十年间,启蒙思想和在早期改良主义在近代诗文中得到体现。杰出的启蒙思想家龚自珍是首开文学新风气的人物,其诗独辟蹊径,指斥现实,揭开了近代文学的新篇章,《己亥杂诗》是其代表作品。魏源、林则徐、张维屏等也写出了许多富于时代色彩和历史意义的作品。魏源思想倾向于龚自珍,提出了“师夷之长技以制夷”,他的诗文斩截劲悍,具有鲜明的时代特色。戊戌变法前后,改良主义运动代表人物梁启超提出了对文学的影响极大的“三界革命”(诗界革命、文界革命、小说界革命),黄遵宪倡导的“我手写我口”新派诗歌,为“诗界革命”的一面旗帜,他也是诗界革命中最有实绩的文人,他的诗多涉时事,旨在纪实,《冯将军歌》《哀旅顺》等一系列诗篇几乎可称为一代“诗史”。“文界革命”的代表人物是梁启超,代表性的作品如《少年中国说》等。“小说界革命”带来了域外小说的大量译进,也引发了谴责小说的盛行。李宝嘉的《官场现形记》、吴趼人《二十年目睹之怪现状》、刘鹗《老残游记》、曾朴《孽海花》,被称作“清末四大谴责小说”。辛亥革命后,还出现了“鸳鸯蝴蝶派”小说和“黑幕小说”,思想和艺术价值都较低下。辛亥革命时期,秋瑾的诗作激昂慷慨,富有巾帼英雄的气概。

这一时期的戏曲创作出现了话剧的雏形——文明戏,虽然比较粗糙,但毕竟为中国古典戏曲向现代话剧的转型搭建了桥梁。京剧成为影响深广的全国性剧种。

八、现代文学

中国现代文学发端于“五四”新文化运动和文学革命。1917 年,陈独秀和胡适在《新青年》杂志上发表《文学革命论》《文学改良刍议》两篇文章为标志,高举文学革命的大旗,反对封建蒙昧主义和专制主义,提倡科学和民主;反对文言文,提倡白话文,向封建旧文学展开了猛烈进攻,中国文学从内容到形式都发生了巨大变革。

诗歌创作的变化首当其冲。胡适、刘半农、沈尹默在《新青年》上发表了第一批白话诗,胡适的《尝试集》是“五四”运动时期第一部白话诗集。有汪静之、冯雪峰为代表的“湖畔诗社”,提倡并写作浪漫主义诗歌的成仿吾、蒋光慈、冯至等人。代表新诗创始期最高成就的是创造社代表作家郭沫若。他的诗集《女神》,表现了“五四”时期狂飚突进的时代精神,诗风雄浑豪放,具有典型的浪漫主义风格。20 世纪 20 年代后期,出现了以李金发为代表“象征派”,以及深受象征主义诗风影响、以早年诗作《雨巷》著名的现代派诗人戴望舒。以闻一多为代表的试图使自由体诗格律化的“新月派”是当时一大主流,他的诗集为《红烛》《死水》。徐志摩、朱湘也是“新月派”中很有成就的诗人。30 年代初“左联”成立后,新诗的现实主义精神得到发扬,殷夫、蒋光慈、胡也频等诗人以极大的热情写作革命诗歌,讴歌无产者的光辉形象。在“左联”领导下,还出现了现代文学史上第一个革命诗歌社团——中国诗歌会，成员有穆木天、杨骚等。艾青的《大堰河——我的保姆》、田间的《致战斗者》、臧克家的《罪恶的黑手》，都是一时名作。40 年代，抗日根据地和解放区在毛泽东《在延安文艺座谈会上的讲话》指引下，诗歌创作特别活跃，优秀的作品有李季的《王贵与李香香》、田间的《赶车传》（第一部）、张志民的《死不着》、阮章竟的《漳河水》。国统区的"七月诗派"，胡风等一批诗人用诗歌为战斗武器，揭露和抨击国民党反动统治下的种种腐朽没落社会现象，歌唱人民美好的明天。

"五四"以后，小说创作获得了丰收。鲁迅的《狂人日记》是现代白话小说的发轫之作。鲁迅的小说奠定了中国现实主义小说创作的坚实基石。茅盾、冰心、叶圣陶、王统照等组织起"文学研究会"，主张为人生的文学，倾向于现实主义。郭沫若、成仿吾、郁达夫等建立了"创造社"，其中郁达夫的小说成就最高，他的自传体小说《沉沦》，以大胆的情怀袒露，夸张的陈述咏叹，构成了作品浪漫而伤感的情调。"左联"的成立，促进了进步小说创作的发展。茅盾的《子夜》是这一时期最出色的创作成果。丁玲、张天翼、柔石、沙汀、艾芜、萧军等也在这一时期初露锋芒，写出了一批优秀作品。"左联"以外的进步作家，同样成绩卓著，巴金的《家》（加上后来写成的《春》《秋》合称《激流三部曲》）、老舍的《骆驼祥子》、叶圣陶的《倪焕之》、沈从文的《边城》，都为中国现代长篇小说的成熟作出了贡献。抗战时期，沦陷区和国统区小说创作闪耀出光彩，张天翼的《华威先生》、沙汀的《淘金记》、艾芜的《山野》、茅盾的《腐蚀》、老舍的《四世同堂》、巴金的《寒夜》等，从各个不同的侧面揭露了反动统治的黑暗和腐朽。丁玲的《太阳照在桑干河上》、周立波的《暴风骤雨》、赵树理的《小二黑结婚》《李有才板话》、孙犁的小说集《白洋淀纪事》则洋溢着群众生活和革命斗争新鲜活泼的生气。

现代戏剧文学以话剧为主体。20 年代初，民众戏剧社、上海戏剧协社、南国社等先后成立，涌现出一批专门从事现代话剧创作的戏剧家。初期有欧阳予倩、熊佛西、田汉、洪深，后来随着民主革命的深入，戏剧家的队伍中又增添了曹禺、夏衍、阳翰笙、陈白尘、于伶等一批有才华的作者。曹禺的《雷雨》《日出》标志着现代话剧艺术的成熟。夏衍的《上海屋檐下》，贯注着作家对社会现实问题的强烈关切。各位名家风格各异，为话剧特色的多元化作出了贡献。这一时期历史剧大放异彩，郭沫若的《屈原》借古讽今，感情炽烈，诗意浓郁，具有独特的浪漫主义风格。在革命根据地，在文艺为工农兵服务方向的指引下，出现了新秧歌剧运动和新歌剧创作的勃兴，贺敬之等人执笔的《白毛女》，具有鲜明的斗争精神和为群众喜闻乐见的民族化风格，是新歌剧的典范作品。

"五四"思想启蒙运动促使了大量议论散文的诞生，李大钊、陈独秀刊登在《新青年》杂志上的这类作品，短小精悍，锋芒毕露，兼有战斗性和文学性。鲁迅的杂文最富有批判力量和艺术光彩。他所写的杂文编成了《热风》《坟》《二心集》《伪自由书》等十七部杂文集，另外还有回忆散文集《朝花夕拾》、散文诗集《野草》。冰心擅长写抒情性散文，文笔清新隽秀，极富诗意，《寄小读者》是她最重要的散文集。郁达夫以写游记、随笔等散文小品为主，他用闲适的笔调抒发感时忧国之情，感情率真，行文如行云流水。朱自清在文学研究会作家中以写散文著称，而且艺术风格比较多样，《桨声灯影里的秦淮河》写得绮丽纤秾、情景交融，而《背影》则写得本色白描、深情动人。报告文学是在现代产生的一个散文新品种，早期作者有瞿秋白、柔石等，最有成绩的作者是夏衍。他的一篇《包身工》揭露了帝国主义、封建主义势力对包身工进行压榨和蹂躏的罪行，成为报告文学的示范性作品。此外，沈从文、叶圣陶、徐志摩、茅盾、巴金等作家的散文各呈异彩，造就了现代散文创作姹紫嫣红的繁荣局面。

1949 年，中华人民共和国宣告成立，中国文学掀开了全新的篇章。

古代汉语虚词

本部分介绍古代汉语中常见的几个虚词的普通用法，这几个虚词为：然、也、以、因、于、与、则、者、之、而、乎、乃、其、且、所。

一、然

（一）用在词后，作词尾表示状态。相当于现代汉语“……的样子”。如：

虎见之，庞然大物也。（《黔之驴》）

康肃忿然曰。（《卖油翁》）

（二）然而，但是。如：

然是说也，余尤疑之。（《石钟山记》）

然富贵人读书者有几？（《黄生借书说》）

（三）是的，对的。如：

然之，命李忠义帅突将三千为前驱。（《李愬雪夜入蔡州》）

吴广以为然，乃行卜。（《史记·陈涉世家》）

（四）如此，这样。如：

遂开门纳众，及里城，亦然。（《李愬雪夜入蔡州》）

非独书为然，天下物皆然。（《黄生借书说》）

（五）用在句末，“像……一样”。如：

其人视端容寂，若听茶声然。（《口技》）

二、也

（一）句末语气词

1.表示判断语气。如：

城北徐公，齐国之美丽者也。（《邹忌讽齐王纳谏》）

张良曰：“沛公之参乘樊哙者也”。（《鸿门宴》）

2.表示陈述或解释语气。如：

即不忍其觳觫，若无罪而就死地，故以羊易之也。（《齐桓晋文之事》）

雷霆乍惊，宫车过也。（《阿房宫赋》）

3.用在句中或句末，表示肯定、感叹的语气。如：

呜呼！灭六国者六国也，非秦也。族秦者秦也，非天下也。（《过秦论》）

至于誓天断发，泣下沾襟，何其衰也！（《五代史伶官传序》）

4.表示疑问或反诘语气。如：

公几无疾病与，何以能鼓子畏死邪？何泣也？（《信陵君窃符救赵》）

吾王庶乐也？（《庄暴见孟子》）

5.表示祈使语气。如：

攻之不克，围之不继，吾其还也。（《崤之战》）

当相与共谋之，勿令姊有穷途之虑也。（《杜十娘怒沉百宝箱》）

（二）句中语气词

用在句中，表示语气停顿。

是说也，人常疑之。（《石钟山记》）

其闻道也亦先乎吾。（《师说》）

三、以

（一）介词

1.表示工具。可译为："拿""用""凭着"。如：

愿以十五城请易璧。（《史记·廉颇蔺相如列传》）

士大夫终不肯以小舟夜泊绝壁之下。（《石钟山记》）

2.表示凭借。可译为："凭""靠"如：

以勇气闻于诸侯。（《史记·廉颇蔺相如列传》）

久之，能以足音辨人。（《项脊轩志》）

3.表示所处置的对象。可译为"把"如：

操当以肃还付乡党。（《赤壁之战》）

4.表示时间、处所。可译为"于""在""从"如：

以八月十三斩于市。（《五人墓碑记》）

以崇祯十七年夏，自京师徒步入华山为黄冠。（《复庵记》）

5.表示原因。可译为"因为""由于"如：

赵王岂以一璧之故欺秦邪？（《史记·廉颇蔺相如列传》）

卒以吾郡这发愤一击，不敢复有株治。（《五人墓碑记》）

6.表示依据。可译为"按照""依照""根据"如：

今以实校之。（《赤壁之战》）

余船以次俱进。（《赤壁之战》）

（二）连词

1.表示并列或递进关系。可译为"而""又""而且""并且"等，或者省去。如：

夫夷以近，则游者众。（《游褒禅山记》）

忽魂悸以魄动。（《梦游天姥吟留别》）

2.表示承接关系，前一动作行为往往是后一动作行为的手段或方式。可译为“而”或省去。如：

余与四人拥火以入。(《石钟山记》)

樊哙侧其盾以撞。(《鸿门宴》)

3.表示目的关系，后一动作行为往往是前一动作行为的目的或结果。可译“而”“来”“用来”“以致”等。如：

请立太子为王，以绝秦望。(《史记·廉颇蔺相如列传》)

当求数顷之田，于伊、颍之上，以待余年，教吾子与汝子。(《祭十二郎文》)

4.表示因果关系，常用在表原因的分句前。可译为“因为”。如：

不赂者以赂者丧。(《六国论》)

所谓华山洞者，以其乃华山之阳名之也(《游褒禅山记》)

5.表示修饰关系，连接状语和中心语。可译为“而”，或省去。如：

木欣欣以向荣，泉涓涓而始流。(陶渊明《归去来辞》)

(三)助词

1.作语气助词，表示时间、方位和范围。如：

受命以来，夙夜忧叹。(《出师表》)

指从此以往十五都予赵。(《史记·廉颇蔺相如列传》)

2.作语气助词，起调整音节作用。如：

逆以煎我怀。(《孔雀东南飞》)

(四)动词

1.以为、认为。如：

老臣以媪为长安君计短也。(《触龙说赵太后》)

皆以美于徐公。(《邹忌讽齐王纳谏》)

2.任用。如：

忠不必用兮，贤不必以。(《涉江》)

(五)名词

可译为“缘由”“原因”如：

古人秉烛游，良有以也。(李白《春夜宴桃李园序》)

四、因

(一)介词

1.依照、根据。如：

罔不因势象形。(《核舟记》)

2.依靠、凭借。如：

因利乘便，宰割天下，分裂山河。(《过秦论》)

因人之力而敝之,不仁。(《烛之武退秦师》)

3.趁着、趁此。如:

不如因而厚遇之。(《鸿门宴》)

因击沛公于坐。(《鸿门宴》)

4.通过、经由。如:

因宾客至蔺相如门谢罪。(《鸿门宴》)

5.因为、由于。如:

恩所加则思无因喜以谬赏。(《谏太宗十思书》)

(二)副词

1.于是、就;因而。如:

因拔刀斫前奏案。(《赤壁之战》)

相如因持璧却立……(《史记·廉颇蔺相如列传》)

2.原因、缘由、机缘。如:

于今无会因。(《孔雀东南飞》)

(三)动词

1.根据。如:

故事因于世,而备适于事。(《五蠹》)

2.沿袭、继续。如:

蒙故业,因遗策。(《过秦论》)

加之以师旅,因之以饥馑。(《论语》)

五、于

介词

1.在、从、到。如:

乃设九宾礼于庭。(《史记·廉颇蔺相如列传》)

青,取之于蓝,而青于蓝。(《劝学》)

2."在……方面""从……中"。如:

于人为可讥,而在己为悔。(《游褒禅山记》)

3.由于。如:

业精于勤,荒于嬉。(《进学解》)

4.向、对、对于。如:

请奉命求救于孙将军。(《赤壁之战》)

鲁肃闻刘表卒,言于孙权曰……(《赤壁之战》)

5.被。如:

君幸于赵王。《史记·廉颇蔺相如列传》

故内惑于郑袖，外欺于张仪。(《屈原列传》)

6.与、跟、同。如：

身长八尺，每自比于管仲、乐毅。(《三国志》)

燕王欲结于君。《史记·廉颇蔺相如列传》

7.比。如：

孔子曰："苛政猛于虎也。"(《捕蛇者说》)

青，取之于蓝，而青于蓝。(《劝学》)

六、与

(一)介词

1.和、跟、同。如：

沛公军霸上，未得与项羽相见。(《鸿门宴》)

而翁归，自与汝复算耳。(《促织》)

2.给、替。如：

陈涉少时，尝与人佣耕。(《陈涉世家》)

3.比、和……比较。如：

吾孰与徐公美？(《邹忌讽齐王纳谏》)

较秦之所得，与战胜而得者，其实百倍。(《六国论》)

(二)连词

1.和、跟、同。如：

然谋臣与爪牙之士，不可不养而择也。(《勾践灭吴》)

勾践载稻与脂于舟以行。(《勾践灭吴》)

(三)动词

1.给予、授予。如：

生三人，公与之母；生二子，公与之饩。(《勾践灭吴》)

则与一生彘肩。(《鸿门宴》)

2.结交、亲附。如：

因人之力而敝之，不仁；失其所与，不知。(《烛之武退秦师》)

合从缔交，相与为一。(《过秦论》)

3.对付。如：

庞煖易与耳。(《燕召公世家》)

4.参加、参与。如：

蹇叔之子与师。(《蹇叔哭师》)

5.赞许、同意。如：

吾与点也。(《论语》)

朝过夕改,君子与之。(《汉书》)

七、则

(一)连词

1.表示承接关系。译为“就”“便”,或译为“原来是”“已经是”。如:

项王曰:“壮士!赐之卮酒。”则与斗卮酒。(《鸿门宴》)

故木受绳则直,金就砺则利。(《劝学》)

2.表示条件、假设关系。译为“假使”“如果”“要是……就”“那么”“就”“便”。如:

入则无法家拂士,出则无敌国外患者,国恒亡。(《生于忧患,死于安乐》)

向吾不为斯役,则久已病矣。(《捕蛇者说》)

3.表示并列关系。这种用法都是两个或两个以上的“则”连用,每个“则”字都用在意思相对、结构相似的一个分句里,表示分句之间是并列关系。可译为“就”,或不译。如:

位卑则足羞,官盛则近谀。(《师说》)

入则孝,出则弟。(《论语·学而》)

4.表示转折、让步关系。表示转折时,用在后一分句,译为“可是”“却”;表示让步时,用在前一分句,译为“虽然”。如:

于其身也,则耻师焉,惑矣。(《师说》)

手裁举,则双超忽而跃。(《促织》)

5.表示选择关系。常和“非”“不”呼应着用,译为“就是”“不是……就是”。如:

非死则徙尔。(《捕蛇者说》)

非其身之所种则不食。(《勾践灭吴》)

(二)副词

1.用在判断句中,起强调和确认作用,可译为“是”“就是”。如:

此则岳阳楼之大观也。(《岳阳楼记》)

2.表对已然或发现的强调。可译为“已经”“原来”“原来已经”。如:

及诸河,则在舟中矣。(《殽之战)

(三)名词

1.指分项或自成段落的文字的条数。如:

《论语》六则。

2.准则、法则。如:

以身作则。(《论语》)

(四)动词、效法。如:

遵后稷、公刘之业,则古公、公季之法。(《史记》)

八、者

（一）助词

1.指人、物、事、时、地等。译为“……的”“……的（人、东西、事情）”。如：

有复言令长安君为质者，老妇必唾其面！（《触龙说赵太后》）

秦自缪公以来二十余君，未尝有坚明约束者也。（《史记·廉颇蔺相如列传》）

2.用在数词后面，译为“……个方面”“……样东西”“……件事情”。如：

此数者，用兵之患也。（《赤壁之战》）

或异于二者之为，何哉？（《岳阳楼记》）

3.用作“若”“似”“如”的宾语，译为“……的样子”。如：

言之，貌若甚戚者。（《捕蛇者说》）

然往来视之，觉无异能者。（《黔之驴》）

4.放在后置的定语后面，相当于“的”。如：

求人可使报秦者，未得。（《史记·廉颇蔺相如列传》）

顷之，烟炎张天，人马烧溺死者甚众。（《赤壁之战》）

5.放在主语后面，引出判断，不必译出。如：

廉颇者，赵之良将也。（《史记·廉颇蔺相如列传》）

师者，所以传道受业解惑也。（《师说》）

6.用在“今”“昔”等时间词后面，不必译出。如：

近者奉辞伐罪。（《赤壁之战》）

古者以天下为主，君为客。（《明夷待访录》）

7.放在分句的句末，引出原因。如：

然操遂能克绍，以弱为强者，非惟天时，抑亦人谋也。（《赤壁之战》）

臣所以去亲戚而事君者，徒慕君之高义也。（《史记·廉颇蔺相如列传》）

（二）语气词

放在疑问句的句末，表示疑问语气等。如：

何者？严大国之威以修敬也。（《史记·廉颇蔺相如列传》）

谁为大王为此计者？（《鸿门宴》）

九、之

（一）代词

1.第三人称代词，他、她、它（们）。有时灵活运用于第一人称或第二人称。如：

太后盛气而揖之。（《触龙说赵太后》）

不知将军宽之至此也。（《史记·廉颇蔺相如列传》）

2.指示代词，这，此。如：

夫子欲之，吾二臣者皆不欲也。（《论语·季氏》）

君子疾夫舍曰欲之而必为之辞。(《论语·季氏》)

(二)助词

1.相当于现代汉语的“的”,放在定语和中心语之间。如:

虎兕出于柙,龟玉毁于椟中,是谁之过与?(《论语·季氏》)

子而思报父母之仇,臣而思报君之仇。(《勾践灭吴》)

2.放在主语和谓语之间,取消句子的独立性。如:

臣之壮也,犹不如人;今老矣,无能为也已。(《烛之武退秦师》)

客之美我者,欲有求于我也。(《邹忌讽齐王纳谏》)

3.放在倒置的动(介)宾短语之间,作为宾语提前的标志。如:

句读之不知,惑之不解,或师焉,或不焉。(《师说》)

譬若以肉投馁虎,何功之有哉?(《信陵君窃符救赵》)

4.放在倒置的定语与中心语之间,作为定语后置的标志。如:

蚓无爪牙之利,筋骨之强。(《劝学》)

人又谁能以身之察察,受物之汶汶者乎。(《史记·屈原列传》)

5.用在时间词或动词(多为不及物动词)后面,凑足音节,没有实在意义。如:

填然鼓之,兵刃既接,弃甲曳兵而走。(《寡人之于国也》)

余扃牖而居,久之,能以足音辨人。(《项脊轩志》)

(三)动词,一般译为“到……去”。如:

胡为乎遑遑欲何之?(《归去来兮辞》)

奚以之九万里而南为?(《逍遥游》)

十、而

(一)连词

1.表示并列关系。一般不译,有时可译为“又”。如:

蟹六跪而二螯,非蛇鳝之穴无可寄者。(《劝学》)

剑阁峥嵘而崔嵬,一夫当关,万夫莫开。(《蜀道难》)

2.表示递进关系。可译为“并且”或“而且”。如:

君子博学而日参省乎己。(《劝学》)

楚怀王贪而信张仪,遂绝齐。(《史记·屈原列传》)

3.表示承接关系。可译为“就”“接着”,或不译。如:

故舍汝而旅食京师,以求斗斛之禄。(《陈情表》)

置之地,拔剑撞而破之。(《鸿门宴》)

4.表示转折关系。可译为“但是”“却”。如:

青,取之于蓝,而青于蓝。(《劝学》)

有如此之势,而为秦人积威之所劫。(《六国论》)

5.表示假设关系。可译为“如果”“假如”。如：
诸君而有意，瞻予马首可也。（《冯婉贞》）
死而有知，其几何离。（《祭十二郎文》）
6.表示修饰关系，即连接状语。可不译。如：
吾尝跂而望矣，不如登高之博见也。（《劝学》）
填然鼓之，兵刃既接，弃甲曳兵而走。（《寡人之于国也》）
7.表示因果关系。如：
余亦悔其随之而不得极夫游之乐也。（《游褒禅山记》）
表恶其能而不用也。（《赤壁之战》）
8.表示目的关系。如：
缦立远视，而望幸焉。（《阿房宫赋》）
籍吏民，封府库，而待将军。（《鸿门宴》）
（二）通“尔”，用作代词，第二人称，译为“你的”；偶尔也作主语，译为“你”。如：
而翁归，自与汝复算耳。（《促织》）
妪每谓余曰：“某所，而母立于兹。”（《项脊轩志》）
（三）通“如”，译为“好像、如同”。如：
军惊而坏都舍。（《察今》）

十一、乎

（一）用作语气助词
1.表疑问语气。可译为“吗”“呢”。如：
几寒乎？欲食乎？（《项脊轩志》）
技盖至此乎？（《庖丁解牛》）
2.表示反问语气，相当于“吗”“呢”。如：
布衣之交尚不相欺，况在国乎？（《鸿门宴》）
吾师道也，夫庸知其年之先后生于吾乎？（《师说》）
3.表测度或商量语气，可译为“吧”。如：
王之好乐甚，则齐其庶几乎。（《庄暴见孟子》）
圣人之所以为圣，愚人之所以为愚，其皆出于此乎？（《明夷待访录》）
4.用于感叹句或祈使句，可译为“啊”“呀”等。如：
宜乎百姓之谓我爱也。（《齐桓晋文之事》）
悔相道之不察兮，延伫乎吾将反。（《离骚》）
5.用在句中的停顿处。如：
众言同，于是乎书。（《狱中杂记》）

(二)用作介词,相当于"于",在文中有不同的翻译。如:
醉翁之意不在酒,在乎山水之间也。(《岳阳楼记》)
今虽死乎此,比吾乡邻之死则已后矣。(《捕蛇者说》)
(三)可作词尾,译为"……的样子""……地"。如:
以无厚入有间,恢恢乎其于游刃必有余地矣。(《庖丁解牛》)
浩浩乎如冯虚御风,而不知其所止;飘飘乎如遗世独立,羽化而登仙。(《赤壁赋》)

十二、乃

(一)用作副词
1.表示前后两事在情理上的顺承或时间上的紧接,可译为"才""这才""就"等。如:
设九宾于廷,臣乃敢上璧。(《史记·廉颇蔺相如列传》)
悉使羸兵负草填之,骑乃得过。(《赤壁之战》)
2.强调某一行为出乎意料或违背常理,可译为"却""竟(然)""反而"等。如:
问今是何世,乃不知不汉。(《桃花源记》)
今其智乃反不能及。(《师说》)
3.可表示对事物范围的一种限制,可译为"只"等。如:
项王乃复引兵而东,至东城,乃有二十八骑。(《项羽本纪》)
4.用在判断句中,起确认作用,可译为"是""就是"等。如:
若事之不济,此乃天也。(《赤壁之战》)
赢乃夷门抱关者也。(《信陵君窃符救赵》)
(二)用作代词
1.用作第二人称,常作定语,译为"你的";也作主语,译为"你"。不能作宾语。如:
王师北定中原日,家祭无忘告乃翁。(陆游《示儿》)
2.用作指示代词,译为"这样"。如:
夫我乃行之,反而求之,不得吾心。(《齐桓晋文之事》)

十三、其

(一)用作代词。
1.第三人称代词。作领属性定语,可译为"他的""它的"(包括复数)。如:
臣从其计,大王亦幸赦臣。(《史记·廉颇蔺相如列传》)
2.第三人称代词。作主谓短语中的小主语,应译为"他""它"(包括复数)。如:
秦王恐其破璧。(《史记·廉颇蔺相如列传》)
其闻道也固先乎吾。(《师说》)
3.活用为第一人称或第二人称。可译为"我的""我(自己)"或者"你的""你"。如:
今肃迎操,操当以肃还付乡党,品其名位,犹不失下曹从事。(《赤壁之战》)
而余亦悔其随之而不得极夫游之乐也。(《游褒禅山记》)

4.指示代词,表示远指。可译为“那”“那个”“那些”“那里”。如:

及其出,则或咎其欲出者。(《游褒禅山记》)

今操得荆州,奄有其地。(《赤壁之战》)

5.指示代词,表示近指,相当于“这”“这个”“这些”。如:

有蒋氏者,专其利三世矣。(《捕蛇者说》)

6.指示代词,表示“其中的”,后面多为数词。如:

于乱石间择其一二扣之。(《石钟山记》)

(二)用作副词

1.加强祈使语气,相当于“可”“还是”。如:

攻之不克,围之不继,吾其还也。(《烛之武退秦师》)

与尔三矢,尔其无忘乃父之志!(《伶官传序》)

2.加强揣测语气,相当于“恐怕”“或许”“大概”“可能”。如:

圣人之所以为圣,愚人之所以为愚,其皆出于此乎?(《师说》)

王之好乐甚,则齐国其庶几乎?(《庄暴见孟子》)

3.加强反问语气,相当于“难道”“怎么”。如:

以残年余力,曾不能毁山之一毛,其如土石何?(《愚公移山》)

尽吾志也而不能至者,可以无悔矣,其孰能讥之乎?(《游褒禅山记》)

(三)用作连词

1.表示选择关系,相当于“是……还是……”。如:

其真无马邪?其真不知马也?(《马说》)

呜呼!其信然邪?其梦邪?其传之非其真邪?(《祭十二郎文》)

2.表示假设关系,相当于“如果”。如:

其业有不精,德有不成者,非天质之卑,则心不若余之专耳。(《送东阳马生序》)

沛然下雨,则苗浡然兴之矣。其若是,孰能御之?(《孟子见梁襄王》)

(四)助词,起调节音节的作用,可不译。如:

路曼曼其修远兮,吾将上下而求索。(《离骚》)

佩缤纷其繁饰兮,芳菲菲其弥章。(《离骚》)

十四、且

(一)用作连词

1.而且、并且。如:

且立石于其墓之门。(《五人墓碑记》)

肃宣权旨,论天下事势,致殷勤之意,且问备曰。(《赤壁之战》)

2.况且、再说。如:

且壮士不死即已,死即举大名耳。(《史记·陈涉世家》)

且将军大势可以拒操者,长江也。(《赤壁之战》)

3.尚且、还。如:

臣死且不避,卮酒安足辞!(《鸿门宴》)

故之圣人,其出人也远矣,犹且从师而问焉。(《师说》)

4.又、又……又……、一面……一面……。如:

示赵弱且怯也。(《史记·廉颇蔺相如列传》)

命如南山石,四体康且直。(《孔雀东南飞》)

(二)用作副词

1.将、将要。如:

有怠而欲出者,曰:"不出,火且尽"。(《游褒禅山记》)

且为之奈何。(《鸿门宴》)

2.暂且、且。如:

存者且偷生,死者长已矣!(《石壕吏》)

誓不相隔卿,且暂还家去。(《孔雀东南飞》)

十五、所

(一)名词,处所、地方。如:

又间令吴广之次所旁丛祠中。(《陈涉世家》)

成反复自念,得无教我猎虫所耶?(《促织》)

(二)助词

1.放在动词前同动词组成"所"字结构,表示"所……的人""所……的事物""所……的情况"等。如:

会征促织,成不敢敛户口,而又无所赔偿。(《促织》)

道之所存,师之所存也。(《师说》)

2."所"和动词结合,后面再有名词性结构,则所字结构起定语的作用。如:

夜则以兵围所寓舍。(《〈指南录〉后序》)

臣所过屠者朱亥。(《信陵君窃符救赵》)

句　法

一、古代汉语的判断句

判断句是根据谓语的性质给句子分类得出的一种句型。所谓判断句一般是用名词或名词性词组作谓语的句子,对事物的属性作出判断,即某事物是什么,或不是什么。古代汉语判断句和现代汉语不同,一般是不用系词"是"的,而是在谓语后面加语气词"也"帮

助判断。主要有以下几种句式:

(一)"……者,……也"

这种格式的判断句,在主语后用语气助词"者"表示提示,在谓语后用语气助词"也"煞句以加强肯定语气。如:

南冥者,天池也。(《北冥有鱼》)

管仲夷吾者,颍上人也。(《史记》)

这里应该留意,从结构形式看,判断句主语后有"者"的,不要以为都是语气助词,有的主语是由"者"字充当的,"者"字是代词,是主语的一部分,如:

吾闻二世少子也,不当立,当立者乃公子扶苏。(《史记》)

生我者父母,知我者鲍子也,(《史记》)

(二)"……,……也"

这种格式的判断句,只在谓语后面用语气助词"也"以加强肯定语气。如:

制,岩邑也。(《郑伯克段于鄢》)

虢,虞之表也。(《左传》

(三)"……者,……"

这种格式的判断句,主语后用语气助词"者"表示提示。如:

陈婴者,故东阳令史。(《史记》)

天下者,高祖天下。(《史记》)

(四)"……,……"

这种判断句,在主语和事后面,既不用语气助词"者",也不用语气助词"也",同样构成判断。如:

荀卿,赵人。(《史记》)

刘备,天下枭雄。(《赤壁之战》)

这种句式,由于没有语气助词作标志,在没有标点断句的情况下,往往不易辨认,应格外留意。

(五)"是"字表示判断

"是"在古代汉语中主要用为指示代词,少量作判断词使用。如:

吾不能早用子,今急而用之,是寡人之过也。(《战国策》)

有些判断句,在主语和谓语后面不用语气助词"者""也",根据表达需要,而用别的语气助词。如:

白起,小竖子耳!(《毛遂自荐》)

夫子之道,忠恕而已矣。(《论语》)

还有的用"为""乃"及副词"皆""殆""本""则""非"等来的构成判断句。如:

此为何苦人?(《墨子》)

当立者乃公子扶苏。(《史记·陈涉世家》)

二、古代汉语的被动句

被动句是指含有被动意义的句子。古代汉语常由“被”“见”“于”“为”等构成。

(一)“于”字句

1.动+于+施事者

兵破于陈涉,地夺于刘氏。(《汉书·贾山传》)

郤克伤于矢,流血及屦。(《左传·成公二年》)

2.省略“于”字,“动+施事者”

大树不夭斤斧,物无害者。(《庄子》)

(二)“见”字句

1.见+动词

秦城恐不可得,徒见欺。(《史记·廉颇蔺相如列传》)

虽欲强聒终不蒙见察。(《孙权劝学》)

2.见+动词+于+施事者

昔者弥子瑕见爱于卫君。(《韩非子》)

(三)“为”字句

1.为+施事者+动词

(吾子)今为赤帝子斩之。(《赤帝子》)

与其饥死道路,为群兽食,毋宁毙于虞人,人俎豆于贵家。(《中山狼》)

2.为+动词

厚者为戮,薄者见疑。(《韩非子》)

吴广索爱人,士卒多为用者。(《史记·陈涉世家》)

3.为+施事者+所+动词

先即制人,后则为人所制。(《史记·项羽本纪》)

不者,若属皆且为所虏。(《鸿门宴》)

(四)“被”字句

1.被+动

信而见疑,忠而被谤,能无怨乎?(《离骚》)

今兄弟被侵,必攻者,廉也;知友被辱,随仇者,贞也。(《五蠹》)

2.被+动+于+宾语

万乘之国,被围于赵。(《战国策》)

3.被+施事者

风流总被雨打风吹去。(《永遇乐》)

臣被尚书召问。(《被收时表》)

(五)意念上的被动句

顷之,烟炎张天,人马烧溺死者甚众。(《三国志》)

三、倒序句式

倒序在有的文本中也叫前置句式。

(一)宾语前置

古代汉语的宾语在某些特定的语法条件下要置于动词之前,这种现象我们称为宾语前置。

1.疑问代词作宾语前置

沛公安在?(《鸿门宴》)

吾谁欺,欺天乎?(《论语》)

2.否定句指示代词或人称代词作宾语前置

古之人不余欺也。(《石钟山记》)

我无尔诈,尔无我虞。(《左传》)

有两种不能前置的情况:宾语不是代词,而是名词性成分,如“吾不能早用子”;两个否定词构成双重否定,其中的代词宾语一般不前置。如“莫弗称之”。

3.有代词“是”“之”等为标志复指后构成宾语前置

古代汉语叙述句的宾语都可以置于动词之前,但有一个必要的条件,宾语必须用代词复指,常用于复指宾语的代词有“之”和“是”。

《诗》云:“自西自东,自南自北,无思不服。”此之谓也。(《孟子》)

语曰:“唇亡则齿寒”,其斯之谓与?(《左传》)

4.无条件前置

赫赫师尹,民具尔瞻。(《诗经》)

(二)定语后置

1.数量词定语后置

命子封帅车二百乘以伐京。(《左传》)

吾尝君予车五十乘,金五百斤。(《战国策》)

2.形容词定语后置

带长铗之陆离兮,冠切云之崔嵬。(《离骚》)

居庙堂之高,则忧其民;处江湖之远,则忧其君。(《岳阳楼记》)

四、省略

(一)谓语省略

上医医国,其次(医)疾人。(《国语》)

大夫规诲,士传言,庶人谤,商旅(议)于市。(《左传》)

(二)主语(兼语)省略

试使(之)斗,而才,因责(其)常供。(《促织》)

卫鞅亡魏入秦,孝公以(之)为相。(《战国策》)

(三)介词省略

死马且买之(以)五百金,况生马乎?(《战国策》)

杀鼠如丘,弃之(于)隐处,臭数月乃已。(《三戒》)

词类活用

一、形容词的活用

(一)形容词用作一般动词

如果形容词在叙述句里充当谓语,就是活用为动词。如:

益烈山泽而焚之。(《孟子》)

(二)形容词的使动用法

形容词用作使动是指使它所带的宾语具有该形容词所表示的性质或状态。如:

其达士,洁其居,美其服,饱其食。(《勾践灭吴》)

(三)形容词的意动用法

形容词用作意动是指谓语具有“认为宾语怎么样”或“把宾语看作什么”的意思。如:

甘其食,美其服,安其居,乐其俗。(《史记》)

二、普通名词的活用

(一)名词用作一般动词,如:

范增数目项王。(《鸿门宴》)

(二)名词的使动用法

然得而腊之以为饵,可以已大风、挛踠、瘘、疠。(《捕蛇者说》)

(三)名词的意动用法,如:

友风而子雨。(《荀子》)

(四)名词用作状语

1.表示处所。如:

河渭不足,北饮大泽。(《山海经》)

2.表示行为的工具或依据。如:

有好事者船载以入。(《黔之驴》)

3.表示对人的态度。如：

齐将田忌善而客待之。(《史记·孙子吴起列传》)

4.表比喻。可以形容行为动作的状态,表达比喻内容。如：

嫂蛇行匍匐。(《战国策》)

三、名词作状语

1.方位名词用用作状语,表示趋向或方位,译为往、到、在。

南取汉中,西举巴蜀。(《过秦论》)

2.时间名词作状语

时间名词用于动词前作状语,表示行为变化的时间。

长驱至齐,晨而求见。(《冯谖客孟尝君》)

古代汉语辞格

修辞格也叫修辞方式。古汉语里的修辞格很多,有的辞格,如比喻、夸张、比拟、反语、双关、对偶等,现代汉语里仍在使用,其性质和作用古今也基本相同,这有助于我们阅读和理解古代作品。本节只就那些在现代汉语中不常见或与现代汉语里的辞格不尽相同的作一般性介绍,以提高我们阅读和理解古代文学作品的能力。

一、用典

用典又称“用事”“援引”,它是指引用古代的历史故事或古人的言论或俗语、成语等,来印证自己的论点或抒发自己的思想感情。典故用得好,能使作品简洁含蓄,余韵盎然,用得不好,便会把作品弄得生涩晦暗,枯燥乏味。如《陈情表》:“臣生当陨首,死当结草。”“结草”的典故出自《左传 · 宣公十五年》,意为报恩。成语“结草衔环”(“衔环”是另一个典故)常用来表达对对方的感恩戴德。曹操《短歌行》一诗中:“周公吐哺,天下归心。”引用了“周公”的典故,出自《史记 · 鲁周公世家》,原文是:“然我一沐三捉发,一饭三吐哺,起以待士,犹恐失天下之贤人。”

用典的方法有明用、暗用。指明出处或来源的是明引,如:

“桃李不言,下自成蹊。”此言虽小,可以谕大也。(《史记》)

引用谚语,属于明引。

没有指明出处或来源,而把它跟作者自己的文章融为一体的是暗引,如:

青青子衿,悠悠我心。但为君故,沉吟至今。(《短歌行》)

其中“青青子衿,悠悠我心”是引用《诗经 · 子衿》中的句子,但没有点明书名,属于暗引。

用典的作用,一是用来作为自己的理论根据和思想指导,以增强文章的说服力;二是使语言典雅精练,富于表现力。

二、互文

互文是指在连贯的话语中,上文省去下文出现的词语,下文也省去上文出现的词语,在理解时必须使上下文义互相呼应、互相补充,这就叫互文。这种修辞方式,可以做到言简意赅,说甲就包括乙,道乙则兼容甲。互文可分为当句互文和对句互文两类。例如:

秦时明月汉时关,万里长征人未还。(王昌龄《出塞》)

这是在一句中出现的互文，它实际上是把一个完整的意思拆开，而分置在一句话里，属于当句互文。“秦时明月汉时关”中“秦”与“汉”互文，即“秦汉时明月秦汉时关”。

东西植松柏，左右种梧桐。（《孔雀东南飞》）

这是在两句里的互文，它实际上是把一个完整的意思拆开，而分置在两句话里面，属于对句互文。句中的“东西”与“左右”互文，即“东西左右植松柏，东西左右种梧桐”。

互文的作用，主要是为了避免行文的单调平板，或适应文体表达的需要。

三、委婉

说话时不直接说出本意，而用曲折含蓄的话暗示出来，这就叫委婉。委婉可分为婉转、避讳、谦敬的三类。下面分别举例来加以说明。

昭王之不复，君其问诸水滨。（《左传》）

例句说的是关于昭王南巡而未归一事，“我”不负任何责任。然而并不直说，而是用“君其问诸水滨”来婉转地表达。

一旦山陵崩，长安君何以自托于赵？（《战国策》）

古人忌讳说不吉利的事，如“病”和“死”等，于是这里用“山陵崩”作为“死”的避讳语。

寡君勾践乏无所使，使其下臣种，不敢彻声闻于天王，私于下执事。（《国语》）

句中的“寡君”是文种称自己的国君，意为寡德之君；“下臣”是文种自称，意为才能低下的臣子。这是用含有贬义色彩的词语或表示卑贱身份的词语来表示谦称。“天王”在春秋时用以尊称天子，这里是指吴王，这是用表示高贵身份的词语来表示对吴王的尊敬；“下执事”是吴王手下办事的人，这里用的是“因卑以达尊”的方法来表示对吴王的尊敬，其实还是指吴王。

四、引用

借助典籍中的言论、定型的熟语以及传说故事、历史事实等来说明自己观点的方式叫“引用”。可以分为引言，即引用不见于书面的熟语，如格言、俗语、谚语、歌谣等。如：

野语有之曰：“闻道百，以为莫己若”者，我之谓也。（《庄子》）

引事，即用利用传说故事、历史事实等来说明自己的观点。如：

昔卫灵公与雍渠同载，孔子适陈；商鞅因景监见，赵良寒心；同子参乘，袁丝变色；自古而耻之。（《报任安书》）

引文，引用见于典籍的书面文字。如：

《诗》云：“他人有心，予忖度之。”夫子之谓也。（《孟子》）

使用引用，可以增强文章的说服力与可信性，使内容的表达含蓄、典雅。

五、譬喻

譬喻即用一种事物或情境来比方另一种事物或情境的方式。可分为明喻，如：

以若所为，求若所欲，犹缘木而求鱼也。(《孟子》)

暗喻，如：

如今人方为刀俎，我为鱼肉，何辞为？(《史记》)

博喻，如：

有如兔走鹰隼落，骏马下注千丈坡，断弦离柱箭脱手，飞电过隙珠翻荷。(《百步洪》)

使用譬喻手法，可以使表达生动、形象、通俗、易懂，便于理解。

六、并提

并提又叫合叙，合说或分承，是指在形式上是一套语法关系，而在内容上包含着两套或两套以上语法关系，表示两个或两个以上不同的意思的一种修辞方式。如：

风霜高洁，水落而石出者，山间之四时也。(《醉翁亭记》)

“风霜”与“高洁”这两个联合短语的成分应分别搭配，构成两个主谓短语，即“风高霜洁”。

合叙的作用主要是使行文紧凑而免于板滞。值得注意的是，合叙里的两个联合短语的组成成分在分别搭配时，一般是第一个词语与第三个词语搭配，第二个词语与第四个词语搭配。

七、列锦

列锦是中国古典诗歌中特殊的修辞方式。即全句以名词或名词短语组成，里面没有动词或形容词谓语，却同样能起到写景抒情、叙事述怀的效果。如：

今宵酒醒何处？杨柳岸晓风残月。(《雨霖铃》)

运用列锦手法，把杨柳岸、晓风、残月艺术地排列在一起，表面上完全是写景，而深情寓于其中，用美好的自然景物，反衬诗人的空虚寂寞之感。

运用“列锦”，具有凝练美、简约美、含蓄美、空灵美和意境美。可以获得影视镜头巧妙剪辑的某些效果，能激发读者丰富的想象和联想，言有尽而意无穷。

八、变文

为了避免用词重复单调，获得新鲜生动的效果，在同一语言环境中有变化地使用同义词，这就叫变文。如：

殚其地之出，竭其庐之入。(《捕蛇者说》)

“殚”与“竭”为变文，都是“竭尽”的意思。在两句以上的话相对应的位置上，甚至在一首诗的两段以上的相对应的位置上，都可以运用变文的修辞方式。

变文的作用，主要是为了避免行文重复，并使语言生动活泼而富于变化，增强文采，加强文章的表现力。值得注意的是，变文所使用的同义词，往往是近义词。

九、共用

共用是在一个句子里,有两个或两个以上的成分共同与另一个成分发生结构关系的一种修辞方式。如:

女为人臣子,不顾恩义,畔主背亲,为降虏于蛮夷,何以女为见!(《汉书·苏武传》)

"臣"和"子"共用"人","女为人臣子",即"女为人臣人子"。

共用的作用,主要是使行文紧凑而精练,但是在理解上则容易使人迷惑,因此我们在遇到这种修辞方式时,应先找出被共用的词语,找出分别搭配的关系,这才便于理解。

十、连及

说甲事物时又连带说及与甲事物有关的乙事物,但其意只指甲事物,这就叫连及。连及可分为同类连及和反类连及两类。同类连及是指连及的乙事物与甲事物属于相关或同一类别;反类连及是指连及的乙事物与甲事物属于相对或相反的类别。如:

(1)我有亲父母,逼迫兼兄弟。(《孔雀东南飞》)

(2)陟罚臧否,不宜异同。(《出师表》)

例(1)中的"父母"是说亲而连及父,"兄弟"是说兄而连及弟,是同类连及。例(2)中的"异同"说异而连及同,属反类连及。

连及的作用主要是为了音节的匀称而以词足句。

十一、错位

由于对仗、平仄、押韵等的要求而故意使一些词序颠倒,这就叫错位。如:

城阙辅三秦,风烟望五津。(《送杜少府之任蜀州》)

诗句应是"三秦辅城阙,望五津风烟",然而这样一来,既不对仗,又不合平仄,也不押韵。因此,为了合律而倒言"城阙辅三秦,风烟望五津"。

错位的运用,最初是为了合平仄对仗和押韵的需要,到后来有些诗人有意识地大量运用这一修辞方式来提高语言的表达效果。

参考文献

[1]孙昕光.大学语文[M].北京:高等教育出版社,2008.

[2]徐中玉,齐森华,谭帆.大学语文[M].上海:华东师范大学出版社,2018.

[3]陈洪.大学语文[M].北京:高等教育出版社,2009.

[4]河南省普通高等学校专升本招生考试命题研究组.河南省普通高等学校专升本招生考试应试专用教材[M].北京:光明日报出版社,2011.

[5]朱东润.中国历代文学作品选[M].上海:上海古籍出版社,1980.

[6]于非.中国古代文学作品选(第四版)[M].北京:高等教育出版社,2016.

[7]黄修己,方谦,李平.中国现代文学作品选[M].北京:十月文艺出版社,2003.

[8]夏中义.大学语文[M].北京:北京大学出版社,2005.

[9]王力.古代汉语[M].北京:中华书局,1981.

[10]游国恩等.中国文学史(修订本)[M].北京:人民文学出版社,2002.

[11]朱维之,赵澧.外国文学史简编[M].北京:中国人民大学出版社,1980.

[12]王步高,丁帆.大学语文[M].北京:高等教出版社,2003.

[13]林文和.文学鉴赏导读[M].北京:人民文学出版社,2004.

[14]袁世硕.中国古代文学作品选[M].北京:人民文学出版社,2002.

[15]郭纪金,高楠,赵有声.中国文学阅读与欣赏[M].北京:首都师范大学出版社,1999.

[16]郑观年.中国现代文学作品选评[M].杭州:浙江文艺出版社,1989.

[17]李浩.大学语文[M].西安:西北大学出版社,2004.

[18]杨大方.大学语文[M].北京:中国传媒出版社,2007.

[19]施也频.实用语文[M].上海:华东大学出版社,2000.

[20]章培恒,骆玉明.中国文学史[M].上海:复旦大学出版社,2004.

[21]余冠英.汉魏六朝诗选[M].北京:中华书局,2012.

[22]顾青.唐诗三百首(名家集评本)[M].北京:中华书局,2006.

[23]郭伯勋.宋词三百首详析[M].北京:中华书局,2006.

[24]杨伯峻.论语译注[M].北京:中华书局,1980.

[25]杨伯峻.孟子译注[M].北京:中华书局,1982.

[26]叶嘉莹.唐宋词十七讲[M].北京:北京大学出版社,2015.

[27]贾植芳.文学鉴赏辞典[M].上海:上海辞书出版社,2003.

[28]琚静斋.文学写作教程[M].北京:北京大学出版社.2013.

[29]邱国新,陈少夫.应用写作教程[M].北京:北京大学出版社.2013.

[30]崔宝衡.外国文学名篇选读[M].天津:南开大学出版社,1998.

[31]朱栋霖.中国现代文学作品选[M].北京:高等教育出版社,2002.